U0514623

中国经济学探索丛稿

第二卷

宏观经济学（上）

李文溥◎著

中国财经出版传媒集团
经济科学出版社
Economic Science Press
·北京·

001 第一篇

从茫然、应然到实然
——论宏观经济调控的形成 003
经济服务化、人力资本积累与高质量增长 029
系统性金融风险与预算软约束 046
需求结构升级转换背景下的供给侧结构性改革 066
根据需求结构转换基本趋势进行供给侧结构性改革 081
让市场之手发挥更大作用 083
走向经济发展新常态的理论探索
——宏观经济学视角的述评 085
下调经济增长目标必须而且可行 102
经济发展与国民收入分配格局变化：国际比较 107
亟须建立经济稳定发展的体制基础 120
转变发展方式是实现居民收入倍增的根本方式 129
要素比价扭曲与居民消费不振 134
实现居民收入倍增计划的路径探析 145
中国高资本报酬率与低消费率的一个解释
——基于动态一般均衡模型的分析与校准 154
降低增长预期是控制通胀必要之举 172
出口劳动密集型产品导向的粗放型增长与国民收入结构失衡 174
论扩大内需政策与转变经济增长方式 184

中国应对国际金融危机的政策组合效应分析 198
转变出口劳动密集型产品为导向的粗放经济增长方式 258
1978 年以来中国经济的动态效率 264
中国季度宏观经济模型的开发与应用 290
中国经济波动的总供给与总需求冲击作用分析 302
中国经济有没有周期性波动? 323
从有效增长潜力看增长率确定 326
推动“十五”时期经济增长进入上行轨道的政策调整建议 331

337 **第二篇**

“刘易斯拐点”的一个理论证伪
——基于产品市场的视角 339
二元经济中的“不变工资”
——经济史角度的分析 358
中国人口城市化水平与结构偏差 381
对我国城市化水平和结构偏差问题的若干看法和政策建议 396
城市化还是城镇化? 402

407 **第三篇**

中国民间投资失速研究 409
民间投资下滑成中国经济新“痛点” 427
扭转民间投资失速趋势 430
调结构稳增长须加减乘除并用 432
稳增长不能光靠投资一条路 434
稳增长亟待扩大民间投资 436
民生基本需求是根本 438

441 **第四篇**

城乡不同收入群体通胀差距对收入、消费的影响
——基于中国季度宏观经济模型（CQMM）的实证分析 443

自有住房服务消费重估与中国居民消费率修正 457
灰色消费估算与居民消费率 470
居民消费能否成为现阶段拉动我国经济增长的主动力 488
工资水平、劳动力供求结构与产业发展型式
——以福建省为例 507
要素比价扭曲、过度资本深化与劳动报酬比重下降 519
基于单位劳动力成本的中国制造业国际竞争力研究 537
论提高制造业劳动报酬水平与增强产业竞争力 549
制造业劳动报酬水平与产业竞争力变动趋势探析 554
“劳动力成本上升论”引发的思考 569
劳动力价格与劳动力成本：不同的变动趋势 573
劳动力市场分化与行业间工资差距变动趋势研究 578
谈判地位、价格加成与劳资博弈
——我国劳动报酬份额下降的微观机制分析 603

619 第五篇

居民负债压力下的财政政策效应 621
中国资本利用率、企业税负与结构调整
——基于内生化资本利用率的视角 650
地方政府债务置换及规模控制的宏观经济效应
——基于 CQMM 的模拟分析 670
控制地方债规模、充分发挥市场的资源配置功能 682
适度减缓财政收入增速的宏观经济效果分析
——基于中国季度宏观经济模型（CQMM）的政策模拟 687
回归市场经济中的政府职能定位 704
调整国民经济结构应控制财政收入增速 710
两税合并的要素收入份额影响研究 718
财政政策：供给冲击与宏观经济波动
——基于 RBC 模型的实证研究 733
我国地方政府债务警戒线探讨 753
论经济全球化下的我国宏观经济政策思路调整 763
当前需要何种类型的积极性财政政策 774

需求管理政策还是竞争力政策? 784
当前宏观经济政策选择 793

799 第六篇

利率管制与居民财产收入占比下降 801
中国居民的财产收入状况分析
——中、美、日的比较研究 817
利率市场化: 时机与宏观经济影响 834
利率平滑化与产出、物价波动
——一个基于泰勒规则的研究 850
中国货币政策的汇率传递效应及形成机制
——基于SVAR与动态一般均衡(DGE)模型的分析 867
中国货币政策效应双重非对称性研究
——以产业传导渠道为视角 891
中国地区间货币政策效应双重非对称性研究 902
我国的出口竞争优势并非主要来自汇率低估 920
人民币汇率调整对我国贸易顺差变动趋势的影响
——基于CQMM的预测与分析 926
"顺差"为什么不是越多越好 937
扩大内需中的货币政策效应
——1996~2003年的实证分析 940
金融自由化与开放过程中的金融风险规避 954
非理性市场、政府干预与股改对价博弈 957
试论平抑股价 973
货币政策与宏观经济调控 982

1011 第七篇

政策性计划与市场经济运行调控 1013
论社会主义市场经济中的计划调节 1021
宏观经济调控体系三论 1029
建立社会主义市场经济的经济政策学 1035

从“三结合”模式到系统的政策调节 1039
论社会主义市场经济中的计划 1046
转变政府经济管理职能的若干思考 1050
经济政策的目的与手段 1056
不同经济秩序下的社会总供需调控 1065
提高经济效益必须建立在适度经济增长基础上 1073
货币政策运行机制规范化与所有制改革 1077
速度、比例、效益、体制 1084
政策性计划：一种可资借鉴的计划模式 1091

1097 第八篇

我国现阶段社会总供需统计口径的界定 1099
产品实物总量的国际比较
——“国际比较项目（ICP）”评介 1105
试析 MPS 与 SNA 国民经济综合指标的换算对比方法 1113

第一篇

从茫然、应然到实然[*]

——论宏观经济调控的形成

我国市场经济宏观调控的形成，是中国当代经济史中值得研究的问题之一。研究它，有助于正确认识与理解中国的经济体制改革和社会经济转型过程，也有助于继续完善中国的宏观调控。因此，本文拟从经济史角度作些探讨。

一、概念的界定

改革开放前，我国实行计划经济。那时，宏观经济和微观经济属于资产阶级经济学概念，中国既无市场经济，也不存在对市场经济的宏观调控。党的十一届三中全会后，经济改革起步，对内缩小计划管理，恢复和扩大市场交换，对外开放，逐步融入世界的市场经济，两者合力推动经济体制转轨。政府经济管理方式随之不断调整，逐渐从指令性计划转向宏观调控。

宏观调控如今已成为中央政府调控经济运行的通用方式。然则，何谓宏观调控？始于何时？[①] 至今未有共识。其原因有二：一是何谓宏观调控，认识不一；二是没有区分意识上的应然与现实中的实然。笔者阅读所及，国内对宏观调控的界定大体可分为广义论、特色论和狭义论三类（张勇等，2012）。

第一类，广义论。该理论以马洪（1993）、曹玉书（1995）、邱晓华（2004）、乔新生（2005）等为代表。他们将宏观调控等同于政府经济管理，将市场失灵的所有表现都作为宏观调控依据，把政府纠正市场失灵的其他措施也视为宏观

---

* 本文原载于《厦门大学学报（哲学社会科学版）》2020 年第 4 期，《新华文摘》2021 年第 15 期全文转载，共同作者：焦建华。

① 有学者认为宏观调控始于 1949 年，也有部分学者认为始于 1979 年或 1984 年，多数学者默认始于 1992 年。

调控，认为宏观调控手段主要包括计划、货币和财政政策，以及经济、法律与行政手段等。

第二类，特色论。该理论以刘瑞（2006）、张勇等（2012）、庞明川和郭长林（2009）、贾康（2010）等为代表。他们认为宏观调控是具有中国特色的国民经济管理行为，“是中国市场化过程中出现的经济现象，宏观调控作为经济学概念是具有中国特色的社会主义市场经济建设实践的理论产物，是基于中国经济现实，在现代经济理论指导下形成的有中国特色的经济学概念”（刘瑞，2006）。除市场失灵的一般经济学逻辑外，宏观调控具有明显的中国特色，主要体现在“强调结构性指标”与内生的“制度特色”（张勇等，2012）。

第三类，狭义论。该理论以刘树成（2004）、黄达（1999）、许小年（2008）、汤在新（2006）、方福前（2014）等为代表，基本遵从现代宏观经济学观点，认为宏观调控是指政府运用财政货币政策调节社会总供需，限于宏观层面，其目标是实现充分就业、价格水平稳定、经济增长和国际收支平衡。

三种界定各有其历史背景、长处与不足。

作为一种体制转轨初期的认识，广义论的存在是可以理解的。在特定历史条件下，它甚至是有一定积极意义的：模糊两种体制管理方式的差异，减少意识形态阻力，有利于推动宏观调控机制的平稳转变。但其缺点也很明显：在学理上，它忽略了指令性计划与宏观调控在体制上的本质不同，导致宏观调控在概念上没有明确定义，使体制转轨以及宏观调控机制的演变变得无法理解；在现实上，它等于说无论在何种体制下，政府用何种手段进行经济管理都是宏观调控。然而，在计划经济中，政府不可能用财政货币政策调节总供需；在市场经济中，政府没有对国民经济下达指令性计划的权力。两者截然不同。广义论的危险，首先在于它模糊了两种体制下政府经济管理方式的本质区别，认为政府怎么做都有道理，这就为任意行政、体制复归预留了口子。其次，市场经济的政府经济管理不等于宏观调控。前者比后者内涵更丰富，外延更广。市场经济中的有些政府经济管理，如对不正当竞争行为的制止，对特定产品生产、流通、消费的管制等，是微观管理而非宏观调控。最后，宏观调控权属于中央政府，地方不是宏观调控主体，它们无权也无法调控社会总供需。

特色论着眼于转轨时期，侧重宏观调控的国别差异性，强调各国的宏观调控各有特色。该理论有其合理性，但忽视了以下两个问题。一是历史阶段性。转型期的中国宏观调控固然有鲜明的中国特色，但有些仅仅是转型特色，将随着转型的完成而消失，不是真正的中国特色。因此，在讨论什么是中国宏观调控时，应排除此类特色，专注于不同国家宏观调控较稳定的特征。二是国际可比性。既然承认宏观调控是在现代经济理论指导下形成的具有中国特色的经济学概念，那么，首先应当重视中国的宏观调控与其他市场经济宏观调控在属概念上的同一性，在转轨尚未完成之前，不宜过多关注种概念上的特性。因为，视为中国特色的种概念很可能仅仅是转型期的暂时现象。

因此，以狭义论的宏观调控作为本文的基准概念是比较合理的，可以清楚地看出中国在哪些时期并不存在宏观调控，哪些时期是计划经济向市场经济的过渡期，此时的政府经济管理可否称为宏观调控，哪些时期已初步形成了市场经济的宏观调控。

我们认为，宏观调控具有如下基本特征。第一，宏观调控以现代市场经济为基础，是现代市场经济国家特有的经济职能。第二，宏观调控的目的在于实现社会总供需平衡。调控对象是社会总供需，而非对微观主体或个别产业、个别地区的干预。第三，政策工具主要是财政货币政策。第四，宏观调控是中央政府对社会总供需的调控，地方没有宏观调控能力及权限。中央政府的经济管理职能大于宏观调控职能，并非所有中央政府的经济管理都是宏观调控。

二、1976～1991年：茫然中的探索与转轨

改革开放前，我国对国民经济实行指令性计划管理。社会再生产的全过程，从中央到地方基层单位的经济活动，都由国家计划直接控制。社会经济活动不存在宏观与微观之分，国民经济总量的调整，如投资、消费等，都是中央直接将指标逐级分解下达到基层单位，不存在用财政货币政策调节社会总需求，进而间接影响微观主体决策这一层面意义上的宏观调控。

粉碎“四人帮”、结束“文化大革命”，为中国的社会经济发展创造了另一种可能。十一届三中全会之前，政府部门及学界对“文化大革命”的反思基本停留在“拨乱反正”，也即“把‘四人帮’颠倒的是非再颠倒过来”的层面上，多数研究关注如何恢复“文化大革命”前的计划经济（《当代中国的计划工作》办公室，1987）。但是，广大基层劳动者却再也不想回到“文化大革命”前，自发闯关，推动了中国的经济市场化。

（一）多种经济成分的出现与发展

破冰闯关首先出现在农村。早在1976年10月之前，由于多年极“左”路

线肆虐，农村经济严重凋敝，农民对大寨式评工计分法始终持抵制态度，一有机会便明里暗里地实行各种定额包干制。① “四人帮”粉碎之后，许多农村纷纷开始试行承包制。② 安徽小岗村的包产到户仅仅是其中之一，关键是它得到了当时凤阳县与安徽省党政领导的支持。1980 年，邓小平公开肯定了小岗村“大包干”，联产承包责任制开始在全国农村推广。1982 年 1 月，中共中央关于农村工作的第一个“一号文件”（中共中央批转《全国农村工作会议纪要》）出台，联产承包责任制席卷全国。到 1983 年底，全国农村实行联产承包责任制的生产队占全国生产队总数的 98.6%，其中实行家庭联产承包责任制的生产队占 97.7%（王梦奎，2003）。联产承包责任制极大地促进了农业生产，迅速提高了农民收入，也推动了乡镇企业发展。农业部统计数据显示，1984 年全国乡镇企业已达 606.5 万家，企业员工 5208 万人，企业总收入 1537 亿元，其中个体经济、联户经济性质的企业数、员工数和总收入分别为 541.5 万家、1360 万人和 268 亿元。

农村改革推动了城市改革。20 世纪 80 年代初，为提高经营效率，增加财政收入，国家对国营企业逐步扩大经营自主权。为解决数千万知青回城出现的大量城镇失业人口，国家鼓励创办城乡集体、个体和私营企业。为充分利用闲置劳动力，扩大出口，缓解外汇紧缺，中央在粤闽设立经济特区，引进外资。这些都推动了城镇经济的多元化。1978 年，全国私营企业数为零③，城镇个体工商业者仅 15 万人。80 年代初期，私营企业开始萌生。1988 年 4 月，七届全国人大一次会议通过了《中华人民共和国宪法修正案》，确立了私营经济的合法地位。随后，国务院颁发了《中华人民共和国私营企业暂行条例》《中华人民共和国私营企业所得税暂行条例》等，私营经济迅速发展。1989 年，中国私营企业达 9 万多户，其中农村私营企业占 61.6%，有限责任公司 3836 家，占私营企业的 4.2%（张诸武等，1994）。1991 年，私营企业从业人数达 2441 万人，是全国全民和城镇集体企业职工人数的 17.1%，占全国劳动者总数的 4.2%。全国登记注册的个体户工业产值为 1610 亿元，占全国工业总产值 5.7%。个体户与私营企业共计纳税 179 亿元，占全国各项

① 作者李文溥当年下乡福建闽北地区，目睹并参与了当时的各种定额包干制。

② 以福建为例，1978 年闽清县省璜公社洼垅大队、漳平县新桥公社，以及建阳地区等地农民已开始“分田单干”（参见《洼垅大队刹住分田单干歪风》《新桥公社纠正闹分队的“自由风”》，载《福建日报》1979 年 4 月 13 日第 1 版；《清理“左”的思想，落实生产责任制》，载《福建日报》1981 年 4 月 23 日第 1 版）。

③ 当时关于私营企业的定义是企业资产私人所有，雇工 8 人以上的营利性经济组织。

税收总额6.6%。[①] 到1992年，中国各种经济成分在工业总产值中的比重有了明显变化。

经过十余年的市场化，非公有制经济得到长足发展，1991年已占当年工业生产总值的10.8%，初步改变了工业企业中国营和集体企业一统天下的局面（见表1）。但直到20世纪90年代初，工业企业中国营及集体企业产出仍高达近90%。[②] 多种经济成分虽然产生，但仍不足以形成用财政货币政策进行宏观调控的市场经济微观基础。

表1　1978~1991年各种经济成分在工业总产值中所占比重　单位：%

年份	国营企业	集体企业	个体、私营企业和外资企业等
1978	77.6	22.4	0.0
1979	78.5	21.5	0.0
1980	76.0	23.5	0.5
1981	74.8	24.6	0.6
1982	74.4	24.8	0.8
1983	73.4	25.7	0.9
1984	69.1	29.7	1.2
1985	64.9	32.1	3.0
1986	62.3	33.5	4.2
1987	59.7	34.6	5.6
1988	56.8	36.1	7.1
1989	56.1	35.7	8.2
1990	54.6	35.6	9.8
1991	56.2	33.0	10.8

资料来源：根据历年《中国统计年鉴》数据计算而得。

（二）在市场化进程中逐步调整经济管理体制

从计划经济转向市场经济，是社会经济运行机制的根本性改变，需要一系列体制改革，绝非一蹴而就。由于改革目标仍在探索中，这一阶段的改革是一种号音未定的探索。政府在对国企实行分权让利、扩大经营自主权、发展多种经济成分的同时，不断进行体制、机构调整及改革，逐步建立起与市场化改革相容的经济管理体制。

①② 数据均来自相关年份的《中国统计年鉴》。

1. 逐步放开工农产品价格，市场价格机制逐步形成

1978 年，中国的商品和劳务绝大部分由政府定价，市场定价仅占零售商品的 3.0%。其中仅有 5.6% 的农产品是市场定价，其余是国家定价（92.2%）与国家指导价（2.2%）；生产资料则完全由国家定价。1979 年，国务院对粮食收购实行超定额收购加价。1981 年，政府调整部分工业品价格，并在局部增量范围内引入市场定价。1985 年，政府开始放开部分农产品和生产资料价格，逐步形成了计划内价格与计划外价格并行的“价格双轨制”。到 1991 年底，零售商品与农产品的市场定价占比超过了国家定价与国家指导价格之和，但在生产资料上市场定价仍不及一半（见表 2）。1992 年下半年，中央直接管制的商品仍有 737 种（王梦奎，1999）。

表 2　不同价格形式交易量比重　单位：%

年份	商品零售			农产品			生产资料		
	国家定价	国家指导	市场价格	国家定价	国家指导	市场价格	国家定价	国家指导	市场价格
1978	97.0	0.0	3.0	92.2	2.2	5.6	100.0	0.0	0.0
1985	47.0	19.0	34.0	37.0	23.0	40.0	64.0	23.0	13.0
1986	35.0	25.0	40.0	35.3	21.0	43.7	—	—	—
1987	33.7	28.0	38.3	29.4	16.8	53.8	—	—	—
1988	28.9	21.8	49.3	24.0	19.0	57.0	60.0	0	40.0
1989	31.3	23.2	45.5	35.3	24.3	40.4	—	—	—
1990	29.8	17.2	53.0	25.0	23.4	51.6	44.6	19.0	36.4
1991	20.9	10.3	68.8	22.2	20.0	57.8	36.0	18.3	45.7

注：表中数值为按三种价格成交的交易量百分比。

资料来源：《中国物价年鉴（2007）》。

2. 发展市场化的金融体系

1949 年之前，中国已初步建立“中央银行 + 多元化主体”的以商业银行为主的金融体系。1949 年以后，银行体系最早进行社会主义改造，不同经济成分的商业银行及金融机构先后实行公私合营，股票市场被关闭。到 1978 年，中国实际上只剩下一家银行——中国人民银行。中国银行只是中国人民银行的附属机构，仅从事外汇业务，建设银行则是财政部基建拨款处的另一块牌子。中国人民银行的业务大量萎缩，成为财政部的附庸。中国人民银行既发行货币、代理国库，又从事企业信贷；既是中央银行，又是专业银行。这种银行体

制显然不能满足经济市场化的需要。1983 年 9 月，国务院决定中国人民银行“不再兼办工商信贷和储蓄业务，以加强信贷资金的集中管理和综合平衡，更好地为宏观经济决策服务”，集中精力于中央银行工作。

1979 年 2 月恢复中国农业银行，成为国家办理农村金融的专业银行。其后，中国银行（1979 年 3 月）从人民银行分立出来，建设银行改变了从属于财政部的地位（1983 年 1 月），中国投资银行（1981 年 12 月）、中国工商银行（1984 年 1 月）相继成立，形成了中央银行—专业银行体系。但直至 20 世纪 90 年代初，商业银行仍被视为异端，主张专业银行应转型为商业银行的观点受到严厉批判。

为促进竞争，提高服务水平，中央决定建立股份制银行。交通银行（1986 年 7 月）、招商银行（1987 年 4 月）、中信实业银行（1987 年 2 月）、平安银行（1988 年 5 月）、兴业银行（1988 年 8 月）、广东发展银行（1988 年 9 月）等先后成立，成为第一批股份制银行。它们与“中、农、商、建”四大行一样，都是国有银行，其存贷业务都是根据中国人民银行下达的计划指标操作。存款准备金率及基础利率等政策工具虽已设立，但无法正常发挥作用。各银行存贷款指标及利率仍由中国人民银行统一规定。

1984 年 11 月，中国第一家公开向社会发行股票的股份制试点企业——上海飞乐音响股份公司成立。1985 年 1 月，第一家公开向社会发行股票的集体所有制企业——上海延中实业有限公司成立。随后，股份制企业渐渐增加，股票发行量不断扩大。1986 年 9 月，工商银行上海信托投资公司静安证券业务部正式营业，这是 1949 年以后中国第一家代理和转让股票的证券公司。至 1989 年，沈阳、上海、武汉、西安等地证券交易市场先后运行。上海证券交易所、深圳证券交易所分别于 1990 年底、1991 年 7 月开业。但是，证券市场作为国民经济的直接融资渠道，当时的作用几乎可以忽略不计。

3. 财税制度的改革与发展

1978 年 12 月，中央决定按照分级包干制明确划分中央与地方财政收支范围，对国企实行企业基金制度，以调动地方政府和国企的积极性。1980 年 2 月，国务院决定自本年起实行“划分收支、分级包干”的财政管理体制。“分灶吃饭”的财政体制在 20 世纪 80 年代先后经历三次变化，即 1980 年的“划分收支、分级包干”体制、1985 年的“划分税种、核定收支、分级包干”体制和 1988 年的包干体制。这些改革改变了计划经济中财政高度集权的状况，提高了地方发展经济的积极性。

与此同时，政府用“利改税”调整政府与企业关系。1980 年，“利改税”开始试点改革，国企上缴政府的收入由利润改为税收。1983 年，扩大“利改税”改革，整体分为两阶段。第一阶段，有盈利的国企一律按 55% 的税率征收所得税，所剩利润分别采取递增包干上缴、固定比例上缴或调节税等办法上缴国家，剩余部分按照国家规定的留利水平留给企业。“利改税”明确了国企与政府的关系，国企与非国企一样照章纳税。第一阶段所实行的所得税加之不同比例的利润调节税，仍然是将国企盈利尽可能地转为政府所有。如此改革的原因：一是政府财源紧缺；二是各类国企起点不一，统一的税率无法实现平等竞争。第二阶段则是将国企原来上缴国家财政的利税改为按 11 个税种向国家缴税，由税利并存过渡到完全以税代利，形成了多环节的复合税制。此后，财政部先后改征、新征与恢复开征一些税种。到 1993 年，我国税种已达 32 种，基本形成了以流转税和所得税为主体，其他辅助税种相配合的多税种、多环节的复合税制体系。

与计划经济下企业盈余全部上缴的大一统财税体制相比，新财税体制为政府调节市场提供了政策工具，初步实现了财政体制转型。

（三）从 MPS 体系转向 SNA 体系，建立市场经济宏观调控的统计基础

从 1952 年到 1984 年，我国国民经济核算实行的是与计划经济配套的物质产品平衡体系（System of Material Product Balance，MPS）。这一统计核算体系只计算五大物质生产部门产出，将其他部门的经济活动视为非物质生产，不计算其产出价值。它不能完整地计算社会总供需，因而无法成为宏观调控的数据基础。1984 年 1 月，国务院决定建立统一的、科学的国民经济核算制度。1985 年，国家统计局开始进行国民经济账户体系（The System Of National Accounts，SNA）的国内生产总值核算，标志着中国国民经济核算体系从 MPS 体系向 SNA 体系转换。国家统计局 1992 年制定的《中国国民经济核算体系（试行方案）》采纳了 SNA 体系的基本核算原则，同时保留 MPS 体系的核算内容，形成两者兼有的混合体系。直到 1993 年，我国才取消了 MPS 体系的国民收入核算，完全转入 SNA 体系。[①] 统计体系滞后也是 20 世纪 80 年代不具备实行宏观调控条件的原因之一。

① 此后至今，又多次修订与完善。

（四）经济理论的更新

计划经济的理论基础是苏联的《政治经济学教科书》（下）。这一理论体系的伪科学性，早在 20 世纪 50 年代中期就为顾准等所揭示（顾准，1994；1997），并受到布鲁斯（Bruce）、科尔内（Kornai）、锡克（Sik）等东欧经济学家的批判。改革开放使我国经济学界深感必须开阔眼界，借鉴国外研究，解放思想，促进理论创新，指导经济改革。

1979 年 5 月，陈岱孙等发起成立"外国经济学说研究会"，举办系列国外经济学讲座，介绍现代经济学流派与观点，推进经济思想解放。中国社科院经济研究所先后邀请布鲁斯、锡克等来华讲学，介绍东欧改革思想、理论及实践。其倡导的市场社会主义理论对中国改革开放与宏观调控产生了重要影响（林重庚，2018）。经济所还连续举办"数量经济学讲习班"、"国外经济学讲座"和"发展经济学讲习班"（吴敬琏，2013），推进了中国经济学现代化。[①]《就业、利息与货币通论》（凯恩斯，1983）、《宏观经济理论》（阿克利，1981）和《宏观经济学和微观经济学》（张培刚和厉以宁，1980）等著作的翻译和出版，推动了中国经济理论的更新。

我国学者结合传统政治经济学与现代经济学，试图构建社会主义宏观经济分析框架体系。[②] 戴园晨（1986）借鉴部分宏观经济学分析方法，以马克思再生产理论为基础和分析框架，分析中国宏观经济运行与经济政策。1986 年底，《社会主义宏观经济分析》问世，这是中国第一部试图用现代经济学方法研究社会主义宏观经济运行的专著（符钢战等，1986）。1987 年，《经济研究》编辑部召开"宏观经济理论研究基本理论与方法"座谈会，次年又与《中青年经济论坛》编辑部合开"宏观经济理论研究会"（杨云龙和刘伟，1988），形成宏观经济理论讨论的第一个高潮。1990 年，《公有制宏观经济理论大纲》出版，这是试图运用现代经济学对公有制基础上的"改革型"计划经济进行学理

---

① 1979 年中美建交后，劳伦斯·克莱因率领美国经济学家代表团访华，许涤新和克莱因协商，次年由克莱因牵头，在中国举办经济计量学讲习班。1980 年 6 月，克莱因率领邹至庄、刘遵义、萧政、栗庆雄、安德森、安藤六位教授在颐和园举办为期 7 周的经济计量学讲习班，有百余名中国经济学人参加培训。1984 年 6 月，邹至庄与国家教委合办暑期教学班。1985 ~ 1995 年，国家教委和福特基金会合作进行中美经济学教育交流项目"福特培训班"，创办《中国经济》，安排赴美留学生，培训了大批中国青年经济学人。

② 关于改革开放初期宏观经济学的争论，参见张曙光：《宏观经济理论》，引自张卓元主编《论争与发展：中国经济理论 50 年》，云南人民出版社 1999 年版；陈璋等：《中国宏观经济方法论问题研究》，中国人民大学出版社 2006 年版。

解释的最后尝试。随着我国明确向社会主义市场经济体制转轨，这种尝试被放弃了。①

在经济改革与中外学术交流中，我国学界提出了一些很有特色的经济思想和政策思路，如“计划经济为主、市场调节为辅”“社会主义经济是有计划的商品经济”“国家调节市场、市场引导企业”等，对社会主义经济中市场机制的认识不断深入与突破。1991 年，吴敬琏和刘吉瑞等提出并详尽阐述改革目标应是建立社会主义市场经济体制。学界的讨论为不同时期的改革决策提供了理论基础及舆论准备，推动了经济体制改革。

1992 年初，邓小平提出以社会主义市场经济为经济体制改革的目标，完成了在改革目标选择上从茫然到应然的转变，但从思想上的应然到现实中的实然，仍有很长的路要走。

三、1992～1996 年：应然而非实然

1992 年 10 月，党的十四大召开，确立经济体制改革的目标是建立社会主义市场经济。1993 年 11 月，中共十四届三中全会通过了《关于建设社会主义市场经济体制的若干问题的决定》，系统阐述建立社会主义市场经济新体制的任务。学界一般认为我国的宏观调控始于 1992 年，这值得商榷。宏观调控以市场经济为基础，党的十四大只是确立了建立社会主义市场经济的体制改革目标，1993 年还在解决建设社会主义市场经济体制的系统安排和建设步骤问题。党的十四大仅仅标志着我国经济体制改革在目标选择上取得了突破：中央终于把社会主义市场经济视为应然，一个要实现的目标。但就当时经济的实际运行状态而言，它并非实然。计划经济转为市场经济的一个重要特征是短缺经济转变为过剩经济。因为，短缺经济不是物理上的供给不足，而是体制特征。计划经济的父爱主义、软预算约束，必然导致所有主体对供给的无限需求。面对无限需求，供给永远短缺。短缺由此成为计划经济的体制特征。而在市场经济中，经济主体的预算约束是刚性的，需求受支付能力限制。即使在很低的生产力水平上，相对于供给，有支付能力的需求也总是有限的。在部分需求因缺乏支付能力而无法实现的同时，总有部分购买力因缺乏需求而转为储蓄，如果储蓄不能全部

① 放弃尝试的重要原因是迅速的体制转轨使既有转轨特色转瞬即逝，不值得抽象为构造理论体系的范畴。

转化为投资，有效需求将不足。因此，短缺消失、需求不足就成为计划经济转为市场经济的重要指示器。正是由于需求不足成为社会总供需矛盾的主要方面，才使以调节社会总需求为主的宏观调控成为现实可能。因此，我们认为，1992～1996年，我国仍处于计划经济向市场经济的转轨过程中，此时的经济管理方式仍带有很浓的计划经济色彩，还不能称为真正的市场经济宏观调控。

（一）市场经济仍在发育形成中

无论从市场主体、价格机制，还是经济波动的形式看，该阶段仍然是市场经济形成期，过渡特征比较明显，市场经济微观基础尚未形成，经济市场化程度有待提高。

首先，多元所有制结构有待进一步发展，市场化程度仍需继续提高。经过十多年改革，国有制为主的所有制结构仍未完全改变。虽然非公经济的比重不断提高，但仍严重偏低（见表3）。1992年以后，国有经济比重稳步下降。1993年，集体、民营及外资经济的工业产出比重为53.1%，首次超过国有经济。到1996年，国有经济工业产出比重仍超过1/3，非公有制仅占24.3%。1993年，国有企业、集体企业、私营和外资企业等在国内生产总值中的比重分别为42.9%、44.8%和12.3%，1995年为43%、40%、17%（陈元生，1997）。1996年，公有制经济、私营及外资企业经济比重分别为75.4%、24.6%（李安定等，1997）。但随着改革开放的深化，国企在日趋激烈的市场竞争中渐趋不利，亏损面不断扩大（见表4），1993年已经达到29.8%，1996年升至37.5%，亏损额超过了国企总利润（见表4）。1994年，9个国家部委联合组成的调查组对上海、天津、沈阳和武汉等16个大城市进行调查，发现这些城市国企的亏损面已达52.2%（张文魁和袁东明，2008）。

表3　1992～1996年各种经济成分在工业总产值中所占比重　单位：%

年份	国有制	集体所有	非国有制	非公有制
1992	51.5	35.1	48.5	13.4
1993	46.9	34.0	53.1	19.0
1994	37.1	37.4	62.9	25.5
1995	34.0	36.6	66.0	29.4
1996	36.3	39.4	63.7	24.3

注：“非国有制”指国有制以外的经济成分，“非公有制”指国有制与集体所有制以外的经济成分，1996年及以后年份国有企业为国有及国有控股企业。

资料来源：国家统计局国民经济综合统计司，《新中国六十年统计资料汇编》，中国统计出版社2010年版。

表 4　　1992～1996 年中国国有企业的亏损和利润

年份	亏损国有企业比重（%）	国有企业总亏损（亿元）	国有企业总利润（亿元）
1992	22.7	757	955
1993	29.8	479	1667
1994	32.6	625	1608
1995	33.3	802	1470
1996	37.5	1127	877

资料来源：历年《中国财政年鉴》。

其次，市场化程度有待进一步提高。改革开放以来，我国经济市场化程度不断提高。但是，作为市场经济，一个经济体的市场化要到何种程度才算达标？一般认为，市场化在 15% 以下为非市场经济国家，10%～30% 为弱市场经济国家，30%～50% 为转轨中期市场经济，50%～65% 为转轨后期市场经济，65%～80% 为欠发达市场经济或相对成熟市场经济，80% 以上即为发达市场经济或成熟市场经济。中国经济市场化在 20 世纪 90 年代中后期达到什么程度？国外学界没有直接的研究。国际通行的是经济自由度指数，它不直接测定各国经济的市场化程度，而是关注政府对经济的干预程度。根据加拿大弗雷泽研究所的报告，1980～1999 年，中国经济自由度指数（Index of Economic Freedom）由 3.2 提高到 5.8，位次由第 101 位（107 个经济体）上升到第 81 位（123 个经济体）。[①] 美国传统基金会（Heritage Foundation）对中国 1995～1997 年经济自由化程度评分分别为 3.60、3.60 和 3.50，国际位次分别为第 77 位、第 107 位和第 109 位。[②] 按照美国传统基金会的评分标准，直至 20 世纪 90 年代末，中国经济的市场化程度仍然较低。国内学者在 90 年代也进行了相关研究，学者对不同年份中国市场化程度有不同的推算。[③] 卢中原和胡鞍钢（1993）认为 1992 年中国市场化程度达到 62%；国家计委市场与价格研究所课题组（1996）认为 1994 年中国市场化程度为 65%；顾海兵（1997）认为 1996 年中国经济市场化程度为 40%；江晓薇和宋红旭（1995）认为中国市场化程度仅约 37%；陈宗盛等（1999）认为 1997 年中国市场化程度约为 60%；常修泽和高明华（1998）认为，1997 年中国经济市场化程度达 50%，若以 80%～85% 作为市场

---

① 弗雷泽研究所从政府规模、法律结构与产权保护、货币政策的合理性、对外交往自由度、劳动力与商业管制五个方面衡量，用综合指数的形式反映经济自由度。该指数介于 0～10 之间，分值越大，自由度就越高（参见 https：//www.fraserinstitute.org//economic-freedom/dataset）。

② 2006 年之前美国传统基金会评分为 5 分制，分值越小经济自由度越高。2 分以下为自由，2～3 分为比较自由，3～4 分为不太自由，4 分以上为受压制（参见 http：//www.heritage.org/）。

③ 国内学界对市场化测度的综述，参见吴林军：《中国市场化测度研究综述》，载《经济纵横》2003 年第 9 期。

化理想目标，中国市场化道路已经超过六成。综合国内外学者20世纪90年代的研究，以及21世纪初中国市场化程度的系统研究，[1] 我们认为，1996年、1997年中国经济刚刚到达市场经济阈值，市场化程度位于50%～60%，经济运行正在转向市场主导型。但市场化程度不均衡，产品市场化程度较高，其他领域的市场化程度较低。如常修泽和高明华（1998）认为，1997年产品市场化程度已达61.71%，企业市场化程度为51%，但要素市场化与政府行为市场化严重滞后，只有36.1%和36.6%。显然，在这种市场化水平下，政府还难以应用财政货币政策对社会总供需进行宏观调控。[2]

最后，产品市场的价格管制基本解除，企业获得绝大部分产品的定价权。1992年，国家物价局通过修订和颁布新的《价格管理目录》，大范围地解除了价格管制。有关部门确定中央管理价格的分工目录，其中重工业生产资料和交通运输价格由1992年的47类737种减少为89种；农产品价格由原目录的40种减少为10种，轻工商品由原来的41种减少为9种（马凯，1999）。1993年，中央政府进一步放开成品油、绝大部分钢材、煤炭和水泥的出厂价格，在全国范围内基本放开粮食和食用油价格。1994年，农业生产全部取消指令性计划；国家指令性计划管理的工业产品减至36种，占全国工业总产值比重由40%降至约4%；由国家计委负责平衡与分配的物资品种减至12种（王春正，2003）。我国由价格“双轨制”进入并轨后的市场价格体制，市场定价在社会消费品零售总额中所占比重达到90%以上，在生产资料销售总额和农副产品收购总额中约占80%。这表明90年代中期之后，市场定价机制在产品价格领域得以初步建立，企业有了自主定价权。但是，要素市场的形成仍严重滞后于产品市场，导致了产品定价扭曲。这既不利于资源优化配置，也难以实现市场均衡，给宏观调控造成了困难。

（二）宏观调控体制仍在建设中

宏观调控不仅是以市场经济为基础，而且需要相应的宏观调控制度安排。

---

① 国内学界普遍认为，2001～2003年中国市场化程为60%～70%。如国民经济研究所2003年10月委托国内30位著名经济学家所作的测评显示，近一半专家认为当时市场化程度为60%～70%，超过1/3专家认为低于该数值，只有16.67%的专家认为高于该数值（参见张晓晶：《中国市场化进程报告：现状分析与未来预测》，载《管理世界》2004年第3期）。

② 比较美国1975年修订的《商业状况摘要》（*Business Conditions Digest*）和国务院发展研究中心1993年制作的中国经济景气指数的指标构成，可以看出中国与发达市场经济体的市场化水平差距。美国的指数主要由价值量指标构成，中国则主要由实物量指标组成。这反映出前者的经济波动主要是由于社会总需求决定的，后者主要是由部分短缺物资决定（参见罗季荣、李文溥：《社会主义市场经济宏观调控理论》，中国计划出版社1996年版，第153～156页）。

但是，1997 年之前，宏观调控体制仍在形成中。[①]

1. 构建市场经济的金融体系

（1）中国人民银行成为真正的中央银行。1995 年 3 月，全国人大通过了《中华人民共和国中国人民银行法》，规定中国人民银行制定、施行货币政策与监督管理金融业的职能，从法律上确立了它的中央银行地位。随后中国人民银行调整总行机构，加强监管职能；设立跨省区的大区分行，分支机构设置同省、区、市行政建制基本脱钩。由于国库、金融统计和外汇管理等职能仍按行政区划履行，省会中心支行承担了原省分行的这些职能。

（2）国有专业银行向商业银行转型。这就必须把原来各国有专业银行承担的政策性金融职能分离出来，由政策性银行承担，而后将专业银行转制为商业银行。1994 年，中国进出口银行、国家开发银行和中国农业发展银行先后成立，分别承担国家进出口贸易、重点建设项目融资和农业政策性贷款任务，初步完成了商业信贷与政策信贷的机构分离。1993 年，《国务院关于金融体制改革的决定》确定专业银行向商业银行转型，银行业与保险业、信托业、证券业分业经营，商业银行不得投资非金融企业；要求各商业银行严格按照市场规则经营，对资产承担全部责任，成为自主经营、自担风险、自负盈亏、自我约束的市场主体。1995 年 7 月，《中华人民共和国商业银行法》颁布，规定了商业银行的权利和义务，将其管理纳入法治轨道。

（3）增设股份制商业银行。先后设立上海浦东发展银行（1992 年 8 月）、光大银行（1992 年 8 月）、华夏银行（1992 年 10 月）、民生银行（1996 年 1 月）等股份制商业银行。1993 年，各地在城市信用合作社基础上组建城市商业银行，根据资本金来源和归属设置国家股、法人股、个人股，股本由当地企业、个体工商户、城市居民和地方财政入股资金构成。城市商业银行按照《中华人民共和国公司法》《中华人民共和国商业银行法》规定进行组建和经营，并依法接受人行监督和管理。

---

① 1988 年机构改革，国务院组建了新的国家计划委员会，不再承担微观管理和行业管理的职能，是一个高层次的宏观经济管理机构。但是，这一机构并不能完全适应宏观调控的需要。世界银行在 1994 年度《中国国家经济报告——在权力下放的经济中保持宏观经济稳定》中提出，必须建立一个“高峰委员会”，以协调不同部门的宏观经济政策。1996 年，曹玉书等提出，当务之急是组建宏观管理委员会，这个“参谋部”应以国家计划委员会、国家经济贸易委员会和国家体制改革委员会为基础，包括银行和财政等部门参加，形成超部级单位。这实际上就是后来国务院下属“国家发展和改革委员会”的最初设想。1998 年，国家计划委员会更名为国家发展计划委员会，主要负责宏观调控事宜。2003 年，在国家发展计划委员会基础上成立国家发展和改革委员会（参见曹玉书：《宏观调控机制创新》，中国计划出版社 1996 年版，第 188 页）。

(4) 发展外汇市场。第一，汇率并轨。1994 年 1 月 1 日起，人民币官方汇率与市场汇率并轨，实行以市场供求为基础的单一的、有管理的浮动汇率制度，人民币汇率主要由外汇市场供需关系决定。第二，建立外汇交易市场。1994 年 4 月，中国外汇交易中心在上海成立并正式运行，指定银行成为外汇交易主体，采取会员制，实行撮合成交集中清算制度，体现价格优先、时间优先原则。中国人民银行根据宏观经济政策目标，对外汇市场进行必要干预。第三，经常项目可兑换。1994 年，我国开始实行人民币经常项目有条件可兑换和银行结售汇制度，取消外汇上缴和留成，取消外汇的指令性计划和审批。1996 年，其他外汇汇兑限制进一步取消，如取消出入境展览、招商等非贸易非经营性用汇的限制等。经过一系列改革后，中国达到了国际货币基金组织协定要求，实现了人民币经常项目完全可兑换。1994 年汇率并轨对中国的对外开放具有重要意义，它大大促进了外贸发展，中国自此始终保持贸易顺差，为加快外资引入奠定了良好基础。更重要的是，汇率并轨从根本上巩固了出口导向的发展战略，使融入国际经济体系成为不可逆转的潮流。第四，扩大外资金融机构在华业务活动。1992 年，国务院新增 18 个沿海和内地城市，允许其设立营业性外资金融机构。1994 年 4 月，《中华人民共和国国外资金金融机构管理条例》颁布实施，标志着我国对外资银行开放进入规范化管理阶段。1996 年底，允许外资银行在上海浦东经营人民币业务。引入外资银行，有利于促进我国金融市场化，但限制仍多，作用微弱。

(5) 发展证券市场。1992 年 10 月，国务院证券委员会和中国证券监督管理委员会（以下简称“证监会”）成立，改变了此前由中国人民银行监管的状态，独立运作，加强对证券市场的监管。证监会成立了股票发行审核委员会，一系列规范证券市场运作的法令、规章与制度相继出台。另外，证券交易规模不断扩大，交易方式日趋多样化；证券品种结构多样化，涵盖股票、基金国债，企业债券、可转换债券等。但直到世纪之交，直接融资占整个融资的比重仍微不足道，股票市场的资源配置作用有限。

2. 构建新财税体制，促进公平竞争

1994 年，中央政府以统一税负、公平税负、简化税制、合理分权、理顺分配关系、保障财政收入为指导思想，再次推行财税体制重大改革。首先，确立分税制，组建中央与地方两套税务机构，中央税和全国统一实行的地方税立法权集中在中央，初步理顺了中央与地方的收支关系，开始实施比较规范的转移支付制度。中央财政不再向银行透支，而是依靠发行国债和其他经济措施。其

次，内资企业统一适用33%的所得税税率，对部分盈利水平低的企业，采取过渡性的两档低税率，规范了企业所得税税前列支项目和标准。最后，继续改进税收体系。将个人收入调节税、城乡个体工商户所得税和个人所得税合并为统一的个人所得税；以增值税代替产品税，扩大增值税征税范围，征税范围覆盖工业、商业批发和加工修理业，对第三产业（除商业批发和加工修理业外）征收营业税；开征消费税，对原征收高税率产品税的产品加征消费税。经过改革，建立了以增值税为主体、消费税和营业税为补充的流转税制度。1994 年的财税改革消除了原有间接税的重复征税的弊端，实现了总体税负公平和有重点调节的结合，为市场主体的生产经营创造了相对公平的制度环境，增强了中央政府的财政调控能力，构建了政府进行宏观调控的体制基础，是改革开放以来构建市场经济的财税体制和宏观调控体系的关键步骤之一。但是，内外资企业、特区与非特区税制仍未统一，第三产业尚未实行营改增，第二、第三产业之间的税负不均衡，此类种种说明财税体制转轨仍未完成。

（三）宏观调控仍严重依赖指令性计划与行政干预

1992 年邓小平南方谈话及党的十四大之后，中国再次出现经济过热。不少地方政府盲目扩张投资，竞相攀比发展速度，我国经济出现了“三乱”与“两热”（即乱集资、乱拆借、乱设金融机构和房地产热、开发区热），引发了严重通胀。1994 年出现了改革开放以来最高的通胀率，高达 21.7%。1993 ~ 1996 年，我国实行适度从紧的财政货币政策，目的是治理通胀，实现经济“软着陆”。有人认为，我国宏观调控从此正式“启航”，并取得了良好成效。但是，具体分析本次“宏观调控”采取的政策措施，就会发现它仍然是主要依靠指令性计划与直接的行政干预，尚不能称为市场经济的宏观调控。

1. “适度从紧”的财政政策

“适度从紧”的财政政策的着力点主要是总量从紧和结构调整。具体措施[①]如下。

（1）强化投资管理，控制固定资产投资增长。在传统体制下，投资需求膨

① 1993 年 6 月，《中共中央 国务院关于当前经济情况和加强宏观调控的意见》发布，即通常说的“十六条”，从金融、财政等方面着手解决“三乱”与“两热”问题。很多属于改革措施，如财政包干制改为分税制、构建以增值税为主体的新税体系、加强税收征管等，这里主要讨论与调控经济有关的政策措施。

胀往往是导致总量失衡的主要因素。为了抑制通胀，国务院严格控制投资规模。首先，严格项目审批，并从资金源头严格控制。国家计委以审核排队的方式严控新开工项目，严格审批和清理开发区。1995 年 7 月中下旬，按照国务院部署，由国家计委、国家经贸委等 8 个部门组成的国务院固定资产投资工作组，分赴北京、河北、上海等 8 个（省、区）市检查固定资产投资情况，重点检查上半年新开工项目和投资资金来源，有效控制了投资总规模，投资增速从 1993 年的 58.6% 降至 1996 年的 18.2%。其次，国家计委直接对部分产品实行价格管制。由于控制住了投资需求过快增长，一度紧张的生产资料供求状况随之改善，价格也迅速下降。同时，投资过大对货币发行的倒逼机制逐步减弱，成为货币供应量趋于正常的最重要因素。

（2）严控社会集团购买力。1993 年，国务院决定由国家计委牵头，经贸委、监察部、财政部、税务总局和国家工商总局等部门参加，开展新中国成立以来首次全国性消费基金大检查。检查分两阶段进行。第一阶段从 7 月开始，在北京、上海、广东、浙江和山东五省市试点，按照国务院统一部署，由当地政府领导自查自纠。第二阶段从 8 月下旬开始，国务院消费基金检查工作领导小组组成 5 个综合检查组进行重点检查，针对反映出来的问题，责令整改。11 月 10 日，国务院召开电视电话会议，并下发《国务院关于严格控制消费基金过快增长和加强现金管理的通知》，要求各级政府严禁滥发钱物和年终突击花钱，加强现金管理，严禁公款高消费和把公款转为个人消费基金，严控会议费支出。国家出台一系列控制消费基金过快增长的经济政策、法律法规和行政措施。《中华人民共和国个人所得税法》则从 1994 年 1 月 1 日起实施。针对当年机关事业单位工资改革中出现的问题，中央及时纠正部分地区违规冲销补贴、津贴、奖金，以及搭车出台新的补贴项目、高套工资、自行扩大调资范围等错误做法。通过严格的行政管控，控制社会集团购买力，压制消费需求不正常膨胀，降低经济“过热”风险。

2. 适度从紧的货币政策

首先，整顿金融秩序，抑制由炒股热、集资热、开发区热和房地产热引发的泡沫经济。1992 年底，国务院发出《关于进一步加强证券市场宏观管理的通知》，成立国务院证券管理委员会和中国证券监督管理委员会，加强对证券市场的管理。1993 年 4 月中旬，国务院发出《关于制止乱集资和加强债券发行管理的通知》，并派出 7 个工作组，由有关部委主要负责人带队赴 14 个省（区、市）进行检查，加强对直接融资的管理。5 月上旬，国务院又发出《关于严格审批和认真清理各类开发区的通知》，严禁乱占耕地，努力清除房地产泡沫。1995 年，中国人民银行对全国非银行金融机构进行重新登记，撤销一批非法成立或越权审批成立的机构。针对证券市场过度投机、国债期货交易混乱、券商肆意违规等问题，证券管理部门停止了国债期货交易，处理了一批违规券商，以整顿证券市场秩序。

其次，实行适度从紧的货币政策。央行运用利率、存款准备金率、公开市场业务等货币政策工具进行调控，提高存贷款利率，控制信贷规模，连续三次提高金融机构存贷款利率，严格控制货币供应量。1993 年的货币发行量为 1527 亿元，1994 年降至 1424 亿元，1995 年更进一步缩小到 597 亿元，比上年少发行 827 亿元，M1、M2 增幅分别下降了 10 个和 5 个百分点。1995 年 1 月、7 月，央行两次提高再贷款利率和金融机构贷款利率。针对外汇占款项下基础货币投放增加的情况，适时采取收回央行再贷款、开办金融机构特种存款和发行融资券等“对冲”措施，使央行全年资金运用比上年减少 1000 亿元。1996 年，随着物价回落，货币发行量为 917 亿元，较之前有所回升；央行 1996 年 5 月 1 日和 8 月 23 日两次下调利率，并停办新的保值储蓄，减轻企业负担，以保持经济平稳增长。

最后，在控制信贷规模总量的前提下，国务院加强对国家重点项目和重点企业的“微调”“点贷”，改善有效供给。1995 年下半年，为缓解部分企业特别是国有大中型企业流动资金的不足，国有银行增加了对有市场、有效益的企业和即将竣工的重点建设项目的贷款。

3. 其他政策措施

除财政与货币政策外，中央还应用了其他手段进行调控。一是加快粮食、棉花的价格改革步伐，加强对市场粮、棉、油、糖、化肥等大宗商品的总量平衡，停止出口，组织进口，增加粮棉油等主要农产品供给，运用国家储备对市场进行调节，坚决制止乱涨价，平抑价格。加强对市场价格监管，实行明码标价，颁布《制止牟取暴利的暂行规定》，推迟提价措施。二是加强交通、通信、能源、原材料等基础设施和基础工业建设，有计划地提高铁路等基础设施、基础产业的产品和服务价格，使这些行业长期偏低的价格有所调整。大力加强农业，促进粮食生产。针对物价上涨中多半是副食品价格上涨的情况，采取了多渠道增加农业投入、连续大幅度提高粮食定购价格、强化科教兴农、扶持支农工业、实行“米袋子”省长负责制和“菜篮子”市长负责制等措施，增加了农副产品供给。1995 年更是及时增加粮食进口、减少粮食出口，对改善当年国内供求状况、平抑粮食市场价格起了决定性作用。

经过多方努力，GDP 增长率从 1993 年的 13.5% 逐步回落到 1996 年的 9.6% 和 1997 年的 8.8%，通胀率由 1994 年的 21.7% 降到了 1996 年的 8.3% 和 1997 年的 2.8%，我国经济在 1996 年实现了“软着陆”。

从本轮经济过热及其控制可以看出，1992 ~ 1996 年的“宏观调控”并非规范意义上的市场经济宏观调控，更多体现了计划经济的特征。第一，整个周期波动体现了计划经济体制下经济过热的典型特征。经济过热源于邓小平南方谈话之后各地政府、国企的盲目扩张，竞相攀比发展速度，“三乱”与“两热”，即计划经济的预算软约束。从整个经济周期的波形看，也呈现出计划经济的周期特征，短期内经济迅速过热。尽管采取了严厉的行政措施，通胀的回落却比较缓慢，增长曲线呈现出典型的左偏形状。第二，从控制经济过热的措施看，除货币政策略具市场经济中宏观调控的特征外[①]，其他措施基本是计划经济型的指令性计划或行政干预，对某行业，甚至对某类企业的投资与生产进行直接行政干预，辅之以各种改革措施，以抑制“三乱”与“两热”。因此，不能认为 1992 ~ 1996 年的控制经济过热是市场经济的宏观调控。

四、1997 年至今：从应然走向实然

“软着陆”之后，中国经济出现了一些新特征。

（一）多元化市场主体竞争的局面初步形成

由于难以适应市场竞争，从 20 世纪 80 年代末开始，国企亏损面就不断扩大，日益成为各级地方财政尤其是县市财政的沉重包袱。20 世纪 90 年代初开始，“抓大放小”逐渐成为国企改革的重要手段，但这并未成功遏制国企亏损面不断扩大的趋势。《中国财政年鉴》数据显示，1997 年国企亏损面已经达 43.9%，亏损 1421 亿元，盈亏相抵，当年国企净利润只有 540 亿元；1998 年亏损国企比重达 47.4%，总亏损 1960 亿元，国企总利润首次为负（ –78 亿元）。这意味着整个国企已沦为财政包袱。1997 年，国企进行股份制改造。

---

① 央行当时的紧缩政策不是规范的货币政策操作。提高存款准备金率和再贷款利率，没有使各商业银行收缩贷款、提高利率，因此只能用指令性计划控制银根，直接决定各商业银行的存贷款利率、贷款指标等。

1998年之后，国企及国有控股企业产出在工业总产值中的比重逐年下降，2001年首次被非公有企业超过（见表5）。2000年之后，国企经历了更为激进的改制高潮，2001~2004年，国企数量下降近半，剩下的196家央企归国资委管理，经营国企的省市政府也设立了类似管理机构。2003年以后，国企改革不再作为中国经济体制改革的“中心环节”。

表5　　中国各种经济成分在工业总产值中所占比重　　单位：%

年份	国有及国有控股企业	集体企业	非国有企业	非公有企业
1997	31.6	38.1	68.4	30.3
1998	49.6	19.5	50.4	30.9
1999	48.9	17.1	51.1	34.0
2000	47.3	13.9	52.7	38.8
2001	44.4	10.5	55.6	45.0
2002	40.8	8.7	59.2	50.5

注：1998~2006年工业企业单位统计范围为全国国有及年产品销售收入在500万元以上的非国有工业企业。

资料来源：国家统计局国民经济综合统计司，《新中国六十年统计资料汇编》，中国统计出版社2010年版。

（二）短缺经济向有效需求不足转化

随着“软着陆”成功，中国经济出现了一些重要变化。自1997年起，社会总供需的主要矛盾从短缺逐渐转向有效需求不足。其一，企业生产能力大量闲置，停产、半停产企业增多，失业率上升。制造业至少有20%的生产能力闲置，到该年底，全国有1000多万职工下岗。其二，投资增速趋缓，1997年投资实际增长8.3%，低于经济增速，1998年全社会投资增速降至1992年以来最低水平。其三，商品市场供求平衡或供过于求。1996年上半年，全国主要商品监测数据显示，供求平衡的商品占89.4%，供过于求的商品占5.3%，供不应求的商品只占3%，彩电、电子计算机等多种耐用消费品大幅降价。据国家统计局调查，1997年供求平衡或供大于求的商品达98.4%，供不应求的商品仅有10种，约占1.6%。1998年下半年，国内贸易局商业信息中心调查，全国近610种商品中有403种供求平衡或基本平衡，其中206种供过于求，占33.8%，没有供不应求的商品。计划经济下的“短缺经济”已逐渐被供大于求的买方市场所代替。其四，国内需求增长乏力，部分企业开工不足，部分商品库存积压严重，物价开始持续下降。20世纪90年代以来，我国通胀率曾经高达21.7%（1994年），1995年降至14.8%，1996年仍高达8.3%，到1997年骤降至2.8%，

1998 年则变为负数，出现了通货紧缩，为数十年来首次。[①] 我国宏观经济供求关系在世纪之交出现了历史性转变：从计划经济下长达近半世纪的供给短缺转向了有效需求不足，低收入水平下的供给过剩取代短缺成为经济运行常态。

市场经济下，有效供给不足不是经济的常态。供给不足，只会导致短缺商品涨价或全面通胀，涨价使部分需求退出市场，促进供给增加，供求很快将恢复平衡。然而，有效需求不足在短期内却难以通过市场机制解决。在市场经济中，总供需矛盾更多体现为有效需求不足。宏观调控主要是用财政货币政策扩大总需求，促进经济增长。因此，从短缺转向有效需求不足，是中国经济转型的一个关键性标志，它为实行市场经济宏观调控建立了基础。

（三）扩大总需求的货币与财政手段

1997 年下半年爆发的亚洲金融危机使国内供大于求的矛盾进一步加剧，中央政府因此采取了“双松”的财政货币政策。它分为两个阶段：第一阶段为 1998 年上半年，以货币政策为主，财政政策为辅；第二阶段是 1998 年下半年，货币政策与财政政策双管齐下（刘斌，1999）。

1. 扩张性货币政策

1998 年初，央行多次出台政策。首先，取消国有商业银行贷款限额控制，实行“计划指导、自求平衡、比例管理、间接调控”的信贷资金管理体制，并实行资产负债比例管理和风险管理。其次，频频降低存贷款利率和准备金率。1997～1999 年，先后 5 次下调了银行存贷款利率；1998 年 3 月，趁改革存款准备金制度之机，央行将实际存款准备率下调将近 10 个百分点（法定存款准备率下调了 5 个百分点，准备金与备付金并户、准备金账户可用于清算，又省却将近 5 个百分点的原备付金率）。最后，提出积极实行贷款支持的指导意见。1998 年 5 月允许开办个人住房信贷。自 1999 年起，允许所有中资商业银行开办消费信贷业务。货币政策如此密集出台，力度之大，前所未见。1998 年 6 月末，广义货币 M2 余额为 94656.4 亿元，比上年同期增长 14%；狭义货币 M1 余额为 33716.3 亿元，比上年同期增长 8.7%；现金流量为 9720 亿元，比上年同期增长 6.6%。银行贷款止跌回升，金融机构各项贷款余额为 78797.6 亿元，增长 15.6%，增幅比上月高 0.4 个百分点，是前 4 个月的最高值。但经济景气

---

① 谢斌：《对我国宏观调控政策实施效果的评价及建议》，载《财经研究》1999 年第 4 期。

指数仍处于冷和偏冷状况，商品零售物价指数仍然为负，说明在本次经济周期中货币政策操作落入流动性陷阱，效果不明显，这与上一轮经济周期（1993～1996年）恰好相反。

2. 积极财政政策

与此同时，中央政府启动了积极财政政策。发行建设国债，扩张政府投资，通过政府投资弥补最终消费、净出口和资本下降形成的需求缺口。鉴于货币政策效果不明显，1998年下半年加大了扩张性财政政策力度，增发国债1000亿元，累计发行各种国债6323.6亿元；1999年，向商业银行增发600亿元长期国债，相应增加1000亿元银行贷款，重点投资基础设施项目（要求投向国务院规定的6个投资领域）。同时针对亚洲金融危机对外贸的负面影响，提高部分产品出口退税率，加大出口退税力度，优化出口产品结构，提高出口产品竞争力。1999年下半年外贸出口转降为升，增速加快。以积极财政政策为主，辅之宽松货币政策，"双轮"运转使1998年下半年经济增速下降有所减缓。但是，投资需求、消费需求对利率变动缺乏弹性，限制了政策的效力，扩张性财政政策所启动的公共投资对民间投资和居民消费需求的拉动不明显，内需不足仍然制约着经济增长，商品零售价格和居民消费品价格指数仍是负数，失业和下岗情况继续加重。直到2001年加入WTO，随着世界经济进入新一轮繁荣期，中国经济才触底回升。

本次宏观调控有以下几个特点。

（1）中国经济从供给短缺转为需求不足。尽管东亚金融危机的影响不可低估，但本国在1997年已先出现内需不足，因此内因是主要的。它使宏观调控成为可能。其前提是20多年来的市场化改革，大批国企改制，初步形成了多元经济并存的市场经济微观基础。

（2）本轮扩大内需是市场经济宏观调控在中国的首秀，通过扩大货币供应量及运用扩张性财政政策，启动公共投资，用财政货币政策调控社会总供需，它与市场经济下传统的扩大内需方式比较类似。而1992～1996年治理经济过热，主要是用行政手段对微观经济主体进行直接管制，抑制过热的需求。从调控的对象、采取的措施、针对的主要问题，均可以看出两次调控的明显不同。

（3）本轮经济周期中，宏观调控产生了一定的效果，但未达到预期。政策力度不小，却仅仅减缓了经济增速下滑。直到中国在2001年加入WTO，又恰逢世界经济进入新的繁荣期，这才使中国经济止跌回升，实现了趋势扭转。这说明入世之前，中国经济已与世界经济紧密相连。当今世界经济，更是一荣俱荣，一损俱损。

（4）调控效果不够理想。就国内而言，市场经济微观基础仅仅初步形成，财政货币政策工具也不完备。货币政策扩大了货币供给，但由于银行的所有制偏好，近80%的贷款流向国企。国企对利率并不敏感，影响了利率的调节效果。此外，利率调整也难以改变居民储蓄倾向[①]，居民消费信贷尚未展开，这就决定了直到21世纪的前十年，利率在宏观调控中难以发挥作用，货币当局不得不依靠货币数量调节（李文溥和李鑫，2000）。扩大财政支出，增加基础设施投资，作用较好。但对居民的转移支付，仍缺乏制度安排，财政政策难以直接扩大居民消费；国债品种较少，经常性国债发行与回购制度安排尚未形成，公开市场无法充分发挥政策微调的作用。这说明，中国宏观调控的微观基础及政策手段在世纪之交仅初具规模，还需进一步完善。

（5）宏观调控思想落后于经济全球化的现实。1997～1999年的宏观调控，基本上还是沿用凯恩斯扩大内需的政策思路。效果低于预期的重要原因之一是忽视了世纪之交的中国已置身于经济全球化的世界。《通论》的政策思路却是以20世纪30年代民族国家经济相对独立与关税战使国内外经济基本隔绝为前提的，然而，80年代中期以来的新一轮经济全球化使民族国家传统的宏观调控政策效率大大降低了（李文溥，2000）。这一问题，至今仍困扰着中国的宏观调控。

五、结语

从计划经济到市场经济，从指令性计划到宏观调控是一个漫长的过渡。从茫然中的探索到明确方向的应然，再到现实条件初具的实然，中国用了20余年，近一代人的努力。

“据说，历史喜欢作弄人，喜欢同人们开玩笑。本来要进这间屋子，结果却跑进了那间屋子。”[②] 历史总是惊人的相似。“文化大革命”的结束，为中国的社会经济发展开启新的道路提供了可能。怀着美好愿望，希望通过拨乱反正，“把‘四人帮’颠倒的是非再颠倒过来”，恢复传统的计划经济，以实现中国正常发展的人，当初可能做梦也没有想到，经过十多年的艰苦探索，他们最终否定了原先拨乱反正想要恢复的计划经济，选择了曾经视为洪水猛兽的市

① 教育、医疗、养老等社会保障和购房等刚性支出导致社会公众产生较强的“预防性储蓄”倾向。

② 《列宁全集》（第25卷），人民出版社2017年版，第338页。

场经济。这里的关键在于切实尊重人民群众的美好生活愿望。实事求是地回应人民对美好生活的追求与向往，在对外开放中不断解放思想，一步一步地进行边际改革，做到了这一点，历史便会在众皆茫然的探索中开辟自己的道路。

社会经济体制是一个巨大的系统。面对这样的大系统，任何人都无法事先将它的蓝图一一构想完毕，只能从点滴的边际改革入手，从解决遇到的每一个体制障碍，解放生产力，提高资源利用效率和劳动者的积极性做起。联产承包责任制是这样的，国企改革是这样的，对外开放是这样的，财政金融体制机制的改革还是这样的。无数的局部改革，自然而然地将茫然中的探索变成了日益清晰的根本性抉择：计划经济还是市场经济？

然而，从目标的应然到现实的实然，仍然是关山重重。尽管在 20 世纪 90 年代初已经实现了国民收入分配格局的根本改变，使体制转轨不可逆转，但建立市场经济宏观调控的微观基础、形成相应的体制机制、构建调控的政策工具箱，在已进行了十多年的市场化改革基础上仍然用了近十年时间。而且直至加入 WTO 之际，宏观调控还仅仅是初具规模。加入 WTO 之后，马上又面临着新问题：如何与世界范围的市场经济实现体制机制上的协调与相容？

这也反过来证明了宏观调控是市场经济的有机组成部分之一。市场经济各组成部分之间，具有严格的体制内在一致性和机制的相容性。因此，改革是一个“一思变甲，即须变乙，至欲变乙，又须变丙”① 的连续过程。马克思曾经指出：“在每个历史时代中所有权以各种不同的方式、在完全不同的社会关系下面发展着。因此，给资产阶级的所有权下定义不外是把资产阶级的全部社会关系描述一番。要想把所有权作为一种独立的关系，一种特殊的范畴、一种抽象的和永恒的观点来定义，这只能是形而上学式法学的幻想。”② 所有权与全部社会关系的关系如此，宏观调控机制与市场经济的关系也是这样的。当然，不同国家的宏观调控会有自己的特色。然而，特色从来不是也不应是主体追求的目标。它是在特定时空条件下，寻求社会经济的最优发展过程中自然形成的。特色不是主观意志随意选择的结果，而是历史决定的客观产物。

参考文献

［1］《本刊编辑部召开座谈会讨论当前我国宏观经济研究的基本理论和方法问题》，载

---

① 严复:《拟上皇帝书》，引自王栻主编《严复集》（第一册·诗文·上），中华书局 1986 年版，第 68 页。

② 《马克思恩格斯文集》（第一卷），人民出版社 2009 年，第 638 页。

《经济研究》1987 年第 8 期。

［2］曹玉书：《宏观调控机制创新》，中国计划出版社 1995 年版。

［3］常修泽、高明华：《中国国民经济市场化的推进程度及发展思路》，载《经济研究》1998 年第 11 期。

［4］陈元生：《我国所有制变化趋势和改革重点》，载《理论前沿》1997 年第 24 期。

［5］陈宗胜等：《中国经济体制市场化进程》，上海人民出版社 1999 年版。

［6］戴园晨：《社会主义宏观经济学》，中国财政经济出版社 1986 年版。

［7］《当代中国的计划工作》办公室：《中华人民共和国国民经济和社会发展计划大事辑要（1940—1985）》，红旗出版社 1987 年版。

［8］樊纲等：《公有制宏观经济理论大纲》，上海三联书店 1990 年版。

［9］方福前：《大改革视野下中国宏观调控体系的重构》，载《经济理论与经济管理》2014 年第 5 期。

［10］符钢战、史正富、金重仁：《社会主义宏观经济分析》，学林出版社 1986 年版。

［11］顾海兵：《中国经济市场化程度的最新估计与预测》，载《管理世界》1997 年第 2 期。

［12］顾准：《顾准日记》，经济日报出版社 1997 年版。

［13］顾准：《试论社会主义制度下的商品生产和价值规律》，引自《顾准文集》，贵州人民出版社 1994 年版。

［14］国家计委市场与价格研究所课题组：《我国经济市场化程度的判断》，载《宏观经济管理》1996 年第 2 期。

［15］《国务院关于加强统计工作的决定》，《中华人民共和国国务院公报》，1984 年 1 月 6 日。

［16］黄达：《宏观调控与货币供给》，中国人民大学出版社 1999 年版。

［17］贾康：《中国特色的宏观调控：必须注重理性的“供给管理”》，载《当代财经》2010 年第 1 期。

［18］江晓薇、宋红旭：《中国市场经济度的探索》，载《管理世界》1995 年第 6 期。

［19］李安定、张宿堂、李仲春：《李鹏参加北京代表团讨论时指出十五大报告提出公有制应有多种实现形式是又一次思想解放》，载《人民日报》1997 年 9 月 14 日第 1 版。

［20］李文溥：《经济全球化及其对宏观经济政策的影响》，载《厦门大学学报（哲学社会科学版）》2000 年第 3 期。

［21］李文溥、李鑫：《利润平滑化与产出、物价波动——一个基于泰勒规则的研究》，载《南开经济研究》2010 年第 4 期。

［22］李文溥：《市场与组织的平衡被打破之后》，载《东南学术》2000 年第 4 期。

［23］林重庚：《亲历中国经济思想的对外开放》，载《中共党史研究》2018 年第 4 期。

［24］刘鹤：《关于“十五”规划和当前宏观调控中的几个问题》，载《财政研究》2000 年第 5 期。

［25］刘瑞：《宏观调控的定位、依据、主客体关系及法理基础》，载《经济理论与经济管理》2006 年第 5 期。

［26］刘树成：《现代经济辞典》，凤凰出版社、江苏人民出版社 2004 年版。

［27］卢中原、胡鞍钢：《市场化改革对我国经济运行的影响》，载《经济研究》1993 年第 12 期。

［28］马洪：《什么是社会主义市场经济》，中国发展出版社 1993 年版。

［29］马凯：《中国价格改革 20 年的历史进程和基本经验》，载《价格理论与实践》1999 年第 1 期。

［30］庞明川、郭长林：《中国特色宏观调控的实践模式与理论创新》，载《财经问题研究》2009 年第 12 期。

［31］乔新生：《宏观调控中经常被误用的三个概念》，载《中国特色社会主义研究》2005 年第 2 期。

［32］邱晓华：《为宏观调控“正名”》，载《理论参考》2004 年第 12 期。

［33］汤在新：《为宏观调控正名》，载《经济学家》2006 年第 1 期。

［34］王春正：《探索·实践——宏观经济运行与调控》，经济科学出版社 2003 年版。

［35］王梦奎：《回顾与前瞻——走向市场经济的中国》，中国经济出版社 2003 年版。

［36］王梦奎：《中国经济转轨二十年》，外文出版社 1999 年版。

［37］吴敬琏：《经济学与中国经济的崛起》，引自《吴敬琏文集》，中央编译出版社 2013 年版。

［38］吴敬琏、刘吉瑞：《论竞争性市场体制》，中国财政经济出版社 1991 年版。

［39］谢斌：《对我国宏观调控政策实施效果的评价及建议》，载《财经研究》1999 年第 4 期。

［40］许小年：《为宏观调控正名》，载《现代商业银行》2008 年第 3 期。

［41］杨云龙、刘伟：《历史的多维的中国宏观经济理论建设——中国宏观经济理论讨论会评述》，载《经济研究》1988 年第 8 期。

［42］张文魁、袁东明：《中国经济改革 30 年——国有企业卷》，重庆大学出版社 2008 年版。

［43］张绪武等：《中国私营经济年鉴（1978—1993）》，经济导报社 1994 年。

［44］张勇：《宏观经济管理中国范式的形成与发展》，载《中国延安干部学院学报》2012 年第 1 期。

［45］张勇、周达、刘瑞：《宏观调控概念解读：政府干预经济的中国式框架》，载《青海社会科学》2009 年第 5 期。

［46］中国财政年鉴编辑委员会：《中国财政年鉴（1997）》，中国财政杂志社 1997 年版。

［47］中国财政年鉴编辑委员会：《中国财政年鉴（1998）》，中国财政杂志社 1998 年版。

经济服务化、人力资本积累与高质量增长*

一、问题的提出

国际经验表明，在大规模工业化进程基本结束之后，服务业比重将持续提高，逐渐成长为产出及就业比重最大的产业。中国近十年的经济结构变迁趋势证实了中国正在进入这一经济发展阶段。2012 年，中国第三产业增加值占比 45.5%，首次超过第二产业（45.4%），2019 年该比重提高到 53.9%；2011 年，第三产业首次成为就业比重最高的产业，占比为 35.7%。2019 年，中国第一、第二、第三产业的就业占比依次为 25.1%、27.5%、47.4%，[①] 这表明中国出现了明显的经济服务化趋势。

日益发展的经济服务化将对我国的经济增长与发展产生何种影响？这是一个值得关注的问题。Baumol（1967）认为由于服务业生产率增速比较低，随着服务业就业比重上升，人均 GDP 增速将不断下降，并趋同于服务业生产率的增速。Fuchs（1968）和 Hartwig 等（2011）的研究支持 Baumol 的观点，认为服务业比重的提升会造成生产率减速，导致“鲍莫尔病”产生。也有研究质疑“鲍莫尔病”的存在，认为服务业生产率增速并不低，是服务产出统计误差导致服务业生产率被低估（Berman et al.，1994）。此外，服务业生产率增速也可能存在地区差异。在一些地区，服务业生产率增速较快并呈加速趋势（Hartwig，

* 本文原载于《东南学术》2021 年第 2 期，共同作者：王燕武、郑建清。

① 本文数据来源于各年《中国统计年鉴》。

2010）。还有一些研究发现，服务业就业份额上升未必会导致人均GDP增速下降。Ouhon（2001）把服务业作为中间投入品，发现服务业就业份额的上升会提高人均实际GDP的增速；Pugno（2006）将生产率增长内生化，认为服务消费（如教育、医疗）不仅满足生活消费需求，同时也有利于人力资本积累。在此基础上，Sasaki（2012；2020）进一步假定制造业中存在“干中学”效应以及考虑人力资本部门的生产效率，发现服务业就业份额与人均实际GDP增速之间的关系在不同的条件下呈现出“U”型或“S”型变化。

国内部分研究认为中国服务业生产率较低，可能存在“鲍莫尔病”。同时，也有一些研究持不同观点，认为中国经济结构的服务化并不必然造成经济效率下降，甚至可能促进经济效率提升，加快经济增长（张月友等，2018；王燕武等，2019）。本文认为，讨论经济服务化对经济长期增长的影响，需要正确地认识服务产品在社会再生产循环中的地位和作用。在现实经济运行中，服务产品并不是纯粹的最终消费品。一些服务产品的生产属性十分明显。以科教文卫等现代服务品为例，这类服务产品与一般的生活服务产品不同，它们或直接是产业发展所需的中间投入，或具有提升人力资本存量的功能，它们都有助于促进生产，推动经济增长。日本、韩国等东亚国家和地区的数据显示，在完成大规模工业化之后，经济服务化首先表现为科教文卫服务产品需求的增长。正是这些服务产品的迅速增长，加快了这些国家和地区的人力资本积累，推动了当地的经济转型。

因此，本文拟从经济服务化与人力资本积累的关系视角对经济服务化对经济增长的影响进行研究。主要考虑：第一，随着中国从中等偏上收入经济体向高收入经济体转变，居民消费结构正逐渐由实物产品消费逐步转向以教育、医疗卫生、文化娱乐、旅游等为主的现代服务品消费。以科教文卫为主的具有生产属性的现代服务品将成为中国服务消费的核心，它将加快中国的人力资本积累。第二，人力资本是下个阶段中国经济转型的关键推动力，也是中国经济高质量发展的重要依托。[①] 过去四十多年，中国经济快速增长主要依靠的是人口红利。但随着人口老龄化的到来，人口红利逐渐将由第一红利（数量）向第二红利（质量）转变。而人口第二红利的核心就是人力资本。内生增长模型将人力资本作为广义的资本要素纳入生产方程，使之成为解释经济保持长期持续增长的关键要素。因此，从理论上说，偏向于教育、医疗卫生、文化娱乐等的消费结构服务化，能够通过加快人力资本要素积

① 蔡昉：《中国经济增长如何转向全要素生产率驱动型》，载《中国社会科学》2013年第1期。

累，作用于经济的长期持续增长。

本文构建了一个两部门内生人力资本增长模型，将服务消费以人力资本增进型消费的方式引入人力资本，分析在不同均衡条件下，服务业扩张对经济增长的作用。而后，利用中国省际面板数据进行实证检验，以研究经济服务化对中国经济增长的影响。本文可能的贡献有三个方面。第一，在两部门人力资本模型的基础上引入人力资本增进型消费对人力资本积累的作用，分析不同参数条件下的均衡状态及动态路径转移，剖析不同条件下的消费结构变迁对长期经济增长的影响。第二，在一定程度上回答了消费需求能否成为以及怎样成为当前正处于跨越中等收入关键阶段的中国经济增长的主要动力。随着劳动力数量增长的停滞甚至负增长，中国正逐渐进入依靠人力资本推动的发展新阶段，由此，消费结构的转型升级将对经济长期增长产生更为重要和持续的作用，讨论消费需求能否成为经济增长的主要动力必须要考虑消费需求结构变动所产生的经济增长效应。第三，在一定程度上突破了以往在讨论经济增长时供给和需求两分法的桎梏，将供给和需求纳入一个统一的模型框架中讨论其相互影响，这是对经济分析方法尤其是增长分析方法的一种改进。

二、一个两部门人力资本模型

（一）基本假设

假定经济体由两个部门即物质生产部门和人力资本部门组成。其中，物质生产部门的生产要素包括物质资本存量和效率劳动力，不考虑技术进步，要素之间满足规模报酬不变，生产函数采用 C－D 函数形式：

$$Y(t)=K(t)^{\alpha}(H(t)N(t))^{1-\alpha},0<a<1 \tag{1}$$

其中，$K(t)$ 表示第 t 期物质资本存量，$N(t)$ 表示第 t 期劳动力数量，$H(t)$ 表示第 t 期人力资本存量，人力资本通过与劳动力结合形成效率劳动力。假设总产出用于消费和投资，不考虑物质资本折旧，则：

$$K(\dot{t})=Y(t)-C(t)=sY(t) \tag{2}$$

这里，$C(t)$ 表示第 t 期的总消费，s 表示外生储蓄率。

假设劳动力以常数 n 增长，即：$N(\dot{t})=nN(t)$。考虑到并非所有的消费都能促进人力资本积累，我们将消费分成人力资本增进型消费和非人力资本增进型消费两个部分：

$$C(t) = C_H(t) + C_N(t) \tag{3}$$

其中，人力资本增进型消费 $C_H(t)$ 定义为除了具备消费品本身所具有的满足居民生活消费需求的一般功能之外，还会因此增进人力资本积累。非人力资本增进型消费 $C_N(t)$ 则只存在满足消费需求的功能。人力资本动态方程简化为取决于服务产品投入（以消费表征）以及自身积累的函数，写成以下形式：

$$H(\dot{t}) = \varphi(C_H(t), H(t)) = BC_H(t)^{\theta}H(t)^{\gamma} \tag{4}$$

参数 θ 表示人力资本增进型消费对新增人力资本的贡献程度。假设 $\theta > 0$，其经济含义是消费对人力资本积累的作用为正。参数 B 表示人力资本部门的要素生产技术水平，假定为外生变量；参数 γ 表示现存人力资本对新增人力资本的贡献程度，数值不受限制。

（二）模型分析

1. 动态方程推导

首先，将生产函数式（1）代入式（2），两边同除以 $K(t)$，再取对数，可得

$$\ln g_K = \text{Ins} + (a-1)[\ln K(t) - \ln H(t) - \text{In}N(t)] \tag{5}$$

其中，$g_K = \dfrac{\dot{K}(t)}{K(t)}$ 表示物质资本增长率。进一步地，对时间 t 取导数，整理得

$$\frac{\dot{g}_K}{g_K} = (1-\alpha)(n + g_H - g_K) \tag{6}$$

其次，将式（4）两边同除以 $H(t)$，再取对数，可得

$$\ln g_H = \ln B + \theta \ln C_H(t) + (\gamma - 1)\ln H(t) \tag{7}$$

同样的，g_H 表示人力资本增长率。简便起见，在式（3）基础上，假设 $C_H(t) = \lambda C(t)$，$C_N(t) = (1-\lambda)C(t)$，λ 表示每个时期人力资本增进型消费占全部消费的比重。将式（7）对时间 t 取导数，整理得

$$\frac{\dot{g}_H}{g_H} = \theta g_c + (\gamma - 1)g_H \tag{8}$$

由于 $C(t) = (1-s)Y(t)$，结合生产函数式（1），可得

$$g_c = g_y = ag_K + (1-a)(g_H + n) \tag{9}$$

将式（9）代入式（8），可得

$$\frac{\dot{g}_H}{g_H}=\theta[\alpha g_K+(1-a)(g_H+n)]+(\gamma-1)g_H \tag{10}$$

2. 均衡状态及动态转移路径分析

式（6）和式（10）构成了一个关于物质资本和人力资本增长率变化的动态经济系统。在均衡状态下，物质资本和人力资本增长率将不再变动，$\dot{g}_K=\dot{g}_H=0$。可得

$$g_K=n+g_H, g_K=[(1-\gamma)/\theta]g_H \tag{11}$$

利用 g_K、g_H 的相位图，可分析参数 n、θ、γ 在不同取值条件下的均衡点及收敛路径的变化情况。

（1）假设 $n>0$。

如图 1（a）所示，在以 g_K 为纵轴、g_H 为横轴的相位图中，$\dot{g}_K=0$ 曲线是一条斜率为 1、纵轴截距为 $n>0$ 的射线。容易判断，在曲线上方，$\dot{g}_K<0$（用向下的箭头表示）；反之，在曲线下方，$\dot{g}_K>0$（用向上的箭头表示）。$\dot{g}_H=0$ 曲线则是一条经过原点、斜率为$(1-\gamma)/\theta$ 的射线。由于参数 γ 取值不受限制，$\dot{g}_H=0$ 曲线与 $\dot{g}_K=0$ 曲线在第一象限内可能相交、平行或者不相交，其产生的系统均衡状态和动态转移路径也将不同。

具体而言，首先，假设$(1-\gamma)/\theta>1$，即 $\theta+\gamma<1$，表示人力资本部门满足规模报酬减少。由于 $\dot{g}_H=0$ 曲线斜率大于 1，$\dot{g}_H=0$ 曲线与 $\dot{g}_K=0$ 曲线将相交于 E 点。并且，在 $\dot{g}_H=0$ 曲线上方，$\dot{g}_H>0$（用向右的箭头表示），而在其下方，$\dot{g}_H<0$（用向左的箭头表示）。因此，如图 1（b）所示，相交点 E 是一个稳定收敛的均衡点。无论 g_K、g_H 初始增长点在哪里，只要任意一个不为 0，最终都会收敛到均衡点 E 所对应的均衡增长率。进一步地，简单计算之后，可以得到均衡点 E 所对应的 g_K^*、g_H^* 分别为

$$g_H^*=n\theta/[1-(\theta+\gamma)], g_K^*+=n\theta/[1-(\theta+\gamma)]+n \tag{12}$$

可以发现：第一，参数 θ 越大，均衡状态下的人力资本增长率 g_H^* 和物质资本增长率 g_K^* 越高，进而总产出和总消费的增长率也会越高。这表明，人力资本增进型消费对人力资本的贡献程度越大，经济增长速度也将越快。并且，由于 $n>0$，物质资本的增长速度将大于人力资本的增长速度。第二，均衡状态下的人力资本增长率不包含消费结构参数 λ。因此，消费结构变化不会影响长期均衡状态下的人力资本增长率，进而也不会对长期经济增长产生影响。但根据式（12）可知，λ

越大，对应的 g_H 越高，说明人力资本增进型消费短期内会产生更高的人力资本增长速度。因此，消费结构变化对经济增长只具备水平效应，不具备增长效应。

其次，假设$(1-\gamma)/\theta=1$，即 $\theta+\gamma=1$，表示人力资本部门满足规模报酬不变。这意味着，$\dot{g}_H=0$ 曲线斜率为1，$\dot{g}_H=0$ 曲线与 $\dot{g}_K=0$ 曲线平行。如图1（c）所示，整个经济动态系统呈现出发散的态势，长期增长的路径将围绕 $\dot{g}_K=0$ 曲线波动上行。同样的情况也发生在$(1-\gamma)/\theta<1$，即 $\theta+\gamma>1$ 的条件下如图1（d）所示。

因此可得推论一：如果人力资本部门满足规模报酬不变或规模报酬递增，经济增长将出现持续加速增长的态势。

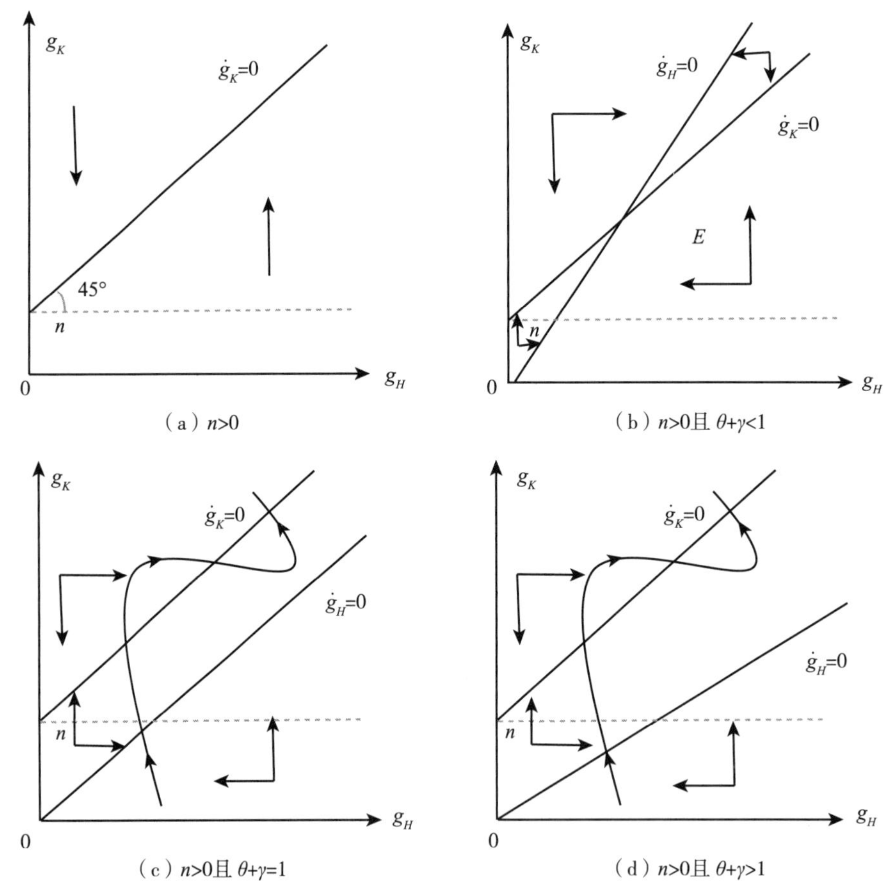

图1　不同参数取值下 $\dot{g}_H=0$ 与 $\dot{g}_K=0$ 曲线的相位图分析

（2）假设 $n=0$。

首先，当 $\theta+\gamma<1$ 时，由于 $n=0$，$\dot{g}_H=0$ 与 $\dot{g}_K=0$ 曲线相交于原点，经济动态系统出现向原点收敛的趋势，如图2（b）所示。这说明，当劳动力要素不再增长时，人力资本部门的规模报酬递减，将导致经济在长期出现增长停滞，出现

低增长陷阱。其次，当 $\theta+\gamma=1$ 时，情况与 $n>0$ 时截然不同。如图2（c）所示，$\dot{g}_H=0$ 与 $\dot{g}_K=0$ 曲线将重合在一起。从作用方向看，图中曲线上的任何一点都可能成为经济系统的均衡点。越高的经济增长初始值将对应越高的均衡增长率。在这一条件下，消费结构 λ 对均衡增长率的作用将得以体现。由于 λ 越大，对应的 g_H 越高，经济系统将收敛于一个具有更高增长率的均衡点。因此，偏向人力资本增进型消费的消费结构，不仅对经济存在水平增长效应，而且还具有长期增长效应。最后，当 $\theta+\gamma>1$ 时，由于 $\dot{g}_H=0$ 曲线在 $\dot{g}_K=0$ 曲线下方，$g_K<g_H$，长期增长路径将围绕 $\dot{g}_H=0$ 曲线波动上行，如图2（d）所示。

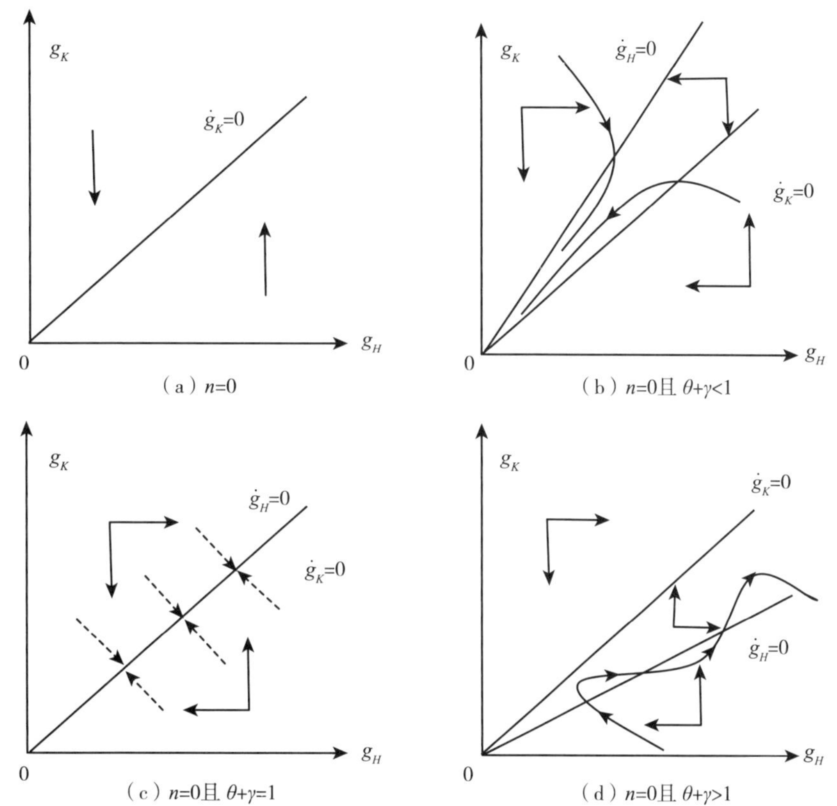

图2　不同参数取值下 $\dot{g}_H=0$ 与 $\dot{g}_K=0$ 曲线的相位图分析

因此可得推论二：当劳动力增长为0时，规模报酬递减的人力资本部门将无法弥补传统要素增长停滞对经济增长的负面冲击，造成经济增长停滞；规模报酬不变或递增的人力资本部门，人力资本增进型消费将产生更高的长期均衡增速，居民消费结构转型升级将促使经济加快增长。

（3）假设 $n<0$。

首先，$\theta+\gamma<1$、$\theta+\gamma=1$ 两种情景如图3（b）和图3（c）所示，与图2（b）类似，均出现了向零增长率收敛的状况，意味着经济增长将趋于停滞；而

当$\theta+\gamma>1$时，$\dot{g}_H=0$曲线与$\dot{g}_K=0$曲线将在第一象限内形成一个鞍点均衡，如图3（d）所示。这表明，经济系统存在唯一的路径通往均衡点E，经济增长的初始点对于经济系统能否收敛于均衡点至关重要。当初始人力资本增速在数值上小于劳动增长率时，$g_H<|n|$，经济系统将是扩散的，并且是向零增长转移，出现增长陷阱；而此时若提升消费结构λ，将促使初始人力资本增速跨越低增长门槛，进入向稳态点E对应的增长收敛路径。

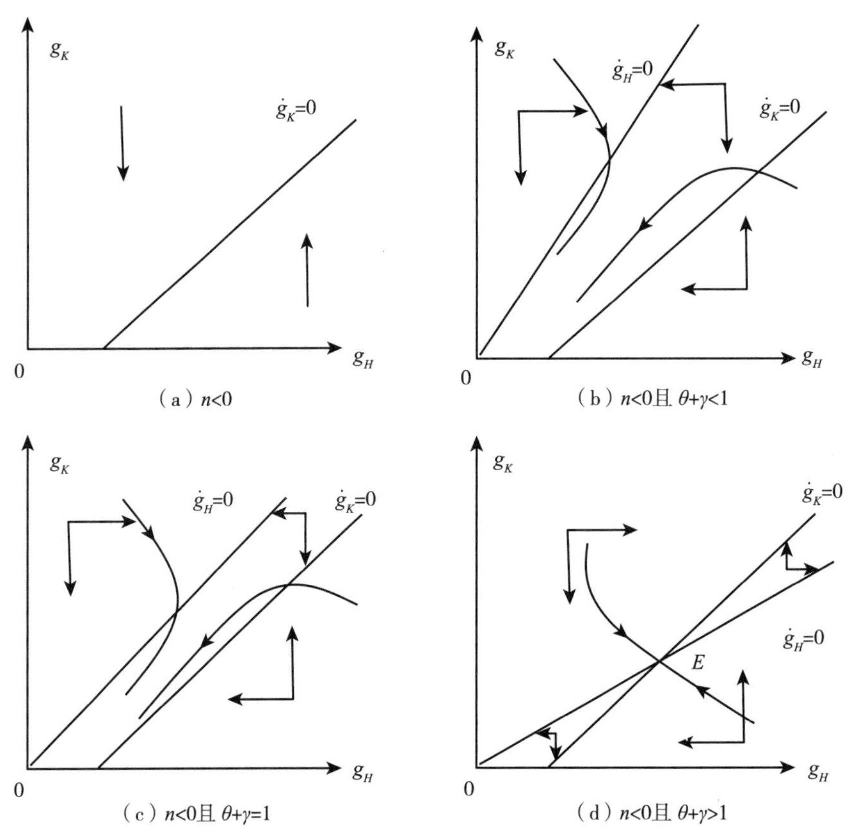

图3　不同条件下的$\dot{g}_H=0$与$\dot{g}_K=0$曲线的相位图分析

因此可得推论三：当劳动力增长率为负时，人力资本部门必须是规模报酬递增的，才可能避免陷入经济增长停滞。同时，人力资本增进型消费可以成为经济体转向鞍点增长路径的重要推动力。

显然，模型分析得出的上述推论在理论和政策实践上均具有现实意义，尤以推论一和推论三为甚。如果说推论一描述了中国在本轮国际金融危机之前的经济增长路径，那么推论三的结论对于本轮国际金融危机之后的经济政策选择具有重要的指导意义。在当前及今后，人力资本投资对于中国经济增长的重要性，将上升到影响增长方式能否顺利地转向高质量增长。

三、经验检验

基于不同的条件假设，理论模型的结论具有多样性，因此，理论模型的结论不能直接用于现实经济尤其是政策实践。现实中的中国经济运行是何种均衡的结果，需要通过实证检验才能确定。为此，本文利用 1997 ~ 2019 年中国 31 个省、自治区、直辖市的省际面板数据，对人力资本增进型消费对中国经济增长的作用进行实证检验。

（一）实证检验设计

1. 计量方程设定

结合前述对数化之后的物质资本和人力资本累积方程式（6）和式（8），可以整理得到

$$\ln g_K = \ln s - (1-\alpha)\ln B/(\gamma-1) - (1-\alpha)\ln[K(t)/N(t)] + \frac{1-\alpha}{\gamma-1}\ln g_H - \frac{(1-\alpha)\theta}{\gamma-1}\ln C_H(t) \tag{13}$$

令 $\beta_0 = \ln s - (1-\alpha)\ln B/(\gamma-1)$，表示常数项，同时，增加误差项 $\varepsilon(t)$，将上述式子改写成用于实证计量的方程：

$$\ln g_K = \beta_0 + \beta_1 \ln[K(t)/N(t)] + \beta_2 \ln g_H + \beta_3 \ln C_H(t) + \varepsilon(t) \tag{14}$$

其中，各变量对应的系数为 $\beta_1 = -(1-\alpha)$，$\beta_2 = (1-\alpha)/(\gamma-1)$，$\beta_3 = -(1-\alpha)\theta/(\gamma-1)$。

结合计量回归方法，可以估计出 $\hat{\beta}_1$、$\hat{\beta}_2$、$\hat{\beta}_3$。代入相应的系数公式，计算可得

$\hat{\alpha}_1 = 1 + \hat{\beta}_1$；$\hat{\gamma} = 1 - \hat{\beta}_1/\hat{\beta}_2$；$\hat{\theta}_1 = -\hat{\beta}_3/\hat{\beta}_2$。

进一步地，容易得到

$$\hat{\gamma} + \hat{\theta} = 1 - (\hat{\beta}_1 + \hat{\beta}_3)/\hat{\beta}_2 \tag{15}$$

2. 变量选择和数据来源

结合式（14）可知，计量方程的估计需要中国各省市的物质资本存量、劳动力总量、人力资本存量以及人力资本增进型消费数据。具体变量指标及数据

来源如下。

（1）物质资本存量增速（*lgk*）。采用张军等的方法①，对中国省级物质资本存量进行了测算，并以其年度增长率作为物质资本存量增速。

（2）单位劳动物质资本存量（*lkn*）。将物质资本存量指标除以劳动力总量，可以得到单位劳动的物质资本存量。劳动力总量按照国际劳工组织关于经济活动人口定义，计算15岁及以上、64岁以下的人口。数据整理自中国经济数据库（CEIC）。

（3）单位劳动人力资本存量增速（*lgh*）。根据各省份就业人员的受教育程度占比乘以相应的受教育年限加总得到。其中，小学、初中、高中、大专及以上的受教育年限分别设为6年、9年、12年和16年。同样，以年度增长率表示人力资本存量增速。各省份就业人员受教育程度数据整理自历年《中国劳动统计年鉴》。

（4）人力资本增进型消费（*lch*）。整理各省份城乡居民人均八大类消费支出数据，将医疗保健支出、娱乐教育文化服务支出以及杂项商品和服务支出加总得到人力资本增进型消费支出。数据来源于历年《中国统计年鉴》。

以上各变量对数化处理后的描述性统计如表1所示。

表1　相关变量的描述性统计量

变量	样本数	均值	标准差	最小值	最大值	省市	时间跨度
lkn	713	9.663	1.174	6.679	12.870	31	23
lgk	713	0.129	0.044	-0.011	0.313	31	23
lgh	713	0.016	0.055	-0.261	0.732	31	23
lch	713	5.970	1.199	1.307	8.426	31	23

资料来源：作者整理。

（二）回归结果

1. 总体样本回归与稳健性检验

由于人力资本增进型消费 *lch* 与被解释变量物质资本增长率 *lgk* 之间可能存在内生性，因此，在回归过程中，需要考虑内生性问题的处理。遵循传统做法，本文使用工具变量法来处理这一可能的内生性问题。为此，本文选择一期和二期滞后的 *lch* 作为 *lch* 的工具变量。同时，选择滞后一期的 *lch* 和 *Igk* 作为替代工具变量来进行稳健性检验。如表2所示，人力资本增进型消费 *lch* 与滞

① 张军、章元：《对中国资本存量K的再估计》，载《经济研究》2003年第7期。

后一期的物质资本存量增速 *lgk* 的相关系数为 −0.0963，显著负相关。可以看出，内生解释变量 *lch* 与滞后一期 *lgk* 相关。同时，滞后一期的 *lch*、*lgk* 可视为与扰动项无关的“前定”变量。

表 2　　人力资本增进型消费 *lch* 与物质资本存量增速 *lgk* 相关性

	人力资本增进型消费 *lch*	滞后一期的物质资本存量增速 *lgk*
人力资本增进型消费 *lch*	1.0000	
滞后一期的物质资本存量增速 *lgk*	−0.0963 *	1.0000

注：* 表示 5% 的显著性水平。

最终估计的结果如表 3 所示，各项工具变量的检验结果表明，*lch* 的工具变量即滞后一期的 *lch*、滞后二期的 *lch* 满足相关性和外生性假设，不是一个弱工具变量。替代工具变量组合（*l*，*lch* 和 *l*，*lgk*）满足相关性和外生性假设，但过度识别检验无法通过，说明存在过度识别的情况。因此，本文将以表 3 中的方程（1）作为主要的模型估计结果进行分析。

表 3　　计量方程的回归结果

<table>
<tr><td>方程</td><td>（1）</td><td>（2）</td><td>方程</td><td>（3）</td><td>（4）</td></tr>
<tr><td>被解释变量</td><td>物资资本存量增速 lgk</td><td>物资资本存量增速 lgk</td><td>被解释变量</td><td>物资资本存量增速 lgk</td><td>物资资本存量增速 lgk</td></tr>
<tr><td>单位劳动物资资本存量 lkn（$\hat{\beta}_1$）</td><td>−0.053 ***
（0.000）</td><td>−0.054 ***
（0.000）</td><td>lgk（$\hat{\beta}_1$）</td><td>−0.108 ***
（0.003）</td><td>−0.045 ***
（0.001）</td></tr>
<tr><td>单位劳动人力资本存量增速 lgh（$\hat{\beta}_2$）</td><td>0.024 *
（0.080）</td><td>0.023 *
（0.082）</td><td>lch（$\hat{\beta}_2$）</td><td>−0.021
（0.626）</td><td>0.032 ***
（0.004）</td></tr>
<tr><td>人力资本增进型消费 lch（$\hat{\beta}_3$）</td><td>0.055 ***
（0.008）</td><td>0.057 ***
（0.007）</td><td>lch（$\hat{\beta}_3$）</td><td>0.107 **
（0.022）</td><td>0.052 **
（0.014）</td></tr>
<tr><td>R^2</td><td>0.1425</td><td>0.1420</td><td>R^2</td><td>0.4279</td><td>0.0759</td></tr>
<tr><td>估计方法</td><td>工具变量</td><td>工具变量</td><td>估计方法</td><td>工具变量</td><td>工具变量</td></tr>
<tr><td>lch 的工具变量</td><td>l. lch、l2. lch</td><td>l. lch、l. lgk</td><td>lch 的工具变量</td><td colspan="2">l. lch、l2. lch</td></tr>
<tr><td>识别不足检验</td><td>14.514 ***
（0.000）</td><td>11.363 ***
（0.003）</td><td rowspan="3">人均 GDP/全国人均 GDP</td><td rowspan="3">>1</td><td rowspan="3"><1</td></tr>
<tr><td>弱工具变量检验</td><td>995.645
（25% maximal IV size 7.25）</td><td>1044.836
（25% maximal IV size 7.25）</td></tr>
<tr><td>Sargan 检验（P 值）</td><td>（0.407）</td><td>（0.000）</td></tr>
<tr><td>$\hat{\gamma}+\hat{\theta}$</td><td>$<1$</td><td>$<1$</td><td>$\hat{\gamma}+\hat{\theta}$</td><td>$<1$</td><td>$<1$</td></tr>
<tr><td>劳动力增速 n</td><td>$n>0$</td><td>$n>0$</td><td>劳动力增速 n</td><td colspan="2">$n>0$</td></tr>
</table>

注：括号内为标准差；*** 、** 和 * 分别表示 1%、5% 和 10% 的显著性水平；其余两个解释变量（*lgh* 和 *lkn*）分别滞后两期，以尽可能避免其内生性。

可以看出：

首先，从变量的估计系数看，单位劳动物质资本变量 *lgk* 的符号显著为负，表明越高的单位劳动物质资本，会降低物质资本积累的增速；人力资本存量 *lch* 的符号显著为正，说明人力资本积累有利于物质资本的增长；人力资本增进型消费变量（*lch*）的估计系数也显著为正，表明人力资本增进型消费将促进物质资本积累增速的提升，进而带动经济增长。

其次，基于各解释变量的估计系数，根据此前的式（15），容易得到 $\hat{\gamma}+\hat{\theta}<1$，说明中国的人力资本部门整体上是规模报酬递减的。由于样本时期内，中国劳动力增速为0.92%，增速大于0。根据前面理论模型的推论，可知，在劳动力增速为正的条件下，人力资本部门的规模报酬递减将使得经济系统趋于收敛均衡。因此，人力资本增进型消费的增长只会促进经济向长期均衡状态加快过渡，对长期均衡增长率本身则并没有影响。换言之，在当前中国人力资本部门的产出效率较低的情况下，人力资本增进型消费只会起到短期的经济增长加速作用，缺乏对经济长期均衡增速的促进作用。

最后，替代工具变量的回归结果也显示，单位劳动物质资本变量 *lgk* 的符号显著为负、人力资本存量 *lch* 的符号显著为正，同时人力资本增进型消费变量（*lch*）的估计系数显著为正。并且，根据相关估计系数得到的人力资本部门整体上也是规模报酬递减的。故总体样本的回归结果具有稳健性。

2. 分样本讨论

进一步地，人力资本增进型消费对经济增长的作用，是否受经济发展水平的影响？为了说明这一问题，本文将上述总样本分成两组，一组是人均 GDP 大于全国平均水平的省市，即方程（3）；另一组是人均 GDP 小于全国平均水平的省市，即方程（4）。表3中分样本回归结果显示：子样本的人力资本增进型消费系数与人力资本规模报酬情况与总样本是一致的。因此，子样本回归结果没有改变总样本回归的结论，即受制于现阶段人力资本规模报酬递减，中国省市人力资本增进型消费对经济增长的增速只有短期效应，但并不影响经济长期均衡增长。

3. 中介效应检验

下面采用中介效应检验方法，探讨人力资本增进型消费是否是通过人力资本产生中介效应，进而影响经济增长。为实现这一目的，本文构建了以下三个递归计量回归方程：

$$lgdp_{it} = \alpha_0 + \alpha_1 lch_{it} + \alpha_2 lkn_{it} + v_i + \varepsilon_{it}, \tag{16}$$

$$lh_{it} = \beta_0 + \beta_1 lch_{it} + \beta_2 lkn_{it} + \eta_i + \varepsilon'_{it}, \tag{17}$$

$$lgdp_{it} = \gamma_0 + \gamma_1 lch_{it} + \gamma_2 lh_{it} + \gamma_3 lkn_{it} + \gamma_i + \varepsilon''_{it}。 \tag{18}$$

其中，*lgdp* 是人均 *GDP*；*lch* 是人均人力资本增进型消费；*lkn* 是人均物质资本存量；*lh* 是人均人力资本存量；v_i、η_i、γ_i 表示不同省份的个体效应，ε_{it}、ε'_{it}、ε''_{it}为残差项。所有变量都经过对数化处理。使用面板数据模型估计方法，对上述递归方程进行回归分析（回归结果如表 4 所示）。

表 4　　人力资本中介效应的回归结果

解释变量	被解释变量		
	方程（16）	方程（17）	方程（18）
	人均 GDP	劳均人力资本存量	人均 GDP
人力资本增进型消费（*lch*）	0.187 *** （0.0042）	0.086 *** （0.017）	0.120 ** （0.055）
人均人力资本存量（*lh*）			0.776 * （0.440）
人均资本存量（*lkn*）	0.446 *** （0.055）	0.087 *** （0.023）	0.379 *** （0.065）
常数项	4.509 *** （0.596）	0.928 *** （0.247）	3.789 *** （0.705）
样本数	713	713	713
总体 R^2	0.8818	0.6346	0.8751

注：括号内为标准差；***、** 和 * 分别表示 1%、5% 和 10% 的显著性水平；估计方法为组间估计法。

从方程（15）至方程（17）的估计结果来看，首先，人力资本增进型消费（*lch*）、劳均资本存量（*lgk*）的估计系数均显著为正，这表明二者对人均 GDP 增长有显著的正向作用；其次，依次检验系数 β_1（0.086）和 γ_2（0.776）、直接效应检验系数 γ_1（0.120）均显著为正；最后，中介效应占总效应的比重约为$(\beta_1\gamma_2)/\alpha_1 = (0.086 \times 0.776)/0.187 = 35.7\%$。这说明，人力资本增进型消费对经济增长的作用大约有超过 1/3 是通过人力资本中介变量进行的。这印证了前文关于人力资本增进型消费有助于提高人力资本进而带动经济增长的观点。

四、结论与政策含义

近二十年来，在经济发展水平较低的特定历史背景下，投资驱动、出口拉动的经济增长模式，在推动中国经济高增长的同时，逐渐形成了中国“高投资、高出口、低消费”的畸形总需求结构。当前，随着我国劳动人口的绝对下降，在继续保持较高投资率的情况下，人均物质资本存量将因之更快提高，这意味着物质投资的边际回报率将进一步下滑，传统的以出口劳动密集型产品为特征的“两高一低”粗放型经济增长模式势必更加步履维艰，改变既有的经济增长模式，转变既有的低消费模式，提高居民收入，使居民消费需求在推动增长中发挥更大作用，也就成为转变经济增长方式，实现发展目的，体现制度优越性的题中应有之义。然而，消费如何反作用于生产？怎样的消费才能创造新的经济增长动力，建立新的社会再生产的良性循环？我们认为，在劳动人口出现绝对下降的背景下，促进经济增长的唯一路径是提高劳动生产率。而提高人力资本的积累正是提高劳动生产率的关键所在。通过一个两部门的人力资本增长模型，本文的理论分析结果显示：增加人力资本增进型消费，也即增加科教文卫型服务消费，将有助于促进人力资本积累，形成新的增长动能，带动长期经济增长。但是，既有经济发展的经验以及模型推导的结果证明，这一增长效应并非必然发生，它严重依赖于人力资本部门的生产效率改善。也即，在劳动力出现负增长的背景下，相对高效的人力资本部门是实现中等偏上收入经济体长期稳定增长的先决条件。随后，利用 1997 ~ 2017 年中国省际面板数据进行的实证分析证实了：样本期间内，受制于人力资本部门的低效率（规模报酬递减），中国当前的人力资本增进型消费对经济增长的作用只具有短期促进效应，不会提高经济的长期均衡增速。这表明，人力资本增进型消费对人力资本增长的贡献和人力资本的自我积累速度偏小，造成人力资本增进型消费无法产生足够的人力资本积累效应，无法抵消传统物质资本要素增长停滞所造成的负面冲击，进而无力扭转中国经济增长持续下行的趋势。

基于上述判断，本文认为，要充分挖掘当前中国居民消费结构转型升级所可能带来的长期经济增长潜力，必须高度重视改善和提高人力资本部门的生产效率。近年来，随着中国经济逐步进入高收入阶段，居民消费结构趋于服务化。这种消费结构的服务化，一方面是居民追求更加美好生活需要的表现，另一方面也蕴藏着新阶段中国经济增长动力转换的可能性，即从传统依靠劳动力和物质资本等生产要素向人力资本为主的经济增长动力转换。而人力资本又是技术创新的源泉动力。因此，扩大以服务产品为中心的居民消费，加快推进居民消费结构升级，既是缓解我国社会主要矛盾的关键环节，也是我国经济高质量发展的内在要求。从世界历史看，发达国家在工业化完成之后都进入了经济服务化阶段，这一进程至今未曾逆转。中国在进入中等偏上收入经济体之后，也开始进入这一阶段。究其根本，是居民需求结构发生重大变化所导致的。面对这一发展趋势，选择合适的经济服务化模式，使得进入中等偏上收入阶段的中国经济从此前的粗放型高速增长转向高质量增长，将是决策部门需要认真考虑的重大问题。本文的研究结论揭示，构建"服务消费增加—人力资本提升—劳动生产率提高—收入增长—服务消费增加"的良性循环，是中国经济转向高质量发展的重要机制保障。因此，本文研究的政策含义是，在经济服务化阶段，政府决策部门应适应居民消费向现代服务品消费升级转换的大趋势，着重于解决现代服务品供给效率低下问题，通过体制改革、机制创新、解除管制、市场开放、引进竞争、打破垄断等全面深化改革措施，构建能够满足新的居民消费结构的产品和现代服务供给体系，形成高效率的服务产品供给体系，促进现代服务品消费，提高人力资本积累效率，重塑经济增长的新动力。

参考文献

[1] 蔡昉：《中国经济增长如何转向全要素生产率驱动型》，载《中国社会科学》2013年第1期。

[2] 蔡昉：《创造第二次人口红利》，载《人民日报（理论版）》2019年12月23日。

[3] 程大中、汪蕊：《服务消费偏好、人力资本积累与"服务业之谜"破解：Pugno模型拓展及基于中国的数值模拟》，载《世界经济》2006年10期。

[4] 程大中：《中国服务业存在"成本病"问题吗?》，载《财贸经济》2008年第12期。

[5] 程大中：《中国服务业与经济增长：一般均衡模型及其经验研究》，载《世界经济》2010年第10期。

[6] 程大中：《中国服务业增长的特点、原因及影响——鲍莫尔—富克斯假说及其经验研究》，载《中国社会科学》2004年第2期。

[7] 顾乃华、夏杰长：《生产性服务业崛起背景下鲍莫尔—富克斯假说的再检验——基于中国236个样本城市面板数据的实证分析》，载《财贸研究》2010年第6期。

[8] 李建华、孙蚌珠：《服务业的结构和"成本病"的克服——Baumol模型的扩展和实证》，载《财经研究》2012年第11期。

[9] 王恕立、胡宗彪：《中国服务业分行业生产率变迁及异质性考察》，载《经济研究》2012年第4期。

[10] 温忠麟、叶宝娟：《中介效应分析：方法和模型发展》，载《心理科学进展》2014年第5期。

[11] 袁富华、张平：《中等收入阶段的增长停滞与增长跨越——兼论中国经济结构的调整方向》，载《中共中央党校学报》2016年第5期。

[12] 袁富华:《长期增长过程的“结构性加速”与“结构性减速”:一种解释》,载《经济研究》2012 年第 3 期。

[13] 张平:《中国经济效率减速冲击、存量改革和政策激励》,载《经济学动态》2014 年第 10 期。

[14] 张月友、董启昌、倪敏:《服务业发展与“结构性减速”辨析——兼论建设高质量发展的现代化经济体系》,载《经济学动态》2018 年第 2 期。

[15] 中国经济增长前沿课题组:《中国经济长期增长路径、效率与潜在增长水平》,载《经济研究》2012 年第 11 期。

[16] Baumol W. J. , Macroeconomics of unbalanced growth: the anatomy of urban crisis, *American Economic Review*, 1967, 57 (3).

[17] Berman Eli, John Bound, Zvi Griliches, Changes in the Demand for Skilled Labor within U. S. Manufacturing: Evidence from the Annual Survey of Manufactures, *Quarterly Journal of Economics*, 1994, 109.

[18] Fase M. , C. Winder, Wealth and the demand for money in the European Union, *Empirical Economics*, 1998, 23 (3).

[19] Fuchs V. , The Service Economy, New York: National Bureau of Economic Research, 1968.

[20] Gordon R. J. , Problem in the Measurement and Performance of Service Sector Productivity in the United States, NBER Working Paper, 1996, 5519.

[21] Hartwig J. , Productivity growth in service industries – Has “Baumol's Disease” really been cured? KOF—Swiss Economic Institute Working Paper, 2006, 155.

[22] Hartwig J. , “Baumol's diseases”: the case of Switzerland, *Swiss Journal of Economics and Statistics*, 2010, 146 (3).

[23] Hartwig J. , Testing the Baumol – Nordhaus Model with EU – Klems Data, *Review of Income and Wealth*, 2011, 57 (3).

[24] Jorgenson D. W. , Marcel P. Timmer, Structural Change in Advanced Nations: A New Set of Stylised Facts, *Scandinavian Journal of Economics*, 2011, 113 (1).

[25] Maclean D. , Lagging Productivity Growth in the Service Sector: Mismeasurement, Mismanagement or Misinfomation? Bank of Canada, Working Paper, 1997.

[26] Maroto – Sánchez A. , J. Cuadrado – Roura, Is Growth of Services an Obstacle to Productivity Growth? A Comparative Analysis, *Structural Change and Economic Dynamics*, 2009, 20.

[27] Masahiko Aoki, The Five – Phases of Economic Development and Institutional Evolution in China, Japan and Korea, Published in Institutions and Comparative Economic Development, Basingstoke, Hampshire: Palgrave Macmillan, 2012.

[28] Nordhaus W. D. , Baumol's diseases: a macroeconomic perspective, *Journal of Macroeconomics*, 2008, 8 (1), Article 9.

[29] Oulton N., Must the Growth Rate Decline? Baumol's Unbalanced Growth Revisited. Oxford Economic Papers, 2001, 53.

[30] Pugno M., The Service Paradox and Endogenous Economic Growth, *Structural Change and Economic Dynamics*, 2006, 17.

[31] Sasaki H., The Rise of Service Employment and its Impact on Aggregate Productivity Growth, *Structural Change and Economic Dynamics*, 2007, 18.

[32] Sasaki H., Endogenous phase switch in Baumol's service paradox model, *Structural Change and Economic Dynamics*, 2012, 23 (1).

[33] Timmer M., O'Mahony, M. & van Ark, B., The EU KLEMS growth and productivity accounts: an overview, University of Groningen & University of Birmingham, 2007.

[34] Triplett J. E., B. P. Bosworth, Productivity Measurement Issues in Service Industries: "Baumol's Disease" Has Been Cured, Federal Reserve Bank of New York Economic Policy Review, 2003, Sept.

系统性金融风险与预算软约束*

2008 年以来，为抵御国际金融危机，以“四万亿”财政刺激政策为标志，中国政府实施了多年的扩张性经济政策。它在抵御金融危机的冲击，使中国保持较高经济增长率的同时，也导致了中国非金融企业和政府部门杠杆率的整体快速上升。尽管与发达国家相比，中国目前的名义杠杆率并不高，但是潜在的风险却不小。一是表现为存在着较多的隐性债务，二是债务增长较快。过去数年，过多的流动性所导致的金融投机行为在不同市场、不同领域和不同部门之间相互影响传递，表明中国经济已经进入金融风险高发期，系统性金融危机的风险在明显提高。2017 年 4 月 25 日，中共中央政治局会议指出要坚定不移地推进经济结构战略性调整，确保不发生系统性金融风险。说明了这一问题的严重性。我们认为，防范系统性金融风险，关键在于找到金融风险源头，对症下药，从根本上消除产生系统性金融风险的病灶。

本文通过对不同领域的金融风险的表现分析，认为中国系统性金融风险的根源在于政府的预算软约束，在此基础上，我们通过中国季度宏观经济模型（China's Quarterly Macroeconomic Mode，CQMM），分析了在预算软约束和预算硬约束下逐步收紧货币供应量的数量型“去杠杆”政策可能产生的宏观经济效应，发现：在预算软约束条件下的“去杠杆”政策无法实现预期的政策目标。在政策模拟的基础上，本文讨论了从根本上消除产生系统性金融风险病灶的政策建议。

---

* 本文原载于《东南学术》2017 年第 6 期，《新华文摘》2018 年第 2 期，共同作者：余长林、吴华坤。

一、中国系统性金融风险的根源

当前，我国潜在的金融风险的一个重要表现是国民经济各部门的高杠杆率。[①]

（一）非金融部门杠杆率剧增是诸多金融风险源中的重要风险点

在诸多潜在金融风险中，非金融企业的高杠杆率是整个国民经济杠杆率持续保持高位的主要推动力量。因此，有效降低非金融企业杠杆率尤其是非金融国有企业杠杆率是优化宏观总体杠杆率的核心，是防范和化解金融风险的关键所在。

非金融企业的高杠杆是非金融部门杠杆率上升的祸首。以国际清算银行（Bank for International Settlements，BIS）统计的总负债与GDP之比作为杠杆率的衡量指标，测算结果表明，中国非金融部门杠杆率自2008年开始快速增长：2008年第一季度为144.7%，2016年第四季度迅速升至257%，增幅为77.6%。其中，政府部门的杠杆率从28.5%升至46.4%，增幅为62.8%[②]；家庭部门杠杆率从18.8%升至44.4%，增幅为136.2%；非金融企业杠杆率从97.4%升至166.3%，增幅为70.8%（见图1）。非金融企业杠杆率最高，政府部门居中，家庭部门最低，但增长速度最快。截至2016年底，非金融企业杠杆率已经超过政府部门和家庭部门杠杆率之和。

横向比较，目前中国非金融企业的杠杆率不仅绝对水平而且增幅都明显高于其他国家和地区。从绝对水平看，截至2016年第四季度，中国非金融企业的杠杆率为166.3%，而美国、欧元区、日本、英国和全球的杠杆率水平分别为72.5%、104.2%、95.5%、76.2%和91.4%，中国非金融企业的杠杆率水平远远高于其他国家和地区。从增幅来看，2008年第一季度至2016年第四季

① 杠杆率是本轮金融危机后国际银行监管领域新设定的监管指标。典型意义上的杠杆率是指商业银行持有的一级资本与调整后的表内外资产余额的比率。在经济研究中，分析杠杆率可以从微观和宏观两个视角展开。微观上，杠杆率一般是指经济主体的资产负债数量关系，宏观上，杠杆率可以用国家的总负债/总资产来计算，也可以用总债务/GDP来计算。

② 目前中国政府部门杠杆率仍远低于欧盟60%的国际警戒线标准。2016年末，中国政府部门杠杆率为46.4%，而美国、欧元区、日本、英国和全球的杠杆率水平分别为100.8%、103.0%、212.9%、116.6%和83.9%，而2008年第一季度至2016年第四季度，美国、欧元区、日本、英国和全球的杠杆率的增幅分别为59.7%、51.7%、45.0%、164.4%和29.7%。

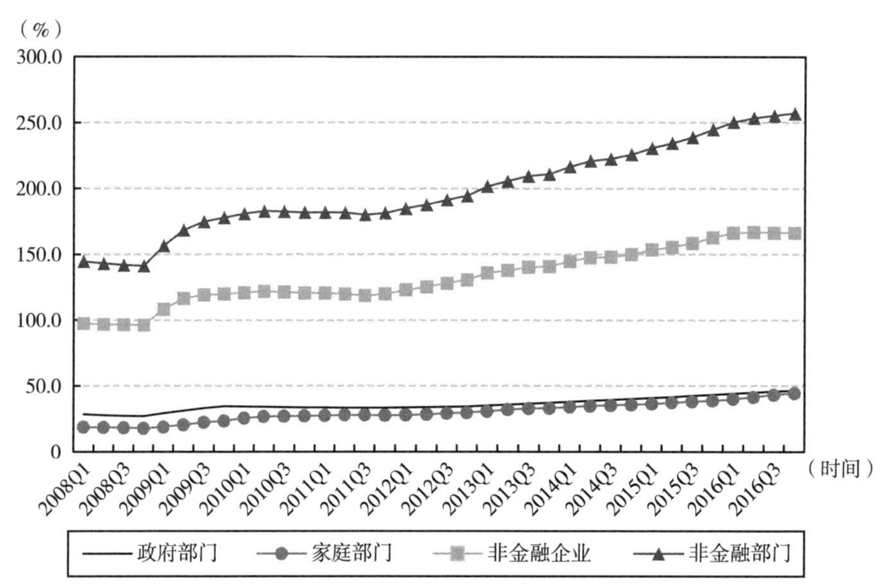

图 1　中国非金融部门杠杆率的结构变化

资料来源：BIS。

度，中国非金融企业杠杆率增幅为 70.8%，同期美国、欧元区、日本、英国和全球杠杆率增幅分别为 2.7%、7.3%、－2.9%、－11.6% 和 8.6%，中国非金融企业的杠杆率增幅也明显高于其他国家和地区（见图 2）。

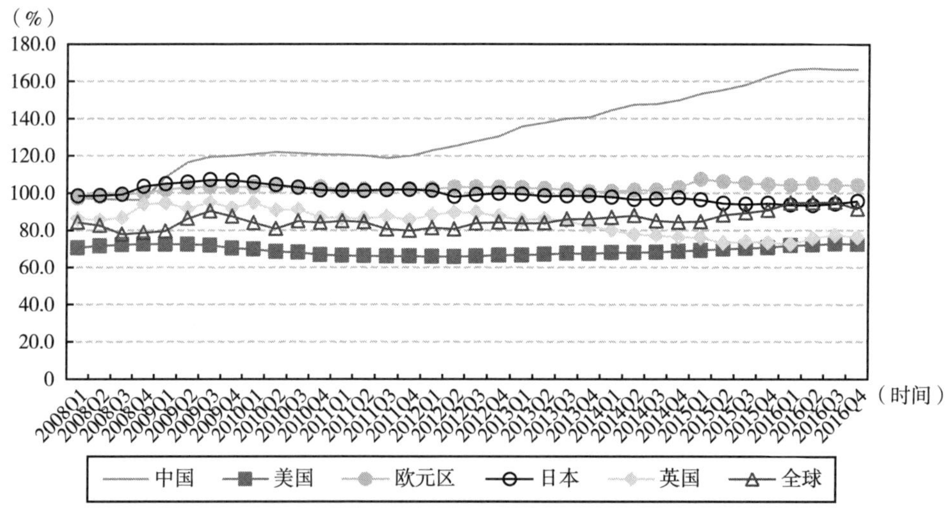

图 2　部分国家和地区非金融企业杠杆率

资料来源：BIS。

值得注意的是，在中国的非金融企业中，国有企业的杠杆率最高，是非金融企业中发生金融风险的主要所在。BIS 的数据显示：截至 2016 年底，中国国有企业的债务在中国全部非金融企业债务中的占比约为75%。进一步推算，非金融国有企业负债占 GDP 比重将高达 124.7%。若去掉非金融国有企业的负债，则非金融非国有企业负债率只有 41.6%。

观察微观层面企业的资产负债率，也可以发现同样的趋势。近十年来，工业企业整体的资产负债率自 2008 年以来呈现稳定下降趋势，从 2008 年的 59.2% 持续下降到 2016 年的 55.8%。与此同时，国有企业的资产负债率却呈现出不断上升的态势：从 2008 年的 61.6% 升至 2015 年的 65.7%，上升了 4.1%。其中，大型国有企业的资产负债率甚至超过了 70%。同期，私营企业的资产负债率呈现出不断下降的趋势，从 2008 年的 56.4% 持续下降至 2016 年的 50.7%（见图 3）。由此可以看出，目前中国的非金融企业的债务率过高，主要是国有企业的负债率过高；相反，非金融非国有企业的负债率是逐步降低的，现在处于合理的水平上。两者的分化趋势，反映了金融部门融资的所有制歧视倾向，这也是导致国民经济范围投资效率下降，形成潜在系统性金融风险的重要原因。

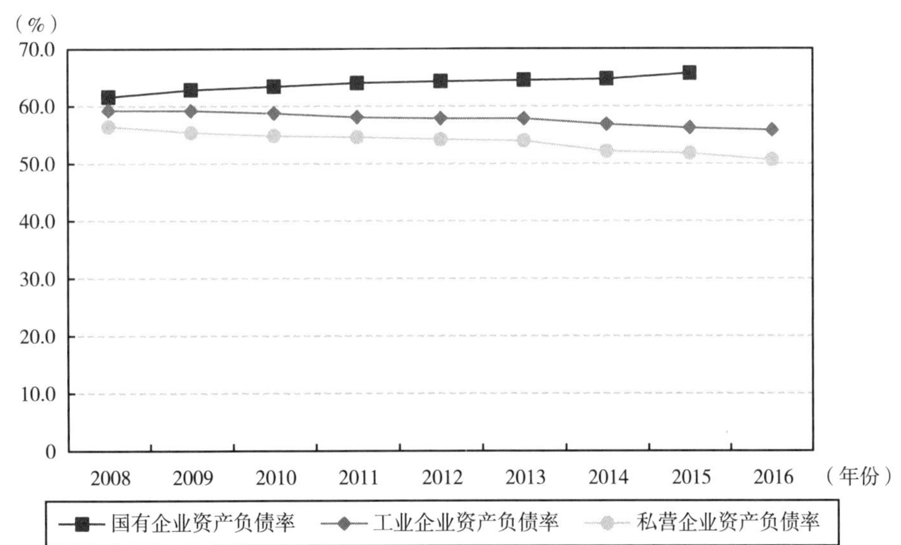

图 3　2008～2016 年国有企业、私营企业和工业企业资产负债率

资料来源：Wind 资讯，CEIC。

此外，中国非金融国有企业的偿债能力也令人担忧。（1）据 BIS 估算，中国私人非金融部门（包括非金融企业和家庭部门）的债务偿付率（到期需偿还的本息额/GDP）自 2008 年以来呈现快速上升趋势，从 2008 年第一季度的 13.6% 攀升至 2016 年第四季度的 20.1%，位居主要经济体前列。（2）通过计算工业企业的利息备付率（息税前利润/利息费用）发现，从 2010 年开始，国有企业和私营企业的利息备付率都出现了明显下滑。其中，在工业部门私营企业的利息备付率目前仍保持在 8 以上，但国有企业的利息备付率 2014 年已下降至 2 这一高风险区域。[①]（3）计算企业资金周转率可以发现[②]，中国工业企业流动资金周转率由 2003 年的 2 次逐步升至 2008 年的 2.67 次，而 2009 年大幅下降至 2.43 次，此后又升至 2011 年的 2.62 次，此后逐步下降至 2.5 次至 2.6 次的范围内。而同期国有控股企业的流动资金周转率一直处于相对较低水平（见图 4）。因此，如果说非金融企业的负债率过高，是中国潜在的系统性金融风险源之一的话，那么，需要高度警惕的是非金融国有企业的偿债能力。

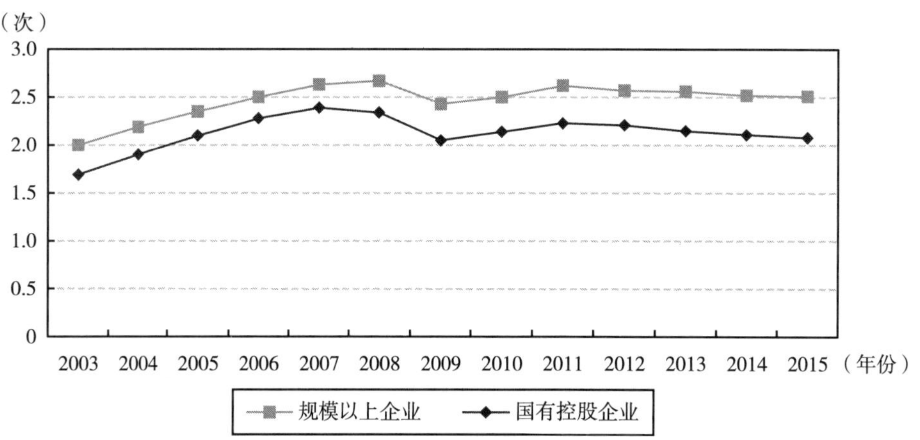

图 4　2003～2015 年工业企业流动资金周转率变化

资料来源：国家统计局。

（二）非金融国有企业杠杆率高企的主要原因

1. 充裕的流动性

货币（M2）增速长期高于同期经济增长率，是中国经济多年来实行货币宽松政策的必然结果。2008 年国际金融危机爆发之后，为了扩大内需保增长，中国政府扩大了货币投放以刺激经济增长。货币长期超发，导致流动性不断攀升，经济的货币化率（M2/GDP）大幅度提高：从 2008 年的 1.49 上升到 2011 年的 1.74，到 2016 年，更进一步攀升为 2.08。为稳增长而注入经济的巨额流

① 一般而言，利息备付率的数值处于 1～2 属于高风险阶段，2～3 以上才是正常水平。
② 资金周转率的高低反映了企业资金的利用效率，不仅会影响到利息备付率，而且还与杠杆率相关。

动性，以及向国有企业倾斜的信贷政策导向，为非金融国有企业的高负债提供了良好的货币条件。

2. 债务融资为主的融资结构

由于直接融资市场不发达，中国的融资结构一直是以债务融资为主的，银行间接融资占比较高，提高了非金融部门尤其是非金融企业的资产负债率。[①] 同时，国民储蓄主要转化为银行存款，推动了银行业的发展壮大，也使得银行业有充足的资金为非金融主体提供信贷支持，为非金融部门尤其是非金融国有企业加杠杆提供了便利。

就社会融资规模的结构来看，银行贷款等债务融资占比一直处于较高水平。2016 年，中国社会融资规模中银行本外币贷款占新增社会融资规模的比例为66.7%，全社会的债务融资占比为93%，而以非金融企业境内股票融资为代表的股权融资在社会融资规模中的占比只有7%（见表 1）。债务融资占比较高的融资结构提高了企业的资产负债率，势必导致企业的高杠杆率。同时，中国非金融企业税负较高，为了充分利用税盾效应[②]，它们更偏好债务融资，也推动了企业提高杠杆率。

表 1　　2008～2016 年新增全社会融资规模与结构

年份	总量（万亿元）	人民币贷款占比（%）	外币贷款占比（%）	委托贷款占比（%）	信托贷款占比（%）	未贴现银行承兑汇票占比（%）	债权融资占比（%）	股票融资占比（%）
2008	7.0	70.3	2.8	6.1	4.5	1.5	7.9	4.8
2009	13.9	69.0	6.7	4.9	3.1	3.3	8.9	2.4
2010	14.0	56.7	3.5	6.2	2.8	16.7	7.9	4.1
2011	12.8	58.2	4.5	10.1	1.6	8.0	10.6	3.4
2012	15.8	52.1	5.8	8.1	8.1	6.7	14.3	1.6
2013	17.3	51.4	3.4	14.7	10.6	4.5	10.5	1.3
2014	16.5	59.4	2.2	15.2	3.1	-0.8	14.7	2.6
2015	15.4	73.1	-4.2	10.3	0.3	-6.9	19.1	4.9
2016	17.8	69.9	-3.2	12.3	4.8	-11.0	16.9	7.0

资料来源：中国人民银行。

① 在会计处理中，债务融资是企业的负债，而权益融资是企业的所有者权益，因此，债务融资会提高企业的资产负债率，而权益融资则不存在这一问题。

② 根据中国的会计核算准则，如果考虑到税负问题，债务融资的利息支付可以抵扣应纳税额，也就是存在税盾效应，进而导致我国非金融企业更偏好债务融资。

3. 影子银行的发展也推动了非金融部门尤其是非金融企业杠杆率的快速提高

根据国际评级机构穆迪估算方法对中国影子银行规模的测算结果显示（见图 5），中国影子银行规模已从 2011 年的 19.2 万亿元升至 2016 年的 64.5 万亿元；影子银行规模占银行业表内总资产的比例从 2011 年的 18.3% 攀升至 2016 年的 29.8%。而根据方正证券方法估算的广义影子银行规模（见图 5），2010 年中国影子银行规模为 15.5 万亿元，是银行业表内总资产的 16.1%，2016 年为 95.9 万亿元，是银行业表内总资产的 41.6%。① 究其原因，金融创新、监管放松、货币宽松等增加了影子银行的通道、拉长了资金套利链条，也推高了金融机构间的杠杆水平，导致影子银行规模过度扩张。此外，高企的房价所带来的房地产高投资回报导致资金“脱实向虚”，也加剧了影子银行的规模膨胀。

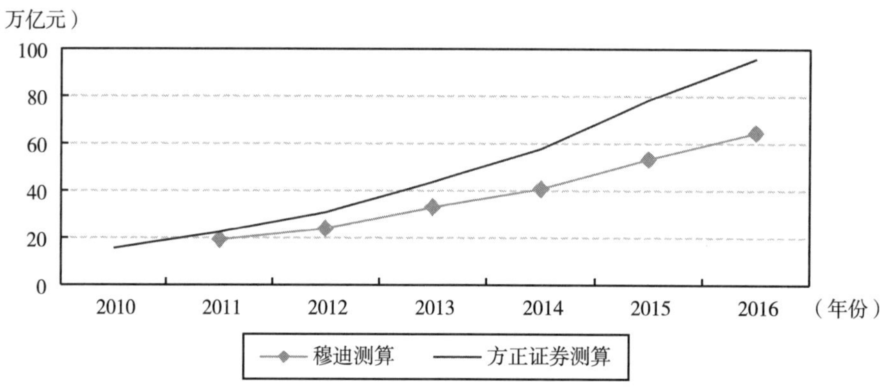

图 5　2010 ~ 2016 年的中国影子银行规模

尽管在目前中国的金融结构下，影子银行在一定程度上能满足部分实体经济的资金需要，有其存在发展的必要性，但是，在始终存在政府隐性担保的情况下，因 2014 年底开启的新一轮宽松货币政策而释放的资金，通过影子银行体系更多是支持了房地产企业、地方融资平台以及“两高一剩”的僵尸企业，进而全面推高了政府和国有企业的杠杆率。②

① 2010 年以前，中国影子银行规模均在 8 万亿元以下，主要来源于银行非传统信贷业务资产。2010 年以后，随着非银行金融机构资产管理业务和其他融资类业务的迅猛发展，导致中国影子银行规模一路飙升。

② 也有相当一部分资金通过影子银行体系流入股市、债市和楼市等领域，推高了相关资产价格，造成资产泡沫；随着实体经济回报率下降，资产回报率降低，开始出现资金滞留在影子银行体系内空转的现象。

4. 国有企业的软预算约束和向国有企业倾斜的贷款分配机制

长期以来，银行信贷资源分配始终存在着明显的所有制歧视。近十年来政府为保增长而超发的货币，多数转化成为对国有企业的贷款。由于政府对国有企业的隐性担保，使得国有企业融资被“过度润滑”，致使金融资源被低效率、大规模地配置到国有企业，国有企业对信贷资源的过度占用挤压了民营企业的融资。

国有银行承担着为国有企业融资的重任，再加上对国有企业提供贷款背后往往有政府信用背书，风险较低，银行业也偏好为其贷款。同时，由于在制造业中的国有企业主要分布在采掘、化工、建筑和交通运输等重资产行业，其本身也需要更多的资金支持。国有企业长期的预算软约束，也增大了企业主动负债的动机。加之刚性兑付及破产清算成本过高等问题，致使中国国有企业杠杆率较同类企业明显更高，甚至出现大而不倒的房地产企业。进一步，由于国有企业的资金利用效率不高，反而强化了其对贷款的需求。供求双方力量作用的结果是国有企业的杠杆率一向较高，负债率长期明显高于民营企业。随着国有企业杠杆率的提高，形成了金融部门和国有企业的双高杠杆率，成为金融与非金融部门的两大金融风险点。

（三）非金融国有企业的高杠杆率向其他领域的转移

非金融国有企业获得的巨额贷款，相当部分成为各级政府保增长的工具，被投入大量的非生产性工程项目中，如基础设施、市政工程、房地产①，导致国民经济投资效率迅速下降。同时，由于实体经济投资收益率较低，部分获得大量贷款的非金融国有企业一时无法找到合适的投资对象，便转手放贷，坐收利息，其行为对影子银行的发展和互联网金融投机起到了输血打气、推波助澜的作用。

综上所述，尽管金融风险存在于诸多市场、不同领域和不同部门，但是，金融部门与非金融国有企业的高负债率是引发其他潜在金融风险的两大诱因。两者相辅相成，金融部门的高负债率因非金融国有企业的高负债而生。消除了后者，前者也就自然降至正常。降低了非金融国有企业的高负债率，经济中其他部门的风险点也就失去了大部分风险资金的来源。

---

① 有一段时期，房地产国企成为推高各地土地拍卖价格的主力，对各地土地财政、房地产投机风潮的形成，经济脱实向虚，负有主要责任。

（四）货币超发、地方政府（国有企业）的预算软约束是系统性金融风险的总根源

尽管非金融国有企业的高负债是国民经济各领域经济风险的主要诱因，但是，国民经济系统性风险的源头却不是国有企业，而是国有企业的所有者——各级政府，尤其是各级地方政府。政府主导型市场经济体制下，各级政府对经济运行有着巨大的把控能力。长期以来，这也是形成各种社会经济问题的重要原因。

在政府主导型经济体制下，经济增长是各级地方政府多年来追求的第一政策目标。追求经济发展，使许多地方政府在社会经济发展决策中并不是考虑有多少钱办多少事，而是先定发展目标，而后找米下锅，筹集投资资金。想办多大事，就筹多少钱。由于地方政府在社会经济发展中的领导地位，各级国有企业甚至央企其实只是各级政府手中的工具。在国有企业的高负债率、国民经济各领域的投机性行为的背后，都可以看到各级地方政府的身影。

各级地方政府之所以成为目前潜在金融危机的源头，是由于长期以来，虽然建立了分级财政预算制度，但实际上中央与地方、各级地方政府之间并未真正分家，也并未建立独立的地方预算核算制度。各级地方政府不仅可以向上级政府申请拨款，以各种方式向银行贷款，利用各种政府融资平台借贷，如：通过土地招拍挂等获得土地财政收入，要求国有企业筹资实现其投资计划，以及通过 PPP 等动用国有企业甚至非国有企业的资金进行建设，等等。由于事实上各级地方政府不存在可以导致其破产的财政预算硬约束机制，因此，各级地方政府，不仅有突破预算约束的筹款能力，而且有突破预算约束的贷款欲望。两者结合，必然导致货币超发。长期的货币超发也成为各类金融风险的总根源。

二、政策模拟与分析

根据上述分析思路，我们应用课题组开发的中国季度宏观经济模型进行政策模拟。[①] 政策模拟思路：为了从源头上控制系统性金融风险，需要控制货币

① 关于中国季度宏观经济模型（CQMM），请参见课题组：《中国季度宏观经济模型的开发与应用》，载《厦门大学学报（哲学社会科学版）》2007 年第 4 期。

投放。我们将在国有企业预算软约束和预算硬约束两种不同情境下分别模拟分析逐步收紧货币供应量的数量型“去杠杆”政策可能产生的宏观经济效应，以廓清结构因素与数量因素在“去杠杆”进程中相应的地位与作用，为全面、有效降低中国经济体系所存在的系统性金融风险提供政策参考。由于在 CQMM 模型中没有独立的政府变量，因此，在技术处理上，我们将上述分析所讨论的地方政府/国有企业预算约束简化处理为国有企业预算约束。鉴于地方政府相当规模的融资也是通过国有企业平台展开的，显然，这一简化不会使模拟偏离讨论的主题。

（一）模拟情景设计

1. 关于 M2 增速的反事实假定

模型模拟期间选在 2013 年至 2015 年间，四个季度共计 12 期。在此期间，非金融国有企业的杠杆率持续不断上升，可为政策模拟提供一个良好的现实参照。我们假定，模拟期内，中国若采用收紧货币供应量增速的数量型“去杠杆”政策，即假设 M2 同比增速较实际值降低且降幅逐季度增加 0.25 个百分点，至期末降幅累计达到 3 个百分点。模拟期内 M2 增速的变动及其余额变化如图 6 所示。

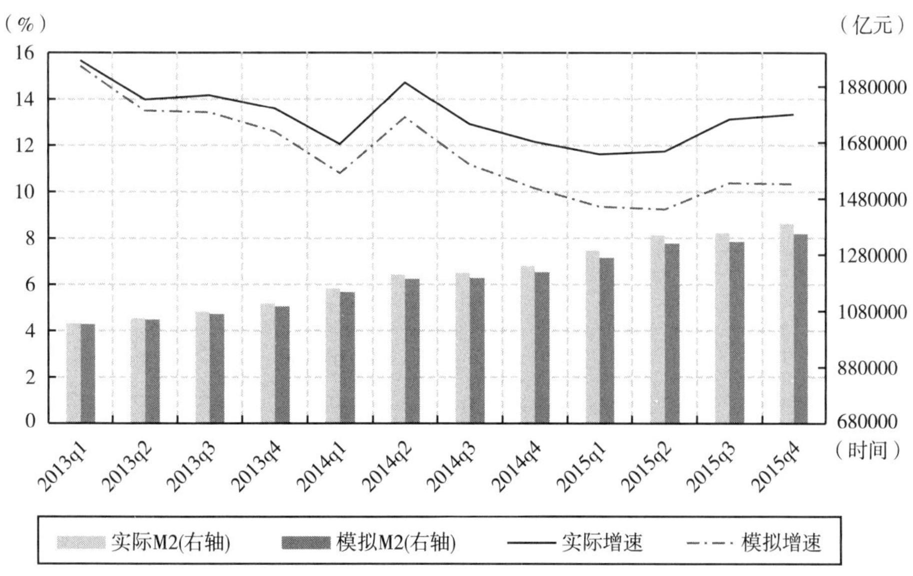

图 6　2013～2015 年 M2 增速的反事实假定与基准对比

2. 关于非金融国有企业预算约束的反事实假定

对于非金融国有企业，在模拟期内，我们假定存在两种不同的预算约束机制：一种是现实中存在的“预算软约束”，另一种是反事实假定即“预算硬约束”。[①] 在“预算软约束”下，国有企业的融资需求总是能够获得满足，其杠杆率可以不断上升；而在“预算硬约束”下，国有企业的融资需求将受其杠杆率的影响。当杠杆率超过一定阈值时，政府将收紧对国有企业的融资约束，[②]其最终实际获得的融资量由融资约束和融资需求两者的下限决定。

（二）政策模拟的经济传导机制

如图 7 所示，首先，国有企业投资和民间投资分别受到国有企业融资和非国有企业融资的影响，其中国有企业融资对非国有企业融资存在“竞争性抑制”作用，换言之，社会融资总是优先满足国有企业，剩余部分才流入非国有企业。其次，国有企业投资和非国有企业投资共同构成全社会投资，决定资本形成，并内生地决定非国有企业投资占比。[③] 再其次，非国有企业投资占比将影响全要素生产率，后者将进一步影响经济产出。最后，经济产出相对于潜在产出的偏离又会影响地方政府通过国有企业加杠杆、促投资、稳增长的行为。

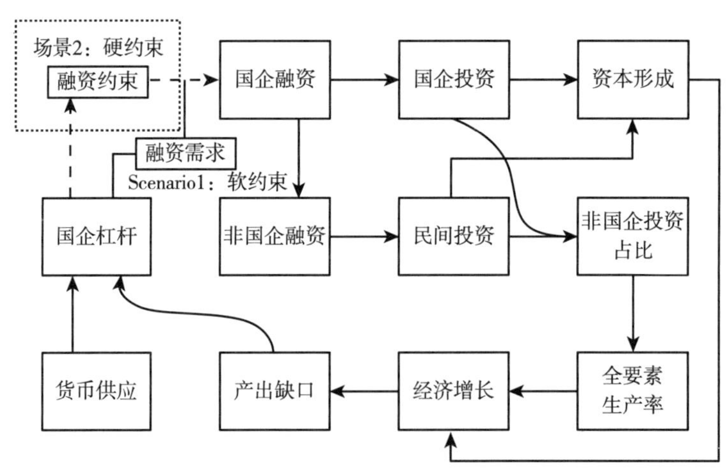

图 7　模型主要传导机制

---

① 为便利起见，上文讨论的地方政府/国有企业预算约束简化处理为国有企业预算约束。鉴于地方政府相当规模的融资也是通过国企平台展开，这一简化不会使模拟偏离讨论的主题。

② 实际上呈现一个倒“U”型，倒“U”型拐点约为62%。

③ 中国季度宏观经济模型课题组：《中国宏观经济分析与预测——2017 年春季报告》。

在上面两类反事实假定下，我们将模拟调低 M2 增速在情景一：国有企业具有“预算软约束”与情景二：国有企业具有“预算硬约束”两种不同情形下分别可能产生的宏观经济效应。

（三）政策模拟结果

1. 情景一：国有企业具有“预算软约束”

在国有企业具有“预算软约束”的情景下，下调 M2 增速所导致的资金面紧张会抑制国有企业及非国有企业的融资，国有和民间投资增速将双双下行，进而对全社会固定资产投资增速产生负面影响。如图 8 所示，模拟期内固定资产投资增速均较基准值有所下降，而且降幅持续扩大。

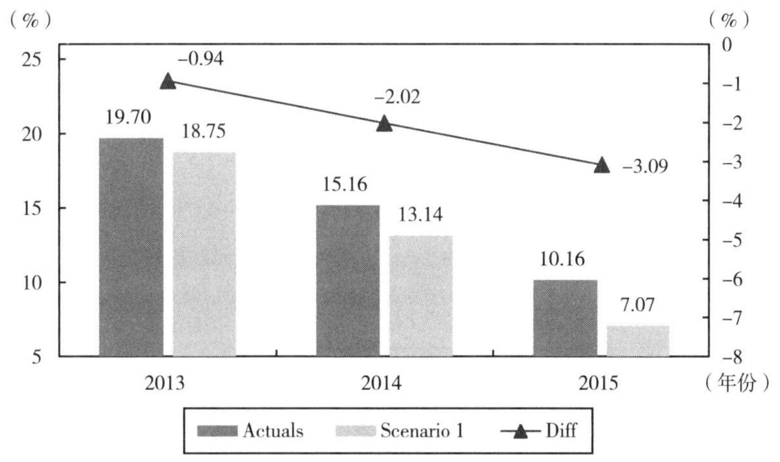

图 8　社会固定资产投资增速变动模拟

注：Actuals 表示模拟期内 M2 增速为实际值时投资增速；Scenario 1 表示模拟期内情景一下调低 M2 增速后的投资增速；Diff 为模拟投资增速与实际值之差（右轴）。

受投资增速下降的影响，GDP 增速也较基准值加速下行（见图 9）。这可能会强化政府通过国有投资“稳增长”的动机。结果是，一方面，在 M2 增速下降后国有企业投资因为存在“预算软约束”，其投资增速下降的幅度相对较小，其杠杆率提高相对较快（见图 10）；另一方面，民间投资由于本就紧张的资金被国有企业挤占，投资增速将大幅下滑（见图 11）。随着国有企业投资所占比重的提高，国有投资较低的投资效率，将影响全要素生产率的提高，并对 GDP 增速产生负面影响。产出缺口的扩大，有可能引发新一轮的“稳增长”干预，国有企业的杠杆率将进一步提高。

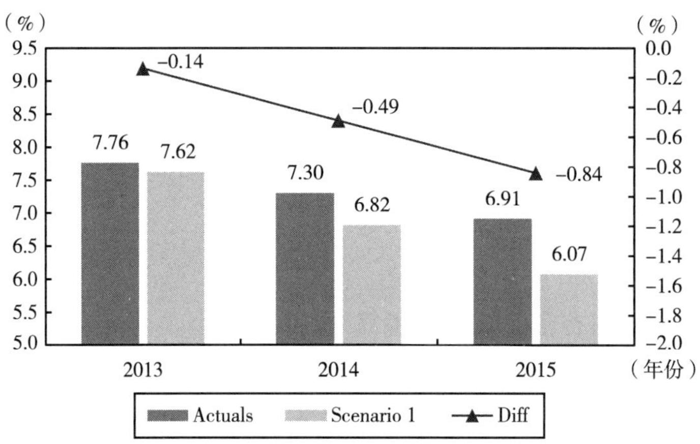

图 9　GDP 增速变动模拟

注：Actuals 表示模拟期内 M2 增速为实际值时 GDP 增速；Scenario 1 表示模拟期内情景一下调低 M2 增速后的 GDP 增速；Diff 为模拟 GDP 增速与实际值之差（右轴）。

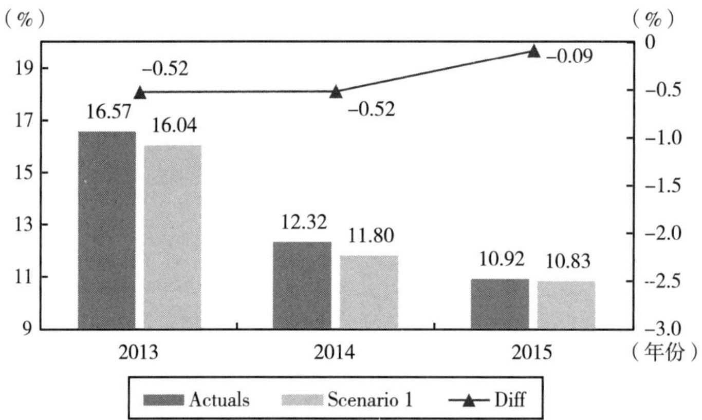

图 10　国有企业投资增速变动模拟

注：Actuals 表示模拟期内 M2 增速为实际值时国有企业投资增速；Scenario 1 表示模拟期内情景一下调低 M2 增速后的国有企业投资增速；Diff 为模拟投资增速与实际值之差（右轴）。

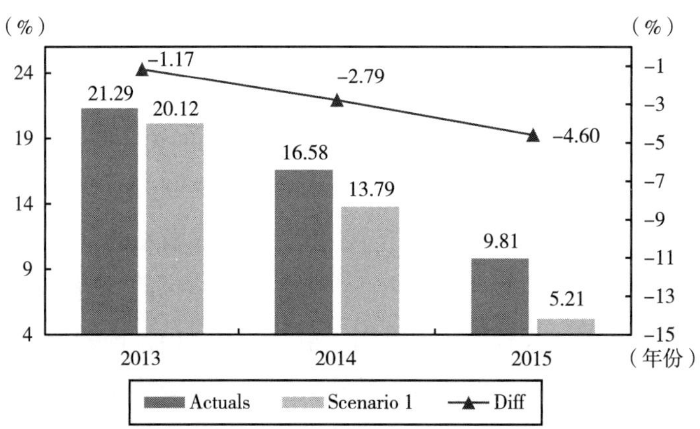

图 11　民间投资增速变动模拟

注：Actuals 表示模拟期内 M2 增速为实际值时民间投资增速；Scenario 1 表示模拟期内情景一下调低 M2 增速后的民间投资增速；Diff 为模拟投资增速与实际值之差（右轴）。

2. 情景二：国有企业具有“预算硬约束”

在国有企业具有“预算硬约束”的情景下，下调M2增速之后，资金面的趋紧同样会抑制国有投资和民间投资的增长。但与情景一不同，由于国有企业面临“预算硬约束”，其无法通过持续加杠杆来获取投资资金。不仅如此，当国有企业杠杆率超过一定阈值，其授信额度将受到限制，对其的融资约束就会收紧。因此，国有企业投资增速在各年不仅低于实际基准值，也低于情景一的情形，而且投资增速的降幅还会逐年增加（见图12）；而各期民间投资增速虽然低于实际基准值，却高于情景一；同时，投资增速的降幅在模拟期末明显收窄（见图13）。

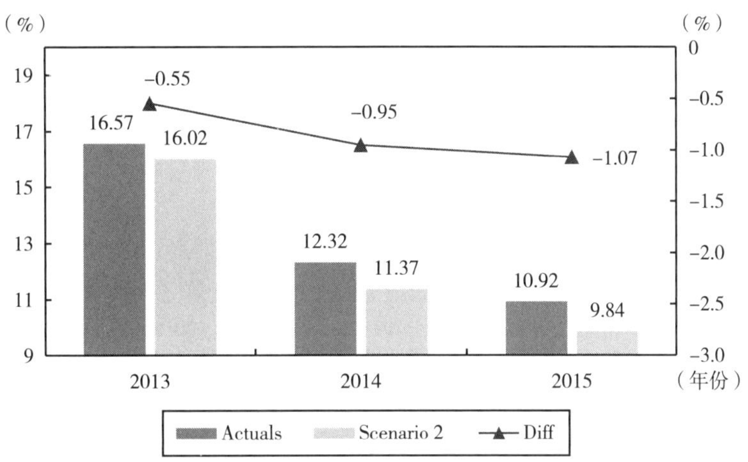

图12 国有企业投资增速变动模拟

注：Actuals表示模拟期内M2增速为实际值时国有企业投资增速；Scenario 2表示模拟期内情景二下调低M2增速后的国有企业投资增速；Diff为模拟投资增速与实际值之差（右轴）。

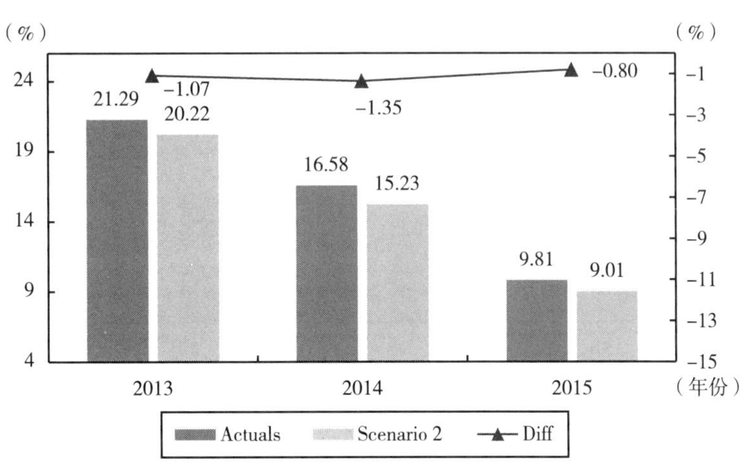

图13 民间投资增速变动

注：Actuals表示模拟期内M2增速为实际值时民间投资增速；Scenario 2表示模拟期内情景二下调低M2增速后的民间投资增速；Diff为模拟投资增速与实际值之差（右轴）。

在情景二下，由于占比较高的民间投资增速下降的幅度相对较小，全社会固定资产投资增速下降的幅度也较小（见图 14），进而投资增速下滑对 GDP 增速的影响也相继减弱。此外，由于国有企业投资占比难以像情景一下大幅提高，因而 M2 增速下调对全要素生产率的影响也有限。结果，在模拟期内各年末 M2 增速分别较实际基准值下降 1 个、2 个、3 个百分点的情况下，各年 GDP 增速仅分别下滑 0.13 个、0.31 个、0.27 个百分点（见图 15）。不仅如此，随着民间投资占比提升，投资效率逐步改善，全要素生产率不断提高，经济效率得到明显改善，更加具备长期可持续发展的潜能。

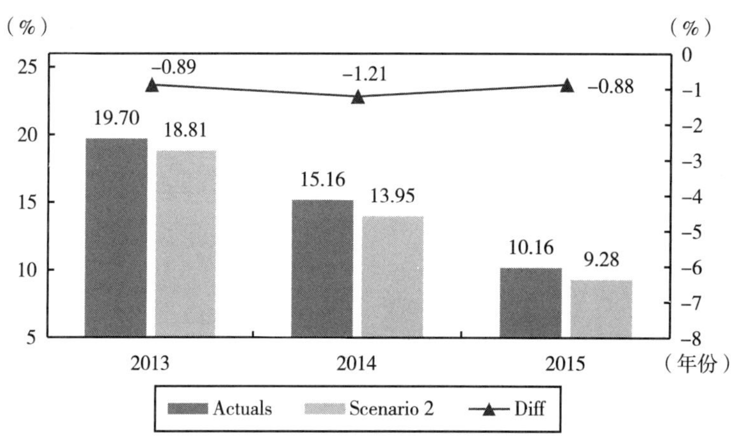

图 14　全社会固定资产投资增速变动模拟

注：Actuals 表示模拟期内 M2 增速为实际值时的全社会固定资产投资增速；Scenario 2 表示模拟期内情景二下调低 M2 增速后的投资增速；Diff 为模拟投资增速与实际值之差（右轴）。

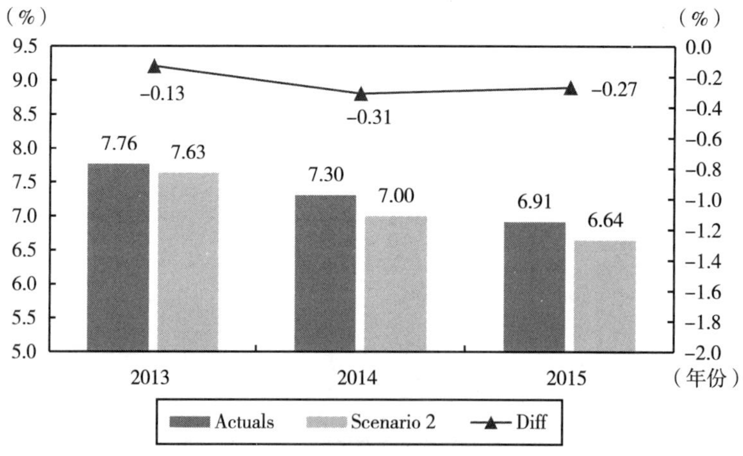

图 15　GDP 增速变动模拟

注：Actuals 表示模拟期内 M2 增速为实际值时 GDP 增速；Scenario 2 表示模拟期内情景二下调低 M2 增速后的 GDP 增速；Diff 为模拟 GDP 增速与实际值之差（右轴）。

上述基于 CQMM 的模拟表明，应对当前中国经济潜在的系统性金融风险，不仅要逐个地消除在不同市场、不同领域、不同部门形成的不同风险表现（如各级地方政府的债务危机、非金融国有企业的高杠杆率、金融部门的高负债率、房地产市场、股市、债市、互联网金融的投机乱象，影子银行、表外业务等），而且必须通过深化体制改革，从体制上根除形成系统性金融风险的总根源。

模拟结果表明，在地方政府（国有企业）存在"预算软约束"的情况下，单纯依靠降低 M2 增速、回笼货币并不能有效化解金融风险。其一，在政府主导型经济体制下，各级政府始终具有较强的"稳增长"动机，各级国有企业不过是各级政府手中的工具，各级政府一定会为它们争取到实现政府政策目标的信贷额度，国有企业的杠杆率易增难降。即使是在 M2 增速调低了 3 个百分点的情况下，模拟期末国有企业的杠杆率反而高于实际基准值 0.25 个百分点（见图 16）。其二，国有企业"预算软约束"实质上赋予其在资金紧缺时优先抢占资金的能力，从而将绝大部分信贷紧缩的压力转嫁给非国有企业，并回避"去杠杆"的"实锤"。这不但使民间投资增速受到较大冲击，出现"国进民退"，而且还会导致社会总体投资效率下降，从而对经济增长产生较强的负面影响，并进一步强化地方政府通过国有企业加杠杆增加投资以"稳增长"的动机。

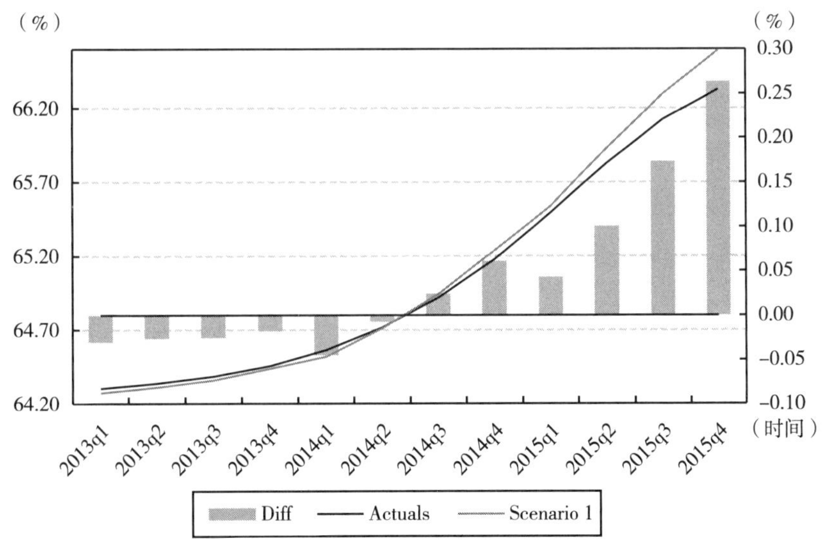

图 16　国有企业杠杆率变化模拟

注：Actuals 表示模拟期内 M2 增速为实际值时国企杠杆率；Scenario 1 表示模拟期内情景一下调低 M2 增速后的杠杆率；Diff 为模拟值与实际值之差（右轴）。

三、政策建议

在改革开放以来的近40年里，2010年前后是中国经济发展的一个转折点。2008年，国际金融危机结束了中国自加入WTO以来长达近10年的经济高速增长期。至2010年，中国的人均GDP已超过5000美元，成为中等偏上收入经济体。中国经济在发展中悄悄地进入了一个新阶段，这就是经济新常态阶段。①

然而，人们往往在经济发展阶段出现转换时懵懂不觉，仍然以旧的发展思路应对新阶段的到来。国际金融危机到来之际，外需大幅度下降，决策者的应对措施是用大规模的投资刺激计划扩大内需，是十大产业振兴计划，是力图通过4万亿的投资刺激计划将经济拉回到原有的增长轨道上去。在强刺激难以奏效，严重地得不偿失，难以为继之后，仍不愿意放弃需求刺激，只是改用了微刺激，力图阻止增长率下滑，保证虽然低于8%但仍然是较高的增长率。

新常态意味着经济发展的新阶段。新阶段不仅在于经济增长率异于此前，而且在于新阶段是建立在人均收入水平提高之后的需求结构转换基础上的。新的需求结构会使大量既有的生产能力缺乏需求，沦为过剩产能，不得不提前报废。同时，新的需求结构也在呼唤着新的生产能力。但是，新的生产能力并非新的需求出现便能自动产生。体制的障碍使投资难以顺畅地进入新的朝阳产业，使产能不足产业难以扩大其产能，改善其效率，增加产出以满足新的社会需求。新常态需要新的发展思路，需要相应的结构调整，需要进一步全面深化改革以解放相应领域的生产力。

因此，从某种意义上说，当前中国潜在的系统性金融风险，就其实质而言，是发展阶段转变之后，各级政府部门并未适时转变发展思路、调整结构，体制改革滞后而逐渐累积、凸显出来的风险。要防范和化解中国经济的系统性风险，必须从源头上做起，标本兼治。根本之策在于转变发展思路，调整结构，全面深化体制改革。

① 有关分析，参见李文溥：《走向经济新常态》，人民出版社2017年版。

（一）必须转变以保增长为中心的发展思路

此前的分析指出，目前中国之所以流动性过剩，经济的货币化率（M2/GDP）大幅度提高，是由于长期的货币超发。而长期货币超发的根源正在于各级政府对高增长的追求。在短期而言，经济增长取决于投资、消费和净出口的增长。国际金融危机之后，国外需求缩减，出口难以拉动经济增长，居民消费又相对稳定，因而，各级政府要想拉动经济增长，唯有依靠扩大投资。在非国有企业投资意愿降低、投资能力不足的情况下，各级政府只能依靠国有企业扩大投资。为了扩大投资，势必要通过各类政府融资平台、国有企业筹措资金，倒逼央行增加货币投放。因此，要想杜绝货币超发，就必须给各级地方政府降压减负，在政绩考核中，不再以经济增长率论英雄。更进一步说，在市场经济中，政府自有其职能，政府如以经济建设为中心，势必以增长为目标。因此，从根本而言，在新形势下，必须尽快实现国家治理结构的现代化。其中之一，就是政府应当放弃以经济建设为中心，逐步转向以公共服务与公共管理为中心，让市场做市场的事，让政府做政府的事。

（二）尽快建立现代财税制度，形成地方政府（国企）的预算硬约束

杜绝货币超发，不仅要放弃以保增长为中心的发展思路，还必须建立杜绝货币超发的体制机制。其根本在于建立各级政府和国有企业的预算硬约束机制。有人认为，在单一制的国家结构形式下，地方政府不是独立的主体，不能实现地方政府的预算硬约束。这种说法是不正确的。因为，如果同意这一看法，也就意味着各级地方政府的预算是无法约束的，也就意味着，中国经济潜在的系统性金融危机是始终存在的。如果同意这一看法，就无法解释，为什么世界上有很多单一制国家都较好地解决了地方政府的预算硬约束问题。[①] 因此，在通过有关文件对各级地方政府的非法、不规范融资行为进行急刹车，予以规范、制止的同时，还应当通过建章立制，推动地方财税制度的改革，实现国家治理体系与能力的现代化。实现地方政府（国有企业）的预算硬约束，是全面

---

① 以日本为例，地方政府解决其当期收入与当期支出之间的不平衡，基本上是通过发行地方公债来解决的。相关法律规范了地方政府举债的条件和中央政府对地方债的管理权限。参见邓子基等：《公债经济学》，中国财政经济出版社 1990 年版；吴炳昌译：《日本地方税法》，经济科学出版社 1990 年版。

深化体制改革，从制度上根本杜绝系统性金融风险的重要制度性建设。政府部门要规范中央和地方财税关系，再造中央和地方政府的税收分成制度。建立地方财政收支激励相容机制，确立事权和财力相一致的政府间财政关系，建立规范的地方公债发行制度，解决地方财政预算软约束问题，从而消除其扩大负债的能力。

（三）下决心从制度上消除土地财政

实践证明，土地财政是导致地方政府预算软约束的重要环节。地方政府通过垄断土地拍卖权，获取了巨额土地拍卖收入，导致城市房地产价格腾贵，将大量居民的毕生储蓄转化为一次性土地财政收入，改变了国民收入分配格局，抑制了居民消费，强化了以出口拉动投资推动的粗放型经济发展路径；城市地价腾贵，导致产业成本虚高，产业空心化，逼迫部分制造业过早地退出大中城市，甚至退出我国，严重缩短了产业生命周期；地价腾贵所导致的经济泡沫化，导致资金更多地流向金融投机，严重地抑制了自主创新与产业技术升级换代。要消除系统性金融危机的潜在根源，必须从制度上消除土地财政。应当从实现地方政府预算硬约束，建立地方政府稳定财政收入来源的角度，用房产税取代土地财政。

（四）逐步收回超发的货币

长期货币超发所导致的流动性过多，是金融风险在不同的市场、不同领域和不同部门之间来回游走的重要原因。因此，要采取措施，逐步回收过多的流动性。通过完善法律法规，在充分保障国有资产不流失的前提下，可以采取公平竞争的方式，拍卖部分竞争性领域的国有企业，同时通过稳步推进国有企业混合所有制改革，推进自然垄断领域的竞争性环节及时向民营资本开放。在回收过多的流动性的同时，通过体制机制创新，实现国有资产管理从实物管理向资产管理的过渡，改变国有资产管理思路，创新国有资产管理方式，从而提高现有国有资产的经营效率。

（五）合理控制货币总供应量，充分利用金融手段降低非金融国有企业的负债率

中国潜在的系统性金融风险与较长时间里过多的流动性投放有着直接关

系，其根本问题在于货币政策的非中性，货币政策过多地服从保增长的需要，常常被动超发。因此，从长远看，中国货币政策目标应当有所调整，更多地服务于保持币值稳定，控制通货膨胀。货币政策应保持中性，严格控制货币供应量，并积极协调配合宏观审慎监管和金融稳定政策，以达到有效防控金融风险的目的。债务融资占比过高是造成非金融企业杠杆率较高的重要原因，因此，需要降低债务融资比例，发展好股权融资，利用股权融资来替代债务融资，降低非金融企业特别是国有企业的杠杆率。同时，改革金融监管体制，打破刚性兑付，充分发挥资本市场在降杠杆和优化资源配置中的功能；加强对商业银行的监管，杜绝其利用非银行金融机构为产能过剩行业提供贷款；积极开展市场化、法治化债转股，以此实现主动去杠杆的目的。

（六）要加大对影子银行的监管力度，回归金融的优化经济资源配置和利用职能

结合宏观审慎评估体系（Macro Prudential Assessment，MPA）考核严控影子银行规模扩张，减少不受监管的融资行为，积极引导影子银行充分发挥服务实体经济的功能。过去近十年来，地方政府融资平台和房地产部门不断加杠杆，国有企业、地方政府融资平台等低效率部门借助隐性背书和刚性兑付加杠杆占用了过多资源，而民营企业、制造业、生产性服务业等高效率部门被挤出。因此，应继续调整税制，放松服务业管制，并加强金融监管协调，提升实体经济回报率，使金融系统中空转的资金回流实体经济，回归金融的优化经济资源配置和利用职能。

参考文献

［1］纪敏、严宝玉、李宏瑾：《杠杆率结构、水平与金融稳定——理论分析框架与中国经验》，载《金融研究》2017 年第 2 期。

［2］金鹏辉、王营、张立光：《稳增长条件下的金融摩擦与杠杆治理》，载《金融研究》2017 年第 4 期。

［3］娄飞鹏：《非金融部门杠杆率现状与去杠杆建议》，载《西南金融》2017 年第 7 期。

［4］马建堂等：《中国的杠杆率与系统性风险防范》，载《财贸经济》2016 年第 1 期。

需求结构升级转换背景下的供给侧结构性改革*

一、引言

为应对2008年爆发的国际金融危机，中国政府实施了“四万亿”的财政刺激政策。尽管中国经济增速一度在2010年回升至10%以上，但此后开始一路下行。至2015年，经济增速仅实现6.9%，为过去25年的最低水平。经济增速的持续减缓，促使我们反思为应对国际金融危机而采取的从需求面入手、“大水漫灌”式的宏观调控政策的不足，以及长期以来经济发展方式转变所面临的障碍。

面对错综复杂的国际形势和艰巨繁重的国内改革发展稳定任务，2015年底召开的中央经济工作会议提出“稳定经济增长，要更加注重供给侧结构性改革”，强调“推进供给侧结构性改革，是适应和引领经济发展新常态的重大创新，是适应国际金融危机发生后综合国力竞争新形势的主动选择，是适应我国经济发展新常态的必然要求”①。应该说，推进供给侧结构性改革是中央对过去数年关于中国经济增长“三期叠加”和“新常态”判断的进一步探索和升华，是全面深刻认识当前经济形势和现实经济中结构性体制性问题而提出的治理方略。如何推进供给侧结构性改革，学者们作了深入研究。杨伟民（2016）认为，结构性改革要解决的核心问题是矫正要素配置扭曲，包括企业内部、企业间和产业间的要素配置结构的优化组合，其政策手段是激发微观主体的活力，打破垄断、放宽准入、激励创新，化解过剩产能，用改革的办法解决结构性问题。胡鞍钢等（2016）指出，供给侧结构性改革的核心在于经济结构调整和经济发展方式转变，在于提高

---

* 本文原载于《中国高校社会科学》2016年第5期，共同作者：王燕武、龚敏、卢盛荣。

① 《中央经济工作会议在北京举行》，载《人民日报》2015年12月22日。

全要素生产率，其首要目标是做“减法”，去结构性产能过剩。李稻葵（2015）则认为，“十三五”期间，政府可以从增加公共产品提供、加快产业新陈代谢以及利用科技改造生产结构三个方向实施供给侧结构性改革。可以看出，上述研究主要是从宏观层面和生产供给面来解读供给侧结构性改革。但正如习近平总书记所强调的，“我们讲的供给侧结构性改革，既强调供给又关注需求”①。需求尤其是消费需求结构，对于供给侧结构性改革同样重要。供给侧结构性改革不能也不应忽视需求侧消费结构的转变升级。应该在需求结构转换升级的背景下，推进供给侧的结构性改革，以实现“供需平衡”的理想状态。

为此，本文将着重从微观消费结构升级转换的视角阐述供给侧结构性改革。我们认为，当前要作好供给侧结构性改革，需要清楚地认识由中等偏上收入经济体向发达经济体过渡阶段居民消费需求结构的升级转换及其趋势变化，供给侧结构性改革必须围绕居民消费需求结构的演变进行，淘汰落后产能，构筑新增产能，借助于体制改革、机制创新、市场开放等相关措施，构建满足居民消费结构升级后的产品和现代服务供给体系，增加有效供给，重塑经济增长的新动力。

二、产能过剩与有效供给不足并存：产品供给与消费需求结构的失衡

产能过剩是当前中国宏观经济运行中存在的突出问题，也是推进供给侧结构性改革的重要因素。杨振（2016）指出，当前中国除钢铁行业外，电解铝、水泥、平板玻璃、造船、有色金属、建材、轻工、纺织、食品等行业的产能过剩问题均相当严重，产能过剩已成为制约中国当前和未来经济发展的顽疾。但是，这并不是说所有行业的产能都出现过剩。张卓元（2016）指出，一些高端行业的产能，如集成电路、发动机等反而是严重短缺的，甚至在某些产能过剩的行业内部，一些零配件供给也出现短缺，如风电设备总体过剩，但其内部控制系统、叶轮等零部件却还需要进口。现代服务产品中供给不足的现象更为明显。以教育、医疗和社会保障资源产品为例，城乡居民看病就医难、养老难等问题早已经成为全社会的难题。因此，可以说，产能过剩与有效供给不足同时并存是现阶段中国经济的主要特征之一。

① 《习近平在省部级主要领导干部学习贯彻十八届五中全会精神专题研讨班开班式上发表重要讲话强调 聚焦发力贯彻五中全会精神 确保如期全面建成小康社会》，载《人民日报》2016 年 1 月 19 日。

造成产能过剩与有效供给不足并存的原因，是中国现有供给体系未能适应消费需求结构的转型升级，进而导致供给与需求不匹配、不协调（杨伟民，2015）。需求结构的重大变化可以分解为外部需求和内部需求两个层面。就外部需求而言，2008 年以来，受国际金融危机和欧洲主权债务危机接连爆发的影响，中国出口增速大幅下滑。尽管国内工资成本的持续上涨，已经使以出口劳动密集型产品为主的加工贸易急剧萎缩，但是，由于中国出口产品的结构升级不可能在短时间内完成，因而长期粗放式外向型生产体系形成的过剩产能只能通过扩大内需来消化。

另外，随着中国顺利地由一个低收入国家升级为中等偏上收入经济体并逐渐向高收入经济体过渡，其内部需求结构也正在发生明显的变化，主要体现在以下两方面。

第一，以住房交通和食品衣着等实物消费为主的居民消费结构，逐渐转变为服务消费与实物消费并重的消费结构。经过三十多年来高速经济增长带来的财富积累，中国正在逐步由一个中等收入国家向高收入国家过渡。实际上，东部沿海一些发达地区已经接近或达到了高收入国家的水平。因此，居民的消费能力和消费观念发生了明显改变。除了满足物质生活的需要之外，居民越来越多地追求更为高端的服务产品需求，包括健康、便捷的生活方式，优质的教育、娱乐及文体产品等。2014 年，中国城镇居民的消费支出中，食品、衣着及家庭设备用品支出的占比约为 44.37%，居住和交通通信支出的占比为 35.69%，分别比 2013 年下降了 0.27 个和 0.11 个百分点；医疗保健、教育文化娱乐以及其他商品与服务支出的占比为 19.94%，比 2013 年提高了 0.38 个百分点。对于这一消费结构变化，周学（2014）将经济发展阶段、宏观收入、宏观生产与宏观消费的变化联系起来，提出在不同的发展阶段，宏观消费的产品是不一样的，认为在中等收入水平阶段，一国的宏观消费主要是以重型消费品为主，而到了高收入阶段，一国的宏观消费将转变为以服务为主。贾康和冯俏彬（2015）同样认为，以家电、住房、汽车等大宗耐用品为主的消费基本走完排浪式的消费历程，中国居民的消费正走向个性化、多元化和服务型消费。

第二，在实物性消费方面，居民消费对产品品质、品种、规格和安全的要求越来越高。例如，以往用户对于淘宝、天猫、京东等网站的评价多集中在价格便宜，近期则开始关注产品质量的好坏、安全与否等。以往出境购物的品种，多以奢侈品为主，现在出境购物则逐渐蔓延到日常用品。从奶粉到厨具，从马桶到电饭煲，近些年来有关中国居民出境“海淘”的报道较多。这些事实充分说明，随着收入水平的提高，国内居民的需求偏好已向发达国家的普通居民趋近，由此对产品品质的要求也在提升。

在上述内部需求结构变化后，现有的以水泥、钢铁、煤炭、有色金属等与房地产业、交通运输设备业息息相关的行业产品为主的产品供给体系，以面向低收入群体为主的低质低价产品供给体系，以及以出口加工劳动密集型产品为主的外向型产品供给体系，没能跟上消费需求结构的变动步伐，因而造成产品库存高企、产能过剩严重，“出口转内销”的实施也不尽如人意。在 1999 年至 2015 年期间，中国所有工业行业的产品库存年平均增长率高达 12.1%，其中与房地产业、交通运输设备业息息相关的上下游产业均出现较高的产品库存年增长率，如有色金属冶炼和压延加工业为 16.3%，黑色金属冶炼和压延加工业为 13.7%，黑色金属矿采选业为 22.6%，煤炭开采和洗选业为 17.2%，家具制造业为 15.0%。此外，与出口加工劳动密集型产品相关的行业也有较高的库存增长率，如纺织服装鞋帽制造业为 14.0%，农副食品加工业为 15.9%，木材加工和木竹藤棕草制品业为 15.9%，食品制造业为 13.0% 等。①

如果从经济发展导致需求结构转换的角度进一步观察，我们发现：上述这些产业不仅要去库存，而且要去产能。因为随着消费需求结构的进一步转换升级，这些产业的需求将不可避免地走向萎缩。

以房地产业为例。首先，从城镇居民人均居住面积看，2012 年中国城镇居民人均住房面积就已达到 32.9 平方米，基本接近英国、法国、德国和日本等发达国家在 20 世纪 90 年代初的水平②，进一步增长的空间有限。其次，从未来数年的住房需求看，对房地产的需求趋于见顶。（1）第三次人口生育高峰所出生的适龄买房人口（出生于 1983 ~ 1990 年）的刚性需求正在减弱。（2）城镇化率超过 50% 之后，其扩张速度将放缓，由此“城市新市民”对房地产的消化能力在下降。房地产市场库存的高企、供需格局的反转以及房地产企业对未来需求扩张预期的弱化，都会削弱企业的投资积极性。2015 年中国房地产开发投资额约为 9.60 万亿元，同比 2014 年仅名义增长 1%。（3）从更长期的视角看，根据以往的国际经验观察，随着一个国家逐渐由中等收入国家向更高收入国家跨越，居民以住房消费、汽车消费等为主的重型消费结构将逐渐被现代服务产品消费所替代。③ 这就意味着，如果中国能在未来五年内顺利跨过人均

① 根据 CEIC 数据计算。

② 用于得到上述判断的文献资料，引自白雪、王洪卫：《住宅产业综合测度方法研究——基于恩格尔系数与人均住房面积模型分析》，载《财经研究》2005 年第 9 期（转引自关柯、芦金锋、曾赛星编著《现代住宅经济》，中国建筑工业出版社 2002 年版，第 3 页）。

③ 周学：《构建“微观、中观、宏观三位一体”的经济学理论体系——兼论破解我国内需不足的方略》，载《经济学动态》2014 年第 4 期。

GDP 10000 美元的大关，那么，住房消费的需求将随之减弱。换言之，即使当前靠强有力的政策刺激促使房地产业去库存顺利完成，但这或许是未来几年的需求提前释放，房地产业作为重要支柱产业的时代将成为过去。此外，一般消费品产业、以出口为导向的劳动密集型产业以及为其提供服务的上游产业也将面临壮士断腕式的去产能或产业转移。

与此同时，中国当前代表居民消费结构转型升级的产品，如医疗、教育、文体、健康、休闲等现代服务产品供给却严重不足。到 2014 年，全国实际人均 GDP 已比 1978 年提高 19.79 倍；而同期，全国中小学在校师生比、每万人拥有医院数和病床数指数分别仅比 1978 年扩大 1.67 倍、1.96 倍和 3.17 倍(见图 1)。现代医疗卫生、教育资源的供给远远落后于经济增长的步伐。更加值得注意的是，当前对于上述现代服务产品供给的投资比重反而在持续下降。2014 年，在全部固定资产投资中，对房地产业、汽车制造业、铁路船舶等其他交通设备制造业的投资比重约为 27.3%，如果再加上与之配套的道路运输业和铁路运输业固定资产投资，该比重将进一步增加到 33.7%，已超过同期对制造业投资的占比（33.3%）。换言之，以住房、交通为主的重型消费品依然是当前中国投资架构的核心。而在现代服务业中，对教育、卫生行业的投资占比却分别由 2004 年的 3.05% 和 0.71% 降为 2013 年的 1.24% 和 0.60%，远远落后于对房地产业、交通业的投资占比；2013 年对文体、体育和娱乐业的投资占比也仅为 1.12%。①

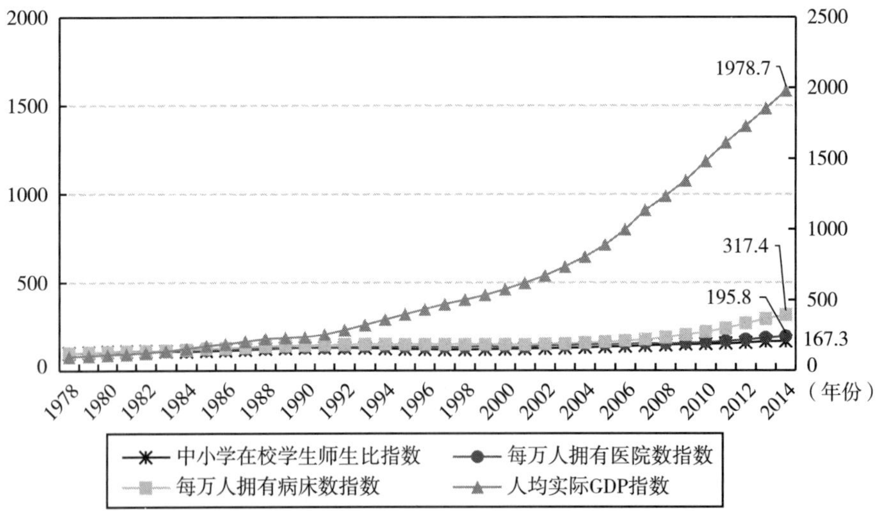

图 1　1978～2014 年教育医疗供给指标与人均实际 GDP 的增长指数对比

资料来源：整理自 CEIC 数据库。

① 整理自 CEIC 数据库。

综上所述，我们认为：随着经济增长和居民收入水平的提高，中国居民的消费需求结构已开始发生显著变化，而旧有产品供给体系没能及时跟随需求结构的变化而作出调整，从而导致当前中国经济出现产能过剩与有效供给不足并存的现象。居民消费需求结构的形成与收入水平提高、消费观念的改变以及人们追求更高生活享受、追求自我价值实现的本能息息相关，一旦形成就难以逆转。因此，要破除产能过剩与有效供给不足并存的难题，还必须在淘汰过时产能做“减法”的同时，围绕经济由中高收入经济体向高收入经济体过渡阶段居民消费结构转变升级的方向，加大投资力度，构筑新增产能，用“加法”纠正产品供给结构与消费需求结构的扭曲失衡状态，重塑经济增长动力。

三、过渡阶段中国城乡居民消费结构的转换升级

（一）中国城乡居民消费结构的变迁[①]

利用 1992 ~ 2012 年全国城镇和农村居民八大类消费品人均支出的调查数据，可以描绘出 20 多年来中国居民消费结构的变化轨迹（见图 2 和图 3）。

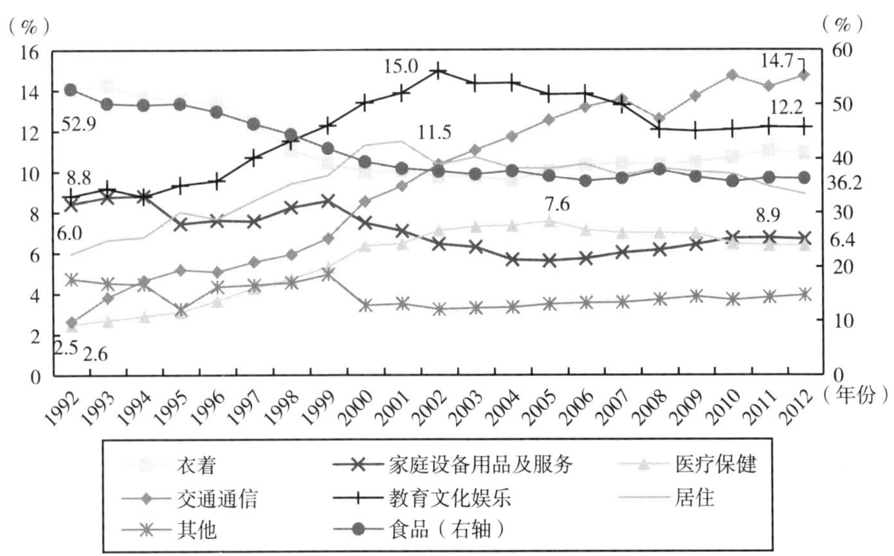

图 2　1992 ~ 2012 年中国城镇居民八大类消费支出的比例变化

资料来源：整理自 CEIC 数据库。

① 本部分数据整理自 CEIC 数据库。

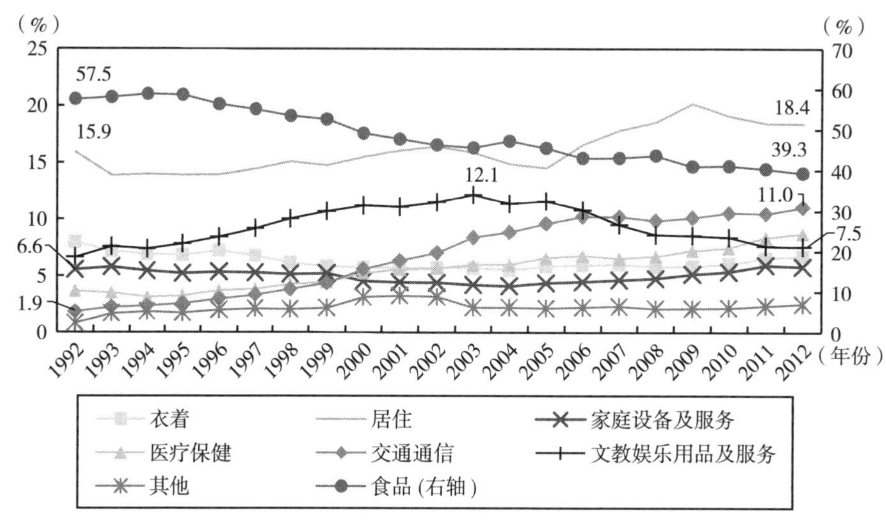

图3　1992～2012年中国农村居民八大类消费支出的比例变化

资料来源：整理自CEIC数据库。

第一，食品支出比重大幅度缩小。1992年，城镇居民的各类支出中，食品支出占52.9%，到2012年，食品支出仅占36.2%，下降了16.7个百分点，年均下降约0.8个百分点；同期农村居民的食品支出占比下降幅度更大，由1992年的57.5%下降到2012年的39.3%。调整支出统计口径之后，2013年和2014年城乡居民食品支出占比进一步下降。其中，城镇居民食品支出占比分别降为30.1%和30.0%，农村居民食品支出占比分别降为34.1%和33.6%。

第二，衣着支出、家庭设备用品及服务支出占比稳中趋降。其中，城镇居民这两类支出在前十年持续下降，到2004年前后，开始出现回升，但基本维持在一个平稳的水平。2012年，城镇居民衣着支出和家庭设备用品及服务支出的占比分别为10.9%和6.7%，较1992年下降了3.2个和1.7个百分点。农村居民的这两类支出占比的变动幅度更小，1992～2012年衣着支出占比仅由8.0%降至6.7%，家庭设备用品及服务支出占比则由5.6%微升至5.8%。

第三，交通通信和居住支出显著扩大。城镇居民的这两项支出占比之和已经超过食品支出占比，约占全部支出的1/3。其中，交通通信支出方面，城乡居民的支出占比均呈现出持续上涨的趋势。城镇居民由1992年的2.6%，快速提高到2012年的14.7%，农村居民由1992年的1.9%提高到2012年的11.0%。在2013年统一城乡住户调查、调整相关统计口径之后，居住支出占比跳升到23.3%，成为仅次于食品支出的第二大支出，2014年小幅回降到22.5%，且农村居住支出占比由2012年的18.4%上升至2013年的21.1%。

第四，教育文化娱乐支出呈现“先上升、后下降”的趋势。其中，城镇居民教育文化娱乐支出拐点出现在2002年，在占比最高达到15%之后，其比重开始逐步下降，近几年基本稳定在12.2%左右；农村居民的教育文化娱乐支出最高占比出现在2003年，达到12.1%，随后逐渐下降，到2012年，比重回到7.5%，基本跌到20世纪90年代初期的水平，2013年调整口径之后，比重提高到10.1%，但仍处于较低水平。

第五，医疗保健支出城乡间差异明显。城镇居民的医疗保健支出占比自1992年开始出现连续13年的上升之后，从2006年开始缓慢下滑，直到2012年仍处下降趋势，2013年调整口径之后，进一步下滑到6.1%。农村居民的医疗保健支出则基本保持上涨趋势，从1992年的3.7%，一直升到7.5%，增长超过一倍。二者趋势差异可能与2005年之后实施的存在城乡差别的医疗保险制度有关。城镇居民享受到的医疗保障要优于农村居民，从而导致城镇居民个人承担的医疗卫生支出增速放缓。

总的来看，过去20多年来，随着中国经济顺利突破贫困障碍进入中等偏上收入国家，中国居民的消费需求结构呈现出以下两个特征。

一是食品、衣着类支出在总支出中的比重大幅度下降，由原来七成以上，逐渐降到五成以下；交通通信和住房的支出大幅提高，逐渐成为消费支出的重要组成部分。这种消费结构的演变，基本符合发展经济学的理论预期，也与以往的国际发展经验一致。当一个国家由贫穷向中等收入过渡时，随着资本财富的积累，消费者会逐渐降低对食品、衣着等满足最基本生存需要物品的消费，而逐渐提高对更高层次的实物消费比重。这就从需求层面解释了中国的汽车和房地产业在过去20年间的高速增长。可以说，恰恰是因为居民对交通和住房的强烈需求，使得一旦制约这两大产品供给的体制性障碍被突破，两个产业很快就发展起来，并迅速成为支撑经济增长的支柱产业。

二是教育文化娱乐、医疗保健等服务产品的支出比重较低，不及全部支出的20%，并且从趋势上看，自2002年以来，这两类支出的占比还呈现出下降趋势。这主要是由于住房、交通通信等现阶段居民主要消费项目占比提高带来的挤压，此外也与这些服务产品本身的供给机制不畅、价格高企息息相关。

（二）未来中国城乡居民消费结构的转换升级[①]

从现有的消费结构出发，未来5~20年，中国居民的消费结构将会如何进

① 本部分韩国、日本和美国的数据来自UNDATA、CEIC数据库。

一步演变呢？理论上而言，随着一个国家经济由中等偏上收入经济体向发达经济体过渡，居民的消费结构将开始由以实物消费为主转变为服务消费与高质量的实物消费并重，渐趋服务消费为主的消费结构（周学，2014；贾康和冯俏彬，2015）。对比韩国的转型发展经验，这一判断基本成立。

2014 年，中国城镇居民的教育文化娱乐、医疗保健以及其他项目的三项支出占总消费支出的比重约为 19.9%，大约相当于韩国在 20 世纪 80 年代初的水平（18.8%）。2014 年，中国以 2005 年价格计算的实际人均 GDP 是 3862.0 美元，与韩国在 1981 年的实际人均 GDP（4151.2 美元）基本相当。而自 1981 年起，韩国的实际人均 GDP 在八年内增至 8158.1 美元，并于 1992 年跨入万美元俱乐部行列。伴随经济顺利跨越中等收入陷阱，韩国教育、健康、文化娱乐及杂项四项支出的比重也由 1981 年的 18.8%，迅猛提高到 1989 年的 28.6%，2009 年进一步上升至 33.8%（见图 4）。韩国的经济发展历程及居民消费结构变迁的轨迹提示我们：未来 5 ~ 20 年内，随着中国经济由中等偏上收入逐渐向高收入水平转变，居民的教育文化娱乐和医疗保健的支出比重将大幅度提高。

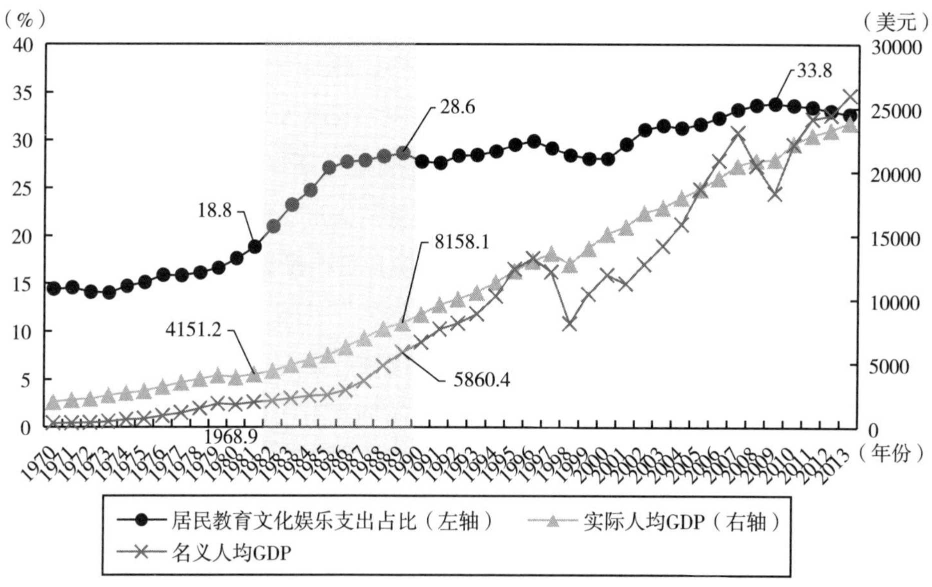

图 4　韩国实际人均 GDP 与居民教育文化娱乐等服务产品支出比重的变化对比

注：居民教育等服务产品支出包括教育、健康、文化娱乐及杂项四项支出之和。

资料来源：UNDATA；以美元计的名义人均 GDP 和实际人均 GDP（2005 年价格平均）数据均来自 CEIC 数据库。

从韩国 20 世纪 70 年代以来的各项消费分类支出比重变化中，我们还可以看出，在80~90年代，伴随着从中等偏上收入经济体向发达经济体过渡，韩国教育文化娱乐、健康支出和住房、交通通信支出都迅速增长，并在90年代初先后超过食品、服装的支出，但是，住房、交通通信的支出占比在经过长达23年的提高之后，自1998年起开始下降，并延续至今，而教育文化娱乐、健康支出占比则保持上涨趋势，二者差距迅速缩小（见图5）。

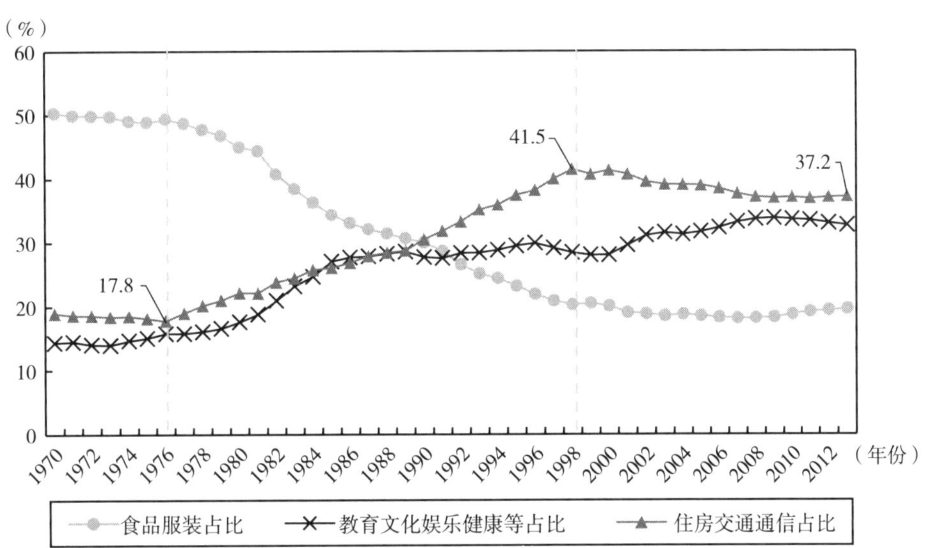

图5　韩国居民消费的分类支出比重变化

注：UNDATA共将消费分成12项分类：（1）食品饮料；（2）酒精、烟草、麻醉品；（3）服装、鞋类；（4）住房、水电、燃料；（5）家具及住房维护；（6）健康；（7）交通；（8）通信；（9）文化娱乐；（10）教育；（11）餐饮住宿；（12）杂项。这里的教育文化娱乐健康等支出包含第6、9、10、12项；食品服装支出包含第1、3项；住房交通通信支出包含第4、5、7、8项。

资料来源：UNDATA。

事实上，这种随着收入水平的提高，居民消费结构逐渐偏向以教育文化娱乐、健康为主的支出构成变化的情况，不仅发生在韩国，在其他转型成功的国家以及高收入国家，如日本、美国等，也同样如此。日本在1980~1995年人均GDP迅速提升的时期，教育文化娱乐、健康及杂项支出的占比也由1980年的23.3%快速提高到1990年的29.4%，增加近6.1个百分点，随后一直保持平稳上升势头（见图6）。美国的情况更为突出。1970~2008年，随着人均GDP的持续上涨，美国居民的教育文化娱乐、健康等支出占比稳步由1970年的28.2%，提高到2008年的45.3%，大幅增长17.1个百分点，其中，自1998年开始，美国居民的教育文化娱乐、健康等支出占比超过食品、服装、住房、交通通信支出占比，成为居民支出构成中的第一大支出（见图 7）。

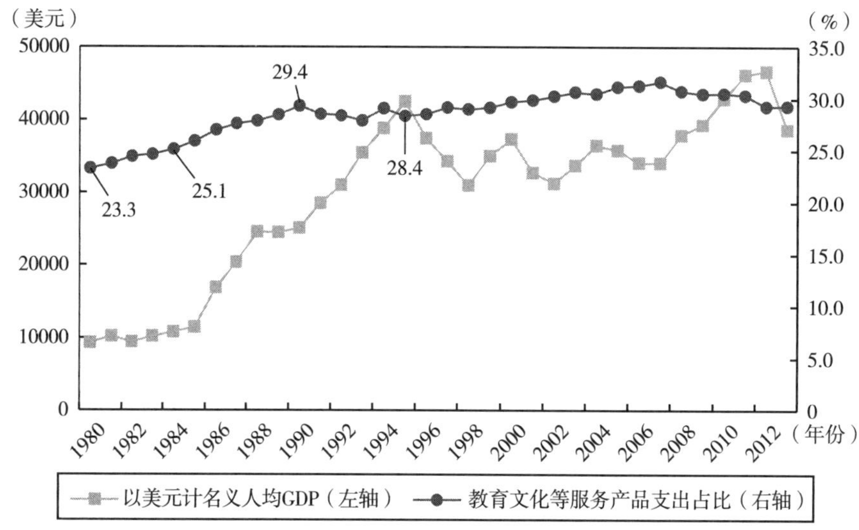

图 6　日本人均 GDP 与居民教育等服务产品支出比重的变化对比

注：居民教育等服务产品支出包括教育、健康、文化娱乐及杂项四项支出之和。

资料来源：UNDATA；以美元计的名义人均 GDP 数据均来自 CEIC 数据库。

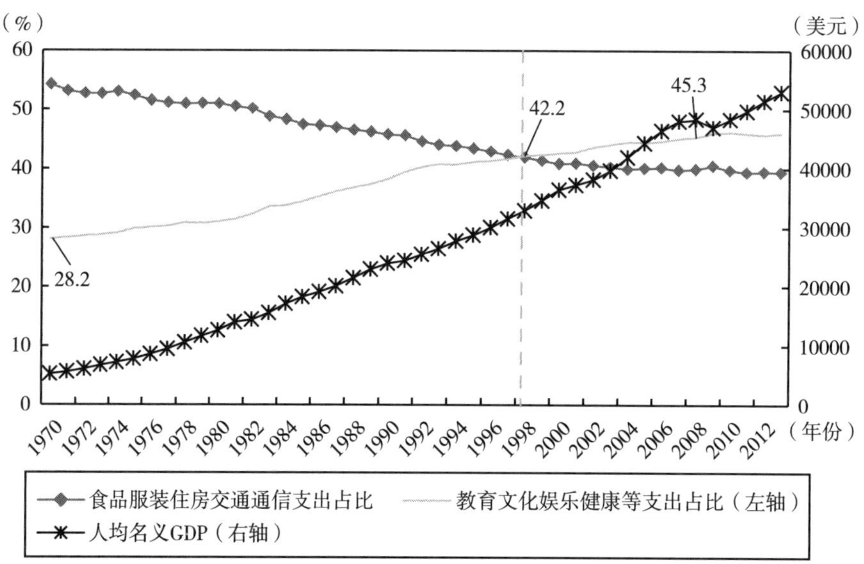

图 7　美国人均 GDP 与居民教育文化娱乐等服务产品支出比重的变化对比

备注：UNDATA 共将消费分成 12 项分类，分别是：（1）食品饮料；（2）酒精、烟草、麻醉品；（3）服装、鞋类；（4）住房、水电、燃料；（5）家具及住房维护；（6）健康；（7）交通；（8）通信；（9）文化娱乐；（10）教育；（11）餐饮住宿；（12）杂项。这里的教育文化娱乐健康等支出包含第 6、9、10、12 项；食品服装支出包含第 1、3 项；住房交通通信支出包含第 4、5、7、8 项。

资料来源：以美元计的名义人均 GDP 数据均来自 CEIC 数据库。

综上所述，我们认为，在今后 10～20 年之内，随着中国从中等偏上收入经济体向高收入经济体（“十三五”期间人均名义 GDP 将突破 10000 美元）过渡，中国居民的消费结构将出现新一轮的升级转换，即以住房交通和食品衣着等实物消费为主，逐渐转变为以服务消费与高质量的实物消费并重。服务消费将逐步替代已高速增长近 20 年的住房交通消费需求，成为未来 10～20 年之内中国经济主要的新增消费需求动力。

四、以消费结构为导向，发挥市场作用，借助体制改革进行供给调整

根据居民消费结构转换升级的方向，可以清楚地给出下一个阶段供给侧结构调整的着力点：一是去库存、去产能，即去除旧有产品供给体系所产生的过剩产品和过剩生产能力，如钢铁、水泥、煤炭、房地产、纺织鞋帽等；二是增加投资、扩产能，即在高质量实物消费品和现代服务品领域，要增加投资，扩大生产能力，形成有效供给。然而，要顺利实现这“一减一加”的供给结构调整，并非轻而易举。

在去除过剩产能方面，能否按照现有的政策安排，主要依靠政府“看得见的手”来加以调整呢？从以往的经验看，情况不容乐观。杨振（2016）的研究表明，在过去的 20 多年间，中国的产能过剩已历经数次政策干预和宏观调控，但整体治理效果却收效甚微。以钢铁、电解铝、水泥三个行业为例，自 2003 年起就被国家列为产能过剩行业，而直到现在这三个行业依然是产能过剩行业的典型。问题的根源在于，现行的产能过剩治理政策主要基于供给侧的产能供给管制，其运转机制遵循“产能审核—判定过剩—分配指标—逐级淘汰—过剩缓解”的治理程序。尽管从逻辑上看，这一程序能够优化产能治理，但现实操作中，往往在各个环节都会出现难以控制的问题。例如，产能审核往往保护了既有相对落后的产能和技术，难以动态界定产能过剩的标准，分配指标过程中滋生了腐败和暗箱操作，往往牺牲掉经营效率较高的企业，等等。这些都造成以政府管控为主导的去过剩产能方式，不仅难以取得应有的效果，反而可能进一步保护了与政府利益密切相关的企业和相对落后的产能。

破解上述难题，市场机制的无形之手将比看得见的政府调控之手能够更快、更好、更彻底地实现供给结构调整。中国在 20 世纪 90 年代顺利跨越贫困陷阱，实现居民消费结构升级与供给结构的匹配，其主要动力来自当时居民消费

支出逐渐转向以住房、交通支出为主，中国在房地产行业实行了市场化改革[①]，在交通行业尤其是汽车行业较早地实行对外开放、引进外资、合资经营，极大地释放了住房、汽车等相关产品的供给能力，满足了居民消费需求的升级变迁，从而实现资源的优化配置和高效率使用。而当前阶段，由于医疗等行业长期以非市场形式存在，缺乏运用“看不见的手”进行调节，而主要依靠“看得见的手”进行管制，一方面，通过资源垄断限制供给，使得产品供给能力严重不足，供不应求；另一方面，又由于行政价格管制扼杀了价格对垄断行为的制约作用，进一步放大需求，造成更为严重的供需不匹配。因此，要调整当前的供给结构，使之与消费需求结构的升级转换相匹配，需要通过体制改革、机制创新、市场开放等相关措施，用市场的无形之手，淘汰落后产能，构建能够满足新消费结构的产品和现代服务供给体系，形成有效供给，重塑经济增长的新动力。推动供给侧结构性改革，需要放松管制，释放活力，让市场发挥更大作用，从而降低制度性交易成本，提高供给体系质量和效率，提高投资有效性。

五、结论及政策含义

在经济持续减速的背景下，单纯地去产能只会引起叠加性的需求下降，造成经济螺旋形下滑，加大陷入债务危机的风险。本文通过解释当前产能过剩与有效供给不足并存的现象指出，旧有产品供给体系无法满足居民消费结构转换升级的需要是导致上述现象产生的关键因素；同时，结合其他国家的居民消费结构演变事实，认为中国居民的消费结构将逐渐由以住房交通和食品衣着等实物消费为主，转变为服务消费与高质量的实物消费并重的消费结构，并且服务消费将逐渐成为中国经济主要新增消费需求动力。在居民消费结构升级转换背景下，推动供给侧结构性改革，需要“解放和发展社会生产力，用改革的办法推进结构调整，减少无效和低端供给，扩大有效和中高端供给，增强供给结构对需求变化的适应性和灵活性，提高全要素生产率”[②]。

---

① 1991 年 6 月，国务院发布了《国务院关于继续积极稳妥地进行城镇住房制度改革的通知》，提出了分步提租、新房新制度、集资合作建房、出售公房等多种形式推进住房制度改革的思路；10 月，召开第二次全国住房制度改革工作会议，提出了“多提少补”或小步提租不补贴的租金改革原则；11 月，国务院办公厅转发了国务院住房制度改革领导小组《关于全面推进城镇住房制度改革的意见》，明确了住房制度改革的指导思想和根本目的，标志着住房改革从探索和试点阶段，进入全面推进和综合配套改革的新阶段。

② 《习近平在省部级主要领导干部学习贯彻十八届五中全会精神专题研讨班开班式上发表重要讲话强调聚 焦发力贯彻五中全会精神 确保如期全面建成小康社会》，载《人民日报》2016 年 1 月 19 日。

根据上述分析，本文结论蕴含的政策含义如下。

第一，供给结构调整应当以当前发展阶段背景下的需求结构转换为方向指引，在做减法的同时更加重视做加法，做除法的同时做乘法，在运用加法进行供给结构调整的同时扩大需求稳增长。中国自 2010 年人均 GDP 跨过 5000 美元之后，便开始进入经济发展的新阶段，从中等偏上收入水平向现代发达经济过渡。由于同期又遭遇了国际金融危机的冲击，当时的宏观经济政策过多地关注国际金融危机这一来自外部的周期性冲击，忽略了发展阶段转换所带来的结构性、体制性调整需要，主要关注扩大总需求的刺激政策，一定程度上掩盖了经济发展内在的供需结构性矛盾，延缓了发展阶段转换亟待进行的结构调整及体制改革，从而导致当前产能过剩与有效供给不足并存，经济增速不断下行的局面。然而，经济发展阶段转换所产生的内在要求是不可阻挡的，它体现为在经济不断下行的过程中，制造业与服务业发展速度的差异。根据中等偏上收入水平向现代发达经济过渡这一新发展阶段背景下的需求结构转换趋势，对供给结构进行调整，运用加法增加有效供给、调整供给结构，能有效地扩大内需，实现经济运行的正向循环，有利于稳定经济增长。

第二，要充分发挥“看不见的手”在调节供给结构方面的作用。这既有利于供给侧结构性改革的加法和乘法操作，做到有的放矢，进一步明晰供给侧结构调整工作的重点和方向，同时也可避免过剩产能问题的循环出现，使得新形成的供给能力与消费需求相适应，实现以新供给创造新需求、新需求推动新消费、新消费倒逼新产业产生的良性产业演进过程。

第三，对于一个具备广阔内部市场的国家而言，在借助外部市场和工业化顺利跨越贫困增长阶段之后，其维持经济持续增长的主要动力应转向国内，因此制约中国经济发展的症结是非均衡发展下的结构性、体制性矛盾而非周期性和外部性冲击。当此之时，增加投资、扩大需求是稳定经济增速的必要之举。在投资品价格为负数的情况下，增加投资更是经济之举。问题在于，这一投资虽然扩大了当前需求，但却必须立足于未来，根据需求转换的发展轨迹，以调整供给结构为导向。因此，在加快去除过剩产能、去库存的同时，需要放长眼光，围绕未来 5 ~ 10 年、10 ~ 20 年的市场消费需求结构趋势变化，打造新兴产业，突破体制瓶颈，补齐供给短板。

参考文献

[1] 胡鞍钢、周绍杰、任皓：《供给侧结构性改革——适应和引领中国经济新常态》，

载《清华大学学报（哲学社会科学版）》2016 年第 2 期。

［2］贾康、冯俏彬：《“十三五”时期的供给侧改革》，载《国家行政学院学报》2015 年第 6 期。

［3］李稻葵：《关于供给侧结构性改革》，载《理论视野》2015 年第 12 期。

［4］马志刚：《供给侧改革是适应新形势的主动选择——访著名经济学家张卓》，载《经济日报》2016 年 1 月 11 日。

［5］杨伟民：《适应引领经济发展新常态、着力加强供给侧结构性改革》，载《宏观经济管理》2016 年第 1 期。

［6］杨伟民：《中国供给侧至少存在六大问题》，新浪网，2015 年 11 月 18 日。

［7］杨振：《以供给侧结构性改革化解产能过剩》，载《理论视野》2016 年第 1 期。

［8］周学：《构建“微观、中观、宏观三位一体”的经济学理论体系——兼论破解我国内需不足的方略》，载《经济学动态》2014 年第 4 期。

根据需求结构转换基本趋势进行供给侧结构性改革*

在现阶段，作好供给侧结构性改革，关键在于清楚地认识向发达经济体过渡而发生的需求结构转换的基本趋势。

目前，中国进入了向发达经济体过渡的新阶段。居民消费结构出现了新一轮升级转换趋势。以住房交通和食品衣着等实物消费为主的消费结构，逐渐转变为服务消费与实物消费并重的消费结构。新的需求有可能很快替代高速增长了近20年的住房交通消费需求，成为未来10~20年之内中国经济的主要新增消费需求动力。然而，与居民消费结构正在悄然升级的趋势相悖的是，投资结构却并未随之发生明显的结构性改变。投资和消费需求结构相悖使得产能过剩与供给不足并存。一方面，1999~2015年，所有工业行业的产品库存年平均增长率高达12.1%，其中与房地产业、交通业息息相关的上下游产业，均呈现出更高的产品库存年增长率。另一方面，现代服务产品，尤其是与过渡阶段居民消费升级方向相关的第三产业主要是医疗、教育等产品供给却严重不足。

尽管当前中国经济存在严重的产能过剩问题，但这并不是总需求不足，而是供给结构不能满足需求结构变化所带来的挑战。因此，要充分发挥市场在调节供给结构方面的决定性作用，下一个阶段必须围绕未来5~10年、10~20年的居民消费需求结构的趋势变化，借助于体制改革、机制创新、市场开放等相关措施，淘汰落后产能，构建能够满足新消费结构的产品和现代服务供给体系，形成有效供给，重塑经济增长的新动力。这既有利于供给侧结构性改革的"加减乘除"操作，做到有的放矢，进一步明晰供给侧结构调整工作的重点和方向，同时也可避免过剩产能问题的循环出现，使得新形成的供给能力与消费需求相适应，实现以新供给创造新需求、新需求推动新消费、新消费倒逼新产

---

* 本文原载于《福建日报》2016年4月1日第011版。

业产生的创造性破坏的良性产业演进过程。供给侧结构性改革的关键是放松管制、释放供给活力、让市场“看不见的手”发挥更大作用，提高投资有效性。

过去20多年来，随着中国经济顺利突破贫困陷阱，进入向发达经济体过渡阶段，中国居民的消费行为呈现出以下两个特征。第一，食品衣着类支出在总支出中的比重大幅度下降。与此同时，交通通信和住房的支出大幅提高，逐渐成为消费支出的重要组成部分。第二，教育文化娱乐、医疗保健等服务产品的支出比重较低，不及全部支出的20%，自2002年以来这两类支出占比还出现下降趋势。这一方面是由于住房、交通通信等现阶段居民主要消费项目占比提高带来的挤压，另一方面也与这些服务产品本身的供给机制不畅、价格高企息息相关。

在今后十年内，随着中国从中等偏上收入经济体向高收入经济体（“十三五”期间人均名义GDP将突破1万美元）过渡，中国居民的消费结构将出现新一轮升级转换。国际经验揭示，随着一个国家逐渐由中等收入国家向更高收入国家跨越，以住房消费、汽车消费等为主的重型消费结构将逐渐被现代服务消费所替代。这就意味着，如果中国能在未来五年内顺利跨过人均GDP 10000美元的大关，住房消费的需求将随之减弱。一般消费品产业、以出口为导向的劳动密集型产业、服务它们的上游产业，也面临着壮士断腕式的去产能。在“去”的同时，更为重要的是“加”。在需求结构转换的背景下，供给侧结构性改革的另一个关键是根据需求结构发展变化的趋势，增加有效产能，开辟投资新领域。

在居民消费结构由以实物消费为主转变为服务消费与高质量的实物消费并重，渐趋服务消费为主的过程中，在制造业出现一般产能严重过剩的同时，我国第三产业尤其是现代服务业却由于体制障碍而面临着严重的有效供给能力不足。这种供需结构不对称相当程度上抑制了居民消费需求的满足以及消费率的提高。然而，造成现代服务有效供给能力不足、效率低下的主要原因在于体制改革滞后。因此，强调供给结构调整，并不是意味着脱离消费。相反，是要求下一个阶段的供给调整必须围绕消费需求的转型升级，借助于体制改革、机制创新、市场开放等相关措施，用市场之手，淘汰落后产能，构建能够满足新消费结构的产品和现代服务供给体系，形成有效供给，重塑经济增长的新动力。

让市场之手发挥更大作用*

供给侧结构性改革是中央在中国经济增长“三期叠加”和“新常态”判断的基础上，提出的针对性治理方略。作好供给侧结构性改革，关键在于清楚认识当前的供需结构矛盾主要来自中等偏上收入向发达经济过渡而产生的需求结构转换。在解决了供给结构无法适应需求结构转换而适时调整的各种体制、政策障碍之后，市场机制将比政府之手更快、更好、更彻底地实现供给结构调整。

改革开放以来，随着中国从低收入经济体发展为中等偏上收入的经济体，居民消费结构发生了巨大变化。居民消费支出中的食品、衣着及家庭设备支出比重大幅降低，住房、交通等支出比重迅速上升。与之相应，我国逐渐形成了以房地产、交通等产业为核心的投资架构。

2010 年之后，中国进入从中等偏上收入经济体向发达经济体过渡阶段。居民消费结构出现了新一轮的升级转换迹象，以住房交通和食品衣着等实物消费为主的消费结构，逐渐变为服务消费与实物消费并重的消费结构。根据发达国家的转型升级经验，新的需求有可能很快替代高速增长了近二十年的住房交通消费需求，成为未来 10 ~ 20 年之内，中国经济的主要新增消费需求动力。然而，与居民消费结构正在悄然升级的趋势相悖的是，投资结构却并未随之发生明显的结构调整。

投资和消费需求结构相悖使得产能过剩与供给不足同时并存。一方面，1999 ~ 2015 年，所有工业行业的产品库存年平均增长率高达 12.1%，其中与房地产业、交通业息息相关的上下游产业，产品库存年增长率更高。另一方面，现代服务产品，尤其是与过渡阶段居民消费升级方向相关的医疗、教育等方面的产品供给却严重不足。中小学上学难、就医难、养老难已经成为全国性问题。

---

* 本文原载于《四川日报》2016 年 2 月 18 日第 9 版。

市场是实现供需结构协调的基本手段。20 世纪 90 年代初，随着居民消费支出转向住房、交通支出为主，我国在房地产业实行了市场化改革，在交通业尤其是汽车产业实行对外开放、引进外资，大大提高了住房、汽车等的供给能力，满足了居民消费需求的升级变迁。然而，现代服务业至今仍是市场改革最为滞后的领域，在这些领域，一方面，资源垄断限制供给，产品供给能力严重不足，供不应求；另一方面，政府价格管制，不断放大供需矛盾。当前中国经济严重的产能过剩，不是总需求不足，而是供给结构无法适应需求结构变化。主要原因在于体制改革滞后，政府垄断严重。

因此，要充分运用“市场之手”调节供给结构。下一个阶段必须围绕未来 5～10 年、10～20 年的居民消费需求结构的趋势变化，借助于体制改革、机制创新、市场开放等相关措施，淘汰落后产能，构建能够满足新消费结构的产品和现代服务供给体系，形成有效供给，重塑经济增长的新动力。这既有利于供给结构改革的加法和乘法操作，有的放矢，进一步明晰供给结构调整的重点和方向，同时，也避免过剩产能问题的循环出现，使新形成的供给能力与消费需求相适应，实现以新供给创造新需求、新需求推动新消费、新消费倒逼新产业产生的创造性破坏的良性产业演进过程。供给侧结构性改革的关键是放松管制、释放供给活力，让“市场之手”发挥更大作用，提高投资有效性。

走向经济发展新常态的理论探索*

——宏观经济学视角的述评

2010 年，中国人均 GDP 超过 5000 美元，进入中等偏上收入国家组，开始了向现代发达经济过渡的新的历史阶段。而 2008 年爆发的国际金融危机则使中国经济出现了一些负面特征：增长减速，结构进一步失衡，产能过剩，民间投资增长缓慢，投资效率下降，居民消费疲软，政府主导型市场经济的微观基础难以维持，政府主导型经济宏观调控管理方式渐趋失效。这说明，由于深层次体制性矛盾所导致的严重结构性失衡，在外部经济环境即使有所好转的情况下，中国经济也难以继续沿着以往的增长模式走下去，中国经济正在进入新的发展阶段。

2014 年底，由中国社会科学院经济研究所、复旦大学中国社会主义市场经济研究中心与厦门大学宏观经济研究中心主办，《中国高校社会科学》编辑部协办的“首届中国宏观经济论坛”，围绕“新常态下经济增长趋势及成因；实现稳定增长的宏观经济政策；深化改革，实现包容性和可持续性的创新导向型增长”三个主题展开了广泛深入的研讨与交流。本文在此次会议研讨成果的基础上，结合近年来国内经济学界的研究进展，对新常态下经济增长趋势及宏观调控的学术观点进行述评。

一、何谓经济新常态

2014 年 5 月，习近平同志在河南考察时提出中国经济正在进入“新常态”。7 月 29 日，在与党外人士座谈时再度强调要正确认识中国经济发展的阶段性特

* 本文原载于《中国高校社会科学》2015 年第 2 期，共同作者：李静。

征，进一步增强信心，适应新常态。① 从经济学角度看，何谓新常态呢？

关于新常态的讨论，源于2008年国际金融危机之后中国经济增速的持续回落，它引发了中国经济能否继续保持改革开放30年来高速增长态势的讨论。

部分海内外学者出于对房地产泡沫、地方债务和宽松货币政策的担忧，认为中国高速经济增长即将结束，而且将要陷入全面崩溃。② 然而，也有不少经济学家从国际比较中，基于中国人均GDP和城市化率还较低，有很大的工业化和城市化发展空间等现实情况，对中国经济持乐观态度，认为可以继续高速增长20年。③

大部分学者则依据人口红利、全球化红利衰减、资源环境约束、全要素生产率提升难度，通过对中国经济潜在增长率的测算认为，中国经济已由起飞阶段的高速增长向中等偏上收入阶段的中高速增长转换，④ 到2020年左右，中国经济增长率有可能进一步降至6%~7%的水平。⑤

习近平同志提出中国经济正在进入“新常态”，实际上给前一阶段关于长期增长趋势的争论下了一个初步结论，即目前中国的经济发展状况有别于此前30年，正面临着阶段性调整。

一些研究认为，新常态的判断不宜仅仅着眼于经济增速。作为经济发展新阶段的新常态，经济增长不论是高速还是中高速⑥，都应当是相对稳定的。

---

① 《深刻认识“新常态”》，中国共产党新闻网，2014年8月26日。

② Krugman P.，Hitting China's Wall? *The New York Times*，January 18，2013；夏斌：《当前中国已经存在金融危机现象》，载《京华时报》2013年7月15日。

③ 林毅夫：《展望未来20年中国经济发展格局》，载《中国流通经济》2012年第6期；黄泰岩：《中国经济的第三次动力转型》，载《经济学动态》2014年第2期；张培丽：《经济持续高速增长时限的理论假说及其验证》，载《中国人民大学学报》2014年第4期；殷醒民：《中国内生增长战略调整的下一步重点——基于制造业创新投入要素的实证研究》，引自《首届中国宏观经济论坛论文集》（厦门），2014年11月。

④ 张平：《“结构性”减速下的中国宏观政策与制度机制选择》，载《经济学动态》2012年第10期；张平、陆明涛：《中国经济从高速增长转向高效增长——展望2013年及后5年的中国经济》，载《现代经济探讨》2013年第1期；张平：《中国经济增长的低效率冲击与减速治理》，引自《首届中国宏观经济论坛论文集》（厦门），2014年11月；史晋川：《新常态下的中国宏观经济》，引自《首届中国宏观经济论坛论文集》（厦门），2014年11月；黄志钢、刘霞辉：《中国经济中长期增长的趋势与前景》，引自《首届中国宏观经济论坛论文集》（厦门），2014年11月；袁富华、陆明涛、张平：《经济增长的结构性冲击与增长效率：国际比较的启示》，引自《首届中国宏观经济论坛论文集》（厦门），2014年11月；李文溥、李昊：《论政府主导型市场经济转型》，载《东南学术》2014年第1期；陆旸、蔡昉：《人口结构变化对潜在增长率的影响：中国和日本的比较》，载《世界经济》2014年第1期；王一鸣：《我国保持中高速经济增长具有良好基础》，载《求是》2014年第6期。

⑤ 中国经济增长前沿课题组：《中国经济长期增长路径、效率与潜在增长水平》，载《经济研究》2012年第11期；中国经济增长前沿课题组：《中国经济转型的结构性特征、风险与效率提升路径》，载《经济研究》2013年第10期。

⑥ 低速显然不应是现阶段中国经济发展的常态。

2008 年以来，我国经济增速仍在不断变动，新的增长率平台正在形成之中。目前不宜把现有的经济增速逐渐下滑视为新常态，否则将容易引发对未来经济发展的悲观看法，以及宏观调控上的难以作为。一些研究试图从不同经济发展方式的角度对“新常态”进行定义。有些经济学家从中国经济仍然是典型的二元经济出发，把二元经济向一元经济转变，进入新古典经济增长路径视为中国经济未来的新常态；有些经济学家则把经济发展方式实现从要素积累驱动型向创新导向的内生增长路径转变，从粗放数量型向集约质量型增长路径转变，视为中国经济未来发展的新常态。

我们认为，新常态应当是经济发展新的稳态阶段。如果以此定义新常态，那么应当认为中国目前尚未进入新常态，仅仅是一个从传统增长路径开始向新增长路径转变的过渡阶段。此前在政府主导型经济中以“两高一低”（高投资、高净出口率、低居民消费）为结构特征的出口劳动密集型产品为导向的粗放型经济增长，是低收入经济向中等收入经济过渡的一种旧常态，当发展阶段从摆脱低收入陷阱转为从中等偏上收入向发达经济过渡时，经济增长方式需要有所调整，从而形成新的稳定发展路径，这才是经济学意义上的新常态。经济新常态需要经历一个深化改革，改变增长范式的调整阶段方能逐渐形成，目前是旧常态向新常态过渡的阶段。仅以经济增速而论，仍在下滑之中，波动太大，很难视为经济发展的新稳态。新常态下的经济增长水平究竟位于什么空间，目前作出判断，似乎还为时过早。

二、进入新常态的原因及发展趋势

经济学界对于经济正在进入新常态的原因解读目前主要从两个方面展开：一是从经济增长理论的视角，即在生产函数和国民经济核算的框架下，分析中国经济所面临的要素驱动力下降和内生增长动力不足问题；二是从发展经济学或者结构主义的视角，注重从二元结构来讨论刘易斯拐点，通过国际比较来分析中国经济发展的阶段性转变。

（一）经济增长理论的视角

首先，从要素投入角度看，人口结构变化可以直接和间接地影响一国的潜在增长率。人口结构转型（“人口红利”的消失）是近来及未来一段时间内中国经济增长减速的主要因素之一。[①] 从第六次人口普查来看，中国正在经历人口结构的转变，通过与日本比较，可以发现，由于人口结构变化，中国未来的潜在增长率将迅速降低。[②] 从要素投入的效率来看，中国的经济减速是因为在新兴市场经济国家向发达经济转变过程中，城市化率与投资率之间存在倒“U”型统计关系、劳动年龄人口增长率下降和资本产出弹性下降。[③] 政府主导的工业化阶段的结构性加速自身蕴含了经济减速的必然，它主要体现为资本积累速度下降、人口红利消失和“干中学”技术进步效应消减所带来的“三重冲击”，以及“三重冲击”对于高增长势头的严重制约。其次，投资、劳动力投入、“干中学”的技术进步所驱动的高增长模式，也抑制了技术创新和人力资本积累，使中国经济缺乏内生增长动力。最后，上述问题的根源在于现阶段制度结构对于效率改进的阻碍和人力资本配置的扭曲，使后续增长得不到生产效率提高的补偿。[④] 通过测算 2006 ~2012 年不同所有制企业劳动力和资本价格扭曲引起的资源误置程度，可以发现：2006 年以来，企业间劳动和资本要素配置效率出现了背离趋势，前者错配程度加深，后者整体上有所缓和；与国有企业、集体企业相比，民营企业劳动要素产出缺口较低，劳动力使用效率较高；在资本要素配置上，多数上市公司都存在负向扭曲。[⑤]

在技术进步方面，魏枫根据发展中国家推动技术进步的形式可以同时容纳向外模仿与自主研发这一特征，从理论上解释了后发国家经济实现赶超的同时因陷入模仿陷阱而停滞的增长事实。[⑥] 实证研究发现，中国近几十年来引进了大量技术，但它们对于中国的技术进步以及经济增长的作用并不明显，大部分科技进步和全要素生产率提高实际上是由国内研发支撑的。不合理的技术政策导致技术引进传导机制受到影响，大部分的技术没有转化为实际经济福利的提高，技术引进费集中在传统行业，新兴行业缺少资金支持，企业热衷于购买成套设备和生产线以及高新技术，而不是实用技术，国有企业的技术引进费用高，但是对引进技术的消化吸收水平比较低，技术引进地域多集中在东部，且

---

① 黄志钢、刘霞辉：《中国经济中长期增长的趋势与前景》，引自《首届中国宏观经济论坛论文集》（厦门），2014 年 11 月。

② 陆旸、蔡昉：《人口结构变化对潜在增长率的影响：中国和日本的比较》，载《世界经济》2014 年第 1 期。

③ 袁富华、陆明涛、张平：《经济增长的结构性冲击与增长效率：国际比较的启示》，引自《首届中国宏观经济论坛论文集》（厦门），2014 年 11 月。

④ 张平：《中国经济增长的低效率冲击与减速治理》，引自《首届中国宏观经济论坛论文集》（厦门），2014 年 11 月。

⑤ 谢攀、李文溥：《所有制歧视、要素比价扭曲与再配置效应》，引自《首届中国宏观经济论坛论文集》（厦门），2014 年 11 月。

⑥ 魏枫：《技术进步视角下经济赶超与停滞的原因研究》，载《经济学家》2014 年第 3 期。

长期实行的引进高新技术战略，使技术需求和技术引进不一致。①

从经济增长范式来看，中国当前经济增长放缓的根本原因不是扩大内需的政策和措施不到位，而是经济的约束条件已经改变。② 危机爆发至今的经济运行态势说明，国内经济严重的结构性失衡，深层次的体制性矛盾，使得中国经济以往的增长模式难以持续。国际金融危机仅仅是引发这些变化的外因，产生这一重大变化的内因是政府主导型市场经济的微观基础难以继续维持下去，政府主导型经济宏观调控管理方式已经逐渐失效。③

我们认为，既有的政府主导型经济，以 GDP 与财政收入最大化为目标的赶超战略，导致了要素比价长期扭曲，它所刺激的高投资使资源配置结构失衡，创新动力与压力不足，制造业产能过剩严重，消费需求不振。旧常态下的高要素投入增长驱动方式，无论从供给、需求还是资源环境角度来看，都已经难以为继，这就决定了经济发展方式必须尽快转变，将经济增长动力从要素投入为主转向更多地依靠创新驱动。

（二）发展经济学的视角：国际比较，经济结构的转换

史晋川（2014）认为还必须从康德拉季耶夫长周期的视角来研究国际经济演变的新常态。④ 目前的后危机时期只是这一轮康德拉季耶夫长周期的中后期阶段。在此背景下，跨越了“低收入发展陷阱”的中国将面临跨越“中等收入陷阱”的挑战，这也是中国在新常态下将会面临的最大挑战。通过对日本、韩国和中国台湾地区“高速追赶期”与“中速换挡期”经济特征的考察，史晋川发现上述三地经济从高速增长转到中速增长时，人均 GDP 基本达到当时美国的 40% 以上，而中国大陆目前人均 GDP 还不到美国的 15%，说明中国大陆从高速增长转向中速增长的起点较低。这一发现值得重视。林毅夫（2012）认为，中国现阶段发展水平相当于 1951 年的日本和 1975 年的韩国，因此在未来的 20 年里，以投资为主导的发展模式仍然是可行的。⑤

一些学者认为，从刘易斯的二元经济理论中可以总结出发展中国家结束高

① 刘丽、杨毅：《技术进步对于中国全要素生产率影响的实证研究》，载《统计与决策》2014 年第 12 期。

② 黄泰岩：《中国经济的第三次动力转型》，载《经济学动态》2014 年第 2 期。

③ 李文溥、李昊：《论政府主导型市场经济转型》，载《东南学术》2014 年第 1 期。

④ 史晋川：《新常态下的中国宏观经济》，引自《首届中国宏观经济论坛论文集》（厦门），2014 年 11 月。

⑤ 林毅夫：《展望未来 20 年中国经济发展格局》，载《中国流通经济》2012 年第 6 期。

增长的时限。既然工业化和城市化可以实现经济高增长，那么，工业化和城市化的结束可能意味着高增长阶段基本结束，经济进入稳定的正常发展阶段。①蔡昉认为，随着以劳动力短缺和工资持续提高为特征的“刘易斯转折点”的到来，以人口抚养比不再降低所体现的“人口红利”消失，中国经济正逐步进入从二元经济发展阶段向新古典增长阶段的转变。在这一过程中，资本报酬递减现象开始出现，靠大规模政府主导型投资保增长的方式，不再具有可持续性。②田萍等基于二元经济结束时全社会的边际生产力将相等的理论，在中国经济以7%的水平持续增长并对未来劳动力总量进行合理估算的条件下，预测通过依赖资本积累和劳动力转移，中国二元经济将于2020年结束。③ 这三种判断都是根据刘易斯二元经济理论做出的，但是结论不一致，蔡昉认为目前的新常态是中国抵达刘易斯拐点而产生的，其他两种观点则认为新常态下的高速增长还将持续20年。

但是，刘易斯二元经济模型是否成立，值得质疑。李文溥和熊英（2014）加入社会产品实现约束，从社会再生产循环的角度对刘易斯二元经济模型进行了研究。④ 数理模型的研究证明：由于只考虑劳动力市场而忽略产品市场的实现问题，刘易斯二元经济模型的结论——只有当二元经济越过了“刘易斯拐点”，实际的劳动工资水平才能明显提高——无论在封闭经济或开放经济条件下，都是不能成立的。在长期经济增长过程中，无论是一元经济，还是向一元经济转轨的二元经济，劳动工资都应当随着劳动生产率的提高而相应提高。世界范围经济史的研究也发现，在二元经济转型过程中，劳动工资水平的提高与人均劳动生产率的提高更为密切相关。所以，无法用劳动工资水平是否提高判断中国是否结束了二元经济，二元经济是否转为一元经济与目前中国正在进入的经济新常态无关。

我们认为，尽管我国已经跨越了“低收入发展陷阱”，进入了中等偏上收入经济向发达经济过渡的新发展阶段，但是，中国仍然是一个发展中经济体，可以断言，即使中国在不远的将来，人均GDP水平越过了世界银行规定的发达国家组低限，中国的二元经济转型可能仍将持续较长时间，现在谈中

① 张培丽：《经济持续高速增长时限的理论假说及其验证》，载《中国人民大学学报》2014年第4期。

② 蔡昉：《中国经济增长如何转向全要素生产率驱动型》，载《中国社会科学》2013年第1期。

③ 田萍、张屹山、张鹤：《中国二元经济的数理印证与节点预测》，引自《首届中国宏观经济论坛论文集》（厦门），2014年11月。

④ 李文溥、熊英：《“刘易斯拐点”的一个理论证伪：基于产品市场的视角》，引自《首届中国宏观经济论坛论文集》（厦门），2014年11月。

国经济从二元经济发展阶段向新古典增长阶段转变，还为时太早，因此，新常态更应视为中国从中等偏上收入国家向发达国家过渡的新发展阶段。应当高度重视从国际比较角度看，我国是在相对较低的起点向发达经济体过渡的现实。

（三）新常态的发展趋势

目前的增长率下降是否意味着新常态下潜在增长率下降？第一种看法认为，虽然实际增长率下降了，但是潜在增长率并没有下降。刘伟和苏剑认为，从我国经济目前的实际表现来看，7.5%左右的增长率其实并不低，但与之相应的通胀率却相当低（2%～3%）；即使采取了扩张性政策，通胀率也没有显著上升。[①] 这表明我国的经济现实与“潜在增长率下降”的说法不一致。决定潜在增长率的资本增长率、全要素生产率增长率（包括技术进步、人力资本、制度变迁等因素的贡献）、劳动力增长率都不存在导致潜在增长率突然大幅度下降的因素。殷醒民认为，中国目前仅仅是处于经济周期的下行区间，依据国际比较，未来20年，中国还有很大的高增长空间，中国工业化方向并没有从根本上逆转，还需要通过高投资来实现技术化的发展过程。[②] 黄泰岩认为，中国目前经济增速减缓，可能并不是经济潜在增长率下降的结果，而是经济周期和增长动力不足的综合反映，这意味着，随着经济周期的转化和增长动力系统的更换，我国还会迎来新一轮8%以上的持续快速增长。[③] 林毅夫认为，即使外部环境不好，中国经济内部反周期的刺激空间很大，仍可以维持较高速度的增长。[④]

第二种看法认为，实际增长率下降反映了潜在增长率下降。黄志钢和刘霞辉发现，2008年以后中国经济运行的确拐入了完全不同的轨迹，多数重要经济指标均出现劣质化，经济增长进入了“结构性减速”区间，而人口结构转型（“人口红利”的消失）是近来及未来几年增长减速的主要因素。[⑤] 张平也认为，中国当前经济减速本质上是潜在增长率下降的结果，是长期结构扭曲使

---

① 刘伟、苏剑：《“新常态”下的中国宏观调控》，载《经济科学》2014年第4期。

② 殷醒民：《中国内生增长战略调整的下一步重点——基于制造业创新投入要素的实证研究》，引自《首届中国宏观经济论坛论文集》（厦门），2014年11月。

③ 黄泰岩：《中国经济的第三次动力转型》，载《经济学动态》2014年第2期。

④ 林毅夫：《展望未来20年中国经济发展格局》，载《中国流通经济》2012年第6期。

⑤ 黄志钢、刘霞辉：《中国经济中长期增长的趋势与前景》，引自《首届中国宏观经济论坛论文集》（厦门），2014年11月。

然，因此具有“结构性”特征，很难用经济短期周期扰动的总量来解释。[①] 袁富华等基于国际比较，认为投资增长下降、人口转型和要素弹性逆转，共同导致未来增长减速构成三重结构性冲击，如果全要素生产率不能得到切实提高，中国未来经济的可持续增长前景堪忧。[②] 张军指出，在当前经济因为外部冲击出现减速的关键时刻，启动新一轮结构改革并顺势推进人口城市化，将是未来10 年全要素生产率得以维持年均 3% 增长趋势的重要机会，如能做到，未来 10 年 GDP 的潜在增长率则可能在 7% ~8% 。[③] 骆祖春和赵奉军基于 PWT8.0 数据的核算结果显示，全要素生产率和资本投入增长率的下降，使中国经济在未来10 年内难以实现 8% 以上的增长；参照日本和韩国经济减速的经历，未来 5 年内，中国经济增速可能下降到 6% 左右的水平。[④]

可以看出，从潜在增长率的角度来分析新常态下的经济发展趋势，理论界的分歧较大。主要原因是关于潜在增长率的概念和判断方法，目前存在很大的争议。中国近年来的宏观经济政策实践证明，既有潜在增长率的定义以及由此推出的政策结论是难以成立的。这提示我们：如何根据中国实践进行宏观经济学理论的自主创新，不仅是理论发展而且是政策实践的迫切要求。在政策上，由于未来经济深化改革所带来的经济增长空间的释放具有很大的变数，因此，我们认为，不宜过于强调对新常态下经济增速的判断。

三、新常态下的宏观调控与稳增长路径

短期而言，经济稳定是重点，但是宏观调控政策的取向也出现了不同的特征和变化。长期来看，新常态下的稳增长应着重依靠改革开放、拓展经济增长空间得以实现。

（一）宏观政策取向从需求面转向供给面

新常态下宏观调控政策的重心应从需求管理转向供给管理。一方面，影响

① 张平：《“结构性”减速下的中国宏观政策与制度机制选择》，载《经济学动态》2012 年第 10 期。

② 袁富华、陆明涛、张平：《经济增长的结构性冲击与增长效率：国际比较的启示》，引自《首届中国宏观经济论坛论文集》（厦门），2014 年 11 月。

③ 张军：《中国经济的潜在增长率》，载《深圳商报》2013 年 11 月 4 日。

④ 骆祖春、赵奉军：《“中国式增长”的减速与转型》，载《江海学刊》2014 年第 4 期。

总需求释放的主要因素发生变化；另一方面，长期的制度性因素影响作用愈来愈大，社会保障和收入分配等制度性因素对需求的制约更为凸显，使刺激总需求的短期政策效应相应下降。新常态下经济发展应通过优化结构、提高质量以及提升效益来实现经济发展方式从要素驱动转向创新驱动。①

供给调整是指生产成本及经济结构等方面的调整，它往往以技术创新和制度创新为前提，以效率改变为条件。因为调整期较长，供给管理的政策效应大多更具有长期性，供给管理政策也可以对经济进行短期调节，因为它能够改变包括企业和劳动者在内的生产者所面临的激励。一个经济的资本、劳动力、自然资源、技术等在短期可能无法发生变化，但是生产者激励却可以随时发生变化。新增长理论在此基础上探讨了刺激技术进步的各种政策。这些政策都作用于长期总供给一边，因此都属于供给管理政策。

从供给角度“调结构”，通过坚持市场经济的改革方向，减少政府干预，纠正资源错配，提升企业效率和竞争力，重构经济增长新动力。最近几年来，稳增长的措施主要立足于上游环节，在最终消费需求不足的情况下，大规模的政府投资尽管在短期内产生了效果，但从长期来看则加重了经济失衡。所以，启动新一轮经济增长的关键是增加有效供给。增加有效供给的着力点：一是以推进新型城镇化为契机，增加农村基础设施建设和社会服务投入，释放农村消费需求；二是以发展养老服务为契机，引导和鼓励非公有资本进入，增加城镇消费需求；三是以加速推进宽带建设为基础性工程，优化消费环境，促进信息消费。②

供给面的稳增长路径。黄志钢和刘霞辉认为，资本因素仍是我国经济增长的最大贡献者，稳增长关键在于提升资本效率，当前我国资本效率低下，根源是政府主导型的经济发展方式，而高效率的民间投资并未充分启动。经济发展方式转变，必然为提升资本效率开拓空间。政府应主动减少投资，减少行政干预，逐步放开对要素市场的管制，以资金使用效率为指标构建对国有银行放贷进行资本配置的评估指标体系，打破各级政府的行政分割和区域垄断，消除制度性障碍。③ 龚敏和谢攀发现，通过技术进步提高中国的资本利用率水平，可在实现稳定增长的同时，降低资本产出比，改善经济结构。在短期内，允许企

① 史晋川：《新常态下的中国宏观经济》，引自《首届中国宏观经济论坛论文集》（厦门），2014年11月。

② 梁达：《从改善供给角度重构经济增长新动力》，载《金融与经济》2014年第3期。

③ 黄志钢、刘霞辉：《中国经济中长期增长的趋势与前景》，引自《首届中国宏观经济论坛论文集》（厦门），2014年11月。

业加速固定资产折旧的政策，虽然可以减轻企业的税负，但却会降低企业的资本利用率。从长期来看，当加速固定资产折旧的政策已促使企业加快设备更新，推进科技研发创新之后，就需适当调高企业所得税率，这样才能提高经济长期的资本利用率水平，降低资本产出比。①

财政政策方面，王燕武（2014）在传统新凯恩斯模型的框架下，引入政府支出的生产性作用和存货，发现优化行业结构，限制产能过剩行业的投资，鼓励和扶持低库存水平的行业发展，将有助于改善政府支出的长期乘数效应。②郭路通过构造一个具有政府平衡预算约束的新古典框架下的经济增长模型，发现当财政收入满足最优财政支出规模时，税收结构调整不影响经济的福利。在财政支出既定情况下，营业税对政府平衡预算约束的影响要大于消费税和增值税对政府平衡预算约束的影响。如果营业税改为增值税，会在短期内引起经济增长。③

长期的需求面刺激方式，对经济增长负面影响的累积，使得进一步刺激需求的空间非常有限，而且经济面临的风险增大。从供给面进行宏观调控正是着眼于近年来从需求面进行宏观调控的效果不理想，以及要素使用效率低下的状态提出来的。

（二）宏观政策的调控方式从特殊转向常态化、一般化，设定上下限，保持定力

《中共中央关于全面深化改革若干重大问题的决定》对改善宏观调控指出了具体方向，要求推进宏观调控目标制定和政策手段运用机制化，加强财政政策、货币政策与产业、价格等政策手段协调配合，提高相机抉择水平，增强宏观调控前瞻性、针对性、协同性，形成与国际宏观政策协调的机制。陆旸和蔡昉认为，日本在人口红利消失后仍然坚持采用经济刺激计划试图维持之前的经济增速，最终导致经济泡沫不断膨胀并破裂，其对实体经济的破坏可能远不止是“失去的十年”。中国应该吸取日本的教训，避免采用经济刺激方案，人为推高经济增长率。④ 近三年来，中国经济下行压力较大，微刺激政策形成了一

① 龚敏、谢攀：《中国资本利用率、企业税负与结构转型——基于内生化资本使用效率的视角》，引自《首届中国宏观经济论坛论文集》（厦门），2014 年 11 月。

② 王燕武：《解读政府支出扩张的宏观经济效应——基于带存货的新凯恩斯模型研究》，引自《首届中国宏观经济论坛论文集》（厦门），2014 年 11 月。

③ 郭路：《财政支出机构、税收结构与经济增长》，引自《首届中国宏观经济论坛论文集》（厦门），2014 年 11 月。

④ 陆旸、蔡昉：《人口结构变化对潜在增长率的影响：中国和日本的比较》，载《世界经济》2014 年第 1 期。

个“经济增速下滑—微刺激—小幅反弹—再下滑”的循环圈，如此年年继续下去，宏观调控就要年年打“下限保卫战”。守住下限是被动的。经济下滑具有惯性，当微刺激措施的力量消失之后，一旦出现某些不确定性因素的冲击，经济运行就容易滑出合理区间的下限。目前的微刺激政策有两个缺陷：一是“碎片化”，即措施应急、零碎、不系统，缺乏措施之间的总体规划和总体衔接；二是“短期化”，这些措施对经济运行的支撑效力短暂，对防止经济下滑的效果仅能维持一两个季度。过去，中国经济增长经常冲出上限，现在则要经常守住下限。经济增长冲出上限，不利于转方式、调结构，不利于深化改革；经济增长滑出下限，或连续在下限边缘运行，也同样不利于转方式、调结构，不利于深化改革。[①] 要摆脱当前这种循环，首先需要根据变化的经济情况，适度下调过高的预期经济增长目标，避免年年打“下限保卫战”，与此同时，腾出手来抓改革，通过深化改革开放，构建新常态下经济持续稳定增长的新机制及推动力量。

高培勇和钟春平回顾过去的35年，认为中国宏观经济波动很大，大起大落明显，并且存在着独特的政治经济周期，政策的影响非常明显。当前，中国决策层的宏观经济理念发生了显著变化，信心有所加强、耐心（时间偏好）有所强化，因而有可能减缓宏观经济波动，更稳妥地通过制度创新，推进中国的长期发展和宏观政策制定的制度化建设。通过上限和下限等目标管理模式，宏观调控水平将得以提升，宏观经济将能保持较平稳的中速增长，维持物价和就业的双稳定。[②] 楚尔鸣和石华军认为货币政策定力是货币政策工具变量调整的相对稳定性，货币政策定力的强弱可以从中央银行货币政策目标偏好、政策工具变量的变动频率、调整幅度以及相对力度与时滞四个方面来度量。[③]

龚刚从房地产市场、债务、稳定和非稳定机制三个内生性的经济波动角度研究了经济周期现象，认为：第一，作为金融资产，市场对住房的需求可能会违背一般市场的供求规律，使得房地产市场很容易产生泡沫，所以对房地产的监管不应只关注市场供需，更应借助金融市场的监管手段；第二，在一定条件下，债务随着经济增长而不断累积扩大，使经济体从债务正常状态

---

① 刘树成：《对经济运行下限的第三个冲击波——2014年中国经济走势分析》，载《经济学动态》2014年第4期。

② 高培勇、钟春平：《理解中国的宏观经济政策走向——历史回顾、现实判断、理政思路与政策选择》，载《经济学动态》2014年第10期。

③ 楚尔鸣、石华军：《宏观调控的新领域：货币政策定力探析》，载《经济学动态》2014年第1期。

转向非正常状态，高负债就开始对经济运行产生负反馈作用，进而导致经济危机，此类经济危机应以政府惩罚性救助的方式购买债务，以消除企业或金融机构的债务风险；第三，经济的稳定机制（价格行为）和非稳定机制（投资行为）相互作用使经济产生了波动，由于价格调整具有黏性，其作为对经济的一种稳定机制，有可能不足以使经济稳定。此时，政府的宏观稳定政策就成为必要。①

在货币政策方面，范从来和丁慧构建了纳入资产价格的广义价格指数（GPI）作为新的通胀衡量指标，发现GPI对于经济周期波动仍具有较高敏感性，菲利普斯曲线扁平化假说在中国并不适用。在经济全球化加速推进与虚拟经济快速发展的大背景下，基于菲利普斯曲线理论框架分析经济周期与通胀关联特征出现的新变化，需要格外关注结构性通胀对资产价格的影响。②卢盛荣和曹翠榕的研究发现，中国货币政策价格效应存在较大区域非对称性，这是由于不同地区经济结构差异对统一的货币政策冲击产生的价格非对称性响应。理论上，这种非对称性会使得忽视地区信息而仅从全国总量角度制定的货币政策产生较大福利损失。因此，央行在制定货币政策时，需要审视全国总量度量的可靠性，更多使用地区信息，并根据不同地区价格反应差异赋予其不同权重，以减少因非对称性带来的福利损失。③ 王永钦和汪莉从信息敏感度与金融体系设计的视角看地方债问题。实证研究发现：地方债利率高度依赖抵押品价值，具有优质抵押品的城投债利率对其他信息并不敏感，而抵押品价值较低的城投债利率则对其他信息比较敏感。因此，中国金融市场对地方债的定价还是较有效率的。④ 史慧慈和彭素玲预计中国大陆在调整货币金融环境的宽松或紧缩时，将以购买债券增减货币或是调整存款准备金率为优先考虑的手段。而且，大陆金融方面的措施对台湾地区总体经济的影响较为明显。⑤

可以看出，在走向新常态的过程中，中国的宏观政策取向正在发生一些变

① 龚刚：《商业周期理论的三个创新》，引自《首届中国宏观经济论坛论文集》（厦门），2014年11月。

② 范从来、丁慧：《经济周期波动与通货膨胀的动态关联》，引自《首届中国宏观经济论坛论文集》（厦门），2014年11月。

③ 卢盛荣、曹翠榕：《货币政策区域价格效应的测度及福利分析》，引自《首届中国宏观经济论坛论文集》（厦门），2014年11月。

④ 王永钦、汪莉：《理解中国的地方债问题：信息敏感度与金融体系设计的视角》，引自《首届中国宏观经济论坛论文集》（厦门），2014年11月。

⑤ 史慧慈、彭素玲：《中国大陆经济情势变化及其对台湾经济与两岸经贸之数量模拟》，引自《首届中国宏观经济论坛论文集》（厦门），2014年11月。

化，即逐步放弃了用大规模刺激政策维持高增长，以平常心看待发展阶段转换过程中出现的增长率下降现象，维持政策的定力和稳定性，宏观政策的调控方式正在从特殊转向常态化、一般化。

（三）处理好政府与市场关系，发挥市场配置资源的决定性作用，打破垄断，从政府主导型增长方式转变为市场起决定性作用的增长方式

尽管从计划经济向市场经济的渐进转轨过程中，政府主导型市场经济在一定时期里可能是一种必要而且合理的制度安排，但是，向现代市场经济过渡却是历史的必然。推进政府主导型市场经济转型的全面深化体制改革，核心在于重塑政府与个人的关系。第一，要从政府主导、以实现 GDP 和财政收入最大化进而体现政绩为目标的强制增长，转向市场主导、以提高人民生活质量为目标的包容性增长。第二，要实现政府工作重心从经济建设为中心向以公共管理与提供公共服务、公共产品为中心的转变。第三，要求政府从全面积极有为，不断扩张自己的权力及资源控制范围转向有所为有所不为，主动地收缩自己的权力及资源控制范围，从正面清单管理向负面清单管理转化。第四，必须矫正要素比价扭曲现象，恢复要素市场供需双方的力量对比均衡。① 为此，一是清晰认识市场与政府的职能边界，政府不再作为资源配置与经济建设的中心，而要成为社会公共管理的主体；二是明确商品价格由市场形成；三是保障个体选择的市场自由，公平竞争，清除市场壁垒，全面界定并充分保障财产权利，保证利润对经济主体的激励与约束，不同产权主体权利平等，公平竞争，市场进出自由，保证资源的充分流动。主要措施就是简政放权，减少政府的非生产性支出对经济的影响，减少政府编制、政府消费和政府的不当投资，惩治腐败，坚持政府购买市场化。放权就是放开政府配置资源、管理社会的权力，增强经济社会发展的内生动力。向市场放权，向社会放权，鼓励社会组织自我管理，向企业放权，确立企业投资主体地位。②

金融市场方面，实证分析发现，政府干预、实物资产和金融资产价格的上升对金融发展促进经济增长质量提高有一定的抑制作用，当前经济资本化和虚

① 李文溥、李昊：《论政府主导型市场经济转型》，载《东南学术》2014 年第 1 期。

② 魏杰、施成杰：《建立市场起决定性作用的经济增长方式——十八届三中全会关于经济体制改革的若干问题》，载《经济学家》2014 年第 2 期；江飞涛、武鹏、李晓萍：《中国工业经济增长动力机制转换》，载《中国工业经济》2014 年第 5 期。

拟经济的发展出现偏移，引起金融资源向投机领域过快集中，而政府干预也影响了金融资源的有效配置；只有进一步明确政府边界、实行激励实体经济发展和技术创新的政策，才能更好地发挥金融发展促进经济增长质量提升的效应。[①]张汉飞和李宏瑾发现同样增长水平的国家不良贷款率有高有低，制度质量的好坏对不良贷款率的高低有重要影响，说明具有完善市场导向的国家经济、金融等制度绩效普遍要好于其他类型国家，好的制度能够更多地化解风险，促进经济、金融发展。[②]

开放是推动改革的重要力量。以经济特区为代表的第一次对外开放浪潮推动中国走上了市场化之路，以加入 WTO 为代表的第二次对外开放浪潮推动中国实现了从计划经济向市场经济的初步转轨。以自由贸易区为代表的第三次对外开放浪潮将推动中国越过改革的攻坚期和深水区，建成发达的现代市场经济。[③]

法治建设方面。第一，要加强法治建设、道德诚信建设和标准体系建设。通过修订和完善《中华人民共和国产品质量法》《中华人民共和国标准化法》，健全各种产品和服务的质量标准体系，完善各种认证制度等，进一步规范经济主体的相关行为。第二，要加强产权制度建设，明确市场主体的行为边界，建立和完善各种侵权行为的认定、补偿和赔偿机制。第三，政府应当切实转变职能，强化社会管理和市场监管，当好“守夜人”，建立市场进入的标准，把好市场准入关，及时清理市场中的“杂草”，维护公平的市场经济秩序。第四，在法治建设中要加大惩戒力度，大幅提高违规违法的预期成本，降低预期收益。第五，要加强教育和宣传力度，提高全民综合素质，提高整个社会的道德诚信水准。[④]

（四）投资社会基础设施，强调人力资本积累

林毅夫认为投资仍然是促进经济发展的最好动力，[⑤] 殷醒民认为技术化、创新化的国家战略和长期趋势必然要求更高的物质资本和人力资本存量，对

① 刘文革、周文召：《金融发展中的政府干预、资本化进程与经济增长质量》，载《经济学家》2014 年第 3 期。

② 张汉飞、李宏瑾：《经济增长的不良贷款效应及异常分野》，载《宏观经济研究》2014 年第 3 期。

③ 李文溥、陈婷婷、李昊：《从经济特区到自由贸易区——论开放推动改革的第三次浪潮》，载《东南学术》2015 年第 1 期。

④ 朱方明、贺立龙：《经济增长质量：一个新的诠释及中国现实考量》，载《马克思主义研究》2014 年第 1 期。

⑤ 林毅夫：《展望未来 20 年中国经济发展格局》，载《中国流通经济》2012 年第 6 期。

于中国这样的低资本存量的国家来说，这只能通过高投资增长率才能解决。① 但是，孙早等认为，基础设施投资与经济增长率之间是倒“U”型关系，目前中国的基础设施投资对经济增长的贡献率已呈现下降趋势，而且，2011 年和 2012 年的基础设施投资强度已经非常接近拐点值，即基础设施投资对经济增长的促进作用将会发生改变，从原来的正向作用转变为负向。公路铁路等基础设施的投资效益将下降，但是，教育、卫生、环保等社会基础设投资不足。② 张平认为发达经济体靠市场出清来强化竞争，完成供给效率的改进，中国经济效率难以提升的根本原因是受到传统经济体制的羁绊，政府干预过度，过多参与了经济运营。第三产业中现代服务业占比最大的“科教文卫”仍是行政事业单位，大量的公共基础设施服务，如水电气、排污、电信和铁路等，多为管制性的准行政单位所提供。这导致社会基础设施的投资不足。③ 王国刚认为，经济发展方式应从以工业经济为主要推动力转变为工业经济和城镇经济共同推动。它的内在根据是，在通过工业化解决了“吃、穿、用”之后，要有效解决目前严重短缺的“住、行、学”等问题，必须加快发展城镇经济。解决“住、行、学”问题，既是城镇化的主要内容，也是在温饱型小康基础上实现全面小康的主要内容，还是保障中国经济长期可持续发展的主要动力，而深化体制机制创新，则是推进城镇经济发展的关键。④

曾金利和张杰认为递减教育回报增强了资源的稀缺性，减少了教育补贴的好处。建议通过社会最优分配设计最优财政政策来内生化人力资本的外部性，政府可以通过对劳动收入纳税补贴教育时间和教育支出从而得到一个社会最优。⑤ 张鹏通过对中国城乡家庭代际间的职业流动与收入流动进行实证研究，发现代际之间职业的传承在一定程度上阻碍了代际间的收入流动，代际职业传承对高收入家庭的代际收入弹性影响更强，认为只有维持低职业阶层向上流动通道的畅通，维护代际间职业流动的机会均等性，才能从根源上解决我国居民收入差距持续扩大的问题。⑥

---

① 殷醒民：《中国内生增长战略调整的下一步重点——基于制造业创新投入要素的实证研究》，引自《首届中国宏观经济论坛论文集》（厦门），2014 年 11 月。

② 孙早、杨光、李康：《基础设施投资对经济增长的贡献：存在拐点吗？——来自中国的经验证据》，载《财经科学》2014 年第 6 期。

③ 张平：《中国经济增长的低效率冲击与减速治理》，引自《首届中国宏观经济论坛论文集》（厦门），2014 年 11 月。

④ 王国刚：《城镇化：中国经济发展方式转变的重心所在》，载《经济研究》2010 年第 12 期。

⑤ 曾金利、张杰：《教育收益递减、人力资本外部性、最优积累与财政政策》（*Dimishing Education Returns, Human Capital Externalities, Optimal Accumulation, and Fiscal Policies*），引自《首届中国宏观经济论坛论文集》（厦门），2014 年 11 月。

⑥ 张鹏：《代际间的职业流动与收入流动》，引自《首届中国宏观经济论坛论文集》（厦门），2014 年 11 月。

（五）促进创新，从纵向定位政策转向横向定位政策

张平强调传统赶超模式中的“纵向”干预体制必须得到改革，让有利于创新和生产效率改进的“横向”市场竞争机制和激励因素发挥作用。① 这就要求针对赶超体制中的扭曲进行市场化改革，通过减速治理，加快“清洁”体制沉疴，改革“科教文卫”等事业单位、保护知识产权等，形成优化资源配置和激励创新的经济环境，实现以存量调整推动经济从高速转向高效的目标。但是，张军等认为，20 世纪 90 年代以来的国有企业改革已经处于一种局部改革均衡状态，如果没有足够深化的改革，这一均衡状态短期将难以打破。②

创新方面，强调投资和知识产权保护。余长林通过构建一个主导出口企业模型，从理论上分析了知识产权保护对出口的影响机制，研究表明，进口国加强知识产权保护显著增加了中国制造业行业的出口，说明知识产权保护对中国出口的影响主要以市场扩张效应为主。对专利和研发实施适宜的保护有利于中国技术密集型产品的出口，这正是创新导向型增长所希望呈现的增长结果。③ 渠慎宁等发现新加坡、韩国与中国台湾地区等新兴工业化国家和地区经济增长的主要驱动力量早期来自资本，后期源于 TFP 的增长。资本与 TFP 是驱动经济增长的最重要成分。特别是在经济发展的后期，TFP 直接带动了总产出的增长，而资本积累与政府投资的作用下降。从长期看，加快发展同时具备资本密集型与技术密集型双重特点的战略性新兴产业，确实能够有效地兼顾好“保增长”与“调结构”的双重目标。战略性新兴产业的高资本特性有助于推动经济的前期增长，同时，其高技术特性也有助于为后期的产业结构升级铺路，并支撑经济的中长期增长。④ 魏枫根据发展中国家推动技术进步的形式可以同时容纳向外模仿与自主研发这一特征，提出向下扭曲的生产要素价格加速发展并由此实现发展中国家经济赶超的路线图，以及中国新时期所提出的收入倍增战略的阶段最优性。⑤ 蔡昉从经济增长理论、国际经验和中国现实等角度进行的研究发现，中国亟须通过政策调整，形成国内版的“雁阵”模型和“创造性毁

---

① 张平：《中国经济增长的低效率冲击与减速治理》，引自《首届中国宏观经济论坛论文集》（厦门），2014 年 11 月。

② 张军、章奇、刘志阔等：《国企改革的政治逻辑和前景》，引自《首届中国宏观经济论坛论文集》（厦门），2014 年 11 月。

③ 余长林：《知识产权保护、模仿威胁与中国制造业行业出口》，引自《首届中国宏观经济论坛论文集》（厦门），2014 年 11 月。

④ 渠慎宁、贺俊、吕铁：《经济增长、结构调整与战略性新兴产业发展》，载《经济管理》2014 年第 1 期。

⑤ 魏枫：《技术进步视角下经济赶超与停滞的原因研究》，载《经济学家》2014 年第 3 期。

灭”的政策环境，获得资源重新配置效率，并且从技术进步和体制改善中获得更高效率，以实现中国经济增长向全要素生产率支撑型模式的转变。[①]

我们认为，走向新常态，长期经济政策应当放在深化改革上，着重于构筑新型的政府与市场的关系，转变发展方式，充分发挥市场作用，调动人力资本的创新力。全面深化改革是推进经济向新常态过渡的基本途径，其关键是将顶层设计与发挥群众首创精神结合起来，按照依法治国的思路和方向，推进全面改革。

四、总结

总之，国际金融危机后的世界经济环境以及从中等偏上收入向现代发达市场经济过渡的新发展任务，决定了中国经济将步入一个新的发展阶段，“新常态”者，新发展阶段也。认识新常态，适应新常态，提出新发展战略及实施政策，不仅是政府决策部门所面临的新问题，而且是当前中国经济学界新的重要研究课题。

综合近期有关研究，我们认为，对“新常态”的判断不宜仅仅着眼于经济增速，不宜把当前的经济增速逐渐下滑视为新常态。从新的经济发展方式、新的经济运行稳态形成角度看，目前中国正处于从传统增长路径向新增长路径转变的过渡阶段，处于新常态的形成阶段。

新常态如何形成？新常态以中国全面深化改革开放，以政府主导经济向现代市场经济转变为前提。新常态是从中等偏上收入经济体向现代发达经济体过渡的新的稳态发展路径。向新常态过渡，在宏观政策的运用和导向方面，短期而言，经济稳定是重点，但宏观调控政策的取向也出现了不同的特征和变化；长期来看，新常态下的“稳增长”应着重依靠改革开放、拓展经济增长空间得以实现。改革开放以来的历史经验证明，开放极大地推动了改革。在这一过程中，应当充分运用自由贸易区为代表的第三次对外开放浪潮，推动中国越过改革的攻坚期和深水区，形成发达的现代市场经济新常态。

---

① 蔡昉：《中国经济增长如何转向全要素生产率驱动型》，载《中国社会科学》2013 年第 1 期。

下调经济增长目标必须而且可行*

微刺激对稳增长功不可没，不搞微刺激，近三年的增长率显然是要低于现有实绩的。然而，三年来，微刺激周期越来越短，力度越来越大，拉动经济增长的效果却不断衰减。能否将微刺激作为今后宏观经济调控的常态方式，值得思考。

短期的需求刺激只能用于熨平周期波动，不能在经济的自然稳定增长率较低的情况下，长期人为地抬高经济增长率。从当前经济发展的阶段性特征出发，应以平常心看待经济发展新常态，适度下调经济增长目标，有利于降低宏观调控成本和稳增长的压力。

近年来我国经济增速虽然下降了，但没有出现就业形势恶化。考虑到我们目前就业市场上的需求人数与求职人数比约为1.11，即需求比供给大11%，将经济增长目标适度下调，并不会产生就业问题。

微刺激是近三年来我国宏观经济调控的基本思路。基本措施是推出一批铁路、公路、市政、能源、环保等基础设施投资项目，并鼓励民间资本参与；加快保障房建设，支持小微企业发展，加快服务业发展，促进外贸稳定增长等，以稳定增长。

微刺激对稳增长功不可没。2012年第三季度实施微刺激，第四季度增长率反弹至7.9%。2013年年中再度实施微刺激，第三季度增长率反弹至7.8%。2014年第二季度开始第三次实施微刺激，第二季度经济增长率反弹至7.5%。2012年、2013年经济增速7.7%，2014年上半年经济增速7.4%，虽不能悉数归功于微刺激，但是，不搞微刺激，近三年的增长率显然是要低于现有实绩的。

尽管如此，能否将微刺激作为今后宏观经济调控的常态方式，仍然值得讨论。

---

* 本文原载于《经济参考报》2014年9月2日第008版。

微刺激的效果在不断衰减

观察一下这三年的微刺激，我们发现：

（1）微刺激使中国经济步入了“微周期”。三年来，经济运行重复出现“经济增速下滑—微刺激稳增长—小幅反弹—再度下滑”的年度周期循环。

（2）应对重复出现的“微周期”，年年微刺激的时点不断提前。从2012年的第三季度到2013年的年中，再到2014年的第二季度，微刺激的时效在不断缩短。

（3）虽然强调微刺激、定向宽松等措施，但基本上还是只能通过基础设施领域的投资扩张来稳定增长。过去的三年，稳增长的微刺激政策主要集中在两个领域：一是推出一批铁路、公路、市政、能源、环保和水利等基础设施投资项目，同时鼓励民间资本参与；二是加快保障房建设和棚户区改造，等等。微刺激主要依靠各级政府资金投入，拉动民间投资效果甚微。

（4）微刺激的经济增长效果不断递减：2012年的微刺激使经济增长率从第三季度的7.4%上升至第四季度的7.9%，增长率上升了0.5个百分点；2013年的微刺激仅使增长率从第二季度的7.5%上升至第三季度的7.8%，增长率上升了0.3个百分点；2014年的微刺激仅使增长率从第一季度的7.4%上升至第二季度的7.5%，增长率仅仅提高了0.1个百分点。

（5）微刺激的成本越来越大。2012年广义货币供应量（M2）增长13.8%，2013年增长13.6%，2014年上半年，经济增速仅为7.4%，但是M2则增长了14.7%，全年估计将达到14.2%。这意味着，在比2013年上半年多增加4200亿元融资规模和超过M2预期目标1.88万亿元的前提下，上半年的经济增速还低于上年同期0.2个百分点。计算发现，2010～2013年，我国每增加1万元的GDP，需要增加投放的M2分别为1.67万元、2.57万元、2.65万元、3.25万元。与此同时，政府通过举债进行项目建设，对经济增长的拉动能力也越来越弱了。2005～2008年，每新增1元政府债务，可以带来0.53元GDP增量；到了2009～2013年，则大幅下降为0.29元GDP。

在经济周期的下行阶段，运用扩张性财政货币政策进行逆周期调节，使经济增长率从低于正常的增长率回到正常的增长水平，无可厚非。然而，连续三年都不得不实行微刺激，以保障预期经济增长目标的实现，而且，周期越来越短，力度越来越大，拉动经济增长的效果却不断衰减，也就值得我们反思一下：微刺激缘何使中国经济进入了“微周期”？

工作重心应转到调结构转方式

连续三年都不得不实行微刺激，以保障预期经济增长目标的实现。这说明，我国目前的自然稳定增长率是低于预期的经济增长目标，也低于现有的经济增长实绩的。不然的话，怎么年年都要实行微刺激，一旦不实行，增长率马上就回落？

有人或许不赞成中国目前的自然稳定增长率低于现行预期增长目标的说法，证据是国内存在着严重的产能过剩。经济学教科书所定义的潜在增长率，不正是当所有生产能力都得到充分应用时经济所能达到的增长率吗？凯恩斯经济学不是认为在实际经济增长率低于潜在增长率时，应该实行扩张性的财政货币政策，使实际经济增长率等于潜在增长率吗？

这一说法忽略了理论抽象与现实世界的差距。

我国现有的产能过剩是多年过高投资形成的，相当部分超出了现实需要。高投资形成的巨大产能，长期严重依赖高出口。同时，它是以人为压低劳动、土地、环境、资源、资金等国内生产要素价格为前提的。要素价格长期扭曲、偏低，劳动收入增长多年低于经济增长，低于劳动生产率增长，导致了内需严重不足。经济增长越发依赖高投资与高出口，形成了“两高一低”（高投资、高净出口、低消费）的粗放型经济发展模式。国际金融危机爆发后，外需萎缩，出口陡降，国内居民消费短期内难以扩大，产能过剩矛盾凸显，民间投资意愿锐减，国内外的有效市场需求都无法支撑高增长。

此时，政府扩大公共投资，很难传导到居民消费（因为经济增速减缓并未导致严重的失业），也难以刺激民间投资的增加（因为大量过剩产能尚未得到利用），微刺激也就从本义上的政府四两拨千斤变成了自己单打独斗。一旦政府退出微刺激，经济立即再度掉头向下，为了维持预期经济增长率，第二年不得不再次实行微刺激，从而形成了一年一度的“微周期”。更为令人担忧的是，这三年来，每年实行微刺激的时间不断提前，政策力度不断增加，但是稳增长的边际效果却在不断递减之中。

在经济周期的下行阶段，我们同时面临着人均收入跨入中等偏上收入组之后的结构调整与经济增速换挡。因此，目前的经济增速回落，不仅有经济周期波动的影响，而且可能是进入新发展阶段后的自然稳定增长率下调。如果如此，那么，不断地应用微刺激，就值得考虑了。因为，短期的需求刺激只能用于熨平周期波动，不能在经济的自然稳定增长率较低的情况下，长期人为地抬高经济增长率。持续地应用微刺激政策实现过高的预期经济增长目标，势必导致高昂的宏观调控成本与经济运行成本，终将得不偿失。

从当前经济发展的阶段性特征出发，以平常心看待经济发展新常态，适度下调经济增长目标，有利于政府降低高昂的宏观调控成本，也有利于政府适当减轻频繁的稳增长微刺激政策调控操作，将主要精力、工作重心集中于筹划和全面落实全面深化改革、调结构与转方式上去，通过深化改革、调整结构，转变发展方式。这样可能更有利于我们调整状态，积蓄力量，在下一轮的经济增长上行阶段，争取更好的经济增长实绩。

适度下调预期经济增速有利可持续发展

百年经济发展落后，使国人迫切期望早日赶超；再翻一番，中国将步入发达经济体的前景，激励着国人竭尽全力，争取高速增长；经历了多年高增长，速度换挡似乎使国人一时难以适应。但是，经济发展必须实事求是。

我们应当看到：

（1）国际金融危机之后，目前国内外的市场条件不足以继续支撑高增长。近三年来，我国进出口增速已经回落到个位数，2014 年上半年，仅增长 1.2%，这与 2002～2007 年每年增长 20%～30% 相比，不可同日而语。国内居民收入和消费近年来增速也有限，民间投资意愿更是疲弱。市场需求状况决定了即使有较大的产能，也未必能全部实现。

（2）目前的较高增速是建立在货币超发基础上的。2014 年上半年，社会融资规模已突破 10.57 万亿元，是近三年的新高；M2 增长 14.7%，远超年初制定的 13% 的目标。但是，经济增速仅为 7.4%，这意味着，在比上年上半年增加 4200 亿元融资规模和超过 M2 预期目标 1.88 万亿元的前提下，上半年的经济增长还低于去年同期 0.2 个百分点。

（3）勉强维持过高增速，使资金使用效率不断下降。2010～2013 年，我国每增加 1 万元的 GDP，需要增加投放 1.67 万元、2.57 万元、2.65 万元、3.25 万元的 M2。单位 GDP 增量所需增加投入的广义货币供应量（M2）越来越多，各项资金使用效率的指标都在不断下降。

（4）目前的微刺激主要依靠公共投资，这是整个国民经济投资效率不断下降，地方政府债务负担不断增加的重要原因之一。随着债务累计规模不断扩大，新增政府债务的经济增长效应越来越低。

（5）维持现有增长速度，并不能有效扩大居民消费。上半年经济增速比 2014 年同期仅回落 0.2 个百分点，但是，社会商品零售总额比上年同期下降 1.7 个百分点。其中，较为鲜明体现经济景气变化的汽车和家具的销量都比上年同期有所下降。这说明，在现有的体制环境及经济结构下，即使维持现有增速，居民消费不振难以有所改观。

我们应该考虑，适应当前经济发展的阶段性特征，将预期经济增速适度下调。这样的好处在于：第一，可以适当控制 M2 增速，降低超发货币压力；第二，有利于控制投资增速，降低为稳增长而扩大政府投资的压力，减轻政府债务负担；第三，有利于控制物价水平；第四，有利于适度调整总需求结构；第五，有利于政府适当减轻频繁的稳增长微刺激政策调控操作，将主要精力、工作重心集中于筹划和全面落实全面深化改革、调结构与转方式上去。

当然，比较令人担心的是，适度下调经济增长目标之后，会不会产生就业问题？

事实是，近年来我国经济增速虽然下降了，但没有出现就业形势恶化。这一方面源于人口年龄结构变化，新增劳动人口增速放缓；另一方面，经济日趋服务化，具有较强吸纳就业能力的第三产业比重上升。2013 年，第三产业每增加 10 亿元产值可以增加 1.1 万个就业机会，而第二产业每增加 10 亿元产值所能增加的就业是 0.9 万个。我们的模拟计算结果显示：即使是在现有经济结构下，如果 2012 年和 2013 年 GDP 增长率从 7.65% 和 7.67%，降至 7.2%，仅会减少就业 16.71 万人和 16.73 万人。如果考虑第三产业的比重变化，则这一经济增速减缓所减少的就业机会甚至更少。考虑到我们目前就业市场上的求人倍率（需求人数/求职人数）约为 1.11（也即需求比供给大 11%），将经济增长目标适度下调，并不会产生就业问题。

因此，我们认为，适应当前的经济发展的阶段性特征，适度换挡，有利健康可持续发展。

经济发展与国民收入分配格局变化：国际比较*

实现国民收入倍增计划的关键在于调整国民收入分配格局。目前，针对劳动报酬占比下滑这一变化趋势的研究，主要从产业结构、技术进步等层面展开（白重恩等，2008，2009；罗长远和张军，2009a，2009b；黄先海和徐圣，2009）。这些宏观层面的研究为理解中国近20年来的劳动报酬占比下降提供了有益的参考，但客观地审视当前国民收入分配格局，既要纵向梳理，也要横向比较，才能发现症结所在。本文选取若干可比性强的市场经济国家作为样本，探寻其经济发展过程中收入分配格局的演变特征，在此基础上，与中国国民收入分配格局的演变轨迹进行比较，剖析原因，并提出政策建议。

一、样本国家现阶段国民收入分配特征比较

（一）样本国家的选择

基于数据可得性的限制，本文选择了美国、日本、英国、巴西等国作为比较样本。主要有四方面原因。第一，美国经济社会发展综合实力位居世界前列，具有先行者特征。而且，与北欧福利国家相比，美国也是发达国家中收入分配不平等程度较大的，具有典型性。第二，日本作为东亚近邻，曾长期是工业化国家中储蓄率最高的，也是发达国家中收入分配不平等程度较低的代表。20世纪50年代末开始，日本经济持续了20余年的高速增长，劳动生产率同步改善，而后陷入滞胀。剖析这一过程可为转型进入深水区的中国提供借鉴和警示。第三，英国

* 本文原载于《财贸研究》2014年第3期，共同作者：谢攀、龚敏。

是工业革命的发源地，贯穿其后的工业化阶段人口和产业的双重集聚，以及高效的社会保障体系，对中国区域经济发展和再分配政策都有一定的启示。第四，巴西作为阿根廷、墨西哥、委内瑞拉等南美诸国的代表，在第二次世界大战后至20世纪70年代的迅速发展，之后收入水平长期停滞不前，而且收入差距一度扩大。分析其陷入“中等收入陷阱”的原因，对中国全面建设小康社会具有警示意义。

（二）样本国家现阶段国民收入分配特征比较

1. 初次分配特征

第一，样本国家国民收入分配格局呈现“两高一低”，与中国的“两低一高”反差明显。美、日两国居民劳动和经营收入份额较高，企业收入较高，政府生产税净额比重较小，属于典型的“小政府大社会”的构架。相比而言，当前中国居民劳动和经营收入份额较低，企业收入较低，而政府生产税净额比重较高，业主收入比重较高，具有“大政府小社会”的特征。第二，美国、日本、英国的税制结构以直接税为主，而中国以间接税为主，政府收入占GDP的比重在初次分配环节较高。2011年，中国政府间接税收入占GDP的比重为14.2%；生产税净额占比更高达15.61%，为同期美国的2.1倍、日本的1.9倍。第三，无论是非农业主收入与雇员收入之比，还是非农业主收入与非政府雇员收入之比，美国、日本的相对比重均高于中国。这说明，现阶段中国生产组织方式中非企业组织比重依然偏高，工业现代化程度与发达经济体还存在一定的差距。

2. 再次分配特征

再次分配过程对缩小收入差距、促进社会公平、完善公共服务体系至关重要。2009年，美国、日本和英国政府再分配支出对GDP的比率分别为12.4%、20.7%、40.3%，是中国的3.1倍、5.2倍、10倍。政府总支出中，美国约40%用于转移支付项目，日本、英国的比例更高，接近60%。无论是再分配支出占政府总支出的比重，还是再分配支出对GDP的比率，美、日、英三国再分配支出相对规模均远远高于中国。这主要有两方面原因。一方面，中国政府“建设型财政”的支出导向，制约了再分配支出结构向民生领域倾斜。[①] 按功能

① 所谓“民生”，是指“人民的生计”或“人民的生活或人民维持生活的办法”（《现代汉语词典》，1997）。考虑到2007年前后国家财政按功能性质分类支出统计口径的调整，为了保持数据可比性，此处将医疗卫生、社会保障和就业、教育、科技、文体传媒等支出视为民生支出。

性质分类，从国家财政各项支出占财政总支出的比重来看（见图1）。2007年以来，一般公共服务支出规模压缩至10%；同时，为实现“财政性教育经费支出占国内生产总值比例达到4%”的目标，各级政府对教育投入力度逐年加大，2009年至今，教育已成为公共财政的第一大支出。但2012年“社会保障和就业”“医疗卫生”“科学技术”“文教体育与传媒”等民生支出合计占比（21.1%）仅较2007年提高了0.8个百分点，同期“交通运输”支出占比却从3.8%上升至6.5%，增幅是民生支出（除教育外）的3.4倍。另一方面，美日两国步入老龄化社会较早，抚养比上升对再分配提出较高的要求，而中国人口红利则持续了20余年。美国早在20世纪40年代就已进入老龄化社会，只因青壮年移民的大量涌入，才一定程度上缓解了人口老龄化进程。而日本由于生育率和死亡率持续下降，人口结构失衡严重，并直接导致社会保障开支压力增大。从1990年到2007年，日本政府社会保障支出占国内生产总值的比重从11.3%升至18.7%，社保支出增长的部分基本上由政府发行中长期债券来弥补，这实际是将偿还负担转嫁给了下一代。

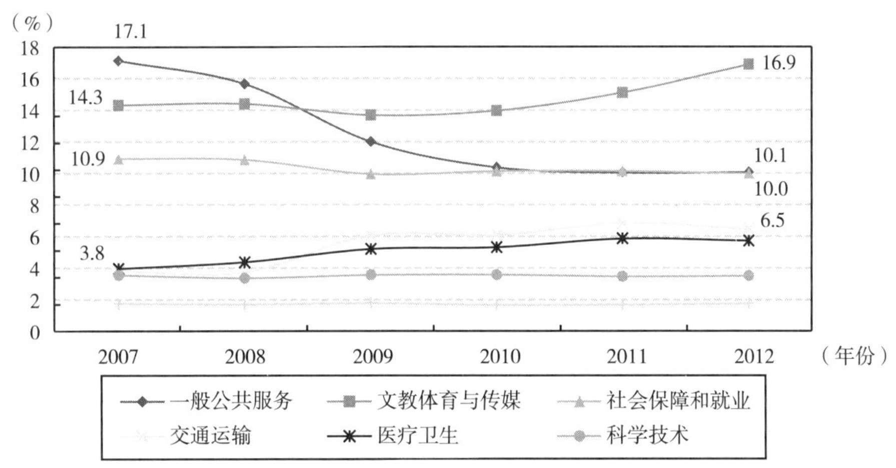

图1　2007～2012年中国国家财政支出构成

资料来源：根据CEIC中国经济数据库整理计算。

3. 最终分配特征

通过经常转移项目收支调整后，中、美、日、英四国的居民部门、政府部门以及企业部门可支配收入占全国可支配总收入的比重如表1所示。样本国家最终分配格局呈现出以下两个鲜明特点：第一，美、日、英三国居民部门可支配收入占可支配总收入的比重最大且均超过70%；第二，与初次分配格局相比，通过再次分配，美、日、英三国居民部门可支配收入占可支配总收入的比重均有明显提高，这表明其再分配收入向居民部门倾斜得更多。

表1　　样本国家居民、政府、企业可支配收入比重（2009年）　　单位：%

项目	中国	美国	日本	英国
居民可支配收入比重	60.53	72.50	78.26	71.03
政府可支配收入比重	18.28	13.78	13.15	17.85
企业可支配收入比重	21.19	13.72	8.59	11.12

注：因为中国《资金流量表》（实物部分）发布较为滞后，此处仅以2009年作为比较基准。

资料来源：《中国统计年鉴（2012）》、美国商务部经济分析局网站数据库、《日本统计年鉴（2010）》、《英国统计年鉴（2010）》。

横向比较，进一步发现，虽然居民均是四国可支配收入占比最大的群体，但企业部门、政府部门的境况则有所差异。日本、英国企业部门再分配占比略低于政府部门，美国企业部门与政府部门平分秋色，这既与次贷危机后主要经济体企业盈利水平整体较峰值时期大幅下降有关，也是政府积极削减赤字，主动控制运营成本的结果。而中国政府部门可支配收入占比（18.28%）高居样本国家之首，居民可支配收入占比（60.53%）却显著低于美、日、英等国。这折射出在流转税为主的税制结构下，中国企业承载较重的税费负担进一步转嫁至居民，从而挤压了居民可支配收入的增长。另外，在“投资驱动、出口拉动”的增长模式下，投资决策更多由政府部门或国有部门主导，也制约了投资效率和资产收益率的提高。

二、样本国家相近发展阶段的国民收入分配特征

（一）相近发展阶段确定

在相近发展阶段，样本国家收入分配格局呈现出怎样的特征？哪些值得借鉴，哪些需要反思？为此，首先，确定2000年中国人均GDP数值（现价美元），并以此为起点；其次，将中国2000年GDP数值的4倍作为达到全面建设小康社会的目标；最后，以某年不变价美元为标准，倒推确定样本国家人均GDP所对应的发展阶段。这一方法既充分考虑到了国家间的横向可比性，同时以某年不变价美元为基准，也剔除了货币内在价值变化的影响（张小平和王迎春，2009）。

鉴于货币单位换算对发展阶段划分可能的影响，本文主要考虑了两类方

法。第一类，按照官方汇率法（Offical Exchange Rate，OER）折算，统计局修订后的2000年中国人均GDP为7858元（现价）①，修订后数据比修订前高出11.02%，按当年汇率折算为约949美元。如果2020年实现翻两番，那么到时人均GDP应该达到3796美元左右（见表2第2列、第3列）。据此，以人均GDP指标作为参考，将样本国家相近阶段划定为以现价美元和当期官方汇率换算得出的人均GDP为949～3796美元。第二类，按照购买力评价法（Purchasing Power Parity，PPP），根据世界银行统计数据，2000年中国PPP法人均国内生产总值3976国际元②，翻两番即为15904国际元，从而中国全面建设小康社会阶段对应的PPP法人均生产总值区间为3976～15904国际元（见表2第4列）。另外，为稳健起见，参考Maddison（2009），2000年中国PPP法人均国内生产总值3421国际元（1990年不变价），翻两番即为13684国际元，从而中国全面建设小康社会阶段对应的PPP法人均GDP区间为3421～13684国际元（见表2第5列）。

表2　　样本国家相近发展阶段估算

国家	汇率法（现价）①	汇率法（现价）②	PPP法（2005年不变价）③	PPP法（1990年不变价）④
	（949～3796美元）		（3976～15904国际元）	（3421～13684国际元）
美国	1942～1962年	1942～1964年	1915～1955年	1891～1966年
日本	1966～1973年	1966～1973年	1955～1973年	1959～1981年
英国	1958～1975年	1958～1975年	1960～1975年	1880～1984年
巴西	1975～1990年	1974～1995年	1972年至今	1972年至今

注：由于人民币汇率被低估，2005年7月汇改以来，人民币对美元双边汇率升值30.2%，人民币名义和实际有效汇率分别升值13.5%和23.1%。因此，基于汇率法或PPP法划分的相近发展阶段为大致估算，实际对应样本国家的起始年份存在一定偏差。

资料来源：①United Nations Statistics Division，National Accounts Main Aggregates Database；②③World Development Indicators & Global Development Finance，The World Bank，19 April，2010；④Angus Maddision. 2009. Historical Statistics of the World Economy：1－2006 AD.

因购买力平价法避免了由于汇率换算和相对价格差异所造成的影响，综合考虑后，拟以购买力平价法为参照系，结合以上分析，确定美国20世纪初至20世纪中叶对应中国“全面建设小康”阶段。按照同样的方法，可推断出日本、英国、巴西等样本国家对应中国全面建设小康社会的历史阶段。

① 《中国统计年鉴（2001）》《中国统计年鉴（2006）》。

② 《国际统计年鉴（2002）》。国际元，又称吉尔里－哈米斯元（Geary-Khamis dollar），在特定时间与美元有相同购买力的假设通货单位。1990年或2000年常用作基准，与其他年份作比较。国际元由罗伊·C. 吉尔里于1958年提出，萨利姆·汉纳·哈米斯于1970～1972年发展而成。

（二）相近发展阶段要素收入分配格局比较

1. 美国相近发展阶段要素收入结构变动

根据美国商务部经济分析局数据，1929～1965年美国雇员劳动报酬比重显著上升，经营性及财产性收入比重明显下降。[①] 生产税净额比重先上升后下降，1946年后趋于平稳，保持在7%～8%。

后工业化时期服务业的发展情形有助于我们理解为什么美国雇员报酬比重会快速上升。20世纪的科技革命加快了美国产业变革，以信息业、金融保险房地产和租赁业、专业化和商务服务业为代表的生产性服务业蓬勃发展，其增加值占GDP的比重在80年代末期就已升至30.3%。产业结构的优化和升级，进一步推动了就业结构的巨大变化，生产性服务业占全部从业人员的比率从1920年的2.8%增至1991年的14.0%。就业结构的变化反过来也加速了产业结构的升级，促使1965年美国农业业主收入比重较1929年下降了约4个百分点。

2. 日本相近发展阶段要素收入结构变动

根据《日本统计年鉴》相关年份数据，1955～1975年日本雇员劳动报酬比重上升了16.83个百分点，经营性及财产性收入比重则大幅下降。[②] 与美国相似，服务业发展带来的产业结构升级也是日本在相近阶段要素收入结构变动的重要原因。其中，生产性服务业占日本从业人员的比例从1920年的0.8%上升至1990年的9.6%。更为重要的是，20世纪60年代，在实施充实社会资本、产业结构高级化、促进贸易、振兴科技、减税、增加教育医疗支出等一系列"国民收入倍增计划"的助推下，日本失业率下降，国民收入水平快速提升，国内生产总值和国民收入的实际年平均增长率分别达到11.6%和11.5%，超过计划设定的目标。

3. 英国相近发展阶段要素收入结构变动

20世纪70年代中期，石油危机冲击对工业生产造成重大影响。然而，随着欧洲工人运动的活跃和工会势力的增强，根据《OECD经济展望统计》数

---

① 限于篇幅，本文未列出"美国1929～1965年要素收入占国内生产总值比重表"，如有需要，可向笔者索取。

② 限于篇幅，本文未列出"日本相近阶段要素收入构成表"，如有需要，可向笔者索取。

据，1960～1975年，英国劳动报酬占GDP的比重偶尔小幅回落，整体呈现波动上升的趋势，之后多年保持在70%左右（见图2）。英国政府由第二次世界大战前鼓励北部、东北部传统工业区的工人外迁，转变为战后鼓励新建企业和南部繁荣区的制造业向北部、西北部传统工业区重新集聚，大大增加了这些地区的就业机会，对劳动报酬比重上升起到了积极作用。另外，完备的社会保障政策对英国调节收入分配、消除绝对贫困、促进社会公平也发挥了重要作用。早在1946年，英国就初步形成了统一的社会保障制度，1965年和1975年又进行了补充修改，从而构建了以“国民保险”“国民医疗保健”“社会救济”“社会福利”为核心的“四位一体”保障框架。

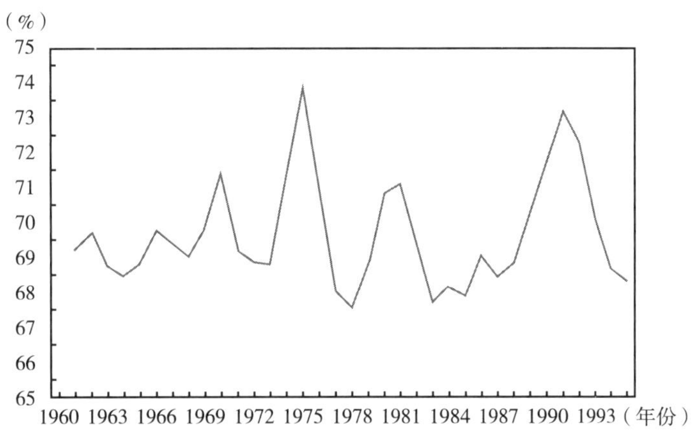

图2　1960～1995年英国劳动报酬占GDP的比重

资料来源：OECD Economic Outlook Statistics；转引自Bentolila和Saint-Paul（2003）。

4. 巴西相近发展阶段收入分配状况

20世纪60年代末至70年代，巴西经济年均增长率一度高达11.2%，但不均衡的增长导致国民收入分配恶化，收入差距增大。1989年，巴西收入最高10%的人获得全部总收入的比重（50.79%）扩大至收入最低10%的人获得全部总收入的比重（0.82%）的61.9倍。① 此后，随着“家庭救助计划”和“零饥饿计划”等政策的实施，收入分配状况有所改观，劳动报酬占GDP的比重止跌回升（见图3）。巴西收入分配不平等、劳动报酬占比下降的原因主要有五方面原因。一是过于向资本密集型工业倾斜的进口替代战略削弱了工业化对劳动力的吸纳能力。一方面限制了农业剩余劳动力的转移；另一方面降低了

① 资料来源：世界银行Proverty and Equity Databank。

工业人口对服务业产品的需求，进而减缓了农业人口向服务业的转移步伐，导致农业人口比重下降较慢。二是体制变革严重滞后。受利益集团羁绊，拉美国家体制变革严重滞后于经济发展，精英集团的“现代传统主义”片面追求经济增长和财富积累，反对在社会结构、价值观念和权力分配等领域进行变革，或者把这种变革减少到最低限度，导致经济财富过度集中，市场配置要素资源的功能受到严重扭曲。三是过早开放资本项目和不成熟的金融自由化增加了金融风险，导致大量以短期资本为主导的外资（债券、间接投资、商业银行贷款）流入，加剧了地区经济体系脆弱性，引致金融危机频发。四是盲目追求“大城市化”，导致城市贫困化和边缘化相伴而生，城市化进程与现代化进程明显脱节。就业、住房、教育和医疗等配套措施跟不上中心城市人口数量激增的需求，大量进城农民沦为城市贫民和流浪人口，形成城市边缘地带。五是忽视农民利益，导致农民运动高涨，政局不稳。拉美国家在土地改革和城市化进程中，草率处理土地问题。大量土地集中在少数人手中，无地农民大规模涌入城市，农业发展滞后，农民生活条件改善缓慢。

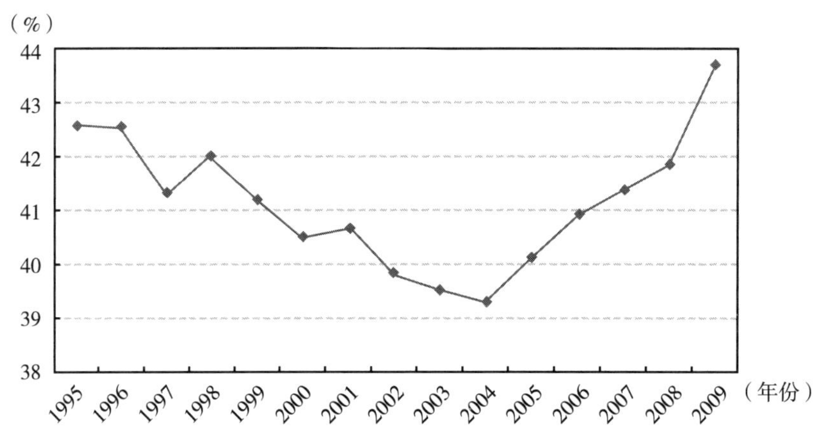

图3　1995～2009 年巴西劳动报酬占 GDP 的比重

资料来源：根据巴西地理统计局（IBGE）国民经济账户数据整理计算。

（三）相近发展阶段政府、企业与居民收入分配格局

1. 美国国民收入分配格局变化特征

1929～1965 年，初次分配后美国国民收入分配格局的特征可以概括为“两升一降”。1965 年，政府部门和企业部门初次分配收入份额分别比 1929 年上升了 2.86 个和 2.72 个百分点，居民部门微降了 5.58 个百分点，但保持在 70%

左右（见表3）。在美国国民收入再分配过程中，政府部门是再分配收入的净流入方，再分配收入净额占国民总收入比重上升了8.67个百分点。企业部门是再分配收入的净支出方，经常性转移收入几乎可以忽略，其再分配支出占国内收入比重从1929年的1.16%上升至1965年的5.03%。居民部门也是再分配收入的净支出方，再分配净支出额占国民总收入比重从0.58%增至6.25%，升高了5.67个百分点。

表3　　相近发展阶段美国国民收入初次分配、最终分配结构（1929～1965年）

单位：%

年份	初次分配			最终分配		
	政府	企业	居民	政府	企业	居民
1929	6.18	12.74	81.08	8.59	10.91	80.50
1930	7.24	10.31	82.46	9.10	8.88	82.02
1935	9.55	10.64	79.81	10.50	8.59	80.90
1940	8.48	14.89	76.63	12.62	11.64	75.74
1945	9.50	13.67	76.83	23.26	8.47	68.27
1950	8.17	16.78	75.05	18.11	10.38	71.51
1955	8.65	16.73	74.61	20.61	11.11	68.27
1960	9.21	14.38	76.41	20.88	9.71	69.41
1965	9.04	15.46	75.50	20.12	10.62	69.25

注：国民收入指国民净收入，不包括固定资产折旧。

资料来源：根据美国商务部经济分析局网站数据库有关数据计算。

2. 日本国民收入分配格局变化特征

日本国民收入初次分配呈现出居民部门所得份额最大、企业部门次之、政府部门最小的格局。1955～1975年，居民部门、企业部门和政府部门初次分配总所得在国民收入中所占比重的年均值分别为81.78%、10.22%和8%。就国民收入初次分配格局的变化趋势而言，政府部门初次分配所得占国民收入的比重逐渐下降，从1955年的9.03%下降至1975年的6.03%，下降了3个百分点；企业部门初次分配所得占国民收入的比重在4%～12%之间波动；居民部门初次分配所得占国民收入的比重在波动中小幅上升，从85.75%上升至89.30%，上升了3.55个百分点。经过再次分配后，日本国民收入的最终分配表现为居民部门在最终分配所得份额先波动下降，再缓慢上升；企业部门最终分配收入份额在1970年达到11.03%的峰值后持续下降；政府部门最终分配所得份额起伏不大，在14%～17%之间呈窄幅波动的格局。

居民部门在国民收入再分配过程中境遇的改善主要得益于战后日本十分重视调节收入分配。日本于1961年就建立了以“国民皆保险、国民皆年金”为标志的社会保障制度。此后，就业、环境等社会福利法律政策陆续出台，逐步形成了较为完善的社会保障体系，与此相适应的国民收入再分配规模也逐渐扩大。1955年，政府、企业、居民三部门再分配支出已占到国内生产总值的14.58%，超过美国相近阶段期初水平（3.67%）近11个百分点。日本在战后较早地建立起社会保障制度，对保障每个人的生存权，稳定生活预期，进而对经济恢复和高速增长起到了极其重要的作用。

三、国民收入分配格局

（一）国民收入分配格局比较

1. 初次分配格局比较

第一，与美国、日本、英国相比，中国政府部门在初次分配中获得收入的份额最高。美国、日本两国在相近阶段政府部门收入的比重为10%左右，而中国政府部门收入的比重则在波动中上升，保持在16%~19%。第二，与美国、日本相比，中国居民部门在初次分配中获得收入的份额较低。尽管在相近阶段美国居民部门收入比重略有下降，日本居民部门收入比重先降后升，但两国都保持了较高的水平。第三，中国企业部门收入比重呈现在波动中下降的趋势，而美国、日本企业部门收入比重则缓慢上升。

2. 再次分配格局比较

当前，中国政府再分配支出相对规模远低于发达经济体，即使在相近阶段初期也仅比美国略高，比日本低（2007年中国政府再分配支出占GDP的比重为4%，与美国、日本两国相近发展阶段相比，高出1929年美国政府再分配支出占GDP的比重3.2个百分点，低于1955年日本政府再分配支出占比0.78个百分点）。

3. 最终分配格局比较

第一，当前中国政府部门最终分配收入比重已远高于美国相近阶段发展初期政府收入比重，与美国相近阶段20世纪60年代中后期的政府收入比重相当。

与日本相比，不仅1994年已超过日本相近阶段政府收入占比，而且与其差距还呈扩大的趋势。第二，中国居民部门最终分配收入比重远低于美国、日本相近发展阶段居民收入比重。在相近阶段，无论是日本居民部门最终分配收入比重在波动中上升，还是美国居民部门最终分配收入比重在波动下降，中国居民部门最终分配收入比重均值（63.96%）分别低于美国（73.99%）、日本（79.17%）均值10个和15个百分点。第三，在与中国发展相近的阶段，美国企业收入比重介于8%~12%之间；日本企业部门比重先在波动中上升，而后迅速下降。中国企业部门收入比重现阶段虽在波动中下降，但其水平仍然高于美国、日本。①

（二）原因分析

从部门收入所占比重观察，与规范的市场经济国家相比，20世纪90年代中期以来中国的初次分配向政府部门倾斜不少，再分配加剧了这一倾斜。原因何在？本文认为，这主要缘于从计划经济转向市场经济，从封闭经济走向开放经济，从单一公有制变为多种所有制并存的市场化改革进程中，宏观层面，政府对GDP增长率及财政收入最大化的追逐，以及微观层面，对要素比价体系的扭曲，致使“看得见的手”过度干预。

首先，政府职能没有适应经济社会转型需要而及时进行调整，形成“职能缺位”。如果说改革开放初期财政支出中保持较大份额的经济建设支出，反映了工业化、城镇化起步和经济转型伊始，对政府履行经济职能的客观要求。那么，20世纪90年代中期以来，随着市场经济体系的逐步确立，政府职能应当及时向公共服务型转变，提供公共产品，创造公平竞争的市场环境，充分调动企业和个人创造财富的活力，否则，教育、医疗、养老、就业、保障房建设等公共产品或准公共产品的有效供给不足只会越发严重。

其次，在追逐GDP增长率和财政收入最大化策略的驱动下，与积极推进产品市场化改革步伐相比，各级政府往往倾向于人为扭曲要素价格体系，加剧了“职能越位”。各地方都热衷于招商引资、铺摊子、上项目，导致生产、分配、交换、消费过程矛盾不断累积，社会再生产循环体系的脆弱性凸显。在生产领域，部分高耗能、高污染、资源性企业屡禁不止，不仅钢铁、水泥等传统行业产能过剩突出，而且光伏、风电等新兴行业也出现产能利用率低下的状况；在分配

① 谢攀：《中国劳动报酬份额决定因素研究》，厦门大学博士论文，2011年。

领域，向政府部门倾斜，不仅直接让机关公务员受益，而且垄断性行业与竞争性行业间工资差距扩大，投入产出效率下降；在交换领域，政府主导型的经济建设，必然导致资本、劳动力、土地、水、电、油等要素价格被人为扭曲，诱使企业将环保成本外部化，转型升级步伐缓慢；在消费领域，居民消费率持续下降，对国际市场的依赖却有增无减，致使经济增长受外需波动的影响加大。

最后，全球化使得对大部分劳动人口所提供的产品和服务更易于由其他区域的劳动者所提供的服务替代，多数工人讨价还价的能力由于身份和地位的改变而明显减弱，这一效应恰恰放大了分配格局向政府倾斜而形成的社会再生产失衡，加速了传统雇佣关系天平向有利于资本的一方倾斜，劳动者在与资本、国家之间的博弈中处于劣势地位。

四、结论

通过与样本国家的跨国比较，本文得到以下几点结论和引申。

首先，美国、日本、英国初次分配呈现“大社会、小政府”的特征，再分配向居民部门倾斜。而中国初次分配格局向政府部门倾斜，再分配格局受“建设型财政”导向驱使，加剧了这一倾斜，削弱了民生保障。中国支出结构失衡的根源在于，政府职能在经济转型进程中未能适应经济发展阶段的变化而及时进行调整，形成“职能缺位”与“职能越位”。

其次，当前中国居民部门最终分配收入比重远低于美国、日本相近发展阶段居民收入比重。中国政府部门最终分配收入比重已远高于美国相近阶段发展初期政府收入比重，与美国20世纪60年代中后期的政府收入比重相当；与日本相比，不仅1994年已超过日本相近阶段政府收入占比，而且与其差距还呈扩大的趋势。

再其次，在相近发展阶段，美国、日本、英国劳动报酬比重均呈现出上升的趋势，资本性收入比重缓慢下降。而中国劳动报酬比重自20世纪90年代中期以来，在波动中下降，资本性收入比重上升①。这主要缘于中国政府特别是地方政府主导地方经济建设，积极参与市场经济活动，人为提高了资本报酬率，扭曲了生产要素（工资、利率、地价以及自然资源环境等）之间的比价关

① 1994~2003年中国固定资产折旧和营业盈余占GDP的比重在35%~38%之间先下降后上升，2003年以后保持在44%~45%之间。

系，致使出口劳动密集型产品为导向的粗放型经济发展方式没有随着人均 GDP 的提高而适时转型，经济对“投资驱动、出口拉动”的增长模式愈发依赖。

最后，在相近发展阶段，巴西土地持有结构高度集中和土地改革滞后助推了收入分配格局恶化，这警示我们：在鼓励和支持承包土地向专业大户、家庭农场、农民合作社流转，发展多种形式的适度规模经营进程中，不能片面地强调扩大土地经营规模，而忽视农业集约化生产、社会化服务和产业化经营；既要通过扩大土地经营规模提高农业劳动生产率，更要注重提高土地产出率来保障粮食安全和重要农产品的供给。

国际比较并非要以发达经济体为标杆，亦步亦趋，但我们至少可以清晰地发现，赶超战略下铸就的国民收入分配格局（两次收入分配中居民收入比重较低）不仅难以维系，而且无法适应从中等收入水平向现代发达经济体跨越的需要。转变经济发展方式，实现收入倍增计划，亟待加快要素市场改革步伐，通过一揽子改革措施，着力矫正要素比价扭曲，减少对投资和生产的变相补贴或隐性补贴，真正让市场机制来决定要素供求价格。同时，要切实推进政府职能转变，加快行政审批制度改革，通过“负面清单”等管理模式创新，简化审批流程，增加透明度，促进贸易和投资的便利化。

参考文献

［1］安格斯·麦迪森：《世界经济千年统计》，施发启、伍晓鹰译，北京大学出版社 2009 年版。

［2］白重恩、钱震杰：《我国资本收入份额影响因素及变化原因分析：基于省际面板数据的研究》，载《清华大学学报：哲学社会科学版》2019 年第 4 期。

［3］白重恩、钱震杰、武康平：《中国工业部门要素分配份额决定因素研究》，载《经济研究》2008 年第 8 期。

［4］黄先海、徐圣：《中国劳动收入比重下降成因分析：基于劳动节约技术进步的视角》，载《经济研究》2009 年第 7 期。

［5］罗长远、张军：《经济发展中的劳动收入占比：基于中国产业数据的实证研究》，载《中国社会科学》2009a 年第 4 期。

［6］罗长远、张军：《劳动收入占比下降的经济学解释：基于中国省级面板数据的分析》，载《管理世界》2009b 年第 5 期 。

［7］张小平、王迎春：《转型期我国收入分配问题研究》，科学出版社 2009 年版。

［8］Bentolila S.，Saint-Paul G.，2003，Explaining movements in th elabor share，*The B. E. Journal of Macroeconomics*，3（1）：1 – 33.

亟须建立经济稳定发展的体制基础*

我国经济稳定发展的体制基础尚未形成，经济稳定增长基础目前还比较脆弱，因而，全面深化改革、转变经济发展方式、调整国民经济结构的既定方针必须坚持。必须打破每逢经济增速下滑即启动刺激计划的增长路径依赖，顶住经济增速下滑所带来的各方面压力，通过持续深化改革，矫正要素比价扭曲，完善投融资体制，为中国经济长期可持续发展拓展空间。

2014 年，预计外部市场将持续复苏。然而，国内产能过剩问题恐将继续抑制实体经济的投资增长，地方政府偿债压力加大也将制约政府投资的扩张；同时，全面深化改革计划的启动所带来的新旧机制转换可能在一定程度上影响经济增长的稳定性。

一、2014～2015 年中国宏观经济预测

预计 2014 年经济增长率将降至 7.62%，经济增长虽然继续回落，但出现逐步向新的增长平台稳定的趋势，它将为中国政府加快实施全面深化改革计划创造有利条件。

（一）模型外生变量的假设

1. 美国及欧元区经济增长率

根据 IMF 2014 年 1 月发布的最新预测，2014 年美国经济将增长 2.8%，

---

* 本文原载于《中国经济时报》2014 年 4 月 25 日第 006 版，共同作者：卢盛荣、王燕武、龚敏。

本文为厦门大学宏观经济研究中心课题组的第十六次预测成果，该研究项目获得了国家社科基金重大项目、国家社科基金青年项目、教育部人文社会科学重点研究基地重大项目、国家自然科学基金面上项目的资助。本文有删节。

2015 年进一步上升为 3.0%。IMF 预计，欧元区 2014 年经济将增长 1.0%，2015 年增速将进一步提高到 1.4%。

2. 主要汇率水平

我们假定 2014 年人民币兑美元汇率全年将升值 2% 左右，2014 年底大约在 1 美元兑 6.02 元人民币的水平。至 2015 年第三季度，人民币兑美元的汇率可能破 6，如果全年升值幅度保持在 1%，至 2015 年底将到达 1 美元兑 5.96 元左右的水平。预计欧元兑美元将震荡下行，我们假定 2014 年底欧元兑美元的汇率将为 1∶1.29，2015 年为 1∶1.25。

3. 广义货币供应量（M2）增速

预计 2014 年 M2 同比增速为 13.9%，如果在 2015 年开始实行利率市场化，同时考虑到美国退出 QEⅢ的滞后影响，我们预计，2015 年 M2 同比增速有可能比 2014 年略高 0.1 个百分点，全年为 14%，以应对经济下行压力。同时，到 2015 年底，贷款基准利率将继续保持 6% 的现行水平。

（二）2014～2015 年中国宏观经济主要指标预测

1. GDP 增长率预测

在上述外生变量假定下，基于中国季度宏观经济模型（CQMM）的预测结果表明：2014 年，中国 GDP 增速将继续下行，略降至 7.62%，比 2013 年下降 0.08 个百分点；到 2015 年，GDP 增长率将有所回升。未来两年呈现先抑后扬的增长趋势，其主要原因在于：全面深化改革的负面效应逐渐递减和正面效应逐渐递增的叠加，以及持续向好的外部经济环境。从季度同比增长率看，由于上年第一季度的出口基数过大，导致出口同比增速急剧下降；稳中见紧的货币政策、未见好转的实体经济环境，也限制了第一季度投资增速的可能扩张；另外，中央“八项规定”“六项禁令”等举措在短期内直接抑制政府消费，间接抑制企业和居民消费，这对于以最终消费为主要支撑动力的第一季度经济而言，将是十分艰难的。预计 2014 年第二季度，随着出口增速的反弹回升以及增长压力下的政策转向，经济增速有可能回跳至全年最高的 7.76%。随后，在通胀压力的制约下，进一步见紧的货币发行将使经济增速缓慢下降至第四季度的 7.70%。

2. 主要价格指数预测

模型预测，2014 年 CPI 将上涨 2.82%，比上年提高 0.20 个百分点；到 2015 年，预计 CPI 将略升至 2.92%。分季度看，2014 年第一季度 CPI 为 2.47%，第二季度可能上升至 2.85%，第三季度将到达 3.03% 的高点，而后略下降至 2.91%；2015 年经济的回暖将促使 CPI 保持上升趋势直至第三季度到达 2.98% 的高点，之后于第四季度小幅回落至 2.94%。

生产者价格指数（PPI）在未来两年仍将继续维持负数，但是降幅有望逐渐收窄。2014 年 PPI 预计为 -0.88%，2015 年预计可能进一步收窄至 -0.55%。分季度看，PPI 可能于 2014 年第一季度下跌至 -1.55%，第二季度可能回升至 -0.50%，此后将出现连续两个季度的下跌，至第四季度，可能将跌至 -0.92%。2015 年，该指标预计将出现较大回升，至第四季度可能回升至 -0.38%。

总体而言，2014 年中国经济仍将保持平稳增长的态势，经济增长速度趋于稳定在 7.5% 左右的新水平上，预计全年 GDP 增速为 7.62%；全年通胀可望保持在温和水平，CPI 预计上涨 2.82%。

3. 其他主要宏观经济指标增长率预测

（1）进出口及外汇储备增长率预测。模型预测，2014 年美国经济的加速复苏和欧元区经济的危机缓解，将促进中国进出口的恢复性增长。2014 年以美元、按现价计算的出口总额预计将增长 9.66%，比上年提高 1.57 个百分点；进口总额增速可能上升至 8.28%，比上年提高 1.06 个百分点。受出口增速提高的影响，2014 年外汇储备预计可以增长 10.81%。截至 2015 年，随着外部市场需求的全面恢复，中国进出口增速将继续上升。以美元、按现价计算的出口增速预计将达到 14.69%；进口增速预计将达到 12.55%。外汇储备在 2015 年将可能增长 10.08%。

（2）固定资产投资增速预测。模型预测，2014 年，受地方政府债务风险控制以及产能过剩的影响，按现价计算的城镇固定资产投资增速预计为 18.42%，比上年回落 1.30 个百分点。2015 年受新一轮城镇化进程的影响，城镇投资需求的进一步增加，将使城镇固定资产投资增速提高到 19.29%。

（3）消费增长率预测。模型预测显示，2014 年按不变价计算的居民消费总额预计将增长 7.65%，比上年小幅提高 0.30 个百分点；2015 年略上升至 7.78%，维持稳定。2014 年按现价计算的社会消费品零售总额将增长 13.56%，比上年提高 0.40 个百分点；2015 年进一步小幅提高为 13.72%。

无论是地方政府性债务的高企，还是落后产能过剩，民间投资意愿的下降，投资以及经济增长的效率下降，生态环境的恶化，人口红利的消失，都表明中国经济已到了必须坚决推进结构调整的历史关口。尽管外部市场环境趋暖，国内经济自2013年第三季度以来也已开始企稳，但是，一系列经济运行表征都说明：我国经济稳定发展的体制基础尚未形成，经济稳定增长基础目前还比较脆弱，因而，全面深化改革、转变经济发展方式、调整国民经济结构的既定方针必须坚持。必须打破每逢经济增速下滑即启动刺激计划的增长路径依赖，顶住经济增速下滑所带来的各方面压力，通过持续深化改革，矫正要素比价扭曲，完善投融资体制，为中国经济长期可持续发展拓展空间。

二、控制地方政府债务规模，优化地方政府融资结构

能否有效控制地方政府性债务规模，优化其融资结构，降低地方政府债务违约风险，将成为下一阶段全面深化改革尤其是财政金融体制改革，建立现代国家治理结构的关键所在。

2013年，尽管快速上升的政府公共投资在一定程度上抵消了制造业和房地产业投资增速的下滑，保证了全社会固定资产投资的稳定增长，但是不断增长的地方政府债务规模却加大了违约风险，并威胁到金融体系的稳定。

首先，地方政府债务规模膨胀过快。审计署2013年12月30日发布的审计公告显示，1997年至2013年6月底，地方政府债务余额（广义口径）从1.81万亿元增加到17.88万亿元，年均递增15.92%。2010年至2013年6月底，省市县三级政府负有偿还责任的债务余额年均增长19.97%。其中，省市县三级政府债务余额的年均增长率分别为14.41%、17.36%、26.59%，远远超过同期的经济增长率及同级地方政府的财政收入增长率。

其次，有地方政府背景的平台公司、国有或国有控股企业为主的政府举债主体作为非独立市场主体，在运营目标行政化及软预算约束下，势必导致风险偏好失衡，其扭曲的融资行为进一步加剧了资金市场上的不正当竞争。扭曲的融资行为势必拉高市场借贷利率水平，扭曲了资金成本。

最后，地方政府急剧扩张的举债融资挤占了大量的银行贷款资金。在全社会贷款资金规模既定情况下，地方政府通过银行贷款大量融资，势必挤占独立市场主体尤其是非国有中小微企业的银行贷款额度，提高独立市场主体尤其是非国有中小微企业的融资成本；在独立市场主体可获得的全社会贷款资金规模

不变的情况下，地方政府的非规范、超规模举债融资势必迫使银行金融体系增加社会贷款融资总规模，形成通货膨胀压力，或者二者兼具。

因此，能否有效控制地方政府性债务规模，优化其融资结构，降低地方政府债务违约风险，将成为下一阶段全面深化改革尤其是财政金融体制改革，建立现代国家治理结构的关键所在。

在《中国宏观经济预测与分析——2012 年秋季报告》中，课题组已经注意到急剧膨胀的地方政府债务对中国经济稳定增长尤其是长期发展的影响。出于对地方政府债务风险的担忧，课题组在 2012 年上半年经济增速“破 8”并继续下滑之时，强调“稳增长必须防止过度投资刺激”，认为不宜再次启动大规模投资刺激计划。之后，课题组在 2013 年的春季报告、秋季报告的政策模拟及政策建议部分讨论了当经济进入 7%～8% 的次高速增长阶段之后的财政收入变动趋势问题，指出财政收入增速将因经济增速降至新的增长率平台难以继续维持超经济增速增长，但在经历了长达 15 年的财政收入增速大幅度超过经济增速后，中国政府实际控制的资源流量占 GDP 的比重已经过高。过快的政府收入增速不利于社会主义市场经济的健康发展。应当明确政府与市场边界，适当控制政府收入占 GDP 的比重，为此，政府应当控制预算规模，建立长期过紧日子的理财方针。适度降低政府收入占 GDP 的比重，规范政府获取收入的方式，有利于调整经济结构，提高经济活力和资源利用效率。在本次预测中，课题组沿着这一思路，选择了提高地方政府债券融资占比的宏观经济效应问题进行政策模拟。

本次政策模拟针对规范地方政府债券融资方式、调整地方政府债务融资结构、控制地方政府债务总规模而展开。政策模拟设计了两个场景：一是假设在货币供给增速不变以及地方政府债务总规模不变的前提下，通过提高政府债券融资比重，进而优化地方政府融资结构的宏观经济效应；二是在情景一的基础上，加入新的政策变量，分析适度控制地方政府债务总规模，同时提高债券融资占比的宏观经济效应。

课题组认为，对于地方政府债务风险，首先需要进行控制债务规模；其次调整债务结构；最后建立地方政府举债融资管理的法律法规。根据现有的地方政府债务期限结构分析，2014～2016 年地方政府债务将进入偿债高峰期。因此，首先需要通过债务置换，提高地方政府的债券融资占比（具体包括委托财政部为地方政府发行的债券、城投债，以及在严格审查基础上允许地方政府自主发行市政债等），降低地方政府债务中银行贷款融资及 BT（建设—移交）和信托融资占比，约束地方政府举债融资的非规范性与任意性。在此基础上，控制地方政府举债融资的规模，杜绝寅吃卯粮，透支未来财政资源追求本届任期政绩及利益的机会主义行为。

政策模拟结果显示，对地方政府举债融资的方式进行适度的规范，提高地方政府的债券融资占比，改善资金市场上的供需力量对比，抑制融资成本的上升，有利于稳定 GDP 增长，促进私人投资增加，扩大居民消费，同时，对扩大进口，缩小贸易顺差也有一定的积极作用。在此基础上进一步压缩地方政府的举债规模，其宏观经济效果更为明显。

如果说，通过规范地方政府举债融资的方式是化解地方政府债务风险的第一步，在此基础上，限制地方政府的举债规模，则需要管住政府的手，限制各级政府任意扩大对国民经济资源的占用比例。然而，这不能仅仅依靠将审批权限上收中央政府。必须建立各级政府的跨年度预算平衡机制、权责发生制的政府综合财务报告制度，建立规范合理的中央和地方政府债务管理及风险预警机制。更重要的是，按照党的十八届三中全会《中共中央关于全面深化改革若干重大问题的决定》（以下简称《决定》）要求，着力建设法治政府和服务型政府，纠正单纯以经济增长速度评定政绩的偏向，形成地方政府以公共服务、市场监管、社会管理、环境保护为主要职责的体制约束机制与财力保障机制。

三、政策分析及建议

目前，中国经济运行很大程度上体现了既有体制下的潜在增长率及效率不断衰减与政府主导型投资相机刺激结合的特色，因此，实现收入倍增计划，必须在切实推进反腐倡廉的同时，加快全面深化改革进程，尽快形成现代市场经济体制，从而建立实现未来阶段经济稳定发展的体制基础。

尽管经过努力，中国的经济增长速度已经从 2008 年国际金融危机之后的逐年下滑，正逐渐稳定在 7.5% 左右的新的年度增长率平台上，但是如前所述，目前这一稳定的基础并不牢固——它基本上还是在既有体制下的潜在增长率及效率不断衰减与政府主导型投资相机刺激结合的产物，因此，实现收入倍增计划，必须在切实推进反腐倡廉的同时，加快全面深化改革进程，通过全面深化改革，推陈出新，与民更始，尽快形成现代市场经济体制，从而建立实现未来发展阶段经济稳定发展的机制、体制基础。

基于上述分析，课题组提出以下建议。

1. 矫正要素比价扭曲

建立实现未来发展阶段经济稳定发展的机制，关键在于矫正要素比价扭曲，要素比价扭曲是政府主导型市场经济条件下粗放型经济发展方式的微观基础。只有矫正多年来累积形成的、目前不仅普遍而且严重存在的要素比价扭曲，才能让市场机制在资源配置中真正起决定性作用。

2. 必须切实缩小政府的权力空间

矫正要素比价扭曲，让市场机制在资源配置中真正起决定性作用，首先必须切实控制、适当缩小政府的权力空间。只有大幅度减少政府对资源的直接配置，才能推动资源配置依据市场规则、市场价格、市场竞争实现效益最大化和效率最优化。

3. 控制地方政府债务规模，规范地方政府举债行为

控制地方政府债务规模，规范地方政府举债行为，不仅是防范地方政府债务风险的重要措施，更是界定政府与市场边界，减少政府对资源的直接配置，让市场在资源配置中起决定性作用的必要前提。政府收入占 GDP 的比例是市场经济条件下处理好政府与市场关系的关键比例之一。政府利用税收、非税收入以及举债融资等各种方式从国民收入中汲取多大的份额，以何种方式获取资源，以及如何使用这些资源，反映了特定经济体中政府与社会、与市场的关系。因此，必须控制政府收入占 GDP 的比重，规范政府获取资源的方式，审议并监督政府收入的使用去向。如果对政府收入占 GDP 的比重、获取资源的方式、政府收入的使用去向没有任何限制，也就没有市场经济。

4. 利率市场化是矫正要素比价扭曲最重要的举措之一

要素比价扭曲是政府主导型市场经济条件下粗放型经济发展方式的微观基础。然而，近年来，无论是劳动力市场、土地市场，还是资源环境市场及资金市场上发生的种种变化都说明：要素比价扭曲作为粗放型经济发展方式的微观基础已经难以继续维持。必须尽快实行存贷款的利率市场化。然而，利率市场化应当以政府的举债融资行为得到有效控制为前提。如果政府以及已有政府背景的非独立市场主体不受限制地与独立市场主体竞争资金使用权，利率自由化的结果将是利率的非市场决定，是资源价格的进一步扭曲，资源的进一步错误配置，融资成本的进一步上升。只有切实划分政府与市场的边界，限制政府的

任意举债融资，方能为利率市场化，提高资金利用效率，降低融资成本创造必要前提。

5. 金融市场的市场结构合理化

利率市场化不仅要以限制政府的非规范、超规模举债融资为前提，而且还必须以竞争性的金融市场结构为依托。金融市场的开放与竞争性市场结构重组应当同时进行，以打破垄断，促进有效竞争，实现金融资源的有效配置，提高资金利用效率，降低融资成本，增加居民收入。

6. 尽快进行税收制度改革，完善地方税体系，逐步提高直接税比重

党的十八届三中全会《决定》指出，中央政府负责宏观调控，地方政府主要职责为公共服务、市场监管、社会管理、环境保护等。然而，长期以来，地方政府却存在着严重的职能错位，它既与对一切以经济建设为中心的错误理解有关，也与税制密切相关。到目前为止，中国各级政府都以生产税为主要财政收入来源，因此，各级政府无一例外地把经济增长作为政府工作的重中之重。服务于不同的政府管理的需要，必须尽快地进行税收制度改革，完善地方税体系，逐步提高直接税比重。建立以房地产税、消费税和个人所得税比例分享为主的地方税体系，通过建立新的地方政府财力保障机制，促进地方政府的行为机制转型。税制改革，不仅有利于转变地方政府的行为机制，而且有利于大中小城市的合理布局和协调发展。

7. 实行负面清单管理，开放更多的投资领域

在当前制造业生产能力严重过剩的情况下，必须通过政府实行负面清单管理，开放更多的投资领域，方能促进民营投资，形成新的经济增长基础。

8. 打破行政管制及国有垄断，发展服务业

服务业将是实行负面清单管理，开放更多投资领域的重点领域之一。中国的服务业发展严重滞后。2011 年，中国服务业的比重仅为 43. 35%，同期相同人均收入组国家的服务业占比是 55. 63%，低收入国家组的服务业占比是 49. 82%。与制造业严重的生产能力过剩相反，中国的服务业尤其是关系民生基本需求的服务业存在着严重的有效供给能力不足。服务业发展滞后，关系民生基本需求的服务业有效供给能力严重不足的根源在于服务业的市场化进程缓慢。我国服务业、公用事业的民营投资占比普遍低于 50%，国有企业处于事实

上的垄断地位，其中，交通运输、医疗、教育、文娱、电信、金融、公用事业等行业国企投资占比均超过2/3。从就业比重上看，2012年，制造业中非国有部门就业占94.42%，服务业中非国有部门就业占74.07%（扣除了基本上是国有就业的公共管理、社会保障和社会组织部门），服务业中的国有就业比重大大高于国民经济的其他部门。国有垄断之外，许多行业至今仍属于政府管制对象，非国有资本无权进入。

国际经验表明，进入中等收入经济体之后，服务业将进入加快发展阶段，从日本、韩国转型的经验来看，从高速增长期步入中速增长期后，所有新增就业均来源于服务业。加快服务业领域的管理体制改革，开放服务业投资领域，有助于促进民营投资，加快服务业尤其是满足民生基本需求的服务业的发展；有助于扩大居民消费，形成新经济增长点，对于实现中国在次高经济增长阶段的稳定增长具有重要意义。

转变发展方式是实现居民收入倍增的根本方式*

党的十八大报告提出，要确保到2020年实现全面建成小康社会的宏伟目标，其中目标之一是实现国内生产总值和城乡居民人均收入比2010年翻一番。居民收入倍增建立在转变经济发展方式取得重大进展，经济持续健康发展的基础上。党的十八大报告明确指出了实现居民收入倍增的根本路径。

一

众所周知，经济高速增长的同时，内需尤其是居民消费不振是困扰着中国经济进一步发展的痼疾。2000～2011年，我国经济年均增长10.2%，同期国内消费占GDP的比重却从62.3%降至48.2%，年均下降1.17个百分点。居民消费占GDP比重年均下降1.05个百分点。按居民消费率从高到低排列，2009年中国在世界190个国家中位列第175。与收入水平相近的经济体相比，中国居民消费比重低得令人惊讶。2009年中国人均实际GDP为巴西的79.4%。当年巴西消费率为75.4%，中国只有41.4%。①

居民消费增长缓慢、占比低、下降快的原因主要有三个。第一，居民收入占GDP的比重逐年下降。2000～2008年，居民部门收入占初次分配总收入的比重从63.4%降至57.2%。同期企业及政府部门的收入比重却从16.6%、19.2%上升到21.6%、21.28%。第二，居民消费倾向大幅度下降。1992～2000年，我国居民平均边际消费倾向0.712，已属世界较低水平，到了2001～

---

* 原载于《福建日报》2013年3月19日理论版，共同作者：龚敏。

① Penn World Table 7.0. Copyright © 2011 Center for International Comparisons of Production, Income and Prices (CIC), University of Pennsylvania。按购买力平价及2005年价格计算。

2007 年更大幅降至 0.493，下降了 21.9 个百分点。如果维持 20 世纪 90 年代的居民收入占比及居民边际消费倾向，2008 年的居民消费总额将比当年实际值多 61749.68 亿元，是当年 4 万亿投资的 1.5 倍以上。第三，居民收入差距扩大。1990～2009 年城乡居民收入比从 2.2∶1 扩大到 3.3∶1，2011 年微降至 3.1∶1。城乡内部收入差距也在迅速扩大。城镇居民高中低收入组的收入比从 2000 年的 2.6∶1.6∶1.0 扩大到 2010 年的 3.4∶1.9∶1.0，农村居民高中低收入组的收入比从 6.5∶2.5∶1.0 扩大为 7.5∶2.8∶1.0。尽管近年来有所下降，但是，2012 年中国的基尼系数仍然高达 0.4712，远远超过国际上收入分配贫富差距的“警戒线”水平（0.4）。收入差距扩大导致了居民边际消费倾向的整体下降。

居民消费增长缓慢，投资、净出口迅速增长，导致我国国民收入支出的“两高一低”结构失衡。

二

高投资是导致“两高一低”结构失衡的主因。投资率上升固然是赶超经济体高增长阶段的普遍特征，但是，中国现有的过高投资则是在赶超经济的一般特征上叠加了中国现行体制特征的结果。过高投资除了政府对 GDP 的追求之外，资本偏向型技术进步也是重要原因。现有体制使要素比价扭曲，提高了要素替代弹性，从而产生了资本偏向型技术进步及金融的过度深化，加速了资本深化，导致中国劳动报酬占比过快下降。

劳动报酬占比下降主要发生在城乡竞争性行业。在我国国民经济 19 个部门中，制造业工资水平位居第 14 位，仅为金融业的 44.1%，而发达国家制造业与金融业的工资水平基本相同。二者相比，反差极大。然而，提高工资水平是否将使我国制造业丧失国际竞争力？研究发现：我国制造业的相对单位劳动力成本仅为我国产品主要竞争对象国——韩国、墨西哥、马来西亚、泰国、菲律宾、越南加权平均水平的 2/3，更大大低于发达国家水平。仅就劳动力成本而言，中国制造业仍具有较大竞争优势。近年来，尽管我国制造业工资水平有较大提高，但劳动生产率增长得更快，2009 年中国制造业单位劳动力成本只有 1999 年的 88.9%。而且，随着劳工工资水平提高，企业的利润率、利润总额都在不断上升，大部分行业的国际贸易竞争指数也进一步提高。

竞争性行业劳动报酬严重偏低与中国劳动力市场结构密切相关。中国劳动力市场是典型的非均衡市场：供给近乎无限并且呈原子式分散状态，需求方居寡头垄断地位，而且受到各级地方政府强力支持。如此市场结构，劳动者势必弱势，报酬水平必然偏低。

居民收入差距不断扩大是市场化还是市场退化的结果？对竞争性行业与垄断性行业、农业部门的工资传递效应研究发现：中国部门间工资传递机制不同于一般市场经济。1994 年以来，中国劳动力市场不是日趋统一而是不断被分割、分隔的，因此，尽管城乡竞争性部门劳动报酬水平日趋收敛，但垄断性行业与竞争性部门、垄断性行业内部的收入差距却日趋扩大。行业收入差距扩大，主要源于垄断性行业与竞争性行业收入差距扩大。它同时也是城乡收入差距扩大的关键因素之一。因此，1994 年以来，居民收入差距急剧扩大，恰恰不是改革深化，经济市场化的结果，而是改革停滞，市场退化的恶果。

三

发展外向型经济，参与国际竞争是我国改革开放以来最重要的战略选择之一。发展中国家对外开放，参与国际市场竞争，要根据本国的比较优势选择竞争领域及竞争策略。开放之初，我国劳动力资源、土地资源丰富而廉价，资本和技术短缺，因此，各级政府纷纷利用当地劳动力、土地价格低廉的比较优势，大力引进外资，发展加工贸易型劳动密集型产业，经济因此迅速增长。人均 GDP 提高，一方面提高了储蓄率，增加资本供给，资本稀缺性从而边际报酬率逐渐下降；另一方面收入增长，居民生活水平改善，人力资本投资增加，使劳动力再生产成本上升。工业化及城市化使土地逐步稀缺，对环境及自然资源的压力日趋上升。促使要素相对稀缺程度发生变化，从而使要素比价关系发生变化：原先稀缺而昂贵的资本降价，原先丰裕而廉价的劳动力、土地、环境及自然资源因逐渐稀缺而涨价。市场经济条件下，要素比价变化迫使追求利润最大化的企业调整要素投入结构，改变生产技术、产品结构和产业结构。经济发展也就逐步从原先的粗放型转向集约型，从依靠廉价要素投入转向依靠创新与技术进步。

然而，要素相对稀缺程度变化促使的发展方式转变在我国却因要素市场改革滞后而受阻。2011 年我国人均 GDP 比 1978 年增长了 16 倍，其中东部更高得多，可是加工贸易型劳动密集型产业至今仍是东部地区的重要支柱产业。就业需求数据显示，东部甚至在国际金融危机期间对低技能劳工需求仍不见稍减。这说明，尽管要素相对稀缺程度因经济增长、人均 GDP 大幅上升，已发生了重大变化，但要素比价却并不因此发生相应变化。企业按照传统模式生产经营仍然有利可图。原因是地方政府为增加财政收入，极力追求当地经济高增长，大力招商引资。在生产技术既定的前提下，尽可能压低当地要素——劳动、土地、环境与资源以及本土资金价格，是提高外来投资回报率的有效方法，从而成为各级政府招商引资最重要的法宝。它使原本无利可图的投资变得盈利，原本难以落地的项目得以落地，原本难以维持的生产得以维持。投资率因此超过了在均衡要素价格下可能达到的水平。高投资固然带来了高增长及高财政收入，但却导致收入分配结构失衡：劳动报酬增长长期低于劳动生产率增长。在劳动报酬增长较快的 2002 ~ 2008 年，我国制造业劳动生产率年均提高 16.88%，但是，狭义工资仅年均增长 13.94%，含社保等在内的广义工资年均增长也仅 15.24%。同期我国制造业单位劳动成本不升反降，年均下降 2.41 ~ 1.18 个百分点，这与其他国家的趋势完全相反。居民收入增长因此也低于同期经济增长率。与此同时，住房商品化、医保社保改革、教育费用上升、存款利率长期低于通货膨胀率等，都造成居民生活成本较大幅度上升，不确定性增加，居民储蓄率在居民收入增长缓慢的同时大幅上升。国内需求尤其是居民消费需求因此不振。高投资形成的巨大生产能力无法为内需所消化，不得不严重依靠国际市场需求，依赖扩大投资。如此恶性循环，久而久之也就逐渐形成了危及我国经济长期持续稳定增长基础的严重问题：国民经济结构失衡、人均 GDP 与人均可支配收入的差距不断扩大，居民内部收入差距不断扩大，居民收入增长缓慢，居民消费不力，从而国内消费不振，产业结构升级迟滞、高资源消耗、生态破坏、环境污染、技术创新动力不足等。

四

世界银行指出，在起飞阶段适用的发展战略未必适用于中等收入经济向发达经济的跨越。我国近年来所遭遇的国民经济结构失衡，内需不振正是步入中等偏上收入阶段之后发展方式未能及时转型的矛盾集中体现：政府主导型经济、GDP 主义、行政干预扭曲要素比价导致结构转型迟滞、收入分配向资本和政府倾斜、缺乏实现包容性增长的社会政治约束条件。

市场经济中，产业升级换代，技术创新及其在生产中应用，应当成为企业的自主选择，然而，如果要素比价不改变，传统的粗放生产经营方式仍然有利可图，企业有什么积极性用资本和技术替代廉价的劳动力、土地等要素，提升产品档次，改变生产技术呢？在要素市场上，资本与劳动力量对比严重失衡，劳动报酬增长只能永远低于劳动生产率的提高幅度，不仅产业结构升级、技术创新失去外在压力，而且国民收入分配结构调整，居民收入提高从而消费提升也是不可能的。纠正劳动力、土地、环境和自然资源以及本地资金价格偏低的要素比价扭曲，前提是政府不再奉行GDP主义，不再为追求高增长、高财政收入而向资本利益倾斜。市场经济中，合理的国民收入分配格局建立在社会各阶层之间力量对比均衡的基础上，政府行为的规范，也建立在政府切实受到民众有效制约的基础上。

因此，实现收入倍增，必须以转变经济发展方式为基础，而经济发展方式转变，以深化体制改革为前提条件。

要素比价扭曲与居民消费不振*

一、我国消费率持续下降的事实分析

党的十八大报告指出："着力解决制约经济持续健康发展的重大结构性问题。要牢牢把握扩大内需这一战略基点，加快建立扩大消费需求长效机制，释放居民消费潜力，保持投资合理增长，扩大国内市场规模。"在经济高速增长的同时，消费尤其是居民消费不振是近十多年来我国经济增长难以摆脱投资驱动的主要原因，这也是我国经济进入中等偏上收入阶段之后进一步较快稳定发展所必须正视和解决的重大问题。2000～2011 年，我国经济年均增长 10.2%，同期国内消费（居民消费+政府消费）占 GDP 的比重却从 62.3% 降到 49.1%，年均下降 1.1 个百分点。其中，居民消费占 GDP 比重从 46.4% 下降到 35.4%，年均下降 0.92 个百分点；政府消费占 GDP 比重从 15.9% 下降到 13.7%，年均下降 0.18 个百分点。居民消费占比下降明显快于政府消费占比的下降。居民消费中，农村居民的消费水平始终比城镇居民低得多，而且自 1997 年以来，农村居民的实际收入增速一直低于城镇居民，这一态势直至 2010 年才有所改变。2000～2011 年，城镇居民消费占 GDP 比重从 31.1% 下降到 27.4%，而占人口 50% 以上的农村居民消费占 GDP 比重从 15.3% 下降到 8%，① 前者下降了 3.7 个百分点，后者却下降了 7.3 个百分点，是前者的两倍。

美国宾夕法尼亚大学生产、收入和价格国际比较研究中心的数据表明，在世界 189 个国家按购买力平价以及可比价（2005 年价格）计算的人均 GDP 中，2010 年中国为 7746 美元，在 189 个国家中列第 91 位；而中国居民消费率为

---

* 本文原载于《高校理论战线》2013 年第 1 期，共同作者：龚敏。

① 根据第六次人口普查数据，2010 年我国的人口城市化率为 49.68%，也就是说，以前的农村人口占比始终超过 50%。

44.2%，列第171位。[①] 我国居民消费率排序大大低于其人均GDP在世界上的排序，说明与人均收入水平相近的经济体相比，我国居民消费比重明显偏低。

居民收入和消费增长缓慢，占GDP比重低且比重迅速下降，使居民消费这一促进经济增长的初始需求、主要原动力严重不足，我国经济增长不得不严重依赖投资及出口增长，如此循环不断累积，久而久之，逐渐形成了国民收入支出“两高一低”（高投资、高净出口、低消费）的失衡结构。

实证研究也发现，消费率下降是赶超经济体高增长时期的普遍特征。通常在经济起飞阶段，人均GDP增长的同时居民消费率会不断下降。一般要到人均GDP超过1万至1.5万美元之后（按购买力平价及2005年价格计算，Penn WT 7.1），居民消费率才会随人均GDP的增长而逐渐回升。以日本和韩国为例，20世纪50年代中期，日本的居民消费率接近60%，1970年降至50%以下，之后20余年基本维持在50%左右，一直到20世纪90年代中期起，才缓慢回升到52%~53%的水平。韩国20世纪50年代中期的居民消费率接近70%，1990年降至50%，至今仍低于50%。中国近半个世纪以来的消费率变化也呈类似趋势。但是，与日本及韩国相比，在大致相同的起飞时期，中国的居民消费率大幅偏低。中国目前的人均GDP已接近8000美元（按购买力平价及2005年价格计算，Penn WT 7.1；2011年中国人均GDP以现价计算不到6000美元），如果世界范围赶超型经济发展的一般轨迹具有规律性意义，那么可以推论，中国在今后较长时期内仍将保持较低的消费率水平。问题在于：中国目前的低消费率不仅具有赶超经济的一般特征，而且在此基础上叠加了中国现阶段特有的体制特征影响。因此，应当尽可能地消除后者的影响，使消费率逐步回到现有经济发展阶段应有的水平上。

二、要素比价扭曲是居民消费率持续下降的主要原因

现阶段我国居民消费占GDP的比重低，不仅是赶超阶段的普遍特征所导致，而且与中国经济处于转型时期密切相关。尚未完成转轨的经济体制所导致的要素比价扭曲，是居民消费率比一般赶超经济体下降更为快速的主要原因。

1. 收入分配向企业、政府部门倾斜，居民部门收入占比持续下降

国家统计局公布的资金流量表数据表明，2000~2009年，初次分配中居民

① Alan Heston, Robert Summers and Bettina Aten: Penn World Table Version 7.1, Center for International Comparisons of Production, Income and Prices at the University of Pennsylvania, July 2012.

住户部门收入占比从67.2%下降至60.7%，政府部门收入占比从13.1%上升至14.6%，企业部门收入占比从19.7%上升至24.7%。由于收入税以及社保缴费快速增加，居民部门的再分配收入相对缩水：2000年，居民部门的可支配收入是其初次分配收入的1.01倍，2009年仅为1.004倍。在全社会可支配收入中，居民部门占比从2000年的67.5%下降到2009年的60.5%。相反，政府的可支配收入却较大幅度地上升，2000年其可支配收入是其初次分配收入的1.11倍，2009年上升为1.26倍，同时，其在全社会可支配收入中的占比从2000年的14.5%上升至2009年的18.3%。企业经过再分配后，2000年的可支配收入是其初次分配收入的1.58倍，2009年上升至1.65倍，同时其在全社会可支配收入中的占比从2000年的17.9%上升至2009年的21.2%（见表1）。

表1　　1992～2009年国民收入分配结构

年份	政府			住户		
	初次分配总收入占比（%）	可支配总收入占比（%）	可支配收入比初次分配收入	初次分配总收入占比（%）	可支配总收入占比（%）	可支配收入比初次分配收入
1992	16.57	19.96	1.21	66.06	68.34	1.04
1995	15.22	16.55	1.09	65.25	67.23	1.03
2000	13.13	14.53	1.11	67.15	67.54	1.01
2001	12.67	15.01	1.19	65.93	66.07	1.01
2002	13.94	16.23	1.18	64.49	64.43	1.01
2003	13.62	16.09	1.19	64.09	63.97	1.01
2004	13.74	16.43	1.21	61.14	61.05	1.01
2005	14.20	17.55	1.25	61.28	60.84	1.00
2006	14.53	18.21	1.27	60.73	60.25	1.00
2007	14.74	19.01	1.30	59.61	58.89	1.00
2008	14.73	18.98	1.30	58.66	58.28	1.00
2009	14.58	18.28	1.26	60.69	60.53	1.00
年份	非金融企业			金融企业		
	初次分配总收入占比（%）	可支配总收入占比（%）	可支配收入比初次分配收入	初次分配总收入占比（%）	可支配总收入占比（%）	可支配收入比初次分配收入
1992	14.94	10.55	0.71	2.44	1.16	0.48
1995	17.61	14.75	0.84	1.93	1.47	0.77
2000	18.91	17.41	0.93	0.81	0.53	0.65
2001	20.00	17.77	0.89	1.39	1.15	0.83
2002	19.87	17.74	0.90	1.70	1.60	0.95
2003	20.10	17.84	0.90	2.18	2.10	0.97
2004	23.19	20.61	0.90	1.93	1.91	1.00
2005	22.62	19.93	0.89	1.90	1.67	0.89
2006	22.32	19.57	0.89	2.42	1.97	0.82
2007	23.09	20.13	0.88	2.56	1.96	0.77
2008	23.61	20.52	0.88	3.00	2.23	0.75
2009	21.53	18.74	0.88	3.20	2.45	0.77

资料来源：CEIC。

2. 劳动者报酬份额不断下降

资金流量表的数据同时显示，居民收入占比下降主要缘于劳动者报酬占比持续下降。在初次分配中，劳动者报酬占初次分配收入的比重从2000年的53.4%下降至2009年的49.1%，10年下降4.27个百分点。在全部劳动者报酬中，非金融企业支付的劳动者报酬总额在2000~2009年扩大了2.94倍，但其占劳动者报酬总额的比重从2000年的47.9%下降到2009年的44.2%，下降3.7个百分点；金融企业支付的劳动者报酬同期总体扩大了3倍，其占劳动者报酬的比例从2000年的3.15%略微下降到2009年的2.96%，下降0.19个百分点；政府部门支付的劳动者报酬同期扩大了4.27倍，其占劳动者报酬的比例从2000年的12.30%上升到2009年的16.46%，提高了4.16个百分点；住户部门的劳动者报酬同期总体扩大了3.15倍，其劳动者报酬占比从2000年的36.59%下降到2009年的36.02%，下降了0.57个百分点。

3. 竞争性行业与非竞争性行业之间工资收入差距不断扩大

进一步考察不同行业间工资收入的差距变化，可以发现，劳动报酬占比下降主要发生在城乡竞争性行业。目前，制造业的工资水平在我国国民经济19个部门中居第14位，仅为金融业的44.1%，而发达国家制造业与金融业的工资水平则十分接近。二者相比，反差极大。然而，长期以来，各级地方政府都以劳动力质优价廉为吸引外资的重要优势之一，对于制造业劳动工资的上涨十分敏感。不少学者也因此颇为忧虑提高工资水平将使我国制造业丧失国际竞争力。然而，对劳动工资水平及变动趋势的国际比较分析研究发现，直至2009年，我国制造业的相对单位劳动力成本仍仅为我国产品主要竞争对象国——韩国、墨西哥、马来西亚、泰国、菲律宾、越南加权平均水平的2/3，更大大低于发达国家水平。① 仅就劳动力成本而言——更不用说稳定的政治局势、良好的基础设施、完善的产业配套能力和巨大的产能——中国制造业仍然具有较大竞争优势。近年来，尽管我国制造业工资水平有了较大提高，但劳动生产率增长得更快，2009年中国制造业单位劳动力成本与1999年相比，不仅没有提高，反而下降了11.1个百分点。而且，2006年以来的数据显示：尽管制造业劳工工资水平有相当幅度的提高，但是企业的利

① 王燕武、李文溥、李晓静：《基于单位劳动力成本的中国制造业国际竞争力研究——兼论劳工工资的上涨空间》，载《统计研究》2011年第10期。

润率、利润总额不仅没有下降，相反都在不断上升，大部分行业的国际贸易竞争指数也进一步提高。①

竞争性行业劳动报酬严重偏低与中国劳动力市场结构密切相关。中国劳动力市场是典型的非均衡市场：供给近乎无限且呈原子式分散状态，需求方则居寡头垄断地位，而且受到各级地方政府的强力支持。可以想见，如此市场结构，劳动者势必居弱势地位，劳动报酬必然低于供需双方力量平等情况下的劳动报酬均衡点。

4. 居民消费行为的变迁

金融部门的低利率直接抑制了居民财产性收入的提高。2011 年城镇居民人均收入中，工资性收入占 64.3%，转移性收入占 23.8%，财产性收入仅占 2.7%。与此同时，20 世纪 90 年代中期以来的社会经济体制改革促使居民边际消费倾向大幅度下降。资金流量表数据显示：1993 ~ 1999 年，我国居民平均边际消费倾向为 0.731，这在世界范围已属低水平；到了 2000 ~ 2007 年，更大幅降至 0.572，平均下降了 0.159 个百分点。与此同时，居民部门的储蓄率大幅上升：2000 年居民部门储蓄占可支配收入的比重为 31.1%，2005 年为 35.4%，2009 年进一步升至 40.4%。居民边际消费倾向的下降与储蓄率的大幅上升，与住房商品化，教育、医疗制度的改革，以及社会保障体系建设滞后有密切的关系。

5. 居民内部收入差距不断扩大

利用中国健康和营养调查（CHNS）数据库（1989 ~ 2006 年）进行的计算发现，1999 年我国的基尼系数已经超过国际上收入分配贫富差距的“警戒线”水平（0.4），而且增速较快，到 2005 年，我国的基尼系数已经高达 0.4629。②根据国家统计局调查总队公布的住户调查数据，1990 ~ 2011 年，我国城乡居民收入之比（城镇人均可支配收入比农村人均纯收入）从 2.2∶1 扩大到 2009 年的 3.3∶1，2011 年微降至 3.1∶1。与此同时，城乡居民内部的收入差距也在迅速扩大。城镇居民最高收入与最低收入组的收入比从 2000 年的 5.02∶1 扩大到 2011 年的 8.56∶1，农村居民高收入组与低收入组的收入比从 6.47∶1 扩大为

---

① 李文溥、李静：《要素比价扭曲、过度资本深化与劳动报酬比重下降》，载《学术月刊》2011 年第 2 期。

② 陈建宝、段景晖：《基于家庭收入分布的全国基尼系数的演变及其城乡分解》，引自李文溥主编《中国宏观经济分析与预测（2012）》，经济科学出版社 2012 年版。

8.39∶1。收入差距扩大导致“收入被增长”现象。统计分析发现，当实际人均GDP增长1个百分点时，在现有的收入分配格局下，只有占城镇人口比重20%的高收入及最高收入组的居民收入增长可以超过1%，剩下的80%城镇居民的收入增长都将低于1%，其中，占城镇人口10%的最低收入组居民的收入只能增长0.56%。占总人口50%左右的农村居民的收入增长更是大大低于全国的实际人均GDP增长水平，占农村人口20%的高收入组居民在全国的实际人均GDP增长为1%时，收入只能增长0.70%，而农村最低收入组居民（占农村人口20%）的收入增长水平则更低，只有0.47%。居民内部收入差距不断扩大，进一步导致了居民边际消费倾向的整体下降。

众多实证研究都证实，近20年来，我国的居民收入差距在不断扩大之中。但是居民收入差距扩大，到底是市场化的结果还是市场退化的结果，意见不一。我们对1994年以来竞争性行业与垄断性行业、农业部门的工资传递效应进行的实证研究发现：中国目前部门间的工资传递机制不同于一般市场经济。1994年以来，中国的劳动力市场不是日趋统一而是不断被分割、分隔的，因此，尽管包括农村在内的城乡竞争性部门劳动报酬水平日趋收敛，但是垄断性行业与竞争性部门之间，垄断性行业内部的收入差距却日趋扩大。行业收入差距扩大，主要源于垄断性行业与竞争性行业收入差距扩大，它同时也是城乡收入差距扩大的关键因素之一。因此，1994年以来，居民收入差距急剧扩大，恰恰不是改革深化、经济市场化的结果，而是劳动力市场退化、分割、隔绝的结果（李文溥等，2012）。

6. 高投资与高资本收入占比

过高的投资率除了各级政府对GDP的追求之外，资本偏向型技术进步也是重要原因。现有经济体制使要素比价存在扭曲现象，提高了要素替代弹性，从而产生了资本偏向型技术进步及金融的过度深化，加速了资本深化，导致中国劳动报酬占比过快下降（龚敏和李文溥，2010；李文溥和李静，2011）。

三、要素比价扭曲的形成机制分析

国际金融危机爆发后，国际市场需求急剧萎缩，短期内我国不可能大幅度提高居民收入，改变居民的消费、储蓄行为特征，因此，不得不多次依靠扩大政府投资以阻止经济下滑。然而，在减缓经济增长速度下滑的同时，一些负面影响随之产生：大量银行贷款流入国有企业，进一步扭曲了国民经济中政府与市场的资源配置比例，降低了国民经济的投资效率；政府尤其是地方债务负担迅速上升；通货膨胀压力上升，2008 年开始的大规模投资扩张政策，导致 2010 年至 2011 年的通货膨胀迅速回升，促使中央政府在 2011 年将宏观经济调控的主要目标转向控制通货膨胀；等等。然而，更为重要的是，“两高一低”的国民收入支出结构导致经济高增长的同时，居民收入增长缓慢，从而消费不振，收入差距不断扩大，居民难以同步分享经济增长成果，不仅导致社会再生产实现的一系列困难，引发了诸多社会矛盾，更为根本的是，这样的经济增长并非发展经济的根本目的，难以充分体现我国基本经济制度的优越性。

计算发现，如果维持 20 世纪 90 年代居民收入占 GDP 比重及居民边际消费倾向，那么 2008 年我国居民的消费总额将比当年实际发生数额多 61749.68 亿元，是当年出台的 4 万亿投资刺激计划的 1.5 倍甚至数倍以上。居民消费增长严重落后于经济增长使我国近年来的经济增长不得不依赖于高投资与国外市场。

国民收入分配与消费状况是社会再生产的结果，因此，形成如此收入分配与消费状况的原因则须从整个社会再生产过程以及决定它的社会经济政治条件予以说明。

发展外向型经济，参与国际竞争是我国改革开放以来最重要的战略选择之一。发展中国家对外开放，参与国际市场竞争，需要根据本国资源禀赋结构的比较优势选择竞争领域及竞争策略。改革开放初期，我国劳动力、土地等资源丰富而廉价，资本和技术短缺，因此，各级政府尤其是东部沿海地区政府纷纷利用当地劳动力、土地价格低廉的比较优势，大力引进外资，发展加工贸易型、劳动密集型产业，这是从当时当地的要素资源禀赋结构所形成的比较优势出发的正确选择。它优化了资源配置，提高了资源利用效率，使经济迅速增长，人均 GDP 快速提高。增长一方面提高了储蓄率，增加了资本供给，使资本稀缺渐渐缓解，资本的边际报酬率逐渐下降；另一方面促进了收入增长、居民生活水平改善、人力资本投资扩大，使劳动力再生产的成本随着人均 GDP 的提高而上升。工业化及城市化使原先较丰裕的土地逐步稀缺，对环境及自然资源的压力也日趋上升。亦即经济增长必然导致要素相对稀缺程度从而要素比价关系发生变化：原先稀缺而昂贵的资本价格下降，原先丰裕而廉价的劳动力、土地、环境及自然资源逐渐稀缺而使价格上升。市场经济条件下，要素比价变化迫使追求利润最大化的企业不断调整要素投入结构，改变生产技术、产品结构和产业结构。经济发展也就逐步从原先的粗放型转向集约型，从依靠廉价要素投入转向依靠创新与技术进步。这一历史转变过程从发达市场经济体走过的历程可以得到印证。

然而，因经济增长导致要素相对稀缺程度乃至要素比价变化推动的经济发展方式自然转变过程在我国却步履维艰，其基本原因包括以下几方面。

第一，经济发展方式未能随着经济发展水平的提高而适时转变。尽管改革使经济的市场化程度大大提高，但是，我国至今仍未完成经济体制的完全改革，我国目前的市场经济体制与规范的现代市场经济仍有一定距离。政府对经济发展的方向和方式影响极大。以经济建设为中心在某些地方往往变为一切工作以实现本地 GDP 及财政收入增长最大化为中心。

第二，对经济增长以及财政收入最大化的追求，是通过有意识地压低本地要素（劳动力、土地、资源、环境、国内资金）价格，不计成本地引资，鼓励高投资、出口劳动密集型产品为导向的粗放型发展道路来实现的。经过三十余年高速增长，2011 年我国人均 GDP 比 1978 年增长 16 倍，其中东部沿海地区更高，但加工贸易型劳动密集型产业至今仍是东部沿海地区的重要支柱产业。这种生产方式快速提高了人均 GDP，但不能同步提高人均可支配收入。2002～2011 年，大连的人均 GDP 与按常住人口计算的人均可支配收入之比为 3. 42∶1，苏州为 3. 36∶1，厦门为 2. 69∶1，上海为 2. 54∶1，青岛为 2. 5∶1，宁波和深圳分别为 2. 46∶1 和 2. 41∶1。与这些以加工贸易为主的沿海城市不同，温州仅为 1. 19∶1。

第三，要素比价并没有随要素相对稀缺程度的变化而相应调整，形成了严重的要素比价扭曲。就业需求数据显示，东部沿海地区甚至在国际金融危机期间对低技能劳工需求仍不见稍减。这说明尽管要素相对稀缺程度因经济增长已经发生了重大变化，但要素比价未因此相应变化：劳动力、土地、资源与环境、国内资金（银行贷款）的价格大大低于其相对稀缺程度。因此，企业按照传统模式生产经营仍然有利可图。其重要原因是地方政府为实现财政收入最大化而极力追求当地经济增长最大化，大力招商以不断扩大引资。各地竞相招商引资，基本的激励措施是降低资本的投资和运营成本，增加资本利润率。在生产技术既定的前提下，尽可能压低当地要素（劳动、土地、环境与资源以及本土资金）价格是提高外来投资回报率的有效方法，从而无一例外地成为各级地方政府招商引资最重要的法宝。它使原本无利可图的投资变得有利，原本难以落地的项目得以落地，原本难以继续的生产得以维持。投资率因此超过了在均衡要素价格下可能达到的水平。

高投资固然带来了高增长及高财政收入，但也导致了以下问题：（1）粗放型经济发展方式长期难以向集约型经济发展方式转变；（2）自主知识创新、科技进步动力不足；（3）产业结构升级缓慢；（4）收入分配结构失衡，劳动报酬增长长期低于劳动生产率增长。在劳动报酬增长较快的 2002～2008 年，我国制造业劳动生产率年均提高 16.88%，但是，狭义工资仅年均增长 13.94%，含社保等在内的广义工资也仅年均增长 15.24%。同期我国制造业单位劳动成本不升反降，年均下降 1.18～2.41 个百分点。这与其他国家的趋势完全相反。居民收入增长因此也低于同期经济增长率。与此同时，住房商品化、医保社保改革、教育费用上升、存款利率长期低于通货膨胀率等，都造成了居民生活成本较大幅度上升且不确定性增加，居民储蓄率因此在居民收入增长缓慢的同时大幅上升，国内需求尤其是居民消费需求因此不振。高投资形成的巨大生产能力无法为内需所消化，不得不依靠国际市场需求和进一步扩大投资。如此循环，久而久之就逐渐形成了影响我国经济长期持续稳定增长基础的问题——国民经济结构失衡，人均 GDP 与人均可支配收入的差距不断扩大，居民内部收入差距不断扩大，居民收入增长缓慢，居民消费不振，产业结构升级迟滞、高资源消耗、生态破坏、环境污染、技术创新动力不足等（见图 1）。

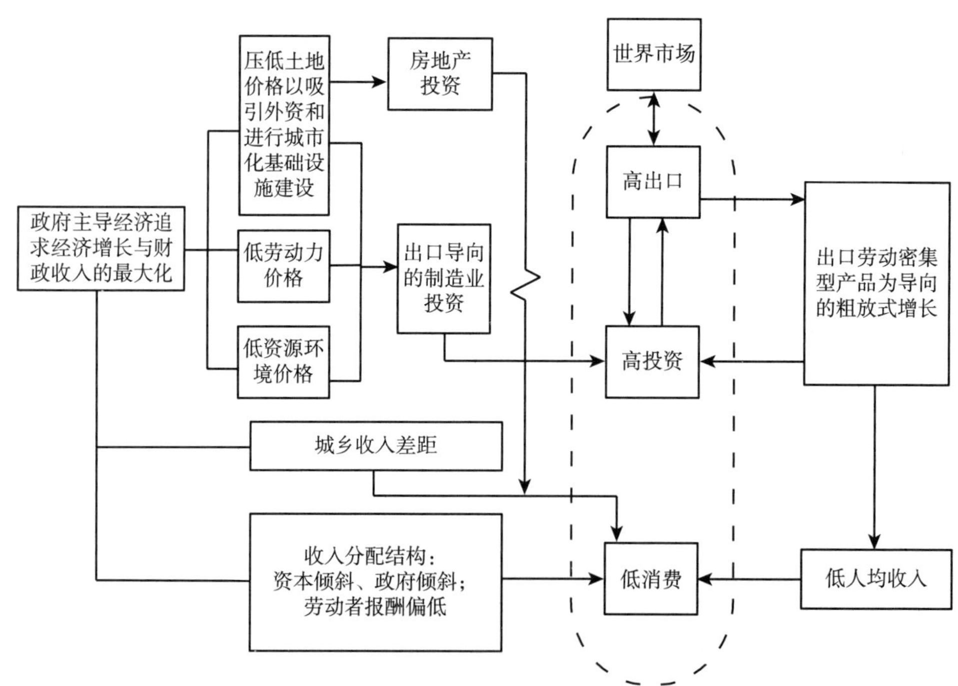

图 1　要素比价扭曲、粗放型发展与内需不振的形成机理

四、矫正要素比价扭曲是深化改革的重要内容

世界银行《东亚经济半年报》（2007）指出：“历史表明，虽然许多经济体都可以达到中等收入阶段，而且往往速度相当快，但很少有国家能够通过，因为所需的政策和体制改革更加复杂化，在技术上、政治上和社会上更加具有挑战性。”在起飞阶段适用的发展战略未必适用于中等收入经济向发达经济的跨越。我国近年来所遭遇的国民经济结构失衡、内需不振正是步入中等偏上收入阶段之后发展方式未能及时转变的矛盾的集中体现：GDP 主义、行政干预扭曲要素比价导致结构转型迟滞、收入分配向资本和政府倾斜、缺乏实现包容性增长的社会政治约束条件。

市场经济中，产业升级换代、技术创新及其在生产中应用，应当成为企业的自主选择，然而，如果要素比价不改变，传统的粗放生产经营方式仍然有利可图，企业有什么积极性用资本和技术替代廉价的劳动力、土地等要素，提升产品档次，改变生产技术呢？在要素市场上，资本与劳动的力量对比严重失衡，劳动报酬的增长只能永远低于劳动生产率的提高幅度，不仅产业结构升级、技术创新失去外在压力，而且国民收入分配结构调整、居民收入提高从而提振消费也是不可能的。纠正劳动力、土地、环境和自然资源以及本地资金价格偏低的要素比价扭曲，不为追求高增长高财政收入而向资本利益倾斜。市场经济中，合理的国民收入分配格局是建立在社会各阶层之间力量对比均衡的基础上的。马克思关于经济基础与上层建筑之间关系的分析结论说明，建设规范的现代市场经济，实现全民分享的包容性增长，不仅要深化经济体制改革，而且需要相应的社会政治体制改革，它将推动中国跨越中等收入陷阱，实现中国经济向现代发达经济的转变。党的十八大报告指出：以科学发展为主题，以加快转变经济发展方式为主线，是关系我国发展全局的战略抉择。我们认为，实现这一转变的一个切入点，是矫正当前扭曲的要素比价。而这一切入点的实现，则有赖于我国经济政治体制改革的进一步深化。

参考文献

[1] 龚敏、李文溥：《中国高资本报酬率与低消费率的一个解释》，引自李文溥主编《中国宏观经济分析与预测（2009 年）》，经济科学出版社 2010 年版。

［2］李文溥、陈贵富：《工资水平、劳动力供求结构与产业发展型式》，载《厦门大学学报》2010 年第 5 期。

［3］李文溥、王燕武、郑建清：《劳动力市场分化与行业间工资差距变动趋势研究》，厦门大学宏观经济研究中心工作论文，2012 年。

［4］李文溥、郑建清、林金霞：《制造业劳动报酬水平与产业竞争力变动趋势探析》，载《经济学动态》2011 年第 8 期。

［5］世界银行：《东亚经济半年报》，2007 年 4 月。

［6］Alan Heston，Robert Summers and Bettina Aten：Penn World Table Version 7. 1，Center for International Comparisons of Production，Income and Prices at the University of Pennsylvania，July 2012.

实现居民收入倍增计划的路径探析*

一、引言

我国自20世纪90年代中期以来，坚持既有经济发展方式所导致的重大问题是高投资促进了人均GDP迅速增长，但人均收入水平的提高却远远滞后于经济发展。2011年，我国人均GDP是1978年的16倍，但城镇居民可支配收入及农村人均纯收入分别仅为1978年的10.5倍和10.6倍。收入增长缓慢，在很大程度上抑制了居民消费的快速增长。居民消费占GDP比重（居民消费率）不断下降成为我国经济十余年来结构失衡最重要的表现。2000~2011年，我国居民消费率即居民消费占GDP的比例从46.4%下降到35.4%，年均下降0.92个百分点。[①] 在世界189个国家（地区）按购买力平价以及可比价（2005年价格）计算的人均GDP排序中，2010年中国人均GDP为7746美元，列第91位；但居民消费率为44.2%，仅列第171位。[②] 这两个位次的差距，进一步凸显了我国经济的高增长没能快速提高居民收入，进而导致居民消费增长缓慢的事实。居民消费率持续下降使我国经济增长不得不严重依靠"投资驱动"和"出口拉动"；同时，经济结构表现出"高投资、高出口、低消费"即"两高一低"的失衡特征（李文溥和龚敏，2013；2010）。这一国民经济结构的失衡特征已成为目前以致今后一个阶段我国经济难以健康持续发展的主要原因。

在此背景下，中共中央《关于制定国民经济和社会发展第十二个五年规划的建议》及党的十八大报告都提出了在2011年至2020年内，使我国城乡居民

---

* 本文原载于《吉林大学社会科学学报》2013年第5期，共同作者：龚敏。

① 《中国统计年鉴》（2012年）。

② 美国宾夕法尼亚大学生产、收入和价格国际比较研究中心（CIC），Penn World Table 7.1。

实际收入翻番的“收入倍增计划”，试图以提高居民实际收入为切入口，推进经济结构的调整和经济发展方式的转变。然而，收入倍增计划的实现需要怎样的经济发展方式的保证？收入倍增计划在什么样的条件下才能有效促进经济结构的调整并保证经济健康持续的发展？本文首先从微观层面，提出要素比价扭曲是形成我国现有经济增长方式、经济结构失衡以及居民收入占比下降的微观基础，从而矫正要素比价扭曲是实现收入倍增计划的重要前提；其次从宏观层面，提出使现有经济增长方式转向以提高劳动者报酬占比为目的的“工资导向型”增长，是实现收入倍增计划的可行而且必要的途径；最后提出相关政策设计框架。本文拟为研究我国经济跨越人均 GDP 5000 美元、进入后赶超阶段的社会经济发展战略提供一个综合的理论分析框架。

二、实现收入倍增计划的微观基础：矫正要素比价扭曲

1. 形成要素比价扭曲的体制性原因分析

始于 1978 年的中国经济体制改革，一个重要甚至核心的内容是价格的市场化。从单一的指令性价格到指令性价格与指导性价格并存，从价格双轨制到向单一的市场价格并轨，从仅有即期市场到建立远期市场，从只有商品市场到资金、土地、劳动力、资源等各类要素市场的逐渐形成，经济体制转轨的过程在某种程度上可以看作一个市场价格体系的重建、恢复和形成的过程。经过 30 余年的经济体制改革，我国大部分最终商品已经基本能够由市场供需决定价格。然而，令人遗憾的是，由于向市场经济的转型至今尚未完成，政府主导型市场经济体制下，政府实行以 GDP 及财政收入最大化为核心的经济发展方式，以及既得利益集团的阻扰，我国要素市场的市场化改革在较长一段时期里受到阻滞，市场化进程相对滞后。要素价格因行政干预而严重扭曲。没有合理的要素市场定价，商品市场的价格也就不可能合理。

要素比价扭曲是指由于市场不完善导致的生产要素价格与其边际产出或机会成本之间的偏差或背离。其中，正向扭曲是指要素价格大于或超过其机会成本或边际产出所决定的均衡价格；负向扭曲则是指要素价格小于或低于其机会成本或其边际产出所决定的均衡价格（姜学勤，2009）。现有的大部分研究认为我国要素市场存在负向的价格扭曲（罗德明等，2012；康志勇，2012；陈永伟和胡伟民，2011；张曙光和陈炼，2010）。

负向的要素比价扭曲产生于政府主导型市场经济下的各级政府奉行以 GDP 和财政收入最大化为导向的经济发展方式。在政府主导型经济中，对经济增长及财政收入最大化的追求，必然使各级地方政府千方百计地扩大投资。降低投资成本成为吸引投资的最重要的保障。在过去的三十余年里，通过负向扭曲要素比价吸引资本，并在出口的带动下，我国经济成功实现了快速增长。然而，要素市场市场化改革的滞后，特别是政府主导的经济发展方式，从根本上阻碍了我国要素比价随着经济增长、要素相对稀缺程度的变化而适时相应调整。

2. 要素比价扭曲的宏观经济成本

现有文献中，有关要素比价扭曲所产生的宏观经济影响，主要有三个方面的讨论。一是要素比价的扭曲导致了我国经济结构的失衡。有学者探讨了由于要素比价扭曲导致我国经济表现为“高投资、低消费”的内部失衡，以及“高出口、经常项目顺差”的外部失衡（李稻葵和徐翔，2012；Zhu，2012；樊纲等，2011；Huang & Tao，2011；Huang & Wang，2010）。二是要素比价扭曲会损害我国经济增长的效率。有学者测算了我国经济由于要素比价扭曲导致资源错配，从而生产效率下降的程度（张杰等，2011；Hsieh & Klenow，2009）。三是我国劳动力市场的扭曲对城乡收入不平等问题的影响（Lu & Jiang，2008；Herterl & Zhai，2004）。总的来看，大多数现有研究主要针对不同要素市场，如资本市场、劳动力市场、土地市场和能源市场等各自分割开来展开研究，少有研究能够在一个统一的框架下，系统分析要素比价扭曲可能产生的宏观经济总量与结构的影响。

这里，我们构建一个分析框架以说明要素比价扭曲对我国宏观经济的影响。如图 1 所示，首先，由于要素市场上生产要素的价格（劳动力、利率、土地以及自然资源环境等）严重偏离市场供需关系，投资的低成本使经济严重依赖“投资驱动、出口拉动”的增长方式。其次，在收入分配层面，由于人为地压低了劳动者报酬，低工资直接导致劳动者报酬占比持续下降；同时，政府收入占比及企业收入占比持续提高。这一事实反映了我国经济增长所具有的“利润驱动”特征。最后，要素比价扭曲所导致的资源错配还严重制约了我国产业结构的适时升级换代。

以“投资驱动”和“利润驱动”为特征的增长方式，导致我国人均居民实际收入增长长期滞后于人均 GDP 的增长，并使“两高一低”的失衡结构得以固化。其结果是，不仅我国居民难以同步分享经济增长的成果，而且维持这样的经济增长方式还可能使我国经济发展逐渐脱离发展经济的根本目的，难以

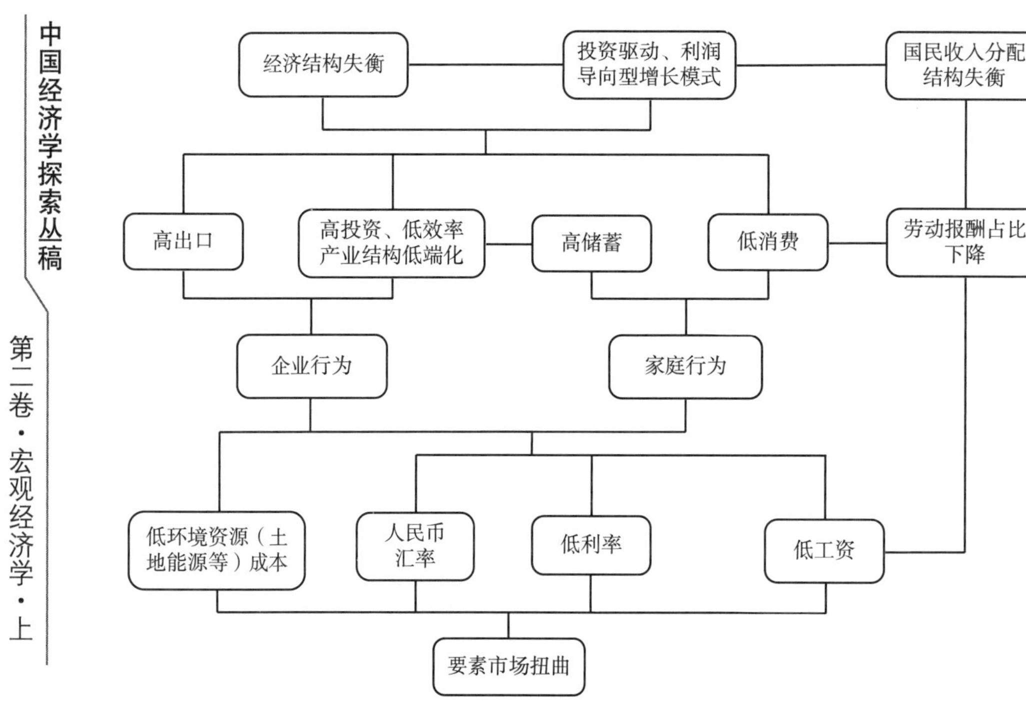

图1　要素比价扭曲对宏观经济结构失衡的影响

充分体现我国基本经济制度的根本优越性，实现经济的健康持续发展。可以认为，矫正要素比价扭曲是实现下一阶段经济健康持续发展的微观基础保障。通过矫正要素比价扭曲，可使我们从根本上实现收入倍增并缩小收入差距，推动中国跨越所谓的“中等收入陷阱”①，迈向现代发达经济。

三、转变经济增长方式是实现收入倍增计划的可行而且必要的途径

通过行政干预、实行负向要素比价扭曲的既有赶超型发展战略的最大缺陷是，尽管它促进了高投资从而实现了人均GDP的快速增长，但却导致居民作为要素所有者的所得偏低，不能同步分享经济高增长收益，快速提高人均可支配收入水平。我国城乡居民实际收入增速多年来低于人均GDP增速。高增长所形

① 世界银行《东亚经济发展报告（2006）》提出了“中等收入陷阱”（middle income trap）的概念以来，这一概念迅速成为国内经济学界的热词。然而，有学者从世界经济史的角度考察认为：任何国家在经济发展的不同阶段都存在着“陷阱”，都必须解决特定发展阶段面临的问题，也就是说，发展处处有陷阱，不仅中等收入。这一观点显然值得重视。

成的产品在国内难以实现市场出清，不得不通过高出口在国际市场寻求。扣除物价变化因素后，1990年至1999年期间，我国人均GDP增速平均比城镇居民人均可支配收入增速快2.3个百分点，比农村人均纯收入增速快3.05个百分点；2000年至2009年期间，人均GDP增速平均比城镇居民人均可支配收入增速快0.61个百分点，比农村人均纯收入增速快3.57个百分点。特别在近十年里，农村居民收入的增长低于城镇居民收入的增长，城乡收入差距逐渐扩大。从1990年的2.3∶1扩大到2009年的3.4∶1。近两年虽然有所回落，但2011年仍高达3.1∶1。2000年、2005年、2010年、2011年我国的人均GDP分别为1978年的5.8倍、8.9倍、14.7倍、16倍，但是，城镇居民可支配收入分别仅为1978年的3.8倍、6.1倍、9.7倍、10.5倍；农村人均纯收入分别仅为1978年的4.8倍、6.2倍、9.5倍、10.6倍。1978～2011年，GDP增速与居民收入增速累计相差5.5倍。

观察我国城乡居民家庭收入的构成变化可以看到，城镇家庭人均收入中工资收入所占的比重虽逐年下降，但是，2011年仍占64.3%；财产性收入占比尽管逐年提高，2011年也仅为2.71%；转移性收入基本稳定在24%。农村居民收入中工资收入占比逐年提高，2011年工资占农村人均纯收入的比重已经上升到42.5%，家庭经营性收入占比大幅下滑，转移性和财产性收入占比缓慢提高。这说明，工资收入已经或正逐步成为我国城乡居民收入的主要来源。提高普通劳动者的工资水平是确保城乡居民收入增长从而实现收入倍增计划、缩小居民内部不同阶层收入差距的关键之一。

伴随着我国人口总量和结构的变化，矫正要素比价扭曲、实现收入倍增的一个重要环节必然是提高普通劳动者的劳动报酬。然而，矫正要素比价扭曲，必须基于劳动生产率的提高而同步提高劳动报酬。这是短期内改善收入分配结构，长期内促进消费扩张、人力资本投资、企业创新、产业结构升级换代、经济增长，从而实现收入倍增的重要途径。我们认为，在接下来的10～15年时间内，应使我国经济增长从现有投资驱动和利润驱动的增长方式逐步转向旨在提高劳动者报酬占比的工资导向的增长方式。也就是，转向“提高劳动生产率—提高劳动者报酬—扩大总需求—促进充分就业—扩大投资—提高劳动生产率”这样的增长方式。这种增长方式强调促进经济的有效供给能力，其本质在于，通过矫正要素比价，提高资源配置效率，从而促进产业技术进步，提高产业生产水平，加快产业结构升级换代。以此为基础，提高劳动生产率，最终提高劳动者报酬占比。这种以提高城乡居民收入为导向的包容性发展战略是一个系统性的设计，需要政府从单纯追求经济增长转向重视实现增长的社会发展目标，改善民生福利水平，调整收入分配，缩小收入差距，提高劳动生产率，促进充分就业。这同时也是我国经济实现持续健康发展的重要保证。

四、旨在提高劳动者报酬占比的“工资导向型”增长方式

政府对GDP增长及财政收入的追逐，通过行政干预形成负向要素比价扭曲是导致我国现行粗放型经济增长方式的根本性原因。因此，可以认为，矫正要素比价扭曲是我国经济在后赶超阶段实现经济持续健康发展的微观基础保障；基于矫正要素比价扭曲而实现的收入倍增计划，立足于在国民收入初次分配领域恢复劳动与资本的市场力量均衡，缩小收入分配差距，是实现经济健康持续发展的重要途径；下一阶段实现我国经济持续健康发展与收入倍增计划的可行路径在于经济增长方式的转变，从现有的“投资驱动、出口拉动”或“利润驱动”的增长方式转向旨在提高劳动者报酬占比，并使经济增长依靠“内需驱动”为主的“工资导向”的增长方式（wage-led growth model）（见图2）。

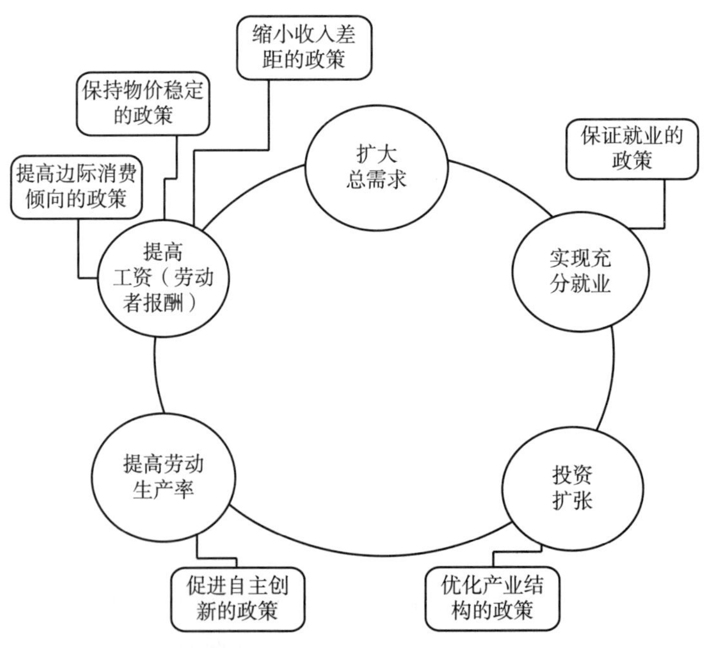

图2　旨在提高劳动者报酬占比的工资导向型增长方式及其政策配套设想

在西方发达经济体，工资导向的增长方式是基于后凯恩斯增长理论（post Keynesian growth models）而提出的，与正统的凯恩斯有效需求理论有较大的不同。工资导向的需求理论强调基于劳动生产率的提高而提高工资，提高劳动者报酬占比，进而拉动需求扩张。自20世纪80年代开始，西方主要经济体劳动者报酬占比开始呈现长期下降的态势。特别是国际金融危机后，西方主要经济体劳动生产率与工资脱钩的现象进一步延缓了这些国家经济复苏的步伐。这些问题激发了有关工资增长是否对提高劳动生产率有强化效应的研究，以及对经济增长与收入分配之间的长短期相互作用机制的分析，继而推动了后凯恩斯增长理论或工资导向型增长方式的研究（Stockhammer & Onaran，2012；ILO，2011）。西方经济学界在这一领域的研究和探讨值得借鉴。但是，中国的要素比价扭曲形成的原因及机制似乎更为复杂，要素比价扭曲的范围也更广泛一些。因此，需要在借鉴的基础上形成更多立足中国国情的研究。

国际范围的发展经验表明，对于采用“出口导向型”发展方式的赶超型经济体，工资的上升（劳动者报酬占比的提高）能否促进劳动生产率的提高是决定这些经济体发展方式能否成功转型的关键。以日本为例，其经济高速增长时期工资水平的上涨非常明显。以2000年为100，1955年日本平均工资仅为2000年的5.1%，1960年提高到6.3%，1970年提高到18%，1980年提高到61.6%。[①] 与此同时，其劳动生产率的改善也同样显著。1955年单位劳动的GDP不到美国的25%，1970年提高到50%，1980年提高到美国的70%。[②] 基于劳动生产率提高而上升的工资水平确保了日本人均收入的快速提高。有学者总结了日本经济在其高速增长时期“收入倍增计划”实施成功的两个重要原因：工资的大幅提高（工会的力量）以及利率的市场化改革（Fukumoto & Muto，2012）。他们的研究肯定了提高工资与利率市场化对改善日本产业结构以及提高劳动者报酬占比的作用。在产业结构方面，1960年日本第三产业占GDP的比重为46.4%，1965年提高到50.3%，1975年提高到55.9%，1980年进一步提高到60.3%；同时，第二产业占GDP的比重相应从1960年的40.8%下降到1980年的36.2%。[③] 这在一定程度上表明，矫正负向要素比价扭曲对促进产业结构升级、产业技术更新、推动创新具有积极作用。我国台湾地区的经济发展过程，也提供了类似的经验。

具体到我国经济，旨在提高劳动者报酬占比的工资导向型增长方式能否适

① CEIC数据库。

② 美国宾夕法尼亚大学生产、收入和价格国际比较研究中心（CIC），Penn World Table 7.1。

③ 日本统计局网站，http：//www.stat.go.jp/english/data/handbook/c03cont.htm#cha3_3。

用于后赶超阶段我国经济健康持续发展的需要，将取决于以下四个方面的问题。

（1）工资的提高（劳动者报酬的改善）对现阶段我国就业市场的影响。短期内，工资水平的提高会对就业产生一定的压力，这就需要宏观政策在保障就业方面有相应的配套，其中，包括加大职业技术培训教育的力度以扩大就业者的就业机会等。

（2）工资的提高（劳动者报酬的改善）能否促进我国劳动生产率的进一步提高。短期内工资水平的提高要能够促进劳动生产率的提高，需要在宏观配套政策方面鼓励企业进行技术创新以及采用新技术。同时，在更多的领域鼓励市场公平竞争，也是企业提高劳动生产率的一个重要的制度性保障。

（3）工资的提高（劳动者报酬的改善）对企业投资需求及资本积累的影响。短期内工资水平的提高会对企业的利润创造产生负面的压力，然而，国内外的经验研究都证实，与劳动生产率的提升相联系的劳动报酬提高，将会促进利润总额、利润率的提高。与此同时，辅之以宏观调控政策特别是财政政策，如结构性减税等将有利于减轻企业的税负，调整投资的行业结构，从而优化产业结构。

（4）工资的提高（劳动者报酬的改善）要能够最终扩大居民的消费，还需要在配套的宏观调控政策方面，实施稳定价格水平的货币政策；在财政政策方面，通过公共财政支出向民生方面的倾斜以提高居民的边际消费倾向和缩小收入差距。

参考文献

[1] 陈永伟、胡伟民：《价格扭曲、要素错配和效率损失：理论和应用》，载《经济学季刊》2011 年第 4 期。

[2] 樊纲、王小鲁、马光荣：《中国市场化进程对经济增长的贡献》，载《经济研究》2011 年第 9 期。

[3] 姜学勤：《要素市场扭曲与货币政策的宏观调控效果》，载《湖北社会科学》2009 年第 12 期。

[4] 康志勇：《赶超行为、要素市场扭曲对中国就业的影响——来自微观企业的数据分析》，载《中国人口科学》2012 年第 1 期。

[5] 李稻葵、徐翔：《市场机制是中国经济结构调整基本动力》，载《比较》2012 年第 6 期。

[6] 李文溥、龚敏：《出口劳动密集型产品为导向的粗放型增长与国民收入结构失衡》，

载《经济学动态》2010 年第 7 期。

[7] 李文溥、龚敏：《要素比价扭曲与居民消费不振》，载《高校理论战线》2013 年第 1 期。

[8] 罗德明、李晔、史晋川：《要素市场扭曲、资源错置与生产率》，载《经济研究》2012 年第 3 期。

[9] 张杰、周晓艳、李勇：《要素市场扭曲抑制了中国企业 R&D?》，载《经济研究》2011 年第 8 期。

[10] 张曙光、程炼：《中国经济转轨过程中的要素价格扭曲与财富转移》，载《世界经济》2010 年第 10 期。

[11] Fukumoto T., Muto I., Rebalancing China's economic growth: Some insights from Japan's experience, *China & World Economy*, 2012, 20 (1): 62–82.

[12] Herterl T., Zhai F., Labor market distortion, rural-urban inequality and the opening of China's economy, World Bank Policy Research Working Paper 3455, 2004.

[13] Hsieh C. T., Klenow P. J., Misallocation and manufacturing TFP in China and India, *Quarterly Journal of Economics*, 2009, 124 (4): 1403–1448.

[14] Huang Y. P., Tao K. Y., Causes of and remedies for the People's Republic of China's external imbalances: The role of factor market distortion, ADBI Working Paper Series, No. 279, 2011.

[15] Huang Y. P., Wang B. J., Cost distortions and structural imbalances in China, *China & World Economy*, 2010, 18 (4): 1–17.

[16] International Labor Organization, Towards a sustainable recovery: The case for wage-led policies, *International Journal of Labor Research*, 2011, 3 (2).

[17] Lu M., Jiang S. Q., Labor market reform, income inequality and economic growth in China, *China & World Economy*, 2008, 16 (6): 63–80.

[18] Stockhammer E., Onaran O., Wage-led growth: Theory, evidence, policy, Political Economy Research Institute, University of Massachusetts Amherst, 2012.

[19] Zhu X. D., Understanding China's growth: Past, present, and future, *Journal of Economic Perspectives*, 2012, 26 (4): 103–124.

中国高资本报酬率与低消费率的一个解释*

——基于动态一般均衡模型的分析与校准

一、引言

居民消费率（即居民消费占 GDP 的比例）持续不断下降，不仅表明中国经济结构失衡的局面在不断加剧，而且也已成为制约中国经济可持续稳定发展的核心问题。按支出法核算的 GDP 统计，中国居民消费率在 20 世纪 80 年代基本维持在 50% 的水平，1990 年降至 48. 8%，2000 年为 46. 4%，2012 年仅为 35. 7%。① 伴随着经济高速增长，中国居民消费率持续快速下降，与经济增长方式长期以来严重依赖“投资驱动、出口拉动”密切相关（李文溥和龚敏，2013；2010）。经济增长主要依靠高投资和高出口，最终消费（特别是居民消费）对 GDP 增长的贡献偏低。这一国民经济结构的失衡特征已成为下一阶段中国经济难以健康持续发展的主要原因。

世界各国经济增长的实践表明，赶超型经济体在起飞阶段，人均消费增长通常会滞后于人均收入和财富的增长，因此，居民消费率在一定时期内呈持续下降态势。随着人均收入水平的不断提高，居民消费率则会逐步趋于稳定，而后开始提高。基于 Penn Table 7. 1，② 图 1 给出了日本、韩国以及中国台湾在其

---

* 本文原载于《学术月刊》2013 年第 9 期，共同作者：龚敏。

① CEIC 数据库。

② 美国宾夕法尼亚大学“生产/收入/价格国际比较研究中心”编制的 Penn World Table 7. 0，为按购买力平价及 2005 年不变价美元计算国际比较数据。Alan Heston, Robert Summers and Bettina Aten, Penn World Table Version 7. 1, Center for International Comparisons of Production, Income and Prices at the University of Pennsylvania, July 2012.

经济快速增长的过程中居民消费率的变化情况。日本在 1970 年人均实际 GDP 达到 13754 美元之后，居民消费率停止持续下滑，并维持在 60% 上下的水平。韩国在 1989 年人均实际 GDP 提高到了 10574 美元，其居民消费率开始稳定在 57% 上下的水平。中国台湾也呈现相近的变化：1986 年人均 GDP 到达 10210 美元之后，消费率开始止跌回升。按照 2005 年不变价且通过 PPP 转换后，2010 年，中国人均 GDP 仅为 7129 美元。这意味着，中国居民消费率不断下滑的态势在一定程度上符合赶超型经济体在经济增长最初阶段所体现的共同趋势特征。

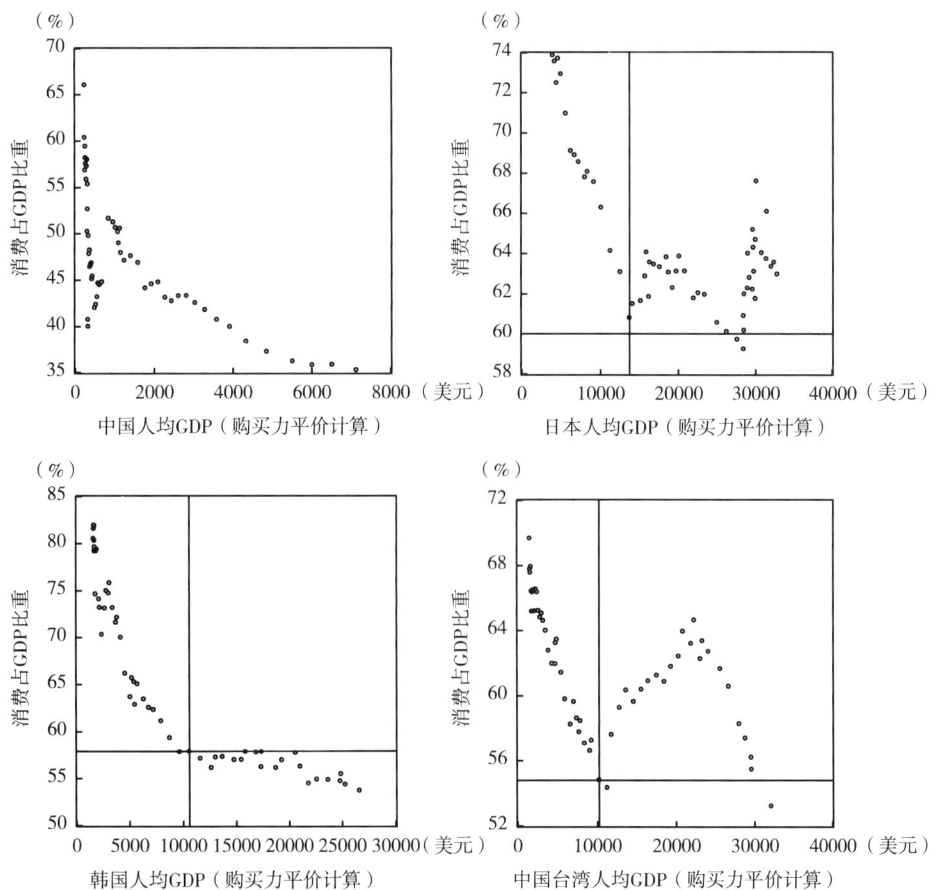

图 1　赶超型经济体人均 GDP 与居民消费率的变化比较（1955～2010 年）

资料来源：Penn World Table 7.1。

但是，低至 35.7% 的居民消费率还是让我们觉得以下的问题值得研究：中国居民消费率目前的变化是赶超型经济体在起飞阶段必然要经历的一般过程表现，还是中国经济本身特有问题的表现，抑或两者叠加放大的结果？目前如此低的居民消费率水平是否仍位于赶超经济体在起飞阶段居民消费率下降的合理范围内？其变化趋势是否符合现阶段中国经济应有的动态特征？

本文试图在新古典增长理论的框架下，对中国经济增长过程中消费率长期持续下降的趋势进行解释。通过构建一个单一部门无限期存活的竞争性市场增长模型，利用1993～2007年中国经济增长的特征表现对模型进行校准后，基于模型进行反事实（counterfactual）分析及预测分析。研究结果表明：（1）中国资本报酬占比的变化对居民消费率的长期动态特征有重要影响，较高的资本报酬占比可能是导致居民消费率不仅偏低而且长时期不断下降的主要原因；（2）降低资本报酬占比，例如下降到40%，可以遏制消费率的下降态势，并使其在2020年转向逐步上升。

二、文献综述

现有文献关于中国消费率过低的原因分析，主要从居民高储蓄率以及居民低收入两个方面进行解释。关于导致中国高储蓄率的原因可归纳如下。（1）有学者基于生命周期理论分析中国人口增长率以及人口构成变化对消费、储蓄行为的影响，认为总人口中劳动年龄人口比例的提高直接提高了经济的储蓄率（Cai & Wang，2005；Modigliani & Cao，2004；Bloom、Canning & Sevilla，2002）。有学者还进一步研究了中国人口的性别构成变化对储蓄、消费行为的影响（Wei & Zhang，2009）。（2）中国社会保障制度不健全，使国民不得不通过强制性、预防性储蓄来实现自我保障，因而居民边际储蓄倾向较高（Chamon & Prasad，2010；Blanchard & Giavazzi，2005）。（3）金融市场不完善使消费者面临信贷约束，提高了家庭的储蓄倾向，使家庭在持久收入提高时储蓄得更多（Wen，2009）。（4）现阶段中国经济的投资驱动和出口拉动的增长模式，使产出超过本国国民有支付能力的需求，从而对内导致储蓄增加，对外导致顺差积累。

关于中国居民低收入的原因，有研究认为，中国现行的粗放式经济增长方式在带动人均GDP快速提高的同时不能快速提高人均收入水平，从而抑制了居民消费的扩张（李文溥和龚敏，2009）。此外，国民收入分配环节中居民收入占比不断下降，居民收入中工资性收入比例过高、财产性收入比例过低等也被认为直接地抑制了消费需求的扩张。特别地，关于劳工工资增长缓慢、中国经济增长对就业扩张的效应较弱等都成为研究的重点（Guo & N'Diaye，2010；Aziz & Cui，2007）。然而，这方面的研究基本是从逻辑分析和统计、计量分析得出的结论——居民收入由于增长方式或收入分配等原因而增长缓慢，消费需求疲弱，因而消费占 GDP 的比例不断下降。

上述研究一定程度上解释了中国居民低消费率、高储蓄率的事实，但却难以解释近 20 年来人均消费增长滞后于人均收入增长的动态趋势特征。事实上，上述分析中所研究的一些影响消费储蓄行为的因素近期已不同程度地减弱，但是，消费率下降的趋势不仅没有得到扭转，反而更为剧烈了。决定居民消费率长期变化趋势的主要因素究竟是什么?

基于动态一般均衡模型，可把诸如国民收入分配的结构变化（资本报酬占比）、技术进步率、折旧率以及人口增长等影响经济增长与消费行为变化的因素统一在一个框架内，探讨经济体在趋向稳态的过程中消费率变化的动态行为特征（Cole & Ohanian，1999；Kehoe & Prescott，2002）。有学者研究发现，一个封闭经济下基于完全竞争市场的动态一般均衡模型不仅能够解释美国也能够解释日本在过去 30 年里储蓄和消费率的变化趋势。尽管中国经济处于转型时期，但新古典增长模型仍可在一定程度上解释中国经济的行为（Chen et al.，2006；2007；2009）。有学者基于新古典增长模型研究了中国家庭的借贷约束对消费行为的影响（Wen，2009；Aziz，2006）。有学者构建了一个具有生产者异质性的增长模型用于解释中国金融市场的不完全对中国内外经济不平衡的影响（Song、Storesletten & Zilibotti，2011）。但是，这些研究大多没有关注到中国收入分配结构变化的影响。作为体现国民收入分配结构的一个重要参数，即资本报酬占比（或劳动报酬占 GDP 的比例）在上述研究中常常被假定是一个常数，如 0.5（Song、Storesletten & Zilibotti，2011；Ding & Knight，2008；何立新等，2008），这样的假定忽略了中国国民收入分配格局的变化对经济增长过程中消费动态行为的影响。

本文通过构建一个单一部门无限期存活的竞争性市场增长模型，利用 1993 ~ 2007 年中国经济增长的特征表现对模型进行校准，重点分析资本报酬占比的变化对消费行为的影响，以研究国民收入分配格局的调整对居民消费率的影响机制。本文的研究试图在以下方面区别于现有研究。（1）在理论模型方面，分析赶超型或转型中的经济体在什么条件下居民消费增长会滞后于 GDP 的增长。认为，如果收入分配中资本报酬占比（α）较高，那么，经济在向稳态趋近的高速增长时期，消费率将呈单调下降的态势。（2）在实证研究方面，强调国民收入结构的变化对消费率动态趋势的影响。认为，中国经济中消费率持续下降的事实一定程度上符合新古典增长理论对现实经济的解释。因此，本文从理论和实证两个层面分别解释了中国国民收入分配中较高的资本报酬占比对消费率的影响机制，说明了中国资本报酬率的变化对居民消费率的长期动态特征具有重要影响：较高的资本报酬率可能是导致居民消费率不仅偏低而且长期内不断下降的主要原因。这一结论具有重要的政策意义：尽管一定程度上中国居民消费的持续下降是中国经济在赶超过程中的必然表现，但是，调整国民收入分配格局，降低资本报酬率，可能在一定程度上遏制并扭转消费率的下降态势。

三、理论模型

首先，在一个标准的增长模型框架下推导消费率的动态变化路径，并给出在一定条件下，一个经济体在向稳态趋近的过程中，居民消费占 GDP 的比例会呈现单调下降的长期态势；其次，在模型中引入政府，加入税收等因素，讨论政府的税收与财政支出政策对消费率动态路径的影响；最后，给出模型的求解方法。

（一）基准的动态一般均衡模型

基于新古典的 Ramsey-Cass-Koopmans 增长模型的假定①，沿着最优增长路径，按有效劳动平均的消费（$\dot{\hat{c}}$）变化率和资本存量（$\hat{k}$）变化率需满足以下微分方程组：

$$\frac{\dot{\hat{c}}}{\hat{c}}=\frac{\alpha\hat{k}^{\alpha-1}-\delta-\rho-\theta x}{\theta} \tag{1}$$

$$\dot{\hat{k}}=\hat{k}^{\alpha}-(\delta+n+x)\hat{k}-\hat{c} \tag{2}$$

其中，ρ、θ 分别为将来效用的贴现率和代表性家庭的消费跨期替代弹性的倒数；α、δ、x 分别为资本报酬占国民收入的比例、折旧率和技术进步率（TFP）；n 为人口增长率。在经济到达稳态时，储蓄率将维持在一个稳定的水平上。即

$$s^{ss}=\frac{\alpha(\delta+n+x)}{\delta+\rho+\theta x} \tag{3}$$

① 这里生产函数为 $Y=K^{\alpha}(AL)^{1-\alpha}$，效用函数为 $u(c(t))=c(t)^{1-\theta}/(1-\theta)$。在新古典增长模型的假定下，经济存在鞍点均衡。

定义消费占 GDP 的比例为 $z=\frac{\hat{c}}{\hat{y}}$，我们有 $\frac{\dot{z}}{z}=\frac{\dot{\hat{c}}}{\hat{c}}-\frac{\dot{\hat{y}}}{\hat{y}}=\frac{\dot{\hat{c}}}{\hat{c}}-\alpha\frac{\dot{\hat{k}}}{\hat{k}}$。将上述式（1）、式（2）关于（$\hat{c}$，$\hat{k}$）的微分方程组转换为关于消费率 z 和资本存量 $\hat{k}$ 的微分方程组，可得

$$\frac{\dot{z}}{z}=\alpha\left(\frac{1}{\theta}-1\right)\hat{k}^{\alpha-1}+\alpha z\hat{k}^{\alpha-1}+\alpha(\delta+n+x)-\frac{\delta+\rho+\theta x}{\theta} \tag{4}$$

$$\frac{\dot{\hat{k}}}{\hat{k}}=\hat{k}^{\alpha-1}-(\delta+n+x)-z\hat{k}^{\alpha-1} \tag{5}$$

让 $\dot{\hat{k}}=0$，我们有

$$z=1-(\delta+n+x)\hat{k}^{1-\alpha} \tag{6}$$

让 $\dot{z}=0$，我们有

$$z=1-\frac{1}{\theta}+\varphi\hat{k}^{1-\alpha} \tag{7}$$

其中，$\varphi=\frac{\delta+\rho+\theta x}{\alpha\theta}-(\delta+n+x)$。利用式（3），可得

$$\varphi=\frac{\delta+\rho+\theta x}{\alpha}\left[\frac{1}{\theta}-\frac{\alpha(\delta+n+x)}{\delta+\rho+\theta x}\right]=\frac{\delta+\rho+\theta x}{\alpha}\left(\frac{1}{\theta}-s^{ss}\right) \tag{8}$$

由式（7）可知，在（z，$\hat{k}$）的空间，如果 $\theta>1$ 且

$$s^{ss}=\frac{\alpha(\delta+n+x)}{\delta+\rho+\theta x}>\frac{1}{\theta}\Rightarrow\varphi<0 \tag{9}$$

则 $\dot{z}=0$ 为一条负斜率的曲线。① 此时，在一个由式（4）、式（5）组成的动态系统中，当经济从一个较低的按有效劳动平均的资本存量出发，在其趋向稳态的高速增长过程中，居民消费占产出的比例（$z=\hat{c}/\hat{y}$）将呈现单调下降的趋势。

式（9）表明，资本报酬占比 α、资本折旧率 δ、TFP 增长率 x、人口增长率 n、将来效用的贴现率 ρ 以及消费跨期替代弹性的倒数 θ 等都是决定居民消费率是否单调下降的因素。在其他条件不变时，如果收入分配中资本报酬占比（α）较高以及跨期替代弹性较低（即较高的 θ 值），那么，经济在其向稳态趋近的高速增长时期，消费增长的速度就可能滞后于收入增长的速度，导致消费

① 哈什米（Hashmi，2009）指出巴罗和萨拉－伊－马丁（Barro & Sala-i-Martin，2004）在论述储蓄率变化的动态路径时存在瑕疵，并重新给出了储蓄率变化的相位图，但没有推导消费率变化呈递增或递减特征的条件。本文的式（9）及式（17）分别给出了不存在政府和存在政府两种情形下消费率呈递减特征需满足的条件。

率在经济趋向稳态的过程中单调下降。李稻葵等（2009）计算了 1960 ~ 2005 年部分国家调整后可比的资本报酬占比水平，其中美国为 0.39，日本为 0.44，韩国为 0.46，中国为 0.48①；白重恩和钱震杰（2009）对收入法核算的各省 GDP 数据进行了调整，得到一组中国劳动报酬率的数据，表明 2006 年中国资本报酬占比可能到达 0.53。② 同时，顾六宝和肖红叶（2004）的研究发现，中国家庭的消费跨期替代弹性的倒数即 θ 可能高达 3.169 或 3.916。③ 这两个现实条件加在一起，很可能说明中国经济符合式（9）给出的条件。从而，中国经济中消费率持续下降的这个重要特征很可能符合新古典增长理论对现实经济的解释。

（二）引入政府的模型

假设政府对代表性家庭征收资产税 τ_a，对企业征收收益税 τ_f；政府支出占 GDP 的比例给定为 η，同时政府维持平衡预算。④ 那么，经济沿着最优增长路径，按有效劳动平均的消费（$\hat{c}$）变化率和资本存量（$\hat{k}$）变化率需满足以下微分方程组：

$$\frac{\dot{\hat{c}}}{\hat{c}}=\frac{(1-\tau_a)(1-\tau_f)[\alpha\hat{k}^{\alpha-1}-\delta]-\rho-\theta x}{\theta} \tag{10}$$

$$\dot{\hat{k}}=\hat{k}^{\alpha}-(n+x+\delta)\hat{k}-\hat{c}-\hat{g} \tag{11}$$

其中，$\hat{g}=\eta\times\hat{y}$。将上述关于 $\hat{c}$ 和 $\hat{k}$ 的微分方程转换为关于 z 和 $\hat{k}$ 的微分方程组，可得

$$\frac{\dot{z}}{z}=\left[\frac{(1-\tau_a)(1-\tau_f)}{\theta}+\eta-1\right]\alpha\hat{k}^{\alpha-1}+z\alpha\hat{k}^{\alpha-1}+\alpha(n+x+\delta) -\left[\frac{(1-\tau_a)(1-\tau_f)\delta+\rho+\theta x}{\theta}\right] \tag{12}$$

$$\frac{\dot{\hat{k}}}{\hat{k}}=\hat{k}^{\alpha-1}-(n+x+\delta)-z\hat{k}^{\alpha-1}-\eta\hat{k}^{\alpha-1} \tag{13}$$

在稳定状态让 $\dot{\hat{k}}=0$，我们有

---

① 李稻葵等（2009）也给出了调整前的数据，其中美国为 0.42，日本为 0.47，韩国为 0.60，中国为 0.67。参见李稻葵、刘霖林、王红领：《GDP 中劳动份额演变的 U 型规律》，载《经济研究》2009 年第 1 期。

② 白重恩、钱震杰：《国民收入的要素分配：统计数据背后的故事》，载《经济研究》2009 年第 3 期。

③ 顾六宝、肖红叶：《中国消费跨期替代弹性的两种统计估算方法》，载《统计研究》2004 年第 9 期。

④ 由于模型中没有考虑劳动供给的因素，因此没有对劳动收入的征税。

$$z = 1 - \eta - (n + x + \delta)\hat{k}^{1-\alpha} \tag{14}$$

让 $\dot{z}=0$，我们有

$$z = 1 - \eta - \frac{(1-\tau_a)(1-\tau_f)}{\theta} + \varphi\hat{k}^{1-\alpha} \tag{15}$$

这里，$\varphi = \frac{[(1-\tau_a)(1-\tau_f)\delta + \rho + \theta x]}{\alpha}\left[\frac{1}{\theta} - \frac{\alpha(\delta + n + x)}{(1-\tau_a)(1-\tau_f)\delta + \rho + \theta x}\right]$。

由式（14）和式（15）可求出稳定状态的储蓄率为

$$s_T^{ss} = 1 - \eta - (\hat{c}/\hat{y})^{ss} = \frac{(1-\tau_a)(1-\tau_f)\alpha(\delta + n + x)}{(1-\tau_a)(1-\tau_f)\delta + \rho + \theta x} \tag{16}$$

进一步可得 $\varphi = \frac{[(1-\tau_a)(1-\tau_f)\delta + \rho + \theta x]}{\alpha}\left[\frac{1}{\theta} - \frac{s_T^{ss}}{(1-\tau_a)(1-\tau_f)}\right]$。

因此，要使 $\dot{z}=0$ 为一条负斜率的曲线，需要式（15）中的 $\varphi<0$，也就是

$$s_T^{ss} > \frac{(1-\tau_a)(1-\tau_f)}{\theta} \tag{17}$$

式（17）给出了经济在向稳态趋近时消费率不断下降的条件。[①] 与没有考虑政府的情形相似［即式（9）］，在其他条件不变的情况下，较高的资本报酬占比和较高的税率等因素，将可能导致经济在向稳态趋近的高速增长时期，消费率呈现单调下降的态势。

（三）模型求解

我们用“猜”（shooting algorithm）的方法寻找经济从某个初始状态出发到达稳态的最优路径，并模拟经济趋向稳态的过程中消费率变化的情况。[②] 从实证研究的可操作性考虑，我们将把上述时间连续的模型转化为离散模型，以便使用年度数据进行分析。同时，把生产函数替换为 $Y=AK^{\alpha}L^{1-\alpha}$，方便计算 TFP 增长率。[③] 重新定义效用贴现率为 $\beta = 1/(1+\rho)$。构建离散模型后，按有效劳动平均的消费（$\hat{c}$）变化率和资本存量（$\hat{k}$）变化率需满足以下方程组：

① 与不存在政府的基准模型相比，这里 $\theta \geq 1$。

② 参照林和普莱斯考特（Hayashi & Prescott，2002）以及陈等（Chen et al.，2006；2007）的研究，本文采用“猜”的方法而没有使用时间消除法来生成一条最优增长路径（saddle path）。

③ 可以证明不论生产函数为 $Y=AK^{\alpha}(AL)^{1-\alpha}$ 还是 $Y=AK^{\alpha}L^{1-\alpha}$，不会影响模型求解的一阶条件。

$$\left(\frac{\hat{c}_{t+1}}{\hat{c}_t}\right)^{\theta} = \frac{\beta}{(1+x)^{\theta}} \times [1 + (1-\tau_a)(1-\tau_f)(\alpha \hat{k}_{t+1}^{\alpha-1} - \delta)] \tag{18}$$

$$\hat{k}_{t+1}(1+n)(1+x) = \hat{k}_t^{\alpha} + (1-\delta_t)\hat{k}_t - \hat{c}_t - \hat{g}_t \tag{19}$$

在上述动态系统中，从一个给定的初始资本存量 K_0 出发，我们猜一个内生的初始消费水平 C_0，使用式（18）、式（19）获得内生变量，例如消费率（C_t/Y_t）等随时间变化而变化的动态路径。如果此路径没有趋向稳态，则修改所选的初始消费水平 C_0，直至“猜中”某个水平并由其生成的动态路径趋向于鞍点均衡。在此框架下，资本报酬占比（即国民收入的分配格局）的变化对居民消费率的影响机制，一方面资本报酬占比 α 进入生产函数，直接影响投入对产出的结果；另一方面，资本报酬占比决定要素的边际产出，从而进入家庭的预算，影响消费支出的决策。这两方面的结果共同决定了居民消费占产出比例的动态变化路径。在满足式（9）、式（17）的条件下，资本报酬占比较高的经济体，在一定时期内伴随着经济增长居民消费率将呈不断下降的态势。

四、模型校准及实证结果

基于上述构建的单一部门的新古典增长模型，利用中国 1993 ~ 2007 年的数据进行模型校准，在确定性条件下利用模型模拟生成中国消费率变化的动态路径；在此基础上，分析资本报酬占比的变化对消费率的长期影响机制。这里，在式（18）、式（19）组成的动态一般均衡模型中，模型的参数包括代表性家庭对将来效用的贴现率 ρ 以及消费跨期替代弹性的倒数 θ；涉及企业生产技术的参数：A_t 及其外生的增长率 x_t（即 TFP 增长率），资本折旧率 δ_t，国民收入中资本或劳动所占的份额 α_t；人口增长率 n_t；政府支出占 GDP 的比例 η_t，对居民及企业的税率 τ_{at}、τ_{ft}；以及初始资本存量水平 K_0。

（一）模型校准

1. 资本报酬占比 $\boldsymbol{\alpha_t}$（或劳动报酬率，$1-\boldsymbol{\alpha_t}$）

可从两个渠道获得中国的劳动报酬率（劳动报酬/GDP 的比例）：一是利用各省（区、市）收入法核算的 GDP 数据①；二是利用资金流量表（实物交易）

① 收入法核算的地区生产总值包括劳动报酬、生产税净额、固定资产折旧和营业盈余四个部分。

计算。此外，白重恩和钱震杰（2009）对收入法核算的各省（区、市）地区生产总值数据进行调整，提供了另一组中国劳动报酬率的数据。以下将以这三组资本报酬占比进行模拟分析。

2. TFP 的增长率 x_t

使用王小鲁等（2009）计算的不变价全国固定资本存量、GDP 及劳动人口，利用上述计算的资本报酬占比，按照 $A_t = Y_t/(K_t^{\alpha}L_t^{1-\alpha})$ 计算 1993～2007 年中国 TFP 的增长率，即 $x_t = A_t/A_{t-1} - 1$。

3. 折旧率 δ

在资本存量的运动方程中，$K_{t+1} = (1-\delta)K_t + I_t$，代入资本产出率 K_t/Y_t、投资产出率 I_t/Y_t、折旧率 δ_t 以及 TFP 增长率 x_t，得到

$$(1+x_t)\times\frac{K_t}{Y_t} = (1-\delta_t)\times\frac{K_t}{Y_t} + \frac{I_t}{Y_t} \tag{20}$$

利用各年资本产出率、投资占 GDP 比例以及上面得到的 x_t，即可计算各年的折旧率。由于理论模型是在封闭条件下构建的，因此，对应的投资占 GDP 的比例还应包括净出口占 GDP 的比例。值得注意的是，由此计算的资本折旧率保持在 10%～14% 的水平，高于现有文献中使用的 5%～8% 的水平。

4. 效用贴现率和消费跨期替代弹性的倒数 ρ，θ

依据家庭效用最大化的一阶条件［式（10）］，稳态时这两个参数应满足

$$\rho = (1-\tau_a)(1-\tau_f)\left[\alpha\left(\frac{\hat{Y}}{K}\right) - \delta\right] - \theta x \tag{21}$$

因此，关于不同的 θ 值，可计算对应的贴现率 ρ。有些研究使用对数线性效用函数，取 $\theta = 1$。但是，如式（9）所示，$s^{ss} > 1/\theta$ 是保证居民消费率单调下降的条件。因此，要使理论模型所生成的消费率路径在趋势上吻合中国居民消费率的实际变化特征，需要 θ 取一个较高的值。顾六宝和肖红叶（2004）用两种统计估算方法得出的估计值分别高达 3.169 和 3.916。[①] 但是，Cochrane（1991）建议 θ 值不应大于 3。[②] 此外，要保证利用式（21）计算的贴现率 ρ 为

① 顾六宝、肖红叶：《中国消费跨期替代弹性的两种统计估算方法》，载《统计研究》2004 年第 9 期。

② Cochrane H. J., A Simple Test of Consumption Insurance, *Journal of Political Economy*, 1991, Vol. 99 (5), pp. 957－976.

正，θ 的取值也不能超过 2.5。以下分别让 $\theta=1.8$、2、2.5，ρ 分别对应地取 0.0303、0.0221、0.0014，以对比分析模拟结果，说明模型结果的稳定性。

5. 其他参数

政府支出所占份额 η_t，取各年《中国统计年鉴》中支出法核算的政府支出占 GDP 的比例。税率 τ_t，取资金流量表（实物交易）中生产税净额与收入税的加总占国民收入的比例。简化起见，模型中不再区分家庭财产税和企业盈利税。人口增长率 n_t，取《中国统计年鉴》中的人口自然增长率。初始资本存量设定为 1993 年按可比价计算的固定资本存量 26611 亿元（王小鲁等，2009）。

（二）模型模拟及反事实分析

在基准模型中，假定效用贴现率和消费跨期替代弹性的倒数（ρ，θ）为固定参数，其他所有参数均随时间的变化而变化，包括资本报酬比例 α_t、技术进步率（TFP）的变化率 x_t、折旧率 δ_t、人口增长率 n_t、政府支出占 GDP 的比例 η_t 以及总税率 τ_t。对于样本区间内（1993～2007 年）的模拟，我们使用相关参数各年的实际值来计算；对于区间外（2008 年以后）的预测模拟，各参数均取 2000～2007 年的均值。

根据三组资本报酬占比的数据运行基准模型，我们分别模拟生成了 1993～2007 年居民消费率的动态变化路径，并与实际的消费率变化路径进行比较。其中，按资金流量表计算的资本报酬占比各年均较低，2000～2007 年的均值为 40.1%；按收入法核算的省际 GDP 计算的资本报酬占比各年均较高，均值为 55.7%；按白重恩等（2009）计算的资本报酬占比居中，均值为 48.4%。如图 2 所示，在均值为 48.4% 的资本报酬占比水平下，由基准模型模拟生成的消费率路径在 1993～2003 年与实际的消费率路径不仅水平而且变化趋势都最为吻合，一定程度上说明了基准模型对现实经济的解释力。均值较低的资本报酬占比对应一条较高水平的消费率路径，其整体趋势相对平稳，仅在 1997～2003 年表现出下降的趋势。均值较高的资本报酬占比对应一条较低水平的消费率路径，而且期间内整体下降的趋势较为明显。结果表明，较高的资本报酬占比对应着一条不仅水平较低而且呈下降趋势的消费率路径，随着资本报酬占比的降低，不仅消费率不断提高，而且下降的趋势逐渐趋缓。

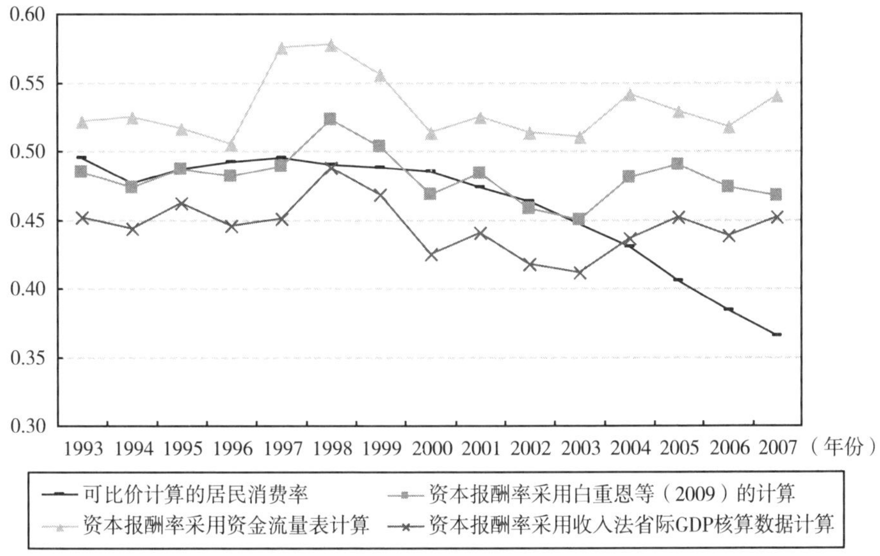

图 2　基于基准模型模拟的居民消费率

但是，上述三种情形模拟生成的消费率在 2004 ~ 2007 年都明显高于实际的消费率。由基准模型得到的消费率可以认为是其他条件不变、现有国民收入分配格局下，居民消费率应当保持合理水平。对应于不同的资本报酬占比，模拟结果表明：在此期间，居民消费率的均值应分别保持在 44.2%、47.5% 及 53.5% 的水平，但是，同期中国实际的居民消费率均值仅为 39.6%（见图 2）。[①] 这说明，在此期间有一些模型中假定不变的条件发生了改变，从而降低了实际消费率水平。其中之一，可能是居民边际消费倾向的大幅度下降。按照资金流量表（实物交易）计算，1993 ~ 1999 年中国居民的边际消费倾向为 0.731，2000 ~ 2007 年骤降为 0.572。如此大的居民边际消费倾向下降，可能是导致模型模拟结果与实际数据出现偏差的主要原因。

为了分离出资本报酬占比对消费率变化的影响，我们利用基准模型进行反事实分析。取白重恩等（2009）计算的资本报酬占比为例。首先，让所有参数都取 2000 ~ 2007 年的实际均值，模拟消费率的动态路径。如图 3 所示，它是一条较为平缓的消费率路径。其次，我们继续保持其他参数取其均值，唯独让资本报酬占比每年发生变化，以此分离出资本报酬占比的变化对消费率变化的影响。[②] 结果表明，资本报酬占比的变化对消费率的动态路径有重要影响。保持

① 需要指出，由于模拟所用的资本收入占比是 2000 ~ 2007 年实际值的平均数，它已经偏高，因此，模拟得出这个居民消费率是偏低的。

② 事实上，对其他参数的影响我们也逐一进行了模拟，限于篇幅，结果不再给出。

其他参数不变、仅资本报酬占比变化得到的消费率路径基本接近允许所有参数都变化的基准模型获得的模拟结果。这一反事实分析的结果表明，在影响消费率路径的各因素中，资本报酬占比起着重要的作用：不仅决定消费率的高低，而且决定着消费率长期变化的趋势。

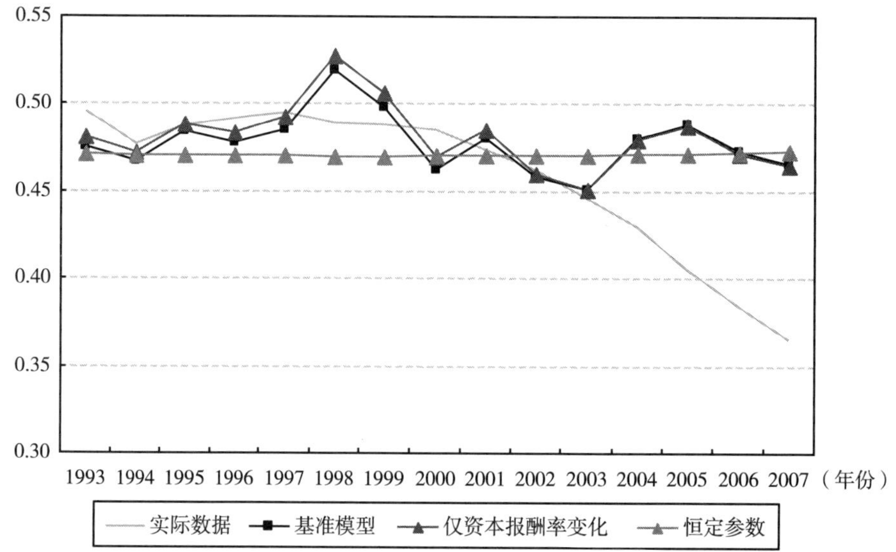

图3　资本报酬占比变化对消费率的影响

综上所述，我们认为，不考虑随机因素、利用动态一般均衡模型对中国1993～2007年的数据校准后所生成的消费率路径在一定程度上拟合了实际消费率的长期变化情况；在其他外生变量中，资本报酬占比的变化对消费率具有重要影响；较高的资本报酬占比可能是导致中国经济在向稳态趋近的高速增长时期居民消费率长期持续下降的主要原因。

（三）预测分析

在上述基准模型的基础上，我们对居民消费率在今后20年即到2030年的可能变化路径进行预测分析，并讨论调整国民收入分配格局对居民消费率的影响。

考虑到今后一段时期中国的人口增长率还可能进一步下降，预测时我们适当降低了人口的增长率，从2000～2007年的均值0.615%降到0.580%；同时仅让资本报酬占比在0.35至0.6的区间内变化，其他所有的参数均取2000～2007年的均值，[①] 运行模型观察今后的20年内居民消费率的动态路径

① 由于参数之间具有的内在联系，资本报酬占比的变化将影响TFP的增长率以及折旧率的水平。

（见图 4）。[①]

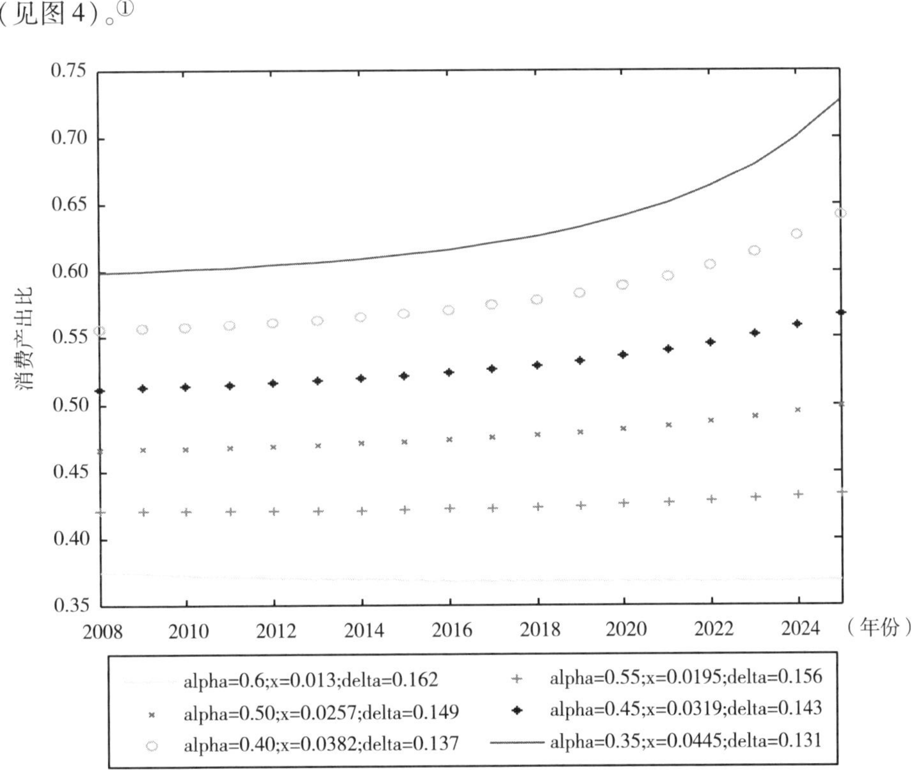

图 4　不同资本报酬占比假定下的期间外预测

结果表明，随着资本报酬占比的提高，居民消费率水平不断降低，而且消费率保持下降趋势的时期也将不断延长。如果当前中国国民收入分配格局进一步向资本倾斜，使资本报酬占比提高到 60%，那么，即使到 2025 年，居民消费率仍将低于 40%。反之，如果降低资本报酬占比，例如下降到 50%，那么，居民消费率将可能停止下滑的趋势；如果进一步降低资本报酬占比，例如下降到 40%，那么，居民消费率自 2020 年起就会转向上升。

五、结论

基于动态一般均衡模型，本文考察了中国国民收入分配格局、经济增长、居民消费需求三者之间的内在影响机制，研究了中国经济在趋向稳态的高速增长过程中消费占 GDP 比例的动态变化路径。利用 1993～2007 年的数据对模型

① 我们对消费跨期替代弹性的倒数 θ 取不同的数值，发现 θ 值越大，消费率下降的趋势越明显，下降持续的时间也越长。

进行校准后，模型的模拟结果和预测分析揭示了资本报酬占比的变化对消费率的变动趋势具有重要影响，较高的资本报酬占比可能是导致中国经济在向稳态趋近的高速增长时期居民消费率长期持续下降的主要原因之一。这说明中国居民消费率在近20年里下降，尤其是2000年以来的再度急剧下降，尽管一定程度上是发展中经济在经济起飞过程中的一种必然趋势。

由于偏高的资本报酬占比是导致居民消费率长期下降的不容忽视的重要原因，因此，适当控制资本报酬占比，使之处于一个适度水平上，则有利于遏制消费率的下降趋势。如果对过高的资本报酬占比不仅不加以控制，而且继续实行向资本倾斜的国民收入分配政策，将使居民消费率在今后相当长时期内仍维持在较低水平，那么，中国在今后较长时期内仍将困扰于内需尤其是居民消费不足，经济增长不得不继续依靠出口拉动、投资推动；反之，将资本报酬占比控制在适当水平上，居民消费率下降的趋势将有可能较快得以扭转，并使经济增长的驱动力逐步从外需和投资转向国内居民消费。与此同时，2004～2007年中国居民的实际消费率与模型模拟值的比较说明，目前居民的实际消费率大幅低于现阶段中国经济增长过程中、现有国民收入分配格局下应有的消费率。基于居民边际消费倾向自2001年以来有较明显下降的事实，因此可以得出的另一个结论是，中国居民消费率的提高，不仅要调整国民收入的分配格局，适度降低资本报酬占比，而且必须着力提升居民的边际消费倾向，至少使之逐步恢复到1992～2000年的平均水平上。

确认中国的资本报酬占比偏高，必然会问：中国的资本报酬占比为什么不仅高于美国，而且高于日本和韩国？显然，从逻辑上说，作为一个比日本、韩国更为后发而且至今经济发展水平仍低于它们的经济体，中国在其经济起飞阶段，人均GDP水平更低、资本更为稀缺、资本报酬占比更高是可以理解的。在经济赶超阶段，较高的资本边际产出是投资扩张的主要驱动力。由此导致的资本报酬占比上升必然对应着劳动报酬率的下降。而后者一定程度上也体现中国经济结构调整的结果（白重恩和钱震杰，2009）。随着经济结构从劳动报酬占比较高的农业部门为主转向资本报酬占比较高、劳动报酬占比较低的工业部门为主，客观上国民收入分配中劳动报酬率会不断下降。

但与此同时，我们不能不关注中国现行政治经济体制对这一趋势的叠加影响。从图1可知，2000年之后中国居民消费率再度急剧下降。一个经济体在实现了经济高速增长20年之后，资本的稀缺状况应有所缓解，资本报酬占比应当低于经济起飞的初始阶段，但是，2000年之后的居民消费率再度急剧下降却意味着资本报酬占比的相反变动趋势。[①] 这显然不能再用赶超经济体经济起飞阶段的一般趋势予以解释，而必须关注中国现行政治经济体制对这一趋势的叠加影响。在中国目前的政府主导型经济体制下，各级政府追求经济增长及财政收入最大化，不计成本地引资。在初次分配环节，或对资本以种种方式予以补贴，或坐视劳资双方力量对比失衡，容忍利润侵蚀工资，对劳动以或明或暗的方式进行剥夺。这些不仅扭曲了要素比价，导致以出口劳动密集型产品为导向的粗放型经济发展方式长期难以转变，自主创新、技术进步、产业结构升级缺乏需求及动力，而且扭曲了国民收入的分配结构，致使劳动报酬率过快下降；在再分配环节，收入分配向政府倾斜，与此同时，政府在城市居民住宅、社保以及教育、卫生等公共服务领域的投入不足，[②] 不仅进一步降低了居民收入增长速度，而且大幅度地降低了居民的边际消费倾向，再度抑制了居民消费的扩张。中国现行政治经济结构对居民消费率变动趋势的影响显然是亟须关注，而且必须通过体制改革与政策调整予以改善的。

居民消费率在一定时期内下降，尽管是赶超经济体在经济起飞阶段不可避免的趋势，但是，其存在的合理性是以一定的度为界限的。首先，居民消费率的下降应以不会导致该经济体社会再生产的不可持续为限，以服务于该经济体的较快稳定增长为前提。当居民消费率的长期持续下降抑制了最终消费对经济增长的拉动作用，使经济增长严重依赖“出口拉动、投资驱动”，经济稳定性下降，难以抵御外部经济波动的冲击，其合理性也就值得考虑了。其次，从根本而言，它应以未来居民消费的更大扩张为补偿，否则，将何以说明我们这个社会经济增长的社会终极目标的合理性呢？

参考文献

[1] 龚敏、李文溥：《论扩大内需政策与转变经济增长方式》，载《东南学术》2009 年第 1 期。

[2] 何立新、封进、佐藤宏：《养老保险改革对家庭储蓄率的影响：中国的经验证据》，载《经济研究》2008 年第 10 期。

[3] 李文溥、龚敏：《出口劳动密集型产品为导向的粗放型增长与国民收入结构失衡》，载《经济学动态》2010 年第 7 期。

① 资金流量表（实物交易）给出了 2007 年中国企业部门所得占全社会可支配收入的比重（18.4%）比 1997 年（13.1%）上升了 5.3 个百分点。

② 资金流量表（实物交易）给出了 2007 年政府部门所得占全社会可支配收入的比重（24.1%）比 1997 年（18.3%）提高了 5.8 个百分点。

[4] 李文溥、龚敏：《要素比价扭曲与居民消费不振》，载《高校理论战线》2013 年第 1 期。

[5] 王小鲁、樊纲、刘鹏：《中国经济增长方式转换和增长可持续性》，载《经济研究》2009 年第 1 期。

[6] Aziz J. , Li C. , Explaining China's Low Consumption: The Neglected role of Household Income, IMF Working Paper, 2007, WP/07/181.

[7] Aziz J. , Rebalancing China's Economy: What Does Growth Theory Tell Us? IMF Working Paper, 2006, WP/06/291.

[8] Barro R. J. , Salai-Martin X. , *Economic Growth*, *Second Edition*, the MIT Press, 2004.

[9] Blanchard O. J. , Giavazzi F. , Rebalancing Growth in China: A Three-Handed Approach, MIT Department of Economics Working Paper, 2005, No. 05 – 32.

[10] Bloom D. E. , Canning D. , Sevilla J. , The Demographic Dividend: A New Perspective on the Economic Consequences of Population Change, Santa Monica, Calif. : RAND, 2002, MR – 1274.

[11] Cai F. , Wang D. , China's demographic transition: Implications for growth in Ross Garnaut and Ligang Song, eds, *The China Boom and Its Discontents*, Canberra: Asia Pacific Press, 2005, 34 – 52.

[12] Chamon M. , Prasad E. , Why Are Saving Rates of Urban Households in China Rising? *American Economic Journal*: *Macroeconomics*, *American Economic Association*, 2010, Vol. 2 (1), 93 – 130.

[13] Chen K. , İmrohoroğlu A. , İmrohoroğlu, S. , A Quantitative Assessment of the Decline in the U. S. Current Account, *Journal of Monetary Economics*, 2009, Vol. 56 (8).

[14] Chen K. , İmrohoroğlu A. , İmrohoroğlu, S. , The Japanese Saving Rate , *American Economic Review*, 2006, Vol. 96 (5), 1850 – 1858.

[15] Chen K. , İmrohoroğlu A. , İmrohoroğlu, S. , The Japanese saving rate between 1960 and 2000: productivity, policy changes, and demographics, *Economic Theory*, 2007, Vol. 32 (1), 87 – 104.

[16] Cole H. L. , Ohanian L. E. , The Great Depression in the United States from a Neoclassical Perspective, *Federal Reserve Bank of Minneapolis Quarterly Review*, 1999, 23: 2 – 24.

[17] Ding S. , Knight J. , Can the Augmented Solow Model Explain China's Economic Growth? A Cross-Country Panel Data Analysis, Economics Series Working Papers 380, University of Oxford, Department of Economics, 2008.

[18] Guo K. , N'Diaye P. , Determinants of China's Private Consumption: An International Perspective, IMF Working Paper, 2010, WP/10/93.

[19] Hashmi A. R. , A Note on the Transitional Behaviour of the Saving Rate in the Neoclassical Growth Model, http: //mpra. ub. uni-muenchen. de/14128, 2009.

[20] Hayashi F., Prescott E., The 1990s in Japan: A Lost Decade, *Review of Economic Dynamics*, 2002, Vol. 5 (1), 206 - 235.

[21] Hayashi F., Why is Japan's Saving Rate so Apparently High? in Stanley Fischer, ed., *NBER Macroeconomics Annual*, Cambridge, MIT Press, 1986.

[22] Kehoe T., Prescott E., Great Depressions of the 20th Century, *Review of Economic Dynamics*, 2002, Vol. 5, 1 - 18.

[23] Modigliani F., S. Cao L., The Chinese Saving Puzzle and the Life Cycle Hypothesis, *Journal of Economic Literature*, 2004, 42, 145 - 170.

[24] Song Z., Storesletten K., Zilibotti F., Growing like China, *American Economic Review*, 2011, 101: 202 - 241.

[25] Wei S., Zhang X., The competitive saving motive: Evidence from rising sex ratios and saving rates in China, NBER Working Paper, 2009, 15093.

[26] Wen Y., Saving and growth under borrowing constraints explaining the "high saving rate" puzzle, Working Papers 2009 - 045, Federal Reserve Bank of St. Louis, 2009.

降低增长预期是控制通胀必要之举*

通货膨胀正威胁着刚走出经济低谷的中国经济。食品及居住价格上涨为特征的通胀使我国中低收入阶层民生受到更大损失。政策模拟发现，在目前不同收入组消费结构下，如果通胀率从1.5%上升到4.5%，农村低收入户人均实际纯收入可能下降5.32%，而城镇最高收入户人均实际可支配收入仅下降1.52%。通胀扩大了收入差距，影响稳定。

如果说，为抵御国际金融危机而实行扩张性财政货币政策以及去年未及时退出的政府投资是通胀重要成因之一，那么，目前的更大威胁来自“十二五”规划开局之年，各级政府追求增长的盲目冲动。预测结果显示：如不能坚决地控制今明两年经济增长速度，管理货币投放，压缩投资，4%的通胀控制目标将难以实现。因此，当前宏观经济决策需做到以下几点。

一、必须在控制通胀与追求增长之间作出权衡

尽管今年宏观经济政策方向已经明确，货币政策转向了“稳健”，并在年初调高存款准备金率和利率。但是，各级地方政府“十二五”规划的速度目标普遍过高，转变经济发展方式措施却较弱。如果中央政府不采取切实有力措施抑制各地的增长冲动，4%的通胀控制目标将难以达到。因此，当前宏观经济决策必须在控制通胀与追求增长的数量组合上作出权衡。

二、坚决将增长速度控制在9%

当前，投资需求过度扩张是通胀的主因。PPI涨幅高于CPI，预示着进一

---

* 本文原载于《光明日报》2011年5月25日，共同作者：龚敏。

步通胀的压力。抑制投资需求过度扩张，必须控制增长速度。近期预测表明，如欲维持10%以上的增长速度，通胀率可能突破5%。如果希望将通胀控制在4%左右，就必须下决心将速度控制在9%。其有效措施是进一步紧缩货币政策，控制货币供应量，使其增速控制在14%左右。

三、控制通胀必须与转变发展方式、调结构相结合

虽然，转变发展方式、调结构是一项长期任务，控制通胀是短期经济政策。但在目前，控制通胀必须与转变发展方式、结构调整相结合。因为，“投资驱动、出口拉动”的粗放型经济增长方式既是政府投资扩张冲动难以抑制的根源，也是抑制居民收入增长、内需扩大的根源。因此在控制政府投资增长的同时，必须从改善民生，采取有力措施保障低收入阶层收入增长入手，调整严重失衡的要素比价结构，促进经济发展方式从粗放型向集约型转变，促进技术进步。

为此，仍然必须逐步提高劳工工资。国际比较研究发现，我国制造业与主要国际竞争对手国相比，至今仍有较强的人工成本优势（约为1∶1.5）。逐步提高劳工工资，使之与劳动生产率增长同步，不会丧失制造业的国际竞争优势，相反，有利于转变经济发展方式，促进技术进步。因此，应当进一步提高最低工资标准、制造业劳工工资水平。

出口劳动密集型产品导向的粗放型增长与国民收入结构失衡*

一

在国民经济的诸多结构失衡中，第一个层次或者说根本的结构失衡是国民收入支出结构失衡。近十年来，在按支出法核算的国民生产总值中，最终消费率不断下降，投资率长期维持在42%左右的水平，净出口所占比例快速大幅提高。形成了高投资、高净出口、低消费，即“两高一低”的国民收入支出结构。由于最终消费尤其是居民最终消费不振，中国近十年来的高增长基本上是“出口推动、投资拉动”的。

国民收入如此支出结构，是同期世界上人均国民收入水平相近国家中颇为罕见的。① 依靠出口拉动、投资推动的高增长一旦外需萎缩，将会出现何种情景？曾经实行过与我国相近的外向型、出口劳动密集型产品为导向的经济增长模式的日本和韩国近半个世纪以来的经济增长与 GDP 支出结构变动轨迹值得注意。

日本经济高增长时期的 GDP 支出结构的变化趋势与近期中国颇为类似。

20 世纪 60 年代中期开始，韩国出口劳动密集型产品为导向的经济增长方式使其人均实际 GDP 快速增长。

实行两头在外、出口劳动密集型产品导向经济增长模式的日本和韩国，在

---

* 本文原载于《经济学动态》2010 年第 7 期，共同作者：龚敏。

① 根据 Penn World Table 6.3，以 PPP 及 2005 年价格计算，2007 年中国人均实际 GDP 为 8510.6 美元，接近巴西的人均实际 GDP 水平（9644 美元）。2007 年巴西的消费率维持在 64%。实际上，按消费率从低到高排列 196 个国家，中国仅位于第 30 位左右。

其经济高增长年代，经济高投资和高出口特征十分明显，同时，居民消费率迅速下滑。随着高增长带动了这些国家收入快速增长之后，居民消费率的下滑态势一定程度上得到遏制，但是始终回升乏力。亚洲金融危机剧烈冲击了日韩等出口导向型经济。近十年来，尽管日韩两国政府竭力扩大内需，但是，事与愿违，其出口增长模式并未成功实现转型，投资率持续下降了，居民消费率却未能相应稳步回升。此次国际金融危机更使长期内需不振的日韩经济雪上加霜。

一国——尤其是大国——的经济增长不能长期依靠外需拉动。没有最终消费需求，尤其是居民消费需求的稳定增长，投资需求也不能持久扩张。因此，在两头在外、出口劳动密集型产品为导向的经济增长模式成功地使本国经济起飞之后，如何使 GDP 增长更多转为本国居民收益，增长动力更多来自国内、来自居民消费，既关系到高增长的可持续性，更关系到增长的终极目标与意义。

二

粗放型经济增长是一种主要依靠增加劳动与土地、自然资源投入，较少增加资本与技术投入的经济增长方式；集约型经济增长是一种通过较多增加资本与技术投入，较少增加劳动与土地、自然资源投入，主要依靠提高劳动生产率与土地利用率、自然资源利用率实现扩大再生产的经济增长方式。

长期以来，粗放型与集约型经济增长被赋予了不同的价值评价，大体是贬前褒后。事实上，不同的经济增长方式，自有其形成的条件。在不同的资源约束条件下，人们理性地选择不同的经济增长方式，是实现自己经济利益最大化的需要。经济增长方式无论是粗放型还是集约型，都有存在价值，无所谓此高彼低之说。问题是在特定时空条件下，选择哪一种经济增长方式更为符合特定的资源约束条件，更能优化资源配置，取得最大收益。

对外开放引进的第一批外资，首先选择了大量利用当地廉价劳动力及土地、节约资本投入的劳动密集型出口加工业，绝非偶然。这是当时条件下外资的理性选择，也是沿海开放地区所能获得的最好的优化资源配置、加快经济增长的方式。因此，改革开放初期，开放地区选择引进外资，加工出口劳动密集型产品为导向的经济增长方式尽管是粗放型的，但却是一种合理选择。它优化了沿海地区的资源配置状况，使经济得到迅速增长，居民收入水平也因此有了较快提高。

经济增长中生产要素的相对价格变动趋势，会使发展初期曾是经济合理的粗放增长方式逐渐失去合理性。劳动力和土地、环境和自然资源的相对价格上升，将使企业家更倾向于用资本替代劳动力和土地，采用新技术，加强管理，主要依靠提高劳动生产率与土地利用率、自然资源利用率实现扩大再生产与经济增长。也就是说，在正常的市场机制作用下，由于要素比价变化，经济增长方式自身是会逐步地从粗放转向集约的。

这个轨迹在日本、韩国及中国台湾地区得到了体现。从1960年到1990年，日本单位劳动实际GDP快速增长，1990年达到劳均51088美元，是1960年的4.5倍。韩国和中国台湾地区的单位劳动实际GDP的快速增长是从20世纪70年代初开始的，至2000年，韩国劳均GDP水平比1970年提高了4倍，同期中国台湾地区提高了5.5倍。进入21世纪后，日本、韩国和中国台湾地区的劳均GDP水平增长有所放缓，2007年分别比2000年提高了1.1倍、1.2倍和1.18倍。在存在着劳资工资争议集体谈判机制条件下，劳均GDP水平是决定劳动力价格的一个主要因素。因此，这些经济体在经济高速增长的同时都出现了工资水平的快速上升。它一方面为这些经济体的人力资本快速积累创造了条件，另一方面通过劳动力成本上涨迫使资方用资本及技术替代劳动，加快产业结构升级，同时把贸易顺差转化为资本输出（FDI），逐步实现了经济增长从粗放向集约的转化。

但是，令人难以理解的是，尽管近30年来，中国经济以年均近10%的速度高速增长，1978年至2008年，人均GDP 30年增长了10倍以上，但是，增长方式转变却相对缓慢。对我国经济增长的核算表明，时至今日，经济增长中TFP的贡献不大，经济增长仍属实物资本与劳动力积累推动的粗放型经济增长模式。这种增长方式的最大缺陷在于快速提高人均GDP的同时，难以相应提高人均收入水平。由于居民收入水平难以相应提高，国内消费尤其是居民消费不振，大量投资形成的生产能力无法在国内找到需求，只能依靠低成本优势出口，造就了“出口拉动”型经济增长格局。“投资驱动和出口拉动”的粗放经济增长方式多年难以转变，甚至在近十年来得到进一步强化，久而久之，导致了国民收入支出结构的“两高一低”失衡。

为什么多年来经济高速增长并没有导致增长方式从粗放型向集约型转化？或者说转化速度相对缓慢？要素比价是最重要的原因。价格是市场经济首要的信息传递机制、调节资源配置的基本利益杠杆。资源比价关系不合理，要求经济主体根据资源的真实社会成本优化资源利用方式，显然不可能。多年高速增长之后，我国经济增长方式之所以未能及时发生转型，或者说粗放型增长仍然成为企业家的理性选择，那么一个合理的推断是，尽管人均GDP有了巨大提高，但是劳动、土地、自然资源和环境等要素对资本的比价仍然大体维持数十年前经济发展初期的格局。

但是，如果增长是真实的，资本、劳动、土地、自然资源和环境的相对稀缺程度不可能不发生变化。因此，可能情况是，尽管要素的相对稀缺程度发生了变化，但是劳动、土地、自然资源和环境等要素对资本的比价关系仍然大体维持不变。那么，究竟是什么力量形成并维持了要素比价扭曲？

政府定价严重背离供求关系，是计划经济常态。在实现了竞争均衡的市场经济中，不太可能发生。但是，政府主导型市场经济中，如果发生了作用于市场的诸种力量对比失衡，这种情况却有可能发生。由于是政府主导型经济，因此，可以认定，尽管推动这一失衡状况的社会力量可能不止一种，但是，政府却是实现它的唯一可能力量。

政府为什么要在要素相对稀缺程度发生变化的情况下，尽可能地维持劳动、土地、自然资源和环境等要素对资本的原有比价关系？

目标决定行为。尽管教科书中对政府行为目标的理想模式有很多描述与分析，但是，现实经济中，政府尤其是各级地方政府对当地经济增长及相伴随的财政收入增长高度关注，却是不争的事实。各级地方政府为实现本地经济增长及财政收入最大化而展开的竞争，迫使政府在要素相对稀缺程度发生变化的情况下，尽可能地维持所在辖区范围内劳动、土地、自然资源和环境等要素对资本的原有比价关系。

追求经济增长，必然使各级地方政府千方百计扩大投资。各国实践证明，在不发生重大技术突破的情况下，每年资源利用效率的提高是相当有限的。即使是科技创新能力较强的发达国家，每年劳动生产率提高对经济增长的贡献，若就增长的绝对值而论，也相当有限，往往不超过 1 个百分点（乔根森，2001）。如果资源利用效率不变，那么，增加投入是实现增长的唯一途径。

以压低本国生产要素价格为代价的引进外资虽然在促进经济增长方面是成功的，但并非没有成本。成本之一，是相对于最终产品市场，要素市场的市场化改革滞后；要素比价人为扭曲，粗放型经济增长方式因此得以长期维持，造成了资源配置效率的严重损失，技术进步缓慢，产业结构升级迟滞。成本之二，是收益分配向资本倾斜，资本要素报酬偏高，劳动、土地等要素报酬偏低，本国要素（劳动、土地、银行利息、环境）报酬偏低，国外要素报酬偏高。同时，收入分配差距扩大，社会各利益群体之间关系日趋紧张。成本之三，由于国内居民尤其是劳动者报酬增长长期低于经济增长率，居民消费不振，难以拉动增长，为了实现高增长，不得不依靠投资驱动、出口拉动，久而久之，国民收入支出结构失衡，并且不断加剧。成本之四，由于经济增长没有带来居民收入的同步增长，日益成为实现政绩及增加财政收入的手段，增长与居民福利改善之间的关系日趋淡化，增长的终极意义日渐难以得到说明，久而久之，有可能走向其初衷的反面。

三

国民收入支出结构失衡也是国民收入分配结构失衡的结果。改革开放至今，我国的国民收入分配结构经历了两次重大变化。20 世纪 90 年代中期之前，我国国民收入分配格局变化的趋势是财政收入占 GDP 比重逐渐下降，居民收入比重逐渐上升。1994 年，国家所得占 GDP 比重从 1978 年的 31.6% 下降到 10.9%，居民所得从 50.5% 上升到 69.6%。这一变化奠定了计划经济向市场经济转轨的国民收入分配基础（王春正，1995）。但是，此后却发生了反向变化。在 1986 年至 2008 年的时间里，财政收入占 GNP 比重变化呈“U”型，1996 年至 2008 年，财政收入占 GNP 比重从 10.6% 上升至 20.3%（见图 1），提高了近 10 个百分点，增长幅度几近 100%。

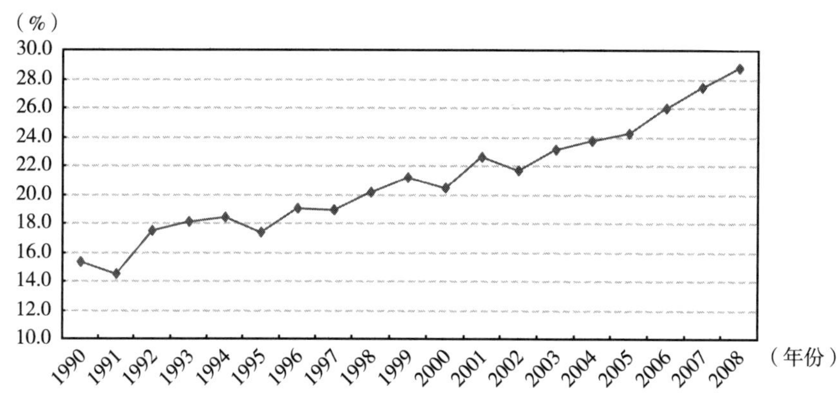

图 1　财政收入占 GNP 的比重

资料来源：《中国统计年鉴（2008）》及国家统计局网站。

财政收入增速多年大幅度地超过 GDP 增速的同时，城乡居民收入增长率却持续低于 GDP 增长率。以 1978 年为 100，1996 年我国人均 GDP 指数、城镇家庭人均可支配收入指数以及农村居民家庭人均年纯收入指数分别为 434、302 和 418，2007 年三个指数分别为 1100、752 和 734，人均收入指数逐渐落后于人均 GDP 指数。

与此同时，居民储蓄率却不断上升（见图 2）。1990 年，城镇居民家庭储蓄率不过 15.3%，2000 年起开始快速上升，2008 年达到 28.8%，比 2000 年上升了 8.4 个百分点。农村居民的储蓄率也呈现出上升的趋势。

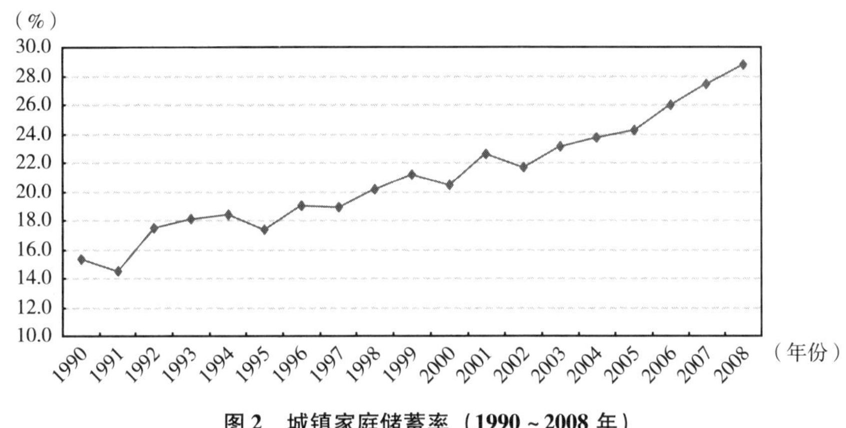

图 2　城镇家庭储蓄率（1990～2008 年）

国民收入分配结构中居民收入与财政收入的此消彼长，与这一时期的一些制度安排有着密切关系。

首先，税收占居民收入的比重逐渐提高了。其次，中央与地方财政收支结构的调整。1994 年的税制改革，使中央与地方的财政收入比例发生了重大变化（见图 3）。最后，政府投资中，用于教育以及卫生、社会保障和社会福利业的投资份额不断下降，教育、医疗卫生、社会保障等公共产品供给不足，不仅阻碍了人力资本积累的速度，抑制了产业结构的转换和升级，而且强化了城乡居民预防性储蓄倾向，直接抑制了居民的消费需求。然而，近期实行的扩大财政支出政策在改变这一趋势方面，成绩却相当有限。

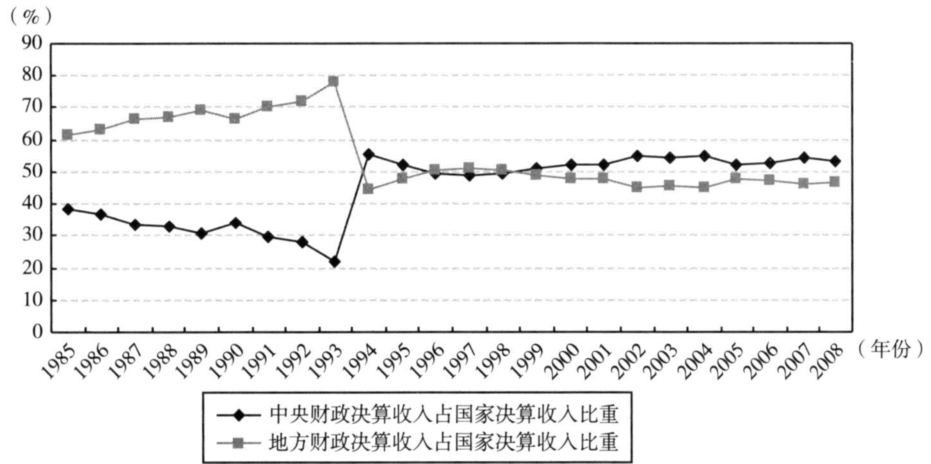

图 3　中央与地方财政决算收入占国家决算收入的比重变化

综上分析，可以认为，目前国民收入“两高一低”结构失衡与长期以来以出口劳动密集型产品为导向的粗放经济增长方式始终未能及时转变有着密切关系。或者说，积极鼓励出口劳动密集型产品而形成的粗放经济增长方式是国民收入支出结构失衡的生产性原因。此外，国民收入分配向资本收益和政府倾斜是加剧“两高一低”结构矛盾的分配性原因（见图4）。

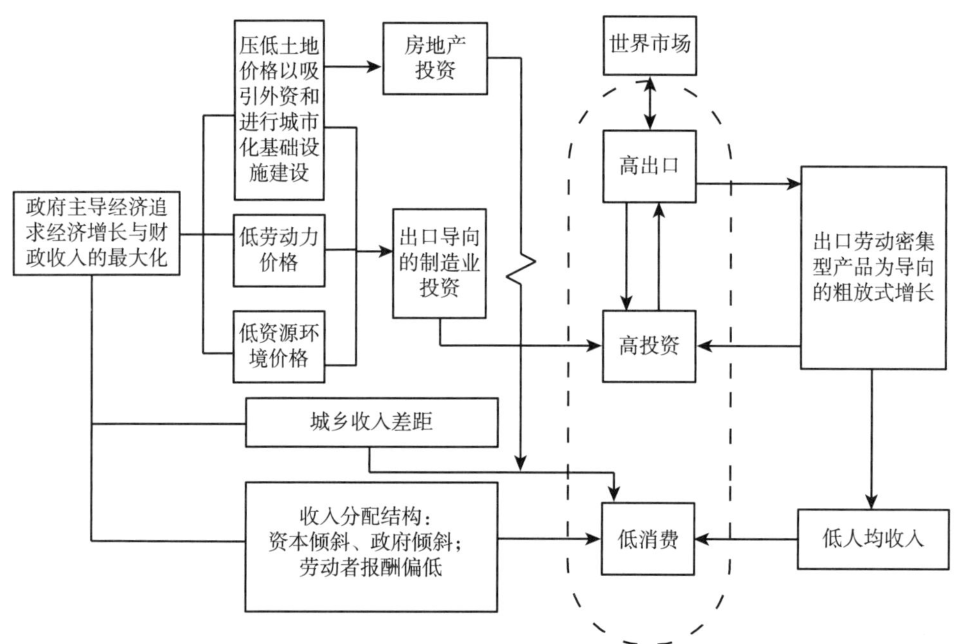

图4　我国“两高一低”不平衡结构特征的形成机理

四

出口劳动密集型产品为导向的粗放型经济增长方式未能及时转变，导致国民收入支出的“两高一低”结构性失衡，它其实是国民收入分配结构失衡的结果。十多年来，我国国民收入分配结构的重大比例变化，举其要者，大致如下：（1）财政收入占GDP的比重大幅度上升；（2）财政收入中，中央政府收入所占比例大幅度提高；（3）企业营业余额占GDP比例大幅度上升，同期劳动者报酬占GDP的比例却大幅度下降；（4）不同居民群体之间的收入差距持续扩大。①

① 这一点不仅与劳动和资本的收益分配比例向资本倾斜有关，而且与城乡居民的收入差距扩大有关。在居民消费占GDP的比重急剧下降中，农村居民消费比重比城镇居民消费比重下降得更多。

国民收入分配的结构失衡是一定社会经济状况的产物。它反映了社会相关阶层或利益群体之间——政府与社会、中央与地方、资本与劳动、不同社会群体——在决定国民收入分配上的力量对比失衡。对于这种社会力量对比失衡状况的形成，不能也没有必要批评任何个别的社会经济主体。作为理性人，市场经济各主体无不寻求自身利益最大化，对此无可厚非。问题在于，在社会经济运行过程中，任何社会利益群体都是在一定的社会经济体制框架下活动的——分工、合作、竞争、对抗。市场经济中各主体寻求自身利益最大化的努力不能不限制在一定体制框架内，受到相关利益主体的制衡，形成有利于社会再生产正常进行的国民收入合理分配结构，否则，国民收入分配结构严重失衡，市场均衡势必难以实现，社会再生产也就无法正常进行下去了。

因此，当对外开放，出口劳动密集型产品为导向的粗放经济增长方式成功地实现了高速增长，需要社会经济从发展初期的粗放型增长转向集约型增长，扭转国民收入支出的“两高一低”结构失衡，必须调整国民收入分配的结构失衡之时，我们不能不从决定现有社会利益群体相互利益分配关系从而国民收入分配结构失衡的体制结构寻求解释，从调整现有体制结构实现各种社会利益群体利益均衡来寻求问题的解决途径。

当然，由于前者有相当难度，或许有人会提出这样的问题：在现有的体制结构框架内，难道就无法实现出口劳动密集型产品为导向的粗放经济增长方式向集约经济增长方式转变吗？答案是否定的。因为，导致开放经济条件下出口劳动密集型产品为导向的粗放经济增长方式，是既有体制框架下的增长目标所决定的，这个增长目标决定了扭曲要素比价的社会合力。当本国生产要素——劳动、土地、环境因这一增长目标而不断地被压低报酬率时，有什么理由指望用资本、技术替代“廉价”的劳动、土地和环境呢？尽管就真实的社会成本而言它已经不再廉价了。当出口劳动密集型产品是有利可图的，企业为什么要投入巨资实现技术创新，产业升级换代呢？在整个社会生产以劳动密集型为主的情况下，即使政府与个人投入巨资进行人力资本投资，形成的复杂劳动力又如何找到他的社会需求呢？显然，既有利益格局下，国民收入分配结构失衡的趋势是难以根本扭转的。

或问，以出口劳动密集型产品为导向的粗放型经济增长所导致的国民收入支出结构失衡是否严重如此，以至于不调整就无法继续维持社会再生产的正常进行？

上述的日本和韩国近半个世纪以来的经济增长轨迹不能不引起重视。可比口径的数据表明：我国目前的国民收入支出结构失衡，某种程度上说，比当年的日韩更甚。

那么，国际金融危机过后，我国能否继续以出口劳动密集型产品为导向的粗放型经济增长方式，首先，取决于危机之后国际经济环境是否依旧。本轮国际金融危机起因于美国为首的发达国家高负债、低储蓄为特征的结构失衡。次贷危机前，美国的居民消费率高达70%，个人储蓄率几乎为零。2006年个人储蓄率为-1%，创1933年以来最低。储蓄率过低和消费率过高，也反映在巨额的贸易逆差与经常项目赤字上。美国经常项目赤字规模从1991年起开始放大，2001年后急速攀升，2006年突破了8000亿美元，约占GDP的7%（吴一群和刘榆，2009）。然而，2008年8月，美国个人储蓄率开始回升，2009年5月达到6.9%，创1993年12月以来新高。如果这一消费—储蓄模式的变化不是一种临时性的调整，那么，它对我国宏观经济运行的影响则不容忽视（"中国季度宏观经济模型"课题组，2009）。其次，即使国际经济环境依旧，继续实行这种代价高昂，但却与提高居民收入、改善居民福利状况渐行渐远的粗放型经济增长方式，其价值合理性将如何从我们的社会发展目标中得到证明呢？

参考文献

[1] D. W. 乔根森：《生产率（全两册）》，李京文等译，中国发展出版社2001年版。

[2] 龚敏、李文溥：《东北亚经济一体化：中、日、韩贸易相互依存关系分析》，载《南京大学学报（哲学社会科学版）》2006年第2期。

[3] 龚敏、李文溥：《论扩大内需政策与转变经济增长方式》，载《东南学术》2009年第1期。

[4] 郭庆旺、贾俊雪：《中国全要素生产率的估算：1979—2004》，载《经济研究》2005年第6期。

[5] 李文溥：《中国宏观经济预测与分析2006'》，经济科学出版社2007年版。

[6] 林毅夫、章奇、刘明兴：《金融结构与经济增长：以制造业为例》，载《世界经济》2003年第1期。

[7] 王春正：《我国居民收入分配问题》，中国计划出版社1995年版。

[8] 吴一群、刘榆：《刍议2008年全球金融危机的影响及启示》，载《东南学术》2009年第1期。

[9] 许涤新：《政治经济学辞典》（上、中、下），人民出版社1981年版。

[10] 中国季度宏观经济模型（CQMM）课题组：《2009—2010年中国宏观经济分析与预测》，载《厦门大学学报（哲学社会科学版）》2009年第5期。

［11］中国社会科学院工业经济研究所：《中国企业竞争力报告（2007）——盈利能力与竞争力》，社会科学文献出版社 2007 年版。

［12］中国社会科学院经济研究所经济增长前沿课题组：《高投资、宏观成本与经济增长的持续性》，载《经济研究》2005 年第 10 期。

论扩大内需政策与转变经济增长方式*

我国宏观经济在经历了1993年至1996年的“高增长、高通胀”之后，1996年实现了“软着陆”。1997年至2002年进入“低增长、低通胀”时期；自2003年起，在外部市场需求的带动下，开始了长达五年的“高增长、低通胀”时期（龚敏和李文溥，2007；李文溥，2007）。然而，自2007年下半年开始，在国际市场大宗产品价格不断上涨、国内劳动成本上升的压力下，价格水平不断高企。进入2008年以来，受国际金融危机影响，宏观经济形势逐渐改变。为防止经济急速下滑，宏观经济政策迅速大幅度调整：从2008年年中的“一保一控”转向以保增长为目的的积极的财政政策与宽松的货币政策，并开始执行旨在扩大内需的十项举措。当前扩大内需的政策能否短期内有效抑制增长率下滑，扭转总需求“两高一低”（高投资、高出口、低消费）的不平衡结构以确保经济的长期可持续增长？我们认为，导致当前增长率下滑的因素就短期而言，是全球金融危机导致的外部需求萎缩，但是粗放型经济增长累积的总需求结构失衡，萎缩了我国居民的消费能力，却是遭遇外部需求萎缩时我国经济迅速下滑的根本性、长期性内因。仅仅着眼短期调控的总需求管理政策不能转变既有粗放型经济增长方式，因此也不能有效调整“两高一低”的经济结构，势必治标不治本。本次扩大内需的宏观调控方式需要有所调整，在兼顾短期形势需要的同时，更注重长期经济增长方式的转变和经济结构的调整。

首先，本文分析了我国经济“两高一低”不平衡结构特征的形成；其次，深入分析形成这一经济结构的根本性原因；最后，分析单纯着眼于总需求管理的宏观经济政策在转变经济增长方式和调整经济结构的局限性，提出长期着眼，短期入手，实施兼及长期结构调整和增长方式转变的短期扩大内需的政策思路。

---

* 本文原载于《东南学术》2009年第1期，共同作者：龚敏。

一、我国经济“两高一低”的不平衡结构特征

1996 年我国经济实现“软着陆”，1997 年亚洲金融危机接踵而至，宏观调控政策因此由过去的治理“通货膨胀”转到了治理“通货紧缩”。然而，尽管 1998 年实施了扩大内需的政策，但是时至 2002 年，经济增长率始终没有明显回升，物价持续低迷（龚敏和李文溥，2005）。1996～2002 年，年均 GDP 增长率仅维持在 8.6%，通货膨胀率降低为 1.3%，工业品出厂价格指数（PPI）更低至 -0.65%（见图 1）①，进入了“低增长、低通胀”时期。2003 年起，一方面，因加入世界贸易组织及国际经济繁荣，在外部市场需求的强劲带动下，制造业投资和出口快速提高；另一方面，受国际经济形势鼓励，地方政府积极从事开发区建设，政府投资也迅速上升，出口和投资拉动了经济增长率回升，开始了长达五年的“高增长、低通胀”时期：增长率连续五年超过 10%，平均增长率保持在 10.8%，CPI 回升至 2.6%，PPI 更是上升到 3.9%，超过了 CPI。

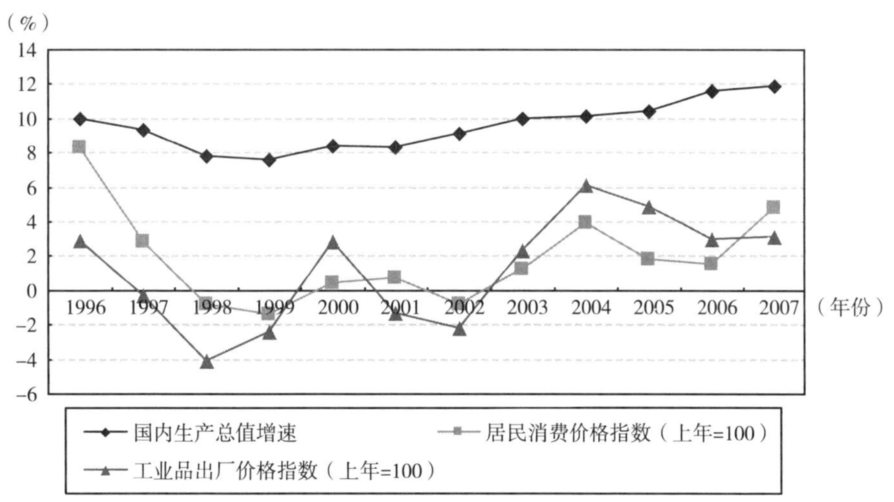

图 1　1996～2007 年 GDP 增长率与主要价格指数的变化

2007 年下半年开始，在国际市场大宗商品价格不断上涨、国内劳动成本上升的压力下，通货膨胀开始升温，2007 年底，宏观调控明确转向治理“通货膨胀”。但是，进入 2008 年之后，虽然经济增长率开始回落，但是价格水平却继续高攀，第二季度 CPI 和 PPI 分别达到 7.1% 和 8.8%。下半年国际经济形势急

① 本文所用数据若无特别说明，均来自中经网统计数据库。

剧变化，严重影响国内经济增长，第三季度 GDP 增长 9.9%，比前两个季度分别下降了 0.5 个和 0.7 个百分点；同时 CPI 也滑落至 4.6%，10 月进一步下降到 4%；PPI 在第三季度达到 9.1% 高峰之后，10 月突然大幅下降到 6.6%。宏观经济再次进入“低增长、低通胀”的压力不断增大。为了抑制增长率下滑，近期宏观调控方向发生了根本性改变：货币政策由 2007 年底的紧缩转为扩张，同时财政政策也从稳健转为积极。

造成我国当前宏观经济局面的根本性内因是什么？目前的内外部环境与 1998 年和 2003 年有何不同？如何评价 1996 年以来我国宏观调控与经济增长的结果？我们认为，当前宏观经济所面临的根本性问题，是经济“两高一低”的不平衡结构特征日益突出，在外部需求萎缩的作用之下，它将成为今后一段时间我国经济进入“低增长、低通胀”的最主要原因。

（一）“两高一低”的不平衡结构特征

2001 年以来，我国经济的一个显著特征是最终消费占 GDP 的比例持续下滑（见图 2）。20 世纪 80 年代初，GDP 中超过 65% 的份额用于居民和政府消费。1996 年经济实现“软着陆”时，GDP 中只有 59.2% 用于消费。1997 ~ 2000 年，伴随着亚洲金融危机，一方面，人民币坚持不贬值使出口减速，最终消费占 GDP 的比例一度回升，2000 年曾达到 62.3%，之后一路下滑，2007 年最终消费仅占 GDP 的 48.8%。另一方面，投资率平稳上升。1997 ~ 2002 年，资本形成率都没有超过 38%。2001 年底加入世界贸易组织后，外部需求的好

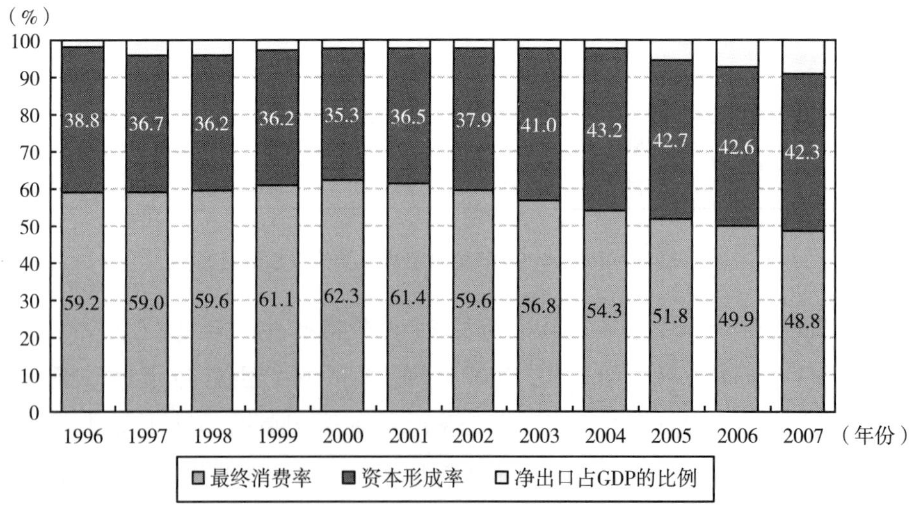

图 2　1996 ~ 2007 年 GDP（支出法）构成

转极大地鼓励了企业投资的积极性，制造业投资和出口快速提高。2003 年由地方政府主导的围绕开发区建设的“投资过热”，使资本形成率从 37.9% 快速提高到 41%。之后在出口增长的带动下，制造业投资增长使资本形成率提高并维持在 42% 的水平上。2007 年为 42.3%，比 2000 年提高了 7 个百分点，年均上升 1 个百分点。同时，净出口在总产出中所占的份额大幅提高，2003 年为 2.2%，2007 年上升至 8.9%。“投资—出口—增长—再投资—再出口”的增长模式因此得以维系。自 2003 年开始，在经济实现高增长的同时，“两高一低”的不平衡经济结构特征日趋明显。

考察投资与出口对 GDP 的贡献率。2003 年、2004 年投资对 GDP 的贡献率分别高达 63.7%、55.3%，也就是一半以上的增长率提升是靠投资拉动的。2005 年、2006 年虽有所下降，但依然维持 37.7%、41.3% 的水平上。另外，净出口在 2002 年仅能拉动 GDP 增长 0.7 百分点，而在 2006 年可拉动 GDP 增长 2.2 个百分点。[①] 这些数据说明，近期我国经济的高增长靠“投资驱动、出口拉动”的特征非常明显。这意味着，当中国经济更全面地融入世界经济时，长期延续的粗放型经济增长方式与出口导向战略相结合，一方面，FDI 大量流入，带动了出口增长，使高增长得以维持；另一方面，规模更大的世界市场为中国经济通过高投资促增长所形成的大大超过国内市场需求的供给能力，提供了消化其过剩产能的可能。然而，最终消费占 GDP 比例却因此不断下滑，国内需求尤其是消费需求的不断萎缩给经济的长期持续增长埋下了深远的隐患。

（二）最终消费的构成变化

最终消费由两部分构成：居民消费与政府消费。1998 年以来，最终消费中居民消费所占份额不断下降，政府消费所占份额不断提高（见图 3）。其中两个重要事实值得关注。一是尽管 1998 年实施的扩大内需政策使最终消费率在 1999 年和 2000 年分别回升至 61.1% 和 62.3%，但是，1998 年居民消费在最终消费中所占比例仅为 76%，比 1996 年下降了 1.3 个百分点；2000 年进一步下降到 74.54%；而政府消费所占比例从 1998 年的 24% 上升到 2000 年的 25.5%。二是 2003 年开始的“高增长、低通胀”并没有有效地提高居民消费占最终消费的比例，2007 年居民消费占最终消费的比例为 72.7%，比 2003 年还降低了 0.7 个百分点。

① 《中国统计年鉴（2007）》。2007 年净出口占 GDP 的 8.9%，估计对增长率拉动 2.5 个百分点。

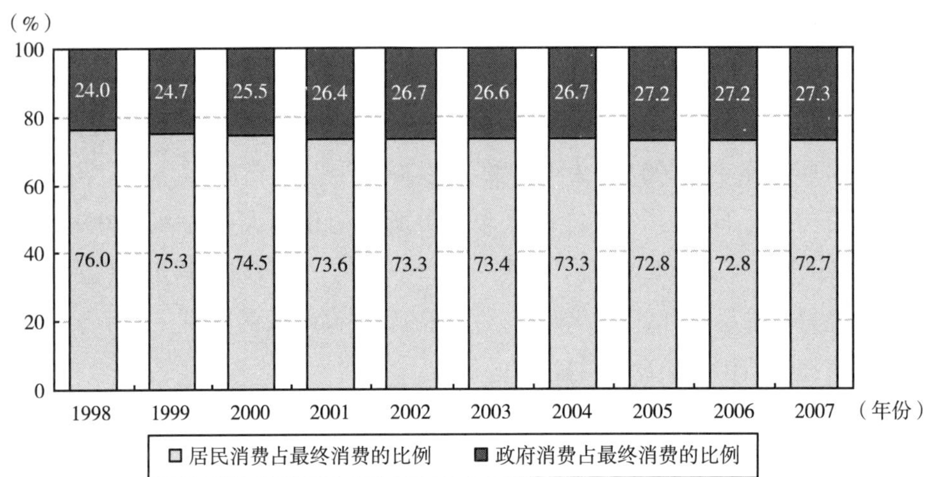

图3　1998～2007年最终消费的构成变化

比较居民消费和政府消费占GDP的比例变化，发现居民消费比例下降的幅度更为明显（见图4）。1998年我国居民消费占GDP的份额为45.3%，2000年提高到46.4%，提高1.1个百分点；而同期，政府消费占GDP的份额提高了1.6个百分点。2000年之后居民消费占GDP的份额开始显著下滑，2007年降低到仅为35.4%。居民消费与政府消费之比从1998年的3.17∶1下降到2007年的2.6∶1（见图5）。

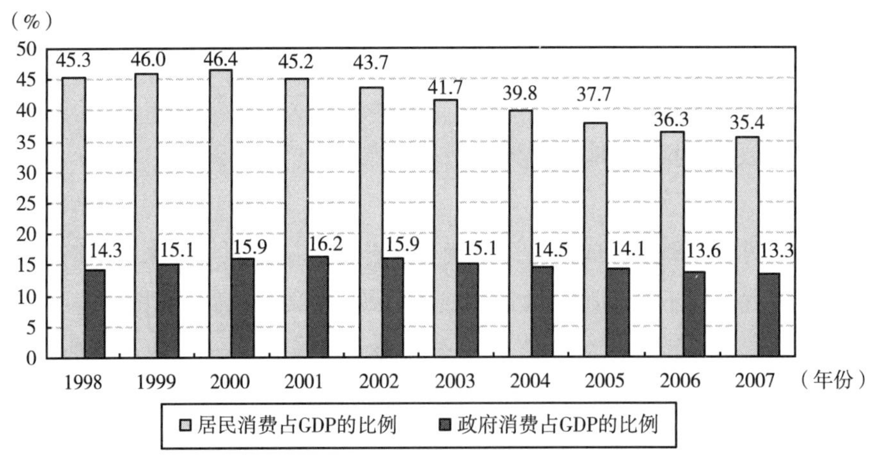

图4　1998～2007年居民与政府消费占GDP的比例

回顾1998年我国经济所面临的国际环境，与现在有所相似。亚洲金融危机使我国外部需求萎缩，宏观调控试图以扩大内需来保增长水平。就一般经济原理而言，旨在扩大内需的宏观经济政策应当最终实现私人投资的扩大和私人消费的扩张。然而，实践证明，1998年的扩大内需政策基本上没有实现这一政策目标。

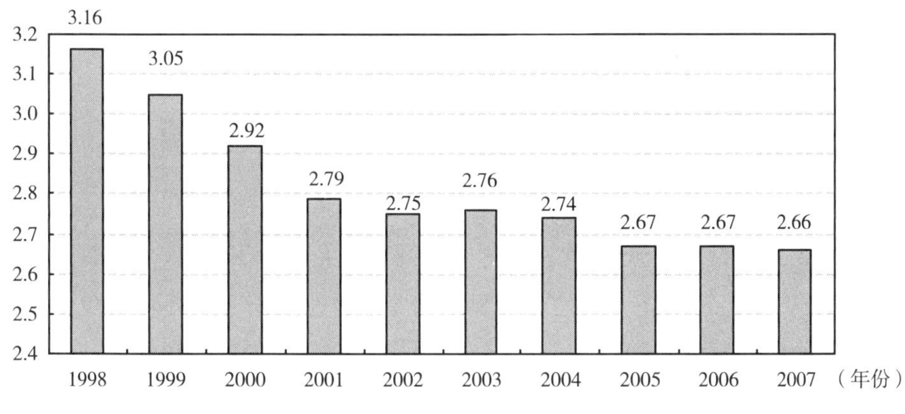

图5　1998～2007年居民消费与政府消费比例变化

在带动投资需求方面，1998年的政策出台，使当年全社会固定资产投资增速比1997年上升了5个百分点，达13.9%。但经济增长率下滑的趋势并未得到遏制，从1997年的9.6%进一步下降到7.3%。1999年，尽管政府的投资大幅度增加了，但是社会总投资的增速却进一步下滑至5.1%，经济增长率也仅维持在7.9%。实际上，投资增速的回升是从2002年开始的，当年投资增长16.9%，超过1996年的增长水平。之后至2007年，投资增速都保持在25%左右的水平。从投资构成看，1998年的扩大内需主要促进了地方政府固定资产投资增速的大幅提高，在资金来源中，国家预算内资金增速也大幅提高。因此，可以判断1998年扩大内需政策的出台在维持投资增长方面实际上是以政府（主要是地方政府）投资代替私人投资从而维持投资增速的回升。

在拉动消费需求方面，上述对最终消费构成变化的分析说明，1998年扩大内需的政策在扩张消费方面也主要体现为以政府消费扩张代替了居民消费扩张。因此，如果说1998年扩大内需的政策使经济增长率下滑的态势得到抑制，那么，其实是以政府消费扩张代替居民消费扩张、以政府投资扩张代替私人企业投资扩张，从而加剧国民经济“两高一低”失衡为代价的。

综上所述，在过去的10年里，无论是1998年扩大内需的政策还是2003年开始的高速经济增长，作为内需最主要的部分——居民消费需求都没有得到应有的提升。“两高一低”的不平衡结构不仅没有从根本上得到扭转，反而进一步突出。当前，为抑制增长下滑，宏观经济政策再次转为扩大内需。旨在扩大内需的诸种政策举措能否有效带动内需特别是居民消费需求的扩张，从根本上扭转“两高一低”的不平衡结构，是当前宏观经济政策研究必须回答的问题。这需要我们对导致我国经济“两高一低”的根本性原因，以及单纯着眼扩大内需的宏观经济政策的局限性予以认真研究。

二、“两高一低”经济结构的成因分析

目前，我国经济增长率回落的主要原因在于出口增长下滑。长期以来靠“出口拉动”的经济增长，当面临外部需求萎缩时，增长下滑不可避免。当出口随外需放缓，国内生产成本上升，出口行业的产能过剩则抑制了投资增长，导致制造业投资增速明显下滑。出口下滑与制造业投资放缓的叠加影响进一步加大了当前经济增长下滑的态势。然而，外部冲击虽然是增长率下滑的短期外部原因，但是，我国粗放型经济增长方式及其累积形成的“两高一低”总需求结构却是导致经济难以维持长期可持续增长更为根本的内因。这里我们从三个方面分析“两高一低”经济结构的成因。

第一，“投资驱动和出口拉动”的粗放型经济增长方式是导致“两高一低”的直接的、根本的原因。这一增长方式不能在人均 GDP 增长的同时有效提高国民的人均可支配收入水平，从根本上抑制了国内消费需求的扩大，使我国经济“两高一低”的结构性不平衡特征日趋突出。

改革开放之初，我国从一个很低的起点起步，只能依靠较为丰富因而廉价的劳动力、土地吸引外资，通过发展劳动密集型加工贸易产业推动经济增长，这样的增长战略选择符合比较优势原理，实践证明是正确的，但是，也因此形成了对低成本扩张的“投资驱动、出口拉动”的粗放增长方式的依赖，这种增长方式的最大缺陷在于快速提高人均 GDP 的同时，难以相应提高人均收入水平（李文溥和龚敏，2007）。1996 年我国人均 GDP 指数（1978 年为 100）大约是 434，2007 年已提高到 1089；城镇家庭人均可支配收入指数 1996 年为 302，2007 年仅为 752。人均 GDP 与城镇家庭人均可支配收入之比，1996 年为 1∶0.83，2003 年为 1∶0.8，2007 年下降为 1∶0.73。人均 GDP 与农村家庭人均年总收入之比下降更为明显：1996 年为 1∶0.48，2003 年为 1∶0.34，2007 年降为 1∶0.31。

由于居民收入水平难以相应提高，大量投资形成的生产能力无法在国内找到需求，只能依靠低成本优势出口，造就了出口拉动型经济增长格局。在中国廉价的劳动力资源吸引 FDI 流入的同时，发达国家也借此得以把其低端产业环节大量向我国转移，并导致我国有限的资源过度集中在了产业链低端（龚敏和李文溥，2006）。如果说，在开放初期，我国必须充分利用低要素成本优势实行出口导向战略，也因此取得了多年高速增长，人均 GDP 有了较大提高，但是，人均 GDP

较大幅度提高之后，资源的相对价格优势必然发生重大变化，此时，继续这一战略的比较优势就大大缩小了。如果继续抱着这一战略不放，而且为了保持 GDP 高增长，甚至不惜采取行政措施压低劳动力成本、土地价格以及环境、国内资金价格的方式维持低价格出口优势，则无异于南辕北辙，缘木求鱼了。

从微观层面上看，企业通过压低工资降低成本是提高其市场份额的重要途径之一，但从宏观层面上，国民可支配收入水平却是决定其国内市场规模的最重要因素之一，收入尤其是劳动要素收入增长缓慢将导致宏观无效率问题。这种“合成的谬误”将使本国经济持续增长原动力在微观“效率”提高的过程中逐渐萎缩。因此，通过压低劳动力等要素价格的方式追求经济增长，居民收入增长较慢，其消费需求也就无法拉动经济增长，增长不能不寄希望于出口和投资，久而久之，必然形成“两高一低”的国民收入支出结构。

第二，在收入分配结构方面，国民收入分配重点向资本收益和政府倾斜。由于资本短缺，各地区为实现高增长，竞相提出各类优惠政策，吸引外资，结果造成资本要素报酬偏高，劳动、土地等要素报酬偏低；本国要素（劳动、土地、银行利息、环境）报酬偏低，国外要素报酬偏高。在收入分配结构中，一方面，国民收入分配向资本所有者倾斜，劳动者报酬所占份额却不断下降。1990～2005 年，企业营业余额占 GDP 比例从 21.9% 增加到 29.6%；而同期劳动者报酬占 GDP 的比例却下降了 12%①。其中，1996 年劳动者报酬在 GDP 中占 52.2%，2002 年和 2003 年分别下降为 50.5% 和 49.8%，2005 年、2006 年分别下降为 4.5%、44%。② 另一方面，政府财政收入占 GDP 的比重自 1996 年起持续提高。2007 年财政收入占 GDP 的比重已超过 20%，比 1998 年提高了 8 个百分点（见图 6）。

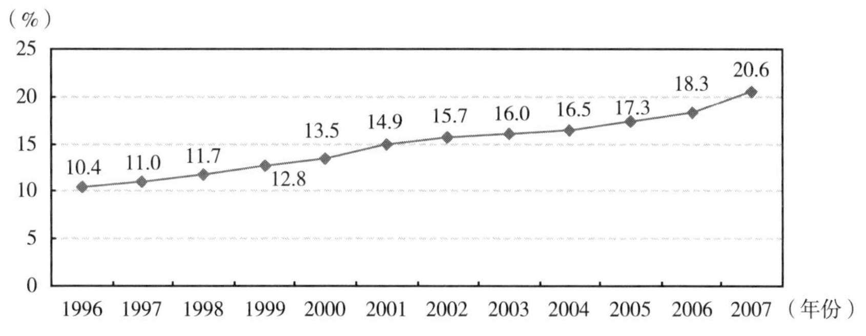

图 6　1996～2007 年财政收入占 GDP 的比例

① 参见金碚：《中国企业竞争力报告（2007）——盈利能力与竞争力》，社会科学文献出版社 2007 年版。该报告指出，企业利润的大幅增加相当程度上是以职工低收入为代价的。“利润侵蚀工资”现象不仅表现在非国有企业员工收入长期低于经济增长的速度，而且表现在国有企业大量使用临时工等体制外员工，以降低用人成本。

② 根据中经网数据库计算。

第三，政府特别是地方政府主导地方经济建设，参与市场经济活动，导致要素价格扭曲、资源配置效率损失。在政策目标为增长率优先情况下，政府主导型经济必然导致压低要素价格。资金、土地等生产要素通过价格补贴被引导甚至是过度进入了制造业（贸易品）投资，形成了大量必须冲向国际市场找出路的过剩产能[①]，在各类要素价格被压制的情况下，即使产能过剩和竞争过度，企业依然能够维持一定的利润空间，这是导致固定资产投资屡压不下的重要原因，也是引发其他一系列问题的逻辑起点。在廉价要素推动的经济增长中，土地扮演了重要的角色。在土地市场上，土地批租收入是地方政府的主要财源。地方政府以压低土地价格的方式将农村土地转化为城市建设用地，以此来刺激工业化和城市化的发展，并分享工业增长和城市发展（城市基础设施及房地产开发等）带来的税收增长。这不仅使很多加入环境资源成本后便无利可图的项目因为土地价格低廉而变得有利可图，扭曲了要素配置；政府的土地批租收入还导致了房价急剧上升，使城市居民承受了巨额的隐性税收。

由于土地、资金、劳动力、自然资源价格均过低，投资的低成本除了激励政府或企业进行投资扩张外，还使企业丧失了自觉转变增长方式，提高资源利用效率的内在动力。我国各级政府在利益驱动下，有着极高的经济增长需求，甚至不惜以牺牲环境为代价。这就使转变粗放型经济增长方式迟迟难以实现。

综上所述，“投资驱动、出口拉动”是对外开放条件下的粗放经济增长方式的必然表现形式，“两高一低”是其必然结果。根本原因是政府主导型经济，其追求增长率的重要原因之一是追求政府可支配收入的最大化。在外部环境好的情况下，“投资—粗放增长—出口—再投资—再粗放增长”的高增长循环得以实现，但其对经济长期增长的负面影响——“两高一低”、产业结构升级迟滞、生态破坏、环境污染、技术创新动力不足等则不断累积。当前外部市场的不景气使过去被高增长所掩盖的结构不平衡问题得以提前暴露，它是粗放型经济增长难以为继的重大信号。当外部市场冲击打破了高增长循环后，出口导向的制造业过剩生产能力将难以在短期内被国内市场吸收，经济就必然面临“低增长、低通胀”的压力。在长期，产业结构升级迟滞、生态破坏、环境污染、技术创新动力不足等因素将阻碍经济的可持续增长。因此，增长方式不转变、收入分配结构不调整，就无法从根本上扩大居民消费需求。

---

① 这种资源配置扭曲直接导致我国贸易顺差和外汇储备不断创新高，并形成人民币升值的压力。

三、审视扩大内需政策对增长方式、经济结构的调整作用

为抑制增长下滑，当前宏观调控政策转向了扩大内需。然而，扩大内需的政策能否在短期内有效抑制增长率下滑，同时逐步扭转“两高一低”的不平衡结构以确保经济长期的可持续增长？

与1998年扩大内需政策相比，近期国务院推出的十项措施有两个值得关注的特点。一是一些措施直接旨在提高城乡居民收入水平，还有一些措施旨在加快保障性安居工程的建设，这将有利于居民释放被过高的房价所束缚的收入，从而提高消费水平。二是一些措施，如在全国所有地区、所有行业全面实施增值税转型改革，鼓励企业技术改造，减轻企业负担等，侧重降低企业成本，提高竞争力。这些措施无疑都有利于缩小城乡收入差距，加快我国的自主创新能力和结构调整。

但是，从我国宏观调控的实践看，在转型期，不论是扩张还是紧缩的宏观调控政策，往往都是通过直接对投资需求的影响，而不是通过对国内消费需求的影响，来产生政策效应的。在1996年至2002年期间，扩大内需的需求管理政策并没有导致国内消费需求的扩张，其政策效应的作用是通过对投资需求的有效影响来促进经济增长的（李文溥，2006；龚敏和李文溥，2005；Wang，2001；Oppers，1997）。之所以宏观调控政策更能有效地影响投资，而不是消费需求的扩大，其根源来自转型期我国经济转型的体制性缺陷。如上述分析，我国要素价格偏离市场均衡水平的事实，从根本上刺激了政府或是市场经济主体对投资的积极性。此外，由于金融市场的改革未到位（利率尚未市场化、消费信贷的规模小等），金融市场资金配置效率低、居民可利用的投资渠道较窄，与市场化改革相配套的社会保障体系尚未完善，扩张性政策直接作用于国内消费需求的渠道不通畅。因此，宏观调控不可避免地要以投资作为政策的调控对象以及传导渠道。

回顾中国经济体制改革史，不难发现经济增长的发展策略和财政支持是密不可分的。政府动员财政资源促进资本形成，在政府干预及机制扭曲下，过多的财政支持也导致了经济过热、企业投资冲动、企业效率低下、高投入的粗放经营等问题（经济增长前沿课题组，2004）。在现有制度安排下，如果说在前几年，由体制性因素引发的投资扩张导致的过剩产出能力在国内需求不足的情

况下可以转移到世界市场，那么，近期数年，因金融危机而导致的美国经济乃至全球经济趋缓甚至衰退的格局无法逆转，如果因收入水平增长缓慢、居民收入差距和城乡收入差距过大等结构性问题，使国内市场总体规模不能快速扩张，扩大内需政策若引发了投资失控，将极大地损害下一轮以致更长时期我国经济繁荣的良好基础。[①] 我们认为，单纯着眼于需求的扩大内需政策或许可以在短期内通过扩大政府主导的公共基础设施的投资而避免增长率的快速下滑，长期内却难以有效调整“两高一低”的经济结构，转变我国的经济增长方式。[②]因此，必须长期着眼，短期入手，实施兼及经济增长方式转变和长期结构调整的短期扩大内需政策。这是因为，我国并不是在一个国内经济毫无问题的情况下突然遭遇国际经济环境巨变的，如果如此，宏观经济政策可以是短期和需求管理导向的。中国是在国民收入支出结构由于多年粗放经济增长方式而导致“两高一低”，面临经济增长方式转型，经济结构调整情况下遭遇国际经济环境重大变化的，即使没有这一重大变化，中国既有的经济增长方式也难以维持较长时期，国际经济环境的重大变化，只不过使这一调整显得更为急迫而已。需要清楚地认识到，导致当前增长率下滑的短期因素、表面原因在于全球金融危机导致的外部需求的萎缩，但是长期因素、根本原因却在于经济增长未能相应提高我国居民收入，释放其消费潜力；单纯着眼短期的总需求管理政策在当前体制环境下显然难以有效调整“两高一低”的经济结构，根本解决我国经济的现存问题，而且可能进一步加剧“两高一低”的结构性失衡。

因此，本次扩大内需的宏观调控模式需要有所调整，使其在兼顾短期需要的同时，更注重长期经济增长方式和经济结构的调整。

（1）总量与结构。在重视社会总需求扩张的同时，更要重视总需求结构的调整。当前急需扩大的是居民消费，应该防止再次用政府消费代替私人消费的短视行为。如果扩大内需的政策只是再次扩大了政府消费的份额，以保持高的增长速度，那么，经济“两高一低”的结构不仅不能从根本上得到扭转，还可能加重收入分配格局的不合理。应重视提高居民消费对增长的推动。要实现这一点，必须适当调整收入分配政策，强调民生财政建设，扭转当前政府消费份

① 2003年由地方政府主导的“投资过热”最终迫使中央政府靠冻结土地并限制信贷等行政性调控措施才抑制了投资的过快增长。2006年中期出现的“高投资”而引发的经济“过热”，也最终不得不出台了“管住项目、管住信贷、管住土地、管住环保、管住能耗”等所谓“五管齐下”的行政干预。

② 我国宏观调控历来有“一管就紧、一放就松”的现象。目前积极财政政策的实施已有迹象表明地方政府的投资冲动再次显现。在“一放就松”的放大过程中，财政支出项目“放大失真”的现象不可避免。这意味着，“国十条”中一些旨在扭转经济增长方式、调整收入分配结构继而调整国民收入支出结构的民生财政、民生工程等项目，经地方政府的“放大”很可能“失真”为保地方经济增长率的各类投资项目支出。

额过大的局面。[①] 一是调整国民收入分配结构，通过较大幅度地提高个税起征点、加大对低收入阶层的转移支付、增加新农村建设的投入等，将部分增加的财政收入转化为中低收入居民阶层的收入，调整国民收入中财政收入与居民收入的结构，提高居民收入的整体边际消费倾向，促进国内消费的增加。二是降低中低收入居民阶层的隐性税赋，主要政策手段是逐步扩大城市经济适用房、廉租房的供给面，较大幅度地降低城市经济适用房的价格。三是对于农村，则应增加新农村建设投入，逐步扩大公共财政及公共产品在农村的覆盖范围，通过政策调整，让广大农民从城市化和工业化带来的土地增值中获得更多的收入。四是着眼于提高企业的国际竞争力，增加对企业创新活动、品牌经营的资助，促进企业的生产结构和产品结构转型，促进产业间结构调整，产业内组织结构调整。五是尽快理顺相对价格关系，逐步减少对高能耗产品与高能耗消费行为的财政补贴，充分发挥市场机制调整生产与消费结构的功能。

（2）总需求与总供给。当前宏观经济形势下，扩大总需求是当务之急，但是，如果认识到目前的困难不仅来自外部，相当程度上也来自内部，是我国长期经济增长方式所累积的问题所致，那么，就不能忽视总供给能力的调整。应实施兼及中长期供给调整的扩大内需政策，应针对长期存在的粗放、资源消耗型增长，对不同类型的生产力，有保有压有弃，促进经济增长方式转变。我国“投资驱动、出口拉动”的经济增长方式从长远看，显然难以持续。但是，在外部需求旺盛的情况下，进行经济结构调整是不太可能的。只有在外部需求下降，经济增长放缓的情况下，方能形成促进经济结构的调整和增长方式转变的必要压力。当前，国际经济增长放缓，外部需求下降，提供了转变经济增长方式的强大外部压力，形成了促使中国经济结构调整的外部环境，应当乘时因势。通过理顺要素价格关系，以市场手段淘汰部分低档次出口能力、高资源消耗、牺牲环境的生产能力。目前沿海地区的劳动密集型产业在要素成本（土地、原料、人工）上涨的压迫下，部分规模以下企业将面临较大困难，在重视这一困难，采取必要措施的同时，应注意到这一困难的另一面，它有利于促进多年高速发展、目前出口产能已经过大的沿海劳动密集型产业进行整合，淘汰低档产能，发展高端生产，实现产业合理化，提高国际竞争力。龙头大企业应逐步转向开拓国内市场，通过国内市场发展品牌，通过向品牌经营、营销经营等产业链的高端部分移动，增加其产品附加值，最后实现自主品牌的国际化经

① 当前的政策措施中已关注到了短期内扩大居民收入的问题，如调高国有企事业单位职工的工资，调高收入所得税征税标准等。但这些措施却有可能进一步扩大城乡收入的差距，发放消费券的方式是一种短期不会扩大收入差距的办法。

营。部分规模以下企业退出，从而降低为国外贴牌生产的比例、低附加值生产的比例，留存下来的中小企业向专业化厂家转化，为国内品牌企业进行贴牌生产，围绕行业内大型企业，形成金字塔式的外包加工体系。合理的产业组织结构将有利于提升产业国际竞争力。

（3）“软”基础设施与“硬”基础设施。在“硬”“软”基础设施建设方面，应当改变只有物质基础设施才是基础设施的观念，在扩张物质资本积累的同时，更重视人力资本的积累。由于我国人力资源储备不足，我国经济的产能虽然很大，但增长过多地依靠廉价劳动力，生产严重依赖资本，尤其是外国资本，产品的附加值尤其是属于本国国民所有的增加值比重很低。人力资本的缺乏，使我国技术创新严重不足，我国的产品生产，尤其是出口产品，大多限于较低技术含量的低端产品。自主品牌，自主国际销售渠道的缺失，使我国生产的产品只能低价出售给国外中间商。这不仅导致了收入增长缓慢，而且也使国民收入分配的差距不断扩大。因此，从长远来看，在扩大物质资本积累的同时，更应重视人力资本的积累，为我国实现经济增长方式转变，建立创新型国家奠定坚实的人力资源基础以及自主创新准备，为市场经济条件下缩小国民收入分配差距创造物质前提。

参考文献

［1］龚敏、李文溥：《东北亚经济一体化：中日韩贸易相互依存关系分析》，载《南京大学学报（哲学社会科学版）》2006 年第 4 期。

［2］龚敏、李文溥：《扩大内需中的货币政策效应：1996～2003 年的实证分析》，载《厦门大学学报（哲社社会科学版）》2005 年第 5 期。

［3］龚敏、李文溥：《中国经济波动的总供给与总需求冲击作用分析》，载《经济研究》2007 年第 11 期。

［4］李文溥、龚敏：《中国宏观经济分析与预测（2006 年）》，经济科学出版社 2007 年版。

［5］李文溥、龚敏：《转轨中的宏观调控》，经济科学出版社 2006 年版。

［6］厦门大学宏观经济研究中心课题组：《2008—2009 年中国宏观经济分析与预测》，载《厦门大学学报》2008 年第 6 期。

［7］厦门大学宏观经济研究中心课题组：《晋江市国民经济和社会发展第十一个五年规划实施中期评估报告》，2008 年。

［8］中国社会科学院经济研究所经济增长前沿课题组：《财政政策的供给效应与经济发展》，载《经济研究》2004 年第 9 期。

[9] Oppers E., Macroeconomic Cycles in China, IMF Working Paper, 1997, WP/97/135.

[10] Wang R. F., Effectiveness of Monetary Policy in Post – Reform China: Some Empirical Evidence, A Presentation at the 3rd International Conference on the Chinese Economy, Organised by CERDI – IDREC in Clermont – Ferrand, France, 2001.

中国应对国际金融危机的政策组合效应分析*

美国次贷危机引发的国际金融危机爆发以来，以“出口拉动”为特征的中国经济深受外部需求低迷萎缩的影响。为了抑制增长率下滑，中国宏观调控政策在过去一年多里，调控方向、政策选择和力度都发生了戏剧性转变：2007 年底的“双防”政策在 2008 年 7 月转向“一保一控”，继而在 2008 年 10 月全面转向以保增长为目的的积极的财政政策与宽松的货币政策。2009 年，在推行扩张性政策的同时，产业政策方面“十大产业振兴计划”以及相关的促进外贸等政策措施也相继出台。

截至 2009 年 6 月，外部经济对我国宏观经济的影响依然通过对外贸易的持续萎缩以及外商直接投资增速的持续下滑表现出来。但在国内扩张性政策的影响下，全社会固定资产投资增速大幅提高。在投资的强有力拉动下，我国经济运行初步遏制了增速快速下滑，呈现出企稳回升态势。2009 年上半年我国 GDP 同比增长 7.1%，扭转了连续七个季度减速的趋势。其中，资本形成总额（包括固定资产投资和库存）对经济增长的贡献率为 87.6%，拉动 GDP 增长 6.2 个百分点，而同期消费拉动经济增长仅为 3.8 个百分点，国外需求（净出口）则下拉 GDP 增长 2.9 个百分点。①

首先，本文回顾了中国应对国际金融危机所推行的政策组合及在这些政策的实施下宏观经济的主要表现；其次，基于中国季度宏观经济模型（CQMM）模拟分析在当前外部经济环境下现行“保增长”及“调结构”政策组合的宏观效应；再其次，在此基础上，深入研究当前宏观经济运行存在的根本性问题——国民收入支出结构的“两高一低”失衡，指出这其实是社会再生产过程中消费

---

* 本文为国家自然科学基金 2008 年应急课题“中国应对国际金融危机的政策组合效应分析及建议”的结题报告，共同作者：龚敏、卢盛荣、刘榆。

① 国家信息中心预测部：《2009 年下半年中国经济走势前瞻》。

环节的结构失衡，但必须从社会再生产过程的生产环节、分配环节寻求原因，从决定社会再生产过程特征的体制基础找原因，解决国民收入支出结构失衡问题必须从重构决定国民收入分配结构的社会各利益主体的力量对比均衡入手；最后，基于 CQMM，预测我国宏观经济在 2009 年和 2010 年的运行趋势，模拟了汇率变动、美国个人储蓄率上升对我国宏观经济运行的影响，提出相关的政策建议。

我们认为，导致我国当前经济增长率下滑的因素就短期和外部而言，是全球金融危机导致的外部需求萎缩，但是，以出口导向为重要特征的粗放型经济增长累积的总需求结构失衡，国民收入分配结构不合理等因素，直接萎缩了居民消费能力，却是致使我国经济遭遇外部需求萎缩时增长迅速下滑的根本性、长期性内因。然而，2008 年下半年至 2009 年上半年，应对国际金融危机，确保年度增长目标成为宏观经济政策的首要任务，调整结构的必要性虽然已经成为共识——尽管何种结构失衡最为重要尚有不同意见——但是在政策实践中却不得不让位于保增长。为了在短期内遏制经济增长率下滑，不得不启动了大规模的财政投资，与此同时，作为内需最主要同时也是近年来下降幅度最大的部分——居民消费需求的提升，却由于重视不足，一时也束手无策，并没有得到应有的提升，宏观经济“高投资、低消费”的不平衡结构进一步突出。在外部市场不能快速复苏的情况下，高投资转化的生产能力扩张，有可能进一步加重产能过剩的局面。因此，当前中国应对国际金融危机的宏观经济政策组合应能有效地扩大内需尤其是居民消费的增长，推动经济增长方式转变，调整“两高一低”的国民经济结构及产业结构，使个人收入和消费的增长来取代政府主导的投资激励增长，并成为推动经济增长的主要动力。这不仅关系到能否在当前保增长，更关系到中国经济稳定较快增长的可持续性，关系到经济增长终极社会目标的实现。

一、宏观经济政策执行情况与宏观经济表现

（一）积极的财政政策和适度宽松的货币政策

为了应对由于国际金融危机导致的经济增长率下滑，2008 年第三季度起，我国的宏观经济调控政策全面转向了积极的财政政策和适度宽松的货币政策。

首先，在财政政策方面，表现为财政支出总量的快速扩张，试图通过基础

设施投资的扩张来弥补因出口下滑而导致的需求萎缩。截至2009年6月，总量扩张的财政政策已使财政支出同比增加了26.3%，规模达到2008年同期的1.26倍；7月财政支出规模继续扩大，规模到达2007年全年的68.1%和2008年全年的54.1%。从各项支出的增速来看，属于投资性质的交通运输和农林水事务支出增速同比提高了44.9个和40.9个百分点；对科学技术的支出增速也提高了17.5个百分点。但是，具有鼓励和扩大消费性质的对教育、社保和就业的支出增速同比却大幅度下降，下降幅度分别达到6.2个和12.6个百分点；对医疗卫生的支出增速仅同比上升4.2个百分点。

从各项财政支出构成的变化看（见图1），截至2009年6月，教育、社保和就业以及医疗卫生三项支出占财政支出的31.08%，仅比2007年和2008年分别提高了1.84个和1.41个百分点；交通运输支出和农林水事务支出所占比例大幅度提高，分别达到了5.30%和8.56%，两者之和比2008年提高了近2.57个百分点。2009年新增三项财政支出统计数据，即采掘电力信息事务、粮油物资储备等管理事务以及金融监管等，三项共占财政支出的7.39%；科学技术支出以及环境保护支出所占的份额与2008年相比略有下降；一般公共服务及文体传媒所占支出的份额大幅度下降，比2008年下降了3.7个百分点。

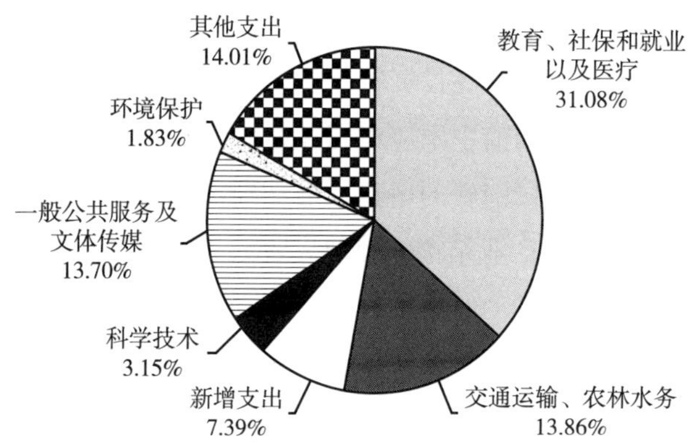

图1　各项财政支出构成（截至2009年6月）

由于国际金融危机对我国经济产生了严重的负面影响，国家财政累计收入增速自2008年7月起开始下滑，进入2009年，财政收入增速转为负增长，到2009年6月，财政收入累计增速为-2.4%。同时，财政支出增速大幅度提高，使财政收支盈余锐减，2009年6月的财政累计盈余仅为2007年7月的61.9%和2008年6月的42.5%。然而，财政收入占GDP的比例并没有大幅度下降（见图2）。6月的财政收入与GDP之比为24.3%，仅比2008年同期降低1.5个百分点，高于2007年6月5.7个百分点。

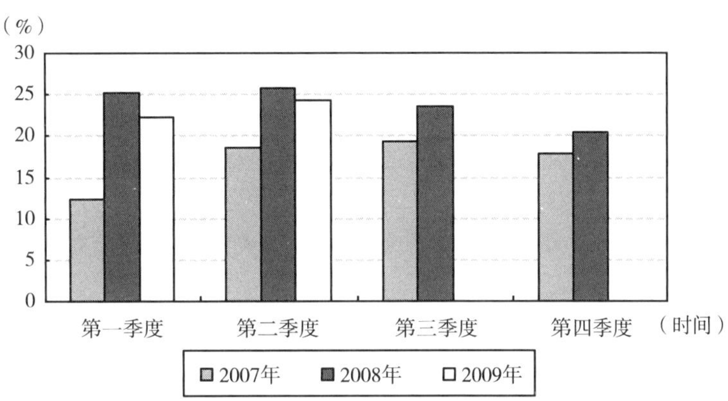

图2　财政收入与GDP的比例

其次，在货币政策方面，宽松的政策取向主要表现在为宏观经济企稳回升提供大量的信贷投入，以保障投资资金的供给（见图3、图4）。在货币供应方面，M0增速基本平稳，但是，M1和M2增速却大幅提高。这表明银行体系通过贷款所创造的货币数量大幅增加。2009年6月底，人民币各项贷款余额同比增长34.4%，为1997年以来的最高水平。其中累计新增人民币贷款规模为7.37万亿元，是2007年全年新增贷款的2.03倍，2008年的1.5倍。从构成上看，由国有商业银行发放的新增贷款占44.2%，政策性银行占8.7%，两者之和为52.9%，同比提高了5.5个百分点。从贷款项目的性质来看，对中长期贷款的比重有所提高，6月为51.2%，短期贷款的比重为37.9%，同比下降约5个百分点。①

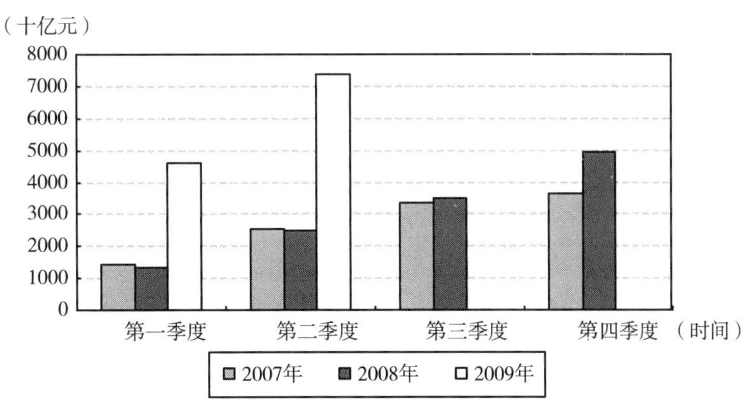

图3　累计新增人民币贷款规模

① 尽管新增贷款规模较大，但并非全部资金都进入了实体经济，有一部分资金进入了股市、房市，引发了资产泡沫。

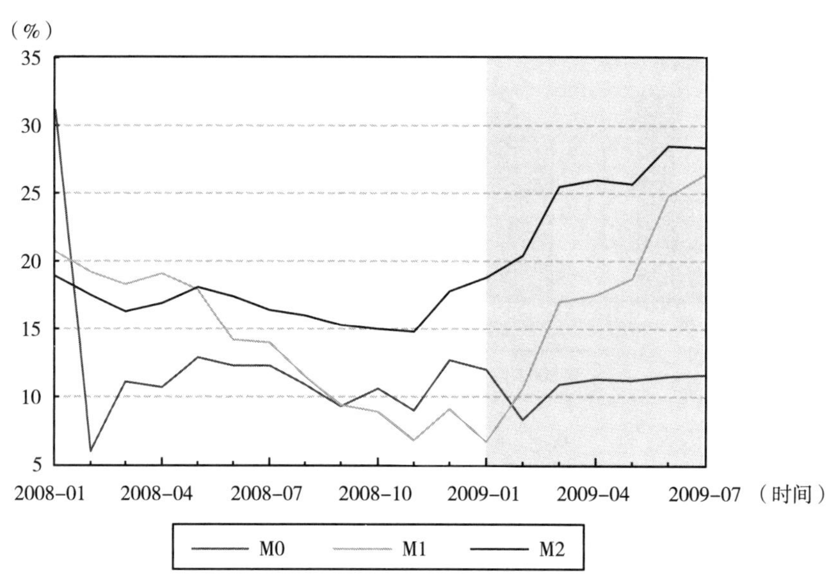

图4　货币供应量增速

从月底金融机构各项存款的构成来看，企业存款的增速在大幅提高，2009年6月同比增加了31.1%，占全部存款的份额为34.6%；财政存款在2008年9月之前大幅度提高之后，2009年存款增速急剧萎缩，但是财政存款占总存款的份额2009年第二季度依然比第一季度有所上升，达到4.4%。从新增存款来看，2009年6月金融机构新增存款同比增长了101.4%，但是，居民新增存款仅同比增加43.7%，在新增存款中所占的比例下降为31.7%。新增存款中，企业存款大幅提高，所占比例达到了53%。

最后，在国内扩张性政策的影响下，全社会固定资产投资增速大幅提高。在投资的强有力拉动下，初步遏制了我国经济增速快速下滑的局面，呈现出企稳回升的态势。上半年我国GDP同比增长7.1%，扭转了连续七个季度减速的趋势。其中，资本形成总额（包括固定资产投资和库存）对经济增长的贡献率为87.6%，拉动GDP增长6.2个百分点。

（二）宏观经济运行的主要情况

1. 对外贸易持续萎缩

2007年中国出口增速（美元计算）实现25.7%，2008年下降为17.2%。进入2009年，出口转为负增长，第二季度出口增速为-21.8%；累计出口额仅为2008年6月的78.3%（见图5）。

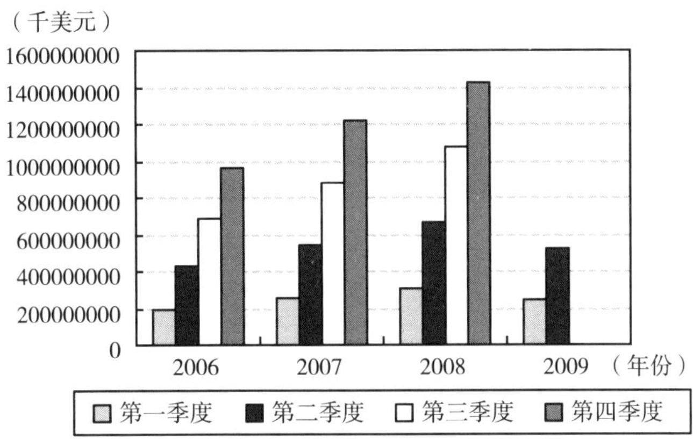

图5　按美元计算的出口累计额

出口的快速下滑从两个方面抑制了进口的增长：一是加工贸易出口下降导致加工贸易进口的下滑；二是出口导向制造业投资下滑导致生产资料进口的下滑。2007 年中国进口增速（美元计算）为 20.7%，2008 年下降为 18.5%。进入 2009 年，进口下滑速度大幅度超过出口，第二季度进口增速为 -25.4%；累计进口额为 2008 年 6 月的 74.8%（见图 6）。受进口快速下滑的影响，对外贸易在 2009 年上半年依然维持顺差态势，其规模基本上接近 2008 年 6 月的水平（见图 7）。

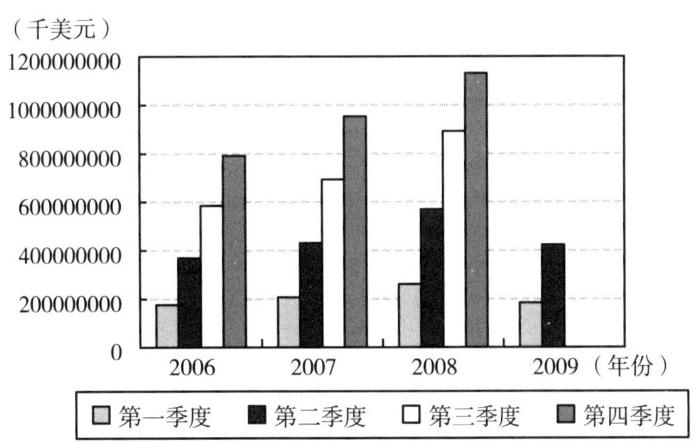

图6　按美元计算的进口累计额

从贸易构成来看，由于加工贸易与国际市场紧密关联，进入 2009 年，加工贸易进出口增速双双大幅下滑，而且，加工贸易进口增速下滑超过了加工贸易出口。6 月加工贸易出口萎缩 22.3%，出口规模仅为 2008 年同期的 77.7%；进口萎缩 29.9%，进口规模为 2008 年同期的 70%。7 月下滑幅度有所减缓。一般贸易进出口增速也双双回落，其中，一般贸易出口回落速度不断加快，一

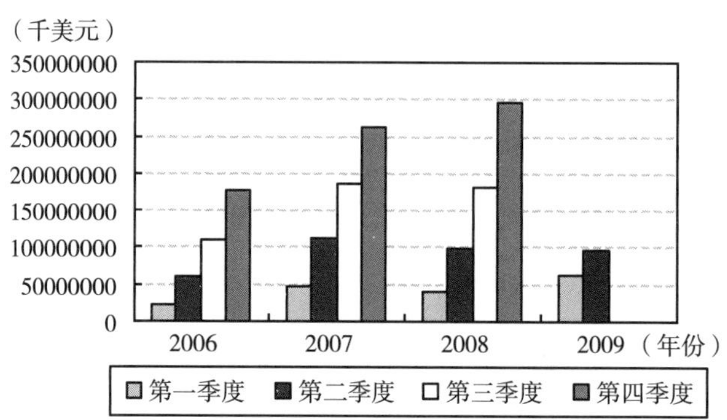

图7　按美元计算的净出口累计额

般贸易进口回落速度却有所减缓。6 月，一般贸易出口萎缩 23.2%，出口规模仅为 2008 年同期的 76.8%；进口萎缩 21.5%，进口规模为 2008 年同期的 78.5%。①

2. 工业企业生产持续低速扩张，工业企业利润总额增速转为负增长

工业企业增加值累计增速自 2008 年 7 月开始下滑，12 月仅实现 12.9% 的增速，同比下降 5.6 个百分点。2009 年 3 月为 5.1%，同比下降 11.3 个百分点，6 月增速回升为 7%，同比依然下降 9 个百分点（见图 8）。同时，工业企业利润总额增速也转为负增长，2009 年 5 月利润增速同比为 -22.9%（见图 9），利润总额仅为 2008 年 5 月的 77.7%。由于工业产值占我国 GDP 的较大比重，长期以来第二产业增速都快于 GDP 增速。但是进入 2009 年后，第二产业的增速明显低于 GDP 增速。第一季度，我国 GDP 增长率同比回落 4.5 个百

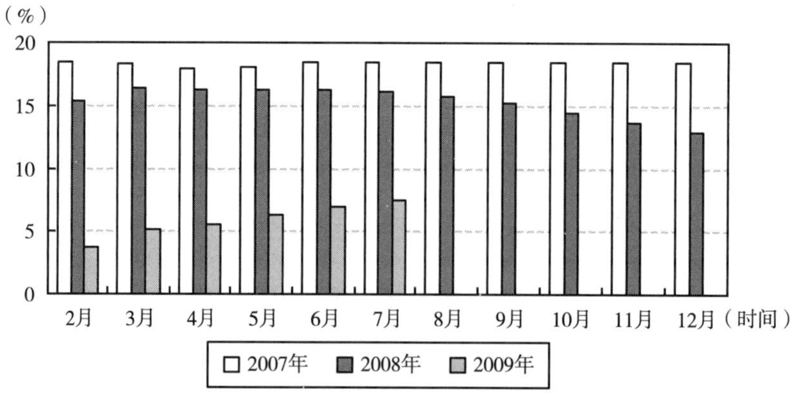

图8　工业企业增加值累计增速

① 一般贸易进口的变化通常可以反应一国国内市场需求的变化。直至 2009 年 7 月我国一般贸易进口增速的持续萎缩一定程度上意味着国内需求的低迷状态仍在持续。

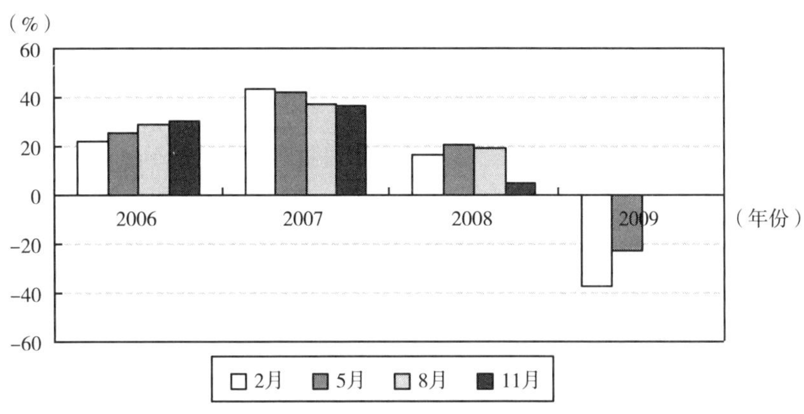

图9　工业企业利润总额累计增速

分点，其中第二产业增速由2008年第一季度的11.5%下降到5.3%，回落近6.2个百分点；第二季度GDP增长率上升7.9%，第二产业的增速仅回升至6.6%，同比依然下降了4.7个百分点。

3. 全社会固定资产投资增速大幅提高

2009年前7个月，全社会固定资产投资完成额累计增速均超过2007年和2008年同期水平（见图10）。从投资主体看，自2008年7月宏观经济调控政策转向“保增长”之后，国有及国有控股企业固定资产投资增速开始大幅度提高，2009年6月投资增长41.4%，同比提高了20.5个百分点；国有及国有控股企业固定资产投资在全社会固定资产投资完成额中所占的份额也达到43%。从投资的行业构成看，尽管制造业和房地产业投资增速在2009年上半年同比有所下降，但交通运输、教育和卫生社保福利投资增速同比大幅度上升；在完成的全社会固定资产投资额中，制造业依然占32%，房地产业占22%，交通运

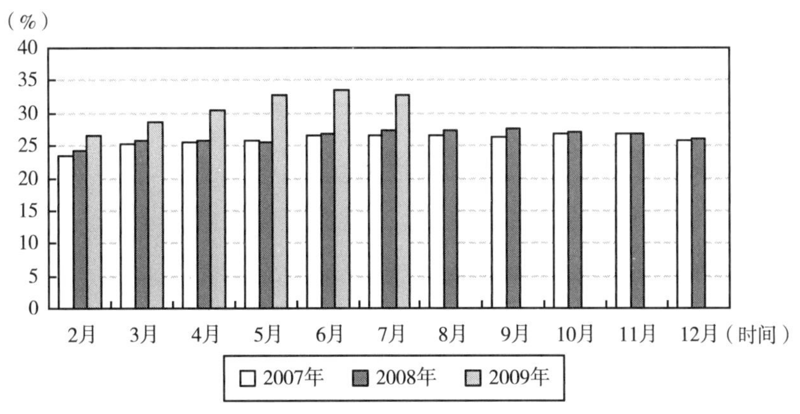

图10　固定资产投资完成额累计增速

输、仓储和邮政业所占比例提高到10.8%，教育以及卫生社保福利投资依然仅占约2.6%。

从资金来源看（见图11），国家预算内资金增速大幅提高，2月甚至达到146%，6月为88.7%；国内贷款增速也有明显提高，6月达到44.6%，同比提高了近30个百分点；企业自筹资金投资增速也有一定程度的提高，6月为36.4%，同比提高5.5个百分点，其中企业自有资金投资增速明显下降，反映出企业的利润正在下降；利用外资投资增速持续下降，而且降幅不断扩大，6月累计增速为-7.4%。然而，从各项来源所占比重看，企业自筹资金占比有所提高，6月为60.4%，国内贷款所占的份额有所下降，6月为17.4%，利用外资以及其他资金所占份额明显下降。

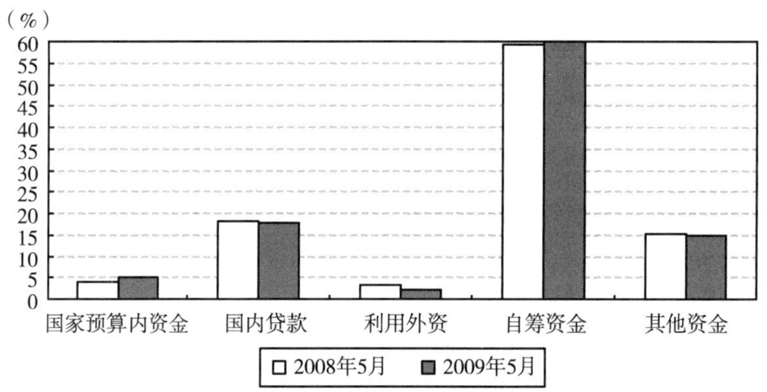

图11　固定资产投资资金来源构成

4. 城乡居民收入增速持续下滑

2009年第一、第二季度，城镇家庭人均可支配收入增速以及农村家庭人均现金收入增速均低于2007年和2008年同期的水平（见图12、见图13）。同时，城乡居民人均消费支出累计增速也都低于2007年和2008年同期的水平（见图

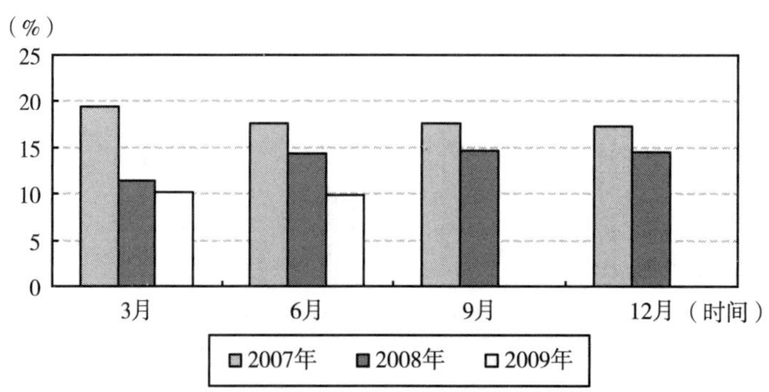

图12　城镇家庭人均可支配收入累计增速

14、见图 15）。在居民消费增长乏力的情况下，政府消费增长较快。据国家统计局报告，2009 年中央财政计划用在与人民群众生活直接相关的教育、医疗卫生、社会保障和就业、保障性安居工程、文化方面的民生支出合计为 7284.63 亿元，增加 1653.34 亿元，增长了 29.4%。

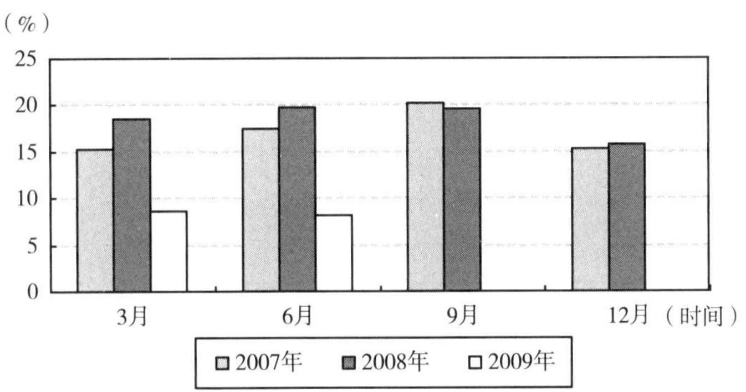

图 13　农村家庭人均现金收入累计增速

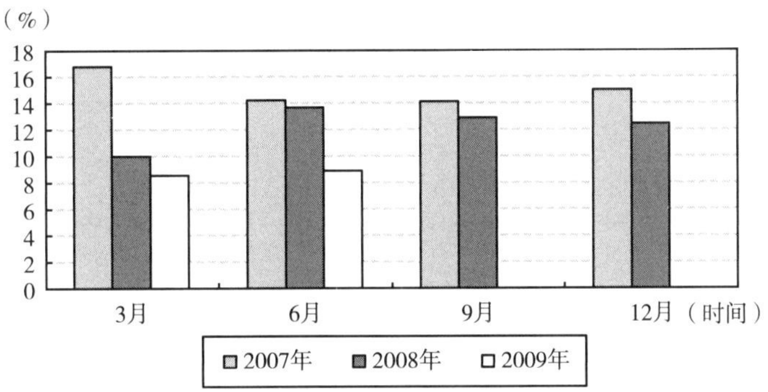

图 14　城镇家庭人均消费支出累计增速

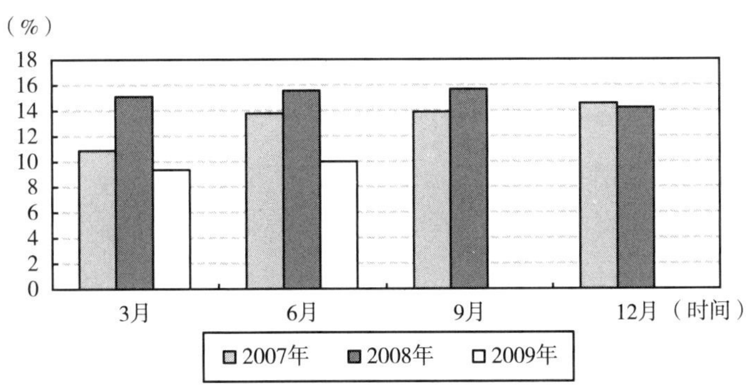

图 15　农村家庭人均现金消费支出累计增速

5. 消费者物价指数和工业品出厂价格指数呈“双降”趋势

自2008年6月起到2009年7月，消费者价格指数（CPI）和生产者物价指数（PPI）双双进入下降通道，而且PPI下降幅度超过CPI的下降幅度（见图16）。在供给方面，原材料、燃料及动力价格指数的降幅最为明显，企业商品价格指数中投资品价格以及PPI中生产资料价格指数都呈现持续大幅度下降（见图17）。这一价格变动趋势既反映了国内外市场需求疲软，也反映出国内生产资料市场在扩张性政策的作用下出现了日益严重的供给过剩态势。①

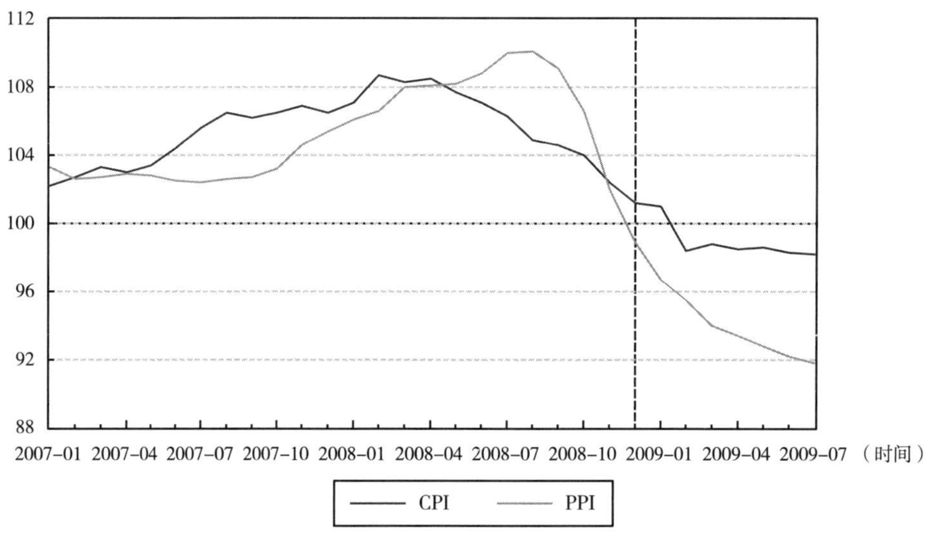

图16　CPI和PPI的变化

6. 工业增加值增速和固定资产投资增速的背离表明上游生产资料产能过剩局面正在加剧

比较制造业投资的增速与工业增长情况（见图18），在金融危机深化之前，制造业投资的高增长总是与工业企业的高速增长相联系，但是，2008年下半年开始，制造业投资的高增长却伴随着工业企业产出的低速扩张。2009年第一季度制造业投资累计增长27.3%，工业企业增加值增速仅为5.1%；至7月，制造业投资累计增长了28.5%，工业企业增加值增速却仅为7.5%。工业增加

① 除了受到国内因素的影响之外，我国PPI和生产资料价格受到国际因素的很大影响。而美元汇率变化是影响工业品和生产资料的国际价格水平的一个重要因素。

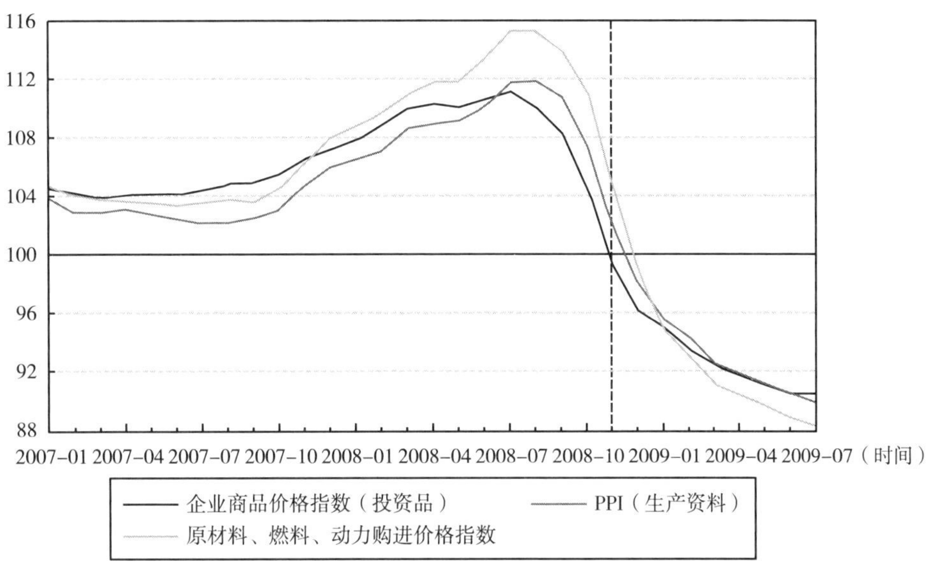

图 17　投资品、生产资料以及购进价格指数

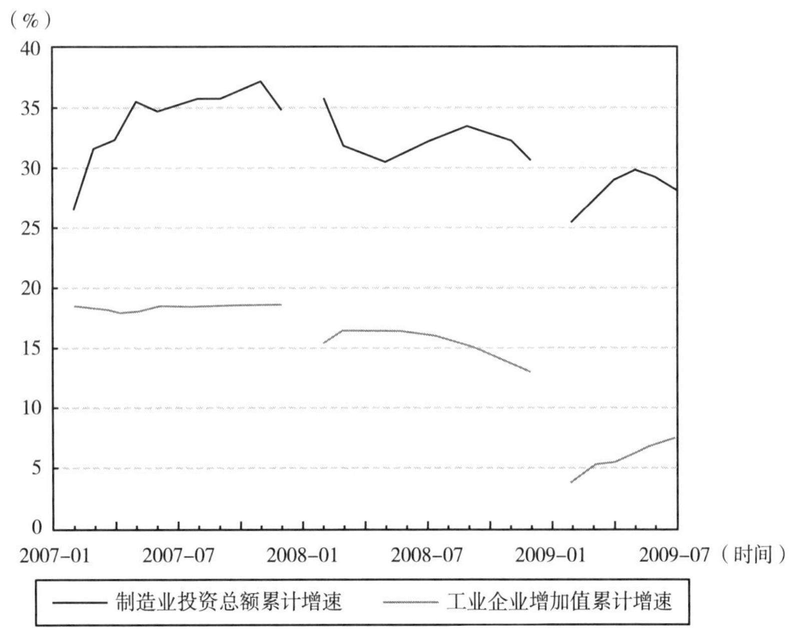

图 18　制造业投资增速与工业企业增加值增速

值和固定资产投资增速趋势的背离，表明现在中国出现了“去库存化”的趋势。30% 以上的投资增长只带来了不到 8% 的工业增加值增长，说明投资很大程度上只是在消化上游企业的既有库存。如果再盲目扩大生产，未来产能过剩的压力将进一步增大，很有可能出现“二次去库存化”的局面，这一点已经在钢铁及水泥等行业上得到体现。

以钢材和水泥的生产为例，2009 年上半年钢材产量约为 2007 年上半年产量的 1.17 倍，为 2007 年全年钢材总产量的 56%，2008 年全年钢材产量的 54%。2009 年上半年水泥产量约为 2007 年上半年产量的 1.19 倍，为 2007 年全年水泥总产量的 54%，2008 年全年水泥产量的 53%。考虑到 2007 年我国宏观经济所面临的国内外市场需求状况，目前生产资料领域的产能过剩已经相当严重。①

（三）政策评价

受国际金融危机的影响，我国自 2007 年下半年开始，季度 GDP 同比增长率连续七个季度减速，直至 2009 年第二季度，增长率下滑态势才得以扭转。这一下滑虽然是外部市场需求萎缩导致的社会总需求萎缩，但同时也是长期内部结构失调导致的居民消费不振的结果。在经济衰退的第一阶段，“保增长”的需要往往更为迫切，“调结构”的必要性往往容易被忽略。近三个季度以来的政策实践也确实如此，积极的财政政策与宽松的货币政策对数量扩张的重视超过了对结构调整的关注。实现今年经济增长目标的手段则过度偏重于“投资拉动”，它虽然保证了增长目标的实现，但是，实现这一增长目标的代价却不容忽视。

第一，固定资产投资的总量虽然扩大了，但是，投资的构成却没有大的改变。如上所述，在已经完成的全社会固定资产投资额中，制造业依然占 32%，房地产业占 22%，对交通运输、仓储和邮政业的投资比例提高到 10.8%，教育以及卫生、社保、福利投资依然仅占约 2.6%。虽然投资数量增加可以拉动经济增长，但是，这样的投资结构却进一步加剧了部分产能过剩行业生产能力的扩张。

第二，当前扩大内需的政策在维持投资增长方面依然是以政府主导投资代替私人投资从而维持投资增速的回升；在拉动消费需求方面，也主要是以政府消费扩张代替居民消费扩张。这些政策虽然短期使经济增长率下滑的态势得到抑制，但却在进一步加剧既有的国民经济“两高一低”结构失衡。

在过去的十年里，无论是 1998 年扩大内需的政策还是 2003 年开始的高速经济增长，以及现行的宏观调控政策，作为内需最主要的部分——居民消费需

---

① 中国人民银行报告指出，2009 年第一季度我国 24 个行业中有 19 个行业存在不同程度的产能过剩；其中不仅包括钢铁和水泥等传统行业，而且还包括风力发电和多晶硅等部分先进行业。

求都没有得到应有的提升。在国际金融危机打破了“投资—出口—增长—再投资—再出口”的高增长循环后，出口导向的制造业过剩生产能力将难以在短期内被国内市场所吸收，经济必然面临着需求不足、消费不振的压力。

第三，由于政府投资和国有银行贷款主导的基础设施等项目在下半年依然需要持续的资金投入，因此，扩张性宏观调控的基调（财政支出总量扩张、货币信贷总量扩张）在短期内似乎难以改变。这就使政府对产能过剩的宏观调控不得不再次转向利用行政手段，它必然降低宏观调控的经济效率，提高宏观调控的经济成本。一方面，政府需要通过行政手段来化解由于出口下滑导致的制造业产能过剩。“十大产业振兴计划”的出台，国家储备资源的收购，以及“家电下乡”“汽车以旧换新”等措施企图从需求面通过激发需求来消化产能过剩。另一方面，政府又不得不采取环保、土地和金融数量控制等行政手段从供给面直接抑制部分行业的产能过剩和重复建设，调整产业结构。

但是，自 2003 年中国政府抑制产能过剩的实践来看，通过行政指令或运用行政手段来抑制产能过剩的效果并不显著。长期以来靠制造业投资、房地产投资以及基础设施投资拉动经济增长的模式，生产要素市场（资金、土地、劳动力以及资源环境等）改革滞后以及地方政府追求本地区经济增长对国内生产要素价格抑制性扭曲所导致的低成本投资扩张冲动等才是导致上游相关产业产能扩张的主要原因。① 上游相关产业产能扩张导致下游相关企业投资成本的降低，进一步刺激了下游产业的投资扩张。这些投资转换的供给能力，过去可以靠出口到外部市场“泄洪”，现在却无法靠国内疲软的消费市场来消化。

在今后一段时期，从外部环境看，虽然诸如国际货币基金组织（IMF）所预测的，目前全球经济正在好转，但经济复苏依然面临很多不确定性。以美国为例，虽然越来越多的迹象表明美国经济正在走出衰退。在 IMF 2009 年 7 月的预测中，美国 2009 年实际经济增长率为 -2.6%。2010 年美国实际经济增长率可能会恢复到 0.8%。但是，短期内难以下降的高失业率、收入增长的减速、紧缩的信贷市场以及低迷的房地产市场价格等，长期内巨大的财政赤字所可能引发的长期利率上升以及美元贬值的预期等，都将抑制美国居民的消费需求，

① 我国近年来由于居民消费不振，因此，在国外需求较为旺盛的经济上行期，各级地方政府主要是通过鼓励劳动密集型产品出口和扩大投资来拉动经济增长，2008 年第三季度以来，由于国外需求急剧萎缩，不可能再通过扩大出口来拉动经济增长，地方政府把保增长的希望转向了扩大投资，一些地方开始考核投资增长率，以投资增长率为政绩考核指标。这样势必更进一步地导致已经失衡的国民收入支出结构恶化，带来更为严重的经济结构问题。

增加个人储蓄。自 2008 年 5 月开始，美国的个人储蓄率呈现回升趋势，从 2008 年的 0.8% 回升至 2009 年 5 月的 6.9%，上升了 6.1 个百分点，升幅达 762.5%。创 1993 年 12 月以来的美国个人储蓄率新高。这意味着在可预计的时间里，我国出口增长的前景仍不乐观。

另外，当前倚重投资扩张的刺激政策在一定程度上不可避免地产生了漏出效应，投资需求在相当程度上转化为对生产资料进口品的需求。从我国进口商品的构成来看，2009 年工业制品进口占总进口的份额大幅度提高，6 月有 72.5% 的进口品是工业制品，同比提高 5 个百分点。受加工贸易进口需求下滑的影响，工业制品进口增速第二季度虽然仍然是负数，为 -19.7%，但是降幅已经比第一季度缩小了近 6 个百分点。

我们认为，继续坚持通过扩大投资需求保增长的政策，经济所要付出的代价将更为巨大。旨在扩大内需的诸种政策举措为何不能有效带动内需特别是居民消费需求的扩张，从而从根本和长期扭转失衡的经济结构？这是当前宏观经济政策研究必须回答的问题，它需要我们对导致我国经济“两高一低”的根本性原因，以及单纯着眼扩大内需的宏观经济政策的局限性予以认真研究。下面，我们首先应用中国宏观经济季度模型（CQMM）进行政策模拟，[①] 对 2008 年第三季度至 2009 年上半年的宏观经济政策效应进行评估，而后在理论上对导致我国经济“两高一低”的根本性原因，以及单纯着眼扩大内需的宏观经济政策的局限性进行分析。

二、基于 CQMM 的政策组合效应评价

基于中国季度宏观经济模型（CQMM），我们进行了政策模拟。政策模拟的结果显示：在当前内外部经济环境下，无论是单独采用现行的货币政策还是财政政策，其宏观经济政策效果都会受到不同程度的减弱，只有两者相协调，才能达到扩大内需的政策目标。与此同时，理论分析证明：调整国民收入支出结构已经成为扩大内需、保增长极为重要的政策措施。调整国民收入支出结构，必须从调整国民收入分配结构入手；而调整国民收入分配结构，必须正视国民收入分配结构失衡的体制性因素——现有体制造成了决定国民收入分配结

① 中国宏观经济季度模型（CQMM）是厦门大学宏观经济研究中心与新加坡南洋理工大学亚洲研究中心 2006 年合作开发的结构性宏观经济模型。自开发以来，已经连续多次进行了宏观经济预测与政策模拟。

构的不同社会阶层力量对比失衡。要实现国民收入分配结构合理化，必须重构决定国民收入分配结构的不同社会阶层力量对比。

（一）当前宏观调控“保增长”政策效应的模拟评价

1. 货币政策效应的模拟评价

2008 年下半年，美国次贷危机的蔓延引发了国际金融危机，导致全球经济进入严重衰退，为减缓外部经济环境恶化给我国经济增长带来的不利影响，2008 年 8 月初，中国人民银行宣布放松对中小企业的贷款管制并增加了 2000 亿元的贷款额度；2008 年 9 月、10 月分别下调了存款准备金率，10 月末央行宣布不再对商业银行信贷规划进行硬性约束，隔周发行 1 年期的央票，保证市场流动性充分供应。此外，从 2008 年 10 月 27 日起，个人住房公积金贷款利率下调 0.27 个百分点；居民首次购买普通自住房和改善型普通自住房贷款利率的下限可以扩大到贷款基准利率的 0.7 倍，最低首付款比例调整为 20%。2008 年 11 月 5 日，国务院公布扩大内需十大举措，其中，在货币政策方面加大了金融对经济增长的支持力度。取消对商业银行的信贷规模限制，合理扩大信贷规模，同时，央行还多次下调存贷款利率。从 2008 年 9 月 16 日开始至 12 月 23 日，先后五次下调存贷款利率，特别是 11 月 26 日，央行下调人民币存贷款基准利率达 1.08 个百分点。2009 年继续采取适度宽松的货币政策，第一季度、第二季度货币供应量增速分别达到 25.5%、28.5% 的新高。

为了模拟现行货币政策的效应，我们在 CQMM 中假定，从 2008 年第三季度至 2009 年上半年，扩大内需仅仅依靠积极的财政政策，央行并未采取上述适度宽松的货币政策，其商业银行贷款基准利率与货币供应量增速仍然延续 2008 年上半年的增速态势。在此情形下，如表 1 所示，模型计算结果显示：2009 年我国的 GDP 增长率仅能维持在 5.3%，其中，第一季度、第二季度的增长率分别为 3.7% 和 6.6%；上半年城镇固定资产投资增速仅为 24.7%，其中，第一季度、第二季度增速分别为 13.8%、29.6%；固定资产形成总额增速 10.1%，其中第一季度、第二季度增速分别为 11.7%、9.4%。可以看出，2009 年上半年，我国如果仅依靠积极的财政政策（央行并未采取适度宽松的货币政策），GDP 增长率、城镇固定资产投资、固定资产形成总额增速将分别比目前的增长实绩降低 1.8 个、8.9 个、6.3 个百分点。

表 1　　2009 年上半年货币政策效应评价　　单位：%

时间	模型计算	城镇固定资产投资亿元（现价）	固定资产形成总额亿元（不变价）	GDP 增长率亿元（不变价）
2009Q1	①模拟值	13.8	11.7	3.7
	②实际值	28.6	16.4	6.1
	②-①	14.8	4.7	2.4
2009Q2	③模拟值	29.6	9.4	6.6
	④实际值	35.9	16.4	7.9
	④-③	6.3	7.0	1.3
2009 年上半年	⑤模拟值	24.7	10.1	5.3
	⑥实际值	33.6	16.4	7.1
	⑥-⑤	8.9	6.3	1.8

模型模拟的结果从另一个侧面说明了扩张性财政政策所发挥的效应。在 2008 年第四季度至 2010 年新增 4 万亿扩大内需投资中，中央政府计划公共投资为 1.18 万亿元。到 2009 年上半年，实际投资 5915 亿元。其中，用于保障性住房建设资金 522 亿元，占 8.8%；农业基础设施及农村民生工程建设资金 1253 亿元，占 21.2%；铁路、公路、机场等重大基础设施建设资金 460 亿元，占 7.8%；医疗卫生、教育文化等社会事业发展资金 703 亿元，占 11.9%；节能减排和生态建设资金 260 亿元，占 4.4%；支持企业自主创新、技术改造及结构调整资金 585 亿元，占 9.9%；地震灾后恢复重建投资 2000 亿元，占 33.8%；公共服务基础设施等其他项目资金 132 亿元，占 2.2%。

尽管如此，由于一些地方政府在争取到这些中央投资项目之后，配套资金难以跟上，部分地方项目连资本金都难以保证，因此，这些项目只能依靠贷款维持，项目上马以后，面临着后续资金缺乏。这意味着接下来货币政策的制定将面临两难。央行如果收紧银根，部分项目可能就无法推进，造成政府投资无法落实，经济也就不可能得到应有的扩张。如果央行未能相应地降低利率，扩张财政政策可能导致挤出效应，提高企业的投资和生产成本，从而会抑制企业的投资。

2. 财政政策效应的模拟评价

中央政府计划 2009 ~ 2010 年两年投资 11800 亿元用于扩大内需，2009 年投资规模约为 9080 亿元，新增 4875 亿元。新增的 4875 亿元投资中，3000 亿元已经在 2008 年第四季度和 2009 年上半年完成，加上地方政府配套和商业银行信贷支持，推动了投资的快速增长。此外，实施增值税转型和减免行政事业性收费，也降低了企业的投资和生产成本，对刺激企业投资产生了一定作用。同时，2009 年提高的农产品收购价格，将使农民增加收入 1000 亿元；为提高城镇低收入居民收入、离退休人员工资、优抚对象优抚标准和中小学教师绩效工资等也共计投入了近 2000 亿元。居民收入的增加预计可以拉动消费扩大 2200 亿元左右，它使 2009 年经济增速提高了 0.7 个百分点。在提高居民收入的同时，实施家电下乡政策和部分地区发行消费券，也在一定程度上促进了消费增长。

依据 CQMM，我们假定从 2008 年第三季度至 2009 年上半年，仅仅依靠适度宽松的货币政策，中央政府并未采取积极的财政政策的情况下，宏观经济的可能表现。在这种情形下，如表 2 所示，模型预测：2009 年 GDP 增长率将仅为 5.1%，其中，第一、第二季度增长率分别为 4.2%、6.1%。上半年城镇固定资产投资增速 24.4%，其中，第一、第二季度增速分别为 18.9%、27.0%；固定资产形成总额增速 9.8%，其中第一、第二季度增速分别为 13.8%、7.9%。与实际值相比，2009 年上半年仅依靠适度宽松的货币政策（中央政府并未采取积极的财政政策）情形下，城镇固定资产投资、固定资产形成总额增速和 GDP 增长率将分别降低 9.2 个、6.6 个和 2.0 个百分点。

表 2　　2009 年上半年财政政策效应评价　　单位：%

时间	模型计算	城镇固定资产投资 亿元（现价）	固定资产形成总额 亿元（不变价）	GDP 增长率 亿元（不变价）
2009Q1	①模拟值	18.9	13.8	4.2
	②实际值	28.6	16.4	6.1
	②-①	9.7	2.6	1.9
2009Q2	③模拟值	27.0	7.9	6.1
	④实际值	35.9	16.4	7.9
	④-③	8.9	8.5	1.8
2009 年上半年	⑤模拟值	24.4	9.8	5.1
	⑥实际值	33.6	16.4	7.1
	⑥-⑤	9.2	6.6	2.0

因此，根据 CQMM 的政策模拟，我们对现行政策的评价是，在当前的国内外经济环境下，无论是单独采用货币政策还是财政政策，宏观经济政策效果都将会不同程度地减弱，正是由于中央政府同时实施了扩张性的财政政策与宽松的货币政策，两者相互配合，才取得了目前的增长实绩，使今年扩大内需、保

障8%增长率的政策目标得到实现。

（二）宏观经济政策“调结构”的政策效应模拟评价

基于CQMM，我们进一步模拟分析财政支出结构调整的政策效应。我们假设把四万亿的财政扩张政策中的1/4，即一万亿专门用于提高农村居民收入，通过CQMM模拟刺激消费、拉动内需以及带动经济增长的效应。

表3给出了基础模型和上述情景下通过CQMM模型模拟的主要宏观经济指标的增长率。

表3　财政支出结构调整对主要宏观经济指标的影响　单位：%

时间	国内生产总值增长率 亿元（不变价）	居民消费总额增长率 亿元（不变价）	社会商品零售总额增长率 亿元（现价）	进口增长率 亿元（不变价）	进口增长率 亿元（现价）	净出口增长率 亿元（现价）	外汇储备增长率 百万美元（现价）
2009年	8.0	7.2	20.5	-1.3	-12.8	-31.3	16.5
	8.6	9.5	23.0	-0.8	-12.3	-33.2	16.5
2010年	9.3	10.2	29.6	12.0	21.4	21.2	11.0
	9.7	12.5	32.1	12.5	21.9	19.2	10.7

注：上行为基础模型预测值，下行为目前情形下预测值。

通过对比发现，农村居民收入增加对消费的直接刺激效应将大于由于投资减少、经济增长放缓而导致的居民收入减少对消费的间接抑制效应，结果将使消费潜能得以释放，从而2009年居民消费总额将可能增长9.5%（见表3）。同时，以不变价计算的居民消费占GDP的比例在2009年和2010年都将比其他三种情形有所提高（见图19），而投资占GDP的比例则会有所下降（见图20）。这意味着，如果我国的财政扩张政策能够适当调整支出结构，从投资扩张为主转向扩大投资与提高居民收入并重，那么，经济增长可以在一定程度上从投资驱动转向消费驱动，目前中国经济中消费率过低的状况将会有所改善，促进国民经济“两高一低”失衡结构的调整。

当减少的投资转变为居民收入后，一方面，人们会增加对国外最终产品的消费需求；另一方面，对国内产品需求的增加将会导致国内生产厂商对中间品进口需求的增加。两方面因素将同时发生作用，刺激进口的增加。从政策模拟的数据看，2009年不变价计算的进口增速将由-1.3%上升至-0.8%，少下降近0.5个百分点。2010年进口增速将由12.0%提高到12.5%，多增长0.5个

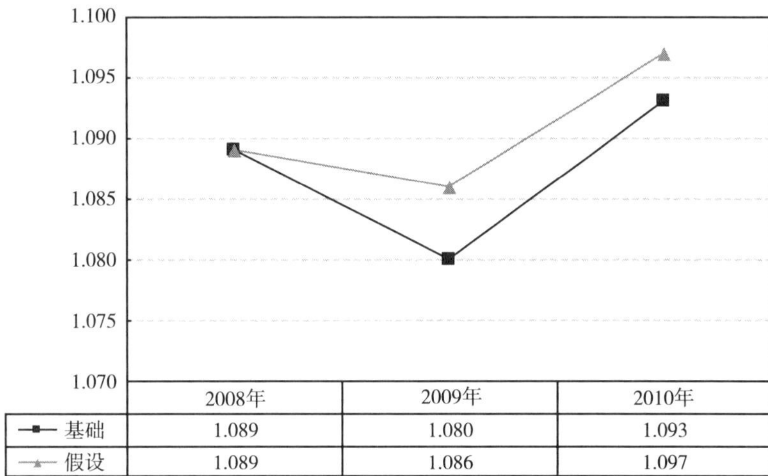

	2008年	2009年	2010年
基础	1.089	1.080	1.093
假设	1.089	1.086	1.097

图 19　两种情景下年度 GDP 增长率预测

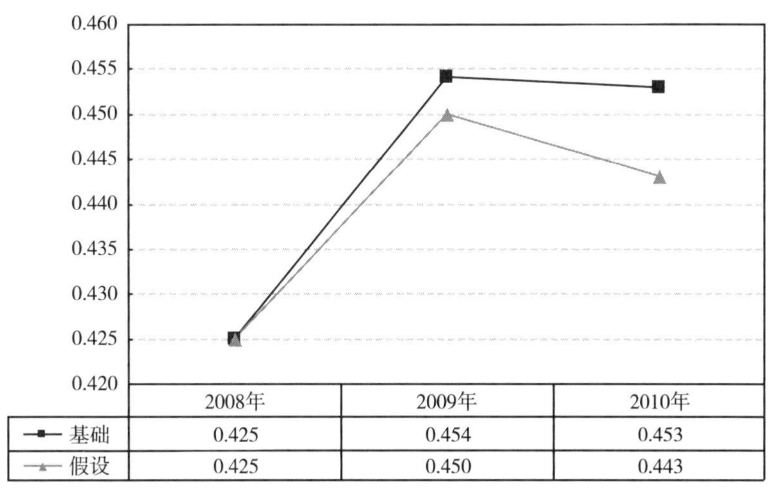

	2008年	2009年	2010年
基础	0.425	0.454	0.453
假设	0.425	0.450	0.443

图 20　两种情景下投资占 GDP 比重变化趋势

百分点（见表 3）。由于财政政策对出口的影响不大，因此净出口的增长率将会有所下降。2009 年净出口增长率将由 -31.3% 进一步下降到 -33.2%；2010 年则由大约 21.2% 下降到 19.2%。同时，外汇储备增长也会随之些微下降，2010 年将由 11% 下降至 10.7%。

上述模拟结果说明，如果将 2009 年和 2010 年用于固定资产投资的财政支出减少 1 万亿元，等量地用于提高农村居民收入水平，通过转移支付提高农村居民收入，那么，2009 年增长率将会增加 0.6 个百分点，达到 8.7%，到 2010 年经济在消费需求的带动下增长率将可能提高到 9.7% 的水平，同时消费占 GDP 的比例也将有所提高（见图 21）。

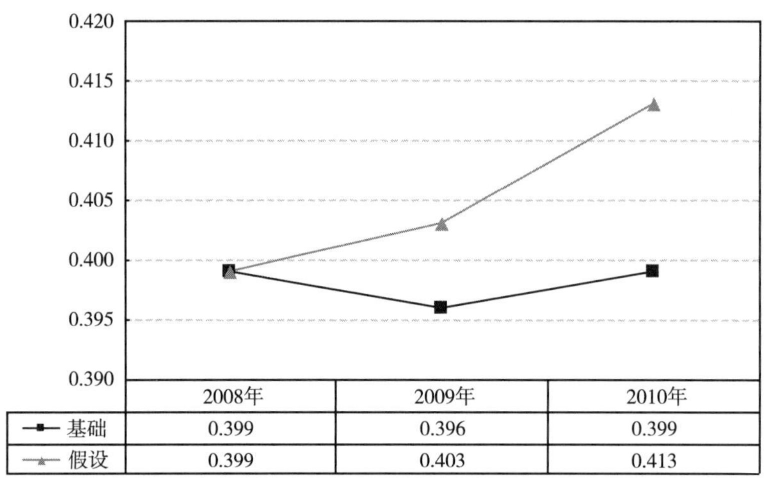

	2008年	2009年	2010年
基础	0.399	0.396	0.399
假设	0.399	0.403	0.413

图 21　两种情景下居民消费占 GDP 比重变化趋势

三、我国宏观经济结构失衡的根本原因分析

课题组认为，从长远看，下一阶段我国经济增长的动力应主要来自国内需求的扩张，尤其是居民收入增加所产生的居民消费扩大。尽管在经济下滑的初期阶段，必须实行扩大投资为主的扩张性政策以抑制经济增长的急速下滑，但是，如果视扩大投资为主的总量扩张政策为基本政策处方，继续通过扩大投资需求来保增长，经济将要付出的代价将是巨大的，因为，这样的政策不仅无助于结构调整，而且将进一步恶化已经存在的结构失衡。因此，需要在理论上深入探讨旨在扩大内需的总量扩张政策为何不能有效带动内需特别是居民消费需求的扩张，从而从根本上扭转失衡的经济结构。在政策指导思想上，如果不能从根本上转变思路，势必导致危及长远经济发展的不当政策方略。

我们认为，导致我国当前经济增长率下滑的因素就短期和外部而言，是全球金融危机导致的外部需求萎缩，但是，国内居民消费能力无法快速扩张却是致使我国经济遭遇外部需求萎缩时增长迅速下滑的根本性、长期性内因。因此，反危机的政策处方，不仅需要实行总量扩张的需求管理政策，而且应当同时进行结构调整。尤其是当增长率下滑因扩张性政策得以缓解之后，结构调整就应当更多引起重视。

我国目前的国民收入支出结构失衡，是国民收入分配结构失衡的产物。后者则是开放经济条件下，粗放型经济增长未能及时转型的累积结果。开放经济条件下，粗放经济增长方式有其新的表现形式，其基本特征是不计成本引进外资，以出口劳动密集型产品为导向。它得以形成，得到强化，重要原因是政府主导型经济过度追求 GDP 增长率及政府收入最大化；其得以实现，是市场化过程中，不同社会阶层之间力量对比失衡。

（一）宏观经济结构不平衡特征

在国民经济的诸多结构失衡中，第一个层次或者说根本的结构失衡是国民收入支出结构失衡（见图 22）。

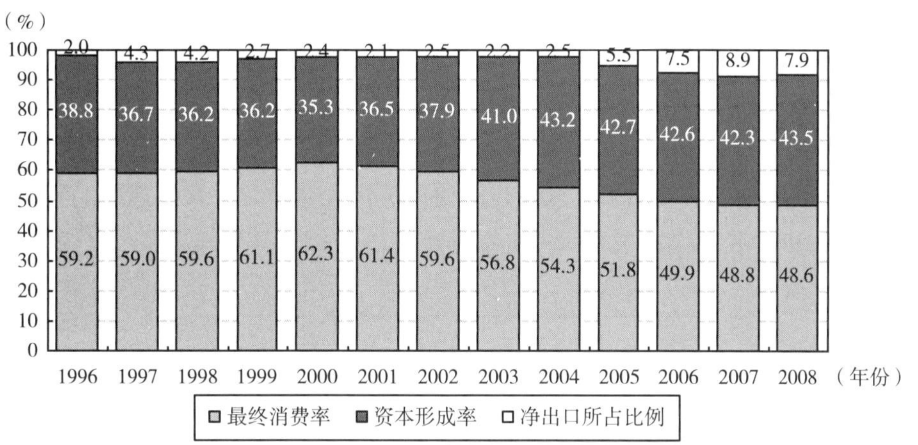

图 22　中国国民收入支出结构

资料来源：《中国统计年鉴（2008）》；http：//www. stats. gov. cn/。

近十年来，在按支出法核算的国民生产总值中，最终消费率不断下降，投资率长期维持在 42% 左右的水平，净出口所占比例快速大幅提高。形成了高投资、高净出口、低消费即“两高一低”的国民收入支出结构。2007 年，我国净出口占 GDP 比重高达 8.9%，这意味着我国国民当年实际使用的 GDP 仅为全年生产的 GDP 的 90% 多一点，近 10% 的 GDP 本国无法消费，以净出口的形式“贷”给了其他国家。从变动趋势看，从 2000 年到 2008 年，投资率提高了 8.2 个百分点，净出口比重提高了 5.5 个百分点，而最终消费率却下降了 13.7 个百分点，平均每年下降 1.7 个百分点。从其构成上看，主要是居民消费率下降导致的。2008 年，居民消费占 GDP 的比重为 35.3%，比 2000 年下降了 11.1 个百分点；政府消费占 GDP 的比重为 13.3%，比 2000 年下降 2.6 个百分点。虽然政府消费占 GDP 的比例也在下降，但是在最终消费中，政府消费占比却在上升。1998 年，最终消费中居民消费与政府消费之比为 3.17∶1，2008 年却下降到 2.66∶1。由于最终消费尤其是居民消费不振，中国近十年来的高增长基本上是“出口推动、投资拉动”的。

如此国民收入支出结构，是同期世界上人均国民收入水平相近国家中颇为罕见的。[①] 依靠出口拉动、投资推动的高增长一旦遭遇外需萎缩，将会出现何种情景？曾经实行过与我国相近的外向型、出口劳动密集型产品为导向的经济增长模式的日本和韩国近半个世纪以来的经济增长与GDP支出结构变动轨迹值得注意。

日本经济高增长时期的GDP支出结构的变化趋势与近期中国颇为类似（见图23）。1960年，日本的投资率为27.9%，1970年上升至42.7%；同期居民消费率从1960年的59.5%急速下降到1970年的48.3%。进入20世纪70年代和80年代，经历两次石油危机以及日元升值之后，日本经济增长速度开始放缓。虽然投资率仍维持在40%左右的水平，但居民消费率停止了下滑趋势，基本稳定在50%上下。进入90年代，“泡沫经济”破灭使日本人均实际GDP增长率快速下滑，投资率从1990年的41.2%持续下降至1997年的37.8%。亚洲金融危机爆发后，尽管日本政府连续使用扩张性财政货币政策刺激经济，但是人均GDP增长率接近于零，投资率继续下滑，2007年降至31.7%，消费率

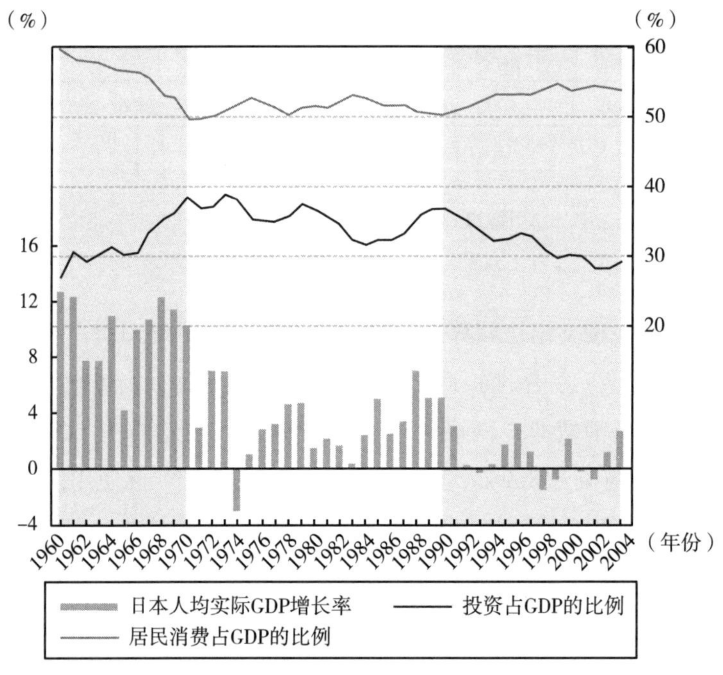

图23　日本经济增长与投资消费率变化

注：按支出法分解GDP，即 $Y = C + I + G + NEX$。

资料来源：Penn World Table 6.2。

① 根据Penn World Table 6.3，以PPP及2005年价格计算，2007年中国人均实际GDP为8510.6美元，接近巴西的人均实际GDP水平（9644美元）。2007年巴西的消费率维持在64%。实际上，按消费率从低到高排列196个国家，中国仅位于第30位左右。

轻微上升并基本稳定在52%左右。

20世纪60年代中期开始，韩国出口劳动密集型产品为导向的经济增长方式使其人均实际GDP快速增长（见图24）。期间投资率也迅速攀升，从1960年的9.8%上升到1970年的24.4%，1979年上升至43.5%，1991年和1994年甚至高达51.5%。居民消费率在经济高速增长开始时也呈现快速下滑态势，1960年为70.6%，1975年下降到60.9%，1988年下降到49.6%。亚洲金融危机后，韩国人均实际GDP增长率开始下滑，投资率大幅下跌，2000年仅为44.6%，2007年起降至41.44%。1998年居民消费率为47.9%，2007年下降并稳定在45.4%左右。

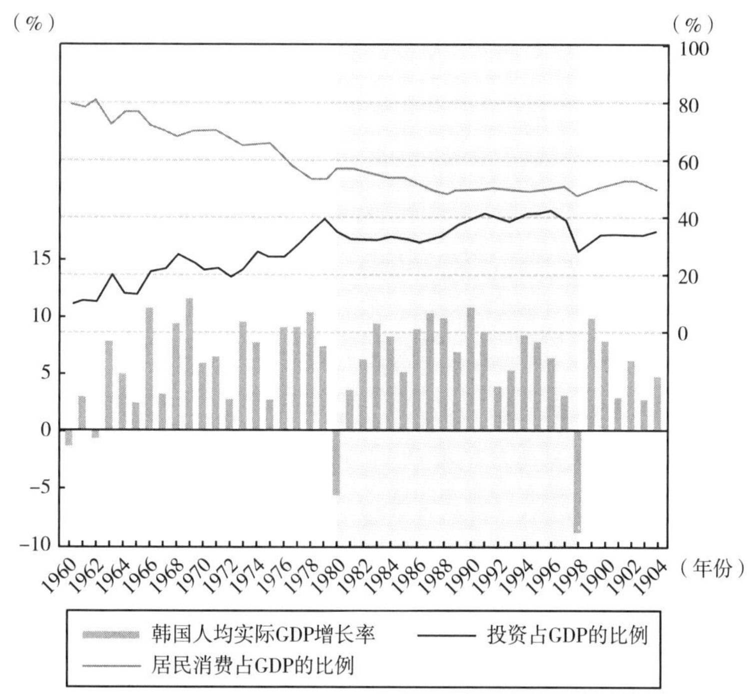

图24　韩国经济增长与投资消费率变化

注：按支出法分解GDP，即 $Y = C + I + G + NEX$。

资料来源：Penn World Table 6.2。

日本和韩国在其经济高增长年代，实行了两头在外、出口劳动密集型产品导向的经济增长模式，经济高投资和高出口特征十分明显，同时，居民消费率也迅速下滑。然而，随着高增长带动了这些国家收入快速提高之后，居民消费率的下滑态势在一定程度上得到遏制，尽管始终回升乏力。亚洲金融危机剧烈冲击了日韩等出口导向型经济。近十年来，尽管日韩两国竭力扩大内需，但是，事与愿违，其出口增长模式并未成功实现转型。在投资率持续下降，居民消费率未能大幅回升的情况下，其经济不得不继续依靠出口的扩张。因而此次国际金融危机更使长期内需不振的日韩两国的经济雪上加霜。

实践证明，一国——尤其是大国——的经济增长不能长期依靠外需拉动。没有最终消费需求，尤其是居民消费需求的稳定增长，投资需求是难以持久扩张的。因此，在两头在外、出口劳动密集型产品为导向的经济增长模式成功地使本国经济起飞之后，如何使 GDP 增长更多转为本国居民收益，使增长动力更多来自国内，来自居民消费，既关系到经济高速增长的可持续性，在我国，更关系到经济增长的终极目标与意义。

（二）宏观经济结构不平衡的生产性原因分析

社会再生产是一个相互联系、彼此决定的循环过程，在社会再生产的诸环节中，生产决定着分配、流通与消费，后者也影响、制约着前者。因此，国民收入支出结构的“两高一低”失衡，也即国民收入消费结构的失衡，必须从生产环节探索其原因。

国民收入的“两高一低”支出结构固然是开放经济条件下，劳动密集型产业出口导向型经济体的一个共同特征。但是，在我国目前的政府主导型经济体制下，有着进一步强化，更加难以转变的危险。其所以如此，是因为在现有体制下，各级地方政府有着追求 GDP 及财政收入增长最大化的强烈动机，不计成本引进外资，推行出口劳动密集型产品为导向的粗放经济增长方式的强大能力。它是导致我国的经济增长方式未能随着人均国民收入水平的提高而适时从粗放型向集约型转变的主要原因。粗放型经济增长模式不能转变，国民收入支出结构的“两高一低”失衡就将继续加剧。其危害性在于使经济增长脱离了它应有的终极目标，逐步走向其初衷的反面，其严重性在于它终将危及社会再生产的正常进行。

在讨论这个问题之前，或许需要对粗放型经济增长与集约型经济增长予以界定。在《政治经济学辞典》（许涤新，1981）中，“粗放经营”是指一定量的生产资料和劳动，投在较多的土地上，进行粗耕简作的经营方式。在粗放经营中，机器装备等先进生产手段和农业科学技术没有得到广泛应用（或没有应用），主要的生产要素是劳动和土地，增加农作物总产量主要依靠扩大耕地面积。“集约经营”则是指在一定的土地面积上，集中投入较多的生产资料和劳动，采用新的技术措施进行精耕细作的经营方式。把这个定义推广至全社会，我们就得出了粗放型经济增长与集约型经济增长的定义：粗放型经济增长是一种主要依靠增加劳动与土地、自然资源投入，较少增加资本与技术投入的经济增长方式；集约型经济增长是一种通过较多增加资本与技术投入，较少增加劳动与土地、自然资源投入，主要依靠提高劳动生产率与土地利用率、自然资源利用率实现扩大再生产的经济增长方式。

长期以来，粗放型与集约型经济增长被赋予了不同的价值评价，大体是贬前褒后。事实上，不同的经济增长方式，自有其形成的条件。在不同的资源约束条件下，人们理性地选择不同的经济增长方式，是实现自己经济利益最大化的需要。经济增长方式无论是粗放型还是集约型，都有存在价值，无所谓此高彼低之说。问题是在特定时空条件下，选择哪一种经济增长方式更为符合特定的资源约束条件，更能优化资源配置，取得最大收益。

改革开放初，我国沿海开放地区相当程度上是依靠引进外资，发展两头在外、大进大出的加工贸易、贴牌生产实现经济高速增长的。这种引进外资，以加工出口劳动密集型产品为导向的增长显然不是集约型增长，而是一种粗放的利用本国生产要素——土地、劳动、环境与自然资源——的经济增长。但却是当时历史条件下，沿海开放地区发展经济的理性选择。1978 年，我国人均 GDP 仅为 381 元（当年价格）。储蓄率极低，资本严重短缺，相对而言，土地与劳动力却比较充裕；收入水平低，对环境等不可再生资源的估价也低。显然，这样的资源赋存及要素比价下，实行集约型经济增长，无论是依靠国内资本还是利用外资，都不可能。因此，对外开放引进的第一批外资，首先选择了大量利用当地廉价劳动力及土地，节约资本投入的劳动密集型出口加工业，绝非偶然。这是当时条件下外资的理性选择，也是沿海开放地区所能获得的最好的优化资源配置、加快经济增长的方式。因此，改革开放初期，开放地区选择引进外资，加工出口劳动密集型产品为导向的经济增长方式尽管是粗放型的，但却是一种合理选择。它优化了沿海地区的资源配置状况，使经济得到迅速增长，居民收入水平也因此有了较快提高。

超过人口增长的经济增长使人均收入水平逐渐提高。它必然提高人均消费水平，劳动力的再生产费用因之上升。人均收入水平提高的另一个结果是，劳动者不仅进行劳动力的简单再生产，而且进行劳动力的扩大再生产。通过人力资本投资，劳动者及其后代的人力资本存量将逐渐提高，可以从事更复杂的劳动。更高质量的劳动力当然要求更高的劳动报酬。因此，人均收入水平提高，必然提高劳动力的绝对价格和相对价格，无论这些劳动力来自何地。另一个生产要素——土地因其不可再生性，基本上可以视为定量的生产要素。在经济发展过程中，它必然逐渐稀缺而昂贵起来。环境及自然资源也是如此。然而，劳动、土地、环境和自然资源之外的第三类生产要素——资本和技术的变动趋势却是相反的。经济增长使储蓄率及投资率上升，资本的稀缺性将不断降低，其价格和边际报酬率也就随之下降。

经济增长中三类生产要素的相对价格变动趋势，会使发展初期曾是经济合理的粗放增长方式逐渐失去合理性。劳动力和土地、环境和自然资源的相对价格上升，将使企业家更倾向于用资本替代劳动力和土地，采用新技术，加强管理，主要依靠提高劳动生产率与土地利用率、自然资源利用率实现扩大再生产与经济增长。也就是说，在正常的市场机制作用下，由于要素比价变化，经济增长方式自身是会逐步地从粗放转向集约的。

这个轨迹在日本、韩国及中国台湾得到了体现。图 25 给出了按 2005 年不变价和 PPP 计算的单位工人实际 GDP（Real GDP Chain per worker）的变化情况。从 1960 年到 1990 年，日本单位劳动实际 GDP 快速增长，1990 年达到劳均 51088 美元，是 1960 年的 4.5 倍。韩国和中国台湾地区的单位劳动实际 GDP 的快速增长是从 20 世纪 70 年代初开始的，至 2000 年，韩国劳均 GDP 水平比 1970 年提高了 4 倍，同期中国台湾地区提高了 5.5 倍。进入 21 世纪后，日本、韩国和中国台湾的劳均 GDP 水平增长有所放缓，2007 年分别比 2000 年提高了 1.1 倍、1.2 倍和 1.18 倍。在存在着劳资工资争议集体谈判机制条件下，劳均 GDP 水平是决定劳动力价格的一个主要因素。因此，这些经济体在经济高速增

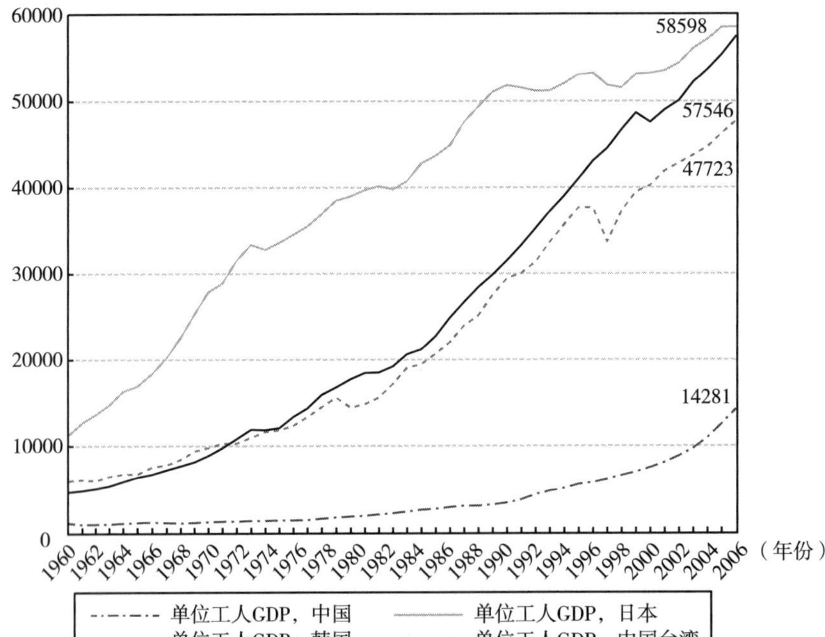

图 25　中国、日本、韩国及中国台湾劳动生产率的变化

注：按支出法分解 GDP，即 $Y=C+I+G+NEX$。

资料来源：Penn World Table 6.2。

长的同时都出现了工资水平的快速上升。它一方面为这些经济体的人力资本快速积累创造了条件，另一方面通过劳动力成本上涨迫使资方用资本及技术替代劳动，加快产业结构升级，同时把贸易顺差转化为资本输出（FDI），逐步实现了经济增长从粗放向集约的转化。

但是，令人难以理解的是，尽管近30年来，中国经济以年均近10%的速度高速增长，1978~2008年人均GDP增长了10倍以上，但是，增长方式转变却相对缓慢。对我国经济增长的核算表明，时至今日，经济增长中TFP的贡献不大，经济增长仍属实物资本与劳动力积累推动的粗放型经济增长模式（中国社科院经济研究所经济增长前沿课题组，2005；郭庆旺和贾俊雪，2005；林毅夫等，2003）。这种增长方式的最大缺陷在于快速提高人均GDP的同时，难以相应提高人均收入水平（李文溥，2007）。由于居民收入水平难以相应提高，国内消费尤其是居民消费不振，大量投资形成的生产能力无法在国内找到需求，只能依靠低成本优势出口，造就了“出口拉动”型经济增长格局（龚敏和李文溥，2006）。“投资驱动和出口拉动”的粗放经济增长方式多年难以转变，甚至在近十年来得到进一步强化，久而久之，则导致国民收入支出结构的“两高一低”失衡（龚敏和李文溥，2009）。

为什么多年来经济高速增长并没有导致增长方式从粗放型向集约型转化，或者说转化速度相对缓慢。要素比价是最重要的原因。价格是市场经济首要的信息传递机制、调节资源配置的基本利益杠杆。资源比价关系不合理，要求经济主体根据资源的真实社会成本优化资源利用方式，显然不可能。多年高速增长之后，我国经济增长方式之所以未能及时发生转型，或者说粗放型增长仍然成为企业家的理性选择，一个合理的推断是，尽管人均GDP有了巨大提高，但是劳动、土地、自然资源和环境等要素对资本的比价仍然大体维持数十年前经济发展初期阶段的格局。

但是，如果增长是真实的，资本、劳动、土地、自然资源和环境的相对稀缺程度不可能不发生变化。因此，可能情况是，尽管要素的相对稀缺程度发生了变化，但是劳动、土地、自然资源和环境等要素对资本的比价关系仍然大体维持不变。那么，究竟是什么力量形成并维持了要素比价扭曲?

政府定价严重背离供求关系，是计划经济常态。在实现了竞争均衡的市场经济中，不太可能发生。但是，政府主导型市场经济中，如果发生了作用于市场的诸种力量对比失衡，这种情况却有可能发生。由于是政府主导型经济，因此，可以认定，尽管推动这一失衡状况的社会力量可能不止一种，但是，政府却是实现它的唯一可能力量。

政府为什么要在要素相对稀缺程度发生变化的情况下，尽可能地维持劳动、土地、自然资源和环境等要素对资本的原有比价关系?

目标决定行为。尽管教科书中对政府行为目标的理想模式有很多描述与分析，但是，现实经济中，政府尤其是各级地方政府对当地经济增长及相伴随的财政收入增长高度关注，却是不争的事实。各级地方政府为实现本地经济增长及财政收入最大化而展开的竞争，迫使政府在要素相对稀缺程度发生变化的情况下，尽可能地维持所在辖区范围内劳动、土地、自然资源和环境等要素对资本的原有比价关系。

追求经济增长，必然使各级地方政府千方百计扩大投资。各国实践证明，在不发生重大技术突破的情况下，每年资源利用效率的提高是相当有限的。即使是科技创新能力较强的发达国家，每年劳动生产率提高对经济增长的贡献，若就增长的绝对值而论，相当有限，往往不超过 1 个百分点（乔根森，2001）。如果资源利用效率不变，那么，增加投入是实现增长的唯一途径。在资本短缺情况下，资本投入对经济增长的作用更是决定性的。由于本地资本短缺（在经济发展初期，主要是人均 GDP 太低，储蓄率低造成的。在经济发展到一定阶段后，则未必是储蓄率低造成的，而是储蓄不能有效转化为投资导致的），各级地方政府不能不把目光盯在了外部资本尤其是 FDI 上。各地政府为追求本地经济增长最大化而竞相展开的引资竞争，必然以压低当地生产要素价格为重要手段。因为，当与资本结合的土地、劳动力等生产要素的质量及可能的效率既定情况下，这些要素的价格越低，也就意味着在同等条件下，资本收益率将越高。资本收益率越高的地区，无疑是对资本有更大吸引力的地区。

以压低本国生产要素价格为代价的引进外资虽然在促进经济增长方面是成功的，但并非没有成本。成本之一，是相对于最终产品市场，要素市场的市场化改革滞后；要素比价人为扭曲，粗放型经济增长方式因此得以长期维持，造成了资源配置效率的严重损失，技术进步缓慢，产业结构升级迟滞。成本之二，是收益分配向资本倾斜，资本要素报酬偏高，劳动、土地等要素报酬偏低，本国要素（劳动、土地、银行利息、环境）报酬偏低，国外要素报酬偏高。1990～2005 年，我国企业营业余额占 GDP 比例从 21.9% 增加到 29.6%；而同期劳动者报酬占 GDP 的比例却下降了 12%。[①] 1996 年劳动者报酬在 GNP 中占 49.1%，2002 年一度上升到 50.3%，之后随着经济的高速增长，劳动者

① 《中国企业竞争力报告（2007）——盈利能力与竞争力》（中国社会科学院工业经济研究所，2007）。该报告指出，企业利润的大幅增加相当程度上是以职工低收入为代价的。“利润侵蚀工资”现象不仅表现在非国有企业员工收入长期低于经济增长的速度，而且表现在国有企业大量使用临时工等体制外员工，以降低用人成本。

报酬所占比例不断下降，2008 年仅为 45.3%（见图 26）。同时，收入分配差距扩大，社会各利益群体之间关系日趋紧张。成本之三，由于国内居民尤其是劳动者报酬增长长期低于经济增长率，居民消费不振，难以拉动增长，为了实现高增长，不得不依靠投资驱动、出口拉动，久而久之，国民收入支出结构失衡，并且不断加剧。成本之四：由于经济增长日益成为实现政绩及增加财政收入的手段，但是，经济增长却没有带来居民收入的同步增长，增长与居民福利改善之间的关系日趋淡化，增长的终极意义日渐难以得到说明，久而久之，有可能走向其初衷的反面。

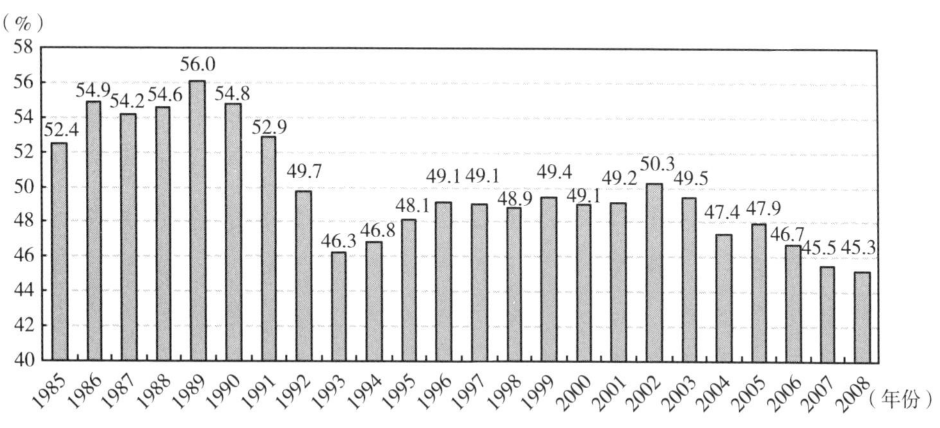

图 26　中国劳动者报酬占国民收入的比例

注：按照（城镇家庭年平均每人可支配收入 × 年底城镇总人口数 + 农村居民家庭年人均净收入 × 年底乡村总人口数）/国民生产总值（现价）计算而得。

资料来源：《中国统计年鉴（2008）》及 CEIC 数据库。

（三）宏观经济结构不平衡的分配性原因分析

国民收入支出结构失衡也是国民收入分配结构失衡的结果。改革开放至今，我国的国民收入分配结构经历了两次重大变化。20 世纪 90 年代中期之前，我国国民收入分配格局变化的趋势是财政收入占 GDP 比重逐渐下降，居民收入比重逐渐上升。1994 年，国家所得占 GDP 比重从 1978 年的 31.6% 下降到 10.9%，居民所得从 50.5% 上升到 69.6%。这一变化奠定了计划经济向市场经济转轨的国民收入分配基础（王春正，1995）。但是，此后却发生了反向变化。在 1986 年至 2008 年，财政收入占 GNP 比重变化呈“U”型，自 1996 年至 2008 年，财政收入占 GNP 比重从 10.6% 上升至 20.3%（见图 27），提高了近 10 个百分点，增长幅度几近 100%。

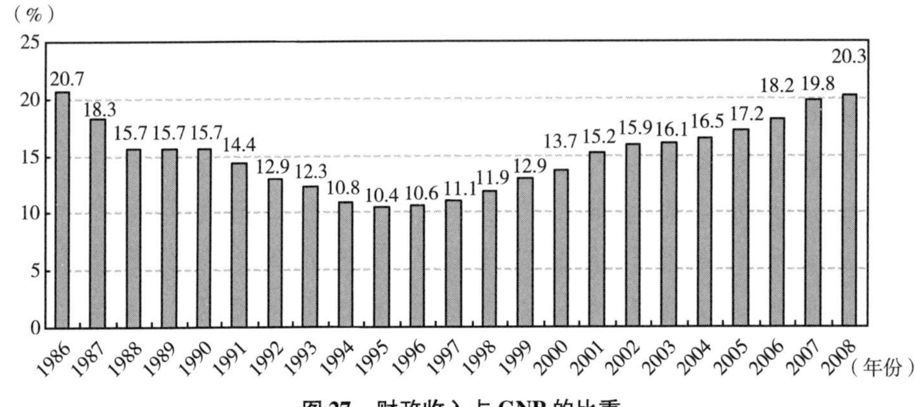

图 27　财政收入占 GNP 的比重

资料来源：《中国统计年鉴（2008）》及国家统计局官网。

财政收入增速多年大幅度地超过 GDP 增速的同时，城乡居民收入增长率却持续低于 GDP 增长率。以 1978 年为 100，1996 年我国人均 GDP 指数、城镇家庭人均可支配收入指数以及农村居民家庭人均年纯收入指数分别为 434、302 和 418；2007 年，三个指数分别为 1100、752 和 734，人均收入指数逐渐落后于人均 GDP 指数。

与此同时，居民储蓄率却不断上升（见图 28）。1990 年，城镇居民家庭储蓄率不过 15.3%，2000 年起开始快速上升，2008 年达到 28.8%，比 2000 年上升了 8.4 个百分点。农村居民的储蓄率也呈现上升的趋势。

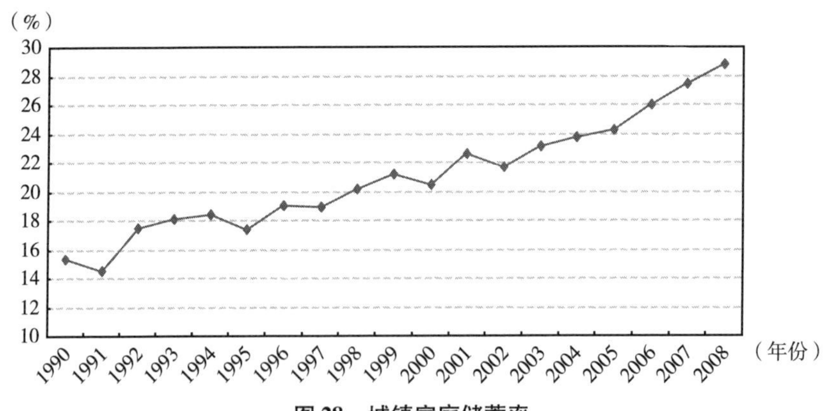

图 28　城镇家庭储蓄率

资料来源：《中国统计年鉴（2008）》及 CEIC 数据库。

国民收入分配结构中居民收入与财政收入的此消彼长，与这一时期的一些制度安排有着密切关系。

首先，税收占居民收入的比重逐渐提高。根据 4 万户以上城镇家庭住户调查的数据，2001 年之前，城镇家庭的人均可支配收入与人均收入之比接近 100%，之后快速下降，2008 年仅为 92.5%。这意味着城镇家庭的税负在不断提高。

其次，中央与地方财政收支结构的调整。1994 年的税制改革，使中央与地方的财政收入比例发生了重大变化（见图 29）。中央财政收入占比在一年之内，从 22.02% 跃升至 55.70%，地方财政收入从 77.98% 骤跌至 44.30%，促使地方政府寻求新的收入来源。同期，工业化推动的城市化使城市周边地区的土地急剧升值，地方政府因此找到了新的财源。巨额的土地批租收入在相当程度上弥补了地方政府因税制改革而锐减的收入。2007 年国家土地所有权有偿出让收入与财政收入之比高达 25.3%。有些地方甚至超过了同期本级财政收入。地方政府获得巨额土地批租收入的同时，城市房地产价格迅速上涨。住房商品化使城市居民承担了房价飞涨的大部分成本。房价上涨等间接加诸居民的高额隐性税收改变了居民与政府的实际收入分配比例，相当程度上抑制了居民正常的消费意愿。

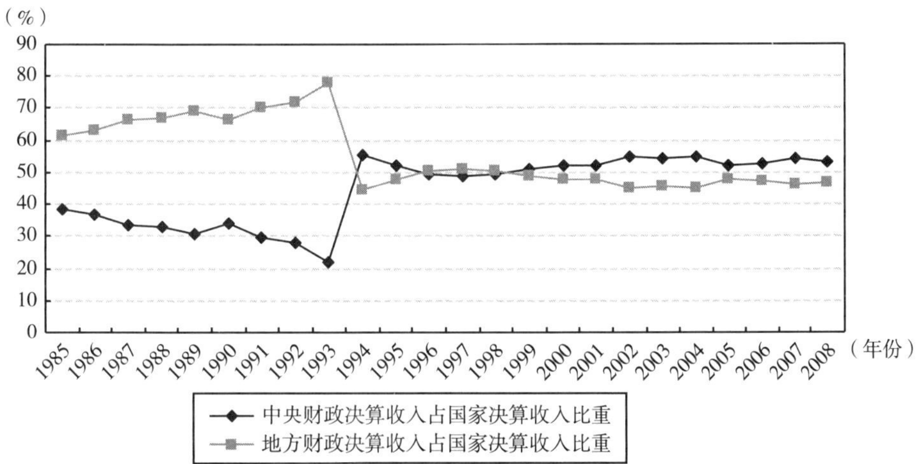

图 29　中央与地方财政决算收入占国家决算收入的比重变化

资料来源：《中国统计年鉴（2008）》及 CEIC 数据库。

最后，政府投资中，用于教育以及卫生、社会保障和社会福利业的投资份额不断下降，教育、医疗卫生、社保等公共产品供给不足，不仅阻碍了人力资本积累的速度，抑制产业结构的转换和升级，而且强化了城乡居民预防性储蓄倾向，直接抑制了居民的消费需求。然而，近期实行的扩大财政支出政策，在改变这一趋势方面，成绩却相当有限。

综上分析，可以认为，首先，目前国民收入"两高一低"结构失衡与长期以来以出口劳动密集型产品为导向的粗放经济增长方式始终未能转变有着密切关系。或者说，积极鼓励出口劳动密集型产品而形成的粗放经济增长方式是国民收入支出结构失衡的生产性原因。其次，国民收入分配向资本收益和政府倾斜是加剧"两高一低"结构矛盾的分配性原因（见图 30）。

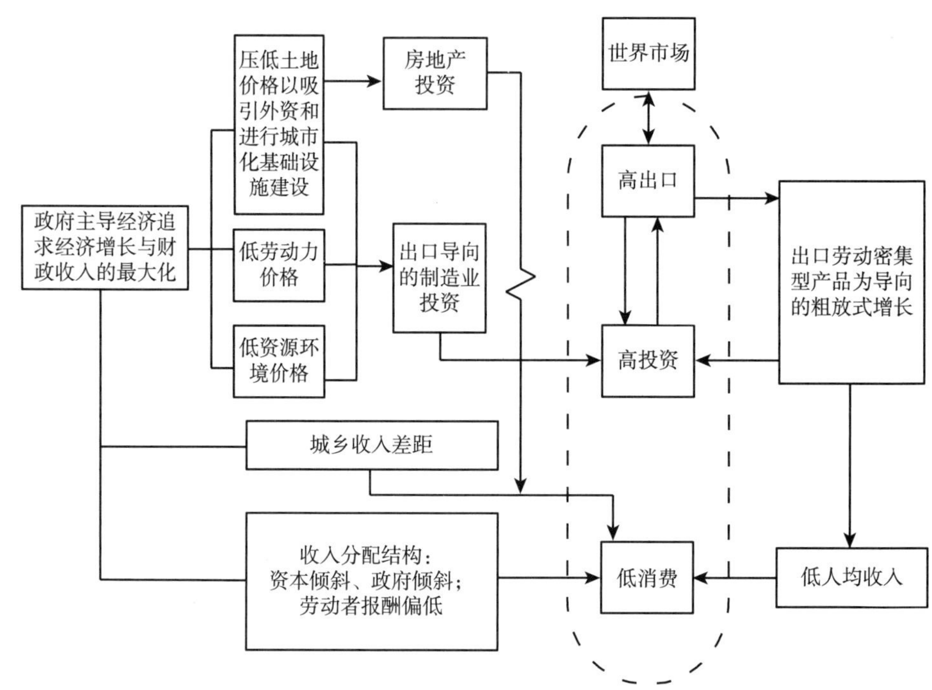

图 30　我国“两高一低”不平衡结构特征的形成机理

（四）调整宏观经济结构失衡必须从调整现有体制结构，实现社会各利益群体利益均衡入手

出口劳动密集型产品为导向的粗放型经济增长方式未能及时转变，导致国民收入支出“两高一低”结构性失衡，它其实是国民收入分配结构失衡的结果。十多年来，我国国民收入分配结构的重大比例变化，举其要者，大致如下：（1）财政收入占 GDP 的比重大幅度上升；（2）财政收入中，中央政府收入所占比例大幅度提高；（3）企业营业余额占 GDP 比例大幅度上升，同期劳动者报酬占 GDP 的比例却大幅度下降；（4）不同居民群体之间的收入差距持续扩大。①

国民收入分配的结构失衡是一定社会经济状况的产物。它反映了社会相关

① 这一点不仅与劳动和资本的收益分配比例向资本倾斜有关，而且与城乡居民的收入差距扩大有关。在居民消费占 GDP 比重急剧下降中，农村居民消费比重比城镇居民消费比重下降得更多。城镇居民消费占 GDP 的比例 2007 年为 26.4%，比 2000 年下降了 4.7 个百分点，而农村居民消费占 GDP 的比例仅为 9.1%，比 2000 年下降了 6.2 个百分点；与自然垄断部门的体制改革滞后，自然垄断部门企业获取了大量超经济收益，自然垄断部门与市场竞争部门员工收入差距扩大有关；与政府公务员与国有事业单位、企业员工的收入差距扩大有关；与不同地区同类劳动者（政府公务员、国有事业单位、企业员工等）的收入差距扩大有关。

阶层或利益群体之间——政府与社会、中央与地方、资本与劳动、不同社会群体——在决定国民收入分配上的力量对比失衡。对于这种社会力量对比失衡状况的形成，不能也没有必要批评任何个别的社会经济主体。作为理性人，市场经济各主体无不寻求自身利益最大化，对此无可厚非。问题在于，在社会经济运行过程中，任何社会利益群体都是在一定的社会经济体制框架下活动的——分工、合作、竞争、对抗。市场经济中各主体寻求自身利益最大化的努力不能不限制在一定体制框架内，受到相关利益主体的制衡，形成有利于社会再生产正常进行的国民收入合理分配结构，否则，国民收入分配结构严重失衡，市场均衡势必难以实现，社会再生产也就无法正常进行下去了。

因此，当对外开放，出口劳动密集型产品为导向的粗放经济增长方式成功地实现了高速增长，需要社会经济从发展初期的粗放型增长转向集约型增长，扭转国民收入支出的“两高一低”结构失衡，必须调整国民收入分配的结构失衡之时，我们不能不从决定现有社会利益群体相互利益分配关系从而国民收入分配结构失衡的体制结构寻求解释，从调整现有体制结构实现各种社会利益群体利益均衡来寻求问题的解决途径。

当然，由于前者有相当难度，或许有人会提出这样的问题：在现有的体制结构框架内，难道就无法实现出口劳动密集型产品为导向的粗放经济增长方式向集约经济增长方式转变吗？答案是否定的。因为，导致开放经济条件下出口劳动密集型产品为导向的粗放经济增长方式，是既有体制框架下的增长目标所决定的，这个增长目标决定了扭曲要素比价的社会合力。当本国生产要素——劳动、土地、环境因这一增长目标而不断地被压低报酬率时，有什么理由指望用资本、技术替代“廉价”——尽管就真实的社会成本而言它已经不再廉价——的劳动、土地和环境呢？当出口劳动密集型产品是有利可图的，企业为什么要投入巨资实现技术创新、产业升级换代呢？在整个社会生产以劳动密集型为主的情况下，即使政府与个人投入巨资进行人力资本投资，形成的复杂劳动力又如何找到它的社会需求呢？显然，既有利益格局下，国民收入分配结构失衡的趋势是难以从根本上扭转的。

或问，以出口劳动密集型产品为导向的粗放型经济增长所导致的国民收入支出结构失衡是否严重至此，以致不调整就无法继续维持社会再生产的正常进行？

上述的日本和韩国近半个世纪以来的经济增长轨迹不能不引起重视。可比口径的数据表明：我国目前的国民收入支出结构失衡，某种程度上说，比当年的日韩更甚（见图 31、见图 32）。

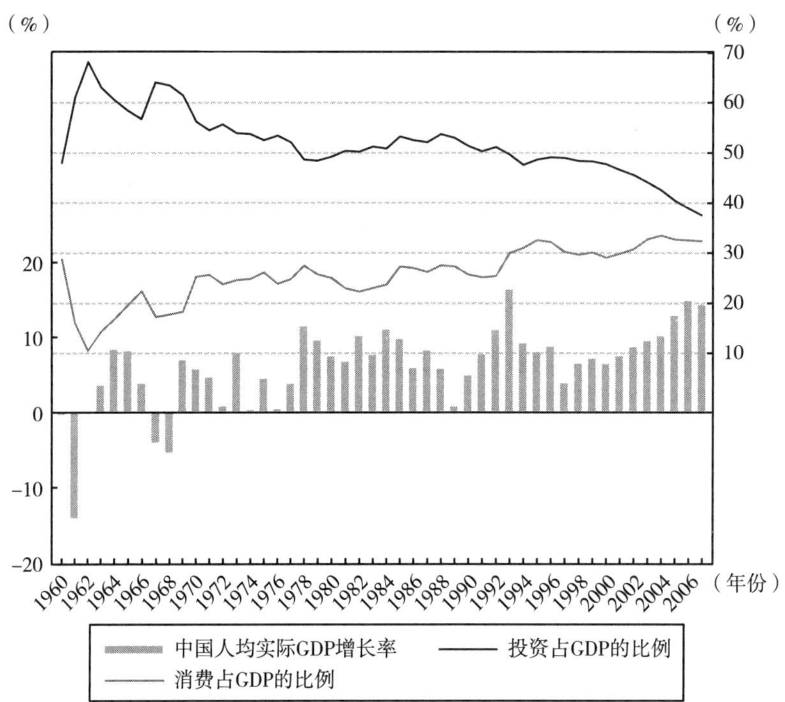

图 31　中国经济增长率与投资消费率变化

资料来源：Penn World Table 6. 3.

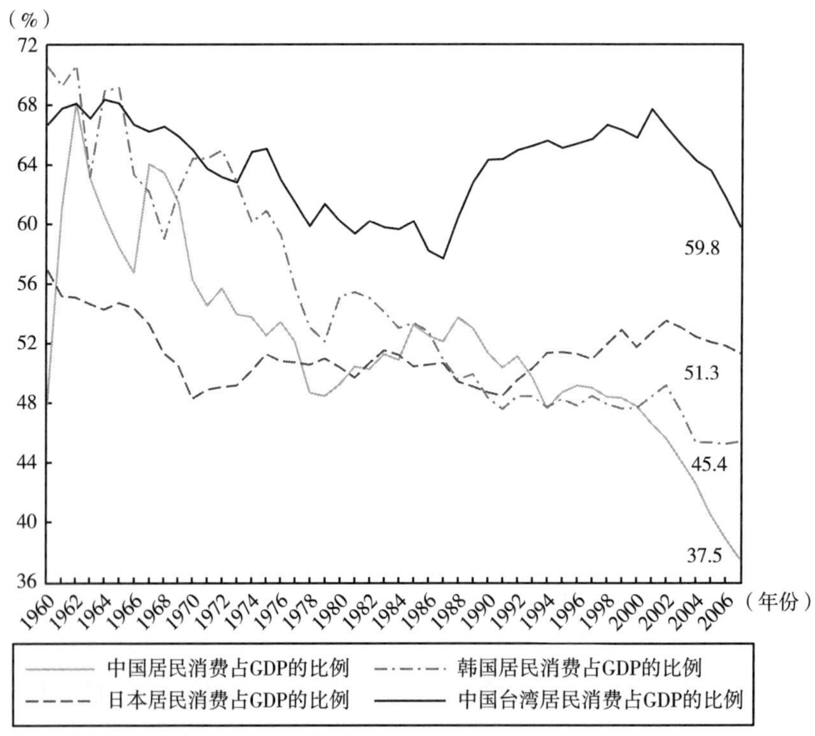

图 32　中国、日本、韩国及中国台湾消费率比较

资料来源：Penn World Table 6. 3.

那么，国际金融危机过后，我国是否还会继续以出口劳动密集型产品为导向的粗放型经济增长方式，首先取决于危机之后，国际经济环境是否仍然依旧。本轮国际金融危机起因于美国为首的发达国家高负债、低储蓄为特征的结构失衡。次贷危机前，美国的居民消费率高达70%，个人储蓄率几乎为零。2006年个人储蓄率为-1%，创1933年以来最低。储蓄率过低和消费率过高，也反映在巨额的贸易逆差与经常项目赤字上。美国经常项目赤字规模从1991年起开始放大，2001年后急速攀升，2006年突破了8000亿美元，约占GDP的7%（吴一群和刘榆，2009）。然而，2008年8月，美国个人储蓄率开始回升，2009年5月达到6.9%，创1993年12月以来新高。如果这一消费—储蓄模式的变化不是一种临时性的调整，那么，它对我国宏观经济运行的影响，则不容忽视。其次，即使国际经济环境依旧，继续实行这种代价高昂但却与提高居民收入、改善居民福利状况渐行渐远的粗放经济增长方式，其价值合理性将如何从我们的社会发展目标中得到证明呢？

四、2009~2010年我国宏观经济预测与政策建议

（一）宏观经济预测与模拟

1. 模型预测

（1）模型外生变量的假设。

第一，美国及欧元区的经济增长率。2009年美国与欧元区第二季度的相关数据显示，美国经济恶化的速度在减缓，包括在劳动力和住房市场。工业生产可能即将触底，库存周期正在扭转，商业和消费者信心也已改善。这些情况变化显示，2009年下半年美国的产出将趋于稳定，2010年可能将逐渐恢复；欧元区的消费者和商业调查指标正在恢复，但实际数据几乎未显示稳定迹象，因此，预计欧元区经济活动的恢复慢于美国。根据IMF 2009年7月的最新预测，2009年美国及欧元区的全年实际经济增长率将分别为-2.6%和-4.7%。至2010年，美国实际经济增长率将恢复到0.8%，而欧元区的实际经济增长率则回调到-0.1%（见图33）。

第二，汇率变化假定。预计2009年下半年，人民币汇率未来走势还将保持总体稳定。美元对人民币汇率可能出现小幅贬值，2009年和2010年分别贬值0.14%和0.1%，基本稳定在1美元兑换6.82~6.83元人民币的水平；由于

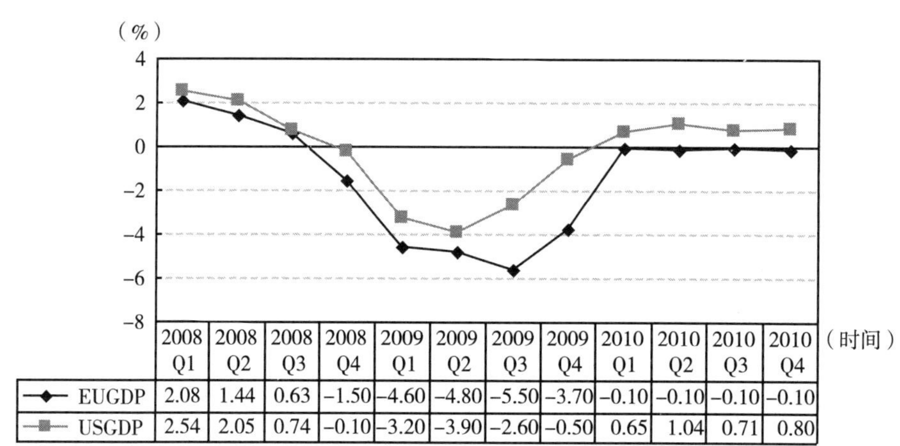

	2008 Q1	2008 Q2	2008 Q3	2008 Q4	2009 Q1	2009 Q2	2009 Q3	2009 Q4	2010 Q1	2010 Q2	2010 Q3	2010 Q4
EUGDP	2.08	1.44	0.63	−1.50	−4.60	−4.80	−5.50	−3.70	−0.10	−0.10	−0.10	−0.10
USGDP	2.54	2.05	0.74	−0.10	−3.20	−3.90	−2.60	−0.50	0.65	1.04	0.71	0.80

图 33　美国与欧元区经济增长率的变化趋势假定

资料来源：IMF。

欧元区经济的复苏将慢于美国，假设美元对欧元汇率 2009 年和 2010 年分别贬值 7% 和 3%，到 2009 年第四季度，美元对欧元的汇率将突破1∶1. 41 关口，到 2010 年第四季度，将达到每 1 欧元兑换 1. 45 美元的水平（见图 34）。

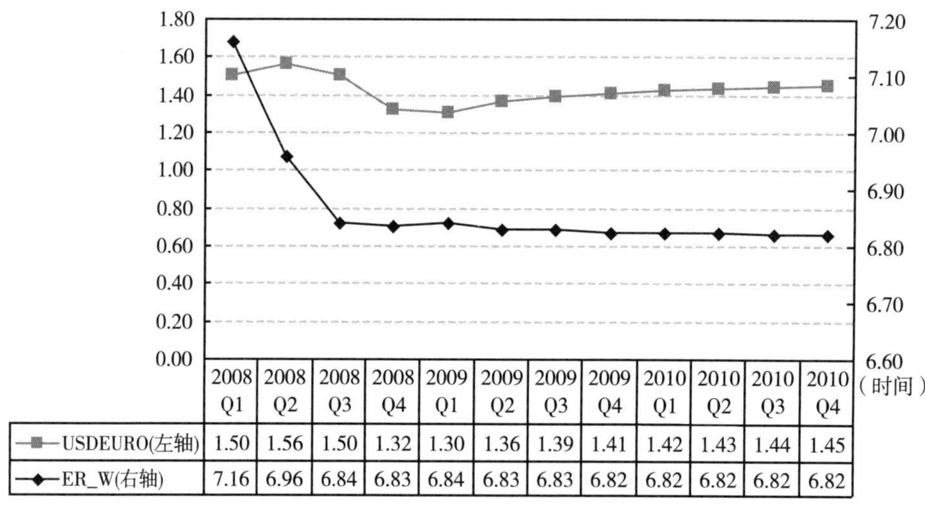

	2008 Q1	2008 Q2	2008 Q3	2008 Q4	2009 Q1	2009 Q2	2009 Q3	2009 Q4	2010 Q1	2010 Q2	2010 Q3	2010 Q4
USDEURO(左轴)	1.50	1.56	1.50	1.32	1.30	1.36	1.39	1.41	1.42	1.43	1.44	1.45
ER_W(右轴)	7.16	6.96	6.84	6.83	6.84	6.83	6.83	6.82	6.82	6.82	6.82	6.82

图 34　美元对欧元汇率、美元对人民币的变化趋势假定

第三，广义货币供应量增长（M2）。自 2008 年 11 月以来，在中央政府积极财政政策和宽松货币政策的强有力刺激下，银行新增贷款增长迅速，货币供应量增长出现连续回升，资金紧缺的问题明显得以改善。至 2009 年第二季度，广义货币供应量同比增长达到新高，为 28. 5%。考虑到在通胀预期抬头的情况下，货币政策可能面临两难选择：如果金融管理部门收紧信贷，会影响部分需要信贷资金的企业，进而可能抑制经济回升；如果继续放宽信贷，则可能导致新增贷款过多而出现流动性过剩、资产泡沫重现等压力。因此，预计2009年下半年将继续维持当前宽松的货币政策，M2的增速仍处于高位，但2010年的M2的增速将有明显放缓。我们假定，2009年第三季度M2的增长率为27%，第四季度为25%。至2010年，M2的增长率下降至16.35%（见图35）。

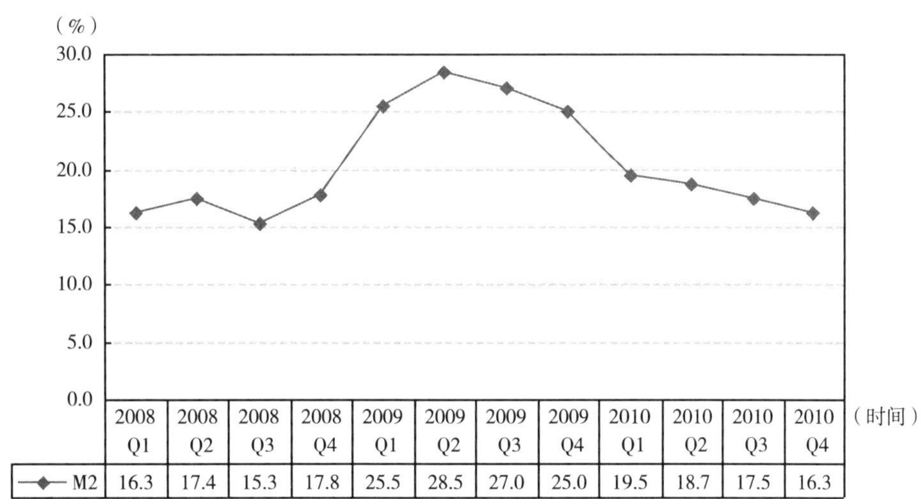

	2008 Q1	2008 Q2	2008 Q3	2008 Q4	2009 Q1	2009 Q2	2009 Q3	2009 Q4	2010 Q1	2010 Q2	2010 Q3	2010 Q4
M2	16.3	17.4	15.3	17.8	25.5	28.5	27.0	25.0	19.5	18.7	17.5	16.3

图35　M2货币供应量的变化趋势假定

第四，一年期贷款利率。2009年以来，受前期降息和贷款同业竞争影响，金融机构贷款利率继续下行。3月，非金融性公司及其他部门人民币贷款加权平均利率为4.76%，比年初下降0.80个百分点。受扩大商业性个人住房贷款，利率下浮幅度政策的影响，3月个人住房贷款加权平均利率为4.45%。目前，一年期人民币贷款名义（基准）利率处于历史低位，如果考虑到目前CPI与PPI双双负增长的现实，则贷款实际利率水平还是偏高。考虑到远期通胀风险，2009年下半年物价水平下降幅度可能收窄，明年物价水平可能会回升，届时存贷款实际利率自然就会回落。也就是说，目前贷款实际利率处于高位可能是阶段性的。另外，由于我国投资和消费的利率弹性较低，降息对扩内需的刺激作用并不大。因此，从防范长期通胀风险，控制通胀预期考虑，预计央行在2009年下半年存贷款名义利率仍将维持不变，至2010年第二季度之后，可能会提高一年期人民币贷款利率27个基点，达到5.58%的水平，之后维持不变（见图36）。

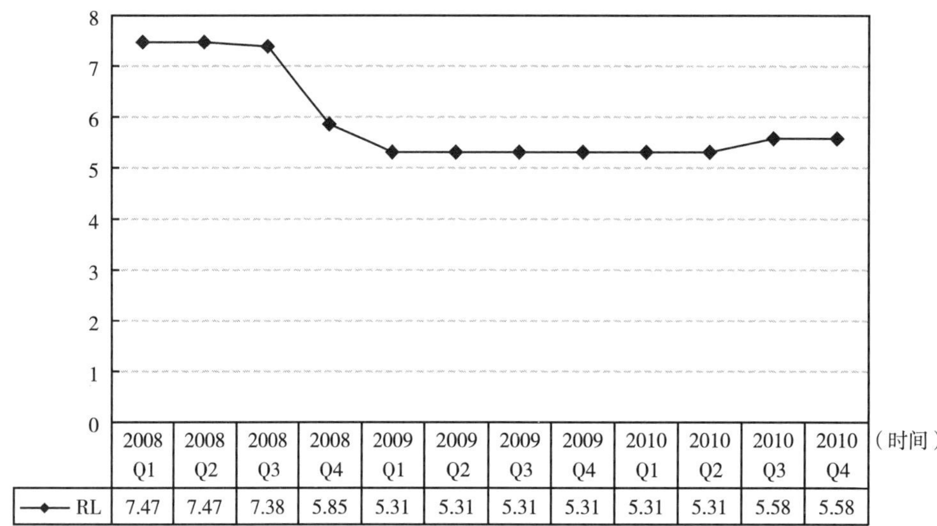

图 36　一年期贷款利率水平的变化趋势假定

（2）2009～2010 年中国宏观经济主要指标预测。

第一，GDP 增长率预测。考虑到 2009 年下半年，美国经济将企稳，欧元区经济衰退将放缓。由于外需回暖和政策显效，预计我国宏观经济也将企稳向上。模型预测（见图 37），2009 年 GDP 增长率将达到 8%，其中第三季度 GDP 增长率将上升至 8.3%，第四季度将进一步上升至 9.2%。进入 2010 年，GDP 增速还可能进一步上升，全年保持在 9.3% 的水平。其中第一季度将为 8.5%；第二季度上升至 9.0%，第三季度继续上升至 9.3% 后，第四季度进一步上升至 10.2%。

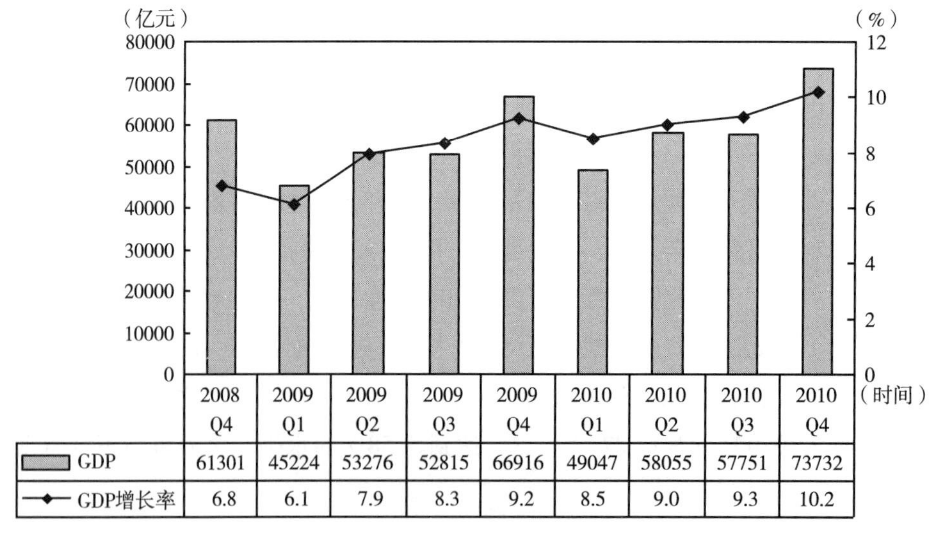

图 37　不变价 GDP 及其增长率预测

第二，主要价格指数变化预测。2008 年，由于国家一系列限制通胀政策的出台和金融危机引起的外需降低，居民消费价格指数一直呈下降趋势：到 2009 年降为 -0.8%，涨幅比上年降低 6.7 个百分点。其中，农村居民消费价格指数的涨幅一直超过城市居民消费价格指数。模型预测（见图 38、图 39），2009 年、2010 年价格水平将开始止跌回升，但是，价格指数的增幅会比较小。预计 2009 年 GDP 平减指数将下跌约 3.7 个百分点，后两个季度的跌幅将分别为 3.7% 和 4.7%；CPI 跌幅预计为 -0.8%，后两个季度的走势与 GDP 平减指数一样，都为企稳回升，分别为 -1.5%、-1.1%。进入 2010 年，各类价格指数都将止跌回升：GDP 平减指数涨幅为 0.9%，CPI 为 0.3%，投资价格指数为 0.6%。

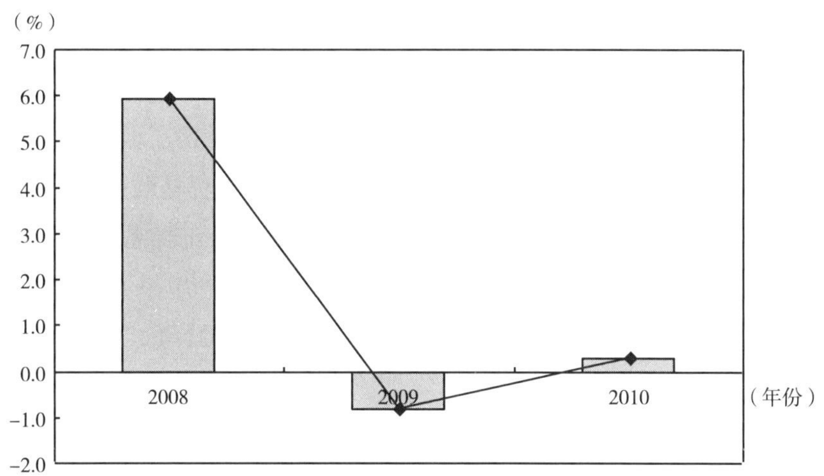

图 38　主要价格指数变化预测：CPI 年增长率

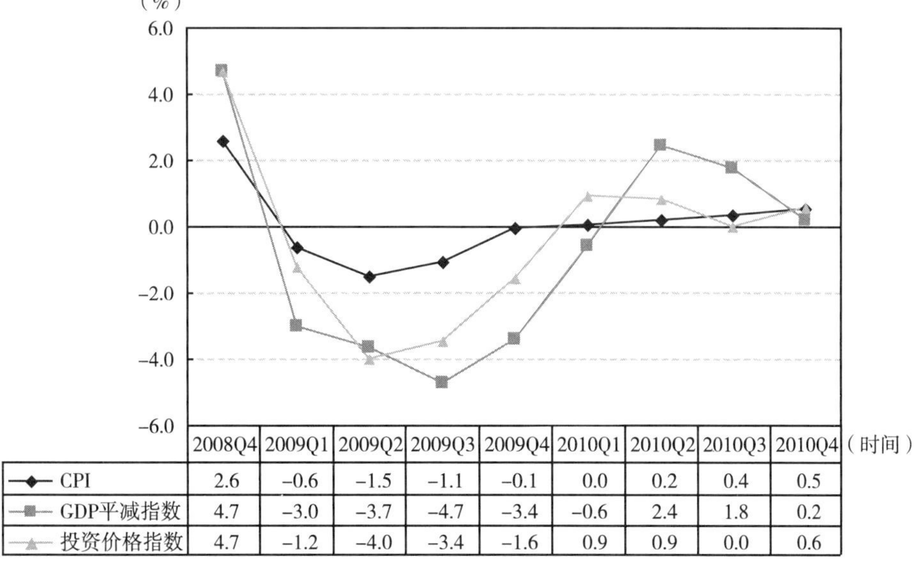

	2008Q4	2009Q1	2009Q2	2009Q3	2009Q4	2010Q1	2010Q2	2010Q3	2010Q4
CPI	2.6	-0.6	-1.5	-1.1	-0.1	0.0	0.2	0.4	0.5
GDP平减指数	4.7	-3.0	-3.7	-4.7	-3.4	-0.6	2.4	1.8	0.2
投资价格指数	4.7	-1.2	-4.0	-3.4	-1.6	0.9	0.9	0.0	0.6

图 39　主要价格指数变化预测

第三，其他主要宏观经济指标增长率预测。一是进出口及外汇储备增长率预测。2008 年我国出口增长 17.3%，进口增长 18.4%，贸易顺差比上年增加 422 亿美元。模型预测，受美国经济增长放缓、外部贸易环境恶化的影响，2009 年上半年进出口跌幅较大，尽管下半年外部需求出现回暖迹象，出口有所好转，但是2009 年全年中国的出口仍将为负增长，由于国内四万亿投资计划的实行，需求膨胀，增加了对国外原料、能源等初级产品及设备进口的需求，进口增速将加快，使全年贸易顺差也将首次出现负增长。以美元、按现价计算的贸易顺差增长预计为 -31.3%，外汇储备增长率预计为 16.5%，增长速度呈逐季下降。其中，以人民币、按不变价计算的出口增速预计为 -12.1%，进口增速为 -1.3%；以美元、按现价计算的出口增速预计为 -16.9%，进口增速为 -12.8%。模型预测，一般贸易进出口、加工贸易进出口都将转为负增长，一般贸易出口增速下滑的幅度大于加工贸易出口增速的下滑。但是，到了 2010 年，随着外部经济环境的好转，进出口增速加快，全年贸易顺差将止跌回升，以美元、按现价计算的贸易顺差增长预计为 21.2%，外汇储备增长率预计为 11.0%。其中，以人民币、按不变价计算的出口增速预计为 19.5%，进口增速为 12.0%；以美元、按现价计算的出口增速预计为 21.4%，进口增速为 21.4%。具体如表 4 和图 40 所示。

表 4　　中国进出口及外汇储备增长预测　　单位：%

时间	出口亿元（不变价）	出口亿美元（现价）	一般贸易出口百万美元（现价）	加工贸易出口百万美元（现价）	进口亿元（不变价）	进口亿美元（现价）	一般贸易进口百万美元（现价）	加工贸易进口百万美元（现价）	净出口亿美元（现价）	外汇储备亿美元（现价）
2009 年	-12.1	-16.9	-20.3	-13.3	-1.3	-12.8	-9.2	-16.3	-31.3	16.5
2009Q3	-15.1	-22.4	-27.6	-15.7	2.2	-11.3	-6.6	-14.1	-62.5	16.1
2009Q4	3.3	-1.4	-5.9	6.8	16.0	14.2	17.3	11.6	-32.5	16.0
2010 年	19.5	21.4	21.9	22.0	12.0	21.4	26.6	17.1	21.2	11.0
2010Q1	17.1	20.7	19.0	25.9	14.7	39.6	46.2	37.6	-31.4	18.0
2010Q2	22.7	25.9	28.3	26.8	7.4	24.1	28.9	21.2	37.3	10.2
2010Q3	19.9	20.3	20.7	19.3	10.8	11.8	15.2	7.9	92.8	8.4
2010Q4	18.4	19.2	19.7	18.2	15.7	17.0	23.2	10.4	26.6	8.3

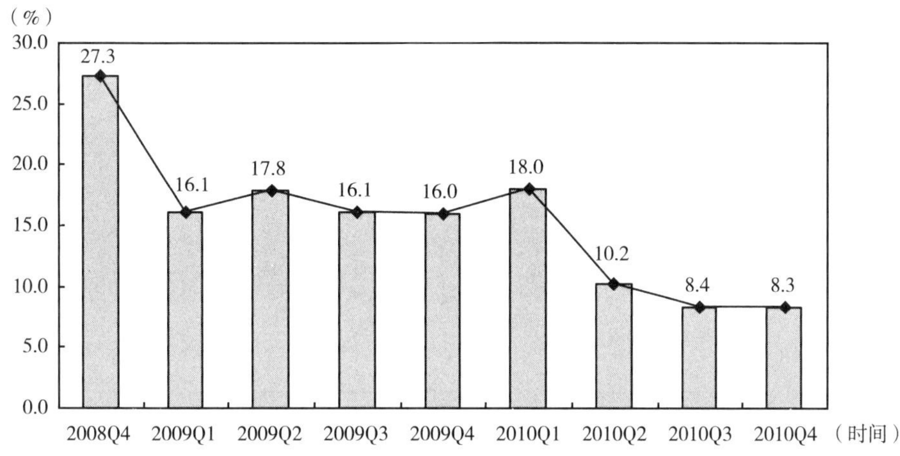

图 40　外汇储备增长率预测

二是固定资产投资走势预测。2008 年按不变价格计算的固定资本形成总额增速为 9.4%，按当年价格计算的城镇固定资产投资增长 26.2%。模型预测（见表 5、图 41），受宏观经济政策的影响，2009 年固定资本形成总额增速将增至 15.3%，增长 5.9 个百分点；2010 年固定资本形成总额增速将回落，为 9.1%，比 2009 年下降 6.2 个百分点。2009 年城镇固定资产投资增速比 2008 年增加 4.8 个百分点，为 31.0%，2010 年则会下降至 27.1%，比 2009 年下降 3.9 个百分点。分季度来看，2009 年下半年固定资本形成总额增速在第三季度出现较大幅度上升后，第四季度开始下降，分别为 19.6% 和 10.2%。2010 年四个季度的固定资本形成总额增长率分别为 -3.9%、7.5%、11.8% 和 13.4%。四个季度的城镇固定资产投资的增速波动则不大，分别为 25.6%、27.4%、25.0% 和 29.5%。

表 5　　其他主要宏观经济指标增长预测　　单位：%

时间	居民消费总额 亿元（不变价）	社会商品零售总额 亿元（现价）	城镇固定资产投资 亿元（现价）	固定资产形成总额 亿元（不变价）
2009 年	7.2	20.5	31.0	15.3
2009Q1	7.0	15.0	28.6	16.4
2009Q2	7.0	15.0	35.9	16.4
2009Q3	6.8	21.9	35.7	19.6
2009Q4	7.9	28.4	23.9	10.2
2010 年	10.2	29.6	27.1	9.1
2010Q1	9.9	32.9	25.6	-3.9
2010Q2	11.3	35.2	27.4	7.5
2010Q3	9.4	27.3	25.0	11.8
2010Q4	10.2	25.0	29.5	13.4

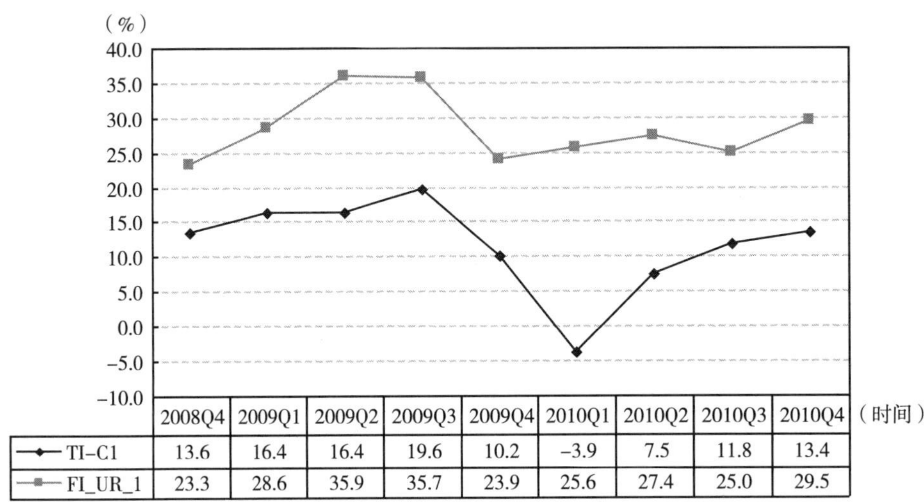

	2008Q4	2009Q1	2009Q2	2009Q3	2009Q4	2010Q1	2010Q2	2010Q3	2010Q4
TI-C1	13.6	16.4	16.4	19.6	10.2	-3.9	7.5	11.8	13.4
FI_UR_1	23.3	28.6	35.9	35.7	23.9	25.6	27.4	25.0	29.5

图 41　固定资产形成总额与城镇固定资产投资总额增速变化预测

注：TI_C1 为不变价固定资产形成总额增速，FI_UR_1 为城镇固定资产投资总额增速。

从固定资产投资资金来源来看，2008 年固定资产投资资金来源增速为 20.4%。模型预测（见图 42），受宏观调控影响，2009 年固定资产投资总资金来源增速将大幅度上升至 35.2%，同比上升 14.8 个百分点。分季度看，各季度增速将分别为 32.8%、42.9%、37.6% 和 27.5%，经历第一季度较高增速后，第二、第三季度的增速将有所放缓，第四季度又将回到较高水平，但是整体来看，波动幅度不大。2010 年增长速度将急剧下降至 18.9%，各季度增速分别为 1.4%、15.5%、23.7% 和 27.8%，呈现较大幅度波动。按资金来源分

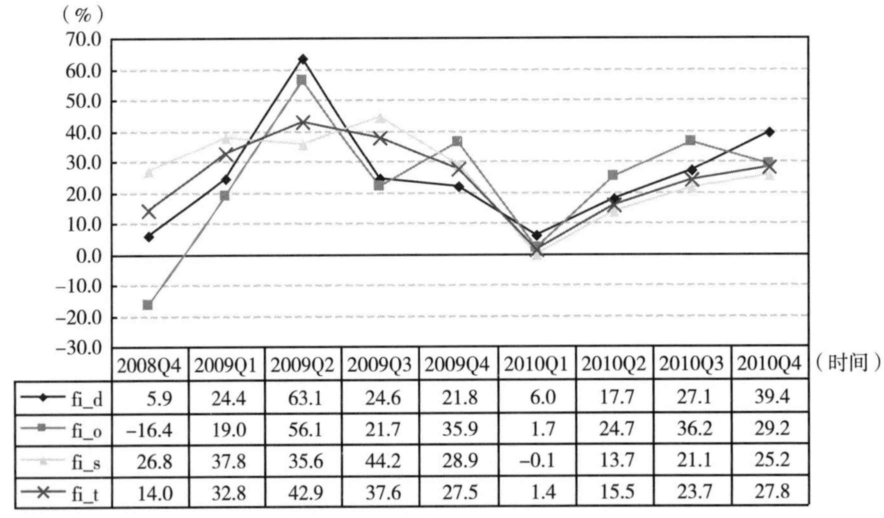

	2008Q4	2009Q1	2009Q2	2009Q3	2009Q4	2010Q1	2010Q2	2010Q3	2010Q4
fi_d	5.9	24.4	63.1	24.6	21.8	6.0	17.7	27.1	39.4
fi_o	-16.4	19.0	56.1	21.7	35.9	1.7	24.7	36.2	29.2
fi_s	26.8	37.8	35.6	44.2	28.9	-0.1	13.7	21.1	25.2
fi_t	14.0	32.8	42.9	37.6	27.5	1.4	15.5	23.7	27.8

图 42　固定资产投资资金来源按分类增速预测

注：fi_d 为国内信贷，fi_o 为其他来源，fi_s 为企业自筹，fi_t 为总资金来源。

类看，2009 年各主要资金来源增长速度都呈现较为明显的增长趋势，四万亿投资的效果开始显现，其中，国内信贷的增速为 33.0%，同比上升 21.2 个百分点；企业自筹投资的增速为 36.3%，同比上升 4.9 个百分点；其他资金来源增速为 34.3%，同比上升 39.9 个百分点。2010 年，国内信贷增速将出现较大幅度的下降，为 18.9%，企业自筹投资的增速下降为 17.0%，其他资金来源增速也将下降为 24.8%。

三是消费增长率的变化预测。受国家扩大内需政策的影响，消费有所上升。模型预测（见表 6、图 43），2009 年按不变价计算的居民消费总额增长为 7.2%，按当年价格计算的社会消费品零售总额增长为 20.5%，2010 年社会消费品零售总额增速将上升至 29.6%，居民消费总额增速也将上升至 10.2%。分季度来看，2009 年下半年社会消费品零售总额增速将逐季上升，第三、第四季度增长率分别为 21.9% 和 28.4%。进入 2010 年，四个季度的社会消费品零售总额增长率将分别为 32.9%、35.2%、27.3% 和 25.0%。可比价居民总消费增长率分别为 9.9%、11.3%、9.4% 和 10.2%，走势与社会消费品零售总额走势基本一致。

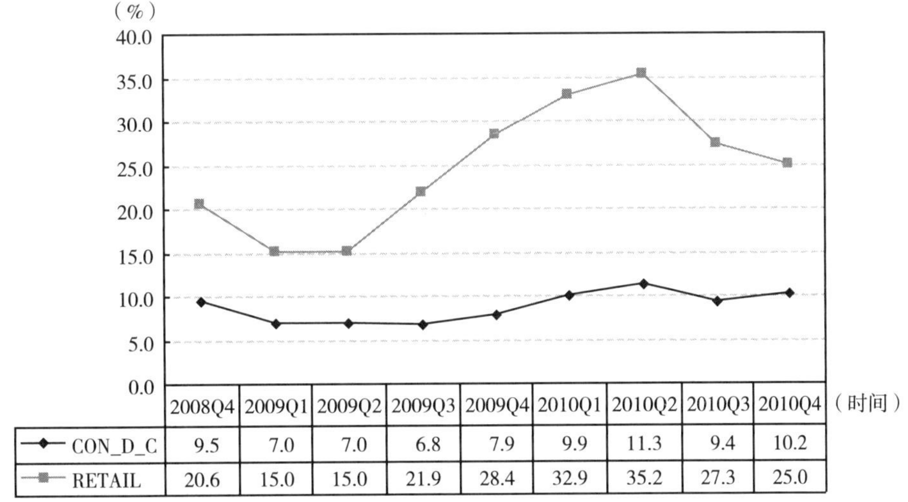

	2008Q4	2009Q1	2009Q2	2009Q3	2009Q4	2010Q1	2010Q2	2010Q3	2010Q4
CON_D_C	9.5	7.0	7.0	6.8	7.9	9.9	11.3	9.4	10.2
RETAIL	20.6	15.0	15.0	21.9	28.4	32.9	35.2	27.3	25.0

图 43　居民消费总额与社会消费品零售总额增速

注：CON_D_C 为不变价居民消费总额，RETAIL 为社会消费品零售总额。

2. 政策模拟

在基于上述模型预测的基础上，我们对关系中国宏观经济走势的一些宏观经济政策和重大影响因素的变化进行政策模拟，以备政策咨询。

（1）汇率政策模拟。如果中国经济率先复苏，而美国经济仍未走稳，基于美元处于弱势预期，假设人民币对美元在2009年和2010年分别升值1.5%和3%。通过CQMM模拟汇率变动对经济增长的影响。

根据CQMM的模拟，我们发现：在美元处于弱势预期，人民币对美元在2009年和2010年分别升值1.5%和3%的外生假定下，我国对美国的出口会有所减少，2009年第三、第四季度的增长率将分别下降1.0个和2.5个百分点，2010年四个季度将分别下降4.3个、6.2个、6.1个、6.4个百分点（见图44）。

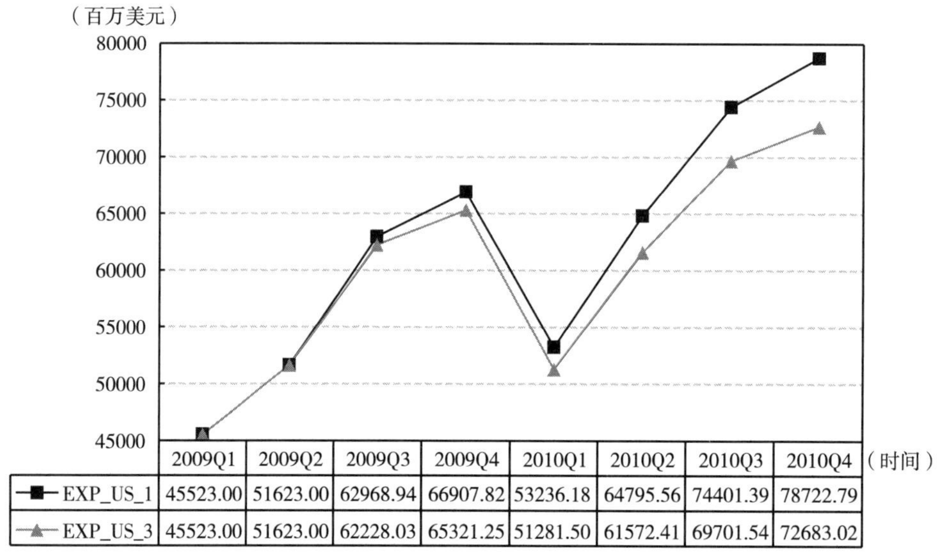

	2009Q1	2009Q2	2009Q3	2009Q4	2010Q1	2010Q2	2010Q3	2010Q4
EXP_US_1	45523.00	51623.00	62968.94	66907.82	53236.18	64795.56	74401.39	78722.79
EXP_US_3	45523.00	51623.00	62228.03	65321.25	51281.50	61572.41	69701.54	72683.02

图44　人民币对美元汇率变化情形下对美国出口的影响

注：EXP_US_1表示基准假定下中国向美国出口额，EXP_US_3表示政策模拟结果。

按贸易方式分类看，在新的假定下，一般贸易出口会有所减少，2009年第三、第四季度将分别减少0.7个和2.0个百分点，2009年四个季度将分别减少3.8个、5.6个、5.6个和5.8个百分点。加工贸易减少的幅度与一般贸易的情况差不多，2009年第三、第四季度会减少0.8个和2.1个百分点，2010年四个季度将分别减少3.9个、5.3个、5.3个和5.5个百分点（见图45、图46）。净出口则只有轻微减少，2009年第三、第四季度将分别为1.6个和3.2个百分点，2010年第一、第二季度将分别减少3.5个和5.4个百分点，然后第三、第四季度将分别增加3.7个和1.6个百分点（见图47）。

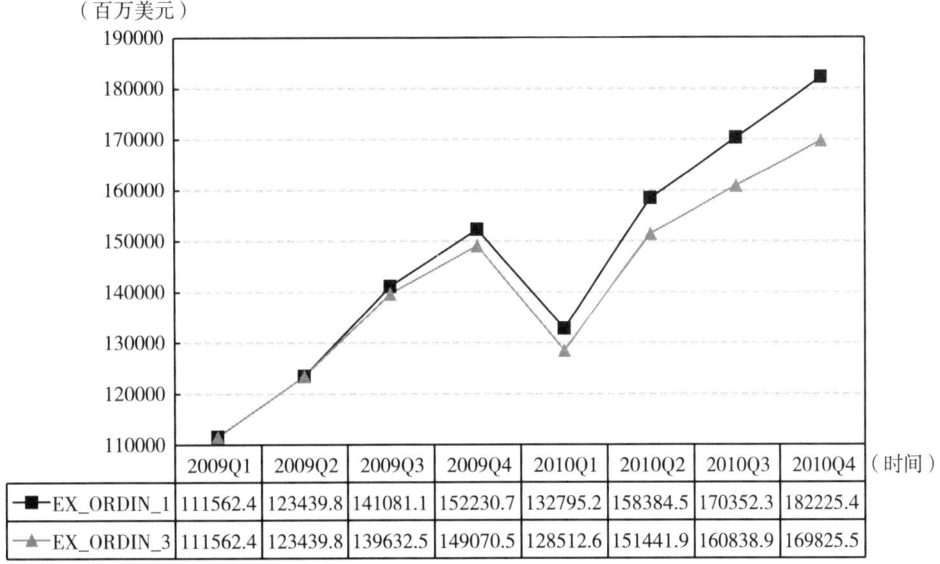

	2009Q1	2009Q2	2009Q3	2009Q4	2010Q1	2010Q2	2010Q3	2010Q4
EX_ORDIN_1	111562.4	123439.8	141081.1	152230.7	132795.2	158384.5	170352.3	182225.4
EX_ORDIN_3	111562.4	123439.8	139632.5	149070.5	128512.6	151441.9	160838.9	169825.5

图 45　人民币对美元汇率变化情形下对一般贸易出口的影响

注：EX_ORDIN_1 表示基准假定下的一般贸易出口，EX_ORDIN_3 表示政策模拟结果。

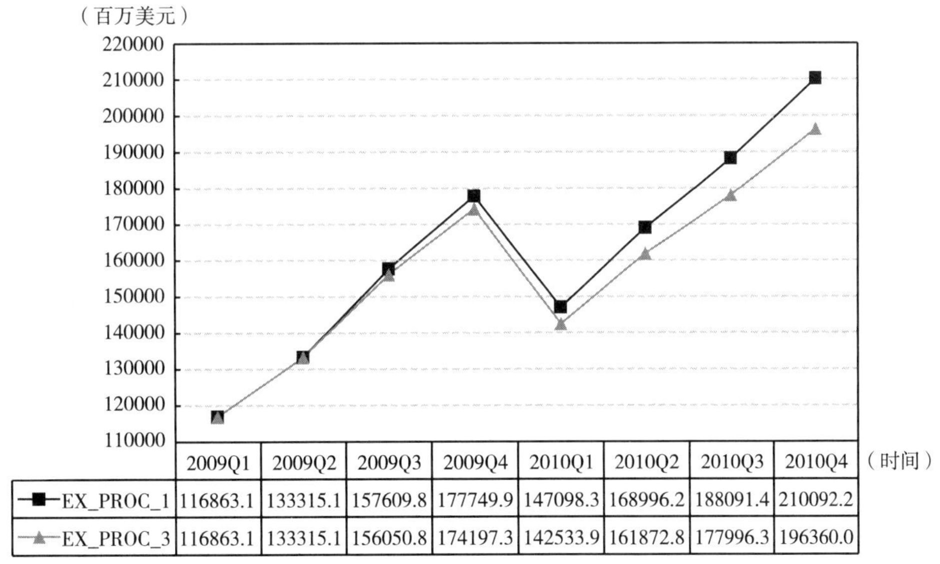

	2009Q1	2009Q2	2009Q3	2009Q4	2010Q1	2010Q2	2010Q3	2010Q4
EX_PROC_1	116863.1	133315.1	157609.8	177749.9	147098.3	168996.2	188091.4	210092.2
EX_PROC_3	116863.1	133315.1	156050.8	174197.3	142533.9	161872.8	177996.3	196360.0

图 46　人民币对美元汇率变化情形下对加工贸易出口的影响

注：EX_PROC_1 表示基准假定下的加工贸易出口，EX_PROC_3 表示政策模拟结果。

总之，在新的外生条件假定下，出口上升的幅度预计会下降一些，无论是对美国的出口还是一般和加工贸易类的出口，但是净出口的变化还同时受进口的影响，略有改变。即人民币对美元在 2009 年和 2010 年分别升值 1.5% 和 3% 的假设下，2009 年、2008 年中国 GDP 将比基线预报结果分别下降 0.2%、0.6%（见图 48）。

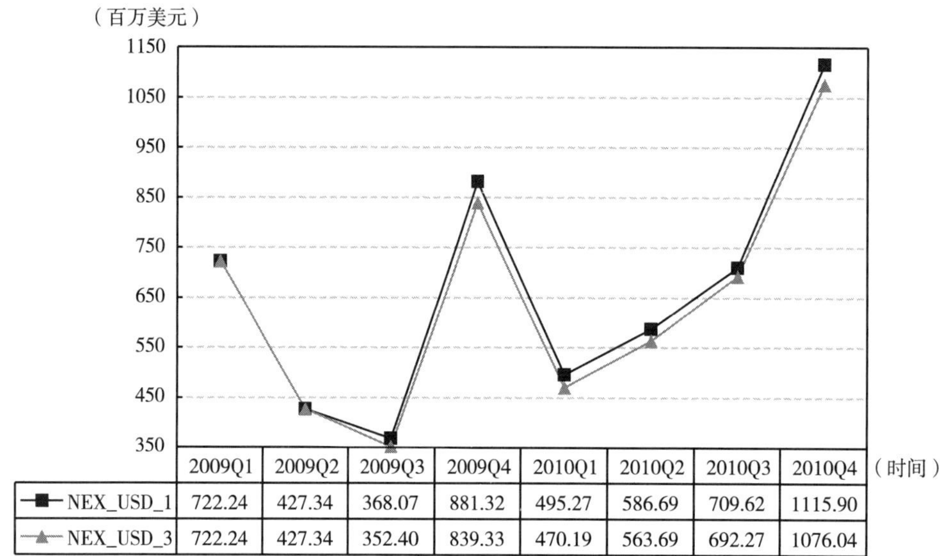

	2009Q1	2009Q2	2009Q3	2009Q4	2010Q1	2010Q2	2010Q3	2010Q4
NEX_USD_1	722.24	427.34	368.07	881.32	495.27	586.69	709.62	1115.90
NEX_USD_3	722.24	427.34	352.40	839.33	470.19	563.69	692.27	1076.04

图 47　人民币对美元汇率变化情形下对净出口的影响

注：NEX_USD_1 表示基准假定下的净出口，NEX_USD_3 表示政策模拟结果。

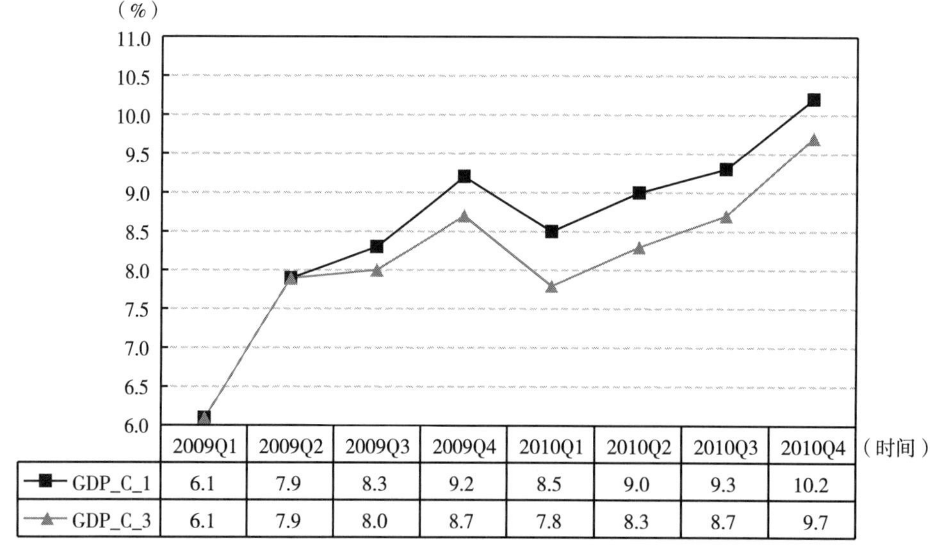

	2009Q1	2009Q2	2009Q3	2009Q4	2010Q1	2010Q2	2010Q3	2010Q4
GDP_C_1	6.1	7.9	8.3	9.2	8.5	9.0	9.3	10.2
GDP_C_3	6.1	7.9	8.0	8.7	7.8	8.3	8.7	9.7

图 48　人民币对美元汇率变化情形下对中国经济增长率的影响

注：GDP_C_1 表示基准假定下中国经济同比增长率，GDP_C_3 表示政策模拟结果。

（2）美国消费—储蓄模式变化对我国经济增长的影响模拟。由于全球金融危机与世界经济衰退，美国居民的消费—储蓄模式自 2008 年 8 月起开始，发生了一些值得我国关注的变化。美国家庭及个人的储蓄率快速回升。美国个人储蓄率从 2008 年 8 月的 0.8% 上升至 2009 年 5 月的 6.9%，上升了 6.1 个百分点，升幅更达762.5%。创1993年12月以来的美国个人储蓄率新高。储蓄率上升也即消费率下降。

美国居民消费—储蓄模式之所以值得我国关注，是因为随着我国经济不断提高的开放度，国内经济在国内需求尤其是居民消费不足情况下，各级地方政府过度追求经济增长率及财政收入最大化，扭曲了我国要素比价结构，以劳动密集型产品出口为导向的粗放经济增长模式一直未能转轨，在近十年来不断加剧着国民收入支出结构的“两高一低”失衡。这就使中国经济增长过分地倚靠外需，尤其是美国的市场需求。

自2005年以来，净出口对我国经济增长的贡献率明显上升。2005年为24.1%，2006年及2007年均接近20%。这三年中，净出口对我国经济增长的拉动效应在2.2～2.6个百分点之间，由于国际金融危机爆发，2008年净出口对我国经济增长的贡献率陡降至9.2%，净出口对经济增长的拉动率为0.8个百分点，比上年降低了1.8个百分点，但是，当年我国的经济增长率却比2007年整整下跌了4个百分点（见表7、图49、图50）。

表7　中国三大需求对GDP的贡献率和拉动率（1999～2008年）　单位：%

年份	最终消费支出贡献率（%）	资本形成总额贡献率（%）	货物和服务净出口贡献率（%）	最终消费支出拉动率（百分点）	资本形成总额拉动率（百分点）	货物和服务净出口拉动率（百分点）
1999	74.7	23.7	1.6	5.7	1.8	0.1
2000	65.1	22.4	12.5	5.5	1.9	1.0
2001	50.0	50.1	-0.1	4.1	4.2	0.0
2002	43.6	48.8	7.6	4.0	4.4	0.7
2003	35.3	63.7	1.0	3.5	6.4	0.1
2004	38.7	55.3	6.0	3.9	5.6	0.6
2005	38.2	37.7	24.1	4.0	3.9	2.5
2006	38.7	42.0	19.3	4.5	4.9	2.2
2007	40.6	39.7	19.7	5.3	5.1	2.6
2008	45.7	45.1	9.2	4.1	4.1	0.8

资料来源：中经网。

根据我们的计算，如果净出口为零，仅仅进出口的直接影响，我国2005～2008年的经济增长率将分别降低至7.9%、9.4%、10.4%和8.2%。如果进一步考虑净出口下降对国内投资和消费的间接影响，那么2005～2008年的经济增长率将降得更低。

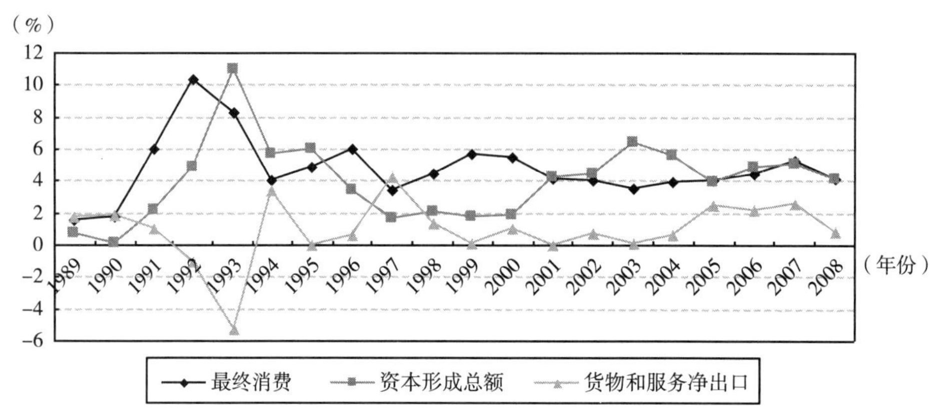

图 49　中国三大需求对 GDP 增速的拉动率

资料来源：中经网。

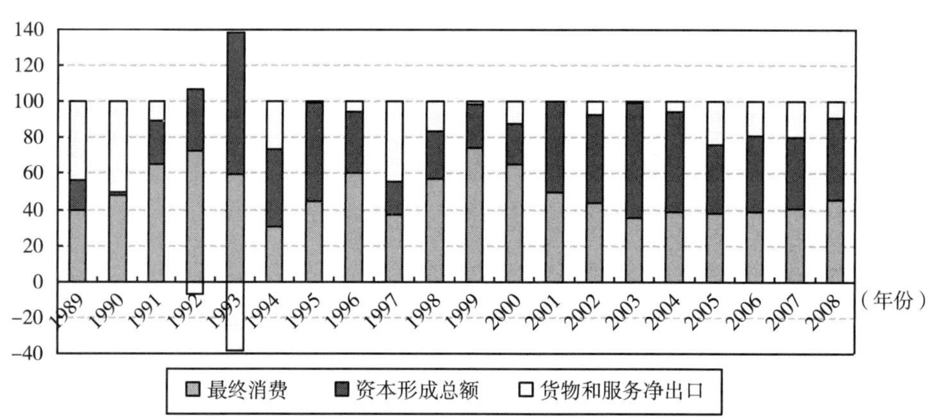

图 50　中国三大需求对 GDP 增速的贡献率

资料来源：中经网。

中国近年来的大幅度贸易顺差是建立在以美国为首的西方发达国家近年来贸易逆差规模不断扩大基础上的。1998 年，美国的经常项目收支逆差占 GDP 的比重仅为 2.5%，2006 年上升到 6.1%，2008 年因次贷危机转化为国际金融危机，逆差缩小为 4.9%。近十年的均值为 4.82%（见图 51）。

近十年来，美国的经常项目收支逆差迅速上升，与美国家庭及个人消费不断扩张、储蓄率不断下降有着密切关系。负债迅速增加使美国的消费增速超过了经济增长，与此同时，美国财政赤字也不断扩大。它带来了两个后果：一是美国的名义储蓄率下降；二是美国的贸易逆差规模日益扩大。美国的超低储蓄、巨额贸易逆差与中国的过高储蓄、巨额贸易顺差在一定程度上是两个互补的国民收入支出结构失衡。

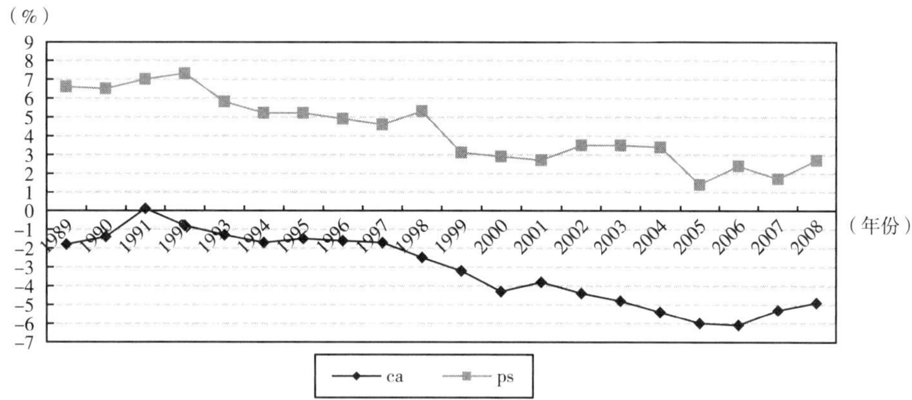

图 51　美国经常项目差额占 GDP 比重（ca）和个人储蓄率（ps）

资料来源：美国经济分析局网站（www. bea. gov）和中经网。

由于国际金融危机，导致美国居民个人储蓄率的上升，必然导致美国贸易逆差的缩小。它对中国经济增长的影响值得密切关注。逻辑分析可知，它可能使中国的贸易顺差缩小，降低其对经济增长的拉动力，经济增长因此下降。但是，美国贸易逆差缩小对中国经济增长的影响究竟有多大，是一个值得宏观经济决策当局关注的问题。如果美国的储蓄率仅仅上升并维持——占可支配收入的 6% 或者上升到一个更高的点达到 10%，通过 CQMM 模拟美国消费—储蓄模式变动对中国经济增长的影响。根据 CQMM 的模拟结果，在新的外生假定下，即美国的储蓄率上升至 6% 或者 10% 的假设下，中国对美国的出口会有所减少，2009 年的出口年增长率将分别下降 3. 2 个和 5. 4 个百分点，2010 年将分别下降 3. 3 个、5. 6 个百分点（见图 52）。

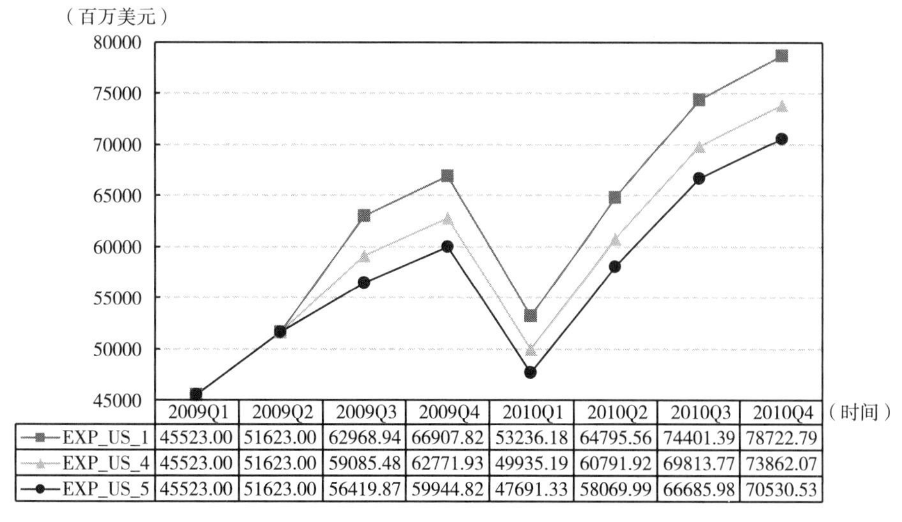

	2009Q1	2009Q2	2009Q3	2009Q4	2010Q1	2010Q2	2010Q3	2010Q4
EXP_US_1	45523.00	51623.00	62968.94	66907.82	53236.18	64795.56	74401.39	78722.79
EXP_US_4	45523.00	51623.00	59085.48	62771.93	49935.19	60791.92	69813.77	73862.07
EXP_US_5	45523.00	51623.00	56419.87	59944.82	47691.33	58069.99	66685.98	70530.53

图 52　美国储蓄率变化情形下对美国出口的影响

注：EXP_US_1 表示基准假定下中国向美国出口额，EXP_US_4、EXP_US_5 分别表示 6%、10% 的模拟结果。

按贸易方式分类看，在新的外生假定下，一般贸易出口会有所减少，2009年的增长率将分别减少1.4个和2.4个百分点，2010年将分别减少1.8个和3.0个百分点。加工贸易减少的幅度较一般贸易的情况大一些，2009年的增长率将分别减少1.9个和3.2个百分点，2010年将分别减少2.0个和3.5个百分点（见图53、图54）。

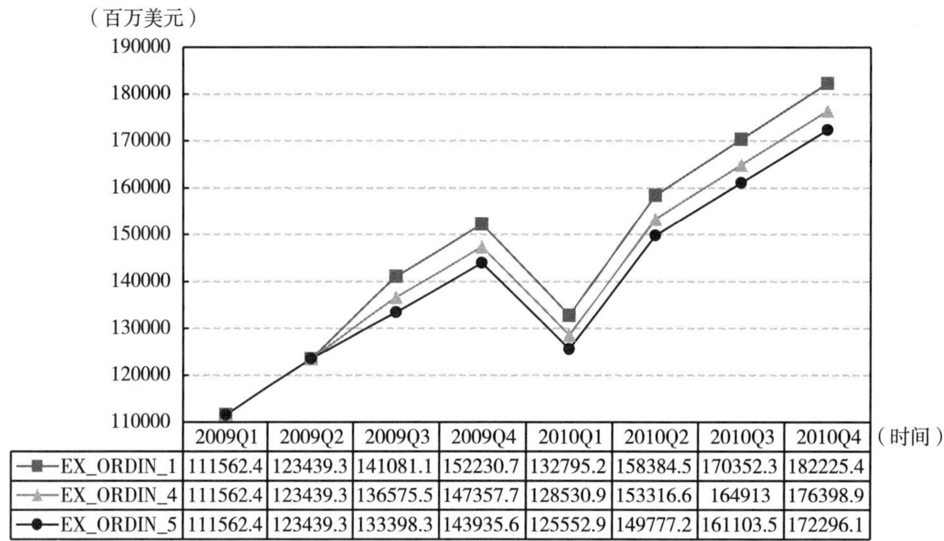

	2009Q1	2009Q2	2009Q3	2009Q4	2010Q1	2010Q2	2010Q3	2010Q4
EX_ORDIN_1	111562.4	123439.3	141081.1	152230.7	132795.2	158384.5	170352.3	182225.4
EX_ORDIN_4	111562.4	123439.3	136575.5	147357.7	128530.9	153316.6	164913	176398.9
EX_ORDIN_5	111562.4	123439.3	133398.3	143935.6	125552.9	149777.2	161103.5	172296.1

图53　美国储蓄率变化情形下对一般贸易出口的影响

注：EX_ORDIN_1表示基准假定下的一般贸易出口，EX_ORDIN_4、EX_ORDIN_5分别表示6%、10%的模拟结果。

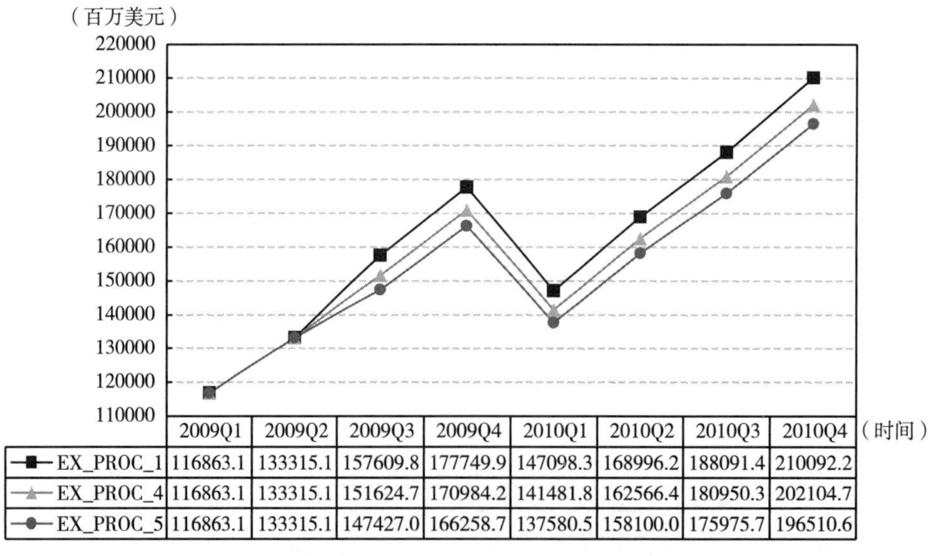

	2009Q1	2009Q2	2009Q3	2009Q4	2010Q1	2010Q2	2010Q3	2010Q4
EX_PROC_1	116863.1	133315.1	157609.8	177749.9	147098.3	168996.2	188091.4	210092.2
EX_PROC_4	116863.1	133315.1	151624.7	170984.2	141481.8	162566.4	180950.3	202104.7
EX_PROC_5	116863.1	133315.1	147427.0	166258.7	137580.5	158100.0	175975.7	196510.6

图54　美国储蓄率变化情形下对加工贸易出口的影响

注：EX_PROC_1表示基准假定下的加工贸易出口，EX_PROC_4、EX_PROC_5分别表示6%、10%的模拟结果。

受出口减少的影响，以及加工贸易出口的减少影响到加工贸易进口的减少，进而减少了总进口，从而净出口也有较大幅度的减少，2009 年的增长率分别减少了 5.8 个和 3.4 个百分点，2010 年分别减少了 6.9 个和 3.9 个百分点（见图 55）。

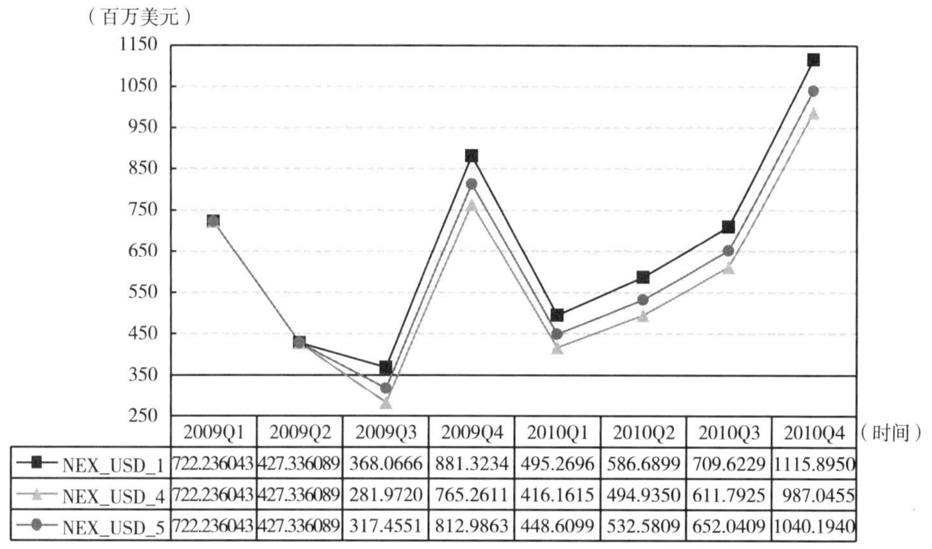

	2009Q1	2009Q2	2009Q3	2009Q4	2010Q1	2010Q2	2010Q3	2010Q4
NEX_USD_1	722.236043	427.336089	368.0666	881.3234	495.2696	586.6899	709.6229	1115.8950
NEX_USD_4	722.236043	427.336089	281.9720	765.2611	416.1615	494.9350	611.7925	987.0455
NEX_USD_5	722.236043	427.336089	317.4551	812.9863	448.6099	532.5809	652.0409	1040.1940

图 55　美国储蓄率变化情形下对净出口的影响

注：NEX_USD_1 表示基准假定下的净出口，NEX_USD_4、NEX_USD_5 分别表示 6%、10% 的模拟结果。

总之，在新的外生条件假定下，美国消费格局的变化对中国整体经济产生的不利影响值得引起我国的足够重视。正如模型模拟的结果所示，在美国个人储蓄率在 2009 年下半年和 2010 年继续维持在 6% 的假设下，2009 年、2010 年中国 GDP 将比基线预报结果分别下降 0.4%、0.8%；而在美国的储蓄率 2009 年下半年和 2010 年上升到 10% 的假设下，2009 年、2010 年中国 GDP 将比基线预报结果分别下降 0.6%、1.0%（见图 56）。美国消费格局的变化对我国加工贸易出口产生的不利影响要大于一般贸易出口，这是由于以服装、鞋等一般贸易出口产品主要是以日常用品为主，其需求收入弹性较低，因而受消费格局变化的影响小。但是，加工贸易出口的减少将直接对就业产生较大的不利冲击。

美国个人储蓄率上升对我国进出口从而经济增长的负面影响，在多大程度上需要国内投资及消费需求的增加予以弥补？模型模拟结果是，如果美国个人储蓄率上升至 6%，我国增长率或者说净出口对 GDP 的拉动率将因此在 2009 年下降 0.4 个百分点，在 2010 年下降 0.6 个百分点。相应地，我国的投资和最

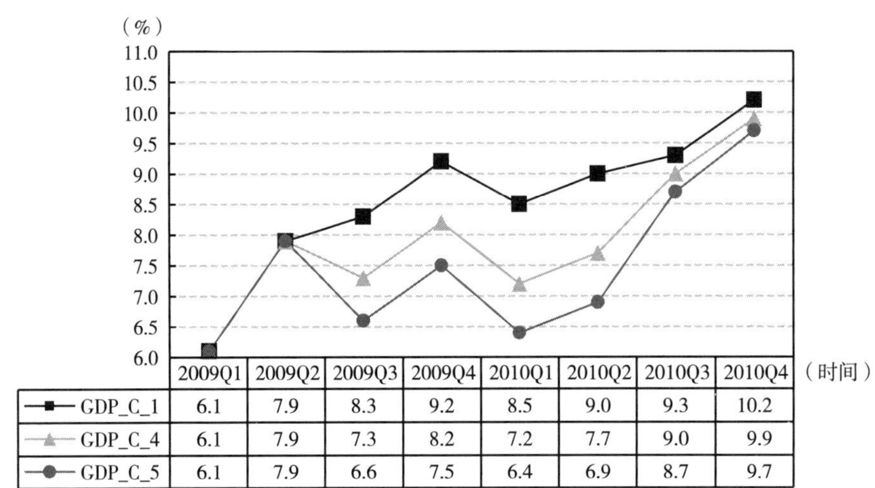

	2009Q1	2009Q2	2009Q3	2009Q4	2010Q1	2010Q2	2010Q3	2010Q4
GDP_C_1	6.1	7.9	8.3	9.2	8.5	9.0	9.3	10.2
GDP_C_4	6.1	7.9	7.3	8.2	7.2	7.7	9.0	9.9
GDP_C_5	6.1	7.9	6.6	7.5	6.4	6.9	8.7	9.7

图 56　美国储蓄率变化情形下对中国经济增长率的影响

注：GDP_C_1 表示基准假定下中国经济同比增长率，GDP_C_4、GDP_C_5 分别表示 6%、10% 的模拟结果。

终消费对 GDP 增长的贡献率在 2009 年和 2010 年应分别增加 5.5% 和 6.4%，才能抵消净出口下降对我国经济增长的不利影响。如果美国个人储蓄率上升到 10% 的高点，我国增长率或者说净出口对 GDP 的拉动率因此将在 2009 年下降 0.8 个百分点，在 2010 年下降 1.0 个百分点，相应地，我国的投资和最终消费对 GDP 增长的贡献率在 2009 年和 2010 年应分别增加 9.4% 和 10.9%，才能抵消净出口下降对我国经济增长的不利影响。

这次美国个人储蓄率回升，与 20 世纪 30 年代大萧条时期很类似。在大萧条的复苏时期，美国个人可支配收入大幅下滑，1933 年至 1936 年，美国个人储蓄率则回升了 7.5 个百分点，其中相当一部分是预防性储蓄和无信贷无就业背景下消费结构变化所致。据预测，这次危机后，美国家庭资产负债表的修复和预防性储蓄的回升将在 3 年至 5 年内改变美国的消费—储蓄格局，美国储蓄率可能将回升到 10%～11% 的水平。

目前的美国个人储蓄率回升，究竟是一种对金融危机的临时性反应，还是意味着美国消费—储蓄格局长期的趋势性调整的开始，目前尚不能下结论，需要继续观察研究。

（二）政策建议

自 2008 年 10 月以来，我国政府启动了大规模强有力的财政货币扩张政策以刺激经济增长。大规模的基础设施投资以及新增贷款的急剧扩张，使中国经济在2009年上半年出现了企稳回升的态势，实现了在正常情况下不太可能实现的增长速度，年初政府预定的经济增长目标有望实现。我们认为，这主要是大规模财政货币扩张政策强力拉动内需的结果，但是，中国支撑经济恢复正常增长的内生动力还极为有限。固然，政府投资在实现现有经济增长实绩中发挥了重要作用，但是，作为经济正常增长的主动力——民间投资和社会投资的作用，有待于恢复和进一步提高；消费的有限扩大（就同比增长率而言，仍然低于2006～2008年）也主要是靠政策的引导和鼓励得以实现的。

大幅度的财政扩张政策最终必然受限于政府债务的增长，难以持久，基础设施建设扩张也就难以长期持续，新增贷款的急剧扩张不仅效率低下，而且潜伏了通胀的危险。因此，这些刺激政策虽然一时遏制了危机导致的经济增长率下滑，但是不可能成为解决中国经济增长放缓的长期方案。下一阶段，继续应用大规模财政货币刺激政策的效益必然呈递减态势。与此同时，世界范围的经济复苏仍然存在诸多不确定性，前景尚不明朗。2008年8月以来美国个人储蓄率的回升，究竟是一种对金融危机的临时性反应，还是意味着美国消费—储蓄格局长期趋势性调整的开始？尽管目前还不能下结论，需要进一步观察和研究。但是，我们认为，从各方面考虑，我国下一阶段的宏观经济政策，在国际金融危机导致的经济增长率大幅度下滑因实行总量扩张的需求管理政策得以缓解之后，应当将重点逐步转向解决我国经济发展的深层次问题。更多地重视结构调整，更多地重视决定结构失衡的体制问题，通过结构调整，为我国经济的长期稳定较快增长创造一个良好的社会再生产条件。

前面的分析已经指出，调整经济结构必须从调整国民收入分配结构入手。

如前所述，十多年来，我国国民收入分配结构的重大变化，举其要者，大致如下：（1）财政收入占GDP的比重大幅度上升；（2）财政收入中，中央政府收入所占比例大幅度提高；（3）企业营业余额占GDP比例大幅度上升，同期劳动者报酬占GDP的比例却大幅度下降；（4）不同居民群体之间的收入差距持续扩大。

其中，财政收入占GDP的比重大幅度上升与财政收入中中央政府收入所占比例大幅度提高是导致国民收入分配结构失衡最重要的原因。为此我们不能不检讨1994年税制改革与同期国有经济配置领域战略性调整的得失。统计数据证实，正是1994年的税制改革使中央财政收入占全部财政收入的比重在一年之内发生了根本性变化，而地方政府在短时间内财政收入比重的大幅度下降，使之不得不寻求新的财政收入来源，因此进一步强化了地方政府扭曲要素比价关系，吸引外资，追求高投资，推行以劳动密集型产品出口为导向的粗放经济增长方式的强制工业化与强制高增长倾向。为追求财政收入最大化而引发的强制高增长倾向，在劳动生产率短期内难以大幅度提高的情况下，必然依靠高投资、项目带动，不计成本地吸引外资，为此不得不有意压低本地区土地、劳动力、资源、环境、资金的价格，推动收入分配向资本尤其是外资倾斜，从而使企业盈余占 GDP 的比重大幅度上升，劳动者报酬占 GDP 比重的大幅度下降。扭曲要素比价的强制增长，人为地压低了劳动、土地、环境和资源的价格，致使我国的自主创新能力与动力严重不足，人力资本投资缺乏市场需求拉动，产业升级缺乏必要的劳动力、土地、环境和资源成本推动压力，居民收入增长速度持续低于经济增长速度，居民消费不振。

20 世纪 90 年代中期的国有资产配置领域的战略性调整，尽管在实现国有经济退出竞争性领域方面是正确的，但是，由于在国有资产配置领域的战略性调整中，忽略了市场经济下的国有经济存在的唯一价值在于服务社会公共利益，提供公共产品与公共服务，相反，却把国有资产配置领域战略性调整作为回避市场竞争，保护国有经济也即政府经济收益的手段，因此，国有资产配置领域战略性调整只是使国有经济获得了较之以往更强的垄断地位。由于在制度上缺乏强有力的约束，国有经济的特殊市场地位为其攫取垄断利润创造了有利条件，国有垄断企业的员工自然也就成为分润群体之一。国有垄断性部门与民营非垄断性部门之间员工的收入分配差距因此拉开，它推动了不同居民群体之间收入差距的持续扩大。

正是由于强制增长的需要，有意无意地延缓了市场深化和相应的社会体制改革，使决定国民收入分配比例的社会各利益群体之间的力量对比严重失衡。使经济增长与它本应实现的社会发展目标出现了渐行渐远的趋势。

当然，市场化的改革并不意味着财政收入占 GDP 比重的不断下降，中央财政收入占全部财政收入比重的不断下降。在一定人均 GDP 水平上，为实现市场经济的正常运行，国家尤其是中央财政必须拥有与其公共服务职能相应的财力，但是，超出与之相适应的财力规模，显然是不必要的。为实现必要的宏观调控与地区间的协调发展，中央财政必须先集中部分财力，而后通过转移支付实现再分配。但是，制度设计上的考虑不周，则可能导致调控的南辕北辙。以农业税为例，21 世纪初，为减轻农民负担，宏观经济当局决定不再征收农业税，对于农民而言，无疑是一大德政。对于地方财政因此减少的收入，根据此前三年平均水准，由中央财政以转移支付方式予以定额补偿。这一政策设计导致对地方经济发展的不同激励：发展农业的财政收益为零，发展非农产业的财政收益是比例递增甚至规模递增的，因此形成了各级地方政府强制工业化的重要激励之一。中央的专项转移支付采取项目申请制，它在一定程度上增加了设租和寻租的空间，提高了政府的运作成本；当专项转移支付在地方财政的全部转移支付收入中所占比重过大，势必造成地方财政支出结构的僵化，不利于地方政府根据当地社会经济发展的需要，合理地配置有限的财政资源。

诚然，即使是在政府主导型市场经济体制下，社会经济运行的所有问题不能也不该由政府负全部责任。但是，不能否认政府的重要作用。我国出口劳动密集型产品为导向的粗放经济增长方式未能及时转变，近十年来因此逐渐形成的国民收入支出结构“两高一低”失衡，与现行的体制与政策有着密切的关系。因此，政府应通过体制调整、政策调整，重构决定国民收入分配比例的社会力量对比新的均衡，为纠正国民收入分配结构从而支出结构的严重失衡，为实现社会再生产的正常循环、经济增长方式的转轨，为实现经济增长速度与居民收入增长速度的协调创造必要的体制基础。

体制调整之外，我们认为，近期还应当：

第一，密切关注美国个人储蓄率上升的趋势，坚定扩大内需战略。目前的美国个人储蓄率回升，究竟是一种对金融危机的临时性反应，还是意味着美国消费—储蓄格局长期的趋势性调整的开始，尚不能下结论，需要继续观察研究。但是，我们认为，目前美国个人储蓄率的回升，即使是应对金融危机的 3 ~5 年的临时性反应，也值得我国宏观经济决策当局及企业高度重视。

对于企业而言，由于近期美国经济开始企稳，我国企业尤其是主要以美国为主要贸易对象国的企业高度期待美国经济复苏将带来的出口订单的快速反弹。但是，美国经济的复苏本身就需要国内储蓄率的逐步稳定上升，需要调整原来过高的消费率。在这种情况下，期望美国经济复苏将带来国际金融危机爆发前的大量订单，可能不太现实。即使从中期（3 ~5 年）角度出发，企业也需要适当调整自己的发展战略及市场取向。

对于宏观经济决策当局而言，则必须考虑反危机政策的长期性和可持续性。自 2008 年 10 月以来，我国政府启动了大规模强有力的财政货币政策刺激大规模的基础设施投资以及新增贷款的急剧扩张，使中国经济 2009 年实现了正常情况下不太可能实现的增速。但是，大幅度的财政扩张政策受限于政府债务的增长，对于企业盈利能力也将产生损害，因此难以持久，大规模的基础设施建设不可能长期持续地进行，新增贷款的急剧扩张不仅效率低下，而且潜伏了通胀的危险。因此，财政货币刺激政策虽然一时遏制了经济增长下滑，但是不可能成为解决中国经济增长放缓的长期方案。因此，在出口增长和投资增长的未来空间受到相当程度限制的情况下，更应重视扩大国内居民消费对经济增长的拉动作用。

如果从美国本次次贷危机源于国内居民过高、超前消费角度看，我们认为，为了恢复其经济的基本结构平衡，从长远看，美国有必要逐步调整其消费—储蓄格局。如果目前的个人储蓄率回升是美国消费—储蓄格局长期的趋势性调整的开始，那么，我国应对国际金融危机的政策处方就应当更重视我国国民收入支出结构、分配结构从而产业结构、经济增长方式的调整了。

第二，正确处理产能过剩与通货膨胀风险。要防止用过多的行政性干预来代替市场调节，目前我国一方面从市场准入、环评监管、供地用地、金融政策、信息发布等方面运用严格的行政措施限制产能过剩行业的投资和扩张。另一方面在理顺不合理的要素价格上却进展缓慢。改革开放以来的多次政策实践证明，这种做法的有效性是比较低的，尽管政府不断地运用严格的行政命令手段，在价格这一市场经济的主要信息传递机制及利益调节杠杆仍然被严重扭曲的情况下，有关产业的产能过剩只会越演越烈。因此，我们认为，结构调整最根本的前提是建立合理的比价关系。通过资源要素价格体系的改革，推进经济结构调整。建议利用当前物价较低的有利时机，加快推进资源要素价格改革，理顺资源产品价格，把结构调整和价格改革有效结合起来。加快推进资源税、环境税的改革和征收工作。继续坚持最严格的土地保护制度，确保土地价格充分体现土地资源的稀缺性，谨防各地以扩大投资保增长为由放松对土地市场的管理和调控。

第三，妥善解决好当前货币政策的“微调”与“适度宽松”之间的关系。当前经济复苏迹象显现，为防止经济增长不稳定，宏观经济政策当局提出要继续保持政策的平稳性，但不排除货币政策的“微调”，要在信贷结构上有所调整，而不是在量上紧缩。事实上，目前货币政策的“微调”似乎已明显超过适度宽松的力度，即对放贷实行了规模控制。原先适度宽松货币政策纯粹是为了配合扩张财政政策保增长，主要信贷投放于政府项目，甚至代垫项目资金，而今后一段时期，既要为刺激经济的政策提供流动性保障（防止已开工的政府投资项目后续资金缺失，导致烂尾工程项目出现），也要注意和防范由流动性投放过多导致的金融风险。为实现“调结构、促转型、增后劲”，应积极引导商业银行对信贷投放进行结构性调整，加大对技术改造、兼并重组、过剩产能向外转移、节能减排、发展循环经济的信贷支持。信贷投放增量要从政府项目转向中小企业，以拉动民间投资，当然，这就对商业银行信贷管理能力提出了更高要求，改革现行的金融体制是破解当前适度宽松与信贷规模紧缩对立的唯一可行的路径。

第四，改变“家电下乡”等促消费方式，将财政补贴用于建立农村社保。家电下乡作为扩大内需的举措之一，只能是一种短期应急措施，其提升农民生活水平的作用低于协助厂商去库存化的作用。我们认为，与其推行家电下乡等短期措施，不如将相应财政支出用于补贴农村社保，解除农村居民的后顾之忧，间接地增加农村居民收入，进而可持续性地促进农村消费，有效缓解因农村消费不足而加剧的经济结构失衡。当务之急是要积极推进“新农保”和农民工社保制度的建立和完善，消除农民消费的后顾之忧。一方面，对务农农民的社保要尽快出台和完善“新农保”社保制度。一是增加政府的补贴水平。目前政府补贴仍远低于农民缴费水平，应提高政府补贴标准，增强“新农保”的吸引力。二是明确界定各级政府的筹资责任。中央政府应界定最基本的养老保险标准，根据这一标准确定政府应承担的资金数额以及各级政府之间的分摊额。三是减轻村集体在资金分摊中的责任。另一方面，建立和完善农民工基本养老保险制度。逐步使农民工养老保险制度、农村居民养老保险制度与城镇职工养老保险制度有效衔接，建立全国统一的国民养老保险管理体系，解决养老接续、待遇计发等问题。

第五，关注就业、教育、卫生、社会保障、住房等民生事业，用体制改革促进居民消费。要提高居民收入在国民收入中所占的比重，就必须把扩大就业作为优先考虑的问题，实施更加积极的就业政策。一是改善和完善城市发展机制，促进城市化发展。二是把就业、教育、卫生、社会保障、住房等民生事业纳入政府投资范围，不断提高政府对这些领域的投资比例。三是营造良好的创业环境，积极鼓励居民创业，鼓励发展个体、私营经济。四是为中小企业营造良好的外部环境。增加对中小企业的投入、推动信用担保体系建设、加大对中小企业的财税支持力度、清理各种收费。五是通过税收与转移支付，建立起财富的二次分配机制，调节过高收入，保障最低收入，缩小居民收入差距。加强公共教育和卫生服务，扩大覆盖面，加快城市保障性住房建设。完善社会保障制度，完善城镇养老、医疗、失业等社会保险制度和最低生活保障等社会救助制度。

第六，优化投资结构，为民间资本提供良好的投资环境。在目前我国相当部分产业产能过剩的情况下，民间资本的投资渠道有限，民营资本投资实体经济的积极性当然有限，在通胀压力下，一些退出产能过剩行业和资源型行业的资本势必流向股市和房地产市场，造成实体经济领域与虚拟经济领域的价格巨大反差，资产泡沫，其对于宏观经济的潜在危害人所共知。因此，要扩大民间投资，用民间资本投资替代国有资本投资，就必须改革现行的投融资体制，优化投资结构，拓宽社会投资的领域和渠道。通过逐步解除管制，允许民间资本进入金融、铁路、公路、航空、电信、电力以及城市供水等目前尚被限制进入的行业，打破行政垄断，促进市场竞争，提高自然垄断领域的经营效率。

第七，改革财税体制，促进第三产业发展，增加居民可支配收入。改革现行个人所得税征收模式和扣除标准。一是确立合理完善的税前扣除费用。二是将目前分类所得税模式改变为综合所得税征收模式。尽快从经济建设型财政向公共财政转型，逐步实现各地区之间、城乡之间、不同群体之间基本公共服务均等化；加大第三产业投资发展力度，建议国家出台有利于服务业发展的税收减免、信贷优惠等政策，引导社会投资加大对公共服务领域的投入力度，加快第三产业发展速度，提高第三产业比重等。

参考文献

［1］CQMM 课题组：《2008～2009 年中国季度宏观经济分析与预测》，载《厦门大学学报（哲学社会科学版）》2008 年第 6 期。

［2］CQMM 课题组：《2009～2010 年中国季度宏观经济分析与预测》，载《厦门大学学报（哲学社会科学版）》2009 年第 3 期。

［3］CQMM 课题组：《人民币汇率调整对我国贸易顺差变动趋势的影响——基于 CQMM 的预测与分析》，载《财政研究》2007 年第 5 期。

［4］CQMM 课题组：《中国季度宏观经济模型的开发与应用》，载《厦门大学学报（哲学社会科学版）》2007 年第 4 期。

［5］D. W. 乔根森：《生产率 第一卷：战后美国经济增长》《生产率 第二卷：经济增长的国际比较》，中国发展出版社 2001 年版。

［6］龚敏、李文溥：《东北亚经济一体化：中、日、韩贸易相互依存关系分析》，载《南京大学学报（哲学社会科学版）》2006 年第 2 期。

［7］龚敏、李文溥：《论扩大内需政策与转变经济增长方式》，载《东南学术》2009 年第 1 期。

［8］郭庆旺、贾俊雪：《中国全要素生产率的估算：1979—2004》，载《经济研究》2005 年第 6 期。

［9］李文溥：《中国宏观经济分析与预测 2007》，经济科学出版社 2007 年版。

［10］李文溥：《中国宏观经济预测与分析 2006》，经济科学出版社 2006 年版。

［11］林毅夫、章奇、刘明兴：《金融结构与经济增长：以制造业为例》，载《世界经济》2003 年第 1 期。

［12］王春正：《我国居民收入分配问题》，中国计划出版社 1995 年版。

[13] 吴一群、刘榆：《刍议 2008 年全球金融危机的影响及启示》，载《东南学术》2009 年第 1 期。

[14] 许涤新：《政治经济学辞典》（上、中、下），人民出版社 1981 年版。

[15] 中国社会科学院工业经济研究所：《中国企业竞争力报告（2007）——盈利能力与竞争力》，社会科学文献出版社 2007 年版。

[16] 中国社会科学院经济研究所经济增长前沿课题组：《高投资、宏观成本与经济增长的持续性》，载《经济研究》2005 年第 10 期。

转变出口劳动密集型产品为导向的粗放经济增长方式*

本轮中国经济增长速度回落的外因是美国次贷危机引发的世界经济危机。但是，内因是什么呢？众说不一。我认为，中国经济在过去的高增长中逐渐累积了一系列结构性矛盾，导致国民经济结构严重失衡是重要原因。

在诸多结构失衡中，国民收入支出的“两高一低”结构失衡尤其值得重视（见图1）。

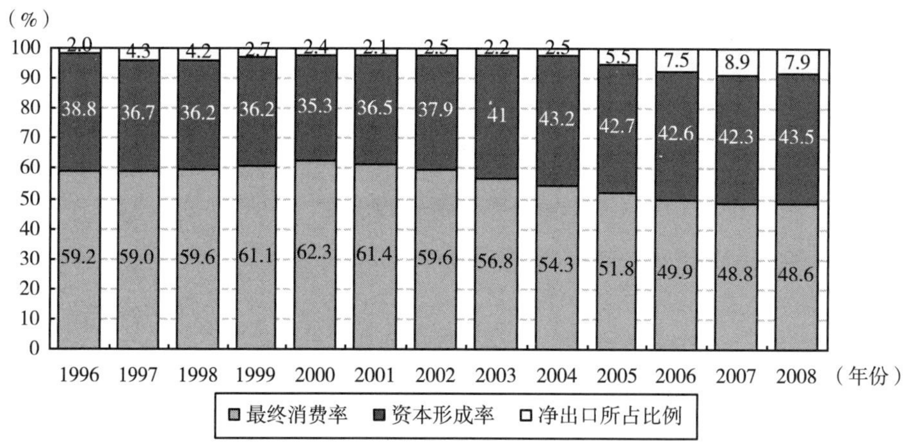

图1　中国国民收入支出结构（1996～2008年）

为什么会形成高净出口、高投资、低消费的“两高一低”失衡结构？国民收入支出结构是其分配结构的产物，而国民收入分配结构则与一定时期经济增长方式有着密切联系。我国目前国民收入“两高一低”结构失衡与长期以来以出口劳动密集型产品为导向的粗放经济增长方式始终未能转变有着密切关系（见图2）。

---

* 本文原载于《中国改革报》2009年7月29日。

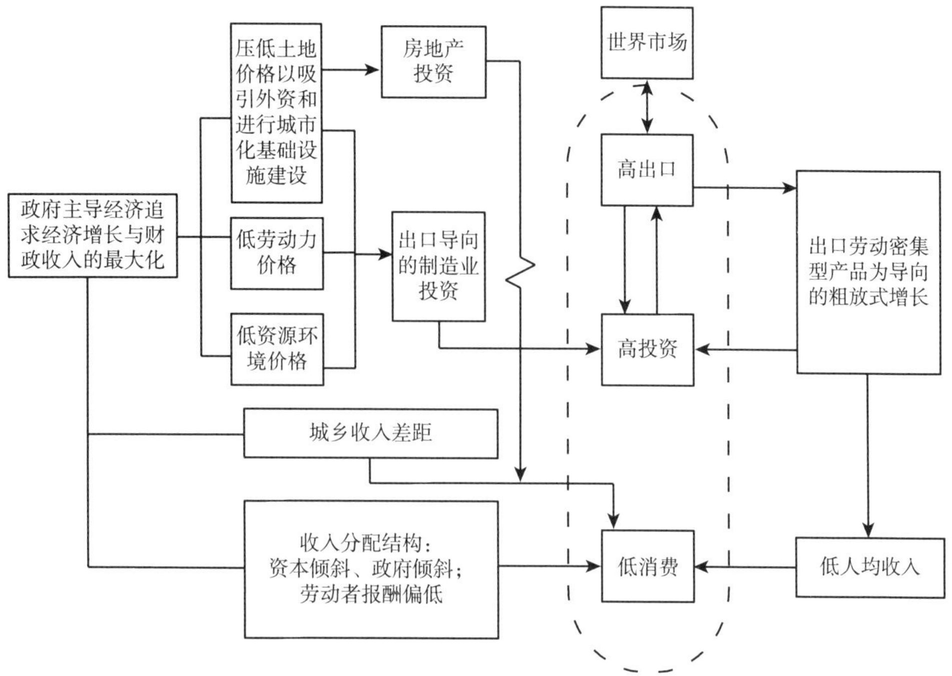

图2 我国"两高一低"不平衡结构特征的形成机理

众所周知，改革开放初期，我国资本严重短缺，土地、劳动力等要素相对丰裕，因此，实行优惠政策，引进外资，鼓励加工贸易，出口劳动密集型产品，符合我国当时的资源禀赋及比较优势原理。实行两头在外，大进大出，出口劳动密集型产品的外向型发展战略，优化了我国资源配置，实现了经济高速增长，居民收入也较快增长。

经济持续高速增长必然导致各类要素比价发生变化。一般而言，随着人均GDP增长，土地、劳动力、环境等要素的相对价格上升，资本的相对价格将逐渐下降。正常情况下，要素比价变化将通过市场引导生产者逐步转变生产方式，自主地使用资本、技术替代劳动力、土地，更为珍惜环境，节约资源，用资本、技术密集型产业替代原有的劳动密集型产业，产业结构随着经济增长而逐步演进。就居民偏好而言，也将因资本回报率的逐渐下降而更多地选择消费而非储蓄。

但是，相对增长速度而言，我国的增长方式转变、产业升级换代则要缓慢得多。改革开放已三十年，东部沿海地区仍然主要依靠出口劳动密集型产品拉动经济增长，贴牌生产及加工贸易还是发展外向型经济的主要方式，中央多年前就要求实现增长方式转变，但是至今成效甚微，粗放式增长使环境承载着过重的负荷。

一般而言，行为是对外部环境的理性反应。以出口劳动密集型产品为导向的粗放经济增长方式之所以久久难以转变，是由于在现行体制下，各级政府必然追求经济增长及财政收入的最大化。

追求经济增长和财政收入最大化，在发展水平较低情况下，主要靠投资。本地资本短缺，必然依靠引进外资。为了引资，各级地方政府争相出台多种优惠政策。其在经济发展初期是必要的。但是，人均 GDP 较大幅度提高之后，要素相对价格势必发生重大变化。此时，继续实行这一战略的比较优势就大大缩小了。如果为了保持高增长，甚至不惜采取行政措施压低劳动力、土地及环境、国内资金价格，以维持低价格出口优势，则无异于南辕北辙，缘木求鱼了。其结果必然是：

（1）国内消费需求因国内要素报酬率偏低而不振。经济高速增长，但是增长收益分配向国外要素倾斜，本国要素收益偏低，导致居民收入增长持续低于经济增长。1996 年我国人均 GDP 指数和城镇家庭人均可支配收入指数（1978 年为 100）分别为 434、302，2007 年前者提高到 1089，后者仅为 752。人均 GDP 与城镇家庭人均可支配收入之比因此逐步下降，1996 年二者之比为 1∶0.83，2007 年下降为 1∶0.73。人均 GDP 与农村家庭人均年总收入之比下降更为明显：1996 年为 1∶0.48，2007 年降为 1∶0.31。居民收入增长持续低于经济增长，一定程度上与国内、国外要素报酬率失衡相关。近期的实证研究证实，我国东部地区居民收入增长速度与当地经济增长速度的差距大于中部，中部又大于西部；全国范围的计量检验证明，人均 FDI 增长速度与居民人均收入增长速度呈负相关关系；分地区的计量检验发现，东部地区这一弹性系数大于中部，中部又大于西部。

（2）国内消费不振进一步强化了投资推动、出口拉动，形成了国民收入“两高一低”结构失衡的自加强机制。由于国内消费尤其是居民消费不振，增长不得不更多依靠扩大投资。高投资形成的巨大生产能力无法在国内市场实现，不能不冲向国际市场。投资推动与出口拉动之间相互促进。然而，由于缺乏自主创新、自主品牌与国际营销网络，扩大出口只能更多地依靠价格竞争。价格竞争使加工贸易、出口劳动密集型产品的收益更加微薄。本国居民收入增长低于经济增长，消费因此不振，国内资本的利润率下降，无力积累资本从事技术创新、品牌培育，形成了产业分工的锁定机制、国民收入“两高一低”结构失衡的自加强机制。投资与出口对 GDP 的贡献率因此不断上升。2003 年、2004 年投资对 GDP 的贡献率分别高达 63.7% 和 55.3%。2005 年、2006 年虽有所下降，仍然达到了 37.7% 和 41.3%。另外，净出口在 2002 年仅能拉动 GDP

增长 0.7 个百分点，而在 2007 年却可带动 GDP 增长 2.5 个百分点。

（3）国内要素报酬偏低，使产业结构升级迟滞，粗放经济增长方式难以转变（见图 3）。市场经济下，增长方式转变、产业结构升级换代，建立在要素相对价格动态变化基础上。国际经验表明，一国经济从粗放增长转向集约增长，产业结构从劳动密集型为主转向资本、技术密集型为主，主要取决于要素相对价格的变化，如果土地、劳动、资源环境的价格被人为限制在偏低水平，只能导致这些要素的粗放使用，劳动密集型产业长期有利可图，难以被淘汰。可以预见，本国要素价格被低估的局面不改变，就无法实现增长方式的根本转变。

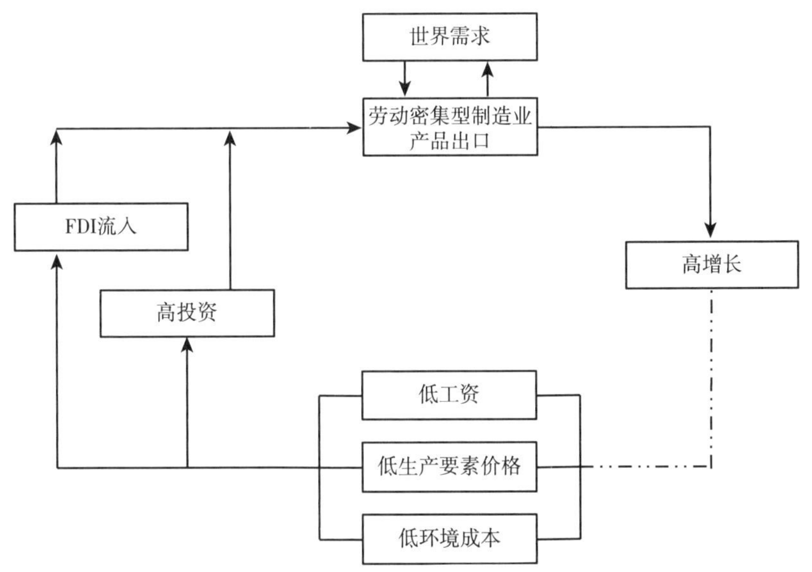

图 3　粗放经济增长方式的形成机理

居民消费不振的另一个重要原因是十多年来我国国民收入分配结构发生逆转。首先，1978 年以来，我国国民收入最终分配结构因市场化改革实现了根本性转变，财政收入占 GDP 比重逐渐下降，居民收入比重逐渐上升。1994 年，国家所得占 GDP 比重从 1978 年的 31.6% 下降到 10.9%，居民所得从 50.5% 上升到 69.6%，从而奠定了市场经济的国民收入分配基础。[①] 但是，此后却发生了意想不到的逆转。1996～2007 年，财政收入占 GDP 比重提高了 10.2 个百分点，增长幅度几近 100%，与此同时，资本与劳动的分配比例大幅度向资本倾斜。1990～2005 年，企业营业余额占 GDP 比例从 21.9% 增加到 29.6%；同期

① 王春正：《我国居民收入分配问题》，中国计划出版社 1995 年版，第 59 页。

劳动者报酬占 GDP 比例却下降了 12 个百分点。[①] 1996 年劳动者报酬在 GDP 中占 52.2%；到 2006 年，降为 44%。[②] 其次，相关改革却使本应由政府提供的公共品及服务部分转为私人负担，居民支出负担因此加重；最后，21 世纪以来，城市化进程加快，土地因农转非而急剧升值，但是，农民从征地中没有获得应有的土地增值收入，巨额的土地批租收入成为地方政府的意外财源，有些地方甚至超过了同期本级财政收入，城市居民因此承担了房价飞涨的大部分成本，通过土地批租推进的房价上涨间接加诸居民的高额隐性税收相当程度上抑制了居民正常的消费意愿。

居民负担增加，未来预期不稳定，使居民在收入占 GDP 比重下降的同时，不能不提高储蓄倾向。1990 年，城镇居民家庭储蓄率不过 15.3%，2007 年上升至 27.5%，农村居民的储蓄率也高达 20% 以上。如图 4 所示，居民消费占 GDP 的比重急剧下降：2000 年我国居民消费占 GDP 的 46.4%，2007 年降为 35.4%。1998 年居民消费在最终消费中仅占 76%，2007 年进一步下降到 72.7%；政府消费占最终消费的比重则从 1998 年的 24% 上升到 2007 年的 27.3%。居民消费与政府消费之比，从 1998 年的 3.17∶1 下降到 2007 年的 2.66∶1。

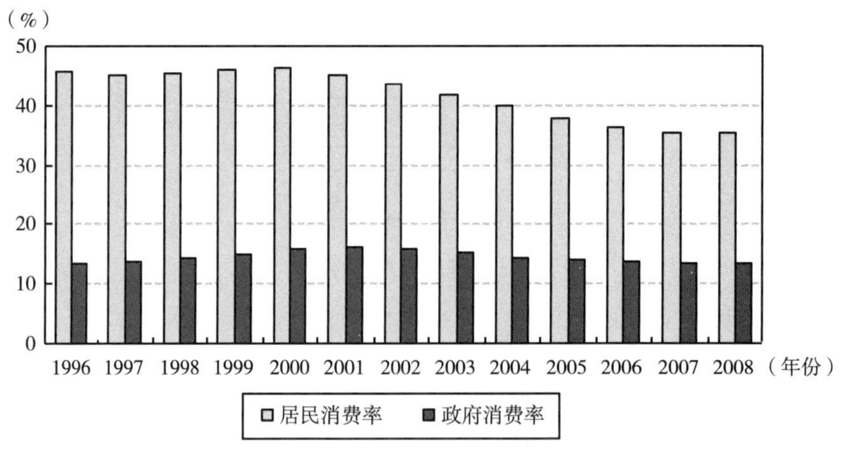

图 4　居民消费和政府消费占 GDP 的比例（1996～2008 年）

显然，这样的国民收入分配与支出结构已经导致社会产品在国内难以顺利

① 根据《中国企业竞争力报告（2007）——盈利能力与竞争力》（中国社会科学院工业经济研究所，2007）数据整理。该报告指出，企业利润的大幅增加相当程度上是以职工低收入为代价的。“利润侵蚀工资”现象不仅表现在非国有企业员工收入长期低于经济增长的速度，而且表现在国有企业大量使用临时工等体制外员工，以降低用人成本。

② 根据中经网数据库计算。

出清。如何为已经形成的巨大且过剩的制造业生产能力找到实现市场？只有向国外市场出口。然而，2007 年，中国的贸易顺差为 GDP 的 8.9%，一定程度上是以美国贸易逆差占其 GDP 的 7.8% 为条件的。危机过后，如果美国经济不再可能维持如此高的贸易逆差，中国的贸易顺差空间显然将相应缩小。国外市场空间相对缩小之后，以往投资形成的生产能力如果无法在国内市场实现，继续扩大投资也就难以为继。因此，我国未来经济持续增长的希望在于大幅度扩大国内消费。

可是，扩大国内消费尤其是居民消费，就根本而言有赖于居民收入水平的提高。显然，对此，政府应当而且也能够有所作为，但其作用不宜过高估计。毕竟市场经济条件下，增加居民收入主要依靠其所拥有要素的市场竞争力。只会生产劳动密集型产品的简单劳动不可能获得高收入，只会贴牌生产的厂商只能挣得日趋微薄的加工费，没有自主创新能力和国际品牌、国际营销能力的国家，只能被限制在国际分工的低端环节，坐视增长红利流入他国。

因此，必须坚决地转变以出口劳动密集型产品为导向的粗放经济增长方式。但是，实践证明，即使认识、措施到位，它也需要较长的时间，是一个比扩内需，保增长更为艰巨的任务。正因为此，实施它也就更为刻不容缓了。

参考文献

[1] CQMM 课题组：《2009—2010 年中国季度宏观经济分析与预测》，载《厦门大学学报（哲学社会科学版）》2009 年第 3 期。

[2] CQMM 课题组：《2008—2009 年中国季度宏观经济分析与预测》，载《厦门大学学报（哲学社会科学版）》2008 年第 6 期。

[3] CQMM 课题组：《中国季度宏观经济模型的开发与应用》，载《厦门大学学报（哲学社会科学版）》2007 年第 4 期。

[4] CQMM 课题组：《人民币汇率调整对我国贸易顺差变动趋势的影响——基于 CQMM 的预测与分析》，载《财政研究》2007 年第 5 期。

[5] 李文溥：《中国宏观经济预测与分析 2006》经济科学出版社 2007 年版。

[6] 李文溥：《中国宏观经济分析与预测 2007》，经济科学出版社 2008 年版。

[7] 龚敏、李文溥，2009：《论扩大内需政策与转变经济增长方式》，载《东南学术》2009 年第 1 期。

[8] 王春正：《我国居民收入分配问题》，中国计划出版社 1995 年版。

1978 年以来中国经济的动态效率*

改革开放以来，中国始终维持着30%以上的储蓄率和投资率。近年来，这一趋势有继续发展之势。2001 年以来，更是突破40%，2006 年甚至接近50%，为世界最高水平（见图 1）。

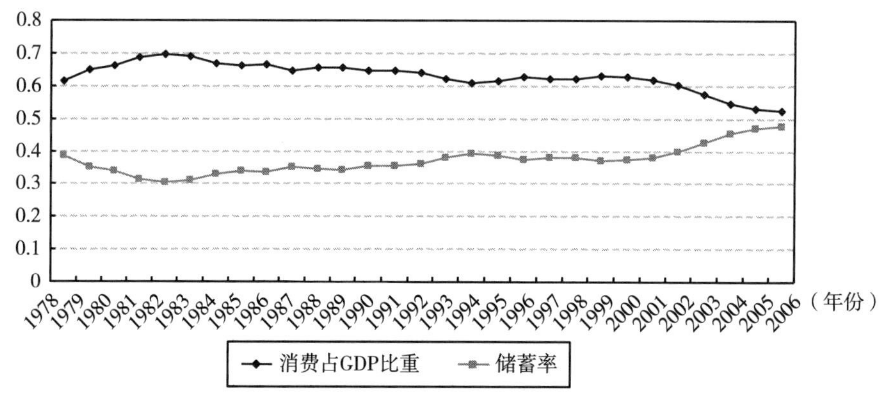

图1　1978～2006 年中国的储蓄和消费情况

资料来源：根据中经网统计数据库数据计算。

面对上述数据，直觉的判断往往是“中国的储蓄率和投资率过高”“中国的消费过低”。有关中国储蓄、投资和消费的理论研究，似乎已习惯于把这一判断视为无须证明的真理，因而研究内容大多围绕着“中国的储蓄和投资过高的原因”“如何提高中国的消费率”等问题展开（齐天翔，2000；李扬和殷剑峰，2007；等等）。

然而，直觉判断未必一定正确。“高储蓄率”不等于“储蓄率过高”，“高投资率”也不等于“投资过度”。我们不能简单地从储蓄率和投资率的国际比

---

* 本文收录于《中国经济增长与经济周期（2008）》，中国经济出版社 2008 年版，共同作者：肖正根。

较中，就直接得出中国储蓄和投资水平过高的判断，它必须在理论上得到证明，实证上得到验证。

本文基于帕累托效率准则的动态跨期福利比较，从理论与实证两个角度进行经济动态效率问题研究，以判断中国的储蓄率是否过高、投资水平是否过度、是否存在资本的过度积累。第一部分介绍经济动态效率的概念和检验方法；第二部分介绍国内现有研究及其不足；基于一个更谨慎的框架，第三部分重新计算了中国的投资和资本回报；第四和第五部分运用 AMSZ 准则和重新计算的数据，对全国和分地区、分省份的经济动态效率进行新的判断；第六部分是结论。

一、经济动态效率的基本概念与研究方法

（一）经济的动态效率：基本概念

经济增长的动态效率理论由戴蒙德（Diamond，1965）、卡斯（Cass，1972）、布兰卡德和费舍尔（Blanchard & Fischer，1989）、巴罗和萨拉－伊－马丁（Barro & Sala-I-Martin，1995）等提出并发展。卡斯（1972）把动态无效率定义为资本的过度积累。在这种状态下，可以降低本期储蓄率或投资密度以增加当代人的消费（效用），未来人的消费（效用）却不因此降低。因此，经济的动态效率是一种基于帕累托效率准则的动态跨期福利比较。布兰卡德和费舍尔（1989）进一步细化了动态效率的概念：当 $r<g$ 时，经济是动态无效率的（这里，r 是实际利息率，g 是经济增长率）。基于与理想储蓄率的比较，巴罗和萨拉－伊－马丁（1995）把动态无效率定义为当实际经济的储蓄率大于黄金规则的储蓄率时，经济是动态无效率的。

经济增长的动态效率问题一般由有限期界的代际交叠模型（overlapping generation model）引出，以下简称 OLG 模型。该模型最早由萨缪尔森（Samuelson，1958）提出，并由戴蒙德（1965）等扩展而日趋成熟。戴蒙德（1965）表明，一个竞争性的经济有可能达到一种资本过多的稳定状态（均衡），在那里，人口增长率超过稳定状态资本的边际回报，或者等同地说，如果经济持续地发生投资大于回报的情形，是动态无效率的。（袁志刚和何樟勇，2003）

假设代表性个人只活两期——年轻期和年老期。年轻时通过工作获得报酬，用于消费和储蓄；年老时退休，靠第一期的储蓄生活。这样，在每一时期，经济中都有两代人组成：年轻人和老年人。假设 L_t 代表出生于 t 时期的个

人，人口增长率为 n，则 $L_{t+1}=(1+n)L_t$；假设 t 期出生的个人在 t 期的消费为 c_t^y，储蓄为 s_t，在 $t+1$ 期的消费为 c_{t+1}^o；简单起见，假设效用函数为冯·诺依曼－摩根斯坦效用函数、生产函数为道格拉斯型。

经过必要的数学处理，可以得到均衡的实际利率：

$$f'(k^*)=Aak^{*(a-1)}=r^*=\frac{a}{1-a}(1+n)(2+\theta)\ (\theta>0，是相对风险厌恶系数)$$

由此可以决定 OLG 模型均衡时的资本存量水平和储蓄率水平。然而，这个均衡可能是动态无效率的。可以证明，在 OLG 模型中，最优或黄金率的资本存量（即消费最大化的资本存量）是由 $f'(k_{GR})=n$ 决定的①。由于生产函数的导函数 $f'(k)$ 是关于 k 的减函数，当 $f'(k^*)<f'(k_{GR})$，即 a 足够小使 $\frac{a}{1-a}(1+n)(2+\rho)<n$ 时，$k^*>k_{GR}$。此时，经济体存在资本的过度积累，降低储蓄和资本存量是合算的，经济运行状态可以实现一种帕累托式的改进：每一时点上的消费都将增加。

（二）检验经济的动态效率

戴蒙德等从理论上证明了动态无效率的可能性，随之而来的是如何对现实经济中的动态效率进行实证研究。最理想的情况是，能从理论上找出动态效率（或无效率）的充要条件。如果无法做到这一点，次优的情况是，能从理论上推导出一个充分或必要条件，它能够识别出现实经济的动态效率状态。

戴蒙德（1965）研究表明，当竞争性的经济达到资本过多的稳定状态（均衡）时，人口增长率（在不考虑技术进步时，人口增长率即经济增长率）将超过稳定状态资本的边际回报，或者等同地说，经济持续发生投资大于回报的情形，是动态无效率的。基于此，托宾（Tobin，1965）、索洛（Solow，1970）、费尔德斯坦（Feldstein，1977）等通过比较经济中资本的边际生产率（用企业利润率来估计）和经济增长率，认为美国经济是动态效率的。费尔德斯坦和萨莫斯（1977）的计算显示，美国经济的资本边际回报率大约为10%，远高于美国的经济增长率，不存在投资大于回报的动态无效率。

在没有外部性和完全市场的确定性经济中，资本的边际回报就是实际利率。因此通过比较经济的实际利率和经济增长率来判断经济的动态效率似乎也

① 未考虑技术进步和折旧。参见罗默：《高级宏观经济学》，上海财经大学出版社2004年版，第74～76页。

是可行的。很多学者的研究都表明，美国国债的实际利率显著地低于经济增长率。伊博森（Ibbotson，1987）指出，1926～1986年，美国短期国债的平均实际回报是0.3%，远低于美国经济的平均增长率。其他一些主要国家的数据，如米斯金（Miskin，1984）的研究，也支持这样的结论。据此判断，这些国家的经济似乎是动态无效率的，存在资本的过度积累。

识别不确定的市场经济是否动态有效的主要途径，来自艾贝尔等（Abel et al.，1989）推导出的AMSZ准则①。艾贝尔等认为，通过比较实际利率和经济增长率来判断经济是否动态有效的方法建立在如戴蒙德模型那样的抽象环境之中，在那里，资本的边际产品（可由利润和资本存量数据求出）与安全的政府债券利率是无差异的；在那里，没有经济增长率或资本产品相对价值的波动。他们认为，这些模型并没有提供检验现实经济是否动态有效的有用指标，而只有基于不确定的收益率、资本价值和经济增长率（因而资本的边际生产率和安全的政府债券利率存在显著区别）的模型才能得出识别现实经济是否动态效率的可靠指标。这样，把不确定性引入模型后，经过推导，他们得到了判断一个经济的动态效率的衍生方法（AMSZ准则）：如果对于所有时期t和所有自然状态，$R_t/V_t>0$成立，则均衡经济是动态效率的；如果对于所有时期t和所有自然状态，$R_t/V_t<0$成立，则均衡经济是动态无效率的。其中，V_t是经济在t期有形资产的总价值，R_t是t期总资本的净收益，即总收益减去总投资。

在实际运用中，由于V_t一般是正值，因而只需计算R_t（总收益减去总投资）即可：如果资本的净收益为正，则经济是动态效率的；反之，如果资本的净收益为负，则经济是动态无效率的。

与动态效率的前述识别方法不同，AMSZ准则有其优势，它不严格依赖于对折旧或通胀环境下利润的测量等会计判断。据此，艾贝尔等发现，自1929年以来，美国和其他6个工业化国家的数据都支持动态效率的结论。

对现实经济动态效率的识别，无论是通过比较边际生产率和经济增长率的大小，还是通过比较实际利率和经济增长率的大小，抑或是通过比较投资和资本回报大小的AMSZ准则，本质上是一致的。不同的是，前两种方法只在确定的市场经济中成立，后者则不受此限，它适用于不确定的市场经济。实际上，投资大于回报，是资本过度积累从而动态无效率的实质和基本特征。

我们可以证明，假定其他条件不变，当经济中的投资大于回报时，经济是

① AMSZ准则是由艾贝尔（Abel）、曼丘（Mankiw）、萨莫斯（Summers）、泽克豪瑟（Zekhauser）在1989年提出的，用于判断经济是否动态有效。

动态无效率的：可以让当代人多消费一部分资本同时让各代人的消费都得以提高。这正是 AMSZ 准则可以被用以检验现实经济是否动态效率的理论基础。

命题：假定其他条件不变（尤其是不存在制度等的外生变化），如果经济中的总投资大于总回报，即 $F_K K_{t+i} < I_{t+i+1}(i \geqslant 1)$，则经济是动态无效率的。

动态无效率表明，我们可以消费掉一部分的资本使某一期的消费得以提高，而所有时期的消费都不降低，即 $\mathrm{d}C_t > 0$ 且 $\mathrm{d}C_{t+i} \geqslant 0(i \geqslant 1)$。令 K_t 为资本存量，L_t 为劳动力，C_t 为总消费，δ 为折旧率，则 t 时期的资本—消费恒等式可写为

$$(1-\delta)K_t + F(K_t, L_t) = C_t + K_{t+1} \tag{1}$$

其中，$F(K_t, L_t)$ 是关于投入品 K_t 和 L_t 的标准生产函数。对式（1）递进一期，我们可以得到

$$(1-\delta)K_{t+1} + F(K_{t+1}, L_{t+1}) = C_{t+1} + K_{t+2} \tag{2}$$

根据定义，当 t 期的消费 C_t 可以提高而其他任何时期的消费都没有下降时，经济是动态无效率的。由式（1），消费 C_t 只能通过降低资本积累 K_{t+1} 的方式提高，即 $\mathrm{d}C_t = -\mathrm{d}K_{t+1} > 0$；由式（2），为弥补 K_{t+1} 的下降所带来的损失：$(1-\delta+F_K)\mathrm{d}K_{t+1}(<0)$，使 $t+1$ 期的消费 C_{t+1} 不降低，必须降低资本存量 K_{t+2}，使 $\mathrm{d}C_{t+1} = -\mathrm{d}K_{t+2} \geqslant -(1-\delta+F_K)\mathrm{d}K_{t+1} \geqslant 0$，即 $\mathrm{d}K_{t+2} \leqslant (1-\delta+F_K)\mathrm{d}K_{t+1}$。

依次类推，可得 $\mathrm{d}C_{t+i} = -\mathrm{d}K_{t+i+1} \geqslant -(1-\delta+F_K)\mathrm{d}K_{t+i} \geqslant 0(i \geqslant 1)$，即

$$\mathrm{d}K_{t+i+1} \leqslant (1-\delta+F_K)\mathrm{d}K_{t+i} \leqslant 0 \tag{3}$$

在一个投资大于回报（即 $F_K K_{t+i} < I_{t+i+1}$）的经济中，如果我们能找到一条新的经济演进路径，使其满足这个条件，则可以说明，投资大于回报的经济是动态无效率的。

由于 $K_{t+i+1} - (1-\delta)K_{t+i} \equiv I_{t+i+1}(i \geqslant 1)$，当投资大于回报，即 $F_K K_{t+i} < I_{t+i+1}$ 时，有 $F_K K_{t+i} < K_{t+i+1} - (1-\delta)K_{t+i} \Leftrightarrow (1-\delta+F_K) < \frac{K_{t+i+1}}{K_{t+i}}$；当 $i=1$，$(1-\delta+F_K) < \frac{K_{t+2}}{K_{t+1}}$；如果 $0 > \frac{\mathrm{d}K_{t+1}}{K_{t+1}} \geqslant \frac{\mathrm{d}K_{t+2}}{K_{t+2}}$ 成立，两不等式相乘，考虑到 $\mathrm{d}K$ 为负值，有 $\frac{\mathrm{d}K_{t+2}}{K_{t+1}} \leqslant (1+\delta+F_K)\frac{\mathrm{d}K_{t+1}}{K_{t+1}}$，即 $\mathrm{d}C_{t+1} = -\mathrm{d}K_{t+2} \geqslant -(1-\delta+F_K)\mathrm{d}K_{t+1} \geqslant 0$，式（3）成立；依次类推，当投资大于回报，即 $F_K K_{t+i} < I_{t+i+1}$ 时，如果 $0 > \frac{\mathrm{d}K_{t+1}}{K_{t+1}} \geqslant \frac{\mathrm{d}K_{t+2}}{K_{t+2}} \geqslant \frac{\mathrm{d}K_{t+3}}{K_{t+3}} \geqslant \cdots \geqslant 0$，则式（3）$\mathrm{d}C_{t+i} = -\mathrm{d}K_{t+i+1} \geqslant -(1-\delta+F_K)$

$\mathrm{d}K_{t+i} \geqslant 0$ 成立。

换言之，如果投资大于回报：$F_K K_{t+i} < I_{t+i+1}(i \geqslant 1)$，我们可以找到一条经济的帕累托改进路径：$0 > \frac{\mathrm{d}K_{t+1}}{K_{t+1}} \geqslant \frac{\mathrm{d}K_{t+2}}{K_{t+2}} \geqslant \frac{\mathrm{d}K_{t+3}}{K_{t+3}} \geqslant \cdots \geqslant 0$，使得 $\mathrm{d}C_t = -\mathrm{d}K_{t+1} > 0$，且 $\mathrm{d}C_{t+i} = -\mathrm{d}K_{t+i+1} \geqslant -(1-\delta+F_K)\mathrm{d}K_{t+i} \geqslant 0(i \geqslant 1)$。因此，投资大于回报的经济是动态无效率的，命题得证。

这样，研究现实经济的储蓄和投资是否合适，研究经济是否存在资本过度积累的动态无效率问题，就可以转化为对经济中投资和资本回报的关注。

二、中国经济的动态效率研究：一个评价

目前为止，对中国经济动态效率做过研究的学者，仅有袁志刚（2000；2003）、史永东（2001；2002）等。其基本结论是，中国经济是动态无效率的，储蓄率过高，存在着资本的过度积累。

运用包含中国养老保险制度基本特征的 OLG 模型，袁志刚和宋铮（2000）讨论了中国的黄金规则和最优储蓄率，认为由于综合存贷差额、降息政策和资本外逃等原因，中国的储蓄不能有效地转化为投资，个人最优储蓄率可能偏离了黄金律，降低储蓄率将成为一个帕累托改进。

此后，袁志刚和何樟勇（2003）用 AMSZ 准则对中国经济的动态效率进行了实证研究。计算结果显示：1996～2001 年，中国资本的总收益小于总投资，净收益为负，其绝对值在最大年份超过了 GDP 的 6%，在最小年份不足 GDP 的 1 个百分点。这表明中国经济不仅在 1992～1998 年处于动态无效率状态，1998 年以来也基本上如此，有些年份还较为严重（如 2001 年）。

在一篇有关资产泡沫的文献中，史永东和杜两省（2001）注意到中国经济的动态效率问题。此后采用 AMSZ 准则，基于 1992～1998 年的数据，史永东和齐鹰飞（2002）进一步对中国经济的动态效率进行实证研究。计算结果显示：1992～1998 年，中国资本的总收益小于总投资，净收益为负，其绝对值超过了 GNP 的 3%，表明中国经济是动态无效率的；但是，总投资与总收益差额的绝对值对 GDP 的比例除 1992 年外，有逐渐减小的趋势，这说明中国经济逐渐趋向于动态效率。

既有的研究为我们重新思考中国现有的高增长、低消费的增长路径的合理性，为优化中国的经济运行路径，提供了有用的参考观点。然而，我们认为，

中国经济的动态效率，至今仍是一个未完全解开的谜团。

根据 AMSZ 准则，史永东和齐鹰飞（2002）关于 1992 ~ 1998 年的中国数据计算（见表 1）和袁志刚和何樟勇（2003）关于 1996 ~ 2001 年的中国数据计算（见表 2）都表明，中国的资本净收益为负，经济处于动态无效率状态。据此，他们认为中国的储蓄率过高，存在资本的过度积累。这意味着降低储蓄率、减少投资和资本积累将有助于优化经济增长路径，改善社会福利。

表 1　　中国经济（1992 ~ 1998 年）的动态效率

计算方法	1992 年	1993 年	1994 年	1995 年	1996 年	1997 年	1998 年
$\frac{净收益}{GDP}$（%）	-4.12	-8.63	-6.06	-4.84	-3.81	-3.85	-4.08

表 2　　中国经济（1996 ~ 2001 年）的动态效率

计算方法	1996 年	1997 年	1998 年	1999 年	2000 年	2001 年
$\frac{净收益}{GDP}$（%）	-0.76	-0.52	-3.36	-2.64	-2.20	-6.62

然而，数据表明，中国仍然是一个资本稀缺的国家。樊纲等（2003）估算，2002 年中国人均资本额为 3673 美元，而美国为 100636 美元，中国只有美国人均水平的 3.65%。此外，以上关于中国经济的动态效率判断的另一个有悖于直觉的事实是，储蓄率越下降，动态无效率（即资本过度积累）程度反而越严重。根据袁志刚和何樟勇（2003）的计算（见表 2），1996 ~ 2001 年的动态无效率总体上趋于严重，尤以 2001 年为甚。然而，从图 1 可见，1994 ~ 2001 年中国的储蓄率是在下降的（仅 2001 年有些微上升）。

既有研究可能存在一些不足。

首先，数据长度过短。史永东和齐鹰飞（2002）仅计算了 1992 ~ 1998 年共 7 年的数据，袁志刚和何樟勇（2003）仅计算了 1996 ~ 2001 年共 6 年的数据。显然，仅靠六七年的数据进行判断，风险较大。

其次，从总资本收益数据计算的方法来看，存在修正的空间。“总投资 = 固定资产投资 + 存货投资”，一般并无疑义，计算也容易。运用 AMSZ 准则判断一国经济的动态效率的更大难点在于确定一国资本的收益（回报），因为国民收入账户对各要素报酬的区分并不十分详细。

AMSZ 准则的原意，总资本收益是资本部门的现金流入，然而在艾贝尔等（1989）的文章中，并未仔细区分各要素的收入以便相对地精确计算资本收益，只是用“总资本收入 = 国民收入 + 对消耗资本的补偿 - 对被雇佣者的报酬 - 资本所有者的劳动收入"[①] 进行大致估算。对于和土地等相关的要素报酬的处理，由于美国等西方主要国家的总资本收益显著大于总投资，艾贝尔等认为即使扣除土地等要素收入，美国等西方主要国家的经济依然是动态有效的。

亚哈（Ahn，2003）对 AMSZ 准则中的总资本收入作了较详细的解释，他认为对于艾贝尔的上述计算公式，亚洲国家并不适用西方发达国家的资本所有者收入的67%属于资本所有者的劳动收入这一比例，需要重新估算；此外，他认为在计算总资本收入时，地租也是必须考虑的因素之一。

考虑到中国数据的可得性，运用国民收入账户统计数据，袁志刚等用公式"总收益 = GDP - 间接税 - 企业补贴 - 劳动者报酬"来估算中国经济的总资本收益（在计算间接税时，以流转税和关税为代表）。尽管大致成立，但仍然存在改进的空间：（1）企业缴纳的交易税或增值税等间接税通常由企业和消费者共同负担，如能适当估计企业和消费者对间接税的负担比例，其中企业负担的部分应被理解为资本回报的一部分；（2）以流转税和关税作为间接税的代表，可能会小幅放大总资本收入，我们认为，以"间接税 = 营业税 + 增值税 + 消费税 + 关税"进行计算可能更妥当；（3）鉴于中国土地价格不断上升，有必要考虑土地要素的报酬，但不应把它作为总资本的收入；（4）中国民营资本日益庞大，如果可能，有必要估算中国资本所有者的劳动收入，它不应被视为总资本收入的组成部分。

最后，2004 年的全国经济普查更正了 GDP 等国民经济数据，运用更新的数据将更能反映实际情况。

三、中国的投资和资本回报：数据计算

我们用 2004 年全国经济普查调整后的国民经济数据计算中国的总投资和资本回报。由于 AMSZ 准则考察的是与生产部门相关的现金流，只要投资和资本回报数据采用的是同一种计算口径（现价或不变价），就无须涉及折旧或通胀（物价指数）问题。如前所述，这正是 AMSZ 准则的优势所在。

（一）投资

一般而言，投资包括固定资产投资和存货投资，国民经济核算有比较详细

① 参考克里斯滕森（Christensen，1971）的文章，资本所有者收入中的67%属于资本所有者的劳动收入。

的统计。但是，许宪春（2000）认为，有两点原因使得这一数据不能准确地反映中国资本存量的变化。首先，这一指标包括购买土地、旧机器和房屋的支出，这些支出不能增加可再生资本。其次，它只统计了一定规模以上的投资项目，低估了总投资。①

统计局公布的另一个投资指标是“资本形成总额”，相应的固定资产投资指标是“固定资本形成”，即固定资产投资减去土地使用权、旧机器设备和旧房屋的购置价值，然后再加上未纳入固定资产报表统计范围的项目价值。白重恩、谢长泰和钱颖一（2006）认为固定资本形成能更准确地测量可再生资本的变化情况，适合用于衡量资本存量变化。

这两组投资数据的差异客观存在。说哪一组数据更准确，或许很不恰当，因为它们衡量的对象不同。就使用者而言，具体使用哪一类投资数据，与研究的需要有关。本文取“固定资产投资 + 存货增加”作为全国总投资的基础数据。考虑到数据的可得性，我们将交替使用“固定资产投资 + 存货增加”和“资本形成总额”数据。②

（二）资本回报

与投资数据相比，中国的资本回报数据要复杂得多。国民收入账户统计虽然也报告“营业盈余”等数据，但由于统计口径问题，这些数据只能对计算中国的资本回报提供一个初步参考。

物化（有形）的生产要素一般指劳动、资本和土地。无形要素，如技术、管理等，要通过物化生产要素体现其对生产的贡献。本文计算资本回报的目的在于把握生产部门的净现金流，仅考虑物化的生产要素是合理的。我们假定劳动、资本和土地分享着所有的生产成果（经济总产值）。但是，统计部门并未按这种生产要素分类报告相关数据。统计局报告了国内生产总值和劳动者报酬数据，如果能恰当地估计土地要素收入，从 GDP 中减去劳动者报酬和土地要素收入，就可以大致得出资本回报数据。

本文运用改进后的袁志刚等的公式估算中国经济的资本收益数据。改进后的公式如下：

---

① 1997 年之前，只统计 5 万元以上的项目，从 1997 年开始，只统计 50 万元以上的项目。

② 例如，在省际数据中，鉴于相当多的省份的总投资数据（固定资产投资 + 存货增加）未详细报告，我们将以“资本形成总额”作为省际投资数据的代表。由于涉及省和区域的计算主要目的在于比较它们的资本收益的相对差别，这种近似处理不会对结果造成根本性的影响。

资本回报 = 国内生产总值（GDP） - 劳动者报酬 - 消费者承担的间接税 - 净补贴收入 - 土地要素报酬

对此，有必要作如下说明。

第一，数据长度。我们尽可能地延长了数据长度，把研究区间延伸至 1978 ~ 2006 年的所有年度，以便更全面地反映中国经济资本回报的事实和趋势。

第二，资本所有者收入。在计算资本回报时，资本所有者收入是一个问题。相当多资本所有者同时也是劳动者，其收入的一部分应被视为劳动报酬而非资本回报。在西方，一般认为资本所有者总收入中的 67% 属于劳动收入（Christensen，1971；Abel，1989）。考虑到东方国家企业家报酬较低的事实，安（Ahn，2003）认为这一比例并不适用于亚洲各国。就我国而言，由于数据获取的困难，使我们不得不忽略这个问题。我们认为，这种忽略目前还不至于对结论产生根本性影响。①

第三，税收。袁志刚和何樟勇（2003）以流转税和关税代表间接税，可能会小幅放大总资本收入，因此，我们以公式“间接税 = 营业税 + 增值税 + 消费税 + 关税”来计算。然而，这并不是问题的全部和关键。CCER“中国经济现象”研究组（2007）在计算中国的资本回报率时认为，企业需要缴纳的交易税或增值税等间接税通常被企业和消费者共同负担，如能适当估计企业和消费者对间接税的负担比例，其中企业负担的部分应被理解为资本社会回报的一部分。这样，在计算资本回报时，对于间接税，应该扣除间接税中消费者承担的部分而不是全部。

参考 CCER“中国经济现象”研究组（2007）的做法，我们以“（劳动者报酬/GDP）× 间接税”来大致估算消费者承担的间接税。

第四，补贴收入（净补贴收入 = 国家财政决算支出中政策性补贴支出 + 国家财政决算收入中企业亏损补贴）。如果特定企业或行业整体获得补贴收入，这会增加资本权益回报（企业所得），因而在考虑社会的资本回报时，为避免重复计算，应扣除这一转移收入。

第五，土地要素报酬。中国的土地制度改革和不断上升的土地价格，使得我们在考虑要素报酬时，不得不考虑土地收入所占份额。然而，这不好估算。多年来，中国的城市用地是行政划拨使用的；近年来，改为拍卖使用权。但是，土地对经济的贡献并不因此改变。安（2003）认为，和西方国家相比，东亚国家的土

① 以后，随着经济结构的进一步演进，随着对人力资本和企业家的进一步重视，情况可能会有所改变。

地要素回报非常低，仅占 GDP 的 2% 左右。当然，这不宜随便套用。谨慎起见，我们仅在确认中国净资本回报正负号的显著性时，考虑土地要素的报酬。

图 2 显示了中国（相对）资本回报的基本趋势。① 可以看出，1978～1985 年，呈下降趋势，1985～1990 年基本稳定在 40% 左右，从 1990 年开始，虽然有一些曲折②，但总体上不断攀升，于 2005 年重新回到 50% 的水平。

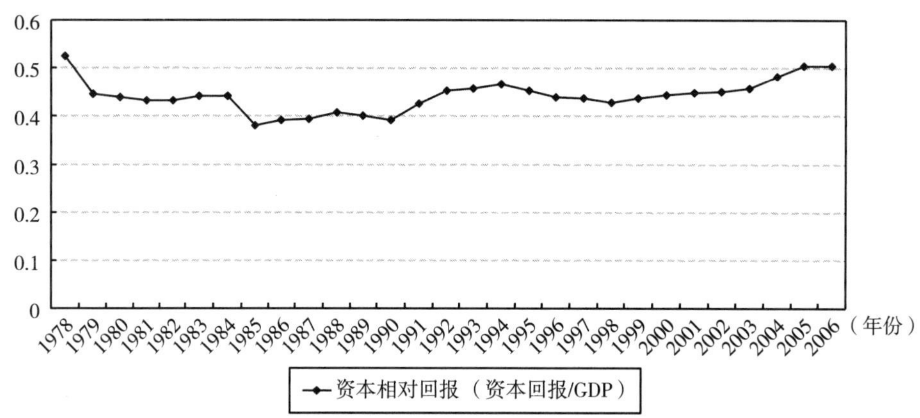

图 2　1978～2006 年的资本（相对）回报

资料来源：根据中经网经济统计数据库数据计算。

四、中国经济的动态效率：全国的情况

表 3 报告了中国经济的投资和资本回报；为便于比较，表中列出了史永东和齐鹰飞（2002）、袁志刚和何樟勇（2003）各年的计算值；为检测结论的可靠性，最后一列列出了扣除占 GDP 的 2% 的土地要素报酬后的净收益；图 3 清晰地显示了中国的投资和资本回报的发展趋势。

表 3　中国经济的动态效率：投资和资本回报（1978～2006 年）

年份	GDP（亿元）	资本回报（亿元）	总投资[1]（亿元）	总投资[2]（亿元）	净收益[1]（亿元）	净收益[2]（亿元）	净收益[1]/GDP（%）	净收益[2]/GDP（%）	比较数据	考虑土地
1978	3645.2	1912.1	—	1377.9	—	534.2	—	14.7		—
1979	4062.6	1816.4	—	1478.9	—	337.5	—	8.3		—
1980	4545.6	2001.0	1188.2	1599.7	812.8	401.3	17.9	8.8		15.9

① 具体数据参见本文附表 1。

② 表现在 1994～1998 年的回调。

续表

年份	GDP（亿元）	资本回报（亿元）	总投资¹（亿元）	总投资²（亿元）	净收益¹（亿元）	净收益²（亿元）	净收益¹/GDP（%）	净收益²/GDP（%）	比较数据	考虑土地
1981	4891.6	2111.0	1251.9	1630.2	859.1	480.8	17.6	9.8		15.6
1982	5323.4	2304.6	1511.4	1784.2	793.2	520.4	14.9	9.8		12.9
1983	5962.7	2636.7	1745.8	2039.0	890.9	597.7	14.9	10.0		12.9
1984	7208.1	3188.0	2201.0	2515.1	987.0	672.9	13.7	9.3		11.7
1985	9016.0	3427.7	3328.7	3457.5	99.0	-29.8	1.1	-0.3		-0.9
1986	10275.2	4014.5	3922.8	3941.9	91.7	72.6	0.9	0.7		-1.1
1987	12058.6	4753.8	4455.0	4462.0	298.8	291.8	2.5	2.4		0.5
1988	15042.8	6129.7	5752.1	5700.2	377.6	429.5	2.5	2.9		0.5
1989	16992.3	6793.2	6323.7	6332.7	469.5	460.5	2.8	2.7		0.8
1990	18667.8	7332.2	6436.2	6747.0	896.0	585.2	4.8	3.1		2.8
1991	21781.5	9279.3	7392.2	7868.0	1887.1	1411.3	8.7	6.5		6.7
1992	26923.5	12176.8	9652.7	10086.3	2524.1	2090.5	9.4	7.8	-4.12	7.4
1993	35333.9	16161.5	15480.8	15717.7	680.7	443.8	1.9	1.3	-8.63	-0.1
1994	48197.9	22504.9	20070.5	20341.1	2434.4	2163.8	5.1	4.5	-6.06	3.1
1995	60793.7	27496.7	24604.4	25470.1	2892.3	2026.6	4.8	3.3	-4.84	2.8
1996	71176.6	31245.0	27650.3	28784.9	3594.7	2460.1	5.1	3.5	-0.76	3.1
1997	78973.0	34565.1	28944.1	29968.0	5621.0	4597.1	7.1	5.8	-0.52	5.1
1998	84402.3	36075.4	31151.4	31314.2	4924.0	4761.2	5.8	5.6	-3.36	3.8
1999	89677.1	39227.0	32278.9	32951.5	6948.1	6275.5	7.7	7.0	-2.64	5.7
2000	99214.6	43930.0	33916.1	34842.8	10013.9	9087.2	10.1	9.2	-2.20	8.1
2001	109655.2	49083.0	39228.4	39769.4	9854.6	9313.6	9.0	8.5	-6.62	7.0
2002	120332.7	54139.0	45432.8	45565.0	8706.2	8574.0	7.2	7.1		5.2
2003	135822.8	62112.7	58038.9	55963.0	4073.8	6149.7	3.0	4.5		1.0
2004	159878.3	77171.8	74528.1	69168.4	2643.7	8003.4	1.7	5.0		-0.3
2005	183867.9	92812.1	92115.1	80646.3	697.0	12165.8	0.4	6.6		-1.6
2006	210871.0	106266.4	113950.6	94103.2	-7684.2	12163.2	-3.6	5.8		-5.6

注：（1）总投资¹ = 全社会固定资产投资总额 + 存货增加，总投资² = 资本形成总额（现价）；（2）净收益¹ = 资本回报 - 总投资¹，净收益² = 资本回报 - 总投资²；（3）“比较数据”与$\frac{\text{净收益}^1}{\text{GDP}}$口径类似，其中，1992 ~ 1995 年取自史永东和齐鹰飞（2002）的计算结果，1996 ~ 2001 年取自袁志刚和何樟勇（2003）的计算结果；（4）“考虑土地”指$\frac{\text{净收益}^1}{\text{GDP}}$减去 2% 后的数值。

资料来源：中经网统计数据库。

表 3 和图 3 显示的第一个重要结果是，基于 AMSZ 准则，中国并不存在投资大于资本回报，中国经济存在资本过度积累的动态无效率结论难以成立。

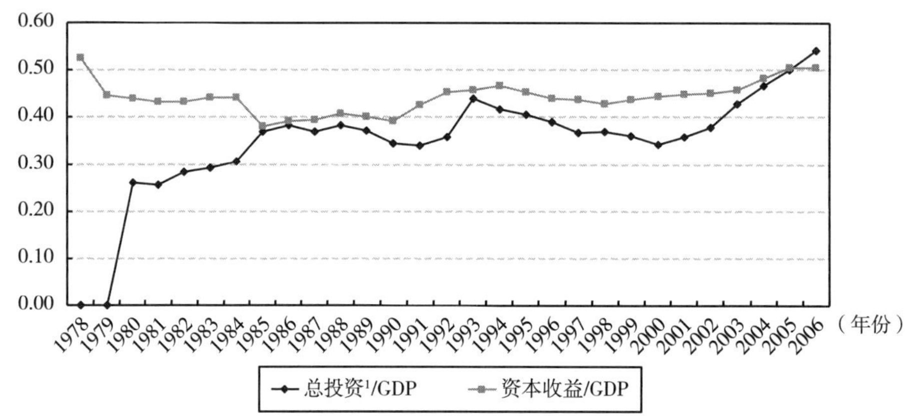

图3　中国的投资和资本回报（1978～2006年）

资料来源：中经网经济统计数据库。

我们看到，在以“固定资产投资＋存货增加”计量总投资数据的情形中，仅有2006年的净资本回报（净收益[1]）是负的，其绝对值占GDP的3.6%；在以“资本形成总额”计量总投资数据的情形中，仅有1985年的净资本回报（净收益[2]）是负的，其绝对值仅占GDP的0.3%。与此对应，在图3中，除了2006年，资本回报曲线一直在总投资曲线的上方。因此，袁志刚和何樟勇（2003）及史永东和齐鹰飞（2002）的研究结果不同，我们的计算表明，中国并不存在显著的动态无效率；尤其不同的是，1994～2001年的中国经济是动态效率的。

即使考虑到土地要素的报酬，中国经济的动态无效率结论仍然难以成立。我们看到，在扣除了占GDP 2%的土地要素报酬之后，中国经济间歇性地出现了微弱的投资大于资本回报的情形，在1980～2006年的27年中，只有6年的净资本回报是负的，但都相当轻微（2006年除外）。

表3和图3显示的第二个重要结果是，在考虑土地要素的报酬后，中国经济的动态效率并不显著，或者说，与国外比较，中国经济近年来的动态效率并不显著。

1978～2006年，在没有考虑土地要素报酬时，仅2006年的净资本回报是负的；考虑土地要素报酬后，有6年的净资本回报是负的，其中，2006年占GDP的比重甚至高达5.6%。

另外，在以“固定资产投资＋存货增加”计量的总投资数据的情形中，与成熟发达经济体比，中国近年来的动态效率也不显著。2003年以来，我们的净资本回报（净收益[1]）显示非常低的正值甚至负值。而1960～1984年世界各主要国家的净资本收益占 GDP 的比重很少低于 5%①。在资本最丰裕、经济最发达的美国，这个值在大多年份都在 5% ~ 10%；在日本，这个值在 20 世纪 60 年代的大多数年份维持在两位数，20 世纪 70 年代以后的大多数年份里也保持在 7% ~ 10% 的水平。

表 3 和图 3 显示的第三个重要结果是，中国经济的净资本收益（占 GDP 的比重）自 2000 年以来再次显著下降，甚至转为负数（见图 4）。这表明，中国经济有可能向动态无效率状态演进。

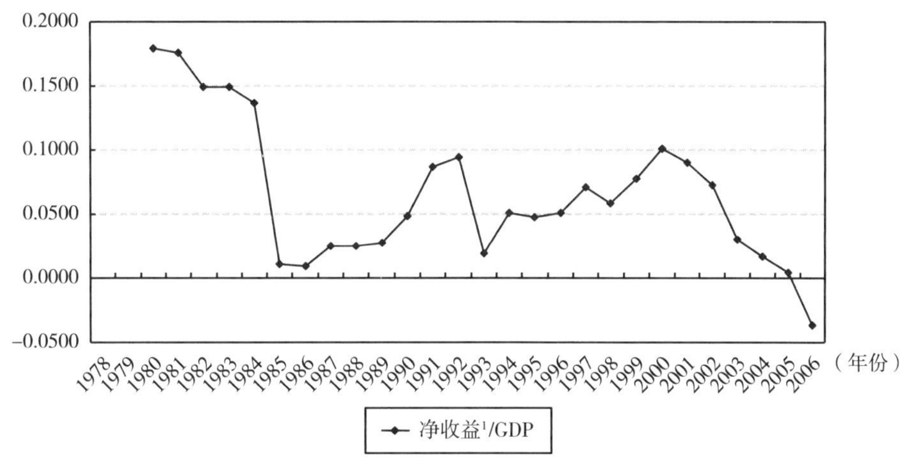

图 4　中国的净资本回报—演变趋势

资料来源：根据表 3 和图 3 计算所得。

五、中国经济的动态效率：地区差异

全国的资本回报和投资数据给出了中国经济整体的动态效率情况，分区域和分省份的数据则显示中国经济动态效率的地区性差异。

分省份的计算结果表明：在东部地区（见附表 3），海南出现动态无效率的年份最多，占总年份（29 年）一半以上，其负值在很多年份甚至达到两位数，这表明海南存在严重的投资大于资本回报的数据事实。北京的动态无效率程度也比较严重，有 10 年的投资大于资本回报，主要集中在 1993 ~ 1999 年。广东、江苏、辽宁、山东和浙江则效率良好，没有出现投资大于资本回报的情形，净资本回报正值显著。上海则有两年（1995 年和 1996 年）是动态无效率，

① 具体数字见本文附表 2。

但程度比较轻微。

中部地区（见附表4）经济运行的动态效率比东部稍差，9个省份中仅有黑龙江和湖南没有出现过投资大于资本回报的情况。① 江西和吉林的动态无效率比较严重，1978～2006年分别有17个和12个年份投资大于资本回报，而且是普遍的显著负值。

西部地区（见附表5）的经济动态效率令人担忧。1978～2006年，12个省份（重庆和四川合并计算）全部出现过投资大于资本回报的动态无效率情形。其中，在宁夏和西藏有完整统计数据的所有年份，新疆除2000年以外的所有年份，青海除1990年和1994年以外的所有年份，净资本回报都是负值。从负值区间来看，两位数相当普遍，西藏基本维持在－20%以上。从发展趋势看，宁夏投资大于资本回报的情况有严重恶化的趋势。在西部所有省份中，相对（动态）有效率的是云南、甘肃和广西，分别只有3年、4年和6年的净资本回报是负值，其中云南和甘肃的净资本回报在大部分年份里都是良好的正值。

中国各省份净资本回报计算结果与一般的直觉恰恰相反：在中国，投资（或资本形成）越快、资本密度（或人均资本）越大的地方，投资大于回报（动态无效率）的程度反而越轻。各区域的汇总结果更清楚地显示了这一点（见表4）。东部地区就整体而言，没有出现过投资大于资本回报的动态无效率情形。图5表明，在经历了一个长期的趋势性下降后，1998年以来东部地区的净资本回报（率）明显回升。与东部不同，中部和西部存在净资本回报（率）为明显负值的年份。中部有三年投资大于资本回报，其中，有两年（1996年和1998年）是比较显著的负值；在趋势上，中部和东部基本类似，但在2004年以后，净资本回报（占GDP的比重）有开始下降的迹象。西部有过半年份的投资都是大于资本回报的，但汇总的数值并没有分省数据表现得那样明显。这是净资本回报为显著负值的那些省份经济总量比较小的缘故；在趋势上，和东部、中部不同，1998年以来，西部地区的净资本回报明显地下降。

表4　　中国各区域的净资本回报和动态效率（1978～2006年）

年份	东部			中部			西部		
	GDP（亿元）	净收益	百分比	GDP（亿元）	净收益	百分比	GDP（亿元）	净收益	百分比
1978	1743.6	502.4	28.8	1006.6	135.9	13.5	654.2	—	—
1979	1956.4	498.6	25.5	1172.7	125.4	10.7	731.1	—	—

① 有点意外的是黑龙江的净资本收益在大多数年份都显示出如此大的正值。

续表

年份	东部			中部			西部		
	GDP（亿元）	净收益	百分比	GDP（亿元）	净收益	百分比	GDP（亿元）	净收益	百分比
1980	2202.4	554.1	25.2	1300.7	178.3	13.7	804.0	—	—
1981	2402.3	640.4	26.7	1432.1	209.7	14.6	873.4	—	—
1982	2678.2	619.4	23.1	1567.6	186.8	11.9	989.6	—	—
1983	2986.9	721.4	24.2	1790.0	181.7	10.2	1105.9	—	—
1984	3600.8	715.4	19.9	2110.5	173.3	8.2	1291.5	—	—
1985	4395.8	594.1	13.5	2511.6	135.7	5.4	1552.4	—	—
1986	4937.5	576.8	11.7	2819.3	125.2	4.4	1735.1	—	—
1987	5934.9	697.8	11.8	3311.4	162.5	4.9	2032.9	—	—
1988	7608.5	831.7	10.9	4069.8	162.7	4.0	2581.2	—	—
1989	8653.2	1066.1	12.3	4599.9	351.3	7.6	2954.1	—	—
1990	9450.6	1129.4	12.0	5150.8	325.9	6.3	3746.7	—	—
1991	11124.4	1359.3	12.2	5677.3	529.9	9.3	4326.1	—	—
1992	13946.7	1265.2	9.1	6818.7	733.9	10.8	5113.9	—	—
1993	19184.4	1170.6	6.1	8588.2	736.4	8.6	6446.9	-3.8	-0.1
1994	25704.9	1657.1	6.4	11205.7	464.0	4.1	8434.6	-385.1	-4.6
1995	32639.4	1519.1	4.7	14414.9	265.8	1.8	10481.0	192.3	1.8
1996	38264.8	1770.7	4.6	17187.0	-826.3	-4.8	12312.3	-560.5	-4.6
1997	43275.4	3102.8	7.2	19307.8	299.6	1.6	13756.1	506.9	3.7
1998	47096.2	1882.7	4.0	20673.2	-1168.9	-5.7	14789.1	-271.7	-1.8
1999	50830.3	3572.4	7.0	21734.1	589.1	2.7	15651.2	332.9	2.1
2000	57411.9	4912.7	8.6	24003.7	3.1	0.0	17088.6	197.3	1.2
2001	63610.3	6646.8	10.4	26207.8	1504.3	5.7	18728.2	30.4	0.2
2002	71176.7	7690.6	10.8	28680.6	-174.9	-0.6	20718.4	-464.0	-2.2
2003	82967.4	8209.0	9.9	32590.4	2847.7	8.7	23696.3	-678.4	-2.9
2004	99494.7	11792.2	11.9	39489.0	4773.1	12.1	28603.5	182.9	0.6
2005	117795.4	13814.3	11.7	46362.1	4915.7	10.6	33585.9	-759.7	-2.3
2006	137844.2	17316.3	12.6	53682.0	4073.9	7.6	39527.1	-1386.9	-3.5

注：（1）净收益 = 资本回报 - 资本形成总额（总投资[2]），“百分比” =（净收益/GDP）×100%；（2）东部、中部、西部的划分依据参考魏锋和曹中：《我国服务业发展与经济增长的因果关系研究——基于东、中、西部面板数据的实证研究》，载《统计研究》2007 年第 12 期；（3）宁夏 1978 ~ 1989 年的资本形成总额数据缺失，西藏 1978 ~ 1991 年的资本形成总额数据缺失。

资料来源：中经网统计数据库。

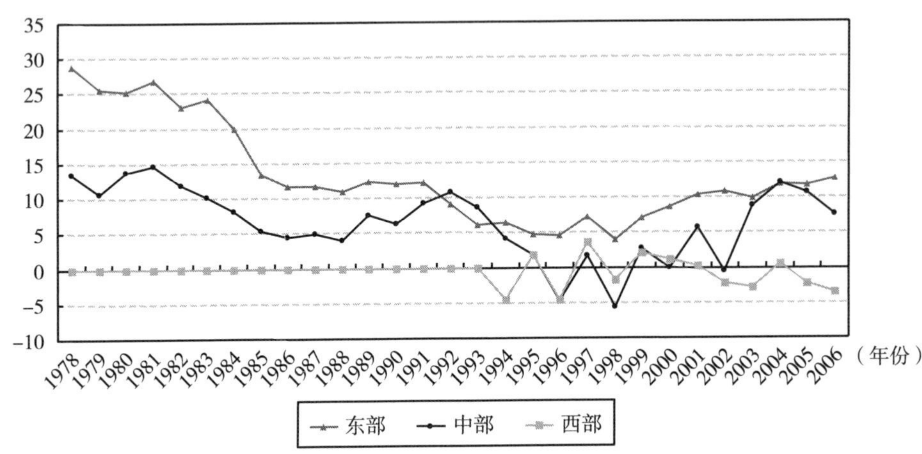

图 5　各区域净资本回报（占 GDP 比重）的走势

六、结论

本文只是对中国经济动态效率的一个初步研究。基于上述研究，我们提出一些评价性的结论，在引发思考的同时，希望能对未来的研究提出一些方向。

第一个结论，基于 AMSZ 准则，总体而言，不同于已有研究，我们认为中国并不存在显著的投资大于资本回报的动态无效率情形。

这个结论有着强烈的政策含义。一直以来，无论是理论界还是政策当局，都已经习惯于用投资率和投资增速指标来判断中国经济是否过热，却忽视了这样一个事实，即与西方国家相比，中国的储蓄率和投资率一直很高，中国经济的运行却并没有因此而受到多大的负面制约。因此，一种可能是中国在现阶段存在着比西方经济体更高的（稳态）最优投资率和储蓄率。我们应该找出这一最优投资率和储蓄率，以此评价中国现实中的储蓄率和投资率是否过高。

第二个结论，在中国内部，投资和资本密度越小的地方，投资大于资本回报的事实越严重。根据 AMSZ 准则，我们可以推论，在这些地方，存在严重的资本过度积累的动态无效率。按照卡斯（1972）的动态无效率定义——资本的过度积累。在这种状态下，可以降低本期储蓄率或投资密度以增加当代人的消费（效用），未来人的消费（效用）却并不会降低。相应的政策应该是减少这些地区投资和资本积累速度。

常识显然不支持这样的结论和政策建议，中国的中西部正是投资和资本最匮乏的地方。换言之，简单地根据 AMSZ 准则作出的结论和推断，很可能是错误的。那么，问题出在哪里呢？

问题在于，经济的动态效率状况，一方面取决于投资，另一方面取决于资本回报。在中国，投资与资本密度越小的地方，之所以投资大于资本回报的事实越严重，是由于这些地方的资本回报率较低。因此，从此可以得出本文的第三个结论。

第三个结论，中国地区间经济动态效率的系统性不平衡，是中国经济发展以及市场经济发育程度不平衡、部分地区投资的非经济决定的必然结果。

表 4 的数据表明，东部地区没有出现过投资大于资本回报的动态无效率情形。图 5 表明，在经历了一个长期的趋势性下降后，1998 年以来东部地区的净资本回报（率）甚至明显回升。在东部，经济动态效率较高的广东、江苏、辽宁、山东和浙江，大多是中国对外开放程度最高、市场经济发育水平最高的地区，其投资来源主要是竞争市场主体，独立市场主体对投资成本与回报的理性思考基础上的自主投资决策，为该地区的经济动态效率提供了坚实的微观基础。东部出现较多年份而且较严重动态无效率的两个地区，一是海南，其投资大于回报的年份主要集中在 1984 ~ 1996 年。如果我们注意一下，1984 年是国务院决定海南实行对外开放政策，1988 年是中央决定设立海南经济特区的年份，在此期间，海南曾出现过剧烈的房地产投机浪潮。二是北京，北京作为首都，政治因素对投资决定的影响比较大，也是一个不争的事实。[①] 我们就不难理解东部这两个省市为什么会出现较多年份的经济动态无效率状况。

西部地区有过半年份的投资都是大于资本回报，其中，又以西藏、青海、宁夏、新疆最为严重。这些地区都是我国目前经济较落后、市场经济发育水平较低、投资的非经济决定较多的地区。

因此，不能不认为，市场经济发育程度不平衡以及政府主导型经济是中国部分地区经济动态无效率的最重要原因之一，也就是说，是体制非效率导致了我国部分地区的经济动态无效率。这不是卡斯（1972）所定义的动态无效率，而是一种“伪资本过度积累”。体制因素对经济动态效率的影响，是国外既有理论所不曾考虑到的。因此，我们在判断中国的储蓄率是否过高、资本积累是

① 北京投资大于资本回报的年份主要集中在 1993 ~ 1999 年，这显然与当时正处在第一次申奥期不无关系。

否过度时，需要充分地考虑中国的国情特征，在运用 AMSZ 准则时，需要考虑制度转轨对投资和资本回报的影响。

第四个结论，应当理性地分析中国目前的高储蓄和高投资。分地区分省份的数据表明，尽管东部地区的投资密度始终较高，但是，其投资回报也始终较高，2000 年以来东部地区除北京、海南和辽宁之外，其他省市的投资回报进入了上升通道；中部地区 2000 年以来除吉林外，其他省份的投资回报出现了明显的上升趋势；西部地区虽然就整体而言，经济动态效率未可乐观，但是，2000 年以来也出现了不同的发展趋势：甘肃、广西、贵州的净资本回报率有所上升，西藏、青海、宁夏、新疆的净资本回报率仍然维持高达两位数的负值，内蒙古、四川和云南则出现了动态效率恶化的趋势。因此，我们在关注中国近年来净资本回报率变化趋势的同时，还应当注意影响这一趋势的地区性因素，以及导致这一趋势的原因，在政策上分别对待。显然，在市场经济的正常状态下，由竞争市场主体自主决定进行的投资一般不会出现投资的动态无效率状况，因此对其“高投资”，不宜强行压制，但是，政府作为一个非市场主体，其投资的理性程度是值得关注的，尤其在我国现行的体制及官员考核机制下。尽管我们承认政府的投资决定不能只考虑资本回报率，但是，市场经济要求：政府的投资只能限制在一定比例之内，在其投资决策中，经济的考虑虽然不是唯一，但却是不可忽略的。这在政府可获得的资源越来越多时，不能不引起必要的关注。

附表 1 **中国的资本回报（1978～2006 年）** 单位：亿元（现价）

年份	国内生产总值	劳动者报酬	消费者承担的间接税	净补贴收入	资本回报
1978	3645.20	1708.41	13.52	11.14	1912.13
1979	4062.60	2153.18	13.78	79.20	1816.44
1980	4545.60	2409.17	17.77	117.71	2000.95
1981	4891.60	2592.55	28.64	159.41	2111.00
1982	5323.40	2821.40	25.15	172.22	2304.62
1983	5962.70	3100.60	28.02	197.37	2636.71
1984	7208.10	3748.21	53.60	218.34	3187.95
1985	9016.00	4537.51	281.99	768.81	3427.69
1986	10275.20	5343.10	335.34	582.26	4014.50

续表

年份	国内生产总值	劳动者报酬	消费者承担的间接税	净补贴收入	资本回报
1987	12058.60	6270.47	363.26	671.03	4753.84
1988	15042.80	7671.83	478.03	763.28	6129.66
1989	16992.30	8666.07	560.83	972.23	6793.17
1990	18667.80	9806.27	569.62	959.68	7332.23
1991	21781.50	11027.82	590.40	884.01	9279.27
1992	26923.50	12970.55	1009.50	766.60	12176.85
1993	35333.90	17332.81	1128.98	710.59	16161.52
1994	48197.90	23217.82	1794.45	680.69	22504.94
1995	60793.70	30453.77	2150.60	692.66	27496.67
1996	71176.60	36622.20	2518.10	791.31	31244.99
1997	78973.00	40628.24	2859.25	920.45	34565.06
1998	84402.30	43988.95	3292.39	1045.61	36075.35
1999	89677.10	45926.43	3535.99	987.67	39227.01
2000	99214.60	49948.20	4015.36	1321.06	43929.98
2001	109655.20	54934.80	4595.87	1041.55	49082.99
2002	120332.70	60099.40	5189.66	904.67	54138.98
2003	135822.80	67260.69	5605.73	843.66	62112.72
2004	159878.30	74574.36	7118.42	1013.73	77171.79
2005	183867.90	81888.02	7976.05	1191.73	92812.10
2006	210871.00	93822.83	9214.04	1567.74	106266.39

注：(1) 间接税采用"关税 + 增值税 + 营业税 + 消费税"估算其值；消费者承担的间接税采用"（劳动者报酬/GDP）× 间接税"进行估算。(2) 增值税和营业税从 1984 年 10 月 1 日开始征收，1994 年作了调整，消费税是 1994 年税制改革在流转税中新设置的一个税种。财政部 1993 年 12 月 25 日颁布了《中华人民共和国消费税暂行条例实施细则》，并于 1994 年 1 月 1 日开征消费税。(3) 净补贴收入 = 国家财政决算支出中政策性补贴支出 + 国家财政决算收入中企业亏损补贴。(4) 2004 年的劳动者报酬数据缺失，我们以 2003 年和 2005 年的平均值对其进行近似。(5) 1979 ~ 1984 年和 1986 ~ 1989 年的劳动者报酬数据缺失，我们采用线性回归法对其值进行估计：首先，以时间为自变量（1978 年为 1），"劳动者报酬/GDP" 为因变量进行简单回归，回归结果为 $Y = 0.5343973904 - 0.001812979284 \times X$；然后，根据各年劳动者报酬占 GDP 的比重的估计值和各年的 GDP 值，大致估算数据缺失年份的劳动者报酬。(6) 这里的资本回报没有考虑土地要素报酬。

资料来源：中经网统计数据库。

附表 2　　世界各国的净资本收益和动态效率（1960～1984 年）

年份	美国	英国	法国	德国	意大利	加拿大	日本
1960	6.3	11.8	18.2	12.4	22.1	12.7	17.6
1961	7.5	10.6	17.4	10.9	21.0	14.0	9.5
1962	6.9	11.5	16.2	10.0	19.9	14.0	14.6
1963	8.0	12.1	15.3	10.7	17.8	14.4	13.7
1964	7.3	8.8	12.9	9.2	19.1	12.8	12.4
1965	6.9	9.4	13.6	8.5	22.9	9.4	15.2
1966	5.9	8.7	12.9	9.9	24.1	8.3	15.4
1967	6.9	8.3	13.5	13.7	22.5	9.4	14.2
1968	6.2	7.7	13.6	13.5	23.1	10.7	12.9
1969	5.7	8.3	11.9	10.3	22.1	9.4	12.1
1970	5.6	7.5	11.8	7.8	18.9	10.5	11.6
1971	6.8	8.9	12.3	7.5	19.1	8.9	11.2
1972	6.5	10.4	12.0	2.7	19.9	9.2	11.4
1973	5.7	7.8	10.9	7.9	15.4	9.4	8.1
1974	5.5	4.4	8.7	10.0	12.2	8.2	5.2
1975	14.4	6.0	10.9	12.4	16.6	9.0	6.8
1976	10.3	5.5	8.9	11.5	13.5	7.5	7.8
1977	9.6	9.1	9.9	11.9	14.6	7.9	7.8
1978	9.9	9.6	11.0	12.1	16.4	10.5	8.9
1979	12.4	8.4	10.0	9.8	16.7	10.5	7.2
1980	10.2	10.1	8.3	8.4	12.9	12.4	7.5
1981	7.1	11.9	10.4	10.8	15.1	9.3	7.3
1982	7.9	12.9	9.8	13.1	16.5	12.9	8.1
1983	9.3	13.2	11.7	13.6	17.1	15.3	9.4
1984	6.7	13.9	12.9	13.8	17.3	17.3	9.4

注：表中各数值是净资本收益除以 GNP 后的百分比值。

资料来源：Abel A.，N. G. Mankiw，L. H. Summers，R. Zeckhauser，Assessing Dynamic Efficiency：Theory and Evidence，Review of Economic Studies，1989，56（1）：1－19.

附表3　东部各省（区）的净资本回报率和动态效率（1978～2006年）

年份	北京	福建	广东	海南	河北	江苏	辽宁	山东	上海	天津	浙江
1978	44.5	2.4	12.8	15.2	13.5	21.8	39.7	17.8	59.7	36.2	18.5
1979	37.9	0.9	12.3	15.9	11.1	21.3	35.6	12.8	56.8	24.2	21.1
1980	36.6	1.9	12.5	17.9	15.9	19.5	41.8	12.4	50.7	25.6	17.6
1981	40.1	7.0	8.0	11.2	22.2	23.3	42.4	17.0	48.4	36.8	20.8
1982	44.8	6.8	8.1	4.3	15.6	16.9	39.5	14.0	44.2	29.5	19.5
1983	37.1	8.1	11.1	4.1	14.2	18.5	37.2	16.0	50.6	26.0	23.8
1984	29.7	8.1	10.9	-6.1	11.5	12.7	30.9	13.9	45.0	27.2	16.8
1985	13.4	4.9	4.9	-14.3	8.3	9.1	30.0	4.8	32.5	21.4	13.5
1986	10.1	1.3	7.9	-16.7	9.7	5.1	24.3	11.3	23.5	7.1	11.9
1987	1.3	3.9	10.0	-7.2	13.2	7.4	23.3	7.4	24.8	16.9	9.9
1988	3.1	7.5	9.8	-3.9	12.4	8.3	20.9	8.9	17.2	4.2	11.2
1989	-1.1	10.6	10.5	-7.2	12.1	12.0	23.5	8.5	18.5	10.6	14.4
1990	2.6	9.3	9.2	-27.4	13.0	9.5	21.9	5.3	25.2	11.9	18.8
1991	10.0	8.5	11.1	-21.2	10.9	11.0	21.5	2.9	28.1	8.3	17.7
1992	3.9	6.4	5.1	-20.1	16.4	2.4	19.6	6.9	20.5	3.6	11.8
1993	-4.1	4.5	3.5	-11.1	10.6	4.0	10.7	4.5	13.9	0.5	11.0
1994	-12.5	3.4	13.8	-26.6	4.8	2.3	12.8	8.2	7.4	-3.1	9.1
1995	-16.2	1.3	9.8	-10.1	-1.3	4.4	14.2	8.5	-1.0	-0.7	6.1
1996	-5.1	-0.5	11.0	-8.0	0.3	1.7	15.1	8.3	-3.0	-2.8	4.6
1997	-5.5	2.8	13.7	4.3	-0.3	8.6	16.5	5.7	4.1	-3.4	9.2
1998	-4.3	-1.9	9.4	-7.4	-2.0	1.6	15.3	3.7	10.1	-7.0	2.3
1999	-4.8	2.4	10.9	1.9	-3.6	6.7	18.4	4.4	13.5	-0.3	10.8
2000	6.3	5.8	18.8	-4.7	0.6	1.5	21.5	0.3	18.5	5.0	5.8
2001	2.1	8.9	17.9	3.0	3.8	6.4	21.7	2.7	14.7	9.1	13.7
2002	9.6	6.7	21.3	-2.8	7.6	3.5	19.7	2.1	20.0	7.0	8.7
2003	-0.7	8.4	19.1	2.3	8.9	3.5	14.6	5.2	14.1	12.8	9.9
2004	0.7	11.7	20.5	2.0	14.6	5.0	7.3	14.2	15.7	11.3	8.3
2005	-1.2	9.8	21.4	1.3	11.8	6.7	2.2	13.7	15.5	13.7	10.4
2006	1.1	6.7	22.9	2.8	12.7	8.3	1.5	15.4	14.8	12.4	11.3
负值年数	10	2	0	16	4	0	0	0	2	6	0

注：表3-4、表3-5和表3-6的有关说明：（1）由于地方统计的问题，与全国数据差异较大；（2）净收益=资本回报-资本形成总额（总投资[2]），表中各值=（净收益/GDP）×100%；（3）各省（区、市）净补贴=该省（区、市）地方财政决算收入中国有企业计划亏损补贴+该省（区、市）地方财政决算支出中政策性补贴支出，政策性补贴支出、企业亏损补贴1985年之前数据为0；（4）地方没有关税和消费税，因而各省（区、市）间接税=该省（区、市）地方财政决算收入中增值税+营业税，1998年开始有地方增值税和营业税统计项目；（5）各省（区、市）消费者承担的间接税=（该省（区、市）劳动者报酬/该省（区、市）GDP）×该省（区、市）间接税，1998年地方开始有增值税和营业税；（6）各省（区、市）劳动者报酬1979～1984年和1986～1989年数据缺失，采用与全国数据相同的近似方法，即以时间为自变量（1978年为1），"劳动者报酬/GDP"为因变量进行简单回归；（7）宁夏1978～1989年的资本形成总额数据缺失，西藏1978～1991年的资本形成总额数据缺失；（8）重庆与四川合并计算。

资料来源：中经网统计数据库。

附表4　　中部各省的净资本回报率和动态效率（1978～2006年）

年份	安徽	河南	黑龙江	湖北	湖南	吉林	江西	山西
1978	16.3	11.7	30.7	14.1	9.2	4.3	-5.6	12.8
1979	11.3	4.2	24.8	13.7	8.5	10.7	-9.8	15.0
1980	12.0	5.8	28.3	18.9	12.1	11.6	-3.7	15.9
1981	17.8	6.5	24.9	16.6	13.4	15.8	1.0	18.9
1982	10.0	10.0	18.9	11.9	12.3	11.7	1.0	15.9
1983	8.5	2.9	17.3	12.4	12.0	15.3	1.2	11.7
1984	5.0	2.6	16.8	9.3	13.4	8.2	-0.4	7.0
1985	2.3	2.7	9.9	9.4	9.1	6.7	2.4	-3.3
1986	2.0	2.4	11.0	6.8	6.1	3.8	-2.1	1.4
1987	3.2	3.3	12.0	7.5	6.2	4.4	-2.4	-0.5
1988	4.7	-1.1	14.0	4.4	4.4	5.5	-5.6	4.1
1989	9.2	0.4	15.7	11.9	10.6	4.1	-0.8	6.9
1990	3.5	1.6	10.5	7.8	13.7	-2.7	6.5	7.3
1991	11.4	1.7	19.4	9.6	12.3	-0.6	8.6	10.3
1992	10.2	0.1	23.3	16.7	14.8	10.5	-3.4	10.0
1993	-0.4	5.2	22.9	9.9	12.4	5.9	-5.3	13.4
1994	4.3	-3.8	23.0	0.7	7.9	-2.6	-3.6	4.8
1995	-1.5	-3.0	14.3	-5.4	2.8	-3.3	-0.5	18.2
1996	-16.5	-7.5	13.4	-20.5	1.4	-7.5	-4.8	9.4
1997	-3.7	1.9	17.2	-16.6	5.2	-1.5	-4.6	18.5
1998	-4.7	-6.3	9.4	-26.7	0.4	-3.9	-8.5	-0.9
1999	4.6	4.4	17.2	-16.8	8.7	-4.8	-2.7	9.9
2000	2.2	-4.8	21.7	-26.5	4.5	7.7	1.4	5.5
2001	11.5	8.8	17.9	-10.8	8.3	-7.7	2.6	12.0
2002	7.8	-4.3	11.3	-15.7	0.5	-4.0	0.8	4.9
2003	17.8	14.5	18.5	-0.4	8.6	-8.4	-4.2	12.6
2004	10.4	10.2	26.7	8.9	14.3	8.8	3.0	12.6
2005	8.9	7.1	27.3	8.7	14.0	2.6	4.3	10.4
2006	7.9	5.9	30.7	9.4	9.1	-13.0	3.0	7.5
负值年数	5	7	0	9	0	12	17	3

资料来源：中经网统计数据库。

附表 5　西部各省（区）的净资本回报率和动态效率（1978～2006 年）

年份	甘肃	广西	贵州	内蒙古	宁夏	青海	陕西	四川	西藏	新疆	云南
1978	-2.3	3.5	-3.6	8.1		-24.9	5.8	-7.9		-4.1	-1.5
1979	-3.5	1.0	-4.2	2.9		-42.5	-4.9	-7.3		-5.4	1.1
1980	9.0	3.1	3.2	12.4		-13.0	4.8	-6.4		-4.5	6.0
1981	10.5	4.2	11.0	15.9		-5.0	3.5	-5.1		-3.0	11.9
1982	10.0	9.3	9.7	12.0		-15.6	-1.3	-5.9		-6.7	10.5
1983	8.8	9.9	12.7	7.4		-6.9	2.8	-5.5		-2.2	14.2
1984	9.6	9.7	8.7	5.3		-7.9	0.5	-3.8		-6.9	9.6
1985	6.3	0.4	7.6	9.7		-26.0	-8.2	-15.1		-13.4	4.9
1986	2.4	-0.1	3.7	8.8		-11.9	-8.2	-4.5		-4.7	10.3
1987	6.1	3.0	5.6	11.0		-22.8	-7.5	-4.5		-5.1	16.0
1988	5.6	2.7	5.5	2.3		-14.8	-5.3	-3.6		-8.0	15.9
1989	4.5	6.9	5.3	4.5		-0.5	-9.9	-0.8		-11.2	15.5
1990	3.8	15.2	9.8	4.6	-7.4	2.6	-2.5	13.5		-7.8	16.6
1991	5.1	14.9	12.7	7.1	-5.8	-2.7	-2.3	13.5		-6.2	12.5
1992	7.0	5.0	11.2	-1.5	-4.9	-0.4	5.0	9.6	-32.3	-18.9	10.6
1993	7.6	2.0	6.5	-14.7	-6.0	-4.0	-7.7	7.8	-39.7	-26.1	6.5
1994	10.1	-6.8	9.6	-3.0	-5.2	0.2	-9.1	-7.8	-38.1	-27.3	12.1
1995	9.4	-7.4	3.2	-3.7	-2.0	-2.0	-4.7	9.5	-50.8	-14.7	11.1
1996	6.8	-10.8	2.8	1.5	-9.9	-14.2	-4.6	-10.5	-40.4	-8.5	11.2
1997	6.0	4.3	2.0	1.2	-1.7	-16.6	5.6	6.5	-28.4	-11.4	9.3
1998	5.2	-3.8	-2.2	-7.5	-15.4	-23.7	-1.0	0.0	-19.7	-23.2	10.9
1999	2.5	4.5	-11.9	2.7	-12.1	-17.0	5.0	3.5	-29.1	-8.2	9.8
2000	-0.3	2.2	-8.5	-1.1	-14.6	-23.6	-4.5	0.7	-33.7	2.5	17.9
2001	-2.2	6.6	-13.6	10.3	-18.0	-23.3	-3.6	0.7	-41.2	-6.4	6.5
2002	0.8	-1.7	-10.1	-2.6	-23.2	-36.5	-1.9	-3.4	-39.1	-6.8	14.4
2003	3.0	8.1	-12.7	-4.9	-24.2	-25.1	-2.2	-3.6	-38.7	-13.3	5.4
2004	14.1	10.2	-1.0	-8.8	-26.9	-18.5	3.8	1.1	-35.4	-14.6	6.9
2005	15.3	6.1	0.0	-15.8	-28.9	-17.3	2.4	-0.2	-28.2	-12.4	-5.6
2006	3.8	6.1	1.7	-14.8	-24.5	-14.7	-2.3	-1.1	-37.7	-12.0	-5.9
负值年数	4	6	9	11	17（全）	27	19	18	15（全）	28	3

资料来源：中经网统计数据库。

参考文献

[1] CCER“中国经济观察”研究组:《我国资本回报率估测(1978~2006)》,载《经济学季刊》2007 年 4 月。

[2] 巴罗、萨拉伊马丁:《经济增长》,夏俊译,中国社会科学出版社 2000 年版。

[3] 白重恩、谢长泰和钱颖一:《中国的资本回报率》,载《比较》2007 年 1 月第 28 辑。

[4] 樊纲:《中国财富为何低效》,载《发展导报》2003 年 2 月 18 日。

[5] 李杨和殷剑峰:《中国高储蓄率问题探究——1992~2003 年中国资金流量表的分析》,载《经济研究》2007 年第 7 期。

[6] 齐天翔:《经济转轨时期的中国居民储蓄研究——兼论不确定性与居民储蓄的关系》,载《经济研究》2000 年第 9 期。

[7] 史永东和杜两省:《资产定价泡沫对经济的影响》,载《经济研究》2001 年第 10 期。

[8] 史永东和齐鹰飞:《中国经济的动态效率》,载《世界经济》2002 年第 8 期。

[9] 魏锋和曹中:《我国服务业发展与经济增长的因果关系研究——基于东、中、西部面板数据的实证研究》,载《统计研究》2007 年第 12 期。

[10] 许宪春:《中国的国内生产总值核算》,北京大学出版社 2000 年版。

[11] 袁志刚和何樟勇:《20 世纪 90 年代以来中国经济的动态效率》,载《经济研究》2003 年第 7 期。

[12] 袁志刚和宋铮:《人口年龄结构、养老保险制度与最优储蓄》,载《经济研究》2000 年第 11 期。

[13] Abel A., Mankiw G., Summers L., Zeckhauser R., Assessing Dynamic Efficiency: Theory and Evidence, *Review of Economic Studies*, 1989, 56: 1-20.

[14] Ahn A., Are East Asian Economy Dynamically Efficient? *Journal of Economic Development*, 2003, 28 (June): 101-110.

[15] Blanchard, Oliver and Fischer, Stanley (1989): *Lecture on Macroeconomic*, Cambridge: MIT Press.

[16] Cass D., On Capital Over-accumulation in the Aggregative Neoclassical Model of Economic Growth: A Complete Characterization, *Journal of Economic Theory*, 1972, 4: 200-223.

[17] Christensen L., Entrepreneurial Income: How Does it Measure Up? *American Economic Review*, 1971, 61: 575-585.

[18] Diamond P., National Debt in a Neoclassical Growth Model, *American Economic Review*, 1965, 55: 1126-1150.

[19] Feldstein M. S., Summers L., Is the Rate of Profit Falling? *Brooking Papers in Economic Activity*, 1977, 211-227.

[20] Feldstein M. S. , Does the United States Save Too Little? *American Economic Review*, 1977, 67: 116 - 121.

[21] Ibbotson R. G. , Stock s, Bonds, Bills, and Inflation, Market Results for 1926 - 1986, 1987 Yearbook. Chicago: R. G. Ibbotson Associates, Inc, 1987.

[22] Miskin F. S. , The Real Interest Rate: A Multi-Country Empirical Study, *Canandian Journal of Economics*, 1984, 17: 283 - 311.

[23] Solow R. M. , *Growth theory: An Exposition*, Oxford University Press, 1970.

[24] Tobin J. , Economic Growth as an Objective of Government Policy, in Essays in Economics, Volume1, *Macroeconomics*, North-Holland Publishing Company, 1965, 174 - 194.

中国季度宏观经济模型的开发与应用*

一、前言

20 世纪三四十年代以来，考尔斯委员会（Cowles Commission）旗下众多杰出的计量经济学家的工作为宏观经济模型的研究和应用作出了突出的贡献（Fair，1994；Charemza，1992）。宏观经济计量模型的开发和应用不论在发达国家还是在发展中国家都取得了较丰富的成果（Bodkin et al.，1991；Ineriligator et al.，1996；Adams & Vial，1991；Khayum，1991）。大体而言，20 世纪五六十年代各国主要致力于研发基于凯恩斯宏观经济理论的大型结构式宏观模型（structural macroeconomic model）。到 70 年代，西方国家经济结构的巨大转变以及卢卡斯批判使结构式模型一度失去了影响力。西姆斯（Sims）和亨得利（Hendry）等在时间序列模型方面的研究成果，格韦克（Geweke）等的动态模型研究，格兰杰（Granger）和恩格尔（Engle）等发展的协整分析和误差修正技术，快速推动了非结构式宏观模型的发展（Sims，1980；Hendry，2003；Geweke，1977；Granger，1981；Eengle & Granger，1987）。近期宏观模型与预测的研究前沿体现在以下两方面。（1）非结构式模型逐步由线性模型向非线性宏观模型转换（Hendry，2003；Diebold，1982）。（2）结构式模型随着宏观经济理论的不断发展再度获得重视。一是自费尔（Fair）等把理性预期引入宏观模型以来，用于政策分析目的宏观模型再次成为联邦储备局和 IMF 等机构的政策分析工具（Fair，1994；2004；Brayton et al.，1997）；二是把基于理性预期的跨时最优作为建模的出发点，利用欧拉方程来构建关键行为方程；三是随机

---

* 本文原载于《厦门大学学报》（哲学社会科学版）2007 年第 4 期，共同作者：陈抗、龚敏、胡朝霞。

动态最优化基础上的动态随机一般均衡（dynamic stochastic general equilibrium）模型正在发展（Kydland & Prescott，1996）。此外，使用高频数据的宏观模型（如月度宏观模型）的开发，以及针对转型经济体的宏观模型正开始起步（Hall et al.，2000；Basdevant，2000）。

迄今为止，中国已研制成功了一些能实际应用的宏观经济模型，如清华大学的“中国宏观经济年度模型 CEMT-I”、国家信息中心的“中国宏观经济模型（Project LINK）”、中国社会科学院数量经济与技术经济研究所和国家统计局综合司共同研制的“中国宏观经济年度模型”等。然而，这些都是年度模型，均难以对中国宏观经济的运行进行短期预测预报及对宏观政策的短期效应进行分析。近年来，随着我国季度宏观数据的逐步完善，季度宏观模型的研发也有所进展。何新华等（2005）首次尝试建立了一个以误差修正机制（ECM）为基础的中国宏观经济季度模型。但是，受样本数据量的限制，这类基于非结构式技术构建的模型往往不稳定，而且由于近期中国经济发生了较大的结构性变动，也使中国数据难以适用非结构式的建模技术。

厦门大学“中国季度宏观经济模型”（China Quarterly Macroeconometric，CQMM）是一个开放经济条件下需求导向的结构式宏观模型，它以短期预测和政策效应模拟分析为主要目的。本文介绍本课题第二阶段的主要成果，对 2007 ~ 2008 年中国宏观经济形势进行预测，模拟人民币不同升值幅度（3% 或 6%）对我国宏观经济的影响。

二、CQMM 的基本框架

CQMM 依据支出法核算 GDP 的方式，从总需求的角度来刻画宏观经济变量之间的相互关系，揭示外部经济波动对内部经济影响的传导机制，以及分析开放经济条件下宏观调控政策（货币政策、财政政策等）的政策效应。它由四个基础模块组成：国内需求模块、进出口模块、政策反应模块及价格模块。连接 CQMM 四个基础模块的是两条主线：一是外部经济波动影响国内经济的传导渠道；二是内部政策效应的传导渠道。与第一阶段相比，第二阶段的 CQMM 规模上扩展为包括 19 个随机方程、12 个恒等式，可发布 2007 ~ 2008 年共八个季度含 23 个主要指标的预测数据。①

① 根据国家统计局网站、中国人民银行网站、商务部网站以及中经网统计数据库整理。

（一）国内需求模块

国内需求模块由居民消费需求和固定资本形成等行为方程组成，用于分析国内需求的决定机制及其对宏观经济的影响。假定政府消费支出为外生给定，课题组构建了居民总消费、固定资产形成总额、进出口以及GDP误差项的随机行为方程。

我们首先利用当期和上一期的人均GDP作为解释变量来构建人均居民总消费的随机方程，并将其转换为居民总消费；然后利用居民总消费、政府消费支出以及季节性虚拟变量作为解释变量构建社会商品零售总额的随机方程。估计结果的显著性表明，社会商品零售总额除了受居民总消费、政府消费支出的影响外，还具有明显的季度性波动。可比价固定资产形成总额方程中解释变量是货币供应量（M2）、上期可比价GDP的变化以及季节性虚拟变量。估计结果表明，货币供给每增加1%，将导致固定资产形成总额平均增加1.1%左右；固定资产形成总额对上期产出变动的偏弹性大约为1.59。此外，我们还以固定资产形成总额以及季节性虚拟变量为解释变量构建了实际固定资产投资完成额的随机方程。需要说明的是，由于能够反映市场供需的商业银行人民币贷款加权平均利率的数据长度不够，目前尚无法在投资方程中加入利率变量。关于进出口方程的说明，见下面进出口模块的论述。GDP误差项一定程度上代表了可比价存货投资的变化。我们用自回归模型AR（4）来刻画GDP误差项的变化，解释变量包括滞后4期的误差项、2次时间变量以及季节性虚拟变量。

（二）进出口模块

由于近年来我国贸易顺差的构成正在发生变化，虽然加工贸易顺差依然是顺差扩大的主要来源，但一般贸易顺差所占的份额在快速提高。因此，课题组从贸易构成的角度来建立进出口行为方程，使其能够反映对外贸易构成的变化对宏观经济运行的影响。

在出口行为方程方面，首先是按美元计算的加工贸易出口的随机方程，以可比价世界总进口、滞后2期的人民币实际有效汇率以及季节性虚拟变量为解释变量。其次，按美元计算的一般贸易出口的随机方程，解释变量包括可比价世界总进口、当期人民币实际有效汇率、时间变量与可比价世界总进口的乘积以及季节性虚拟变量。最后，利用加工贸易出口和一般贸易出口构建出口总额方程，并利用汇率和价格指数计算按人民币计算的出口总额。估计结果表明，加工贸易出口对世界市场需求的偏弹性较小，但是，随着时间的推移，弹性逐渐上升，平均每年递增 0.0054%。一般贸易出口对世界市场需求的偏弹性较大，并呈现出随时间的变化线性递增的态势，平均每年递增0.0047%。1999 年以来，加工贸易出口对人民币实际有效汇率的平均偏弹性为 -0.69，并存在半年的滞后期；一般贸易出口对人民币实际有效汇率的平均偏弹性为 -0.3475。相比而言，人民币实际有效汇率波动对加工贸易出口的影响要大于对一般贸易出口的影响。也就是，人民币实际有效汇率升值 1 个百分点，会导致加工贸易出口增速下降的幅度大于一般贸易出口增速下降的幅度。

在进口行为方程方面，首先构建一个变量，即加工贸易进口占加工贸易出口的比率[①]，并作为解释变量与可比价出口总额一起进入按美元计算的加工贸易进口的随机方程。其次，以滞后 1 期的可比价 GDP、滞后 1 期的进口价格指数与滞后 1 期的 GDP 平减指数之比以及季节性虚拟变量为解释变量，构建一般贸易进口的随机方程。[②] 最后，利用加工贸易进口和一般贸易进口构建进口总额方程，并利用汇率和价格指数计算按人民币计算的进口总额。估计结果表明，加工贸易进口的出口拉动特征较为明显，一般贸易进口对 GDP 变动的敏感性较强，与价格变动负相关。2000 年以来，一般贸易进口对上期可比价 GDP 的平均偏弹性为 1.4709，它在统计上显著大于 1，表明一般贸易进口对我国收入的增加是富有弹性的。此外，一般贸易进口对上期价格比的平均偏弹性为 -0.6512。这说明，若人民币升值的紧缩效应加剧，一般贸易进口的增长率也会随之滑落。

（三）政策反应模块

该模块主要用于分析转型期中国宏观总需求调控政策的作用机理，重点分析货币供应量变化的内生决定机制。它包括两个随机方程：货币供给方程和外汇储备方程。利用按美元计算的净出口作为解释变量，并以 2004 年第四季度

① 自 2002 年以来，该比率呈现快速下降的态势。这一定程度上说明，随着国外技术向中国国内的扩散，国外产业向中国的转移，以及中国企业自主技术开发能力的提高，进口替代的程度在不断提高；一些过去需要进口的关键零部件已经可以在中国国内生产，企业在国内采购的比例不断上升。

② 之后的研究发现，一般贸易进口对实际有效汇率的弹性很大，接近 2，但存在 9 ~ 10 个季度的滞后。

设定虚拟变量①，构建外汇储备的随机方程。货币供给方程的被解释变量是货币供应量（M2）的增长率，采用当季货币供给与上年同季货币供给比值的对数；解释变量是外汇储备上年同期的增长率（取对数）、GDP 平减指数与上年同期的比值（取对数）以及人民币一年期贷款加权平均利率。结果表明，货币投放量的增加与外汇储备增加呈正相关，而与国内物价水平的上升以及贷款利率的上调呈负相关。贷款利率的上调一定程度上有助于紧缩流通中的货币，降低流动性。

（四）价格模块

价格模块包括 GDP 平减指数、居民消费价格指数、工业品出厂价格指数（即生产者价格指数）以及人民币实际有效汇率四个价格随机方程，旨在考察主要价格指数之间的相互关联性。用滞后 4 期的 GDP 平减指数、滞后 1 期的固定资产投资价格指数与滞后 5 期的固定资产投资价格指数之比、滞后 1 期的居民消费价格指数与滞后 5 期的居民消费价格指数之比作为解释变量，构建 GDP 平减指数的随机方程。用滞后 1 期的居民消费价格指数、当前 GDP 平均指数以及季节性虚拟变量为解释变量构建居民消费价格指数的随机方程。用滞后 1 期的进口价格指数、当期居民消费价格指数以及季节性虚拟变量为解释变量构建工业品出厂价格指数的随机方程。最后，进入人民币实际有效汇率方程的解释变量包括当期和滞后 1 期的人民币实际汇率、人民币名义汇率以及出口价格指数与进口价格指数之比。

（五）主要外生变量的假定

在上述模型的基本框架下，基于对我国宏观经济 2006 年的基本表现，课题组设定了以下主要外生变量的假定。首先，在人民币持续现有升值趋势的前提下，假设人民币汇率在 2007 年和 2008 年各升值 3%，到 2007 年第四季度，人民币兑美元汇率将突破 7.60 关口，到 2008 年第四季度，将达到每 1 美元兑换 7.37 元人民币左右的水平。其次，由于国际收支持续顺差，银行体系过剩流动性增加，2007 年贷款扩张压力依然较大。假定 2007 年央行会再次调高贷

① 其原因在于中国外汇储备规模在 2004 年底开始快速增加。

款基准利率，并导致1年期人民币贷款加权平均利率也随之提高。[①] 再其次，基于2006年世界主要经济体国家或区域经济增长表现的考虑，预计世界市场需求在2007年将维持持续增长[②]；世界进口价格指数会出现“高开低走”的态势。最后，假定我国加工贸易进口占加工贸易出口的比率还将持续下降。

基于上述考虑，课题组设定了两种方案来预测和分析2007～2008年我国宏观经济的运行情况以及相应的政策效应。一是预测方案。假定由于2005年、2006年连续两年贸易顺差的急剧扩大，导致人民币在2007年和2008年每年升值3%的幅度；同时，由于银行体系流动性过剩而引发的贷款扩张和投资增长压力，促使政府在2007年将再次调高贷款基准利率0.27个点；在世界经济不出现大的变动等条件下，预测2007年、2008年全年及四个季度的宏观经济主要指标变动情况。二是政策模拟方案。假定2007年、2008年人民币快速大幅升值，如每年6%，在其他条件不变时，模拟人民币加速升值的宏观经济效应。

三、基于CQMM的中国宏观经济预测：2007～2008年

2006年我国GDP实现了10.7%的高增长速度。预计2007年宏观调控的重点将继续放在控制投资和抑制流动性方面，在人民币持续升值的背景下，模型预测，2007年我国GDP增长率将有所下降，为9.67%，略高于世界银行2007年2月发布的9.6%的预测。预计2007年四个季度的增长率将表现出“高—低—高—低”的波动态势，GDP同比增长率将分别为10.03%、9.38%、10.62%、8.97%。进入2008年，GDP增速可能小幅减缓，全年保持在9.27%的水平（见表1）。

由于国际收支持续顺差，银行体系过剩流动性的增加，贷款扩张压力依然较大，2007年政府旨在控制投资增长的政策力度必然会加大。受宏观调控的影响，预计2007年全年固定资本形成总额增速将降至16.34%，回落2.65个百分点；城镇固定资产投资增速也略有下降，为23.63%。分季度来看，预计2007年第一季度投资增速依然有可能维持高增长水平，之后有所下滑，而在第三、第四季度有明显反弹回升的迹象，全年走势呈现出“U”型趋势。[③] 因此，2007年的宏观调控要特别注意第一季度和下半年投资需求的变化。但

① 2007年3月18日，贷款基准利率再次提高了0.27个百分点。

② 世界银行2007年2月发布的《中国经济季报》中预测2007年全球GDP将增长3.2%。

③ 国家统计局2007年第一季度的统计公报显示，第一季度固定资产投资增速开始高位回落。

表 1　**2007 年第一季度至 2008 年第四季度主要宏观经济指标增长率预测值**

单位：%

指标	单位	2006 年	2007 年					2008 年				
			第一季度	第二季度	第三季度	第四季度	全年	第一季度	第二季度	第三季度	第四季度	全年
GDP	亿元（不变价）	10. 70	10. 03	9. 38	10. 62	8. 97	9. 67	8. 21	9. 16	10. 31	9. 21	9. 27
居民消费总额	亿元（不变价）	10. 27	9. 29	5. 52	8. 34	8. 58	8. 01	7. 68	7. 53	8. 52	8. 67	8. 13
社会商品零售总额	亿元（现价）	13. 70	17. 42	10. 77	11. 97	13. 19	13. 34	12. 51	12. 42	13. 58	13. 82	13. 12
固定资本形成总额	亿元（不变价）	18. 99	18. 24	12. 39	17. 59	17. 69	16. 34	13. 06	15. 35	19. 37	19. 67	17. 67
城镇固定资产投资	亿元（现价）	24. 50	23. 01	16. 96	24. 65	28. 21	23. 63	18. 25	17. 15	22. 81	25. 46	21. 77
工业企业增加值	亿元（不变价）	22. 84	22. 22	22. 39	20. 80	24. 70	22. 58	20. 85	22. 81	24. 89	25. 74	23. 77
工业企业利润	亿元（现价）	26. 68	33. 88	22. 49	20. 15	26. 25	25. 03	23. 27	24. 09	26. 25	27. 02	25. 33
出口	亿元（不变价）	15. 54	13. 53	15. 97	18. 69	18. 67	16. 91	16. 07	16. 66	17. 38	17. 79	17. 05
出口	亿美元（现价）	28. 03	26. 88	30. 49	26. 18	23. 61	26. 59	24. 31	24. 75	24. 81	24. 66	24. 65
一般贸易出口	百万美元（现价）	31. 47	26. 55	25. 39	21. 29	25. 43	24. 49	25. 32	24. 63	24. 82	24. 43	24. 77
加工贸易出口	百万美元（现价）	24. 68	26. 57	33. 76	30. 51	21. 82	27. 82	23. 03	24. 22	24. 19	24. 21	23. 97
进口	亿元（不变价）	7. 62	11. 26	12. 89	8. 99	11. 74	11. 19	8. 50	8. 57	9. 17	9. 51	8. 95
进口	亿美元（现价）	20. 90	24. 89	30. 19	25. 58	28. 87	27. 44	23. 29	23. 14	23. 58	23. 75	23. 46
一般贸易进口	百万美元（现价）	20. 21	31. 44	30. 47	27. 18	29. 80	29. 63	23. 94	23. 26	23. 64	23. 77	23. 64
加工贸易进口	百万美元（现价）	18. 57	17. 45	29. 80	26. 38	26. 95	25. 40	21. 86	22. 21	22. 70	22. 89	22. 46
净出口	亿美元（现价）	73. 20	41. 73	32. 03	28. 83	7. 50	22. 85	30. 99	32. 76	30. 09	28. 02	30. 12
外汇储备	百万美元（现价）	30. 46	30. 42	30. 21	32. 65	31. 98	31. 37	30. 69	29. 57	28. 65	28. 31	29. 24
CPI		1. 42	2. 11	1. 65	1. 21	1. 22	1. 55	1. 32	1. 27	1. 01	0. 80	1. 10
GDP 平减指数		2. 41	1. 24	1. 02	2. 32	2. 36	1. 72	3. 07	2. 07	0. 29	0. 23	1. 44
工业品出厂价格指数		2. 77	3. 71	3. 25	1. 22	2. 51	2. 66	2. 70	2. 52	2. 25	2. 03	2. 37
M2	亿元	16. 21	16. 32	15. 58	14. 68	14. 10	15. 14	14. 26	15. 03	15. 99	15. 98	15. 34
人民币实际有效汇率		1. 71	2. 90	6. 47	4. 91	3. 12	4. 34	2. 98	2. 70	1. 75	1. 20	2. 16

注：表中的增长率均是以上一年度同期数据为比较基数。

是，转型期我国经济存在的体制性缺陷，依然可能在2008年固定资本形成总额增速上出现反弹，为17.67%。2007年城镇固定资产投资增速将略有下降，为23.63%，2008年可能降至21.77%。

工业生产快速增长，工业企业增加值增长率将达22.58%，与2006年基本持平；但工业企业利润增长却不容乐观，可能下降1.65个百分点，为25.03%。社会商品零售总额增速将基本维持2006年的水平，小幅下降至13.34%。价格总水平基本稳定，CPI涨幅预计为1.55%，略高于2006年的水平，GDP平减指数将上涨1.72%，生产者价格指数预计为2.66%，低于2006年的水平。

2007年以人民币按不变价计算，出口增速将有所提高，为16.91%；以美元按现价计算，2007年出口增速将继续回落，约为26.59%，同比下降1.44个百分点左右。2007年以人民币按不变价计算，进口增速将提高至11.19%；以美元按现价计算，进口增速提高得更快，为27.44%，同比上升6.54个百分点。在出口增速减缓、进口增速大幅提高的情况下，2007年净出口增长速度将大幅度下滑至22.85%；同时，外汇储备增速将只有小幅提高，为31.37%，仅上升0.91个百分点。从贸易顺差构成的变化来看，预测结果表明，2007年人民币汇率升值对一般贸易出口的负面影响将逐步显现，其中一般贸易出口增速将回落6.98个百分点；人民币汇率升值将显著提高进口增长速度，一般贸易进口增速会提高9.42个百分点，加工贸易进口增速也将提高6.83个百分点。

四、人民币加速升值效应的模拟

基于对汇率走势的观察，我们认为，随着我国经济快速增长及产业结构升级，我国的国际竞争力将不断增强，在较长时期里，我国贸易顺差不会减少，一定幅度的人民币升值不可避免，但不能依靠人民币升值实现贸易平衡。目前，合理的考虑是，应维持多大程度的人民币升值才能既保证中国经济平稳增长，又能使贸易顺差增速维持在正常范围之内，以免加剧对外贸易的不平衡？在给定当前我国宏观经济运行的内外部条件下，多大程度的人民币升值幅度是经济可以承受的？为了回答这些问题，课题组假定让人民币按每年6%的幅度升值，利用CQMM模拟在当前宏观政策框架下，人民币快速大幅升值可能给宏观经济造成多大程度的紧缩效应。

假定让人民币按每年6%的幅度升值，那么，与每年人民币升值3%的幅度相比，人民币升值的宏观紧缩效应将非常明显。2007 年 GDP 增长率将下降 0.62 个百分点，仅能维持在 9.05% 的水平。到了 2008 年，加速升值对 GDP 增长率的负面效应进一步增强，全年增长率将下降至 7.08%，与升值幅度为 3% 的情况相比，GDP 增速将下降 2.19 个百分点。

人民币大幅升值将给外部经济带来一系列影响。模拟结果表明，首先，当人民币的年升值幅度从 3% 提高到 6%，以美元按现价计算，2007 年贸易顺差增长率将从 22.85% 下降到 19.69%，下降 3.16 个百分点；2008 年贸易顺差增长率将从 30.12% 下降到 19.82%，下降 10.30 个百分点。人民币短期快速大幅升值将导致中国贸易顺差增速迅速下降。受顺差增速下降影响，外汇储备增长速度也将下滑，但幅度不大。2007 年在升值 3% 时外汇储备增速为 31.37%，升值 6% 时，外汇储备增速仅能下降 0.04 个百分点；2008 年外汇储备增速下降幅度也不过为 0.84 个百分点。

其次，大幅度升值会加快以美元、按现价计算的出口增速的下滑幅度。升值 6%，2007 年出口增速将下降 0.83 个百分点，2008 年将下降 3.78 个百分点，仅为 20.88%。从贸易方式看出口的构成变化，人民币加速升值会同时降低一般贸易出口和加工贸易出口的增长速度：2007 年一般贸易出口增速将下降 1.2 个百分点，加工贸易出口增速将下降 0.55 个百分点；但到了 2008 年，加工贸易出口增速下降幅度（4.44 个百分点）就会超过一般贸易出口增速下降幅度（2.64 个百分点）。

再其次，人民币升值导致进口价格指数下降会促进进口扩大，但同时，升值带来的 GDP 增长率下滑又会导致进口需求萎缩。模拟结果表明，以美元按现价计算的进口增速在人民币升值 6% 时，2007 年将下降 0.3 个百分点，2008 年下降 2.36 个百分点。从构成来看，一般贸易进口所受的负面影响要轻于加工贸易进口所受的影响。2007 年一般贸易进口在升值的带动下增速还可提高 0.2 个百分点，到 2008 年升值的紧缩效应开始体现，增速将回落 1.02 个百分点；加工贸易进口增速 2007 年将下降 0.78 个百分点，2008 年进一步下降 3.52 个百分点。

最后，综合进出口增速两方面的变化，可得出如下结论：如果人民币每年以 6% 的幅度升值，同每年升值 3% 相比，2007 年一般贸易出口增速将下降，一般贸易进口增速将提高，同时加工贸易出口增速下降，加工贸易进口增速也下降，结果导致贸易顺差增速下降。2008 年不论一般贸易还是加工贸易，出口增速的下降幅度都大于进口增速的下降幅度，从而贸易顺差增速将迅速下降。

从其他主要宏观经济指标增长率的变化来看，人民币每年升值6%，其他宏观经济主要指标的增速都将不同程度地下降。受GDP增速下降影响，2007年居民消费总额和社会商品零售总额增速将分别下降0.36个和0.50个百分点；2008年分别下降1.77个和2.42个百分点。固定资本形成总额和城镇固定资产投资增速2007年将分别下降0.60个和0.87个百分点，2008年继续分别下降1.32个和1.87个百分点。受人民币升值导致进口价格指数下降的影响，生产者价格指数上涨幅度会有所回落，与人民币升值3%相比，2007年生产者价格指数将回落0.1个百分点，2008年将回落0.39个百分点。当升值紧缩效应进一步加强，工业企业增加值和工业企业利润增速也将双双滑落，2007年、2008年工业企业增加值增速将分别下降0.10个和4.06个百分点；工业企业利润增速将分别下降1.07个和4.40个百分点。其他，如M2以及人民币实际有效汇率的变化，如表2所示。

表2　　人民币加速升值对宏观经济主要指标增长率的影响

单位：%

指标	变化	2007年					2008年				
		第一季度	第二季度	第三季度	第四季度	全年	第一季度	第二季度	第三季度	第四季度	全年
居民消费总额（不变价）	升值3%	9.29	5.52	8.34	8.58	8.01	7.68	7.53	8.52	8.67	8.13
	升值6%	9.28	5.42	7.95	7.72	7.65	6.47	5.87	6.44	6.56	6.36
社会商品零售总额（现价）	升值3%	17.42	10.77	11.97	13.19	13.34	12.51	12.42	13.58	13.82	13.12
	升值6%	17.40	10.62	11.45	12.02	12.84	10.87	10.16	10.74	10.95	10.70
固定资本形成总额(不变价)	升值3%	18.24	12.39	17.59	17.69	16.34	13.06	15.35	19.37	19.67	17.67
	升值6%	18.21	12.21	17.02	16.55	15.75	11.76	14.07	17.94	18.41	16.35
城镇固定资产投资（现价）	升值3%	23.01	16.96	24.65	28.21	23.63	18.25	17.15	22.81	25.46	21.77
	升值6%	22.96	16.72	23.83	26.52	22.76	16.40	15.38	20.80	23.67	19.90
M2	升值3%	16.32	15.58	14.68	14.10	15.14	14.26	15.03	15.99	15.98	15.34
	升值6%	16.29	15.46	14.47	13.79	13.87	14.61	15.53	15.48	14.97	14.89
生产者价格指数	升值3%	3.71	3.25	1.22	2.51	2.66	2.70	2.52	2.25	2.03	2.37
	升值6%	3.71	3.22	1.09	2.27	2.56	2.36	2.11	1.84	1.62	1.98
工业企业增加值(不变价)	升值3%	22.22	22.39	20.80	24.70	22.58	20.85	22.81	24.89	25.74	23.77
	升值6%	22.16	22.03	19.79	22.45	21.59	17.75	18.88	20.32	21.09	19.63
工业企业利润（现价）	升值3%	33.88	22.49	20.15	26.25	25.03	23.27	24.09	26.25	27.02	25.33
	升值6%	33.80	22.12	19.10	23.86	23.96	19.80	19.94	21.44	22.16	20.93
人民币实际有效汇率(现价)	升值3%	2.90	6.47	4.91	3.12	4.34	2.98	2.70	1.75	1.20	2.16
	升值6%	3.30	8.40	8.48	8.29	7.11	9.40	9.26	8.26	7.67	8.64

五、主要结论

本文介绍了中国季度宏观经济模型及其对2007年、2008年我国宏观经济走势的预测，模拟了人民币短期加速升值对经济增长率以及贸易顺差增长速度的影响。结论表明，假定让人民币按每年6%的幅度升值，那么人民币升值的宏观紧缩效应将非常明显。2007年GDP增长率将下降0.62个百分点，仅能维持在9.05%的水平。到了2008年，加速升值对GDP增长率的负面效应进一步增强，全年增长率将下降至7.08%，与升值幅度为3%的情况相比，GDP增速将下降2.19个百分点。人民币的渐进升值，可以将贸易顺差的增速维持在一个应有的正常速度，在20%~30%。但人民币短期快速大幅升值付出GDP增速大幅下降的代价。

基于上述分析，课题组提出在保持人民币渐进升值的前提下，中国经济在2007年可继续维持“高增长、低通胀”的态势，宏观调控可继续采取频调和微调的方式，但必须充分重视短期内人民币快速大幅升值对宏观经济的负面影响。具体而言，在市场力量的作用下，2007年人民币升值的趋势不断加强；在外部需求的带动下，上半年出口有望维持一个较高的增长速度。同时，由于经济体制性原因的继续存在，2007年下半年投资需求速度可能又会加快。那么，政府在进行宏观调控时，就必须谨慎选择适当的政策工具和把握政策力度，既要保证国内经济平稳增长，又要减轻人民币升值紧缩效应对宏观经济的负面影响。一些可考虑的缓解人民币升值负面效应的政策可供参考，如财政政策应在调整总需求结构方面发挥更加重要的作用；加大重视供给调整，把提升本国经济竞争力、增加有效供给能力、提高收入水平放在宏观经济政策的首位。另外，在稳定人民币汇率的同时，也要防止人民币汇率升值预期的进一步自我强化，避免激励更多的短期资金流入。

参考文献

[1] 何新华等：《中国宏观经济季度模型 China-QEM》，社会科学文献出版社2005年版。

[2] Adams F. G.，Vial J.，*Comparisons of Macroeconometric Models of Developing Countries*//Klein L. R.，Comparative Performance of US Econometric Models，Oxford：Oxford University Press，1991.

[3] Basdevant O., An Econometric Model of the Russian Federation, *Economic Modelling*, 2000 (17): 305 -336.

[4] Bodkin R. G., Klein L. R., Marwah K., *A History of Macroeconometric Model-building*, Aldershot: Edward Elgar, 1991.

[5] Brayton F., etc., The Evolution of Macro Modeling at the Federal Reserve Board, *Finance and Economics Discussion Series*, 1997 (29).

[6] Charemza W. W., Deadman D. F., *New directions in Econometric Practice*, Aldershot: Edward Elgar, 1992.

[7] Diebold F., The Past, Present and Future of Macroeconomic Forecasting, *Journal of Economic Perspectives*, 1998 (2): 175 -192.

[8] Eengle R. F., Granger D. W. J., Co-Integration and Error Correction: Representation, Estimation and Testing, *Econometrica*, 1987 (55): 251 -276.

[9] Fair R. C., *Estimating How the Macroeconomy works*, Boston: Harvard University Press, 2004.

[10] Fair R. C., *Testing Macroeconometric Models*, Cambridge, Mass: Harvard University Press, 1994.

[11] Geweke J., *The Dynamic Factor Analysis of Econmic Time-Series Models//* Aigner, D. J., Goldberger, A. S., Latent Variables in Socioeconomic Models. Amsterdam: North-Holland, 1977.

[12] Granger C. W. J., Some Properties of Time Series Data and their Use in Econometric Model Specification, *Journal of Econometrics*, 1981 (16): 121 -130.

[13] Hall S., Grayham E. M., Welfe A., Modelling Economies in Transition: an Introduction, *Economic Modelling*, 2000 (17): 339 -357.

[14] Hendry D. F., Economic Forecasting: Some Lessons from Recent Research, *Economic Modelling*, 2003 (20): 301 -329.

[15] Intriligator M. D., Bodkin R. G., Hsiao C., *Econometric models*, *Techniques and Applications*, New Jersy: Pren-tice-Hall, 1996.

[16] Khayum M. F., *Macroeconomic Modelling and Policy Analysis for Less Developed Countries*, Boulder: Westview Press, 1991.

[17] Kydland F. E., Prescott E. C., The Computational Experiment: An Econometric Tool, *Journal of Economic Perspectives*, 1996 (10): 69 -86.

[18] Sims C., Macroeconomics and Reality, *Econometrica*, 1980 (1): 1 -48.

中国经济波动的总供给与总需求冲击作用分析*

一、引言

在内部结构调整和外部环境变化的影响下，近年中国宏观经济表现出与过去截然不同的“高增长、低通胀”特征。费舍尔和萨海（Fischer & Sahay，2000）指出，结构调整和稳定政策是决定转型国家经济表现的两个重要因素。前者涉及经济体的供给能力，后者影响需求。从实践看，一方面，结构调整及其伴随的资源配置效率提高，无疑极大改善并提升了中国经济的总供给能力；另一方面，累积的宏观调控经验，以及随经济转型不断完善的政策传导机制必然也会积极地影响总需求而作用于宏观经济。但是，从宏观经济理论研究及政策分析角度看，一个值得研究的问题是，近年来我国宏观经济运行的“高增长、低通胀”究竟主要来自结构调整导致的总供给能力改善，还是实施需求管理政策的结果？

本文用总供给和总需求模型（AS-AD model）和结构式向量自回归（Structural Vector Autoregression，SVAR）模型考察 1996 ~ 2005 年驱动我国产出和价格水平变化的总供给和总需求的作用。以此为基础，评价这一期间结构调整对我国经济增长的促进作用，讨论需求管理政策的有效性，并进一步探讨开放条件下我国宏观调控方式转换的问题。

本文结构如下：第二节简单回顾 1996 年以来中国的宏观经济表现，并评述现有文献的相关观点；第三节提出研究问题的理论模型及实证分析框架；第

---

* 本文原载于《经济研究》2007 年第 11 期，共同作者：龚敏。

四节，利用1996年第一季度至2005年第四季度的数据估计模型，分析并揭示驱动中国产出和价格水平变化的总供给和总需求的作用；第五节是结论及政策建议。

二、关于中国经济“高增长、低通胀”的观点论争

1996～2006年，中国国内生产总值年平均增长率实现9.28%，通货膨胀率平均维持在2.55%的水平。[①] 其间，在亚洲金融危机冲击下，1998年、1999年经济增长率降至7.8%和7.6%，物价水平首次出现负增长。但在2001年11月中国加入世界贸易组织后，增长率开始反弹，自2003年开始，增长率持续保持在10%以上，2005年、2006年分别到达10.4%和11.1%。而价格水平并没有持续上升，2005年通胀率回落至4.2%；2006年下降为3.9%。宏观经济呈现出与改革开放以来长期出现的“高增长、高通胀”或“低通胀、低增长”并行交替、与经济运行大起大落截然不同的“高增长、低通胀”的运行态势。

关于中国经济持续高增长的原因，大多数研究认为，随着中国经济市场化程度的提高、FDI流入以及金融体系改革的深化等，这些经济结构性的调整及其伴随的资源配置效率的提高，都极大地改善并提升了中国经济的生产效率；同时，高储蓄导致的资本快速积累也从长期扩大了中国经济的潜在生产能力，使中国经济维持高增长成为可能（Lardy，1998；Sachs & Woo，2000；中国经济增长课题组，2003，2004，2006；刘伟等，2004）。与此同时，也有论者（刘树成，2003；余永定，2005）在肯定供给作用的同时，强调指出高速平稳的经济增长体现了中国政府所实施的成功的总需求管理政策，以及不断增强的中国宏观调控政策的有效性。

至于价格水平低位运行的原因，林（Lin，2000）较早指出，是过度供给而不是总需求不足的结果。樊纲（2003）认为，1996～1999年的价格水平下降源于总需求不足，而2001～2002年的价格下降则是经济效率提升及要素生产率提高的结果。费达翰（Feyzioglu，2004）指出，加入世界贸易组织导致的关税税率下调可能是导致2001～2002年价格下降的原因。小岛等

① 根据国家统计局公布的GDP现价总量和按不变价格计算的GDP增长率换算出各年的GDP平减指数，以此计算通货膨胀水平。

（Kojima et al.，2005）用人均实际产出变化反映中国劳动生产率增长，发现价格水平下降的主要原因是劳动生产率快速提高和技术进步。但是，另外一些研究认为需求不足抑制了价格水平的上升。其中吴（Woo，2003）认为，中国不完善的金融市场是阻碍扩张性货币政策刺激总需求的一个主要因素；龚和李（Gong & Li，2006），卡吉尔和帕克（Cargill & Parker，2004）等发现，中国价格水平的波动与需求管理政策之间的联系并不密切，因此，扩张性政策对总需求作用有限。

上述大部分研究主要是基于对经济现实的观察而得出定性的结论。有关驱动中国经济增长与价格波动的总供需作用的实证研究不仅数量少，而且受到数据的限制。事实上，关于驱动中国产出和价格变动的原因，不仅定性和定量分析的结果往往不一致；而且定量分析中，不同研究因采用不同的变量指标（如不同的产出变量，不同的价格变量）、使用不同的样本期间而结论不同。其中，值得一提的是张和万（Zhang & Wan，2005）用布兰卡德和柯（Blanchard & Quah，1989）的方法对中国宏观经济波动成因的研究。他们用 1985 ~ 2000 年的季度数据构建了产出和通货膨胀率的结构式 VAR 模型，[①] 研究认为，总需求变动是中国产出和价格水平波动的主要原因。

本文的研究在以下方面区别于张和万（2005）。首先，本文选择 1996 ~ 2005 年作为研究对象期，[②] 应用非线性插值法把新口径年度 GDP 数据转变为季度数据估计模型，[③] 侧重分析中国加入 WTO 后的经济波动成因。其次，对产量和价格水平的时间序列进行了含有一个结构断点的平稳性检验；在此基础上，为确保实证结果的稳健性，我们还进行了模型估计结果对变量选择敏感性的稳健性（robust）检验，以确定一个符合理论预期的基准模型用于分析。最后，我们首次测定了中国经济在 1996 ~ 2005 年所面临的总供给和总需求冲击的程度及变化趋势；并计算了这些总供需冲击对产出和价格波动的影响程度及其路径。

本文的研究表明，近年的“高增长、低通胀”是在供给强有力的推动下实现的。高储蓄导致的快速资本深化，经济结构调整引发的微观市场资源配置效

---

① 结构式向量自回归模型（SVAR）是揭示经济波动中供需力量对比的一种实证分析工具。布兰卡德和柯（1989）首次使用这种方法分析了美国产出增长和失业率变化中总供给的作用和总需求的作用。柯和瓦尼（Quah & Vahey，1995）把他们的方法应用于总供需在决定产出和价格水平波动中的作用分析。此后，这一方法被广泛地运用到各国经济波动与政策研究中。

② 在此期间，中国经济经历了较大的结构性调整和外部环境的变化，其中亚洲金融危机、中国加入 WTO、人民币有效汇率的波动以及一系列的减税政策等因素，都是冲击中国宏观经济的主要因素。

③ 虽然国家统计局在 2005 年底公布了新口径的年度 GDP 数据，但新口径的季度数据却无法获得。

率的提高，以及近年针对生产者的一系列减税政策产生的对企业特别是高新技术企业以及资本密集型企业的激励等，是供给能力扩张的主要原因。加入世界贸易组织后，在世界市场需求的保证下，经济有效供给能力的改善通过出口的增长保证了经济的高增长速度。但是，转型期中国经济的体制性缺陷、经济结构存在的问题以及外部市场的不确定性都使我国今后的经济增长面临较大风险。这就要求现阶段的宏观调控更加重视供给管理，把提升本国经济竞争力、增加有效供给能力、提高国民收入水平放在宏观经济政策的首位。

三、宏观经济波动与冲击分解：理论与实证

这里，首先，我们引入分析产出和价格波动的总供给和总需求模型（以下简称“AS-AD 模型”），并给出以此为基础的计量经济分析工具；其次，描述用于模型估计的数据处理过程，并进行模型估计前必要的检验；最后，进行模型估计结果敏感性的稳健性检验，在此基础上选择本文分析的基准模型。

（一）理论分析框架

AD-AS 模型是大量实证研究产出和价格水平关系的基准模型（Blanchard & Quah，1989）。通常假定：长期均衡产出取决于资源禀赋条件、技术进步水平以及经济制度等长期影响供给能力的因素；短期工资和价格水平具有黏性。因而，短期供给曲线是正斜率的，长期供给曲线是垂直线。由需求管理政策等引起的短期产出波动可以理解为是对长期均衡产出的偏离（Mankiw，2000）。利用这些思想可构建一个结构式向量自回归模型，用具有长期影响的供给冲击和具有短期效应的需求冲击来解释产出和价格水平的动态变化关系。

与大多数文献一致，依据实际经济周期理论刻画长期均衡产出的生成过程[①]：

$$y_t^* = y_{t-1}^* + \alpha_{s1}(L)u_t^s \tag{1}$$

其中，y_t^* 是 t 期的长期均衡产出（或称潜在产出，取对数），u_t^s 表示所有会影响经济潜在生产能力的冲击因素，它被定义为白噪声。$\alpha_{s1}(L)$是用滞后算

① 式（1）至式（6）引自张和万（2005）相关研究。

子表示的多项式。记 y_t^d 为由短期总需求政策的变动引起的短期产出波动，记为

$$y_t^d = \beta_{d1}(L) u_t^d \tag{2}$$

其中，u_t^d 表示所有在短期影响产出波动的因素，也被定义为白噪声。β_{d1}（L）是用滞后算子表示的多项式。那么，t 期经济的短期均衡产出（或 GDP）为 y（取对数），有

$$y_t = y_t^* + y_t^d \tag{3}$$

利用式（1）至式（3）可得

$$\Delta y_t = \alpha_{s1}(L) u_t^s + (1 - L)\beta_{d1}(L) u_t^d \tag{4}$$

其中，Δy_t 为当期产出与上一期产出的差。式（4）意味着，产出的波动来自两方面冲击的作用：一是那些直接影响经济潜在产出的总供给冲击；二是那些只具有短期效应的总需求冲击。

根据扩展的菲利浦斯曲线，价格水平的变化可以被描述为

$$\Delta p_t = \gamma(L)\Delta p_{t-1} + \theta(L)(y_t - y_t^*) + \phi(L) u_t^s \tag{5}$$

其中，Δp_t 表示当前价格水平与上期的差（取对数后）；$\gamma(L)$、$\theta(L)$ 以及 $\phi(L)$ 均为用滞后算子表示的多项式。式（5）右边的第一项代表了通货膨胀惯性；第二项为产出缺口对通货膨胀率的影响，在短期总需求扩张导致产出偏离其趋势值时，就会形成通货膨胀的压力；第三项为供给冲击对价格水平的影响。把式（2）和式（3）代入式（5）得到

$$\Delta p_t = \alpha_{s2}(L) u_t^s + \beta_{d2}(L) u_t^d \tag{6}$$

上式同样把价格水平的波动接受为总供给冲击和总需求冲击共同作用的结果。

式（4）和式（6）即为一个包含产出和价格两个变量的结构式 VAR 模型的 VMA 形式的表述。① 在这个系统中，产出和价格的波动纯粹由随机冲击的累积效应来解释。这些冲击（u_t^s，u_t^d）被认为是经济系统中直接影响产出和价格波动的最原始的冲击因素，称为结构式冲击（underlying structural shocks）或创新（innovations）。② 为了定量确定这些冲击的大小，我们需要做如下转换。用

① 向量自回归模型（VAR）可表述为结构式（Structural VAR：SVAR）、简约式（reduced VAR）以及移动平均模型（VMA）。在一定的条件下三者间可相互转换。

② 一般假定，u_t^s 和 u_t^d 之间是正交的，它们都有零均值，各自及相互之间都不存在序列相关，方差协方差矩阵为 2×2 的对角线矩阵。

向量形式可把上述动态系统改写为

$$X_t = A(L)u_t \tag{7}$$

其中，X_t 为包括产出和价格水平两个元素的向量，$X = (\Delta y, \Delta p)'$；$A(L)$ 为以滞后算子表示的矩阵多项式；u_t 是由两个结构式冲击构成的向量。在一定的条件下，我们可以把式（7）转换为简约式 VAR 的形式，再进一步用 VMA 的形式来描述（Mio，2002），得到

$$X = C(L)\varepsilon_t \tag{8}$$

其中，$C(L)$ 为以滞后算子表示的矩阵多项式；扰动项 ε_t 是出现在产出和价格水平方程式中的两个随机扰动项。布兰卡德和柯（1989）把该扰动项区分为来自总供给方面的扰动 ε_{st} 和来自需求方面的扰动 ε_{dt}，并假定 $\varepsilon_t :iid(0, \sum)$。这里，式（8）中的扰动项 ε_t 与式（7）中的结构式冲击 u_t 的本质区别在于，后者是系统最根本意义上的原始冲击，前者有可能是受后者的影响而表现出的对经济系统的扰动，即 $\varepsilon_t = B^{-1}u_t$，其中 B 为一个 2×2 的非奇异矩阵。

虽然我们无法直接观察到结构式冲击 u_t，但是在一定条件下可以通过估计简约式 VAR 即式（8）来获取结构式冲击的信息。为此，布兰卡德和柯（1989）提出了一个模型识别的附加条件，即假定在两类结构式冲击中，不论对产出还是价格水平总供给冲击都具有长期持久的影响，而总需求冲击只会对产出产生短期影响，即就长期而言，潜在产出不受总需求波动的影响。在这个约束条件下，我们可以估计式（8），并利用估计获得的结果把产出和价格水平的波动分解为分别能够用总供给冲击和总需求冲击解释的部分，从数量上确定出两类结构式冲击的规模及变化轨迹，以此分析经济体系运行所受到的内外部环境变化的影响，以及揭示驱动产出和价格波动背后的供需力量对比。

（二）数据处理说明及相关检验

为了保证实证研究结论不受变量选择的影响，我们分别用实际 GDP 和实际工业生产总值作为产出的代理变量，用 CPI 和 GDP 平减指数作为计算通货膨胀率的变量，通过估计不同组合的模型，选择一个符合经济理论的基准模型，并讨论模型估计的稳健性。

由于国家统计局并未公布新口径的季度 GDP 数据，这里我们按如下程序获得与新口径年度 GDP 序列一致的季度数据。[①] 第一步：基于趋势离差法，先计算出 1994 ~2005 年旧口径 GDP 季度序列与旧口径 GDP 年度序列之间的趋势离差，然后依据离差序列和新口径 GDP 年度序列计算现价的新口径 GDP 季度序列。第二步：利用统计局公布的上年为 100 的 CPI 和上月为 100 的 CPI 序列计算出 2000 年第二季度为 100 的定基 CPI 季度序列；依据新口径 GDP 可比价年增长率计算年度 GDP 平减指数；再以定基 CPI 季度序列作为引导序列，用三次厄尔密样条（cubic hermite spline）插值方法把年度 GDP 平减指数插值为季度 GDP 平减指数。第三步：利用季度 GDP 平减指数平减现价 GDP 的季度数据，获得可比价季度 GDP 序列。

关于单位根检验及协整检验。在进行模型估计之前，还需要保证所使用的数据符合相关的统计条件。具体而言，要求变量序列符合 I（1）过程，而且相互间不存在协整关系。因此，我们分别对实际 GDP、实际工业生产总值（IP）、CPI 以及 GDP 平减指数（PGDP）进行平稳性检验，并对四种产出与价格的组合进行协整关系检验。

虽然标准的 ADF 检验被广泛用于时间序列的平稳性检验，但佩龙（Perron，1989）指出，忽略时间序列可能存在的结构断点（structural break）会降低该检验拒绝单位根假设的功效。为此，佩龙在已知或给定一个结构断点的条件下修订了 ADF 检验。之后，有学者放弃了外生结构性断点的假设，使数据生成结构变化导致的断点能够在检验过程中内生决定（Zivot & Andrews，1992；Perron，1997）。拉姆斯登和帕佩利（Lumsdaine & Papell，1997）将检验方法进一步扩展到允许两个结构断点的存在。这里，考虑到本文实证研究的样本区间有可能因为亚洲金融危机、加入世界贸易组织等这样一些内外因素的影响导致数据出现结构断点，我们首先进行不存在结构断点的单位根检验，之后再进行允许一个结构断点存在的单位根检验。

由于现有研究已表明，相比于依据信息量标准确定滞后期的长度，采用霍尔（Hall，1994）提出的“tsig”方法获得的检验结果将具有更好的统计特征（Perron，1997）。因此，我们设 $k_{max}=8$，依次递减决定滞后期长度。如表 1 所示，ADF 检验和 P-P 检验表明，这四个变量基本符合 I（1）过程的统计特征。

① 以数据若不特殊说明，均来自中经网统计数据库。

表 1　　单位根检验

变量		不含结构断点的单位根检验			含 1 个结构断点的单位根检验				
		ADF 检验	P-P 检验 没有常数项	P-P 检验 包含常数项	变量	检验模型	*TB*	α	t 统计值
GDP 工业生产总值	水平量	-0.6886 (C, T, 3)	-3.2273*	-1.0676	GDP 工业生产总值	模型 A	2000:3	-0.5758	-2.6095
	一次差分	-4.8156* (C, 0, 3)		-22.9052*		模型 C	2001:3	-1.0573	-4.2197
	水平量	-0.9814 (C, T, 0)	-2.6241*	4.1945*		模型 A	1997:3	-0.0903	-2.6642
	一次差分	-3.6885* (C, 0, 0)		-3.9514*		模型 C	1998:4	-0.1859	-2.9921
GDP 平减指数 CPI	水平量	-0.5155 (C, 0, 3)	-2.1509*	0.8064	GDP 平减指数 CPI	模型 A	2000:4	-0.1340	-6.2171*
	一次差分	-2.7365*** (C, 0, 3)		-2.3313		模型 C	2000:4	-0.1718	-7.2652*
	水平量	-0.5775 (C, 0, 6)	-3.0668*	-1.9522		模型 A	2000:3	-0.3078	-5.4405*
	一次差分	-3.5347** (C, 0, 6)		-3.1697*		模型 C	2000:3	-0.3183	-5.6531*

注：(1) 样本期间为 1995 年第一季度至 2005 年第四季度。*、** 和 *** 分别为 10%、5% 和 1% 的显著水平。(2) 在不含结构断点的 ADF 检验结果中，括号内的第 1 个字符代表检验模型包含常数项；第 2 个字符表示检验模型包含趋势项，0 为不包含常数项或趋势项；第 3 个字符为滞后期。

假设存在一个结构断点，且不知道断点生成的具体时间，我们使用佐维特和安德鲁斯（Zivot & Andrews，1992）的模型 A（即允许截距项发生一次改变）和模型 C（允许截距项和斜率同时变化）重新对上述四个变量进行单位根检验。这里，模型 A 表示为

$$\Delta y_t = \mu + \alpha y_{t-1} + \beta_t + \theta DU_t + \sum_{j=1}^{k} d_j \Delta y_{t-j} + \varepsilon_t \tag{9}$$

模型 C 取如下形式：

$$\Delta y_t = \mu + \alpha y_{t-1} + \beta_t + \theta DU_t + \gamma DT_t + \sum_{j=1}^{k} d_j \Delta y_{t-j} + \varepsilon_t \tag{10}$$

其中，DU_t 和 DT_t 是两个结构断点虚拟变量，DU_t 表示在时间 *TB* 发生均值的变化，DU_t 表示趋势的变化。$DU_t = 1(T > TB)$，其他为 0；$DT_t = (t - TB)(t > TB)$，其他为 0。我们假设结构断点可能发生（$0.15T$，$0.85T$）的样本区间内

（T为样本总量）。由于从1995年第一季度至2005年第四季度共包含44个样本点，因此，第1个结构断点可能发生的时间（TB）为1996年第三季度，最后1个断点发生的时间可能在2004年第一季度。在所有可能发生断点的时点上，利用OLS方法估计上述两个模型，选取使模型中参数α的t统计量绝对值最大的那个时点为结构断点发生的时间。

检验的原假设为$\alpha=0$，即y_t存在单位根，备选假设为$\alpha<0$，y_t是具有断点的平稳序列。需要对每一个变量通过5000次的ARMA(p,q)的估计来生成实际分布，计算有限样本的精确临界值。鉴于现有研究中已有一些研究计算并获得了一些中国宏观变量的精确临界值，如梁琪和滕建州（2006）、李（2005）以及史密斯和因德尔（Smyth & Inder，2004）等计算了有46至52个样本大小的中国主要宏观年度序列（如GDP及其构成等）的精确临界值。本文将参考这些研究成果来检验GDP和工业生产总值序列。对于价格指数的临界值，本文参考纳拉亚纳和史密斯（Narayana & Smyth，2006）对人民币汇率和利率序列计算的精确临界值。检验结果表明（见表1），不能拒绝GDP和工业生产总值存在单位根的原假设，但GDP平减指数和CPI却有可能是含有1个结构断点的分段趋势平稳序列。

由于含结构断点的单位根检验结果对样本大小、检验模型的设定差异以及临界值的使用较为敏感，鉴于本文研究的主要目的，我们不再进行含两个结构断点的单位根检验。此外，在估计SVAR模型之前还须进行协整关系检验，而目前把结构断点引入协整分析尚没有成熟的技术。综合考虑，本文依然以四个变量为I（1）过程展开下面的协整关系检验。

我们使用迹检验和最大特征根检验两种方法检验了四种产出与价格的组合。其中，使用实际GDP的两种组合在5%的显著水平下都表明变量间不存在协整关系；而在使用工业生产总值的情况下，两种检验方法得到的结果不一致。[①] 尽管如此，为了选择一个符合经济理论的基准模型，我们还是对四种产出与价格水平的组合分别估计了四种备选的模型。

（三）模型估计结果的稳健性检验以及基准模型的选择

按照AS-AD模型，总供需变化对产出和价格水平的动态影响特征可以归纳为，总需求的正的冲击在短期会扩大产出并带动价格水平上升；在长期，由于理性预期的存在，总需求的扩张仅能影响价格水平而不影响产出。由于正的总

① 最大特征根检验表明变量间没有协整关系存在，但迹检验却相反。

供给冲击直接改变了经济的潜在生产能力，因此不论短期还是长期，都会导致产出的增加和价格水平的下降（Mio，2002）。根据这一动态特征，我们检验了四个备选模型对变量选择的敏感性。[①] 结果表明，产出变化的动态特征较少受到变量选择的影响，但价格变化的动态特征却对变量的选择非常敏感。在使用工业生产总值作为产出的代理变量时，正的总供给和总需求冲击都会导致通货膨胀率的上升，出现与理论预期不一致的结果。由于 GDP 与 GDP 平减指数组成的模型其动态特征符合理论预期，因此，我们选择它作为实证估计的基准模型。

四、中国经济波动的总供给与总需求冲击作用分析

首先，利用基准模型简约式 VAR 的估计结果，[②] 我们可以复原出式（4）和式（6）中结构式总供给冲击（u_t^s）和总需求冲击（u_t^d）的程度，[③] 以此说明 1996～2005 年内外部环境的变化所导致的经济总供给和总需求冲击的程度及变化趋势；其次，利用脉冲响应函数刻画总供需冲击作用于经济系统的动态路径；最后，我们把中国产出和价格的波动分解为用总供给因素解释的部分和用总需求因素解释的部分，并结合预测误差方差分解的结果，讨论影响中国经济增长和价格波动的供需力量对比。

（一）测定中国经济波动的总供给与总需求冲击程度

图 1 给出了结构式冲击四期移动平均序列的变化，[④] 以此判断内外部经济

---

① 为了保证 SVAR 模型参数估计的稳健性（robust），我们不仅在备选模型中尝试加入虚拟变量，如 1997～1998 年亚洲金融危机，2001 年底中国加入世界贸易组织，以考虑这些因素对模型参数的影响；同时考虑到人民币汇率形成机制调整的影响，也把汇率作为外生变量加入 SVAR 的估计中。限于篇幅，这些估计结果不再给出。

② 在此，利用信息量标准确定简约式 VAR 模型的滞后期。在五个信息量标准中，除 SC 标准建议使用 1 期滞后外，LR、FPE、AIC 以及 HQ 标准都建议使用 2 期滞后。

③ 为了避免科弗等（Cover et al.，2006）中所指出的结构性冲击之间可能存在的序列相关问题，我们利用 Ljung 和 Box 的 Q 统计量检验了序列相关性。结果表明，在 5% 的显著水平下，我们复原出的两列结构式冲击之间不存在序列相关性。尽管如此，从中国经济的实际来看，难以否认总供给冲击与总需求冲击之间的必然联系，如加入世界贸易组织这样的事件，就可能同时产生供需两方面的影响。这个问题需要在本文研究的基础上依据科弗等（2006）的方法进一步展开。

④ 张和万（2005）、格拉克和奔（Gerlach & Peng，2006）都指出，直接使用复原出的结构式冲击序列存在一定的不适当性，应进行四期移动平均后再分析结构式冲击的变化。

环境的变化如何作用于中国的总供需，继而影响中国经济增长与通货膨胀率的波动。如图1所示，1997~2000年，负的总供给冲击出现在亚洲金融危机爆发之后；自2002年初开始，总供给冲击开始转为正，这正是中国加入WTO之时。可以说，加入世界贸易组织是中国经济重新开始快速增长的重要转折点。此外，在税收政策方面，自2000年开始实行的一系列减免税收政策，直接减轻了企业税负，增强了企业发展活力；同时增值税上试行生产型增值税向消费型增值税转型，以及对软件、集成电路等高新技术产业实行税收优惠等，都直接对资本密集度高的企业产生了激励，促进了我国产业结构和产品结构的调整。因此，正的总供给冲击的出现可以认为是近年来微观层面上厂商效率提高的体现。加入WTO使中国产品走向国际市场的通道逐渐畅通，经济有效供给能力的改善通过出口的增长实现了经济的高增长。

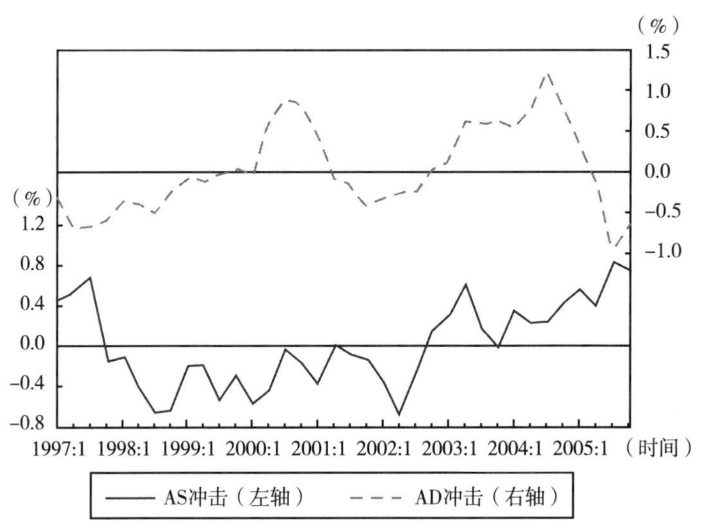

图1　结构式总供给与总需求冲击

与此同时，随着扩张性货币政策以及1998年积极财政政策的实施，一定程度上也给经济注入了正的需求冲击，但如图2所示，其效果既不稳定也不持久。2003~2004年，总需求冲击出现程度较大的正的冲击，这显然是这一时期地方政府的投资冲动引发的总需求扩张。2004年底，中央对地方投资行为进行严格行政管理并实施适度从紧的货币政策，使总需求冲击再度由正转负。

把供需两方面的冲击变化联系起来，可以发现：近年我国宏观经济“高增长、低通胀”的出现与由加入世界贸易组织和减税等因素导致的正的总供给冲击密切相关。

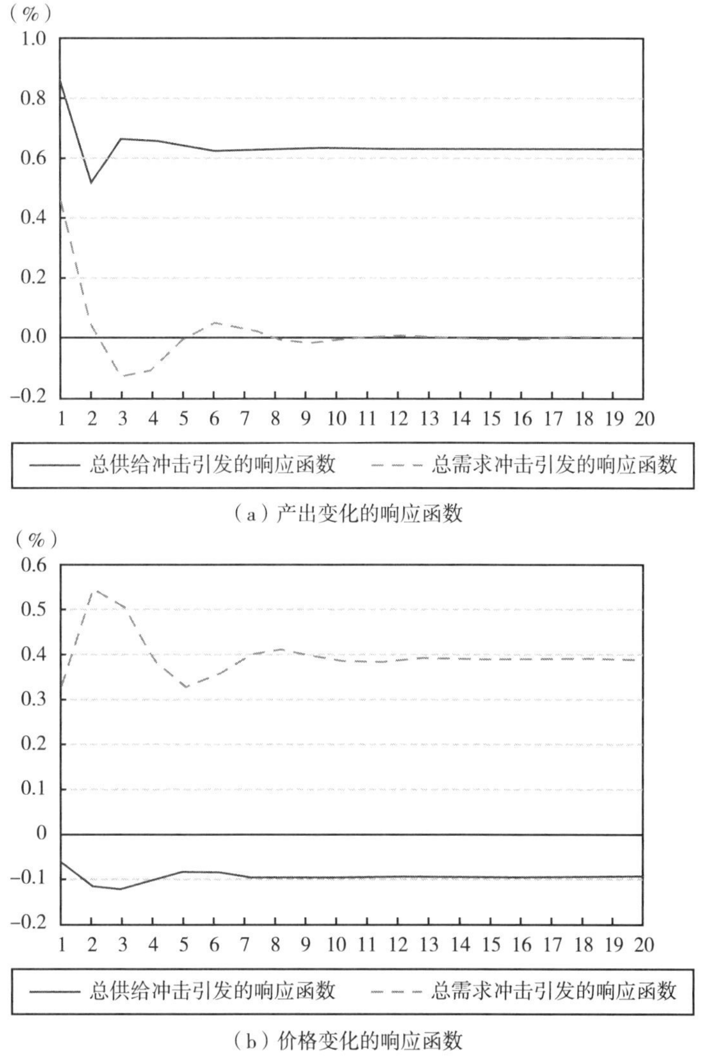

（a）产出变化的响应函数

（b）价格变化的响应函数

图 2　结构式脉冲响应函数（累计，季度）

（二）总供需冲击的宏观传导机制分析

在确定了经济面临的总供需冲击的程度之后，我们利用脉冲响应函数来刻画这些冲击如何作用于经济增长和价格波动。图 2 给出了由结构式冲击触发的增长率和通胀率变化的动态路径。图中的实线表示 1 单位（或一个标准偏差）的正的总供给冲击通过经济体系的传导在不同的时期所导致的产出和价格水平变动的情况；虚线则表示 1 单位的正的总需求冲击所诱发的产出和价格水平变动的情况。如图 2 所示，正的总供给冲击可稳定拉升增长率，并使价格水平下降。在经过八个季度后，正的总供给冲击能使增长率提高约 0.66 个百分点，价格下降约0.1个百分点。这说明供给能力的改善与扩张对维持经济的长期增长具有重要的作用。

总需求冲击对产出的影响随着时间的推移逐渐趋于消失，但是可以导致约0.4%的价格水平的上升。不过，总需求冲击的短期效应并不稳定：1单位的正的总需求冲击发生后的第二个季度能够快速提高产出和价格，在接下来的3~4个季度里却有一个反向变动（即下降）的过程，可称为需求扩张的过度调整(over-adjustment)。这种过度调整可能与开放条件下我国需求管理政策作用于宏观经济的特殊机理密切相关。在成熟市场经济国家，扩张性政策（如货币政策）通过降低利率可以有效扩大消费需求和投资需求，[①] 拉动经济增长率的提高，因此其政策效应具有较高的稳定性。但是在中国，现阶段需求管理政策的效应（不论市场手段还是行政手段）更多是通过对投资需求而不是国内消费需求的有效影响来实现的。[②] 在转型期，一些尚未得到根本改变的体制性因素依然是推动投资扩张的重要原因，诸如地方政府出于发展地方经济的需要以及政绩考核而引发的投资冲动；同时，由于要素市场的市场化改革尚未到位，要素价格（土地、资金以及劳动力等）严重偏离其均衡水平等，这些因素都可能使需求政策在调控投资需求时存在较大的不确定性。更重要的是，在开放条件下，一国政府刺激出来的总需求未必都能形成对本国产品的需求。在我国目前的经济发展及技术水平上，以投资需求为主的需求扩张，将比消费需求更多地转化为对国外的需求。这些因素都会进一步加剧需求管理政策效应的不确定程度。

（三）驱动产出和价格水平波动的总供需力量对比分析

我们将进一步揭示驱动我国产出和价格水平波动的总供需力量对比。可以使用两种方法：一是利用预测误差方差分解的结果；[③] 二是直接把产出和价格的波动分解为用总供给因素解释的部分和用总需求因素解释的部分，然后进

---

① 投资需求相当程度上是派生需求，在一定程度上是因消费需求的扩大而扩大的。

② 在我国需求结构中，国内消费支出比例自2000年以来不断下降，而投资比例不断上升。2000~2004年，总需求中最终消费占GDP的比例平均为57.5%，固定资本形成占GDP的比例为40.04%。按照2005年底国家统计局公布的新口径的数据，2004年最终消费占GDP的份额被调整为54.3%，2005年这一比例继续下降至历史新低，仅为52.14%；2004年固定资本形成占GDP的比例为43.2%，2005年继续上升至43.36%。

③ 预测误差方差分解是指，在我们利用所估计的模型预测产出和价格水平的变动时，预测误差中有多少是来自总供给冲击的波动，有多少是来自总需求冲击的影响。

行对比。①

先看预测误差方差分解的结果。如表 2 所示，在 10 个季度后，驱动产出波动的因素中，属于总供给冲击的因素大约可以解释产出波动的67%，剩余的约33%可以用属于总需求冲击的因素来解释；而约95.9%的价格水平的波动都是由总需求冲击引发，总供给冲击只解释了价格波动的约 4.1%。由此可见，驱动中国经济增长的力量主要是经济总供给方面的因素，总需求的改变主要是影响了价格水平的波动。

表 2　　预测误差方差分解

时期（季度）	实际 GDP			时期（季度）	通货膨胀率		
	标准差	总供给冲击（%）	总需求冲击（%）		标准差	总供给冲击（%）	总需求冲击（%）
1	0.9785	77.7142	22.2858	1	0.3404	3.9295	96.0705
2	1.1190	68.8622	31.1378	2	0.4039	4.1114	95.8886
3	1.1415	67.8670	32.1330	3	0.4059	4.1480	95.8521
4	1.1416	67.8500	32.1500	4	0.4244	4.0636	95.9364
5	1.1466	67.2904	32.7096	5	0.4285	4.1438	95.8562
6	1.1480	67.1430	32.8570	6	0.4292	4.1305	95.8695
7	1.1481	67.1269	32.8731	7	0.4313	4.1259	95.8742
8	1.1487	67.0601	32.9399	8	0.4315	4.1342	95.8658
9	1.1488	67.0511	32.9489	9	0.4317	4.1316	95.8684
10	1.1489	67.0468	32.9532	10	0.4319	4.1319	95.8681

接下来，我们按照式（8）把产出和价格的波动分解为两个部分：一是可以用总供给因素解释的部分（AS component）；二是用总需求因素解释的部分（AD component）。图 3 描绘了我们估计获得的增长率波动的两个构成成分，其中，实线代表产出波动中能用总供给冲击解释的部分，虚线代表产出波动中用总需求冲击解释的部分。我们可以发现：1998 ~ 1999 年经济增长率的下滑是供给萎缩和需求不振共同作用的结果；2000 ~ 2001 年由扩张性政策支撑的总需求扩张一定程度上保证了增长率的回升；2003 ~ 2004 年在供给扩张和需求反弹的作用下增长率快速回升；当 2004 年下半年政府为治理经济“过热”出台的一系列行政管制和市场调控措施开始生效后，总需求开始衰减，但得益于总供给的继续扩张，2005 年经济增长仍然维持了 10.1% 的水平。

① 即把式（8）中的 ε_t 按照 $\varepsilon_t = B^{-1}u_t$ 分解为分别由供需因素解释的两个部分。

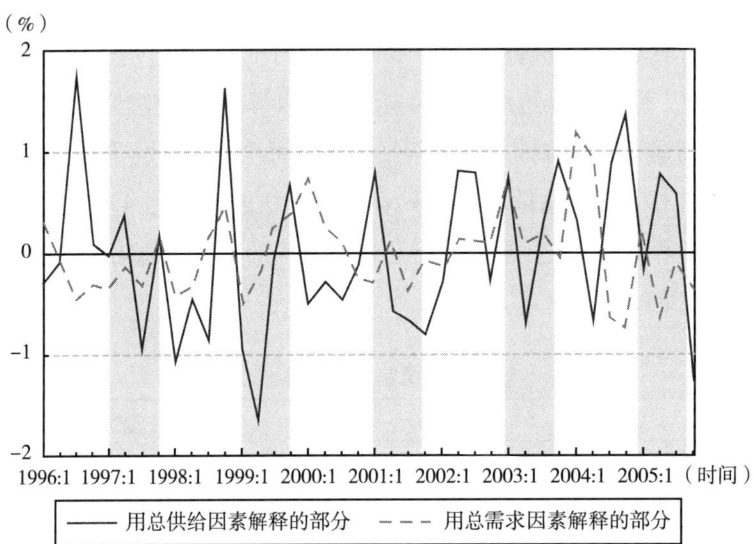

图3　实际GDP增长率波动的构成分解

再看价格水平波动的情况（见图4）。可以发现，1998～1999年以及2000～2001年价格水平的低位运行是需求紧缩的结果；[①] 2003年至2004年上半年价格水平的快速回升，完全是总需求扩张的通货膨胀效应的体现；供给扩

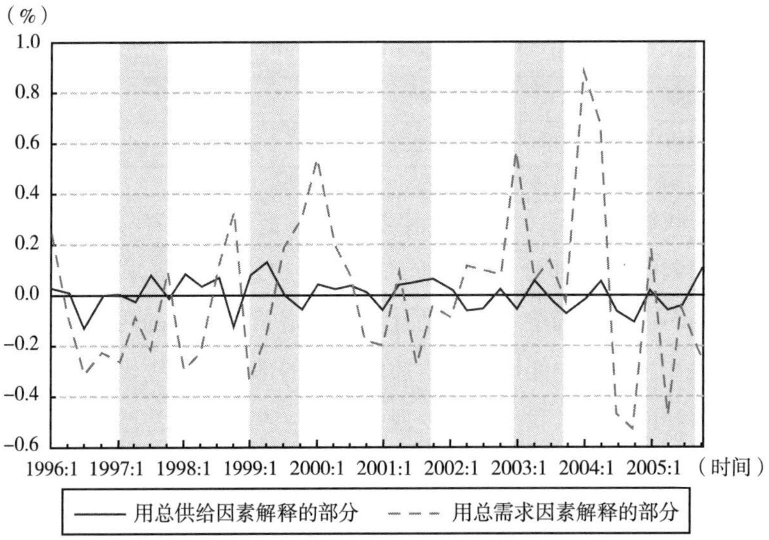

图4　通货膨胀率波动的构成分解

① 进入2002年，虽然需求扩张的通货膨胀效应已开始显现，但是，通货膨胀率下降为0.6%，以CPI计算的通货膨胀率为−0.5%。比较各个时间点上政策实施对总需求的影响以及实际价格水平的变化，总需求的波动与实际价格水平的变化之间可能存在2～3个季度的时间滞后。

张对价格水平的通货紧缩效应从2002年中后期开始显现。[①] 进入2005年，总供给扩张和需求不振的通货紧缩效应共同导致了2005年价格水平的回落。

五、主要结论与政策思考

本文以总供给和总需求模型为理论分析框架，通过估计一个包含产出和价格水平的结构式向量自回归模型，从实证角度揭示了1996~2005年在内部经济结构调整、外部经济环境变化的背景下，产出和价格水平波动的动态机制。我们首次测定了该期间我国经济所面临的总供给和总需求冲击的程度及变化趋势；并计算了这些总供需冲击对产出和价格波动的影响程度。我们的研究目的在于揭示近年来出现的"高增长、低通胀"的原因：它究竟是来自向市场经济转轨过程中的结构性调整导致的总供给能力改善，还是需求管理政策作用于总需求的结果？对这一问题的回答，不仅有助于我们正确理解当前推动中国经济增长的主要动力，判断目前价格水平下降的性质"好""坏",[②] 而且有助于我们进一步深入认识经济全球化背景下的宏观经济学理论可能的发展前景以及全球化对民族国家宏观经济调控政策选择的深远影响。

（一）我们的主要结论

（1）近年来我国经济的"高增长、低通胀"基本上是在供给强有力的推动下实现的。这一观点与张和万（2005）的研究结论不同，他们认为总需求变动是中国产出和价格水平波动的主要原因。结论不同的原因在于，张和万（2005）仅仅考察了2001年之前的情形，而我们侧重分析了2001年中国加入WTO之后的情况。在这一时期，高储蓄带动的快速资本深化，经济结构调整引发的微观层面市场资源配置效率的提高，以及近年针对生产者的一系列减税政策对企业特别是高新技术企业以及资本密集型企业的激励等，使中国经济的供给能力扩张，竞争力提升。与此同时，加入WTO使中国产品走向国际市场的通道逐渐通畅，经济有效供给能力的改善通过增加出口得到较充分的利用，从

① 虽然脉冲响应函数表明供给扩张具有紧缩效应，但方差分解的结果表明总供给冲击仅能解释价格波动的4.1%，因此，把近年的低通胀主要归结于劳动生产率的提高、技术进步的因素还为时尚早。

② 由于生产率提高、自由竞争等因素导致总供给扩张而引发的价格下降，被认为是一种"好"的通货紧缩；而由于需求不足导致的价格下降被认为是一种"坏"的通货紧缩。

而实现了经济的高增长。

（2）2002 年之前，我国价格水平的下降主要还是通货紧缩导致的需求萎缩的结果，真正意义上的供给扩张导致的通货紧缩效应在 2002 年之后才出现。这一结果否定了樊纲（2003）所提出的 2001 ~ 2002 年价格下降是有效降价的观点；一定程度上支持了小岛等（2005）的研究结论：近期中国价格水平下降的主要原因是技术进步和劳动生产率的快速提高。

（3）1996 ~ 2005 年的总需求扩张虽然也在一定程度上影响了中国的产出和价格，但其政策效应不稳定。这说明，对处在全球化中实行开放政策的转轨中的中国经济而言，实行需求管理政策的机理与政策传导渠道似乎不同于凯恩斯经济学所揭示的那样。由于政策作用机理尚不明晰，政策传导渠道也存在问题，总需求管理政策在现阶段中国宏观经济调控中的作用相当有限，政府利用需求管理政策调控经济的难度也很大。

（二）由上述结论引出的政策思考

（1）经济全球化使实行开放政策的经济体的宏观经济调控环境发生了重大变化。随着经济全球化的发展，宏观需求管理政策在全球化条件下不仅其政策实施的空间在逐步缩小，而且政策效应的不确定性也在不断扩大，它导致需求管理政策的局限性不断提高。从理论上分析，浮动汇率制和逐步走向放松的资本流动管制，将使传统意义上适用于封闭经济的凯恩斯主义的扩张性财政和货币政策实施的空间大幅度地缩小。同时，随着中国经济与主要经济体国家经济联动性的增强，我国经济越来越多地受这些国家经济波动以及宏观政策的影响，这些因素都会削弱我国宏观调控政策的确定性（龚敏和李文溥，2006）。

（2）由于正的总供给冲击能够提高经济增长率并降低通胀水平，而且效应稳定。这预示着一个重要的宏观经济事实正在形成：实现我国经济稳定持续增长的关键因素正在从需求转向供给。这一宏观经济事实根源于不断发展的经济全球化正在使民族国家宏观经济关系发生根本性的变化：民族经济体的总供需关系正在从（国内）需求创造（国内）供给向（对世界的）供给创造（本国的）需求转化，因此，我国经济的持续增长必须依赖正的总供给冲击来保证。适应这一变化，民族国家宏观经济政策的重心应有所调整（李文溥，2000，1999）。我国的宏观经济政策应逐步弱化需求管理，重视供给调整（李文溥，2007；刘伟和苏剑，2007）。

20 世纪 80 年代以来，西方发达市场经济国家纷纷实行经济自由化（neo-liberal outlook）政策，其核心正是通过供给调整，提高微观经济效率来增强本国经济的国际竞争力。其主要政策有贸易自由化、金融自由化、劳动力市场改革、税制改革和非金融部门私有化与管制改革，调整、完善竞争法，重视竞争政策的实施等。

目前正在进行的经济全球化，实质上是市场经济的全球化过程，全球范围展开的市场竞争使人们高度关注企业层面上的微观效率问题（micro-efficiency），却在一定程度上忽略了经济体层面上由于失业率上升以及收入（尤其是劳动要素收入）增长缓慢而导致的宏观无效率问题（macro-inefficiencies）。就企业而言，通过压低工资降低成本的确是提高其市场份额的重要途径之一；但是，就宏观经济而言，国民的可支配收入水平却是决定其国内市场规模的最重要因素之一。如果微观效率的提高不能在宏观层面上实现本国要素报酬从而国内居民收入水平的稳定增长，它将导致一个“合成的谬误”——本国经济持续增长的原始动力在微观“效率”提高的过程中逐渐萎缩。

自 1983 年以来，我国国民收入分配结构的一个重大变化是，国内消费占 GDP 的比重逐渐下降，从 1983 年的 67% 降至 2005 年的 52. 14%；工资占 GDP 的比重，也从 1998 年的 53% 降至 2005 年的 41. 4%。人均可支配收入的增长长期慢于人均 GDP 的增长，显然与我国在缺乏自主创新能力、民族品牌与国际销售渠道的情况下发展低技能劳动密集型出口产业，在国际贸易中过分倚重价格竞争，各地政府为引进外资、扩大出口而有意识地压低国内要素供给价格密切相关。这一战略的实施，尽管在经济起飞阶段不无积极意义，但是，它也逐渐恶化了国民收入的分配结构，直接抑制了国内消费需求的扩大。然而，1998 年以来实行的意在扩大内需的需求管理政策却没有真正实现其政策目标。[①] 因此，在论证了宏观经济政策必须转向供给管理为主之后，还需要提出的问题是：应当实行何种类型的供给管理？是继续实行传统的以压低国内要素供给价格为基础的价格竞争战略，还是建立在自主创新基础上的品质竞争战略？

显然是后者。我们认为，在当前，应当通过内外资企业所得税统一这样的税制调整为企业营造公平的市场竞争环境；通过出口退税政策的调整迫使企业调整产品结构；通过加大对资本密集度高的高新技术产业的税收优惠，提升产业结构；加大教育力度，提高人力资本存量，改善劳动生产率；通过扩大 R&D

① 我们认为，扩大内需的真正目标是扩大初始需求——国内居民消费需求，而不是派生需求——投资。

投入，下大气力建设国家创新体系，提升国家和企业的自主技术创新能力、培育自己的民族品牌，建立自己的国际销售渠道等措施，实现从传统的以国内要素低供给价格为基础的价格竞争战略向自主创新基础上的品质竞争战略转化。它不仅将提高我国的微观厂商效率、产业结构效率、市场产业组织效率，提高经济增长的质量，而且也将提高我国的要素价格，从而提高本国国民的收入水平，改变我国目前国民收入分配，从而改变我国需求结构“两高一低”的失衡状态，保证整个国民经济的长期可持续、有效率的增长，以及本国国民可支配收入的持续稳定增长。

参考文献

［1］樊纲：《通货紧缩、有效降价与经济波动》，载《经济研究》2003 年第 7 期。

［2］龚敏、李文溥：《东北亚经济一体化：中、日、韩贸易相互依存关系分析》，载《南京大学学报》2006 年第 2 期。

［3］经济增长前沿课题组：《经济增长、结构调整的积累效应与资本形成》，载《经济研究》2003 年第 8 期。

［4］经济增长前沿课题组：《开放中的经济增长与政策选择》，载《经济研究》2004 年第 4 期。

［5］经济增长与宏观稳定课题组：《干中学、低成本竞争和增长路径转变》，载《经济研究》2006 年第 4 期。

［6］李文溥：《经济全球化及其对宏观经济政策的影响》，载《厦门大学学报》2000 年第 3 期。

［7］李文溥：《论经济全球化下的我国宏观经济政策思路调整》，载《中国经济问题》1999 年第 4 期。

［8］李文溥：《中国宏观经济分析与预测—2006：供给调整还是需求拉动?》，经济科学出版社 2007 年版。

［9］梁琪、滕建州：《中国宏观经济和金融总量结构变化及因果关系研究》，载《经济研究》2006 年第 1 期。

［10］刘树成：《中国经济波动的新轨迹》，载《经济研究》2003 年第 3 期。

［11］刘伟、苏剑：《供给管理与我国现阶段的宏观调控》，载《经济研究》2007 年第 2 期。

［12］刘伟、许宪春、蔡志洲：《从长期发展战略看中国经济增长》，载《管理世界》2004 年第 7 期。

［13］余永定：《中国经济的稳定、平衡增长呼唤积极财政》，载《国际经济评论》2005 年第 7 ~ 8 期。

[14] Blanchard O. J., Quah D., The Dynamic Effects of Aggregate Demand and Supply Disturbances, *American Economic Review*, 1989, 79: 655-673.

[15] Cargill T. F., Parker E., Price Deflation, Money Demand, and Monetary Policy Discontinuity: a Comparative view of Japan, China, and the United States, *North American Journal of Economics and Finance*, 2004, 15: 125-147.

[16] Cover J. P., Walter E., Hueng C. J., Using the Aggregate Demand—Aggregate Supply Model to Identify Structural Demand-Side and Supply-Side Shocks: Results Using a Bivariate VAR, *Journal of Money, Credit and Banking*, 2006, 38 (3): 777-790.

[17] Feyzioglu T., Price Dynamics in China, in China's Growth and Integration into the World Economy: Prospects and Challenges, Eswar Prasad (ed.), IMF Occasional Paper, 2004: 232.

[18] Fischer S., Sahay R., The Transition Economies after Ten Years, WP00/30, International Monetary Fund, Washington, DC, 2000.

[19] Gerlach S., Peng W., Output Gaps and Inflation in Mainland China, Bank for International Settlements, Working Papers, 2006, 194.

[20] Gong M., Li W. P., Effectiveness of Monetary Policy during 1996—2004, in The Chinese Economy: Trade, Reforms, Corporate Governance and Regional Development, Wu, Y. R. and Yu, C. (ed.), conference proceeding, University of Western Australia, 2006.

[21] Hall A. D., Testing for a Unit Root in Time Series with Pretest Data based Model Selection, *Journal of Business and Economic Statistics*, 1994, 12: 461-470.

[22] Kojima R., Nakamura S., Ohyama S., Inflation Dynamics in China, *Bank of Japan Working Paper Series*, No. 05-E-9, July, 2005.

[23] Lardy N. R., China's Unfinished Economic Revolution, Washington, DC: Brookings Institution Press, 1998.

[24] Lin J. Y., The Current Deflation in China: Causes and Policy Options, *Asia Pacific Journal of Economics and Business*, 2000, 4 (2): 4-21.

[25] Li X. M., China's Economic Growth: What Do We Learn From Multiple-break Unit Root Tests? *Scottish Journal of Political Economy*, 2005, 52 (2): 261-281.

[26] Lumsdaine R. L., Papell D. H., Multiple Trend Breaks and the Unit Root Hypothesis, *Review of Economics and Statistics*, 1997, 79 (2): 212-218.

[27] Mankiw G., Macroeconomics, 5th edition, Worth Publishers, 2000.

[28] Mio H., Identifying Aggregate Demand and Aggregate Supply Components of Inflation Rate: A Structural Vector Autoregression Analysis for Japan, *Monetary and Economics Studies*, January, 2002: 33-56.

[29] Narayana P. K., Smyth R., The Dynamic Relationship Between Real Exchange Rates, Real Interest Rates and Foreign Exchange Reserves: Empirical Evidence from China, *Applied Financial Economics*, 2006, 16: 639-651.

[30] Perron P., Further Evidence on Breaking Trend Functions in Macroeconomic Variables, *Journal of Econometrics*, 1997, 80: 355-385.

[31] Perron P., The Great Crash, the Oil Price Shock and the Unit Root Hypothesis, *Econometrica*, 1989, 57: 1361-1401.

[32] Quah D., Vahey S. P., Measuring Core Inflation, *Economic Journal*, 1995, 105: 1130-1144.

[33] Sachs J. D., Woo W. T., Understanding China's Economic Performance, *Journal of Policy Reform*, 2000, 4: 1-50.

[34] Smyth R., Inder B., Is Chinese Provincial Real GDP Per Capita Nonstationary? Evidence from Multiple Trend Break Unit Root Tests, *China Economic Review*, 2004, 15: 1-24.

[35] Woo W. T., The Travails of Current Macroeconomic and Exchanger Rate Management in China: The Complications of Switching to a New Growth Engine, 2003, http://ideas.repec.org/p/wpa/wuwpdc/0310001.html.

[36] Zhang Y., Wan G. H., China's Business Cycles, Perspectives from an AD-AS Model, *Asian Economic Journal*, 2005, 19: 445-469.

[37] Zivot E., Andrews D., Further Evidence of the Great Crash, the Oi-l price Shock and the Unit-root Hypothesis, *Journal of Business and Economic Statistics*, 1992, 10: 251-270.

中国经济有没有周期性波动？*

［问］　在一些经济报道中，经常看见“过热”或“过冷”等词汇，政府也据此调控经济，制定宏观经济政策。这种经济的“冷热交替”是否可以看作我国经济的周期性波动？然而，经济周期是西方市场经济的一个主要特征。我国作为社会主义市场国家，是否也存在经济周期呢？

（提问者：上海延安西路 1740 弄　刘小熙）

［答］　1997 年东南亚金融风波之后，我国经济因需求不足，进入了长达 5 年的增长回落期，尽管自 1998 年起，中央政府实行了较大力度的扩大内需政策，但是，直到 2002 年，我国经济才进入了新一轮的上升周期。随着增长率的一路回升，近年的一系列宏观经济指标显示，我国经济再次出现了过热迹象，中央政府正采取措施抑制经济的过快增长。

现实也引起了人们的思考：中国经济是否存在着经济周期？如何认识社会主义市场经济条件下的周期性波动？面对经济周期，政府宏观调控能做什么？

经济周期是指国民经济运行中出现的扩张与收缩的交替运动过程。早期主要体现为 GDP 总量的扩张与收缩的交替过程。第二次世界大战后，大多数国家的经济周期波动不再表现为 GDP 的绝对上升与下降，而是增长率的上升与下降，也即从古典经济周期转化为现代经济周期。尽管关于经济周期的原因，学术界至今仍众说纷纭，但是，自世界上第一次经济危机 1825 年在英国爆发之后，资本主义经济存在着周期性波动的事实，已经不断得到验证。经济学家经过多年研究，发现了不同时间长度的经济周期，如长度为 7 ~ 11 年的朱格拉（Juglar）周期，长度为 40 个月左右的基钦（Kintchen）周期，长度为 15 ~ 25

---

* 本文原载于《解放日报》2006 年 11 月 20 日第 13 版，本文系应《解放日报》社的邀请，对读者问题的答复。

年的库兹涅茨（Kuznets）周期，以及长达45～60年的康德拉捷夫（Codrutieff）周期等。

经济学家对资本主义市场经济出现的周期性波动的原因，也进行了大量研究。马克思指出：在商品经济中，卖与买的脱节“包含着危机的可能性，……但是这种可能性要发展为现实，必须有整整一系列的关系”[①]。马克思认为，固定资本更新是影响经济周期的重要因素，因此，周期的平均时限大体为十年，“但决不应该把这个数字看作是固定不变的”[②]。此后，经济学家熊彼特提出了以技术创新为核心的自维持内生周期理论，试图同时解释经济的长期波动和中短期波动。熊彼特注意到技术创新对经济运行的冲击，却忽视了消费结构升级、需求约束和资源约束等因素对周期的影响。凯恩斯经济学兴起之后，宏观经济学出现了将经济增长与周期性波动分离研究的趋势。近20多年来，现代经济周期理论则试图同时解释长期经济增长趋势与短期周期性波动。其中，实际经济周期学派把经济波动的冲击因素归结为供给面的技术冲击，认为技术冲击的动态影响是大多数宏观波动的原因，而内生增长理论却强调技术进步影响的内生性。与此同时，凯恩斯主义和新凯恩斯主义继续强调总需求冲击，货币主义和理性预期学派则分别强调货币冲击（名义冲击）的短期效应，或未预见到的货币冲击的不同。

可以说，资本主义市场经济存在着周期性波动的事实已经得到公认。但是其出现的原因，却仍然是一个有待继续探讨的问题。

社会主义经济是否也存在着经济周期？传统的认识是否定的，在传统认识中，社会主义经济是作为资本主义经济的对立面，在资本主义生产方式耗尽了它的全部潜能之后，取而代之的更为高级的生产方式。在消灭了商品经济的计划经济中，没有商品，自然没有包含着危机可能性的卖和买的脱节，人类对社会发展规律的娴熟掌握和自觉应用，决定了社会主义经济将摆脱经济的周期性危机。

但是，在历史现实中，社会主义经济并不是作为这样的历史产物出现的。迄今为止所存在的或存在过的社会主义经济，不论是否实行计划经济，都无法消灭商品生产。我国自党的十一届三中全会以后，实行了市场取向的经济体制改革，最后将社会主义市场经济作为体制改革的目标。

有商品生产的社会主义经济是否存在着经济周期，是一个经验问题。数据

---

① 《马克思恩格斯选集》（第二卷），人民出版社1995年版，第154页。

② 《资本论》（第一卷），人民出版社1975年版，第695页。

证实，从1953年至今，我国的经济增长率波动共经历了10个周期。其中，在1953～1976年，即计划经济时期，经历了5个周期。改革开放以后，又经历了5个周期。统计分析证明，改革开放以前，我国经济的周期性波动幅度比改革开放以后更大。反映周期性波动幅度的标准差，改革开放前是10.5个百分点，可谓大起大落。改革开放后，我国的经济周期性波动虽然仍然存在，但是波幅标准差下降到了2.9个百分点。也即总体上趋于平缓。可见，无论是计划经济还是市场经济时期，我国都存在着经济的周期性波动。

计划经济中经济周期性波动的原因，有马克思所指出的固定资产更新以及自然和外部冲击、技术创新等因素。此外，东欧以及我国经济学家，也从政治经济体制等方面研究过传统社会主义经济产生周期性波动的内在原因。他们发现，党代会、五年计划等也会影响经济的周期波动。但迄今为止，计划经济发生经济周期波动的原因，仍有待于进一步深入研究。

深入分析，可以发现，在社会主义市场中，经济增长的周期性波动仍然不可避免。当然，任何一种不同的社会经济形态，都有其特殊的经济运行特征，因此，社会主义市场经济的周期性波动，必然有其特殊的原因及其相应的表现形式。例如，在经济全球化条件下，实行对外开放的经济体，其经济运行必然受到世界经济周期性波动的强烈影响。笔者去年研究发现，我国近年来与美国、日本以及欧盟等主要贸易对象之间的周期波动相关性，不仅时滞缩短了，而且相关性上升了。这说明，主要发达国家的经济周期性波动，对我国经济的影响在增强。此外，政府主导型经济体制，也对我国的经济周期产生了深刻的影响。

社会主义市场经济仍然存在着经济增长的周期波动事实，说明了宏观调控的必要性。我国宏观经济调控的一个重要政策目标，就是尽可能地“熨平”经济的周期性波动，实现持续稳定的增长。在目前情况下，由市场所决定的经济周期性波动的力量，仍然大大强于政府的调节能力，因此，宏观经济调控政策即使运用得当，也只能在一定程度上减缓而不可能消除经济运行的周期性波动。

从有效增长潜力看增长率确定*

一

市场经济条件下，增长速度既是预测数，又是政策目标。因此，增长速度的确定，可以有两种思路。

（一）按趋势法预测

即根据近年的经济增长趋势，对未来经济前景进行外推预测，这种方法，在近年的经济发展中较正常，而且未来经济发展趋势变化不大的情况下，可能较准确。但是，如果处于经济衰退期，往往可能低估未来增长率。反之，处于经济高潮期，则可能高估未来增长率。

从目前国内外宏观经济走势看，福建“十五”期间增长趋势并不乐观。最近发表的《亚洲发展展望－1999》（Asian Development Outlook 1999）中的有关预测数字值得注意（见表1）。

表1　　发展中的亚洲：国内生产总值（GDP）增长预测　　单位：%

指标与地区	1996年	1997年	1998年	1999年	2000年
发展中亚洲	7.4	6.2	2.6	4.4	5.1
新兴工业化经济体	6.3	6.0	－1.4	2.3	4.3

* 本文系作者1999年秋应有关部门邀请撰写提交并在福建省第27次社会科学季谈会上的一份政策研究报告。厦门大学计统系王美今教授及经济研究所硕士生王殿志同学协助进行了数据计算、计量分析，在此表示感谢。

续表

指标与地区	1996 年	1997 年	1998 年	1999 年	2000 年
中国与蒙古国	9.6	8.7	7.8	7.0	6.5
各中亚共和国	1.1	3.5	0.4	—	—
东南亚国家	7.1	4.0	-6.9	0.8	2.8
南亚国家	7.2	4.7	5.7	5.5	5.8
太平洋国家	3.1	-3.4	0.1	—	—

（1）东南亚及亚洲新兴工业国家和地区以致整个亚洲经济自 1999 年开始复苏，但是，IMF 预计至 2000 年中国经济仍在下滑。说明外部影响是次要的，需求不足也只是表象。按现有发展趋势，即使我国经济能在“十五”初期止滑回升，也不可能出现 20 世纪 90 年代初期那种快速回升的势头，因此，如无大变化，中国“十五”期间的增长率可能低于“九五”时期。有关估计是 8% 或者更低。

（2）未来世界主要发达国家的经济增长乏力。日本仍然困扰于亚洲金融风波，欧洲面临着经济增长率下降和失业率上升，美国的预期增长率也在下降。

但是，即使按此估计，9% 的预期增长速度也似乎偏低。因为，1978 ~ 1998 年全国 GDP 平均增长率为 9.62%，福建是 13.8%，高 4.18 个百分点。近 5 年（1993 ~ 1998 年），全国年均增长率是 9.52%，福建为 15.67%，高 6.15 个百分点。假定“十五”时期全国平均增长率为 7%，按现有福建与全国速度差距看，9% 意味着福建经济发展增速趋缓。

（二）按有效经济增长潜力估计

估计经济增长率，还可以用增长潜力估计法。一定时期经济增长率由增长潜力与社会需求决定。增长潜力决定了最大可能增长。当社会需求超过了增长潜力，必然出现经济过热，高通货膨胀。但真实经济增长率并不因此提高。当社会需求小于潜在有效增长率，那么，下期增长将可能回落，如果现有经济增长低于潜在有效增长率，采取适当措施，调整资源配置，则可能使实际经济增长趋近于潜在有效增长率。

按有效经济增长潜力估计经济增长率，可能更适应发展中国家及转轨经济的需要，因为，这些国家存在巨大的资源配置改善空间，尤其是当该经济体处于人均国民收入 400 ~ 2000 美元时，有效增长潜力变动较大。趋势法可能低估经济中蕴藏的增长潜力。这一点从改革开放以来中国经济增长潜力变化中可以看出。改革开放前，中国的增长潜力大体上是 4% ~ 5%，根据世界银行的计算，1979～1995年，中国的经济增长潜力提高到9.1%。

我们对福建有效增长潜力进行了测算。通过对1978～1998年福建经济真实增长率与通货膨胀率之间关系的计量经济学模型的计算，发现改革开放以来，福建的有效经济增长区间在12%左右。此时，通货膨胀率可以控制在7%左右。我认为，这样的政策目标组合是可以接受的。

计量分析结果与实际经济运行情况相吻合。1978～1998年，福建平均增长率是13.8%，高于潜在有效增长率，但是，出现过较严重的通货膨胀。因此，潜在有效增长率比实际增长率要低。另外，1998年福建经济增长率回落到11.3%，1999年上半年是10.2%，同期，物价（－3.8%）、失业率、投资增长趋势（增幅回落29个百分点）及进出口（－2.5%）的变动说明，10%增长率低于潜在有效增长率。

二

9%的经济增长率可能会使福建经济进入螺旋下行轨道。福建地处改革开放前沿，经济市场化、全球化程度大大高于全国。[①] 1985年以来，福建经济周期波动中真实经济增长、物价波动幅度、投资等宏观变量的关系，比全国更接近市场经济形态。进入20世纪90年代后，国有投资比重从60%骤降至40%，外资比重上升到30%以上，城乡集体投资则基本稳定在10%左右。统计资料显示，在福建，FDI随着经济周期波动而大起大落。1978～1998年，有6年外商直接投资出现负增长，对应年份经济真实增长率均值是10.56%；反之，外商直接投资年增长100%以上的有9年，这9年经济增长率均值是15.8%。增长率高于14%的年份，外商直接投资增长率的平均值是99.86%；而增长率低于10%的年份，一半以上是外商直接投资负增长。可见，外商直接投资与福建经济增长率之间存在密切联系。在外商直接投资比重不大时，它对经济增长影响较小，但是，外商投资比重上升到一定程度，必然大大强化GDP、物价、投资之间原来存在的螺旋上升或螺旋下降趋势。上述数据说明，在福建，近20年来，经济增长存在这样的规律性现象：当增长率落到10%以下，经济将进入螺旋下滑区间。由此看来，把9%增长率作为经济政策目标，相当危险。必须适当提高“十五”

① 1998年福建出口/GDP为29.52%，全国是20.16%。福建高于全国9.36个百分点。1984～1998年，福建吸收FDI的平均增速高达52.28%，全国是30.28%，1998年福建FDI占资本形成比率是31.64%，全国是13.25%，福建是全国水平的约2.4倍。

期间福建经济增长目标。

三

创造实现潜在有效经济增长率的制度空间。外有大环境不利，内有经济增长疲软，能否打破下滑趋势，恢复上行增长？我认为可能。20 世纪 90 年代初，世界经济萧条，国内经济低迷，但是，向社会主义市场经济转轨的决策创造了新的制度空间，使中国经济走出低谷。目前的关键是能否提供一个新的制度空间。

（1）政策重点是供给调整。尽管社会需求是制约“十五”期间中国从而福建经济增长的重要因素，但是，随着经济全球化的不断发展，民族国家进行需求管理的政策效应不断衰减，这一点已经为近年来我国宏观调控的实践所证明。至于地方政府，需求管理更是超出能力。福建经济的国际化程度大大高于全国平均水平。今后主要发展方向仍然是积极参与国际一体化生产。地方政府无法调控国际市场需求，只能靠提高国际竞争力去夺取。有效供给能力提高了，居民收入上升，需求也就拉动了。因此，“十五”期间促进福建经济增长的政策措施应着眼于提高有效供给能力。

（2）打破目前螺旋下滑趋势的主要方式是通过资源配置调整，提高有效增长潜力。目前的经济萧条表面上看是有效需求不足。但是，在经济全球化条件下，需求不足实际上来源于有效供给能力不足。根源是经济中存在着大量无效生产能力。它有两种。一种是技术性无效生产能力。这是必须报废的生产能力。另一种是经济性无效生产能力，这是一种因资源配置不当而无法发挥作用的生产能力。通过资源再配置，它就能够成为有效生产能力。例如，被柯达收购前的厦门福达，就是经济性无效生产能力。在人均国民收入 400 ~ 2000 美元的发展中国家，大量存在着这种无效生产力。因此，进行资源再配置，将大大提高有效增长潜力。根据世界银行的估计，中国近 20 年来，有效增长潜力的提高 46% 来自制度改革引致的资源再配置。在体制改革停滞期，资源再配置低迷，经济增长潜力就下降到 5% 左右。也就是说，目前在中国，资源再配置的经济增长潜力大大超过真正意义上的科技进步。现在流行用新古典经济增长方程式计算科技进步对经济增长的贡献率。例如，《福建省关于制定国民经济第十个五年规划的思路》第 2 页所提，福建经济增长有 46% 来自科技进步，实际上其中属于真正意义上的科技进步的成分极为有限。用结构主义经济增长方程式重新计算，就可以发现它们基本上是资源再配置的结果。

（3）实现资源再配置必须创造新的制度空间。目前，福建经济运行已经进入螺旋下行轨道。因此，必须有较大的外部冲击打破这个螺旋下行趋势，但是，国有投资无法承担这一重任。因为，进入 20 世纪 90 年代，福建国有投资比重急剧下降，1998 年已经下降到 40% 左右，未来走势将继续下降。

希望在于外商直接投资及其他非国有投资，尤其是外资。进入 20 世纪 90 年代，外商投资占社会总投资的比重上升到 30% 以上，集体（实际上以私营企业为主）投资占 10% 以上。在营利性生产投资中，外资与集体投资占主导地位。从投资效率看，外资和集体投资回报率大大高于国有投资。计量分析证明，福建国有与非国有投资对经济增长的拉动效应差别较大，国有投资增长 1% 对实际 GDP 的拉动效应仅为 0. 192749 个百分点。而非国有投资增长 1% 对实际 GDP 的拉动效应是 0. 338669 个百分点。二者的效率比是 1∶1. 74。也就是说，1 亿元国有投资的效率，只相当于 5747 万元的非国有投资。寄希望于外商及其他非国有投资，不仅在于投资本身，而且在于由它可能引发的资源再配置。例如，外商收购效益不好的国有企业，就使这些资源通过再配置进入有效供给能力之列。它使外资及非国有投资有可能成为增长的催化剂。因此，提高福建经济的有效增长潜力，希望在于外资与非国有投资。应当通过外资及非国有投资，对福建的资源配置进行调整。

但是，如前所述，外商投资增长率变动极大，年投资增长率的变动常常高达 100%，有的年份甚至高达 400%。趋势是经济繁荣，投资增长高于经济增长率，经济下滑，投资增长率下滑幅度往往大于经济下滑幅度。目前，由于经济不景气，外商和非国有投资都处于比较低迷的阶段，而外商与非国有投资的低迷，会导致下阶段经济螺旋式下滑，形成恶性循环。近年来实践证明，通过国有投资带动以及扩大消费需求，打破循环的可能已经不存在。而目前经济中的各种内生变量也没有打破这一循环的可能。因此，需要一个大的外部变量冲击，打破现有循环路线。这个外部变量就是如何通过制度改革给外商和非国有经济创造一个新的投资空间和强有力的投资利好预期。

需要指出，由于投资对经济增长作用的滞后性，现在的平均项目周期大约是两年，而外商投资合同签约与实际到资之间又存在时滞（计量分析结果是 2. 027 年或 2. 625 年）。因此，启动“十五”时期经济增长的政策措施实际上必须在明年初就出台。

推动“十五”时期经济增长进入上行轨道的政策调整建议*

我国经济自1993年9月开始的周期性下滑，在1999年下半年出现了探底趋势。这说明中央扩大内需政策的坚持不懈的努力取得了积极成果。东南亚地区经济在1999年开始回升，美国经济依然保持较强劲势头，一定程度上为中国经济在“十五”期间进入新的繁荣期创造了良好的外部条件。

如何抓住出现的有利势头，因势利导，推动我国经济在“十五”时期进入上行轨道，是当前宏观经济政策的关键。

我认为，在考虑我国“十五”时期经济增长目标及相关经济政策时，有几个问题值得注意。

一、“十五”时期的经济增长率不宜定得过低

中长期经济增长率的确定，应当考虑到当前的经济发展趋势，但是，更应根据经济的增长潜力。根据近年经济增长趋势，对未来经济增长外推预测，在经济发展较正常，而且未来趋势变化不大的情况下，可能较准确。但是，如果处于经济衰退期，可能会低估未来增长率；反之，处于经济高潮期，则可能高估未来增长率。因此，应当重视估算经济有效增长潜力。在此基础上，确定适当的宏观经济政策，使实际经济增长最大限度地趋近潜在有效增长区间。根据世界银行计算，1979~1995年，中国的经济增长潜力比改革开放前提高近1倍，达到9.1%。显然，目前7%~8%的经济增长率是低于我国现有潜在有效增长率的。关于这一点，从当前的生产能力利用率、失业率、民间投资率、物

* 本文是1999年10月经由厦门市政府有关部门提交国家计委的政策咨询报告。

价等各项指标都可以看出。

改革开放以来，中国的高经济增长主要是由沿海开放地区带动的，“十五”期间大致仍然如此。沿海地区增长，过去主要靠引进外资，今后主要靠外资和民营经济。对有关沿海省份20年来经济增长与外资、民营投资的相关关系分析可以看出：外商、民营经济投资对经济增长率十分敏感，经济增长迅速，外资蜂拥而至，民营投资活跃；经济增长率一旦回落到低于潜在有效增长率，外商及民营投资便急剧下滑。20世纪90年代之前，国有投资占60%~80%，外商、民营投资波动对整个经济增长的影响相对小。进入90年代，外资、民营资本投资占沿海地区投资的比重上升至40%以上。在增强沿海地区经济活力的同时，也带来了新问题：当国民经济的预期增长率低于一定水平时，外资、民营经济的敏感反应容易使经济进入螺旋下滑轨道。一旦如此，则相当被动。

目前主张“十五”时期经济增长率应当定得低一些的理论依据是中国已经进入次高增长阶段，不可能再达到前20年的增长水平。对此，我持怀疑态度。从国际经验看，中国现有人均国民收入水平，仍处于高增长而非次高增长阶段。中国台湾在人均国民收入10倍于我沿海地区现有水平时，仍维持7%左右的增长率。认为大陆现在就已经进入年增长7%~8%的次高增长区间，似乎理由不够充分。对沿海省份1986~1998年的经济增长潜力研究结果表明：这些地区20世纪90年代的经济增长潜力比80年代不是降低而是提高了。

因此，我认为，“十五”计划的经济增长率不宜定得过低。要警惕经济增长率定得过低而使经济进入螺旋下滑区间的危险。

二、“十五”时期的宏观经济政策走向应着重于提高有效供给能力

“十五”期间，宏观经济政策的重点应逐步从扩大有效需求转向提高有效供给能力，通过制度创新，激活资源再配置活动，增强国际竞争力，来创造新的增长空间。有以下两方面原因。

（1）经济全球化的国际大环境决定了凯恩斯的需求管理政策在民族国家范围内逐步失效，供给管理，提高本国经济国际竞争力已经成为宏观经济政策的重点。经济全球化的发展趋势对国内经济政策的影响正在逐步显现。经济全球化时代的一个显著特征是，一国的需求与供给不再局限于本国疆界之内，而是逐渐成为整个国际市场供需的一部分。如果说，相对封闭的民族国家经济体

系，存在着政府创造需求激活供给的可能，那么，全球化时代，面对汪洋大海一般的全球市场供需，个别国家刺激内需的财政货币政策就显得力不从心，尤其是财力有限的发展中国家。因此，全球化时代，一国经济的需求必须靠它在世界范围的有效需求创造，即不是有效需求创造有效供给，而是有效供给创造有效需求。有效供给能力是以最低的成本效用比向包括本国市场在内的世界市场提供产品的能力。即提供特殊功能产品及服务的能力；在相同成本水平下提供品质最优的产品及服务的能力；以最低成本提供相同品质产品及服务的能力。全球化时代，一个国家能够源源不断地向世界市场提供质优价廉的产品和服务，其国内需求就必然旺盛。近年来，纵观国际上增长势头较强劲的国家，如美国等，无一不是重视供给调整，在提高本国国际竞争力方面做得较好的，反之则反。东南亚地区各国纷纷进行旨在提高本国国际竞争力的供给政策调整，其目的也在于此。因此，我国在“十五”期间必须把国内经济政策的落脚点逐步从需求管理转向供给管理，把提升本国经济竞争力，增加有效供给能力放在宏观经济政策的首位。这是一国经济在日趋激烈的国际经济竞争中立于不败之地，同时也是它需求旺盛、长久繁荣的不二法门。

（2）国内目前存在的有效需求不足的深层根源是有效供给能力不足。改革开放以来，我国的社会生产力迅速发展，综合国力大大增强。基本得益于体制改革激活的资源再配置活动，解放了传统体制束缚的增长潜力。改革开放前，中国的年增长潜力在 4%～5%。而改革开放使中国的经济增长潜力提高近一倍。根据世界银行的估计，中国近 20 年来，有效增长潜力的提高 46% 来自制度改革引致的资源再配置。在体制改革停滞期，资源再配置活动低速，经济增长潜力就下降 5% 左右。因此，在我国近 20 年来的经济运行中，出现了这样的规律性现象：体制改革活跃期，经济增长速度就较高；反之，经济增长速度就回落。这恰好证明了发展中国家及转轨国家经济的一个特点：经济增长潜力变动范围较大，而且受制度创新的影响较大。体制创新之所以能够有效地扩张我国的有效经济增长空间，根源在于由于新旧体制转轨期间，体制不合理、不协调，使经济中存在着的大量生产能力因体制束缚而成为无效生产能力。现在国民经济中存在大量的闲置生产能力，除需求不足而闲置之外，还有相当部分是与需求不足无关的无效生产能力。它又可以分为两类：一类是技术性无效生产能力，这是必须淘汰报废的废旧生产能力；另一类是经济性无效生产能力，这是一种因制度障碍而资源配置不当、效率太低而无法发挥作用的生产能力。这种生产力的特点是，就生产能力的技术性能而言，可以生产出市场需要的产品，但是，由于体制因素，管理不善，机制不活，造成成本过高，致使无市场竞争力，通过制度创新，激活资源再配置，提高资源利用效率，它就能够成为有效生产能力。[①] 厦门的福达被柯达收购前就是这种无效生产力，而现在，经过柯达注资改造，即将成为厦门的一个新经济增长点。我国经济目前存在的有效需求不足，固然是多种原因的综合反映，但深层的、关键的原因是作为国民经济核心生产力的国有企业改革不到位，无法适应日趋激烈的国际经济竞争，大量亏损、停产或半停产，致使职工下岗失业，收入递减，需求萎缩，形成恶性循环所致。因此，治本之策是从提高国民经济尤其是国有企业的有效供给能力入手。

三、若干政策调整建议

推动国民经济在“十五”期间走出低谷，进入上行增长轨道，若干政策调整是必要的。

（1）正视经济全球化现实，重视竞争政策，通过促进竞争，提高国际竞争力。首先，经济全球化的发展，提出了全球经济运行规则标准化的客观要求。随着 WTO 的成立，取代 GATT，国际经济秩序的调整进入一个新的阶段。GATT 的各轮谈判主要是针对两次大战期间的关税壁垒战遗留下来的各国之间的高关税及非关税壁垒，围绕着关税减让等进行，基本是各国外经政策的协调。而 WTO 的谈判重点则已转向竞争政策、高技术政策、外商投资限制与刺激、国内管制领域等“国内”经济政策的国际标准化问题。固然其中存在着少数发达国家的强权政治，必须进行针锋相对的斗争，但是，不能一概否认随着全球经济一体化的发展，在世界范围经济运行规则逐步标准化的合理性。其次，作为发展中国家，不能不在开放、参与国际经济竞争与封闭、面临被边缘化（marginalization）之间进行抉择。因此，必须逐步调整国内经济政策，把政策重点从产业政策转向竞争政策，通过促进竞争，反对垄断，尤其是行政垄断和地区封锁，加快建立全国统一市场，公平、透明的市场环境，各类市场主体一律平等竞争，全面提高各类经济主体的国际竞争力。由于种种原因，我国至今对竞争政策仍不够重视，制度建设、实际执行方面严重滞后。行政垄断、地区封锁、不同类型市场主体区别对待、各种各样的进入壁垒，等等，比比皆是。近年来，迫于内需不足，企业间恶性竞争，更实行了一些类似萧条卡特尔

① 当然，有些需要适当注资，引进关键设备，进行技术改造。

的政策措施、行政性企业组织调整。这些，既与国际准则不符，也不利于提高我国企业的国际竞争力，亟待调整。

（2）必须从战略高度重视非国有投资作为制度创新、资源再配置催化剂的作用。我国近年来的实践证明，依靠国有投资带动经济增长的作用不断减弱，而非国有投资的作用在上升。进入20世纪90年代，沿海地区如福建等，外商投资占社会总投资的比重上升到30%以上，民营投资占10%以上。即在社会总投资中，已与国有投资形成旗鼓相当之势。在营利性生产投资中，外资与民营投资已占主导地位。从投资效率看，外资与民营投资回报率大大高于国有投资。计量分析证明，沿海地区国有与非国有投资对经济增长的拉动效应差别较大：国有投资增长1%，对实际GNP的拉动效应仅为0.192749个百分点；而非国有投资增长1%，对实际GNP的拉动效应是0.338669个百分点。二者的效率比是1∶1.74。也就是说，1亿元国有投资的效率，只相当于5747万元的非国有投资。现阶段，必须重新认识鼓励非国有投资的意义。我认为其意义不仅在于部分替代国有投资，更关键的是依靠它带动国民经济的资源再配置活动，激活国有企业中因体制障碍而沉睡的生产力。例如，外商收购效益不好的国有企业，就使这些资源通过再配置进入有效供给能力之列。必须从战略高度重视非国有投资作为制度创新、资源再配置催化剂的作用。

（3）利用非国有投资激活资源再配置的前提是创造新的制度空间。如前所述，外资及民营投资对国民经济增长率的变动十分敏感。目前的经济增长率尚不足以鼓励外资、民营资本大量进入，而国民经济进入上行轨道，又必须激活非国有投资。因此，打破这一循环，必须寻找一个适当的外部冲击。我认为，这个外部变量就是如何通过制度变革给外商和非国有经济创造一个新的投资空间和强有力的投资利好预期。从世界范围看，国有企业改造近年来已经成为吸引外资的重要渠道。利用外资改造低效率国有企业符合中央国有经济布局战略调整的决策精神，也与上述利用非国有投资激活国有经济资源再配置的设想吻合。现在的问题是，第一，在政策上须作适当调整，利益让步，使包括外资、民营资本在内的非国有经济有足够的利益刺激参与改造国有企业。第二，如何提供必要的投资中介，使民间储蓄转化为民营投资，也是亟待解决的政策课题。目前，民间储蓄的大部分是城市居民储蓄。而现在制度设计上恰恰缺乏城市居民储蓄转化为民营投资的中介渠道。因此，尽管目前由于利率下调，城市居民的投资意愿在上升，还是无法转化为民营投资。必须尽快建立将储蓄转化为民营投资的中介渠道。它不仅有利于激活民间投资，而且有利于国有投资逐步撤出竞争性领域之后，在外资与内资之间形成必要的平衡。第三，正确认识制度创新在激活资源再配置活动的同时，可能引发泡沫经济问题。我国近20年的经济实践证明，在经济体制改革力度较大时期，资源再配置活动活跃，投机活动也会随之活跃起来，出现一定程度的泡沫经济，反之则反。必须认识到这种现象的不可避免性，尤其是在制度转轨时期。过分害怕泡沫经济，在政策上严厉抑制投机，会在一定程度上扼杀市场主体的创新欲望，限制获利空间，抑制经济的活力，从整体看，未必有利。因此，不同时期，必须在激活经济的资源再配置活动与抑制泡沫经济之间进行权衡。

第二篇

“刘易斯拐点”的一个理论证伪[*]

——基于产品市场的视角

一、引言

“刘易斯拐点”是近年来国内经济学文献中出现频率最高的词汇之一。一个60年前提出的经济学概念突然引起国内学界高度关注的现实背景是，2003年以来，中国沿海甚至部分内陆地区陆续出现了较明显的“民工荒”现象，代表非熟练劳动力的“农民工”的工资水平也明显地持续上涨。在城镇，类似的“工资增速拐点”来得更早。从1998年开始，中国城镇实际工资增速就出现了明显的提高。国内部分学者利用经典的刘易斯二元经济模型（Lewis，1954）解释上述工资上涨现象，认为中国的“刘易斯拐点”已经来临，劳动力市场发生了根本改变，以往的“劳动力过剩”时代已经结束，低端劳动力的“短缺”将成为一种常态（蔡昉，2007）。

在一个劳动力供给充裕，就业压力较大，普通劳工实际收入长期偏低，近十余年来又严重困扰于居民收入增长缓慢、国内消费不足的发展中经济、人口大国，出现劳动力短缺和劳动收入水平上升，本应视为社会经济发展的积极成果——它是改善劳动者生活的必要前提，也是促进技术进步、产业升级、结构调整的积极因素。但是，令人奇怪的是，它却引起了国内学界的担忧：“刘易斯拐点”的到来，意味着低劳动力成本时代的终结，它将弱化中国产品的国际竞争力，降低经济增长率。①

---

* 本文原载于《经济研究》2015年第5期，共同作者：熊英。

① 这一看法令人质疑。当劳动生产率增长速度超过工资增长速度时，工资上升并不导致产品的劳动成本上升，产品的国际竞争力更取决于包括劳动成本在内的相对成本。实证研究证实，近十年来，由于制造业的劳动生产率增长高于劳动工资的增长，中国的单位产品劳动力成本（ULC）和单位产品劳动力国际比较成本（RULC）基本上呈下降趋势（李文溥等，2011；王燕武等，2011）。2000～2010年，中国的经济增长率达到1978年以来的历史新高。

这种观点相当程度上受到了刘易斯模型的影响：只有资本利润才能形成资本积累，加速经济增长和劳动力转移；相反，提高工资水平则不利于资本积累和增长。在这个思想的影响下，在战后的后发国家发展历程中，企图依靠人为压低工资水平，剥夺农业剩余，加速工业化进程的努力可谓比比皆是。

或许更令国人担忧的是，按照刘易斯的二元经济模型，真正的“刘易斯拐点”应在二元经济转变为一元经济即发展中经济转变为现代发达经济之时方才出现，它是经济实现现代化的重要标志之一。然而，在开始出现“民工荒”的2003年，中国仍然是二元经济特征十分明显的发展中经济：当年中国的人口城镇化率仅为40.6%，[①] 第一产业劳动力占比高达49.1%，第二产业人均劳动生产率是第一产业的8倍，城镇人均可支配收入是农村人均纯收入的2.8倍。此后多年，城乡收入差距仍在不断扩大。

一般而言，当经济到达“刘易斯拐点”之后，城乡就业结构应当趋于基本稳定，大规模的农村劳动力转移将不复存在。但是，2003年以来，中国农村劳动力转移速度反而加快了。时至今日，中国农村劳动力大规模转移和“农民工”实际工资水平持续上升一直同时并存。即使做简单的国际比较也可以看出，在就业结构上，中国现在还与“刘易斯拐点”有相当距离。2010年，和中国一样具有人多地少的农业生产特点的日本和韩国，第一产业劳动力占比分别是6.6%和3.7%。按此推断，即使中国按照2000年以来大大加快的农业劳动力转移速度，至少也要到2030年之后，第一产业就业占比才能降至与日本、韩国2010年大致相当的水平。中国远未到达“刘易斯拐点”之时，劳动工资就持续大幅上涨，自然令人担忧。

二元经济与“刘易斯拐点”并存导致了理论困惑和政策选择两难：如果刘易斯模型成立，那么，中国可谓过早地出现了“刘易斯拐点”。相应的政策结论应是，中国至少应当在未来15~20年里，尽量限制劳工工资上涨。然而，早在2003年之前，劳动报酬占比下降、居民收入增长缓慢、居民消费不振、国内消费不足就已经困扰中国经济，至今仍是制约中国经济发展的最重要问题之一。继续抑制劳工工资上涨，势必对中国社会经济发展产生严重后果。或许正是因此，“刘易斯拐点”成为近年国内研究热点。但是，我们注意到，关于“刘易斯拐点”的相关研究，无论是支持方（蔡昉，2007，2010；蔡昉和都阳，2011），还是反对方（Minami & Ma，2010；余宇新和张平，2011；殷剑锋，2012），都建立在默认刘易斯模型成立，“刘易斯拐点”存在的基础之上。即便

① 按城镇常住人口占比口径计算。

有少量从其他角度解释中国非熟练劳动力实际工资上升的研究（胡景北，1998；伍山林，2008；Ge & Yang，2011；约翰·奈特等，2011；刘晓光和卢锋，2014），也没有直接正面回答刘易斯模型是否成立。我们认为：在判断中国是否达到“刘易斯拐点”之前，可能需要先明确“刘易斯拐点”在理论上是否可以成立，模型中不变工资的假设是否自洽。固然，刘易斯模型是发展经济学的经典模型，但是，再经典的模型也只是解释世界的工具，不应该成为思想的束缚。因此，有必要针对刘易斯模型的成立性进行研究。

刘易斯模型（Lewis，1954）继承了古典经济学中不变工资的思想，提出发展中经济存在着两个部门：传统部门（维持生计部门）和现代部门（资本主义部门）。传统部门的劳动边际产出实际为零，现代部门的劳动生产效率高于传统部门。在二元经济向一元经济转型的过程中，由于传统部门中存在着大量剩余劳动力，导致出现不变的制度性的生存工资，现代部门以不变的工资水平从传统部门获得无限的非熟练劳动力供给。只有当两部门间的劳动边际产出相等，即到达“刘易斯拐点”时，二元经济转变为一元经济，此时，非熟练劳动力的实际工资才能上升，而且是不同部门的劳动工资随着劳动生产率的上升而同步提高。

针对后续研究的批评（Schultz，1964；Sen，1966），刘易斯在后续论文中对1954年论文的观点进行了修补，提出了“两个拐点”的概念（Lewis，1972）。即存在着“刘易斯第一拐点”和“刘易斯第二拐点”，以及在此两点之间的“刘易斯转折区间”。刘易斯认为，在这个区间内，非熟练劳动力实际工资的上升通常只是一些制度性的非经济因素导致的，如道德因素、城市工会等。只有当经济体通过了“刘易斯第二拐点”之后，非熟练劳动力实际工资在经济学意义上的上升才是有可能的。刘易斯相信，“刘易斯第二拐点”才是需要关注的重点。因为这意味着经济的二元状态结束，传统部门的劳动工资从此可以与劳动生产率同步增长。在此之前，非熟练劳动力实际工资的增加比较有限，或者无法大幅度增加，否则这将与模型尚未进入新古典经济学的状态相矛盾。显然，尽管在1972年的论文中，刘易斯对1954年论文的观点有所调整，但是，基本思想并无实质性改变——只有当传统部门的剩余劳动力被现代部门吸收完毕，二元经济转变为一元经济之时，才能出现真正的“刘易斯拐点”，非熟练劳动力的实际工资才能在经济学意义上出现上升。刘易斯模型并没有考虑产品市场的实现问题，拉尼斯和费景汉针对刘易斯的基本模型进行了一般均衡分析的扩展（Ranis & Fei，1964），但总体上并没有脱离刘易斯模型的分析框架，隐含着经济单纯依靠投资就能不断增长的观点。这个观点并非不证自明，可是，他们却简单地将其视为分析的既定前提。

刘易斯模型描述了这样一个二元经济转型的过程：在“刘易斯拐点”之前，普通劳动者的实际工资保持不变；不变工资使得劳动报酬占GDP的比重不断下降，由于在经济增长条件下人均工资不变，人均消费也将保持不变，因此，储蓄率将不断上升，投资率也将不断上升。只有当经济体越过“刘易斯拐点”之后，以上的宏观变量的变化才可能发生逆转。然而，对中国改革开放以来的经济发展事实以及世界各国自英国产业革命以来的经济史的研究发现，已有的历史事实并不支持刘易斯模型的不变工资假定及其推论。

第一，中国改革开放以来的经济发展事实与刘易斯模型的结论是相悖的。1978年以来，中国的实际工资总体上是不断增长的。中国城镇实际工资年均增速在1978～1996年为4.2%，1997～2012年增至12.2%。中国“农民工”平均实际工资增速在20世纪80年代为6%，90年代似乎没有增长，在2001～2010年约为10%（卢锋，2012）。同时，中国的传统经济部门也不存在长期不变的制度性工资。中国农民的单位劳动力的机会成本一直在提高。扣除通货膨胀因素，1978～1995年中国农村劳动力保留价格的年均增长率为6.9%。[①] 这说明，改革开放以来，中国农村劳动力的长期供给并非无限，其实际工资水平是不断上升的。

第二，世界范围的劳动工资历史统计数据证实：非熟练劳动力工资在二元经济转型期持续上升并不是中国的特殊现象。对全世界80多个国家和地区在二元经济转型过程中的实际工资水平的数据计算发现，[②] 绝大部分国家和地区在其二元经济转型和农业劳动力转移的绝大部分时间内，普通劳动力的实际工资都在不断增长，在二元经济转型过程中，实际工资随劳动力转移而上升是一种世界范围的常态。更重要的是，世界上所有完成了二元经济转型的发达国家的实际工资水平在其劳动力转移过程中都保持了持续增长。从长期的历史视角看，世界各国鲜有支持“刘易斯拐点”中工资不变现象的经验证据，即便是刘易斯模型的支持者也无法否认并解释这个事实（Gollin，2014）。

第三，对英国产业革命时期、日本明治维新以来工业化过程的经济史研究发现：一是从就二元经济转轨全过程来看，劳动工资随着经济增长而逐渐提高是一般现象；二是在二元经济转轨的某个特殊阶段，可能出现过时间长度不一

---

① 根据相关研究（卢锋，2012）及2010年《中国农村住户调查年鉴》所提供的数据计算。

② 我们的研究样本包括世界上人口超过500万的80多个主要国家及地区，研究时段为1800～2014年，研究对象为实际工业工资。资料来源于米切尔：《帕尔格雷夫世界历史统计》，贺力平译，经济科学出版社2002年版；CEIC数据库。

的“不变工资”现象，这是特殊情况，而且并非由刘易斯模型的假定所决定；三是劳动生产率提高是决定劳动工资上升的基本前提条件，当然，劳动工资能否因此提高，还取决于劳动力市场上供需双方的力量对比。①

第四，就有关的宏观经济结构变量看，英国、日本、中国在二元经济转型和劳动力转移的绝大部分时间内，劳动报酬、消费、投资及储蓄率等关键变量的变化趋势并不符合刘易斯模型的假设及预测，从中观察不到对“刘易斯拐点”的实证支持。②此外，即使是人口资源丰富的其他东亚经济体，在1960～1990年的二元经济转型的过程中，其产出中资本收入的占比也是相对恒定的，并没有像刘易斯模型所预测的那样不断提高（Gollin，2014）。

中国及世界的经济史实对刘易斯模型是否很好地描述了二元经济发展的实际情况提出了质疑。从方法论上看，刘易斯二元经济模型也是有缺陷的。刘易斯的不变工资假定是建立在劳动力市场的局部均衡分析基础上。但是，劳动工资同时是决定社会总需求的基本变量。工资水平随着经济增长而提高，是社会扩大再生产得以实现的必要前提。因此，真实的工资，不仅取决于劳动力市场的供求力量对比，而且取决于产品市场的实现要求。刘易斯模型中的不变工资假设，从产品市场的角度分析，很有可能导致社会有效需求不足，社会再生产循环无法实现。如果如此，刘易斯模型及其基本结论也就无法成立。

“刘易斯拐点”成立与否，不仅需要大量的事实观察和经验研究，③ 同时也需要理论上的证明。刘易斯二元经济模型在很大程度上忽略了对产品市场的严格分析，而劳动力市场均衡并不必然代表产品市场能够同时出清。刘易斯的不变工资假设虽然来源于古典经济学的启发，但他似乎忽视了马克思关于工人工资仅等于劳动力的再生产费用，低于其创造的价值将引发资本主义经济危机的分析。通过投资形成的产能的产出到底卖给谁？在新古典模型中，产出自己卖给自己的过程是否可行？这些问题在刘易斯二元经济模型和以后的新古典模型中似乎都被忽略了。本文的研究受到马克思社会再生产理论（马克思，1885）

①② 详细分析请参见作者的另一篇工作论文：《二元经济中“不变工资”——经济史角度的分析》。

③ 刘易斯坚持不变工资及拐点的假设，源于他对工业革命初期英国非熟练劳动力实际工资在较长时期里基本不变的经验观察，但他及其追随者的观察是不充分且非全过程的。他们没有仔细分析经济史上不同国家在不同的特定时期出现不变工资现象的真正原因，过于简单地认为是由于传统经济中的大量剩余劳动力使非熟练劳动力的工资水平在二元转换过程中长期保持不变。我们在《二元经济中“不变工资”——经济史角度的分析》中对英国、日本以及中国的“不变工资”现象进行了更深入的分析，发现这仅仅是特定时期的特例。从二元经济转轨全过程看，人均产出、工资的增长以及劳动力的跨部门转移往往是同步并行的。

的启发，在方法论上，利用新古典经济学的工具，坚持结合产品市场进行分析，从劳动力市场和产品市场同时均衡的角度，在封闭经济及开放经济条件下，分别讨论在不变工资假设下社会再生产的实现可能以及“刘易斯拐点”的存在性问题。在刘易斯模型的基础假设下，结合产品市场的实现进行进一步的研究。本文的后续部分安排如下：第二部分介绍基准模型；第三部分在封闭经济条件下论证“刘易斯拐点”无法成立；第四部分在开放经济条件下分别从小型发展中经济和大型发展中经济两个角度讨论“刘易斯拐点”成立的现实可能性；第五部分是结论。

二、基准模型

本文以刘易斯二元经济模型（Lewis，1954）为基础分析框架，同时参考樊纲和吕焱扩展的数理模型（樊纲和吕焱，2013），加入产品市场进行分析。不同之处在于我们的模型发现不变工资的外生假设将导致二元经济转型中劳动力转移出现停滞。我们首先分析封闭经济条件下刘易斯的不变工资假定能否成立。假定这一经济不仅是封闭的，不存在对外贸易，而且没有库存，社会当年生产的产品都在当年消费完毕，或者用于投资。其他假设条件如下：

（1）时间设定为离散形式，经济中的个体在每期决定其经济行为。（2）经济体分为传统和现代两个部门，传统部门包括采取传统生产方式的农业，但不仅限于农业。两部门的生产技术不同，传统部门仅使用劳动进行生产，现代部门则使用劳动和资本进行生产。现代部门的单位劳动产出高于传统部门。（3）劳动者收入仅来自工资，并全部用于当年消费；企业家雇用资本和劳动进行生产，支付劳动者工资，占有全部利润，同时自身不消费。在该经济中，不考虑地主或者其他资产持有者的存在。[①]（4）在传统部门的“剩余劳动力”完全转移到现代部门之前，传统部门中劳动者的实际工资不变，企业家可以以此不变的工资水平从传统部门雇用劳动者至现代部门从事生产。经济中不存在显性失业。[②]（5）现代部门的产出为同质的消费品和资本品。产品市场是完全竞争的。消费品用于当期消费，资本品则用于增加现代部门下一期的资本存量及

① 这相当于认为社会最终消费需求主要来自劳动者。现实中，地主和资本家存在着奢侈性消费，但是在现代经济增长中，这往往只占现代部门总消费的较小比例，因此忽略。刘易斯（Lewis，1958）、拉尼斯和费景汉（Ranis and Fei，1964）持相同假定。

② 为了更清晰地显示外生工资设定不变的不合理，这里忽略了劳动力跨部门转移的成本。

补偿折旧。这里关键的设定在于假设企业利润的实现源于产品的最终售出。如果消费品生产部门（消费品部门）的产出大于消费需求，意味着产品过剩；如果资本品生产部门（投资品部门）的产出大于投资需求，多余的资本品将形成资本品生产部门的资本存量，但这不能形成其收入及利润，并且需要投资部门向外部借债才能满足需求。(6）不考虑政府及货币的存在，传统部门的产出剩余可以成为现代部门资本积累的一个来源。现代部门的企业家可以以利率 r 借入资本进行生产，同时，假定消费品部门的投资行为满足理性预期，根据生产的最优资本存量而调整；投资品部门的投资行为超过消费品部门的需求的部分需要举债，但是存在着债务的上限，这里假设举债的比例是固定的。

传统部门 t 期时 1 单位劳动力可以生产 y_t 单位的产出，其中 w_t 作为工资支付给传统部门的劳动者，其余的产出剩余可以提供给现代部门进行资本积累。设 t 期时传统部门的实际工资为 w_t，现代部门以 w_t 从传统部门雇用劳动力。由于存在“剩余劳动力”，当传统部门劳动力数量不小于 N^* 时，其产出不会下降。

企业家组织现代部门生产，并根据利润最大化原则决定现代部门的就业。现代部门分为消费品部门和投资品部门，分别生产消费品和资本品，其中，消费品部门企业的生产函数为 $Y_{ct}=A_tK_{ct}^{\alpha}L_{ct}^{1-\alpha}$，$0<\alpha<1$。$A_t$、$K_{ct}$ 和 L_{ct} 分别是该类企业的技术进步、资本存量及就业人数；投资品部门企业的生产函数与消费品部门企业相同：$Y_{it}=A_tK_{it}^{\alpha}L_{it}^{1-\alpha}$，$0<\alpha<1$。$A_t$、$K_{it}$ 和 L_{it} 分别是该企业的技术进步、资本存量及就业人数。现代部门的劳动就业：$L_t=L_{ct}+L_{it}$。假定社会劳动力总量保持不变并单位化为 1，传统部门的就业为 $1-L_t$。

该二元经济的资本存量及积累方程如下（其中 δ 是资本折旧率）：

$$K_t=K_{ct}+K_{it},K_{t+1}=(1-\delta)K_t+I_t$$

现代部门总产出 $Y_t=Y_{ct}+Y_{it}$，其中，Y_{ct} 是消费品部门的产出，Y_{it} 是投资品部门的产出。

以上是从供给角度对现代部门产出的分析。从需求角度上看，现代部门的产出为 $Y_t=C_t+I_t$，其中，C_t 是对现代部门产出的消费需求，I_t 则是投资需求。

由假设条件可知此时全社会对于现代部门产品的总消费需求由工资收入水平及劳动力人数决定。由于劳动力总数给定，劳动者的实际工资收入决定了社会的消费品需求数量，因此现代部门的总消费需求为 $C_t-C(w_t)$，$\partial C/\partial w>0$。

产品市场上资本品的需求函数为 $I_t = I_{ct} + I_{it}$，其中，I_{ct} 是 t 期时消费品部门的投资需求，而 I_{it} 是 t 期时投资品部门自身的投资需求。注意到企业的每期利润 = 产品销售收入 – 企业成本。投资品部门自身的投资并不能形成其收入，而只是其成本，只有跨部门形成交换的资本品才能形成投资品部门的实际收入。此时，如果社会总消费保持不变，企业的利润上限将受到约束，资本品需求也将受到限制。这也是刘易斯模型忽略的重要问题：企业利润增长和最终有效资本存量的形成的最终源泉是消费品市场的不断扩大。由于只有被消费品部门当期购买的资本品才能形成投资品部门的利润，投资品部门自身的投资需求需要依靠借贷来提供。投资品部门的产出并不能直接用于支付资本的利息和劳动者的收入，需要与外部进行产品交换后才能形成收入，并用于补偿成本支出，形成利润。新古典增长模型默认了供给本身将创造需求，将产品交换过程给抽象掉了，但是我们认为只有企业的产品实现了部门间交换，才能形成企业收入，企业的产出本身不能直接作为利润和工资支付给资本和劳动力。①

因此，在 t 期时，消费品部门的产出和收入将等于 C_t，虽然投资品部门的产出为 $I_{ct} + I_{it}$，但是实际收入仅为 I_{ct}，定义投资品部门的负债率②为 $s_t = \frac{I_{it}}{I_{ct}}$。那么，当实际工资保持不变时，为了使投资品部门的规模能不断扩大，需要资本品市场能够出清，这意味着投资品部门自身的投资需求 I_{it} 不断增加，自身的投资需求只能依靠借贷满足。但是此时投资品部门的实际收入在各期并未发生任何变化，从而必然导致其负债率不断上升，无论是出自风险控制的考虑，或者是自身资源规模的限制，社会将无法持续提供呈几何级数增长的借贷。此处简

① 在现代市场经济中，投资品部门和消费品部门都是多个企业组成的，在部门内有多个企业的情况下，部门内投资的形成必须经过市场交易，使某个企业生产的产品成为部门内其他企业的投资品。自己企业生产的产品可以直接用于投资，在现代市场经济条件下是极少的，因此假定产出直接用于投资为零。而对于投资品部门内贸易，在新古典经济学的分析下，投资品部门内的自我投资再循环似乎是可以使得投资品部门的产出重新作为新的资本投入，从而不断扩大投资品部门的生产规模。本模型实际上是考虑存在部门内贸易的情况，此时将整个投资品部门视为一个企业，通过后面的分析，我们可以发现，此时生产投资品企业直接需求方（消费品生产企业）的需求不足，将使得即便他们生产出资本，但是投资品企业却无法通过与消费品企业交换得到收入，此时，企业虽然生产出了资本但是却无法形成收入，这使得投资品部门的扩张实际上在市场经济中也会受到约束。以往的考虑中忽略了投资行为最本质的目的是生产更多的消费品，一旦投资行为完成，就会形成新的产能，消费就必须增加，个人收入也必须随之增加，否则必然产能过剩。考虑更实际的情况，投资占比扩大的过程往往伴随着金融杠杆扩大的过程，在长期，如果消费需求不增加，那么投资部门的债务比率是无法不断扩大的，所形成的产能最终也将成为过剩产能。此外，实际中，在较长的时间内，投资占比的持续上升是不存在的，这也与刘易斯模型所论述的二元经济劳动力转移的机制相悖。

② 当然，实际中企业的负债率等于借款除以资产，但是企业资产增长的根本来源于未来收入的不断增加，故此处简单起见使用当期实际收入衡量企业的资产水平，当期的借贷衡量企业的负债水平，并且两者都经过了贴现。

单地认为投资品部门的债务比例满足最大比例：

$$I_{it} = sI_{ct}, 0 < s < 1 \qquad (1)$$

其中，s 是一个常数，代表了投资品部门的最大负债率水平。

假设 t 期时，传统部门存在“剩余劳动力”，现代部门实现产品市场出清，则下式成立：

$$A_t K_{ct}^{\alpha} L_{ct}^{1-\alpha} = C_t, A_t K_{it}^{\alpha} L_{it}^{1-\alpha} = I_{ct} + I_{it} \qquad (2)$$

两个等式的左侧代表经济中消费品和资本品的供给能力，等式右侧代表相应的市场需求。在萨伊定律中，供给可以创造需求，但从长期看，需求将反作用于供给，使经济中的供给能力不能无限扩张。如果只从实物积累的角度看，似乎投资品部门依靠自身的投资需求就能够不断实现扩张，但是，市场经济中，利润的实现以产品的销售为前提。因此，在较长时间内，如果消费品部门不扩张，投资品部门也无法扩张。刘易斯模型中的不变工资假设，其实相当于在需求方面施加了一个潜在的约束。在二元经济的转型过程中，这种约束最终将使得供给无法顺利扩大。

三、封闭经济

根据基准模型，本部分将证明，在刘易斯模型不变工资的假设下，如果产品市场实现出清，现代部门中的劳动力就业将无法持续增加，即实际工资不变和社会再生产正常循环以及劳动力跨部门流动是矛盾的。

首先假设在 t 期经济体还处于二元经济状态，同时产品市场出清，即消费品和资本品的供给均等于需求。在 $t+1$ 期，如果劳动者实际工资不变，即满足 $w_{t+1} = w_t = w$，此时，社会对于现代部门产品的总消费需求也将保持不变，即满足 $C_{t+1} = C_t$。

考虑企业的利润最大化行为及产品市场完全竞争，此时企业的目标函数为

$$\max_{K_{jt}, L_{jt}} A_t K_{jt}^{\alpha} L_{jt}^{1-\alpha} - w_t L_{jt} - r_t K_{jt}, j = c, i$$

其中，r_t 表示资本的报酬率水平。利润最大化时消费品部门就业和资本存量之间满足

$$L_{ct} = \left[(1-\alpha)\frac{A_t}{w_t} \right]^{\frac{1}{\alpha}} K_{ct} \tag{3}$$

同时，可以解出投资品部门的就业和资本存量的关系：①

$$L_{it} = \left[(1-\alpha)\frac{A_t}{w_t} \right]^{\frac{1}{\alpha}} K_{it} \tag{4}$$

同时，市场利率满足以下等式：

$$\alpha A_t K_{jt}^{\alpha-1} L_{jt}^{1-\alpha} = r_t, j = c, i \tag{5}$$

现代部门各部门的资本存量积累方程为

$$K_{j(t+1)} - K_{jt} + \delta K_{jt} = I_{jt}, j = c, i \tag{6}$$

根据以上企业最优行为的方程并结合式（1）、式（2），可以推导出现代部门中消费品和资本品生产部门的资本和劳动收入分别为

$$r_t K_{ct} = \alpha C_t \tag{7}$$

$$w_t L_{ct} = (1-\alpha) C_t \tag{8}$$

$$r_t K_{it} = \alpha (1+s) I_{ct} \tag{9}$$

$$w_t L_{it} = (1-\alpha)(1+s) I_{ct} \tag{10}$$

以上等式实际上都是产品市场出清并且企业行为最优时的恒等式。当外生给定实际工资序列后，整个现代部门的利率、资本存量以及就业水平也就可以确定。此时，按照现代部门是否存在技术进步，分别讨论以下两种情况。

情况一，现代部门无技术进步，即 A_t 保持不变。

在 $t+1$ 期时由于实际工资外生不变，那么根据式（3）消费品部门的人均资本存量$\frac{K_{ct}}{L_{ct}} = \frac{K_{c(t+1)}}{L_{c(t+1)}}$无变化，又根据式（5），可以发现资本的报酬率水平不变，则有 $r_{t+1} = r_t$。根据式（7）并注意到总消费需求不变，从而在 $t+1$ 期时消费品部门的资本存量不变，结合式（6），可以得出消费品部门的投资需求 I_{ct}保持不变，又根据式（9）及资本报酬率保持不变，则有投资品部门的资本存量 K_{it}保持不变。由于此时两部门的资本存量均保持不变，那么根据式（3）和式

① 当存在产出的约束时，求解投资品部门的最优就业数量可能会受到消费品部门的生产规模影响。但是，问题的关键在于，对于某一利率水平和工资水平，同时产品市场又处于完全竞争状态，此时经济利润为零，即面对任一的产出规模，无论消费品部门或者投资品部门，其所雇用的劳动力和资本存量都已经决定并满足某种线性关系。此时，投资品部门的最优就业和资本存量即使受到消费品部门的影响，但其资本存量和就业之间的线性关系仍然成立。当然，两部门资本存量之和有可能大于社会所能提供的资源上限。这里为了更集中地讨论本质的问题，我们简单地认为这一约束是松的。

(4) 可以发现现代部门的就业 L_{ct} 和 L_{it} 均保持不变。这也就意味着此时现代部门的就业无法增加，即 L_t 在 $t+1$ 期保持不变。此时，不变工资假定将使得企业的资本报酬率不变，但是现代部门将无法扩张，同时就业数量将保持不变。此外，根据式（8），只要总的消费需求不变，那么消费品部门的劳动力就业就无法增加，此时其资本存量不会增加，故消费品部门的投资需求 I_{ct} 无法增加，根据式（10），这使得投资品部门的就业无法增加，这也意味着消费品部门的就业 L_{ct} 不增加，投资品部门的就业 L_{it} 也无法增加。

情况二，现代部门存在技术进步，即 A_t 保持增加。

在 $t+1$ 期时由于实际工资外生不变，那么根据式（3）消费品部门的人均资本存量 $\frac{K_{ct}}{L_{ct}}$ 减少，即现代部门出现资本浅化的现象。同时又根据式（5），可以发现资本的报酬率水平提高，则有 $r_{t+1} > r_t$。根据式（7）并注意到总消费需求不变，从而在 $t+1$ 期时消费品部门的资本存量 K_{ct} 下降，结合式（6），可以得出消费品部门的投资需求 I_{ct} 下降，又根据式（9）及资本报酬率提高，则有投资品部门的资本存量 K_{it} 下降。由于两部门的资本存量均减少，那么根据式（8）和式（10），可以发现现代部门的就业 L_{ct} 将不变，而 L_{it} 将减少。这也就意味着现代部门的就业将出现下降，即 $L_{t+1} < L_t$。此时，不变工资假定将使得企业的资本报酬率提高，但是现代部门将无法扩张，并且就业人数将逐渐减少。这意味着在考虑产品市场均衡条件下，如果现代部门出现了技术进步，不变工资造成的有效消费需求不变将使劳动力出现逆向流动。即在不变工资假定下，现代部门技术进步将不利于传统部门劳动力的跨部门转移。

小结以上两种情况，在封闭的二元经济中，如果劳动者的实际工资不变，那么，由于需求方面的约束，在产品市场出清的条件下，现代部门的就业将无法提高。随着现代部门的生产规模不断扩张，提高劳动者的实际工资水平是经济系统自身保持平衡的必要条件。在封闭经济中，社会总消费长期不变与社会总产出不断增长是不可能同时并存的。劳动工资是形成社会总消费的主要来源，这也意味着在二元经济转型过程中，劳动工资水平必须不断提高，如此才能保证社会再生产的扩大，社会总产出的不断增长也即经济增长与二元经济向一元经济的转型。需要特别指出，以上的实际工资增长并非刘易斯所说的非经济因素导致的，而是经济体内部为了保证产品市场出清的自发的必要条件，是经济系统的产品市场出清所决定的。因此，我们的结论是，在封闭经济条件下，从产品市场出清的角度进行分析，刘易斯模型中的不变工资假定与劳动力跨部门持续转移无法同时成立。

在以上框架下，可以简单分析实际工资的增速范围，根据式（3）和式（4）存在

$$\frac{K_{jt}}{L_{jt}}=\left[(1-\alpha)\frac{A_t}{w_t}\right]^{-\frac{1}{\alpha}},j=c,i \tag{11}$$

因此，在任何一期，消费品部门和投资品部门单位劳动的资本存量应该相等，那么现代部门单位劳动力的资本存量也应该分别等于前面两者，因此存在等式

$$\frac{K_t}{L_t}=\left[(1-\alpha)\frac{A_t}{w_t}\right]^{-\frac{1}{\alpha}} \tag{12}$$

记$\frac{K_t}{L_t}=k_t$，并且设现代部门单位劳动力的资本存量的增速为$\frac{k_{t+1}}{k_t}=k$，技术进步的速度为$\frac{A_{t+1}}{A_t}=a$，实际工资增速为$\frac{w_{t+1}}{w_t}=w$，根据式（12），可以得出以下的增速等式：

$$\alpha\ln k+\ln a=\ln w \tag{13}$$

由式（13）可知，人均资本积累速度或者技术进步越快，实际工资的增速也应当越快。在同时满足劳动力市场和产品市场出清的前提下，实际工资增速与技术进步之间应当保持以上的关系，否则现代部门的产品市场将无法出清，资本积累和劳动力跨部门持续转移将无法共存。同时也可以发现，技术进步和实际工资增速之间存在着正相关关系，即技术进步越快，实际工资的增速也应当越快。只有满足以上的等式，才能保证现代部门产出规模不断扩大以及产品市场出清。此时，人均资本存量增速加快，意味着投资增速加快，为了保证未来产品市场的均衡，劳动者的实际工资增速也将随之上升。

综上分析，如果社会的收入分配出现失衡，劳动者的收入过低而导致消费和投资结构扭曲，经济极有可能出现恶性循环。此时，低工资本身将成为社会低就业的原因，这恰恰和新古典经济学中低工资促使就业增加的观点相反。只有通过增加劳动者的工资，才能使社会的总就业不断增加。如果一个经济体的收入分配结构出问题导致大量劳动者收入增长缓慢，而它又不断引入先进的生产技术，将可能导致城市就业不足的现象。发展中经济体在经济发展过程中如果不能有效地使经济发展成果为社会大众合理分享，保证劳动者实际工资与社会劳动生产率同步增长，将落入“有效需求陷阱”，出现严重的产能过剩或就业不足。

四、开放经济

封闭经济仅仅是一种理论抽象。在封闭经济条件下无法解决的社会产品增

长与不变工资之间的矛盾，或许在现实中可以通过对外开放得以解决。因此，需要进一步讨论开放条件下二元经济中的不变工资假定。在开放的二元经济中，对现代部门消费品的需求还可以来自世界市场。假设世界市场对该经济现代部门消费产品的净需求为 Q_t，那么，t 期该二元经济的现代部门所生产的消费品的需求变为

$$C_t = C(w_t) + Q_t \tag{14}$$

其中，Q_t 表示 t 期世界市场对某二元经济现代部门消费品的需求，当其不断增加时，可以保证该二元经济在工资不变的情况下，社会有效需求不断增加，从而实现产品市场的出清。假设该开放的二元经济的实际工资不变，那么，产品市场出清时则有

$$A_t K_{ct}^{\alpha} L_{ct}^{1-\alpha} = C(w_t) + Q_t, A_t K_{it}^{\alpha} L_{it}^{1-\alpha} = I_{ct} + I_{it}$$

企业在利润最大化时，根据资本存量选择就业人数 L_{ct} 及 L_{it}，则有

$$w_t^{1-\frac{1}{\alpha}}(1-\alpha)^{\frac{1}{\alpha}-1} A_t^{\frac{1}{\alpha}} K_{ct} = C(w_t) + Q_t, w_t^{1-\frac{1}{\alpha}}(1-\alpha)^{\frac{1}{\alpha}-1} A_t^{\frac{1}{\alpha}} K_{it} = I_{ct} + I_{it} \tag{15}$$

由前面的分析可知，投资品部门的规模将受到消费品部门规模变化的约束，投资品部门的就业增长取决于消费品部门的就业增长。因此，这里重点分析消费品部门的就业变化。假设实际工资不变，即 $w_t = \bar{w}$，并且记 $K(A_t, w_t) = \dfrac{C(w_t)}{w_t^{1-\frac{1}{\alpha}}(1-\alpha)^{\frac{1}{\alpha}-1} A_t^{\frac{1}{\alpha}}}$，则有

$$K_{ct} = K(A_t, \bar{w}) + (1-\alpha)^{1-\frac{1}{\alpha}} \bar{w}^{\frac{1}{\alpha}-1} A_t^{-\frac{1}{\alpha}} Q_t \tag{16}$$

其中，$K(A_t, \bar{w})$ 代表了在封闭经济中现代消费品部门所拥有的最优资本存量，而 $(1-\alpha)^{1-\frac{1}{\alpha}} \bar{w}^{\frac{1}{\alpha}-1} A_t^{-\frac{1}{\alpha}} Q_t$ 则代表了由于世界市场而使得现代部门可以多拥有的资本存量。按照类似的逻辑并结合劳动力和资本存量的关系式（3），现代消费品部门中就业人数可以如下式：

$$L_{ct} = L(w_t) + \frac{(1-\alpha)}{\bar{w}} Q_t \tag{17}$$

其中，$L(w_t) = (1-\alpha) C(w_t) / w_t$，当实际工资保持不变时，$L(w_t)$ 也将保持不变。上式第一部分表示本国居民偏好及生产技术水平所决定的就业水平，是一个常数；第二部分代表了世界市场对本国现代部门产品的净需求而产生的就业。在封闭经济条件下，t 期产品市场出清时，现代部门中消费品生产企业提供的就业为 $L(\bar{w})$，在开放条件下，依靠世界市场需求，发展中经济在劳动工

资不变前提下，可以有更多劳动力从传统部门转移到现代部门就业。此时，就业 L_{ct} 可以随着 Q_t 的增加而增长。

注意到可以将 L_{ct} 进一步写成

$$L_{ct} = L(\bar{w}) + (1-\alpha)\frac{GDP_t}{\bar{w}}\frac{Q_t}{GDP_t} \tag{18}$$

因此，因世界市场需求而增加的劳动就业为

$$\Delta L = (1-\alpha)\frac{GDP_t}{\bar{w}}\frac{Q_t}{GDP_t} \tag{19}$$

其中，$(1-\alpha)$代表该经济的生产技术水平，$GDP_t/\bar{w}$ 是劳动收入份额占总产出比重的倒数，Q_t/GDP_t 是净出口占总产出的比重。开放条件下，经济中劳动收入份额越高，意味着在劳动生产率既定情况下，企业出口的成本越高，从而来自世界市场的需求所能创造的现代部门就业越少；净出口占比越高，越有利于增加现代部门的就业。

如果 ΔL 在长期内无法持续增加，那么，即使在开放条件下，刘易斯模型依然无法成立。比较封闭经济，不难发现，在开放条件下，对外部市场依赖度高的国家，现代部门的就业比例更高。① 因此，从理论抽象上看，刘易斯模型对于小型发展中经济或许有可能成立，因为此时即使因工资不变而国内需求不足，只要世界市场需求足够大，也可能实现产品市场出清。

但是，这仅仅是纯数学意义上的分析，潜在的假定是存在一个无限大的外部需求市场。在现实中，即使在开放条件下，小型发展中经济在其从二元经济转向一元经济的过程中也不可能始终保持实际工资不变。这是因为，经济现代化对于任何发展中经济都是一个漫长的历史过程，一般至少需要三五十年。②在这样漫长的转型过程中，如果实际工资水平保持不变，该经济体的净出口占比必须持续地扩大，而在现实中没有任何国家的经济史有过以上情况。即使在理论上存在这一可能，它也必然导致贸易顺差不断扩大。该经济体如果实行浮动汇率制，本币必然升值，那么，劳动工资即使名义上不变，实际上却在上升之中。同时，本币升值最终也势必限制净出口占比的不断提高。如果该经济体实行固定汇率，那么将导致外汇储备不断增加，产生通胀压力，并带来外汇保

① 注意这里假定只出口现代部门的产品。

② 韩国和中国台湾地区经历了 30 年以上才实现了现代化。通过计算 WDI 数据发现，即使按照年均 7% 的实际增长速度，从低收入国家的人均收入水平（2010 年为 1114 国际元）增长至高收入国家的低限（2010 年为 14000 国际元），也需要 40 年左右的时间。

值的投资压力，以致危及宏观经济稳定。最后，如果经济不断增长，而劳动工资长期不变，势必导致收入两极分化，激化社会矛盾，中断经济的现代化过程。这些数学推导之外的经济现实决定了，即使是开放的小型发展中经济，在其现代化过程中也不可能始终保持实际工资不变。

小型发展中经济尚且如此，大型发展中经济也就更不可能。这是因为，在上述分析之外，还需进一步考虑大型发展中经济体的长期贸易顺差对世界经济平衡的可能影响。大型发展中经济的二元状态演进将更近似于我们在封闭经济条件下的分析。考虑到劳动收入占比及净出口占比在经济中通常比较稳定，即使在开放条件下，净出口所导致的现代部门的就业增量占社会总就业的比例也是有限的。我们使用中国近二十年来的数据进行模拟，以估算世界市场所带来的就业增量 ΔL。我们取资本的产出弹性 $\alpha = 0.6$，根据历年的资金流量表估算劳动收入占比，从历年统计年鉴中获取进出口数据，并利用式（19）进行计算。我们发现，即使是近年来出口在世界市场占比迅速增加的中国，其依靠世界市场所产生的就业也是有限的，并且无法仅仅依赖外部市场长期持续地增加（见图1）。

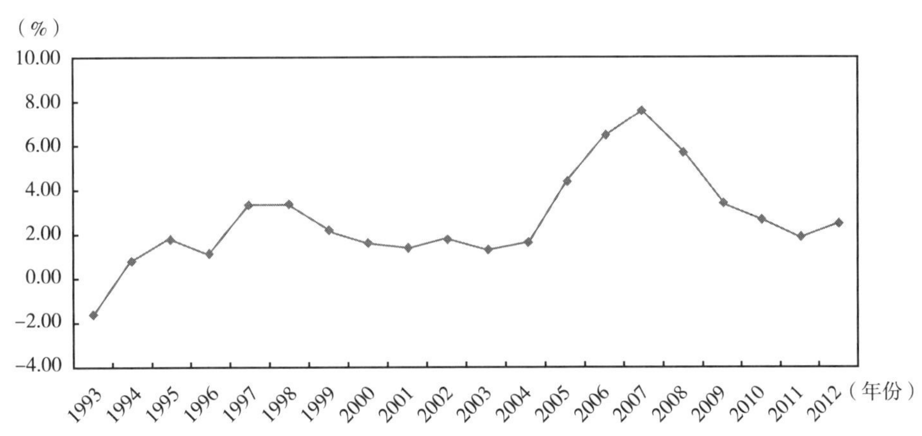

图1　世界市场对中国提供的就业估计（1993～2012年）

资料来源：根据历年《中国统计年鉴》数据计算。

此外，从出口产品能够在长期得到支付的角度来看，大型发展中经济体长期净出口占比不断增加也是不可能的。世界市场对于大型发展中经济体出口产品的不断消费，意味着其他国家需要不断地支付其财富来换取该国的产品。从世界其他国家的角度看，净进口不断增加，将消灭本国消费品部门的生产和就业，同时必然使其投资品部门随之出现萎缩。如果世界其他国家已是一元经济的话，那么，它们已经处于技术前沿水平，按照稳态路径增长，产出增长率一般远远低于二元赶超经济体的产出增长率，这将导致其消费增长水平远远超出实际收入的增长。从进口国的角度看，长期的净进口不断增长将使该国贸易逆差不断扩大，导致该国国际收支逆差不断扩大，形成强大的本币贬值压力，久而久之，甚至出现债务危机。因此，无论是从大型发展中经济体的经济运行更接近于封闭经济，还是长期净出口比重应保持相对稳定的观点，或者从出口产品支付的角度来看，发展中经济长期不变工资的假定即便在开放经济条件下也是不可能的，除非该国的劳动生产率长期处于停滞状态。

此外，当经济中出现技术进步时，根据封闭体系下的分析，国内的经济将会出现劳动力逆向转移的过程，此时因世界市场需求而增加的劳动力首先必须抵消国内市场因技术进步而导致的现代部门劳动力需求的下降，这就使得开放条件下的劳动力跨部门转移更加不可能。根据式（14）和式（15），当实际工资不变时，净出口的增速必须至少大于以下等式，现代部门的资本存量增加才有可能：

$$\frac{Q_{t+1}}{Q_t}>\left(\frac{A_{t+1}}{A_t}\right)^{\frac{1}{\alpha}}=a^{\frac{1}{\alpha}} \tag{20}$$

只有满足式（20），现代部门才可能实现资本积累和扩张。此时，对于后发国家，其技术进步的可能性越大，则相对地需要净出口的增速也更大。这样使得对于相同的技术进步速度，大型发展中经济更容易较早达到净出口的均衡点，从而无法保证实际工资继续不变。在通常情况下，一国经济的净出口占比都维持在一个比较稳定的状态，因此，条件式（20）在二元经济转型的漫长时间内，无法成立。

类似地，对于净出口占比比较稳定的开放经济体，其实际工资增速也满足于类似式（13）的等式，即满足

$$\alpha\ln k+\ln a\approx\ln w$$

综上所述，对于开放经济，实际工资不变也无法在二元经济转型的较长时期内保证产品市场出清，实际劳动工资上升是伴随着劳动力跨部门转移的必然结果，是由经济系统自身均衡的特点所决定的。

五、结论

本文从产品市场出清的视角，通过区分现代部门的消费品和资本品的生

产，从理论上证明：在封闭经济条件下，不变工资假设将导致社会有效需求不足，使得二元经济中“剩余劳动力”转移和现代部门扩张无法成立。劳动工资的相应提高是保证经济增长的必要条件，它与经济体是否存在“剩余劳动力”无关；在开放经济条件下，尽管从数学上看，出口依存度非常高的小型发展中经济存在着劳动工资长期不变的数学上的可能，但是，当加入实际经济的相关约束之后，即便是小型发展中经济也不可能在漫长的二元经济转型过程中始终保持实际工资不变；而对于大型发展中经济体，由于其更偏向封闭经济的特点，“刘易斯拐点”在开放条件下更是难以成立。在二元经济转变的过程，如果加入产品市场的分析，不变工资的外生假定是不可能成立的，刘易斯模型中实际劳动工资保持不变的假定是一个伪命题。

无论是在理论模型还是现实经济中，真实的情况是，在长期经济增长过程中——无论是一元经济，还是正在向一元经济过渡的二元经济——劳动工资都应当随着经济增长、劳动生产率的提高而提高。劳动者在推动经济发展，促进社会进步的同时，应当通过实际工资水平的比例上升，分享经济发展、社会进步的成果。这不仅是社会伦理和道义的要求、劳工运动的结果，而且是社会再生产循环顺利进行的基本前提条件，也是产品市场出清的必然要求，与前者相比，后者在劳动者的工资决定上，更具有决定性意义。这是因为，在正常的社会条件下，任何投资行为最终都将转化为社会消费品生产能力的提高，与此同时，不论出于何种考虑，使这个社会长期维持居民的实际收入不变，全社会的消费总额将因此固定不变，那么，它必然导致社会再生产循环的条件破坏，全社会资本利润率下降和产品市场的全面过剩。这也从侧面证明了马克思在分析资本主义条件下社会再生产过程时所指出的：劳动者收入过低导致的有效社会需求不足，将使得周期性的经济危机和生产力破坏成为这一体制下唯一的缓解产能过剩的方式，至今仍然是成立的。

刘易斯的二元经济模型是发展经济学的经典模型，长期以来被视为刘易斯对发展经济学的重要贡献。瑞典皇家科学院将此作为授予刘易斯 1979 年诺贝尔经济学奖的重要考虑之一。但是，实践证明，这一模型不是对发展中经济体发展过程的合理抽象。刘易斯的二元经济模型在方法论上存在着重要缺陷。在一个关系社会经济发展的全局问题上，他只是单一地考虑劳动力市场的转移，却没有考虑同时必然发生的产品市场实现问题。他应用了局部均衡分析的方法，去分析一个需要从社会再生产实现角度考虑的一般均衡问题。

刘易斯的失误还在于他过于轻视二元经济转型的复杂性和艰巨性，忽视了二元经济转变为一元经济，实际上是发展中经济实现经济现代化的过程。即使发展中经济始终保持较高的经济增长速度，也需要经历数十年甚至上百年时间。在这么长的时间里，实际劳动工资水平始终不变，无论是从理论或是现实角度看，都是不可能的。当然，刘易斯的失误也有其历史原因：在《劳动无限供给条件下的经济发展》发表的1954年，世界上大部分发展中国家刚刚逐渐独立，不仅中国、印度、巴西等大型发展中经济体，而且其他小型发展中经济体，经济发展也大多刚刚开始起步。二元经济向一元经济转轨，仅仅是正在发生而非已经完成的历史过程。显然，当世界范围的发展中经济的发展实践还不能就这一问题的研究提供足够的思想材料和必要的事实统计的情况下，纵使天才如刘易斯，也不可能无中生有，完成超越自己所处时代的工作。当然，在当时，英国及欧美其他发达国家已经完成了二元经济向一元经济的过渡，但是，刘易斯等似乎没有关注到相关的历史数据，从中得到启示①，这不能不说是一种遗憾。

然而，刘易斯的失败却给中国经济学家以机会和启迪：世界上最大的发展中经济体——中国近数十年来的经济转型及现代化过程，在世界经济史上如果不是唯一，也是极为罕见的实践。在此基础上的理论研究，或将可能为世界范围的经济学发展提供更多与以发达经济体以及其他小型发展中经济体实践为背景的理论研究不一样的一般知识。

参考文献

［1］蔡昉、都阳：《工资增长、工资趋同与刘易斯转折点》，载《经济学动态》2011年第9期。

［2］蔡昉：《人口转变、人口红利与刘易斯转折点》，载《经济研究》2010年第4期。

［3］蔡昉：《中国经济面临的转折及其对发展和改革的挑战》，载《中国社会科学》2007年第3期。

［4］樊纲、吕焱：《经济发展阶段与国民储蓄率提高：刘易斯模型的扩展与应用》，载《经济研究》2013年第3期。

［5］胡景北：《中国经济长期发展的一种可能机制》，载《经济研究》，1998年第3期。

［6］李文溥、郑建清、林金霞：《制造业劳动报酬水平与产业竞争力变动趋势探析》，载《经济学动态》2011年第8期。

［7］刘晓光、卢锋：《中国资本回报率上升之谜》，载《经济学季刊》2014年第3期。

① 在刘易斯以及拉尼斯和费景汉等相关的论著中，我们没有看到他们提及类似《帕尔格雷夫世界历史统计》之类的文献。

［8］卢锋：《中国农民工工资走势：1979—2010》，载《中国社会科学》2012 年第 7 期。

［9］马克思：《资本论》（第二卷），中共中央马克思恩格斯列宁斯大林著作编译局译，人民出版社 2004 年版。

［10］王燕武、李文溥、李晓静：《基于单位劳动力成本的中国制造业国际竞争力研究》，载《统计研究》2011 年第 10 期。

［11］伍山林：《刘易斯模型适用性考察》，载《财经研究》2008 年第 8 期。

［12］殷剑峰：《人口拐点、刘易斯拐点和储蓄/投资拐点——关于中国经济前景的讨论》，载《金融评论》2012 年第 4 期。

［13］余宇新、张平：《刘易斯模型框架下中国刘易斯拐点问题探讨——来自企业微观数据的实证研究》，载《世界经济文汇》，2011 年第 6 期。

［14］约翰·奈特、邓曲恒、李实：《中国的民工荒与农村剩余劳动力》，载《管理世界》2011 年第 11 期。

［15］Ge S., Yang D. T., Labor Market Developments in China: A Neoclassical View, *China Economic Review*, 2011, Vol. 22, 611 – 625.

［16］Gollin D., The Lewis Model: A 60 – Year Retrospective, *Journal of Economic Perspectives*, 2014, Vol. 28, 71 – 88.

［17］Lewis W. L., Reflections on Unlimited Labour, *International Economics and Development*, New York: Academic Press, 1972, 75 – 96.

［18］Lewis W. L., Unlimited Labor: Further Notes, *Manchester School*, 1958, Vol. 26, 1 – 32.

［19］Lewis W. L., Economic Development with Unlimited Supplies of Labor, *Manchester School*, 1954, Vol. 22, 139 – 191.

［20］Minami R., Ma X. X., The Turning Point of Chinese Economy: Compared with Japanese Experience, *China Economic Journal*, 2010, Vol. 3, 163 – 179.

［21］Ranis G., Fei J. C. H., Development of the Labour Surplus Economy: Theory and Policy, Homewood, IL, Richard D. Irwin, 1964.

［22］Schultz T. W., *Transforming Traditional Agriculture*, New Haven: Yale University Press, 1964.

［23］Sen A. K., Peasants and Dualism with or without Surplus Labor, *Journal of Political Economy*, 1966, Vol. 74, 425 – 450.

二元经济中的“不变工资”*

——经济史角度的分析

一、引言

2003年以来，中国沿海甚至部分内陆地区陆续出现了较明显的“民工荒”现象，代表非熟练劳动力的农民工的工资水平也持续上涨。引起了学界对中国是否到达“刘易斯拐点”的热烈讨论。刘易斯二元经济模型是发展经济学的经典模型。因而，国内关于“刘易斯拐点”的实证研究，无论是支持还是反对，都基本建立在默认刘易斯模型成立，在现实中存在着“刘易斯拐点”的前提下。由于现实中支持和否定中国到达刘易斯拐点的证据可谓旗鼓相当，至今这一讨论未能得出较一致的结论。

然而，刘易斯模型是否成立，值得怀疑。我们在《“刘易斯拐点”的一个理论证伪——基于产品市场的视角》① 一文中，加入社会产品实现约束，从社会再生产循环的角度对刘易斯模型进行研究。数理模型的推导发现：由于只考虑劳动力市场而忽略产品市场的实现问题，刘易斯模型的结论——只有当二元经济越过“刘易斯拐点”，实际劳动工资水平才能明显提高——无论是在封闭经济或开放经济条件下——都是不能成立的。也即二元经济转变为一元经济之前始终存在着不变工资的基本假定（也即模型的基本判断）在考虑了社会产品实现约束之后是不能成立的。

本文在此基础上进行了另一方面的工作：以英国、日本、中国为例，从经

---

* 本文原载于《学术月刊》2015年第6期，共同作者：熊英。

① 李文溥、熊英：《“刘易斯拐点”的一个理论证伪——基于产品市场的视角》，载《经济研究》2015年第5期。

济史的角度探讨二元经济转轨过程中的劳动工资变动趋势。选择这三个国家的原因是：（1）英国和日本的“不变工资”现象是刘易斯提出二元经济模型及其后续支持者的实证基础，[①] 我们对不变工资问题进行经济史的研究，不能漏过这两个国家；（2）英国既是最早的工业化国家，也是内生型工业化国家的代表，日本是成功的追赶者，中国是后发追赶型的国家代表，中日又都是外部冲击型工业化国家的代表，英、日、中三国的经济现代化也即二元经济的转轨过程，对于全面理解现代化过程中不同类型国家的二元经济转轨具有重要意义；（3）中国是发展中大国，对其二元经济转轨过程的研究，不仅对于现阶段中国的政策选择，而且对于发展经济学的理论发展也具有重要意义。

首先，界定二元经济转轨的时间跨度。我们认为，二元经济产生于原来只有传统经济部门的一元经济出现了现代经济部门。二元经济产生之日，就是转轨开始之时。当包括传统部门在内的全社会都转为现代部门，转轨方告结束。二元经济转轨，就是一个国家的工业化或现代化过程。它是一个较长的历史过程。从经济史上看，大部分发达国家都经历了长达一二百年。即使从第二次世界大战结束算起，发展中国家也已经历了半个多世纪，至今大部分仍在进行之中。

与二元经济转轨相伴随的农业劳动力跨部门转移也是一个较长的历史过程。英国的产业革命长达160年以上，以其中有数据的年份算，1801年英国的农业劳动力就业占比为35.9%，[②] 1901年才降至8.7%，[③] 在此之后，英国的农业劳动力跨部门净转移还持续了多年；日本1872年的农业就业占比为74.3%，1953年为39.8%，1980年才降至10.4%。[④] 基本是发达经济体的经济合作与发展组织（OECD）国家近期仍在进行农业劳动力的跨部门转移，其平均农业就业比例1991年为9.7%，2010年进一步降至5.2%。[⑤] 中国农业劳动力的跨部门转移，可上溯至1860年的洋务运动，近百年战乱使它的进展比较缓慢。1952年，农业就业占比仍高达83.5%，1978年降至70.5%，改革开

---

① Lewis A. W.，“Economic Development with Unlimited Supplies of Labor”，*Manchester School*，1954，22，pp. 139 - 191；John C. H. Fei and Gustav Ranis，*Development of the Labour Surplus Economy：Theory and Policy*，Homewood，Ⅰ11.，Richard D. Irwin，1964；南亮进：《经济发展的转折点：日本经验》，关权译，社会科学文献出版社2008年版。

② 显然，在此之前，英国的农业劳动力跨部门转移已经进行了数十年甚至上百年。

③ Deane Phyllis and Cole W. A.，*British Economic Growth：Trends and Structure*，Cambridge University Press，1967，P. 142.

④ Historical Statistics of Japan，http：//www. stat. go. jp/english/data/chouki.

⑤ WDI数据库。

放尤其加入世界贸易组织后，转移大大加快，2013 年农业就业比例仍占 31.4%。[①] 可以预见，即使达到 OECD 国家的水准，中国的道路依然漫长。

显然，在长达一二百年的二元经济转轨过程中，劳动工资如刘易斯模型所假定的那样始终不变显然是不可能的。本文的研究结论是：（1）就二元经济转轨全过程来看，劳动工资随着经济增长而逐渐提高是一般现象，是社会产品实现的前提条件，否则，国内市场的扩大、社会再生产的正常循环以及经济增长将无法实现；（2）在二元经济转轨的某个特殊阶段，可能出现过时间长度不一的“不变工资”现象，这是特殊情况，而且并非由刘易斯模型的假定所决定；（3）劳动生产率提高是决定劳动工资上升的基本前提条件，劳动工资能否因此提高，还取决于劳动力市场上的力量对比。在机械化生产与现代工厂制度下，有组织的劳资集体谈判机制是实现劳动工资随着劳动生产率的提高而提高的必要条件。劳资集体谈判机制及政府公正处理劳资关系不是对市场均衡的干扰，而是市场经济中实现劳动力市场与产品市场的一般均衡、社会产品实现、社会再生产正常循环、经济持续增长的必要制度安排。

本文余下部分安排如下：第二部分加入产品部门的分析重新解读“不变工资”下的劳动生产率变化和“剩余劳动力”转移，发现的历史事实是，实际工资、实际劳动生产率以及劳动力跨部门转移之间存在着很强的正相关性，实际工资随着劳动生产率提高、经济增长而相应上升是二元经济转型的必要条件；第三部分从产品市场需要出清的角度分析在二元经济转型过程中，实际工资需要不断上涨；第四部分分析不同国家特定时期出现“不变工资”现象的特定历史背景；第五部分是结论。

二、劳动力市场和产品市场

当然，二元经济模型对传统部门“不变工资”的假设并非完全向壁虚构，它来自刘易斯对英国工业革命早期历史数据的观察，之后的研究者则以日本第二次世界大战前的“不变工资”现象作为二元经济模型的实证基础。如果仅从劳动力市场的实际工资变化来看，有些国家在工业化进程中曾出现过一段时期的劳动工资水平基本不变的情况（见图 1 和图 2）。

① 根据相关年份《中国统计年鉴》数据整理。

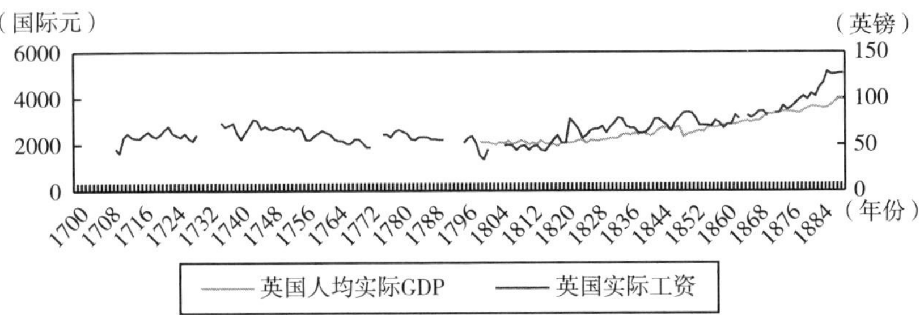

图1　英国人均实际 GDP 及实际工资变化

资料来源：人均实际 GDP 来自麦迪逊项目数据库（Maddison Project）①；实际工资来自米切尔（Mitchell，1988），② 基期 1451 - 1475 = 100。

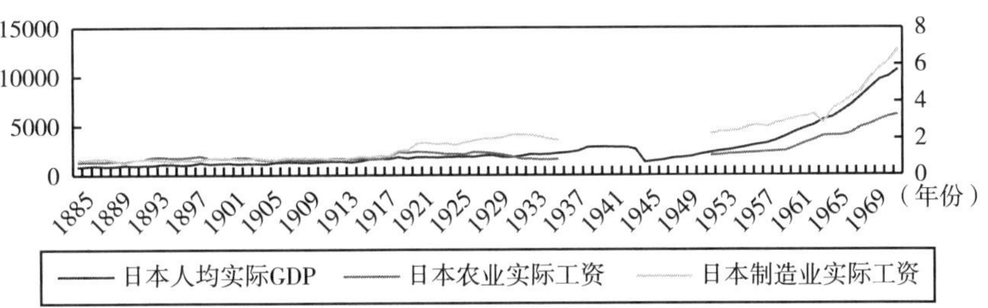

图2　日本人均实际 GDP 及实际工资变化

注：日工资水平，基期 1934 - 1936 年；1885 - 1936 年，单位：日元/日，1952 - 1972 年，单位：百日元/日。

资料来源：人均实际 GDP 来自 Maddison Project，单位：国际元。实际工资来自大川等（Ohkawa et al.，1979）③。

以英国为例，1700～1820 年，英国劳动者的实际工资上涨相当有限，1820 年的劳动工资水平大致只相当于 1700 年的水平。分不同时期观察，则情况有所不同。在 18 世纪前半期，英国劳动者的实际工资还是有所增长的，但在 1750 年以后出现了恶化的趋势，一直到 1815 年拿破仑战争结束后才又重新增长，但年均增速也只有 1% 左右。④ 在工业革命前半期，英国劳动者的实际工资

① http：//www. ggdc. net/maddison/maddison - project/home. html.

② Mitchell B. R. , *British Historical Statistics*, New York：Cambridge University Press, 1988, P. 168.

③ Ohkawa Kazushi, Shinohara Miyohei and Meissner Larry, *Patterns of Japanese Economic Development*：*A Quantitative Appraisal*, New Haven：Yale University Press, 1979.

④ Hobsbawm E. J. , The British Standard of Living 1790 - 1850, *Economic History Review*, 1957, 10, pp. 46 - 68；Hartwell R. M. , The Rising Standard of Living in England, 1800 - 1850, *Economic History Review*, 1961, 13, pp. 397 - 416；Deane Phyllis and Cole W. A. , *British Economic Growth*：*Trends and Structure*, Cambridge University Press, 1967；Lindert P. H. and Williamson J. G. , English Workers' Living Standards during the Industrial Revolution：A New Look, *Economic History Review*, 1983, 36, pp. 1 - 25；Feinstein Charles H. , Pessimism Perpetuated：Real Wages and the Standard of Living in Britain during and after the Industrial Revolution, *Journal of Economic History*, 1998, 58, pp. 625 - 658；Clark Gregory, The Macroeconomic Aggregates for England, 1209 - 2008, in Alexander J. Field eds. , *Research in Economic History* (Volume 27). Emerald Group Publishing Limited, 2010, pp. 51 - 140.

上涨有限，在工业革命后半期，则明显上升。1885～1935年，日本农业工人和制造业工人的实际工资年均增速分别为0.4%和1.6%，其中，1929～1933年的世界经济大萧条，使日本的实际工资水平在20世纪20年代后期至30年代中期出现下降。战后，日本的实际工资水平迅速增长，1952～1970年的年均增长5.7%，60年代实际增速甚至达到了两位数。[①]

中国的工业化进程自1860年洋务运动始，但是数据有限且可比性差，因此本文仅考察20世纪后半叶至今的情况。1952～1978年，中国城镇实际工资水平从385元上升至425元，农村家庭人均纯收入从1957年的58元增至1977年的81元，[②] 虽然增速较慢，但并非固定不变（见图3）。这一时期的低工资、低收入，收入增长缓慢是计划经济的产物，并不体现市场经济条件下工业化进程的一般特征。1978年至今，无论是城镇的实际工资，还是农村人均实际收入，都在不断增长，只是增速有所不同而已。据卢锋（2012）的研究，[③] 中国农民工的实际工资在20世纪80年代年均增长率为6%，90年代似乎没有增长，2001～2010年则平均增长10%。

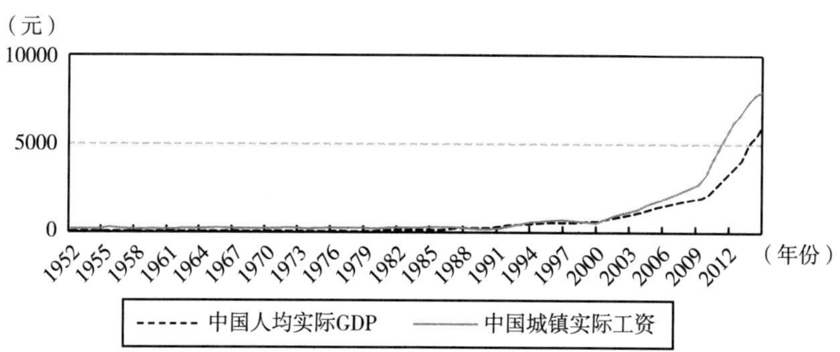

图3　中国人均实际GDP及城镇实际工资变化

资料来源：CEIC及计算，基期1952年。

对英、日、中三国工业化即二元经济转轨过程中较长时段的考察可以看出，劳动工资不变即使曾经出现过，也只是二元经济转轨过程中部分时间甚至

① Ohkawa Kazushi and Rosovsky Henry, *Japanese Economic Growth: Trend Acceleration in the Twentieth Century*, Stanford, Calif: Stanford University Press, 1973; Ohkawa Kazushi, Shinohara Miyohei and Meissner Larry, *Patterns of Japanese Economic Development: A Quantitative Appraisal*, New Haven: Yale University Press, 1979; Minami Ryoshin, *The Economic Development of Japan: A Quantitative Study*, New York: St. Martin's Press, 1986; Yoshikawa Hiroshi, *Macroeconomics and the Japanese Economy*, New York: Oxford University Press, 2006; Mosk Carl, *Japanese EconomicDevelopment: Markets, Norms, Structures*, New York: Routledge, 2008.

② 根据《新中国60年统计资料汇编》数据计算。

③ 卢锋：《中国农民工工资走势：1979—2010》，载《中国社会科学》2012年第7期。

是较短时期内的现象，并不贯穿整个二元经济转轨全过程。

工资是产品价值的一部分。考察全社会劳动工资水平，不能不联系同期的劳动生产率或人均产出水平。我们发现，在英国工业革命早期、日本第二次世界大战之前，低工资增速的背后，是整个社会劳动生产率的几无提高。1700～1800年，英国人均实际GDP年均增速仅0.3%，1800～1820年基本为0，1820年以后大致在1%上下波动。① 比较同期的劳动工资与人均产出的平均增速，可以发现，从1700～1913年，劳动工资与人均产出基本上保持前者略微落后，但两者大致同步的关系。日本的人均实际产出增速在战前和战后明显不同，1885～1935年人均实际GDP年均增速为1.8%，1951～1970年增速达到8.4%，是前者的约4.7倍，这在相当程度上决定了日本第二次世界大战前后劳动工资增速的差异。1973年之后，日本劳动生产率增速下降，实际工资增速也就随之下降了（见图4）。中国1978年以来实际劳动工资与人均产出增速之间的关系是：两者都在增长，但劳动工资增速在一定程度上低于人均产出增速。

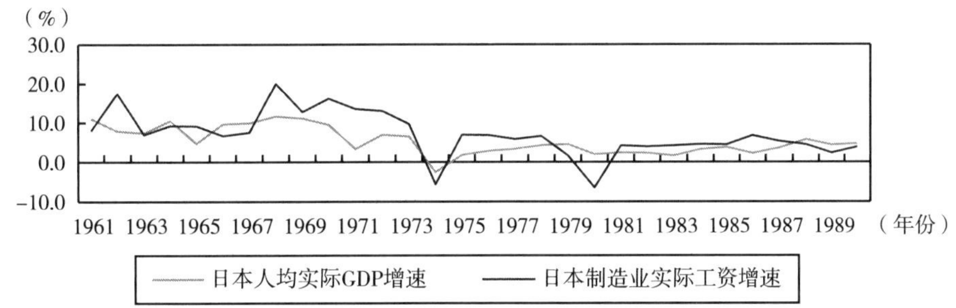

图4　日本战后人均实际GDP增速与实际工资增速比较

资料来源：根据麦迪逊项目数据库和《日本历史统计》（*Historical Statistics of Japan*）数据计算。

在现实中，传统部门可以转向现代部门的“剩余劳动力”是传统部门和整个社会劳动生产率的因变量，它随着传统部门和全社会劳动生产率的提高而逐渐产生，不断析出的，不是像刘易斯二元经济模型所假设的那样，是一个零边

① 早期并没有宏观经济学的概念，自然没有准确的宏观经济统计数据，由于间隔时间较为久远，所用的历史经济数据往往由学者估算得到。但是，在英国工业革命前后阶段的人均产出相对增速的比较上，大部分学者的结论和此处是比较一致的（Deane Phyllis and Cole W. A.，*British Economic Growth: Trends and Structure*，Cambridge University Press，1967；Floud Roderick and McCloskey Donald eds.，*The Economic History of Britain since* 1700，*Volume* 1：1700－1860，New York：Cambridge University Press，1981；Matthews R. C. O.，Feinstein C. H. and Odling－Smee J. C.，*British Economic Growth* 1856－1973，Oxford：Clarendon，1982；Crafts N. F. R.，*British Economic Growth during the Industrial Revolution*，New York：Oxford University Press，1985）。这里由于考虑长期数据的连贯性，使用Maddison的国际比较数据（Maddison Project），Maddison数据中关于日本的人均产出的数据和日本的长期经济统计数据（LTES Project）在相对趋势上也基本相符，因此日本人均GDP增速的数据也使用Maddison的数据。

际产出的静止固定的数量或比例。[①] 因而，人均产出的增速决定了劳动力跨部门转移的速度，也即二元经济转为一元经济是一个内生的过程。我们在历史经验数据中也同样发现了农业劳动力的跨部门转移速度在相当程度上取决于农业部门以致全社会的人均产出增长速度。在低人均产出增速的背后往往是劳动力跨部门转移和二元经济转型的缓慢进行。

以英国为例。1688~1759 年，英国传统部门中的劳动力[②]占比从 61.1% 下降至 52.7%，平均每十年下降 1.2%；1759~1801 年，从 52.7% 下降至 50.2%，平均每十年下降 0.6%；1820~1901 年，平均每十年下降 2.5%（见表 1 和表 2）。英国在 1820 年以后是人均产出增长较快的时期，劳动力跨部门转移也较快，同时实际工资明显上升。

表 1　　英格兰和威尔士的社会阶层分布变化　　单位：%

社会阶层	1688 年	1759 年	1801 年
贵族和乡绅（High Titles and Gentleman）	1.4	1.2	1.2
专业人士（Professions）	3.1	3.7	3.4
军人（Military and Maritime）	6.8	5.6	11.1
工商业者（Commerce）	9.2	13.0	9.4
工业和建筑工人（Industry and Building）	18.5	23.8	24.7
农民（Agriculture）	16.4	24.6	14.6
辅助工（Labourers）	20.5	15.6	15.5
雇农和贫民（Cottagers and Paupers）	22.5	11.6	11.9
流浪者（Vagrants）	1.7	0.9	8.2
总家庭数（Total Family Numbers）	1390586	1539140	2193114

资料来源：Lindert P. H. and Williamson J. G.，"Revising England's social tables, 1688 - 1812", *Explorations in Economic History*, 1982, 19, pp. 385 - 408.

表 2　　大不列颠就业分部门分布

年份	农林牧渔业（%）	采矿业和制造业（%）	贸易和运输（%）	家政服务（%）	政府专业人员及其他（%）	总就业人数（百万人）
1801	35.9	29.7	11.2	11.5	11.8	4.8
1811	33.0	30.2	11.6	11.8	13.3	5.5
1821	28.4	38.4	12.1	12.7	8.5	6.2
1831	24.6	40.8	12.4	12.6	9.5	7.2

① 如果如此，那么农业"剩余劳动力"的跨部门转移将完全取决于现代部门的发展速度。

② 英国在 1801 年之前没有人口普查，因此此处使用表 1 中的数据，定义传统部门的劳动力 = Agriculture + Labourers + Cottagers and Paupers + Vagrants；1801 年以后则使用农业部门的劳动力代表传统部门。日本的传统部门则用农业部门代表。

续表

年份	农林牧渔业（%）	采矿业和制造业（%）	贸易和运输（%）	家政服务（%）	政府专业人员及其他（%）	总就业人数（百万人）
1841	22.2	40.5	14.2	14.5	8.5	8.4
1851	21.7	42.9	15.8	13.0	6.7	9.7
1861	18.7	43.6	16.6	14.3	6.9	10.8
1871	15.1	43.1	19.6	15.3	6.8	12.0
1881	12.6	43.5	21.3	15.4	7.3	13.1
1891	10.5	43.9	22.6	15.8	7.1	14.7
1901	8.7	46.3	21.4	14.1	9.6	16.7
1911	8.3	46.4	21.5	13.9	9.9	18.6
1921	7.1	47.6	20.3	6.9	18.1	19.3
1931	6.0	45.3	22.7	7.7	18.3	21.1
1951	5.0	49.1	21.8	2.2	21.9	22.6

资料来源：Deane Phyllis and Cole W. A., *British Economic Growth*: *Trends and Structure*, Cambridge University Press, 1967, P. 142.

日本在二元经济转轨过程中，人均 GDP 增速、劳动者实际工资上涨和劳动力跨部门转移之间的关系则更明显。1885～1935 年，日本人均实际 GDP 年均增速为 1.8%，同期日本农业工人和制造业工人的实际工资年均增速为 0.4% 和 1.6%。1872～1936 年，日本第一产业就业占比从 74.3% 下降至 45.3%，64 年下降了 29%，平均每年下降 0.45%；1951～1970 年，日本人均 GDP 增速为 8.4%，是 1885～1935 年的 4.67 倍，工资也迅速提高，1952～1970 年年均增长 5.7%，是战前的 3.56 倍。1953～1972 年，第一产业就业占比从 39.8% 降至 14.7%，19 年下降了 25.1%，平均每年下降 1.32%，是 1885～1935 年的 2.93 倍（见图 5）。第一产业劳动力的数量变化更明显，第二次世界大战前的 64 年里，第一产业劳动力数量从 1588 万人下降至 1418 万人，净减少 170 万人，平均每年净减少 2.7 万人；战后的 19 年里，第一产业劳动力数量从 1559 万人下降至 755 万人，净减少 804 万人，平均每年净减少 42 万人。

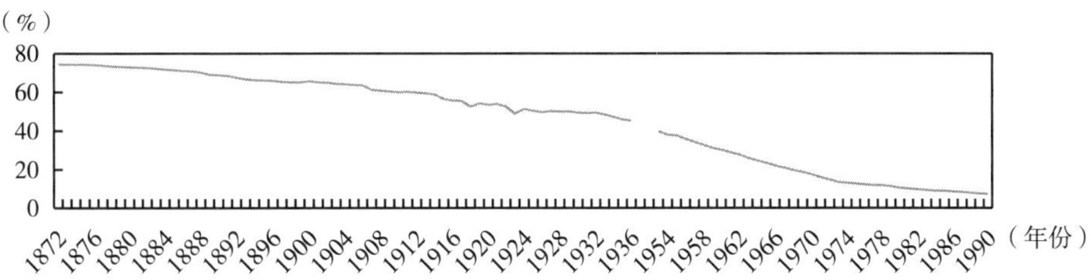

图 5　日本第一产业就业占比

资料来源：根据《日本历史统计》数据计算。

中国的农村劳动力转移、劳动工资与人均产出增长之间的关系也是如此。中国人均实际产出增速在20世纪80年代中期至90年代初和90年代中期至2002年，两次出现下降，伴随着农民工收入增长和农村劳动力转移速度放慢。从分部门劳动生产率变化情况看，这两次产出增速下降都以第一产业劳动生产率的增速下降最明显（见图6）。中国的劳动力市场和产品市场的变化也是同步的，当第一产业劳动生产率加速增长，总产出增速提高，劳动力从传统部门的流出也在加速。

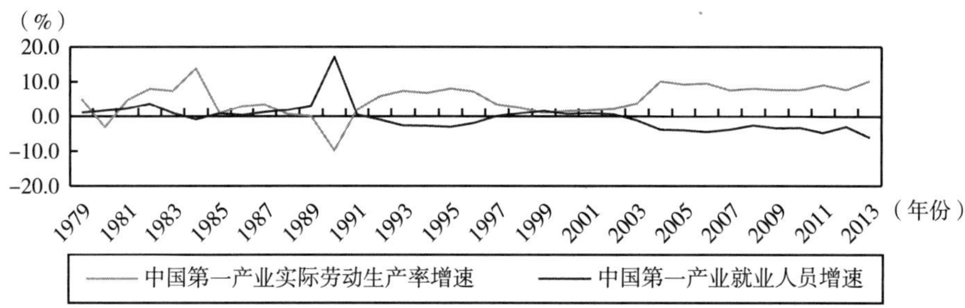

图6　中国第一产业实际劳动生产率与就业变化比较

资料来源：根据《中国统计年鉴》数据计算，负值代表劳动力就业净流出。

英国、日本和中国的工资、劳动生产率以及劳动力转移的数据显示，在工业化（即二元经济转轨）全过程中，[①]劳动工资并不像刘易斯二元经济模型假定的那样始终不变，尽管在一定程度上落后于人均产出增速，但是，两者增速在量级上大致相当。相反，在劳动工资停滞不前或增长较快的时期，总能如影相随地发现劳动生产率或人均产出大致相同方向的变化，同时，劳动力跨部门转移的速度也和实际劳动生产率正向相关，这提醒我们：无论在一元经济还是二元经济中，劳动生产率的变化才是劳动工资变化的决定因素。因为，产品市场出清是所有社会再生产循环的基本前提条件。

三、国内需求

在二元经济转型过程中，实际劳动工资必须逐步上升的根本原因在于，二元经济转型就本质而言，就是工业化和经济现代化过程，与此前的农业社会相比，劳动生产率、人均GDP的增速大大提高，社会再生产的正常进行，要求产

① 在中国，这个过程尚未完成，但仅仅是1978年至今的实际劳动工资变化趋势就已经否定了刘易斯模型的不变工资假定。

品市场能够及时出清，因此，国内市场必须不断扩大。刘易斯模型却认为到达“刘易斯拐点”之前，始终存在着不变的劳动工资，其结果必然是劳动报酬占GDP 的比重将随着经济增长而持续下降，此时要实现产品市场出清，只有三种可能：（1）社会产出增量全部归资本家,[①] 社会产出增量 = 资本家奢侈性消费；（2）社会产出增量全部归资本家，社会产出增量 = 社会储蓄和投资增量（假定劳动者没有任何储蓄），全社会储蓄和投资占比将不断上升；（3）社会产出增量全部归资本家，全部出口，社会产出增长 = 净出口增量；或者是前三种的某种组合。但是，无论如何组合，社会产出增量都是全部归资本家的，收入分配差距因此将不断扩大。刘易斯模型的“不变工资”假定仅仅着眼于劳动力市场，而没有考虑产品市场的均衡，从模型推导角度看，加入产品市场均衡之后，刘易斯模型也就无解。[②] 在现实中，前面所设想的三种情况，在较短时期或许还有可能，但是，在一个长达上百年的二元经济转轨过程中，三种情况都是不可能出现的。也即劳动工资水平始终保持不变，劳动报酬占 GDP 的比重将随着经济增长而持续下降是不能成立的。经济史的考察，也证明了这一点。

（一）劳动报酬

尽管英国的实际工资在 1820 年以后出现了明显增长，但是根据马修斯和迪恩等学者对英国 1856 年以后劳动报酬占比进行的研究，结论是，1856～1871 年，英国劳动报酬占 GNP 的比重从 58% 下降至 51%，之后持续回升，两次世界大战期间出现了阶梯式上升，1973 年达到 72. 8%。[③] 根据迪恩等的估算，1688 年英国劳动报酬占比在 25% 至 39% 之间，1800 年在 45% 至 46% 之间，1860 年之后，以十年为单位计算平均值，可以发现英国从 1860 年至 1909 年的劳动报酬占比始终稳定在 48. 5% 左右。一般认为，英国产业革命到 1914 年方结束，截至 1909 年的数据说明，刘易斯模型所认为的情况，并没有在英国出现。实际上，英国的农业劳动者跨部门净转移至 20 世纪 50 年代方才基本结束，如果以此为刘易斯拐点，则结论与刘易斯模型是完全相反的（见表 3）。

---

① 假定全社会只有资本家及劳动者两大阶级。

② 李文溥、熊英：《“刘易斯拐点”的一个理论证伪——基于产品市场的视角》，载《经济研究》2015 年第 5 期。

③ Matthews R. C. O. , Feinstein C. H. and Odling-Smee J. C. , *British Economic Growth* 1856 - 1973, Oxford: Clarendon, 1982.

表 3　英国国民收入的要素分配份额　单位：%

年份	劳动报酬	地租	利润
1860～1869	48.5	13.7	38.9
1870～1879	48.7	13.1	38.2
1880～1889	48.2	14.0	37.9
1890～1899	49.8	12.0	38.2
1900～1909	48.4	11.4	40.2
1920～1929	59.7	6.6	33.7
1930～1939	62.0	8.7	29.2
1940～1949	68.8	4.9	26.3
1950～1959	72.4	4.9	22.7

资料来源：Deane Phyllis and Cole W. A., *British Economic Growth：Trends and Structure*, Cambridge University Press, 1967, P. 247.

日本劳动报酬占比变化不是一个单调的过程（见图 7）。南亮进认为，日本现代部门的劳动报酬占比在战前先下降后上升，而后又下降。① 日本在第一次世界大战期间实际工资水平曾明显上升，说明它的劳动力市场并不像刘易斯模型所设想的那样无弹性：现代部门的劳动力需求一旦增加，整个劳动力市场的实际工资水平就上升了。第二次世界大战之后，日本劳动报酬占比随着实际工资的增长而上升，但是，占比明显的上升是在 1970 年高速增长时代结束以后，伴随着 1973 年开始的世界市场不景气出现的。此时，日本的实际工资增速已经下降，但是劳动报酬占比却开始提高了，这也和刘易斯模型所预测的发展过程截然不同。同样，从日本劳动报酬的变化中也可以发现，一旦高出口增速伴随着人均产出增速减慢，此时，产品市场如果要出清，劳动力市场就必须随之调整，从而出现劳动报酬占比上升的现象。

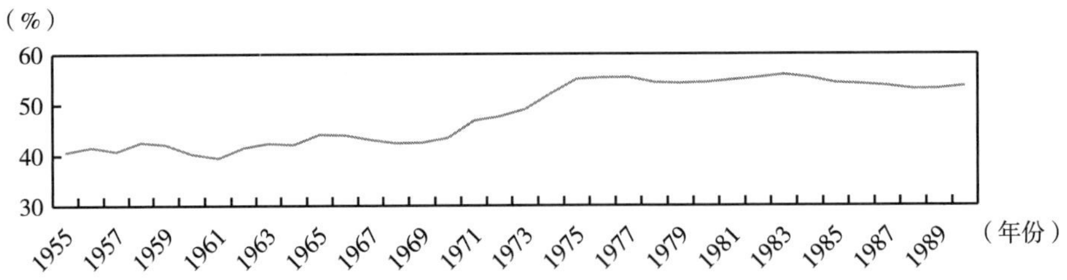

图 7　日本劳动报酬占 GDP 比重

资料来源：根据《日本历史统计》数据计算。

① Minami Ryoshin, *The Economic Development of Japan：A Quantitative Study*, New York：St. Martin's Press, 1986, P. 322.

中国的劳动报酬占比在20世纪80年代先上升后略有下降。1994年起，出现了不断下降的现象，值得注意的是，2003年以后的农民工工资较快增长并没有使劳动报酬占比有所回升，反而继续下探，直到2008年金融危机世界市场不景气时才出现反弹（见图8）。主要原因是，从1994年一直到2008年的国际金融危机，中国的人均劳动报酬增速明显低于人均GDP增速，国际金融危机之后，中国经济增速回落幅度大于劳动报酬增速的回落。中国的劳动报酬占比自改革开放以来的这一变化动态也与刘易斯模型的预测不一致。

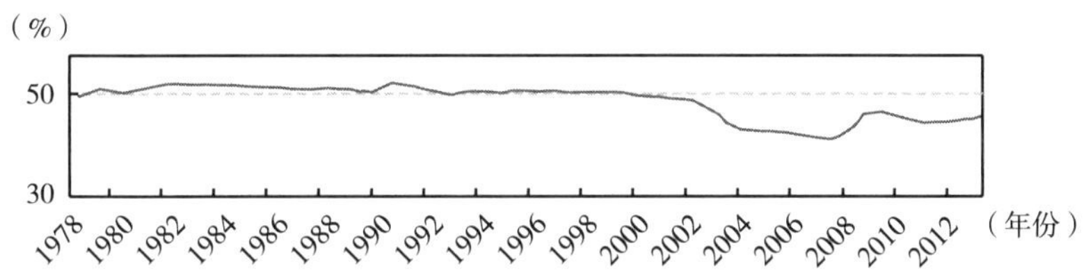

图8　中国劳动报酬占GDP比重

资料来源：Hsueh Tien-tung and Li Qiang, *China's National Income*, 1952－1995, Boulder, Col.：Westview Press, 1999. 1993年及以后数据根据《中国统计年鉴》计算。

（二）消费、投资及储蓄

在工业革命时期，英国出口占工业总产出的比重逐渐上升，1700～1800年，工业总产出的出口份额从20.6%上升到34.5%，同时国内需求也在不断增长，并始终是工业总产出的主要市场。这一时期国内人均消费年均增长率达到0.6%，即便在实际工资上升较慢的工业革命前期，英国的国内消费需求仍然是支撑工业革命时期英国经济增长的主要动力（见表4）。需要指出的是，在这一时期，大部分劳动力都属于非熟练劳动力。[①] 这说明非熟练劳动力消费水平的提高是支持英国工业部门在工业革命期间不断扩大的重要因素。个人消费水平随着经济增长而相应增长，使英国私人消费占GNP的比重长期保持稳定（见表5）。从1761年到1939年，除了1791～1820年这三十年间由于战争的因素导致消费占比下降至75%左右之外，英国的私人消费占比始终稳定在80%以上，总投资占比和储蓄率，如果忽略其中相对有限的波动，比较18世纪60年代与20世纪30年代，则私人消费占比基本上是稳定的。

① 由于产业革命，机器大生产代替了传统的手工劳动，对工人的技术要求大大降低，新兴的工厂大量采用非技术工人，尤其是妇女和童工，后者大大压低了原有技术工人的工资。参见姚介厚、李鹏程、杨深：《西欧文明》（下），中国社会科学出版社2002年，第705～748页。

表4　英格兰和威尔士工业产出的内部和外部需求比较

年份	工业总产出（百万英镑）	工业总产出中的出口		工业总产出中的国内消费		国内人均消费	
		绝对值（百万英镑）	比例（%）	绝对值（百万英镑）	比例（%）	绝对值（英镑）	增速（%）
1700	18.5	3.8	20.5	14.7	79.5	2.77	—
1705	19.3	4.2	21.8	15.1	78.2	2.79	0.7
1710	19.2	4.9	25.5	14.3	74.5	2.61	-6.5
1715	20.4	5.1	25.0	15.3	75.0	2.75	5.4
1720	21.9	5.0	22.8	16.9	77.2	2.97	8.0
1725	22.6	5.6	24.8	17.0	75.2	3.10	4.4
1730	23.5	5.4	23.0	18.1	77.0	3.24	4.5
1735	24.8	6.0	24.2	18.8	75.8	3.26	0.6
1740	24.2	6.3	26.0	17.9	74.0	3.01	-7.7
1745	24.3	6.7	27.6	17.6	72.4	2.89	-4.0
1750	27.5	8.0	29.1	19.5	70.9	3.14	8.7
1755	30.4	9.2	30.3	21.2	69.7	3.31	5.4
1760	33.2	10.3	31.0	22.9	69.0	3.46	4.5
1765	35.5	10.9	30.7	24.6	69.3	3.62	4.6
1770	36.9	11.2	30.4	25.7	69.6	3.69	1.9
1775	36.5	10.6	29.0	25.9	71.0	3.56	-3.5
1780	36.0	9.9	27.5	26.1	72.5	3.45	-3.1
1785	42.4	11.7	27.6	30.7	72.4	3.89	12.8
1790	51.7	15.2	29.4	36.5	70.6	4.44	14.1
1795	58.9	19.0	32.3	39.9	67.7	4.59	3.4
1800	68.2	23.5	34.5	44.7	65.5	4.88	6.3

资料来源：Floud Roderick and McCloskey Donald eds.，*The Economic History of Britain since* 1700，*Volume* 1：1700－1860，New York：Cambridge University Press，1981，P. 40. 按1697～1704年不变价，取十年平均值。

表5　大不列颠GNP组成　单位：%

年份	私人消费	政府支出	国内总投资	国外投资
1761～1770	83.9	7.5	8.1	0.5
1771～1780	82.7	7.1	9.2	1.0
1781～1790	79.3	7.2	11.7	1.4
1791～1800	74.6	11.2	13.1	1.1
1801～1810	74.5	15.5	10.9	-1.2
1811～1820	73.4	12.8	11.1	2.5
1821～1830	80.6	5.0	11.7	2.7

续表

年份	私人消费	政府支出	国内总投资	国外投资
1831～1840	84.1	3.2	11.3	1.2
1841～1850	83.3	3.5	11.8	1.4
1851～1860	82.5	4.1	10.1	3.3
1860～1869	84.6	5.2	7.2	3.0
1870～1879	83.4	4.6	8.1	3.9
1880～1889	83.5	5.5	6.1	4.9
1890～1899	83.5	6.4	6.9	3.2
1900～1909	80.4	7.8	7.8	4.0
1920～1929	80.0	8.9	8.7	2.4
1930～1939	80.0	11.5	9.5	-1.0

资料来源：Floud Roderick and McCloskey Donald eds.，*The Economic History of Britain since* 1700，*Volume* 1：1700－1860，New York：Cambridge University Press，1981，P. 136；Deane Phyllis and Cole W. A.，*British Economic Growth*：*Trends and Structure*，Cambridge University Press，1967，P. 266. 1860 年以后使用固定资产形成总额代替了国内总投资的指标。

日本的人均消费变化也颇为类似。人均消费和人均产出的变化相当同步。随着第二次世界大战以后出现的高速增长，人均消费相对于人均产出增长出现了下降（见图 9）。

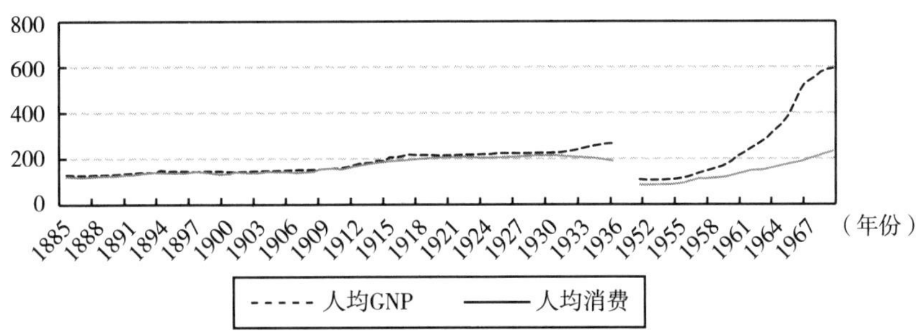

图 9　日本实际人均 GNP 与消费比较

注：基期 1934～1936 年，1936 年前单位：日元，1936 年后单位：千日元。

资料来源：大川一司、高松信清、山本有造，《国民所得（长期经济统计 1）》，东洋经济新报社 1974 年版。

日本 1961～1970 年国民收入倍增计划期间，人均国民收入增长 10.3%，而人均个人消费增长 9.4%。[①] 日本消费和投资在总产出中所占比例在第二次世界大战之前比较稳定，在战后出现了消费占比下降、投资占比上升的情况。日本的投资占比上升是随着实际工资上升而出现的（见图 10）。

① 竹内宏：《昭和经济史》，吴京英译，中信出版社 1993 年版，第 761 页。

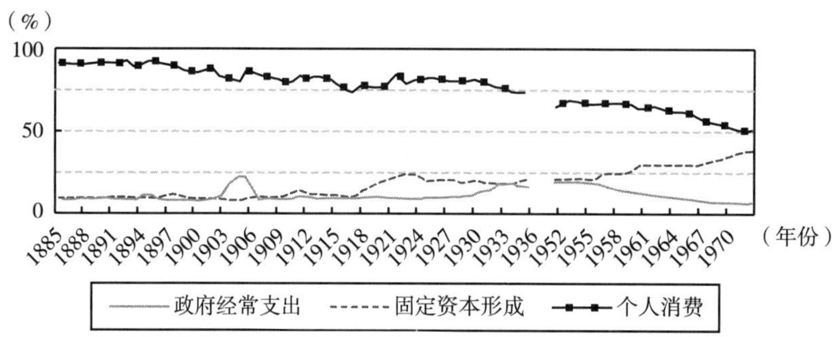

图 10　日本 GNP 的主要组成

资料来源：大川一司、高松信清、山本有造，《国民所得（长期经济统计 1)》，东洋经济新报社 1974 年版。

此外，日本的国民储蓄率在战前基本保持稳定，[①] 出现增长的时期恰恰是与实际劳动工资上升的时期（第一次世界大战期间的经济景气）重合的；第二次世界大战以后，日本国民储蓄率的提高，是伴随着实际工资高速增长出现的（见图 11）。

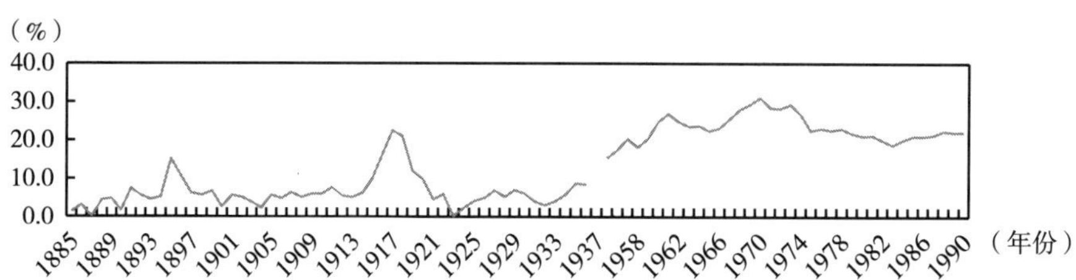

图 11　日本的国民储蓄率

注：净国民储蓄率是扣除资本折旧后计算。

资料来源：1936 年前数据来自大川一司等（1974），1955 年以后数据来自《日本历史统计》。

无论从消费和投资占比的变化，还是储蓄率的变化，日本的经验事实都不符合刘易斯模型的推论，储蓄率的提高并不以工资水平不变为代价。相反，当日本经济的高速增长时代结束后，收入增速减缓，国民储蓄率也就随之下降并形成新的稳态。

中国的消费、投资和储蓄率的变化，也与刘易斯模型所预测结果不同。无论城镇还是农村，人均消费自改革开放以来都是不断增长的。城镇居民人均消费增速自改革开放以来一直比较稳定；农村居民的人均消费增速在 2002 年以后一度迅速增长，但在大部分时间都相当稳定（见图 12）。改革开放以后的很

① 关于住户的储蓄率也有类似的变化趋势，具体请参见 Mosk Carl, *Japanese Economic Development: Markets, Norms, Structures*, New York: Routledge, 2008。

长一段时间里，中国的消费和投资比例是比较稳定的，消费占比明显下降是2002年以后，恰恰是实际工资加速增长的时期（见图13）。

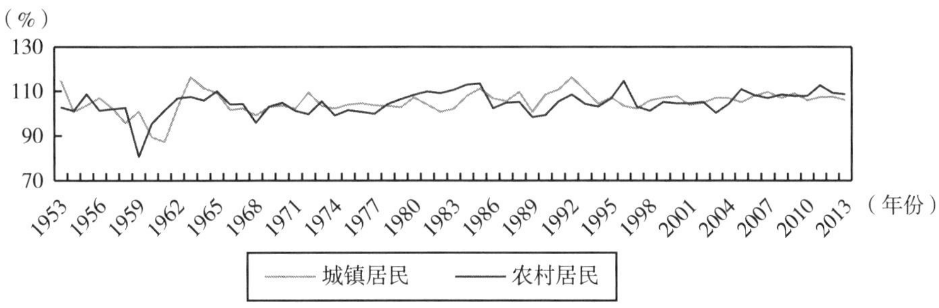

图12　中国居民消费水平指数

注：不变价，上年=100。

资料来源：CEIC。

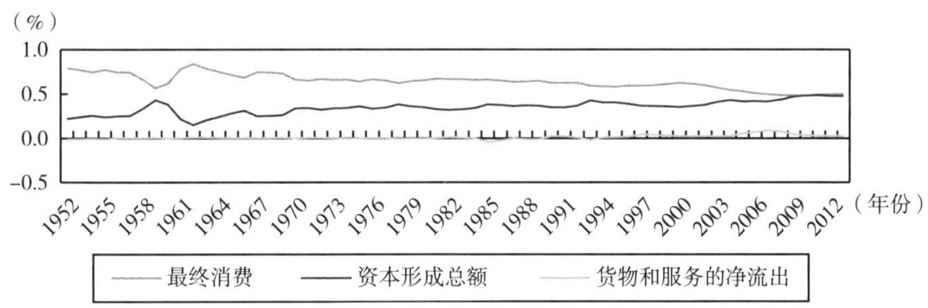

图13　支出法下中国GDP的组成

资料来源：根据CEIC数据计算。

自20世纪50年代以来，中国始终保持较高的储蓄率，1978年之后更有上升的趋势，但并非一直上升。80年代初期储蓄率曾一度下降，之后在较长时间内相对稳定（见图14）。储蓄率真正明显提高始于2002年，也即与农民工实际工资加速上升的时期重合。也就是说，在劳动工资增长相对缓慢的90年代，储蓄率本身并没有发生大的变化；2003年以后，劳动工资明显上升，储蓄率也随之上升了。①

以上通过对英国、日本以及中国的长期经验数据的检验，我们发现，刘易斯模型中“不变工资”假设对于产品市场变化的推论并不符合实际情况。在现实的二元经济转型过程中，就长期而言，随着实际工资增长，劳动报酬比重通常在国民收入中保持一个比较稳定的状态。同时，劳动收入的增加使得个人消

① 利用资金流量表计算自1992年以来的国民储蓄率也有类似的结论。

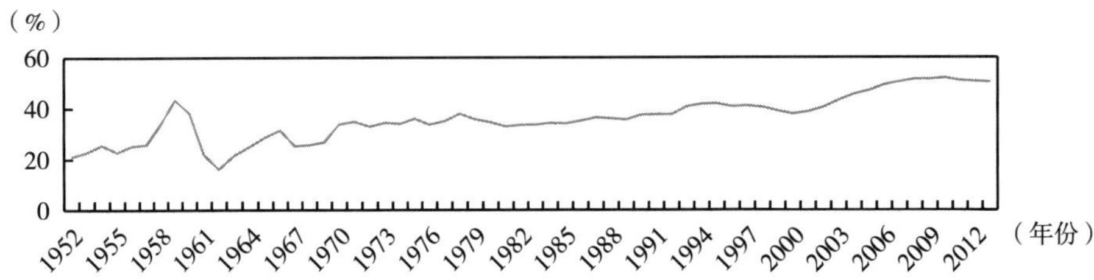

图 14　中国的储蓄率变化

资料来源：根据 CEIC 数据计算，利用支出法下 GDP 相关数据计算。

费增长，从而满足了产品市场出清的要求，消费和投资的比例一般比较稳定。此外，储蓄率的提高通常是伴随着实际工资的较快上升而出现的。

四、劳动工资增长停滞的背后

英、日、中三国经济史的数据证明，在二元经济转轨过程中，不变工资并不是贯穿始终的一般现象，而是个别时期的特殊现象。其产生各有其特殊原因，本部分拟对其进行分析。

(一) 城市劳动力市场

工资水平在相当程度上是劳动力市场上供需力量对比的结果。产业革命的重要特征之一是大机器生产和现代工厂制度的出现。在 15 世纪中叶，英国农村开始形成“分散型的”手工纺织工场，到了 16 世纪，规模较大的“集中型的”手工纺织工厂已经普遍形成，有的呢绒纺织工场的工人数多达上千。1774 年，瓦特和鲍尔顿在伯明翰郊区建立的工厂雇工（男工、女工和童工）已达 2 万人。由于采用机械化生产，新兴的工厂大量采用非技术工人，尤其是妇女和童工。1788 年，英国 142 家纱厂共雇用男工 2.6 万人，女工 3.2 万人，童工竟达 2.5 万人。男工受到女工、童工的竞争，收入下降，男工的工资很难养活妻小，迫使其妻小也涌入产业劳动大军队伍，更降低了男工的工资谈判能力。然而，直至 19 世纪之前，英国以及欧洲各国政府，都采取了极其严酷的措施对待劳工。据统计，1688 ~ 1810 年，英国国会增加了近 200 项针对劳工的可以判处死刑的罪名，其中 63 种是在 1760 ~ 1810 年通过的。1799 ~ 1800 年，英国国会通过《防止工人非法组合法令》，禁止工人成立任何组织，1813 年颁布了更严厉的《捣毁机器惩治法》。[①] 现代工厂制度与无组织的劳工同时并存，使劳动力市场供需力量对比严重失衡，根本不可能实现公平竞争的均衡解。

劳动力市场的竞争均衡，必须通过有组织的劳动运动持之以恒的抗争方能得到一定程度的实现。从产业革命早期的“卢德运动”起，英国工人就没有停止过抗争。直到拿破仑战争以后，英国政府才逐渐地改变政策。从1819年起，多次颁布工厂法，保障童工合法权益，缩短工人劳动时间。1824年英国国会撤销《防止工人非法组合法令》。从19世纪30年代开始，逐步建立和完善工厂视察员制度，从制度层面推动工厂法的贯彻实施。在宪章运动的压力下，1846年废除《谷物法》，颁布了对工人有利的1842年矿山法令和1847年的十小时工作日法令。1871年通过了《工会法》，工会完整的法律地位才得以确认。1820年之后，英国劳动工资水平开始上升，1870年之后劳动报酬占比不断上升，显然，这些成果不仅取决于劳动生产率的提高，而且取决于劳工有组织的抗争与政府的政策调整。

日本在工业化早期普遍实行包身工制度和集体宿舍制度，即在合同期内，工人不能离开工厂和集体宿舍的工棚，如有逃亡和反抗，将在工厂私设的公堂严刑拷打。纺纱工人每天要连续劳动十二个小时甚至十七八个小时。[②] 政府对工人运动一直采取镇压手段。公司对工会活动的镇压普遍而有效，管理者觉得有必要时就会解雇工会领导，工人没有任何法律援助。[③] 第二次世界大战以后，日本政府在1945年颁布了《工会法》，允许通过团体交涉缔结劳动合同，通过民事免责、刑事免责保障争议权等。1946年制定《劳动基准法》，适用范围原则上扩大到所有雇佣劳动者。为使劳动基准法有实际效果，制定了脱离地方势力和独立于政府的劳动基准监督官制度。1945年，日本国内参加工会人数为工人总数的3.2%，1949年达到55.8%。[④] 在上述法律保障下，形成了劳资之间交涉的春季斗争习惯，[⑤] 并逐渐形成了日本独特的企业管理制度：终身雇佣制、年功序列工资制以及按企业组织工会。第二次世界大战以后，由于劳动力市场制度的完善，日本普通劳动者的谈判能力有巨大的改善。这也是战后日本劳工高工资增速的基础。

---

① 姚介厚、李鹏程、杨深：《西欧文明》（下），中国社会科学出版社2002年版，第705~748页。

② 李公绰：《战后日本的经济起飞》，湖南人民出版社1988年版，第6、42页。

③ 安德鲁·戈登：《日本劳资关系的演变：重工业篇，1853－1955年》，张锐、刘俊池译，江苏人民出版社2011年版，第246页。

④ 李公绰：《战后日本的经济起飞》，湖南人民出版社1988年版，第6、42页。

⑤ 安场保吉、猪木武德：《高速增长》，连湘译，生活·读书·新知三联书店1997年版，第9~10页。

中国农民的非农就业在20世纪90年代以前大多集中于当地的乡镇企业，在工资收入分配上并不是一个完全市场化的结果，甚至带有某种福利性质。随着20世纪90年代民工潮的出现，农民工开始大规模跨地区转移，大多就业于私人企业和非正规单位，由于劳动法制不健全，而且缺乏有效的监督执行措施，农民工的工资议价能力一直较弱，而且还经常被欠薪。[①] 20世纪90年代后期开始的国企改革和国有企业职工大规模的下岗，更进一步压低了劳动力的工资议价能力。此外，各地政府以GDP与财政收入最大化为目标，为吸引投资，普遍向资本利益倾斜，这也在很大程度上加剧了劳动者的弱势地位，抑制了劳动工资增长。

（二）农村劳动力供给

工业化过程中，农村劳动力跨部门转移的数量与速度，对于城市劳动力的供需平衡有重要影响。刘易斯模型隐含地假定二元经济的传统部门中的“剩余劳动力”是一个静态的、固定数量或固定比例的存在，因此，转移的数量和速度完全取决于现代部门的需求，这样的假定也就保证了现代部门“不变工资”假定的实现。然而，现实并非如此，传统部门的“剩余劳动力”从来都是动态的。在正常情况下，传统部门可以转向现代部门的“剩余劳动力”是传统部门劳动生产率的因变量，随着传统部门劳动生产率的提高而逐渐产生，并不断析出的。同时，社会经济体制和政策的变化也会产生重要影响。这就决定了农业劳动生产率、农业报酬水平、农业劳动力跨部门转移的数量与速度，将对城市劳动力市场的供需平衡及工资决定产生重要影响。

英国在产业革命前期，“剩余劳动力”大量增加，相当程度上是人为的产物。“圈地运动”导致了大量农民成为“剩余劳动力”。16世纪的“圈地运动”主要是新兴资产者的私人行为，18世纪的“圈地运动”则在很大程度上是政府的行为。1750~1820年是“圈地运动”的高潮期（见表6）。英格兰的议会圈地总面积达到679.4万英亩，占到英格兰土地面积的20.9%，其中，公地及废地圈占了188万英亩，可耕地的私有化圈占424.8万英亩。所有的议会圈地面积在1793年之前占27.3%，1793~1815年则达到29.2%。[②]“圈地运动”极大地改变了劳动力市场上的供需力量对比，由于城市部门并不能迅速创造出足够的就业，英国的失业者在这个阶段迅速增加，加之禁止劳动者结社，劳动者

① 王美艳：《农民工工资拖欠状况研究——利用劳动力调查数据进行的实证分析》，载《中国农村观察》2006年第6期。

② Mitchell B. R., *British Historical Statistics*, New York: Cambridge University Press, 1988, P. 235.

处于绝对劣势。1750～1820 年的工资下降，与政府强力改变了劳资力量对比关系密切相关。

表 6　　英国圈地法案数量的时期分布

年份	圈地法案数量（个）
1720～1729	25
1730～1739	39
1740～1749	36
1750～1759	137
1760～1769	385
1770～1779	660
1780～1789	246
1790～1799	469
1800～1809	847
1810～1819	853
1820～1829	220

资料来源：Deane Phyllis and Cole W. A. , *British Economic Growth*：*Trends and Structure*, Cambridge University Press, 1967, P. 95.

1938 年以前，日本只有 30% 的农民有自己的农场，70% 的农民是佃农和半佃农。其中 26% 是佃农，44% 是半佃农。第二次世界大战以后，日本政府在美国的要求下强制进行土改，将 80% 的佃租地以低价分配给佃农。1941 年，53% 的水田，38% 的高地，46% 的可耕地由佃农耕作，1949 年这一比例降至 14%、12% 和 13%。土地所有者从 28% 上升到 55%，无土地者降至 8%，半佃农由 41% 降至 35%。[①] 土地改革使日本农村出现了大量的自耕农，土改增强了农村劳动力的议价能力，同时使农民依靠城市化过程中土地增值提高了收入。

长期以来，中国的户籍管理制度严重阻碍了劳动力自由流动。直到 1984 年，政府才开始有计划地允许农村劳动力进入城市打工，但是随之而来的 1988 年的通货膨胀引发的经济紧缩，使政府出于对城市就业压力的担心，清退了大量农村工，大量限制农民外出务工的政策集中出台。随着 1992 年邓小平视察南方，市场经济开始活跃，陆续出现了“民工潮”现象，20 世纪 90 年代中后期城市国企改革，大量国企工人下岗分流，出于担心农民进城务工将影响城市

① Suzuki Yoshio, *Japan's Economic Performance and International Role*, Tokyo: University of Tokyo Press, 1989.

就业，政府对农民进城务工仍然持控制态度。① 2003 年以后，随着中国加入世界贸易组织，外部需求迅速增加带来了就业需求，城市房地产投资剧增也大大增加了对农民工的需求，同时，城市原有的国企职工逐渐被私营企业为主的劳动力市场消化或者直接退出劳动力市场，使政府无须再顾虑城市本身的就业压力，这才逐渐放松了对于农民工流动的管制。对农村劳动力转移的政策变动在一定程度上改善了农民工的工资议价能力。

除此之外，我们还应当注意到其他因素对经济增长与劳动工资的影响。1760 年以后，英国连续经历了几次大规模战争，② 如 1756 ~ 1763 年的七年战争，1775 ~ 1783 年的美国独立战争，1793 ~ 1815 年的拿破仑战争。军费占了当时英国财政支出的 50% 以上，③ 它挤占了生产性投资，抑制了经济增长，限制了劳动工资的增长。④ 日本在第二次世界大战之前军费开支通常超过财政收入的 30%，日俄战争期间则超过财政收入。⑤ 在人均产出较低的时代，如此高的财政支出用于非生产性支出，对于人均产出和工资增长的抑制作用显然不容低估。

刘易斯认为，二元经济中出现“不变工资”是由于传统部门存在着大量的“剩余劳动力”。英国、日本的经济史证明，事实并非如此。工业革命之前，英国的农民大部分是“自耕农”，在当时的农业技术及生产方式下，农村并无太多剩余劳动力。政府通过圈地运动改变了农村原有的土地制度，人为地使农民与土地分离，造出了大量“剩余劳动力”，而且使农村劳动力的保留工资水平迅速降低，引起劳动力市场的供需严重失衡，同时为压低城市劳动工资水平创造了条件。在城市，政府又采取各种手段，向资本利益倾斜，严酷压迫劳工，不许劳工组织工会，使城市劳动力市场成为一个接近买方垄断的市场。劳动力市场上力量对比严重失衡，是劳动工资水平在产业革命前期停滞不前的重要原因。历史上的“不变工资”背后是一个复杂的过程，各个国家的形成原因大不相同，而且往往是由多种因素共同决定的，因而持续的时间长度也不同。而刘易斯模型简单地以传统部门存在着大量的“剩余劳动力”推出了一个贯穿整个二元经济转轨全过程的“不变工资”的假定，显然不是一个科学、合理的抽象。

---

① 蔡昉、都阳、王美艳：《劳动力流动的政治经济学》，上海三联书店、上海人民出版社 2003 年版。

② 此前尚有 1701 ~ 1714 年的西班牙王位继承战争，1740 ~ 1748 年的奥地利地位继承战争。

③ Mitchell B. R., *British Historical Statistics*, New York: Cambridge University Press, 1988.

④ Williamson Jeffrey G., *Did British Capitalism Breed Inequality*, Boston: Allen & Unwin, 1985.

⑤ Ohkawa Kazushi, Shinohara Miyohei and Meissner Larry, *Patterns of Japanese Economic Development: A Quantitative Appraisal*, New Haven: Yale University Press, 1979.

五、结论

对英、日、中三国的经济史的研究可以发现，在长达百年以上的二元经济转型过程中，随着劳动生产率的提高，非熟练劳动力实际工资相应上升是历史的必然。马克思的社会再生产理论早就指出：社会产品实现是社会再生产的基本前提条件，[①] 只有实际工资保持上升，才能使国内的消费需求不断增长，从而使增长的社会产品得以社会实现。刘易斯模型假设的消费不变，投资不断上升的资本积累模式，在三国的经验事实中找不到支持的证据。在二元经济的长期增长中，消费和投资保持了相对稳定的比例。储蓄率提高，也不是低工资的结果，相反，正是实际工资的加速增长，才使得储蓄率得以提高，与产出的迅速增长相辅相成。实际工资的上升是保证二元经济转为一元经济的必要条件。

在刘易斯模型中，"不变工资"是有利于资本积累的。刘易斯考虑的不足之处在于，任何资本积累形成的产能最终都需要相应的消费需求扩大才能实现，而"不变工资"将造成社会有效消费需求的严重不足，使得前期的资本积累成为无效的投资，"不消费只投资"的模式在市场经济中是不能实现资本的有效积累的。三个国家的经验说明：实际工资的增长和投资增长是同步的，二元经济向一元经济的转轨，意味着经济增长的基本前提条件是国内消费市场的不断扩大。

在历史的某些时段曾经出现过的工资停滞现象，通常有其特殊原因，并不是刘易斯所说的"剩余劳动力"过多。英国产业革命前期出现的"不变工资"背后是长期过大的战争支出、圈地运动，以及政府向资本利益的倾斜，导致劳动力市场上的力量严重失衡，极度削弱了劳工的谈判能力；日本在战后的实际工资提高的重要因素是经济高速增长、农村的土地改革和工会制度的确立执行、劳工运动的兴起；中国在20世纪90年代以后的劳动报酬比重下降更多是因为政府主导型经济中追求GDP增速而实施的偏向资本的发展策略。

从纯数理分析角度看，依靠世界市场实现产品市场出清可能是一种"不变工资"条件下实现农业劳动力转移的可能方式。但是，在现实的社会经济条件约束下，这是不可能的，[②] 对英国和日本的经济史研究发现，事实也并非如此。

---

① 马克思：《资本论》（第二卷），人民出版社2004年版。

② 李文溥、熊英：《"刘易斯拐点"的一个理论证伪——基于产品市场的视角》，载《经济研究》2015年第5期。

中国作为世界人口第一大国，多年而且现在乃至今后一段时期，每年转移的农村劳动力规模都高达上千万，这决定了中国更不可能依靠不断扩大净出口来实现这么大规模的农业劳动力转移。[①] 劳动工资水平从而国内消费尤其是居民消费能力的逐步提高，国内市场的不断扩大，才是实现农村劳动力正常转移的基本前提。

因此，实际工资伴随经济增长和劳动生产率的提高而相应提高，是实现二元经济转型的唯一途径，也是任何经济体社会再生产正常进行的基本前提条件，这是历史的必然。当然，这一社会经济发展的内在要求，将以何种方式实现，则在一定程度上取决于人们的主动选择。在资本主义市场经济的英国和日本，它是经过了较长时间剧烈的社会对抗，以相当大的社会代价方才得以实现的，在实现过程中，无论是政府还是厂商，都比较被动。前事不忘，后事之师，作为后发国家，我们应当吸取教训，主动去实现它；作为社会主义市场经济，我们有理由、有必要，而且有条件、有能力做得更好。不然还有什么后发优势，谈什么社会主义市场经济呢？

① 一般的扩大出口而不是扩大净出口对于增加就业没有太大作用。

中国人口城市化水平与结构偏差*

一、引言

城市人口占总人口的比重是衡量城市化水平的重要指标，也是反映经济发展水平和工业化程度的重要参数。中国城市人口占总人口的比重按照目前国家统计的数据，与现有的经济发展水平、工业化程度相比，都大大低于世界同类国家的平均水平。一般认为，人口城市化基本上是经济发展，尤其是工业化进程的必然结果。因此，国家统计数据所显示的中国城市化人口水平异乎寻常地低于经济发展水平及工业化程度，值得怀疑。

本文运用两种不同方法重新估算中国目前的实际人口城市化比率，并在此基础上进行国际比较。结果显示，无论是与世界同类国家相比，还是按照经济发展水平与城市化率的拟合方程预测，中国人口城市化水平虽然略微偏低，但基本上未超出正常值范围，而城市化产业内部结构却存在显著偏差，不利于充分发挥城市的功能，降低了城市化效率。研究发现，城市化产业内部结构显著偏差的重要原因之一，是在城市化过程中城市发展的规模结构不合理。

二、中国实际人口城市化水平的重新估算

目前公布的城市人口占总人口的比例严重偏低，而低估实际城市化程度的一个重要原因是，自20世纪50年代实行城乡分隔的户籍管理制度以来，城乡

---

* 本文原载于《中国人口科学》2001年第5期，共同作者：陈永杰。

人口一直是严格按照户籍人口而不是居民的实际从业状况及居住地统计的。在计划经济体制下，政府实行严格限制城市人口的政策，居民没有城市户口，就无法在城市正常就业从而长期居住。因此，按照户籍人口统计的城市人口比重基本上正确反映了当时中国的城市化程度。但是，近20年来的改革，极大地促进了包括人口在内的资源流动。体现在城市化方面是大批新兴城市的产生。大量农业人口移居城市，并就业于第二、第三产业。由于这种人口的移居是在已有户籍管理制度基本不变条件下进行的，因此，出现了许多已经在城市定居多年的人和不少新兴城市的常住人口在户籍上仍然是农业人口的现象。户籍管理制度改革的滞后，使国家统计的城市人口比重明显低于实际的人口城市化水平，从而在一定程度上低估了中国的城市化水平。①

正确估计中国目前的实际城市化水平，需要对目前国家公布的统计数据进行适当的调整和改算。我们定义城市化人口为常住城市地区、从事非农职业的人口。当然，也包括这些从事非农职业人口的常住城市地区的家庭人口。此外，目前的中国城市生活方式决定了在城市人口中还应包括一定比例从事直接服务城市生活的农业人口。这部分农业人口长期居住在城区边缘，除了在户籍上不是城市户口，从事直接服务城市生活的农业等活动外，生活的其他方面几乎同城市非农业人口一样，同样享用各种市政设施，也参与城市的经济社会活动，是这个城市人口的一个有机组成部分。在近20年来的城市化进程中，他们是最先被城市化的农业人口。因此，可以把这部分人口列为城市化人口。②

根据上述想法，我们构造了下列公式，利用国民经济中从业人员的就业比重推算总人口中城市化人口的比重：

$$P_u = \frac{R_2}{R_1} \times P_{u0},$$

其中，$R_1 = \frac{P_n}{P_{n0}}, R_2 = \frac{P_I}{P_{I0}}$。

$$P_u = \frac{P_{n0}}{K} \times \frac{P_I}{P_{I0}}, P_u = \left(\frac{P_{n0}}{K \times P_{I0}}\right) \times P_I; P_u = \delta \times P_I.$$

其中，P_U 为实际城市化人口比率；P_{u0} 为城市人口比率；P_n 为非农业人口比

① 洪银兴、陈雯（2000）已经注意到以国家统计的城市人口比重衡量，中国的城市化水平被大大低估了。但是，他们没有注意到，中国公布的城市人口统计口径受限于户籍管理制度，与世界其他国家的统计口径有较大不同，直接比较没有可比性。《世界发展报告》的统计指标说明提醒研究者必须注意各国指标之间的差异。

② 这种做法的合理性在于不仅符合中国现有的城市生活方式，而且在世界上也是有例可循的，一些国家的城市设置标准中也允许城市有部分农业人口存在（林毓鹏和李文溥，2000）。

重；P_{n0}为基期非农业人口比重；P_I为第二、第三产业就业人口比重；P_{I0}为基期第二、第三产业就业人口比重；K为城镇非农人口比重；δ为$\frac{P_{n0}}{K \times P_{I0}}$。

此方法的估算结果如表 1 所示。

表 1　　1999 年中国的实际城市化水平　　单位：%

地区	第二、第三产业从业人口比重	实际城市化人口比率	地区	第二、第三产业从业人口比重	实际城市化人口比率
全国	49.9	38.99860	河南	36.4	28.44787
北京	88.1	68.85323	湖北	51.1	39.93644
天津	80.4	62.83541	湖南	39.6	30.94879
河北	51.4	40.17090	广东	58.8	45.95426
山西	54.0	42.20289	广西	34.6	27.04111
内蒙古	45.4	35.48169	海南	39.1	30.55802
辽宁	62.4	48.76778	重庆	41.5	32.43370
吉林	50.6	39.54567	四川	38.7	30.24540
黑龙江	51.6	40.32721	贵州	27.5	21.49221
上海	86.2	67.36832	云南	26.2	20.47622
江苏	57.5	44.93826	西藏	24.1	18.83499
浙江	59.4	46.42318	陕西	42.9	33.52785
安徽	39.4	30.79248	甘肃	41.1	32.12109
福建	51.6	40.32721	青海	39.1	30.55802
江西	44.8	35.01277	宁夏	41.5	32.43370
山东	47.1	36.81030	新疆	42.5	33.21524

资料来源：根据《中国统计年鉴（2000）》中有关数据计算得出。

为了检验这种估算的可信程度，我们用调整后的市镇总人口进行比较。①《中国人口统计年鉴》中的市镇人口是按照常住人口统计的，不包括外来人口。我们知道，目前在中国城市中常年居住着大量的外来人口，其大多数虽然仍然是农业户籍人口，但常住城市，从事各种非农职业，是实际城市化人口的一部分。在仍然实行城乡分隔的户籍管理制度下，农业人口城市化实际上相当程度上体现为城市外来人口的增长。因此，计算中国的实际人口城市化水平，必须考虑城市外来人口的因素。我们用下列公式计算中国的实际城市化人口比重：$RU = (PN/R + PF)/(P)$。其中，PN为非农人口；R为非农——市镇人口比；PF为外来人口；P为总人口。这种估算方法的结果如表 2 所示。

---

① 在《中国人口统计年鉴（2000）》中有两个市镇总人口，Urban Population 和 City/Town Population。前者统计对象是城市户籍人口，它占总人口的比重，就是通常所说的人口城市化率，1999 年该比率为 30.9%。后者是按行政建制统计的市镇总人口，包括行政辖区内的全部农业、非农业人口，1999 年该人口占总人口的比重为 73%，显然不是通常所说的人口城市化率。

表 2　　**1999 年中国实际城市化人口比率**

地区	总人口（万人）	市镇非农业人口（万人）	估计市镇人口（万人）	外来人口抽样数据（人）	外来人口（万人）	实际城市化人口比率（%）
全国	122491.5	30099.0	40152.237	68131	6980.635	38.48
北京	1106.2	746.0	995.168	2081	213.217	91.58
天津	916.2	524.0	699.019	969	992.830	78.61
河北	6602.2	1195.0	1594.137	2719	278.586	27.22
山西	3145.1	800.0	1067.205	2074	212.500	38.11
内蒙古	2329.5	751.0	1001.838	2408	246.721	48.46
辽宁	4103.2	1853.0	2471.913	2648	271.311	62.71
吉林	2616.1	1116.0	1488.750	874	89.549	58.33
黑龙江	3660.8	1561.0	2082.383	2863	293.340	60.08
上海	1313.1	963.0	1284.647	2260	231.557	98.16
江苏	7009.1	1895.0	2527.941	6410	656.762	41.54
浙江	4467.5	936.0	1248.629	2814	288.320	32.32
安徽	6205.5	1151.0	1535.441	2171	222.439	27.35
福建	3283.6	649.0	865.770	3477	356.250	33.57
江西	4117.0	835.0	1113.895	2921	299.283	32.00
山东	8921.7	2100.0	2801.412	4973	509.529	35.11
河南	9446.3	1571.0	2095.723	2555	261.783	24.28
湖北	5942.5	1581.0	2109.063	3028	310.246	38.69
湖南	6520.6	1215.0	1620.817	2601	266.496	27.81
广东	7298.9	2266.0	3022.857	5027	515.061	45.28
广西	4657.6	765.0	1020.514	1099	112.602	23.75
海南	743.2	178.0	237.453	371	380.120	35.26
重庆	3072.3	619.0	825.750	1071	109.734	29.40
四川	8358.6	1444.0	1926.304	3704	379.508	26.39
贵州	3582.0	497.0	663.001	1664	170.492	22.21
云南	4018.4	541.0	721.697	1403	143.750	20.79
西藏	247.7	25.0	33.350	7	0.717	13.71
陕西	3519.2	755.0	1007.174	1929	197.643	32.42
甘肃	2507.4	443.0	590.965	559	57.275	25.28
青海	473.2	113.0	150.743	193	19.775	34.59
宁夏	543.3	147.0	196.099	151	15.471	37.86
新疆	1763.4	544.0	725.699	1108	113.525	44.71

资料来源：《中国人口统计年鉴（2000）》表 5－1 及表 4－7；外来人口抽样数据来自《中国统计年鉴（2000）》表 4－6，抽样比为 0.976‰；其他各列计算得出。

从全国看，按照市镇人口加外来人口计算的实际城市化人口比率和按照国民经济就业人口结构推算的实际城市化人口比率非常近似，1999 年二者分别为 38.5% 和 39.0%，比同年国家统计的人口城市化率（30.9%）分别高出 7.6 个和 8.1 个百分点，相对偏差为 25%～26%。[①]

三、人口城市化水平的国际比较

我们认为，38.5%～39% 的实际城市化人口比重在一定程度上代表了中国现阶段的实际城市化水平。这个城市化水平是否与中国现有的经济发展水平、工业化程度相称？似乎不存在准确的数量标准。一个比较可取的方法是通过国际比较进行评价。我们以人均 GNP 作为城市化率的解释变量。因为经济的实际发展水平在很大程度上导致了城市化需求的产生，并决定了一国城市化的水平。在样本的选取上，为了使问题更有说服力，我们仅选取有一定人口规模的国家作为样本，同时增加 1980 年的数据，扩大样本容量。此外，考虑到在人均 GNP 达到 12000 美元后，不同的国家相继出现了逆城市化现象，为了更好地拟合数字，我们把样本范围控制在人均 GNP 为 12000 美元以下（见表 3）。

表 3　　1980 年和 1997 年部分国家的人均 GNP 与人口城市化率

国家	年份	人均 GNP（美元）	人口城市化率（%）	国家	年份	人均 GNP（美元）	人口城市化率（%）
孟加拉国	1980	90	11	菲律宾	1997	1220	56
埃塞俄比亚	1980	130	15	土耳其	1980	1330	47
印度	1980	190	22	韩国	1980	1480	55
巴基斯坦	1980	260	28	墨西哥	1980	1640	67
印度尼西亚	1980	370	20	巴西	1980	1780	65
印度	1997	390	27	俄罗斯	1997	2740	77
埃及	1980	480	45	南非	1997	3400	50
巴基斯坦	1997	490	35	西班牙	1980	4380	74
菲律宾	1980	600	36	巴西	1997	4720	80
尼日利亚	1980	670	20	意大利	1980	5250	69
斯里兰卡	1997	800	23	英国	1980	6320	91

① 我们注意到两种方法对各省（区、市）的推算结果有些比较近似，有些则有差距。这里的原因之一可能是外来人口的跨省域流动，但是，由于缺乏足够的统计资料，我们无法对各省（区、市）的人口统计数据进行必要的调整，而全国的数据则不存在这样的问题。

续表

国家	年份	人均 GNP（美元）	人口城市化率（%）	国家	年份	人均 GNP（美元）	人口城市化率（%）
中国	1997	860	38	阿根廷	1997	8570	89
哥伦比亚	1980	1010	70	日本	1980	8810	78
乌兹别克斯坦	1997	1010	42	法国	1980	9950	78
乌克兰	1997	1040	71	美国	1980	10630	73
印度尼西亚	1997	1110	37	联邦德国	1980	11730	85
埃及	1997	1180	45				

资料来源：世界银行，《世界发展报告》，中国财经出版社，1981 年版、1998 年版。其中，中国的人口城市化率采用我们的估算数据。

从图 1 的实际观测值可以看出，随着经济的发展，人口城市化率存在着一个由快到慢的变化趋势，因此，我们采用对数模型进行拟合。考虑到不同年份的数据可能对人口城市化率产生影响，我们先在模型中加入年份变量，建立初步模型：

$$人口城市化率 = a + b\ln(人均\ GNP) + c\ 年份$$

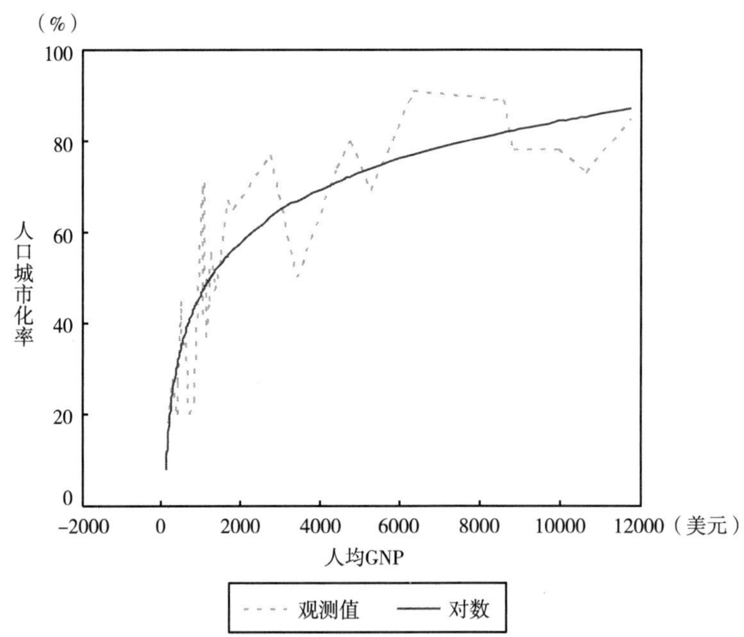

图 1　人口城市化率与人均 GNP 水平的国际比较

注：由 SPSS 10.0 生成。

经过计算发现，数据的不同年份对人口城市化率的影响并不显著，因此舍去年份变量，仅以人均 GNP 作为人口城市化率的解释变量，回归得到拟合方程：

$$人口城市化率 = -65.4 + 16.3\ln(人均\ GNP)$$

$$R^2 = 0.79, F = 122.08, SIG = 0.000$$

用该模型进行预测，在中国现有人均 GNP 水平上的人口城市化率预测值为 44.5%，而中国的实际观测值为 38%（1997 年推算值），落后 6.5 个百分点。

三种方法国际比较的结果显示，1997 年中国的人口城市化水平大约比国际正常水平偏低 5%~15%，均值为 10.19%。从同类国家样本观测值与均值的离差看，属于正常离差范围。因此，我们的初步结论是，中国现有的实际人口城市化水平无论是与世界上同类国家的人口城市化平均水平比较，还是按照各国人均 GNP 与人口城市化率的截面拟合趋势值比较，都不存在异乎寻常的偏低现象。①

四、城市规模结构与城市化产业的内部结构偏差

从人口城市化程度看，目前中国的实际城市化水平与世界同类国家相比，差距不大，可以说是基本正常。但从结构角度看，却存在着较大不同。我们利用表 4 中的样本，取其中人均 GNP 在 600 ~1200 美元国家的三次产业结构进行比较说明。

表 4　　人均 GNP 在 600 ~1200 美元国家的产业结构比较　　单位：%

国家	年份	农业	工业	服务业	城市化率
菲律宾	1980	24.00	35.00	41.00	36.00
尼日利亚	1980	22.00	45.00	33.00	20.00
斯里兰卡	1997	22.00	26.00	52.00	23.00
中国	1997	20.00	51.00	29.00	38.00
哥伦比亚	1980	29.00	28.00	43.00	70.00
乌兹别克斯坦	1997	26.00	27.00	47.00	42.00
乌克兰	1997	13.00	39.00	48.00	71.00
印度尼西亚	1997	16.00	42.00	41.00	37.00
埃及	1997	16.00	32.00	53.00	45.00
平均		20.89	36.11	43.00	42.44

资料来源：世界银行，《世界发展报告》，中国财经出版社，1981 年版、1998 年版。其中，中国的人口城市化率采用我们的估算数据。

---

① 洪银兴和陈雯（2000）认为中国目前的人口城市化水平偏低，除了中国的数据直接引用了偏低估计的官方统计数据外，国际比较的国外参照系用的是钱纳里等（1975 年）的数据。但是，钱纳里模型中的人均 GDP 是 20 世纪 60 年代的数据，将其与中国 20 世纪 90 年代末的数据直接比较，显然是不合适的。

从中国与其他8个国家各项指标的均值比较中可以看出，中国的城市化水平偏低4.44个百分点，相对偏差为10.46%。三次产业结构上，农业比重与其他8个国家均值基本相同，而工业比重高出均值14.89个百分点，相对偏差达41.23%，服务业则低于均值14个百分点，相对偏差为32.56%。因此，从结构角度分析，可以得出这样的结论，中国的人口城市化水平，与农业非农业结构之间的关系，基本上符合世界上类似经济发展水平国家的一般情况，但城市化产业的内部结构（工业、服务业）则与世界类似经济发展水平国家存在较大偏差。也就是说，比城市化水平偏低更为严重的是城市化产业的内部结构偏差。造成城市化产业内部结构严重偏差的原因显然是多方面的，例如，在计划经济时期，中国实行了优先发展重工业、抑制服务业发展的经济政策等。然而，难以理解的是，20世纪90年代初期，中国政府已经转向大力鼓励服务业的发展。但是，近10年过去了，城市化产业内部结构严重偏差并没有得到纠正，相反，却有进一步加重的趋势。1991年，中国的工业与服务业增加值之比为1.3363∶1，而1997年则变为1.7586∶1（世界银行，1993；1998）。为什么政策导向从抑制转向鼓励已多年，却没有产生预期的政策效果？城市化产业的发展与城市化之间存在密切联系，城市化战略是不是影响城市化产业内部结构偏差的一个原因呢？为了检验这个假说，我们对福建省22个城市的城市规模与第三次产业之间的关系进行分析。为了更好地观察城市规模与第三产业发展之间的经济关系，我们从现有第三产业产值统计扣掉了政府服务等非经营性第三产业部分（见表5和图2）。

表5　　城市规模与第三产业的发展

编号	城市	辖区人口（万人）	市区非农人口（万人）	辖区部分第三产业（万元）	辖区人均部分第三产业产值（元）
1	福州	143.69	105.74	2014377.50	14018.9130
2	厦门	126.59	59.34	1784907.60	14099.9100
3	莆田	35.02	14.51	360636.15	10298.0050
4	三明	26.99	19.92	175081.25	6486.8933
5	漳州	49.05	23.13	693723.75	14143.1960
6	南平	48.68	23.09	147712.60	3034.3591
7	龙岩	45.11	23.74	601640.99	13337.1980
8	福清	117.90	13.94	474893.25	4027.9326
9	长乐	67.40	7.46	235100.50	3488.1380
10	永安	31.40	13.07	174441.00	5555.4459
11	石狮	29.30	9.13	705430.75	24076.1350

续表

编号	城市	辖区人口（万人）	市区非农人口（万人）	辖区部分第三产业（万元）	辖区人均部分第三产业产值（元）
12	晋江	99.90	12.61	777436.00	7782.1421
13	南安	147.60	10.87	448083.75	3035.7978
14	龙海	76.90	10.19	234440.50	3048.6411
15	邵武	30.00	9.93	77708.65	2590.2883
16	武夷山	21.20	5.27	45574.08	2149.7205
17	建瓯	50.90	9.92	98878.50	1942.6031
18	建阳	33.80	8.55	81791.50	2419.8669
19	宁德	40.50	8.48	111160.50	2744.7037
20	福安	59.00	10.08	156076.88	2645.3708
21	福鼎	54.70	7.94	123236.00	2252.9433
22	漳平	27.20	5.23	70145.48	2578.8778

注：地级市统计数据不包括所辖县及县级市。

资料来源：《福建省统计年鉴（1999）》表15－1、表15－2；《中国城市统计年鉴（1999）》，第27页。

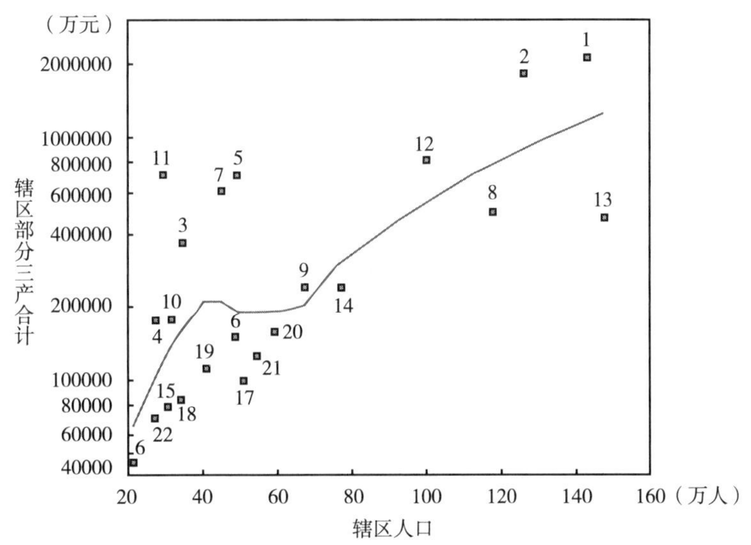

图2 城市辖区人口规模与第三产业规模

注：图中城市编号与表5相同。

从图2可以看出，拟合曲线具有明显的凸性，表明随着城市规模的扩大，第三产业呈加速增长趋势。进一步观察发现，当城市辖区人口在40万至65万人之间时，辖区部分第三产业的产值基本上徘徊在20亿元左右，也就是说，在城市辖区人口40万至65万人之间，人口的增长并没有导致第三产业的同步发展，而当城市辖区人口超过了65万人后，曲线突然陡峭起来，人口的增长引起了第三产业的加速增长。

从图3可以看出，人均第三产业（部分）的产值随着城市人口规模的扩大而迅速增长。对照表5的数据我们发现，在拟合线左边的城市的非农业人口平均规模为25.41万人。而集中在图3的左下方拟合线右边的城市，多数非农业人口不到10万人，其非农业人口的平均规模不及前者的一半。市区人口规模与人均第三产业产值之间的关系提出了一个有待进一步研究证实的问题，即在中国目前经济发展水平上，10万市区人口是不是一个城市第三产业有基本发展空间的最低人口规模?①

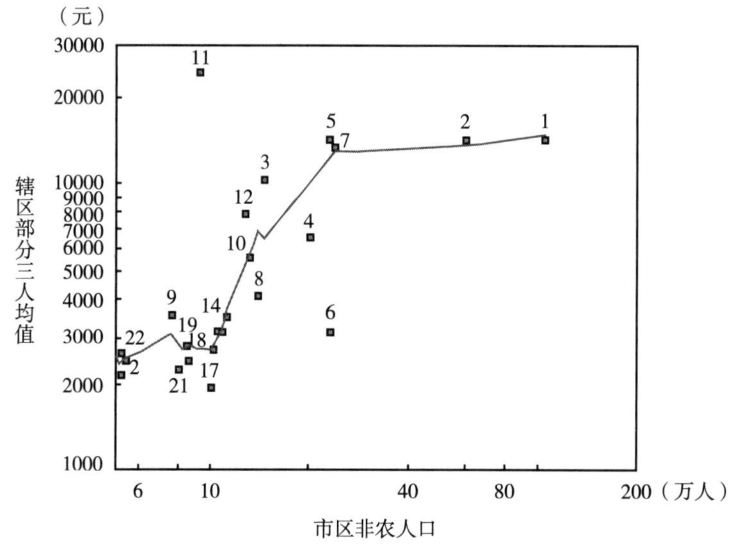

图3　市区人口规模与城市人均第三产业产值的关系

注：图中城市编号与表5相同。

观察一个省份的城市样本得出的上述结论，对全国是否具有一般意义呢?我们从不同角度分析了全国的数据，得出类似的结论。我们考察了全国不同省份的城市化率、小城市比重与城市人均第三产业产值三者之间的关系。基于同样考虑，我们仍然不是以全部第三产业产值，而是以部分第三产业的产值作为研究对象。我们计算的部分第三产业产值包括交通通信、国内贸易、餐饮业、农业服务业、地质水利、金融保险、房地产业等行业的产值。

根据表6，首先考察人口城市化率与人均第三产业产值之间的关系，对全国

① 城市规划专家、同济大学教授陈秉钊先生在福建省政府的一次政策咨询会议上指出，从城市基础设施（如自来水厂、污水处理厂等）的最小有效规模看，5万城区人口是一个城市的起点规模。这可以视为城市的最小技术规模，城市的最低经济规模一般大于等于最小技术规模。它究竟应该多大，值得进一步探讨。

各省份人口城市化率与人均第三产业产值的关系进行回归，得到下列趋势方程：

$$Y = \exp(5.90 + 0.048x)$$

$$R^2 = 0.82, F = 130.32, SIG = 0.0000$$

人口城市化率与人均第三产业产值之间存在着较显著的相关关系。

表 6　中国不同省份的城市化率、小城市比重与人均第三产业产值

编号	省(区、市)	人均第三产业产值（元）	小城市比重（%）	人口城市化率（%）	编号	省(区、市)	人均第三产业产值（元）	小城市比重（%）	人口城市化率（%）
1	北京	9580.07	0.00	68.85323	17	湖北	2068.64	50.00	39.93644
2	天津	6714.83	0.00	62.83541	18	湖南	1657.71	58.62	30.94879
3	河北	2056.05	67.65	40.17090	19	广东	4275.22	37.04	45.95426
4	山西	1627.93	72.73	42.20289	20	广西	1365.50	68.42	27.04111
5	内蒙古	1556.18	60.00	35.48169	21	海南	2563.30	77.78	30.55802
6	辽宁	3770.68	45.16	48.76778	22	重庆	1780.57	40.00	32.43370
7	吉林	1947.05	53.57	39.54567	23	四川	1318.79	54.84	30.24540
8	黑龙江	2240.20	41.94	40.32721	24	贵州	722.49	69.23	21.49221
9	上海	13442.48	0.00	67.36832	25	云南	1399.15	80.00	20.47622
10	江苏	3590.92	43.18	44.93826	26	西藏	1565.71	100.00	18.83499
11	浙江	3916.01	71.43	46.42318	27	陕西	1341.07	53.85	33.52785
12	安徽	1371.81	36.36	30.79248	28	甘肃	1166.86	78.57	32.12109
13	福建	4052.20	69.57	40.32721	29	青海	1653.25	66.67	30.55802
14	江西	1576.24	57.14	35.01277	30	宁夏	1494.89	60.00	32.43370
15	山东	2761.52	41.67	36.81030	31	新疆	2278.36	57.89	33.21524
16	河南	1357.69	55.26	28.44787					

资料来源：据《中国统计年鉴（2000）》表 3－9 和表 11－1 计算所得。

现在回到我们在考察福建样本城市时提出的问题：城市结构与第三产业发展之间的关系。我们用不同省份的小城市（20 万人口以下）占该省城市的比重为横轴，考察它与人均第三产业产值之间的关系（见图 5）。

对小城市比重与人均第三产业产值的关系进行回归，得到下列趋势方程：

$$Y = 2088.43 + 0.000782/x$$

$$R^2 = 0.77, F = 99.42, SIG = 0.0000.$$

图 4 和图 5 揭示了以下规律性现象：（1）一个地区的人均第三产业产值与该地区的人口城市化水平正相关；（2）人口城市化水平相同，人均 GNP 水平较高的地区人均第三产业产值也较高；（3）一个地区的人均第三产业产值与该地

区的小城市比重负相关。

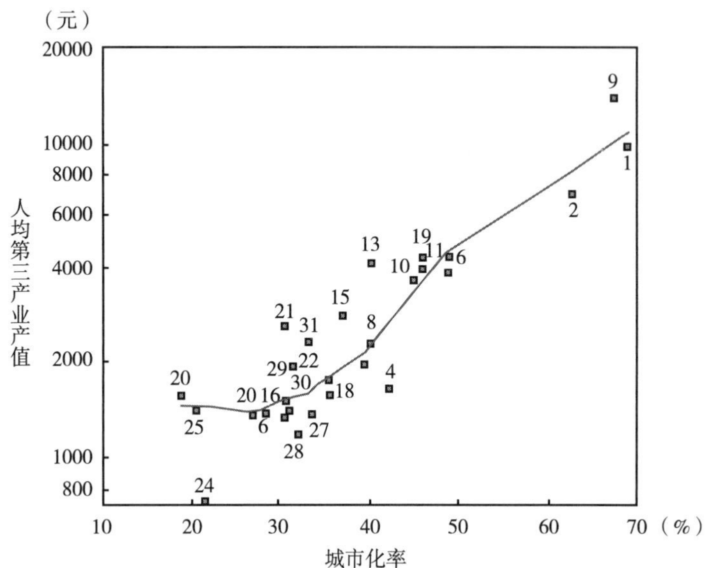

图4　全国各省（区、市）人口城市化率与人均第三产业产值的关系

注：图中城市编号与表6相同。

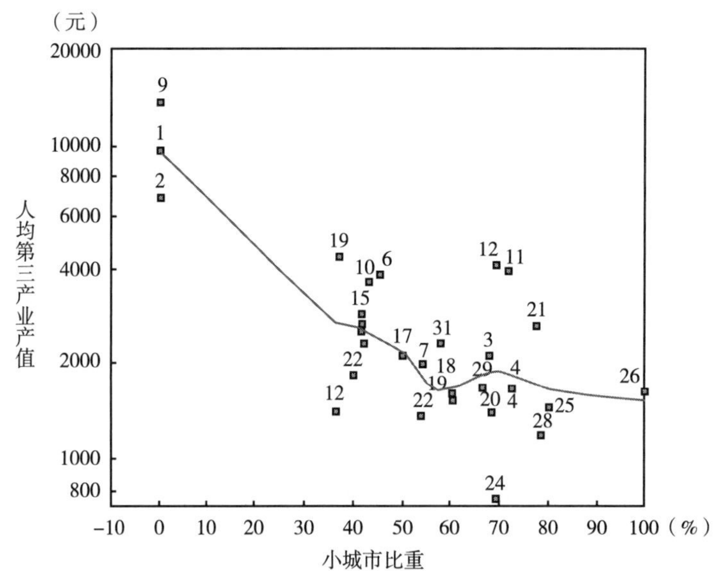

图5　全国各省（区、市）小城市比重与人均第三产业产值的关系

注：图中城市编号与表6相同。

上述前两点内含的经济关系比较直观，易于理解，因此无须进一步解释，但是，为什么人均第三产业产值与该地区的小城市比重是负相关的？

小城市不利于第三产业发展，在现实生活中也可以直观地感觉到。我们在福建、广东的有关地区进行城市化问题调查时，经常见到这些新兴的工业小城市服务业发展与工业发展之间明显不成比例，多次听到当地政府官员们谈及服务业比工业更难发展的情况。他们往往感叹当地的居民生活消费需求不足以支持饮服、娱乐等基本生活服务业的较大发展；苦于水、电、热、污水处理等必要的市政基础设施服务因城市规模太小难以达到盈亏平衡生产点；抱怨附近的较大城市的会计、法律、信息咨询、金融保险、仓储运输等服务业吸纳了当地的大部分商务服务需求。

对这一现象的经济解释是，服务业与工业的生产消费性质有所不同。工业生产与消费在时间、空间上的分离，使工业生产基本上不依赖于当地市场容量，尽管相关工业加工能力的适当集中对提高工业生产效率有重要意义。但是，服务业生产与消费在时间和空间上的不可分隔性，使当地市场容量成为制约服务业发展的关键因素。当城市人口低于最低有效规模时，服务业由于达不到最小规模经济点，而无法成为独立的社会分工，盈利的商业活动，相当部分的生活服务只能停留在自给性服务状态，现代社会生产所需要的金融、保险、运输、仓储等商务服务，会计、法律、信息咨询等专业服务，文教卫生服务，邮电、通信、交通、污水处理社会公共服务，或是无法满足，或是被附近较大城市的服务业吸纳。因此，当一个城市的人口规模低于最低有效规模时，服务业将无法得到必要的发展，而当城市人口规模虽然大于最低有效规模，但低于最优规模时，服务业尤其是商务服务、专业服务、文教卫生服务等较高层次的服务业则无法充分发展。二者都会使城市功能无法得到充分开发，导致城市化的效率比较低，城市居民的生活质量也在一定程度上受到影响。而从宏观角度看，一个国家、一个地区的小城市比重过大，尽管政策鼓励第三产业的发展，但由于缺乏必要的市场空间，必然难以发展，从而产生城市化产业内部结构的严重偏差，导致宏观经济效率的损失。

然而，统计数据显示，近 20 年来，中国的城市化过程主要体现为发展小城市。1978～1999 年，中国增加了 472 个建制市，而新增 30 万人口以下的小城市占新增建制市的 75. 84%。30 万人口以下的小城市占中国城市（建制市，下同）的比重从 1978 年的 62. 83% 上升到 1999 年的 72. 01%，而其中 10 万人口以下的小城市占中国城市的比重，则从 1978 年的 15. 18%，一度上升至 27. 56%，至今仍然高于 1978 年。而这仅仅是建制市的统计，事实上中国的小城市还包括大量不属于建制市的县城甚至行政级别更低的镇。[①] 与此同时，

① 可能有人不同意这一看法，认为建制市中小城市比重增加是由于县改市导致的，这种说法有一定道理，但是，与此同时是大量的乡改镇，显然，后者的数量大于前者。此外，由于乡镇工业的发展而形成的许多小城镇，其规模大多也是比较小的。因此综合考虑，中国近 20 年来存在着小城市比重上升的趋势。

30 万～50 万人口的城市比重在 20 年中有波动，但 1999 年与 1978 年基本持平；而 50 万以上人口的城市比重却从 1978 年的 20.94% 下降到 1999 年的 12.97%。（国家统计局，1999）。因此，我们可以得出结论：城市规模结构不合理，小城市（镇）比重过大是中国城市化产业内部结构严重偏差的重要原因之一。

五、小结

人口城市化从根本上说是经济发展和工业化的内在要求，是一个自然的历史过程。因此，城乡分隔，严格控制城市人口的户籍管理制度，尽管在一定程度上阻滞了中国的人口城市化进程，但是，并没有改变随着经济增长，人口逐步城市化的规律性趋势。而近 20 年来的经济市场化进程，极大地改变了中国包括人口在内的资源配置流动性，从而使中国的人口城市化的实际水平逐渐接近世界同类国家水平。中国目前的人口城市化实际水平约比世界同类国家偏低 10%，基本上属于正常略微偏低范围。现有的官方城市化人口统计数据受制于传统的户籍制度规定，未能真实地反映中国实际人口城市化水平及其进程。

可以由此引申的政策结论是，中国目前的城市化进程基本上是一定阶段经济正常发展的内在要求，并非城市化水平普遍偏低而产生的“补课”需要。因此，推进城市化必须以各个地区的经济发展水平，尤其是非农产业的发展为基础。经济发展较快，非农产业迅速增长的地区，有城市化的强烈需求以及必要的资金积累，加快城市化进程有利于促进这些地区的经济社会发展，能收到事半功倍之效；相反，在那些经济发展水平较缓慢，非农产业尚未得到较大发展的地区，经济内部不存在城市化的需求和条件，强行推进城市化，不仅事倍功半，而且不利于经济正常发展。这些地区的当务之急是发展经济，提高工业化水平，为城市化创造必要的前提条件。也就是说，需要对不同经济发展水平地区的城市化实行区别对待、分类指导的政策。

国际比较显示，与同类国家相比，中国城市化产业内部结构存在显著偏差，工业比重过高，服务业比重过低。从城市化角度看，这是由于中国在过去 20 年的城市化进程中，延续了计划经济体制下城乡隔绝分别发展的政策思路，过多地发展小城市（镇），城市规模结构不合理造成的。摆脱传统政策思路的束缚，调整中国城市化发展战略，适当控制小城市（镇）比重，侧重发展中等城市，改善城市规模结构，不仅有利于纠正现存的城市化产业内部结构严重偏差，充分发挥城市功能，提高城市化效率，改善居民生活质量，而且对宏观经济结构调整以及宏观经济效率的提高也有重要意义。

参考文献

［1］陈宝敏、孙宁华：《“农村城市化与乡镇企业的改革和发展”理论研讨会综述》，载《经济研究》2000年第12期。

［2］洪银兴、陈雯：《城市化模式的新发展》，载《经济研究》2000年第12期。

［3］林毓鹏、李文溥：《福建省城市化水平：测量与分析》，载《福建论坛》（经济社会版）2000年第11期。

对我国城市化水平和结构偏差问题的若干看法和政策建议*

城市化是工业化的必然产物。随着我国人均国民收入水平的提高，工业化进程的加快，我国进入了城市化进程加速时期。中央及时提出了加快我国城市化进程的战略决策，这将对我国城市化进程起重要促进作用。

促进我国城市化进程健康发展的政策建立在对城市化国情的正确认识基础上。最近，我们对我国城市化水平和结构问题进行了一些研究，现将研究结果提供决策参考。

一、我国现有的人口城市化水平并不存在显著偏低

我国目前的城市化水平，现有的测量指标基本上是使用人口城市化率（城市人口占总人口的比重）。多年来，国家统计局公布我国城市人口，不是按照实际生活在城市中的人口，而是按照城市户籍人口统计的，至今仍然如此，而世界银行在《世界发展报告》中公布的中国城市化人口及城市化率，根据的是我国的官方统计数据，因此二者相同。① 目前，理论界不少研究认为我国的城市化水平偏低，大多也是根据这个指标的直接国际比较得出的结论。事实上，由于我国城市化人口统计与世界其他国家存在较大差异，因此，直接按照这个数据进行城市化水平的国际比较存在一定问题。

在传统的计划经济体制下，我国实行严格的限制人口流动政策，没有城市户口就无法在城市就业，也无法长期居留城市，因此，按照户籍人口统计城市人口，基本上可以正确地反映我国人口城市化的实际水平。但是，近 20 年来

---

* 本文是 2001 年 4 月经由厦门市政府有关部门提交的研究报告。

① 但是世界银行指出了对这个数据进行国际比较时应慎重，注意各国统计制度之间的差异。

的经济市场化，使我国包括人口在内的各种经济资源的流动性大大提高。我国人口城市化的一个重要特征是在基本不改变传统的户籍制度条件下，大量农业人口移居城市务工经商。这些每年大部分时间甚至多年居住在城市里，在非农产业中就业的人口，绝大部分至今仍按照户籍分类统计为农业或农村人口，而不统计为城镇非农业人口。也就是说，近 20 年来的我国人口城市化进程，在我国现行的官方城市人口统计中没有得到充分反映。因此，用现有的官方城市人口统计数据估计我国人口城市化水平，显然是偏低的。

我们采用两种不同的方法对我国的城市化人口进行重新估算。一种方法是运用数学模型根据国民经济就业结构测算我国的实际人口城市化水平，另一种方法是利用城市外来人口抽样数据，推算实际生活在城市中的人口。从全国来看，两种方法测算的结果非常相近，用就业结构测算的 1999 年我国实际人口城市化水平约为 39% （38. 9986%），而利用城市外来人口抽样数据推算的 1999 年我国实际人口城市化水平约为 38. 5% （38. 48%）。而按照国家统计局的数据，当年我国的人口城市化水平仅为 32. 78%，比我们测算的实际水平低 6. 22 个百分点，约相对偏低 16%。

我们将这一测算结果按照三种方法进行国际比较。（1）世界各国的人均 GNP 与人口城市化的回归拟合趋势线比较，发现按照拟合方程的估计值，在我国 1997 年的人均 GNP 水平上，合理的人口城市化水平应为 44. 5%，而当年我国的实际人口城市化水平是 38%，偏低 6. 5 个百分点，约 15%。（2）与 1997 年人均 GNP 在 600 ~ 1200 美元的国家（1997 我国人均 GNP 为 860 美元）的平均人口城市化水平相比，这些国家的平均人口城市化水平为 42. 44%，我国偏低 4. 44 个百分点，约相对偏低 10%。（3）与同类国家相比。通过统计聚类分析，找出与我国经济发展水平最相近的一组国家，计算出这些国家的人口城市化水平为 40%，我国仅偏低 2 个百分点，约相对偏低 5%。

因此，我们认为，从国际比较看，我国目前的实际人口城市化水平是偏低于正常水平的，但是，实际偏低程度并不像官方统计或理论界目前通行估计的那么大（5% ~ 15%），平均值在 10% 左右。即我国现在的实际城市化水平从不同角度的国际比较来看，仅仅是处于正常略微偏低水平。那种认为我国目前人口城市化水平严重偏低的看法是没有根据的。

二、城市化产业结构的严重失调是更严重的问题

我们在研究中发现，与人口城市化水平相比，我国目前城市化进程中更为

严重的问题是城市规模结构不合理引起了城市化产业结构严重失调。

我们对中国的城市化产业结构问题也进行了国际比较研究。将我国的农业、工业、服务业增加值结构与9个人均GNP为600~1200美元的国家（含中国）的结构均值相比。发现，虽然我国的城市化水平只偏低于9国均值4.44个百分点，相对偏差为10.46%。但是三次产业的结构偏差却大得多，而且主要集中在城市化产业——工业和服务业——内部。我国的农业比重与9国均值基本相同，而工业比重高出均值14.89个百分点，相对偏差达41.23%；服务业则低于均值14个百分点，相对偏差为32.56%。因此，从结构角度分析，可以得出这样的结论，我国的人口城市化水平，与农业非农业结构之间的关系，基本符合世界类似经济发展水平国家的一般情况，但是，城市化产业的内部结构则与世界类似经济发展水平国家存在较大的偏差，工业比重大幅度偏高，而服务业严重偏低。关于我国城市化产业内部的这一异常现象，有人认为是实现工业化过程中必然会出现的一种阶段性现象，当工业发展到一定水平之后，其比重就会逐步下降，而服务业比重则相应上升。我国目前工业化尚未完成，因此，工业比重还有上升的可能，也就是说，不存在城市化产业内部结构的偏差问题。但是，与比我国经济发展水平低、高以及大致相当国家的工业与服务业结构进行比较，我国的工业比重都明显偏高，而服务业比重则明显偏低。因此，可以认为，我国目前的城市化产业内部结构是不正常的，而且，城市化产业的内部结构严重偏差是一个比城市化水平偏低更为严重的问题。

三、城市化产业结构严重偏差的一个重要原因是偏重发展小城市

造成城市化产业内部结构偏差的原因显然是多方面的，例如，在计划经济时期，我国实行了优先发展重工业、抑制服务业发展的经济政策。但是，城市化产业的发展与城市化之间存在密切联系。我们的研究证实：城市化战略不当是产生我国城市化产业内部结构偏差的一个重要原因。

通过对福建省20多个城市的辖区人口，市区人口与服务业之间的关系，以及对全国各省（区、市）的人口城市化水平、小城市比重与人均第三产业之间关系的计量分析，我们发现城市规模结构与服务业的发展之间存在密切关系。我们的计量研究得出了下列结论。

（1）无论是城市辖区人口规模还是市区人口规模，都对服务业的发展有重

要影响，基本统计规律是人均第三产业产值随着市区人口规模的增加而增加，城市规模越大，人均第三产业产值就越高。对福建省 20 多个城市的数据分析得出这样的统计趋势：当市区人口低于 10 万人时，服务业产值增长缓慢，人均服务业产值甚至是下降的；而当市区人口超过 10 万人之后，服务业产值的增长速度显著高于城市人口规模的增长速度，人均服务业产值迅速增加。

（2）从全国角度看，则存在两个相关关系，一是人口城市化率与人均第三产业产值正相关（相关系数 0.82），即一个地区的人口城市化率越高，该地区的人均第三产业产值就越高；二是人均第三产业产值与小城市（20 万人以下的建制市）比重负相关（相关系数 0.77），即一个地区的小城市比重越大，则该地区的人均第三产业产值就越低。

也就是说，在我国目前经济结构中已经存在工业与服务业比例结构严重失调的情况下，加快城市化进程，有利于发展第三产业，纠正我国现存的城市化产业内部的结构偏差，但是在城市化进程中，侧重发展小城市（镇）却不利于发展第三产业，将会进一步加剧我国城市化产业结构的严重失调。

加快城市化进程，有利于发展第三产业，纠正我国现存的城市化产业内部的结构偏差，其内在的经济关系比较直观，易于理解。但是，侧重发展小城市（镇）为什么不利于发展第三产业？我们对这一现象的经济解释是，服务业与工业的生产消费性质有所不同。工业生产与消费在时间空间上的分离，使工业生产基本上不依赖于当地市场容量，尽管相关工业加工能力的适当集中对提高工业生产效率有重要意义。但是，服务业生产与消费在时间和空间上的不可分隔性，使当地市场容量成为制约服务业发展的关键因素。当城市人口低于最低有效规模时，服务业由于达不到最小规模经济点而无法成为独立的商业活动，相当部分生活服务只能停留在自给性服务状态，现代社会生产所需要的金融、保险、运输、仓储等商务服务，会计、法律、信息咨询等专业服务，文教卫生服务，邮电、通信、交通、污水处理社会公共服务，或是无法满足，或是被附近较大城市的服务业吸纳。因此，当一个城市的人口规模低于最低有效规模时，服务业将无法得到必要的发展，而当城市人口规模虽然大于最低有效规模，但是低于最优规模时，服务业尤其是商务服务、专业服务、文教卫生服务等较高层次的服务业则无法充分发展。二者都会使城市功能无法得到充分开发，导致城市化的效率比较低，城市居民的生活质量也在一定程度上受到影响。而从宏观角度看，一个国家、一个地区的小城市比重过大，尽管政策鼓励第三产业的发展，但由于缺乏必要的市场空间，必然难以发展，从而产生城市化产业内部结构的严重偏差，导致宏观经济效率的损失。

然而，需要指出的是，统计数据显示，近20年来，我国的城市化过程恰恰是以发展小城市（镇）为主的。1978～1999年，中国增加了472个建制市，而新增的30万人口以下的小城市占新增建制市的75.84%，它使我国的城市规模结构进一步偏向小型化。从1978年到1999年，我国30万人口以下的小城市占中国城市（建制市，下同）的比重从62.83%上升到72.01%，而其中10万人口以下的小城市占中国城市的比重，则从1978年的15.18%，一度上升至27.56%，至今仍然高于1978年。而这仅仅是建制市的统计，事实上中国的小城市还包括大量不属于建制市的县城甚至行政级别更低的镇，如果将这些年来大批出现的这些小城镇考虑进去，那么，我国城市规模结构中的小城市化倾向就更加严重。与此同时，具有城市规模经济，有利于较充分发挥城市功能的中等以上城市的比重却在下降。30万至50万人口的中小城市比重在20年中虽有波动，但1999年水平与1978年基本持平；而50万以上人口的大中城市比重却从1978年的20.94%下降到1999年的12.97%。这种以发展小城市（镇）为主的城市化发展战略显然加剧了我国的城市化产业内部的结构偏差。

四、结论与政策建议

根据上述研究结果，我们认为：

（1）人口城市化从根本上说是经济发展和工业化的内在要求，因此，城乡分隔，严格控制城市人口的户籍管理制度，尽管在一定程度上阻滞了中国的人口城市化进程，但是，并没有改变随着经济增长，人口逐步城市化的规律性趋势。而近20年来的经济市场化进程，极大地改变了中国包括人口在内的资源配置流动性，从而使中国的人口城市化的实际水平逐渐接近世界同类国家水平。中国目前的人口城市化实际水平仅比世界同类国家偏低约10%，基本上属于正常略微偏低范围。

（2）如果我们的这个研究结论可以成立，从中可以得出的政策结论是，我国目前正处在加快城市化进程的发展阶段，其内在原因是人均国民收入水平提高和工业化引起的国民经济结构演变，是正常经济发展过程的必然产物，而不是由于我国的城市化水平普遍偏低而产生的补课需要。因此，推进城市化，必须以各个地区的经济发展水平，尤其是非农产业的发展为基础。经济发展较快，非农产业迅速增长的地区，有城市化的强烈需求以及必要的资金积累，加快这些地区的城市化进程有利于促进这些地区的经济社会发展，能收事半功倍之效；相反，在那些经济发展水平较缓慢，非农产业尚未得到较大发展的地区，经济内部不存在城市化需求和条件，强行推进城市化，不仅事倍功半，而且不利于经济正常发展。① 在这些地区，当务之急是发展经济，提高工业化水平，为城市化创造必要的前提条件。也就是说，需要对不同经济发展水平地区的城市化实行区别对待、分类指导的政策。

（3）我国城市化产业内部结构的显著偏差是一个在政策上值得认真考虑的问题。这个问题的影响因素是多方面的，但是，城市化战略偏差的影响不可低估。从城市化角度看，它是由于我国在过去20年的城市化进程中，过多地发展小城市，城市规模结构不合理造成的。目前提出的大力发展小城镇战略，从我们的上述研究结果看，存在一定问题。从政策思路上看，基本上不脱离过去城乡隔绝分别发展的思路，其消极影响是值得重视的。我们认为，应调整城市化发展战略，适当控制小城市（镇）比重，侧重发展中等城市，改善我国的城市规模结构。它有利于纠正我国目前严重存在的城市化产业内部结构偏差，充分发挥城市功能，提高城市化效率，改善居民生活质量。

① 我们在城市化问题的调研中发现，有些地区，甚至因此妨碍了当地农业的发展，给农民造成沉重的经济负担。农村城镇化本来是一件好事，但却因为有些地方和部门不能正确理解其目的和前提条件，结果办成了“扰民工程”。

城市化还是城镇化？*

受城乡二元体制的制约，中国的城市化也就带有了一些似乎特殊，本来可以没有的“中国特色”。特色之一，是城市化长期滞后于工业化。改革开放后的第一波工业化在20世纪80年代中期就蓬勃展开了，不过，那时的乡镇工业化却是村村点火，镇镇冒烟，农民们离土不离乡，没有城市化什么事。到了20世纪90年代中后期，农民工进城打工才成为世人瞩目的社会现象。时至今日，以常住人口统计的城市化率早已超过50%了，但是，按照户籍人口统计的城市人口却不过35%左右。这几天，正是这些占中国人口近20%的半城市化人口在全国各地上演着每年一度的、世界瞩目的“春运”返乡大潮。特色之二，是连名称至今都不能统一。到底是国际通行的城市化（urbanization），还是所谓中国特色的“城镇化”？不同意见者之间的争论，在老外看来，颇有点像是《格列佛游记》里两个小人国为吃鸡蛋应当敲大头还是敲小头而大打出手一般可笑。然而，城市化与城镇化的名词之争，在当今中国却是事关“三农”、城市化发展道路的重大理论与政策之争。城市化还是城镇化，实际上争论的是大中城市化为主还是小城镇为主？首先，它关系到城市化（城镇化）的需要来自工业化、非农产业化还是农业现代化？其次，农村现代化就要农村城镇化吗？最后，脱农入工、市民化的农民是二等公民吗？是否应当限制其居住选择，只能住在小城镇，然后不远千里的到城市里打工，还是应当一视同仁地尊重他们的居住选择？

学界争论，十几年来意见仍然不能统一。因为迄今为止的国内外城市化发展实践似乎都不支持以发展小城镇为主的城镇化战略。

证据之一，近40年来，世界的城市发展趋势是以发展大中城市为主的。1970～2011年，世界城市人口中，1000万人以上特大城市人口比重上升最快，

---

* 原载于香港《经济导报》2014年第3期。

40年增长了近2.5倍，100万至500万人的大城市次之，50万人以上的大中型城市的人口占比上升了10.8个百分点，同期50万人以下小城市人口比重却下降了10.7个百分点。[①]

证据之二，我国尽管多年来在政策上始终坚持发展小城市为主的城镇化战略，但是人口却不断地向大城市集中。2000年，我国百万人口以上的大城市仅为92个，2010年已达到137个，增加了48.9%。[②] 如果按照人口规模算，甚至不止翻了一番。

证据之三，是笔者所在的省份。2000～2010年，福建人口增长了279.63万人，其中，厦门、福州、泉州三个市辖区人口过百万的大城市人口增长了251.85万人，占90%以上，光厦门就超过了一半（52.86%）。厦门、福州、泉州市辖区人口占全省的比重上升了5.63个百分点。同期，龙岩、三明、南平、宁德四个市辖区人口在50万人左右及以下的内陆山区市人口却是相对、绝对地减少了，更不用说内陆县这一级的小城市以及之下的镇了。

人口不仅从内陆向沿海集中，而且从沿海的县和县级市向大城市集中。2000～2010年，福州市辖区人口增长了近80万人，福州市下辖的8个县和县级市人口却减少了6.8万人。

笔者居住的厦门市，2010年第六次人口普查之后至今，不过4年左右，常住人口已经超过了450万人。超过500万人，看来也就是这两年的事。

为什么尽管在政策上始终坚持发展小城市为主的城镇化战略，但是实际发展趋势却事与愿违？国务院发展研究中心2013年的最新调查结果或许能说明一点问题：在调查的农民工流动人口中，有68%表示愿意落户大城市，然而，愿意落户中小城市的只有32%。[③] 人心所向如此，结果也就不难解释。人先要吃饭。尽管大城市的生活成本相对较高，但是，大城市有更多更好的就业机会，人口自然也就流向大城市。小城镇不能提供较多就业机会，因此，尽管可能山清水秀，PM2.5几乎为零，可还是留不住人。

《纽约时报》曾经报道，在陕南，“曾有200家住户的七堰村被改为了镇，地势较低的地带被夷平了，重新修建了高楼，供6000人居住。那些生活在周围山里的人被鼓励去山谷里的新城镇（而不是像西安那样的大城市）居住。这个过程被称为城镇化，它已成为中国辩论最多的话题之一。其构想是让农民居

① United Nations Department of Economic and Social Affairs: Population Division *World Urbanization Prospects: The* 2011 *Revision.*

② 按市辖区常住人口计算。

③ 《国家卫计委官员：农民工市民化不等于“农转非”》，中国新闻网，2013年10月19日。

住在靠近老家的新建城镇，而不是搬进大城市，从而限制巨型城市的数量。问题在于这些地区的就业岗位，或者更准确地说是就业岗位的缺乏。……这里修建了一个工业园区，但是除了一个小茶园的季节性加工厂以外，这里没有其他工厂。居民们估计有20人在那里工作。其他人不是失业，就是在远方的工厂上班。外来务工人员不能在那些地方定居。"①

然而，这种不顾工业化趋势、人口迁徙规律、市场需求，意在土地财政的政府造城运动所导致的城市化效率低下，已经成为当今中国经济发展最大的隐忧之一。李剑阁先生指出："1980年全国的城镇建成区面积是5000平方公里，到2011年是4.3万平方公里，建城区扩大了8倍，远高于城镇人口的增长速度。我们城市人口的密度由原来每平方公里8500人，下降到7300人，而根据我们国情制定的标准应该是1平方公里容纳居住人口1万人。"② 造城运动导致的投资效率下降，是国民经济资本产出系数不断下降的重要原因之一，是地方政府债台高筑的重要原因之一，是形成土地财政、强迫拆迁、官员腐败等引发诸种社会矛盾的重要导火索之一。

社会经济发展趋势与政策导向产生如此大的背离，使我们不能不思考一下相关的理论。

思考之一：城市化是农业现代化、农村现代化、农民奔小康的需要吗？

众所周知，农业是一个自然再生产与经济再生产相交织的特殊再生产过程。土地不仅是农业的基本生产场所，而且是基本生产资料。相同的土地面积，所能容纳的农业劳动力要比非农劳动力低得多。农业越现代化，一个农民所能种的地就越多，同样土地所需的农业人口就越少。当今美国农业，无疑是现代农业。美国农民无论收入还是生活水平，都不低于城里的中产阶级，但是，美国农民既不住城，也不住村，安居乐业于家庭农场中的独立农舍。这是因为现代农耕技术及农机的使用，使每个农户可以有效耕作的半径、实现效率经营所需的最小耕地面积是如此之大，以致美国有农业而无村庄。西欧和东亚，人均耕地有限，农民比邻而居，也就是聚居成村而已。有效耕作距离决定了，要想将数万农民集中起来，形成有经济规模的城镇，既不现实也不可能。3万至5万常住人口显然远远低于城镇经济上最低的人口规模。供电、给排水，污水、垃圾处理等市政设施难以达到设备有效利用的最低技术经济规模，商业、医疗、文教等各类服务业的服务对象有限，连条500米的商业街都冷冷清

① 《"回不去的故乡：中国城镇化运动"》，《纽约时报》中文网，2013年7月15日。

② 李剑阁：《城市化是中国发展的大势所趋》，财经网，2013年10月12日。

清，难以维持。可是，这 3 万至 5 万人口要是以农为业，却是无法安排。在现代农业的最低规模经济水平上，即使是精耕细作的南方稻作农业，这些农业人口也至少需要 15 万亩以上的耕地，方圆达一百多平方公里，约等于厦门岛。即使地处平原，这一百多平方公里全是耕地——这可能吗？而且假定镇区就坐落在耕作区中心。平均耕作半径也在 3 公里以上，最远耕作距离超过 6 公里。每天跑十来里路去种地。做过农民的都知道，这个地还不如不种。平原尚且如此，在“八山一水一分田”的福建，如此城镇化，那还不得坐着火车去下田？一个国家，越是工业化，越是农业现代化，农村人口就越稀少。这些年来，我国农业人口减少了 1/3，今后还要继续减少。它为农业现代化和规模经营创造了必要前提。然而，现代农业及农业的规模经营，只会使农民更稀疏地散居农村，不可能因此集中居住，形成以农业为基础的城镇。

当然，农村、农业要现代化，农民不仅要奔小康，还要和城里人一样享受现代化的全部成果。但是，现代农业仍然是农业，现代农村仍然是农村，现代农民仍然是农民。城市化与农村现代化是两回事。现代化并非只与城市结缘，农村也要而且也能现代化。

思考之二：城市缘何产生？

城市源于非农产业化尤其是工业化。工业经济的特点决定了规模经济、范围经济对于工业生产效率及技术创新至关重要。因此，非农产业化尤其工业化与城市化是同生共存关系。1949 年以来的我国经济建设史已经证明，那种只要工业化不要城市化，只建工厂不建城市，在人迹罕至的山区，进行“山、散、洞”的工业建设极无效率。改革开放后，这些企业不是搬迁到城市及周边地区，就是被迫关停并转，下马了事。

一个城市的产业往往需要数十家甚至成百上千家企业的集聚。各产业间因技术经济联系而形成的投入产出关系决定了众多产业集聚方能产生专业分工，形成范围经济。因此，现代工业经济要求与之匹配的城市不可能是乡间小镇，而是上百万以至数百万人口的大中型城市。

工业发展、人口集聚催生服务业。没有工业集聚，没有专业化分工，不能形成商业化生产服务需求，不能产生社会化生产服务业。没有人口集聚，生活服务需求固然存在，但难以形成商业需求，它或转化为自给自足的家庭内服务，或转向周边甚至远方城市。只驻扎一个排的无居民边防海岛，士兵只能自我服务，相互理发；农村孩子可以在村里或乡里上小学，上高中往往要到县里去，上大学就要到数百里外的大中城市去了。

思考之三：大中城市化与发展服务经济。

服务业“短腿”，是当今中国最重要的产业比例失衡。2012 年，中国人均 GDP 6188 美元，这一收入组国家 2011 年第三产业占 GDP 的比重是 55.63%，低收入国家组也占 49.82%，而中国居然只有 43.35%。除了出口劳动密集型产品导向的粗放经济发展方式之外，长期以来实行发展小城市的城镇化战略是重要原因之一。

笔者十来年前实证研究就发现，第三产业发展水平与城市规模之间存在密切联系：20 万人以下小城市，[①] 服务业占 GDP 比重远远低于百万人以上的大城市；小城市占比越高的地区服务业占比也就越低。至今仍然如此。[②]

最近，笔者依据常住人口的规模，将福建省设区市以及县级市分成大城市（常住人口 100 万人以上）、中等城市（常住人口 50 万到 100 万人之间）和小城市（常住人口 50 万人以下）三组，分别考察其第三产业产值及占比，发现 2000 ~2012 年，大城市的第三产业比重从 44.75% 上升至 50.19%，而中等城市却从 43.23% 降至 39.39%，小城市则从 36.40% 降至 33.53%。大城市与中小城市的三次产业比重不仅差距悬殊，而且发展趋势完全相反。

有研究指出，从日本、韩国转型的经验来看，从高速增长期步入中速增长期后，所有新增就业均来源于服务业。[③] 随着人均收入水平的提高，当物质产品消费需求基本满足之后，服务将成为居民消费的新增长点。在目前我国制造业生产能力严重过剩，大量的基本民生服务需求由于体制改革滞后而未能得到充分满足的情况下，尤其如此。种种迹象表明，服务业将成为次高速增长阶段拉动中国经济增长的重要朝阳产业。然而，如果一方面要大力发展服务业，另一方面却要继续推进不利于服务业发展的城镇化战略。在政策上岂非南辕北辙，缘木求鱼?

斯蒂格利茨曾经说过，21 世纪，中国的城市化和以美国为首的新技术革命将成为影响人类的两件大事。美国的新技术革命到底如何，笔者孤陋寡闻，眼下还说不清楚，中国的城市化对人类的影响如何？也可姑且不论，但是，到底选择什么样的城市化发展战略，对于中国这十年的发展，对于生活在这块土地上的你、我、他，似乎还是一件值得认真思考的事情。

---

① 当时的统计分类，20 万人以下为小城市。

② 李文溥等：《中国人口城市化水平与结构偏差》，载《中国人口科学》2001 年第 5 期。

③ 李迅雷：《中国需改变“无所不能”的稳增长思维》，载《华尔街日报》2013 年 9 月 3 日。

第三篇

中国民间投资失速研究*

一、引言

长期以来，民间投资在我国经济增长中作用巨大。2012～2015年，民间投资增速一直高于全国投资增速，民间投资占比持续上升，由2012年的61.4%增加到2015年的64.2%。然而，进入2016年，民间投资增速突然迅速下滑。2016年第一季度，民间投资累计同比增速下降至5.7%，同期全国固定资产投资的累计同比增速则由2015年底的9.9%回升到10.7%，高于民间投资增速约5.0个百分点；第二季度，民间投资累计同比增速继续下滑到2.8%，与全国固定资产投资累计同比增速的差距进一步拉大至6.2个百分点，占全国固定资产投资的比重大幅下降至61.5%，半年间减少了近2.6个百分点，几乎回落到2012年的水平（见图1）。在经历了国际金融危机以来多年的民营投资增速缓慢下滑，但是相对增速却远远高于国有经济及其他投资主体，之后，民营投资增速突然出现断崖式下滑，这无疑是我国宏观经济运行中值得高度关注的新动向。

在2016年上半年尤其是第一季度货币政策实质放松的背景下，民间投资为何突然增长失速？通过对分行业的民间固定资产投资构成变化分析，本文认为，今年上半年民间投资的增长失速与当前我国供给侧结构性改革的一些操作失当有一定关系。一方面，过剩产能行业的"去产能"行动加码使民间投资加快退出相关行业；另一方面，一、二线城市的房地产业热与三、四线城市的房地产"去库存"，使资金和资源动员能力更有优势的国有经济在不对等竞争中挤出民间投资，

* 本文原载于《东南学术》2016年第6期，共同作者：龚敏、王燕武。

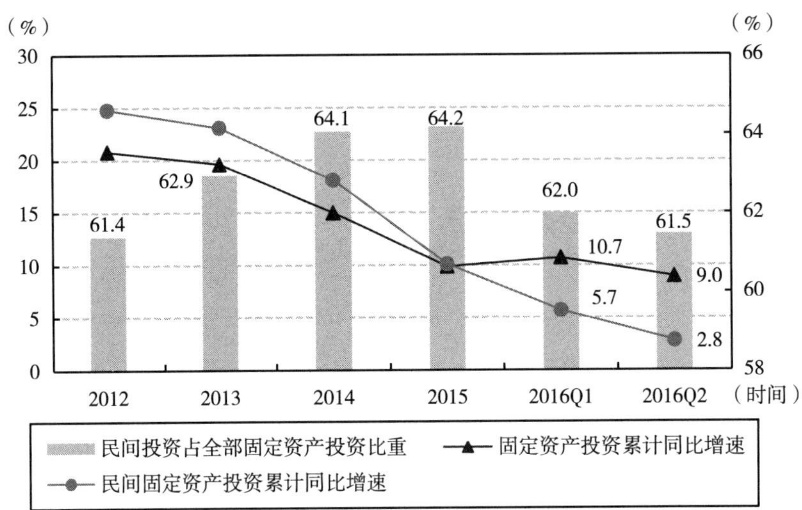

图1　民间固定资产投资同比增速

资料来源：CEIC 数据库。

在民营经济加快从产能过剩行业退出——这当然是必要的——的同时，可以供民营经济进入的新投资领域却严重不足，这就必然造成了退出与进入之间的严重失衡，导致民间投资失速。民间投资增速关系着当前经济增长稳定，关系着供给侧结构性改革的实施成效，关系着我国经济的长远发展前景。因此，我们认为，有必要反思和适当调整当前供给侧结构性改革的思路和做法，充分发挥市场在资源配置中的决定性作用，用市场化的方式解决长期政府主导型经济体制下的结构失衡，根据中等偏上收入向高收入经济体过渡时期的需求结构转换要求，调整资源配置，提高资源效率，开放民间投资新领域，提高民间投资的回报率，扩大民间投资，形成面向高收入经济的新供给结构。

二、相关研究综述

对于上半年的民间投资增速下滑，国家统计局归因为：第一，工业品出厂价格（PPI）持续下滑，使得传统行业的主营业务利润率较低，在一定程度上影响了投资的积极性；第二，与一些新兴行业和服务业的制度准入有一定的关系，如电信、油气等，民间投资暂时还不容易进入；第三，与资金来源有一定关系，民间投资依然贷款难、贷款贵；第四，洪涝灾害引起的投资波动。①

① 《统计局回应“民间投资增速回落：主要有四大原因”》，新浪财经，2016 年 8 月 12 日。

然而，首先，PPI 已多年增长放缓，它难以解释民间投资为何在今年初出现加速下滑；其次，我国的服务业准入壁垒已经存在多年，而且，基本上已放开了的制造业今年同样面临着民间投资的增速下滑，因此，行业准入限制似乎难以解释当前的现象；再其次，自 2014 年以来，央行先后 6 次降息降准，引导银行一般贷款利率由 10.1% 大幅降至 5.7%，民营企业贷款难、贷款贵问题随着资金成本的下降，已比此前有所趋缓，因此也似乎难以解释民间投资的突然加速下降；最后，“洪涝灾害”的影响多是区域性的，然而，民间投资增速下滑最快的东北地区，上半年似乎并没有比其他地区遭受更多的“洪涝灾害”。

任泽平（2016）提出，上半年民间投资增速下滑可以用三个“没有”来解释。一是民间企业没有能力投资。民间企业相当程度上依靠以利润为主的内源性融资，企业利润连续多年大幅下滑，对投资能力构成了严重制约。2015 年下半年以来，受房市火爆、地方债务置换、财政稳增长等影响，大量资金流向房地产开发商和地方政府，对民间投资产生挤出效应，社会融资结构恶化，资源配置效率下降。二是民间企业没有意愿投资。除了制度成本过高、私人产权保护不够、法治化欠缺、政府干预过多、官员不作为等老问题外，近年又增加了货币超发抬高企业成本、政策信号摇摆市场预期不稳定两大因素。三是民间企业没有地方投。一方面，钢铁、煤炭等传统行业产能过剩；另一方面，服务业存在广泛管制，“玻璃门”“弹簧门”普遍存在，民间企业缺少投资领域。张倪和姜巍（2016）、梁达（2016）等也基本持相似看法。这些研究所关注的民间投资增速持续下行的长期性制度和体制因素，已经存在多年，但却难以说明今年上半年民间投资增速为何突然失速。此外，钟正生、张璐和夏天然（2016），刘鎏和梁红（2016）等认为，实体投资回报率下降是造成民间投资增速下降的主要原因之一。但近些年这一因素也一直都存在，并没有在上半年加速恶化（厦门大学宏观经济研究中心课题组，2016）。

陈亚龙和沈新凤（2016）指出，供给侧结构性改革是今年民间固定资产投资下滑加快的核心因素。依据是：第一，民间投资增速下滑加速的时点与供给侧结构性改革的提出与强化相匹配，都是在年初开始加码的；第二，测算结果显示民间投资下滑中贡献最大的是制造业，而制造业投资主体是民间资本，这与供给侧结构性改革的背景匹配。这是目前少数将当前民间投资增长失速与供给侧结构性改革联系在一起的研究。但其依据并不充分。首先，时点相同不代表二者之间存在必然的联系；其次，从三次产业看，上半年民间投资增速下滑中贡献最大的产业是第三产业，而并非制造业，因此，还需要从第三产业的细分行业中挖掘民间投资下滑的关键因素。

三、民间投资增长失速的原因探究

2016 年上半年，民间投资累计同比增速较上年同期大幅下降了 8. 60 个百分点，而同期全部投资的增速约减少了 2. 40 个百分点，民间投资的增速下滑显著超过全部投资增速的下降程度。受此影响，民间投资占全部投资的比重由 2015 年同期的 65. 14% 下降到 2016 年的 61. 47% ，减少了 3. 67 个百分点。其中，第三产业民间投资占全部投资的比重由 2015 年上半年的 30. 43% 降至 2016 年上半年的 28. 39% ，降低了 2. 04 个百分点，贡献了全部民间投资占比下降的 55. 66% ；第二产业民间投资占比则由 32. 60% 下降到 30. 77% ，降低了 1. 83 个百分点，贡献了全部民间投资占比下降的 49. 98% ；第一产业民间投资的占比则提高了 0. 20 个百分点（见表 1）。因此，第三产业、第二产业民间投资减速是导致民间投资增速大幅下降的主要因素。

表 1　　分行业民间固定资产投资占全部固定资产投资比重变化情况　　单位：%

年份	变量名	民间投资	第一产业	第二产业	第三产业
2012	占总投资比重	62. 14	1. 67	32. 84	27. 64
2013	占总投资比重	63. 74	1. 61	32. 69	29. 44
	占比变动	1. 60	-0. 05	-0. 15	1. 80
	分行业贡献	100. 00	-3. 40	-9. 31	112. 71
2014	占总投资比重	65. 14	1. 79	32. 78	30. 58
	占比变动	1. 40	0. 17	0. 09	1. 13
	分行业贡献	100. 00	12. 22	6. 75	81. 03
2015	占总投资比重	65. 14	2. 11	32. 60	30. 43
	占比变动	-0. 02	0. 32	-0. 19	-0. 15
	分行业贡献	100. 00	-1947. 47	1126. 77	920. 69
2016	占总投资比重	61. 47	2. 31	30. 77	28. 39
	占比变动	-3. 66	0. 20	-1. 83	-2. 04
	分行业贡献	100. 00	-5. 64	49. 98	55. 66

注：各年均是上半年的同期数据。

从第二产业的民间投资投向上看，在垄断特征更为明显的电力、热力、燃气和水的供应业中，民间投资占比由2015年的1.62%提高到2016年上半年的1.90%。2012年至今，该行业的民间投资占比始终呈稳步提升的态势（见表2）。导致2016年上半年第二产业民间占比下降的主要因素是制造业和采矿业民间投资，前者约贡献了94.06%，后者贡献了17.24%。值得注意的是，采矿业民间投资占比下降并非始于2016年上半年，2012年以来就一直如此，只是2016年的降幅进一步扩大了。

表2　第二产业民间固定资产投资占全部固定资产投资比重变化情况　单位：%

年份	变量名	第二产业民间投资	电力热力燃气及水的生产和供应业	建筑业	采矿业	制造业
2012	占总投资比重	32.84	1.23	0.50	1.89	29.21
2013	占总投资比重	32.79	1.30	0.40	1.74	29.34
	占比变动	-0.05	0.07	-0.10	-0.15	0.13
	分行业贡献	100.00	-151.45	208.13	307.47	-264.14
2014	占总投资比重	32.89	1.36	0.44	1.58	29.50
	占比变动	0.09	0.06	0.04	-0.17	0.16
	分行业贡献	100.00	62.22	42.81	-165.31	160.28
2015	占总投资比重	32.68	1.62	0.43	1.30	29.32
	占比变动	-0.21	0.26	-0.01	-0.27	-0.19
	分行业贡献	100.00	-124.97	4.01	131.16	89.80
2016	占总投资比重	30.83	1.90	0.37	0.98	27.58
	占比变动	-1.85	0.27	-0.06	-0.32	-1.74
	分行业贡献	100.00	-14.70	3.39	17.24	94.06

注：各年均是上半年的同期数据。

从制造业细分行业看，非金属矿物质、黑色金属和有色金属冶炼压延加工业的民间投资占全部投资的比重分别下降0.38个、0.04个和0.14个百分点，合计贡献了32.59%的制造业民间投资比重下降；通用设备和专用设备制造业民间投资占全部投资的比重也降得比较快，分别贡献了制造业民间投资下降的10.53%和13.61%。由于通用设备和专用设备制造业价值较大的部分设备包括采矿、冶金、建筑、金属加工等，这两个行业的民间投资比重下降，也与民间投资从采矿业、非金属矿物质，以及黑色金属和有色金属冶炼及压延加工业等行业的退出息息相关，并且受政府对上述行业的产能限制的影响（见表3）。

表3　　制造业分行业民间固定资产投资占全部固定资产投资比重变化情况　单位：%

年份	变量名	制造业民间投资占比	非金属矿物质	黑色金属冶炼及压延加工业	有色金属冶炼及压延加工业	通用设备	专用设备	汽车制造业	电器机械和器材	计算机通信和其他电子设备
2012	占总投资比重	29.21	3.17	1.06	0.96	2.09	2.03	1.58	2.06	0.97
2013	占总投资比重	29.34	3.07	0.99	1.07	2.20	2.09	1.60	1.95	1.08
	占比变动	0.13	-0.10	-0.08	0.10	0.11	0.06	0.02	-0.11	0.11
	分行业贡献	100.00	-73.81	-60.92	80.67	85.74	42.73	16.79	-83.10	84.33
2014	占总投资比重	29.50	3.04	0.81	1.02	2.30	2.07	1.59	1.97	1.02
	占比变动	0.16	-0.03	-0.18	-0.05	0.10	-0.02	-0.01	0.02	-0.06
	分行业贡献	100.00	-20.75	-111.77	-29.31	61.77	-10.80	-5.69	11.65	-38.63
2015	占总投资比重	29.32	3.02	0.63	0.96	2.28	2.08	1.60	1.91	1.16
	占比变动	-0.19	-0.02	-0.18	-0.05	-0.02	0.02	0.01	-0.06	0.14
	分行业贡献	100.00	8.99	94.74	28.59	10.60	-8.82	-3.04	30.93	-75.70
2016	占总投资比重	27.58	2.64	0.58	0.82	2.10	1.85	1.63	1.92	1.10
	占比变动	-1.74	-0.38	-0.04	-0.14	-0.18	-0.24	0.03	0.01	-0.06
	分行业贡献	100.00	21.74	2.56	8.29	10.53	13.61	-1.76	-0.72	3.51

注：各年均是上半年的同期数据。

从第三产业民间投资看，交通运输、仓储和邮政业的民间投资占全部投资的比重由2015年上半年的2.20%下降到2016年上半年的2.06%，跌幅为0.14个百分点，贡献了第三产业民间投资占全部投资比重下降的6.96%；水利、环境和公共设施的民间投资占全部投资的比重仅轻微下降了0.01个百分点，对第三产业民间投资占全部投资的比重下降贡献为0.63%；而教育、卫生和社会工作业，民间投资占全部投资的比重，反而分别提高了0.03个和0.04个百分点；文化、体育和娱乐业以及公共管理、社会保障和社会组织业的民间投资占全部投资的比重只是小幅下降，对第三产业民间投资占全部投资比重的减少贡献有限（见表4）。从2015年上半年的情况看，与2014年同期相比，上述六个行业的民间投资占全部投资的比重则是全部增加。不过，从总量上看，2016年上半年，这六个行业的民间投资合计仅占全部第三产业民间投资比重的22.23%，不是决定第三产业民间投资变动的主要因素，真正的原因是第三产业其他行业民间投资的变动。

表 4　　第三产业分行业民间固定资产投资占比变化情况　　单位：%

年份	变量名	第三产业民间投资占比	交通运输、仓储和邮政业	水利环境和公共设施管理业	教育	卫生和社会工作	文化、体育和娱乐业	公共管理、社会保障和社会组织
2012	占总投资比重	27.64	1.58	1.64	0.30	0.17	0.53	0.51
2013	占总投资比重	29.44	1.80	1.89	0.33	0.21	0.64	0.38
	占比变动	1.80	0.22	0.24	0.03	0.04	0.11	-0.13
	分行业贡献	100.00	11.95	13.53	1.88	2.10	6.13	-7.41
2014	占总投资比重	30.58	1.97	2.20	0.38	0.24	0.69	0.37
	占比变动	1.13	0.17	0.31	0.04	0.03	0.05	-0.01
	分行业贡献	100.00	15.44	27.41	3.70	2.88	4.79	-0.78
2015	占总投资比重	30.43	2.20	2.47	0.39	0.34	0.73	0.40
	占比变动	-0.15	0.23	0.28	0.02	0.10	0.04	0.03
	分行业贡献	100.00	-149.85	-182.68	-12.99	-65.89	-27.71	-18.70
2016	占总投资比重	28.39	2.06	2.46	0.42	0.38	0.66	0.32
	占比变动	-2.04	-0.14	-0.01	0.03	0.04	-0.07	-0.08
	分行业贡献	100.00	6.96	0.63	-1.48	-1.90	3.41	3.73

注：各年均是上半年的同期数据。

由于缺乏第三产业其他细分行业的民间投资数据，我们无法直接分析哪些行业是决定第三产业民间投资进而决定民间投资增速下降的关键因素。不过，以下一些线索有助于分析上述问题。一是扣除上述六个行业之后，根据《国民经济行业分类》（GB/T 4754－2002），剩下的服务业分类有批发零售业、信息传输计算机服务和软件业、金融业、房地产业、租赁和商务服务业、科学研究技术服务和地质勘查业、居民服务和其他服务业七个行业。换算得知，正是这七个行业的民间投资变动决定了今年上半年第三产业民间投资下降的88.66%。二是在这七个行业中，民间投资比重较高并在第三产业中权重较大、影响力较大的行业是批发零售业、房地产业。以房地产业为例，2014 年全国房地产开发投资中内资规模为86592.9 亿元，其中，国有、集体、国有及国有控股投资的比重约占15%，其余均为民间投资。三是上半年我国社会消费品零售总额增速保持平稳，可以估计批发零售业的民间投资变化不会太大。这意味着，是房地产业的民间投资占比变化对第三产业民间投资占比下降起了决定作用。如图 2 所示，2015 年 6 月起，国有及国有控股的房地产开发投资增速开始超过全部房地产开发投资，2016 年 1 月之后，增速突然由 2015 年底的2.7%跃升到17.0%，而同期全部房地产开发投资的增速仅由1.0%提高到3.0%，说明占据绝对主体地位（85%）的非国有投资增速相对较低，导致全部房地产开发投资增长缓慢。国有及国有控股房地产开发投资占全部房地产开发投资的比重因此由 2015 年底的 15.0% 上升到 16.6%，比 2015 年同期提高 1.6 个百分点。进一步从房地产开发投资的增量资金上看，2015 年 6 月，房地产开发投资较 2014 年同期增加了 1936.3 亿元，其中，国有及国有控股投资的增量占比仅为 6.01%，而到今年上半年，房地产开发投资较 2015 年同期增加了 2675.6 亿元，其中国有及国有控股投资增加了 1153.97 亿元，占全部增量的比重高达 43.1%。

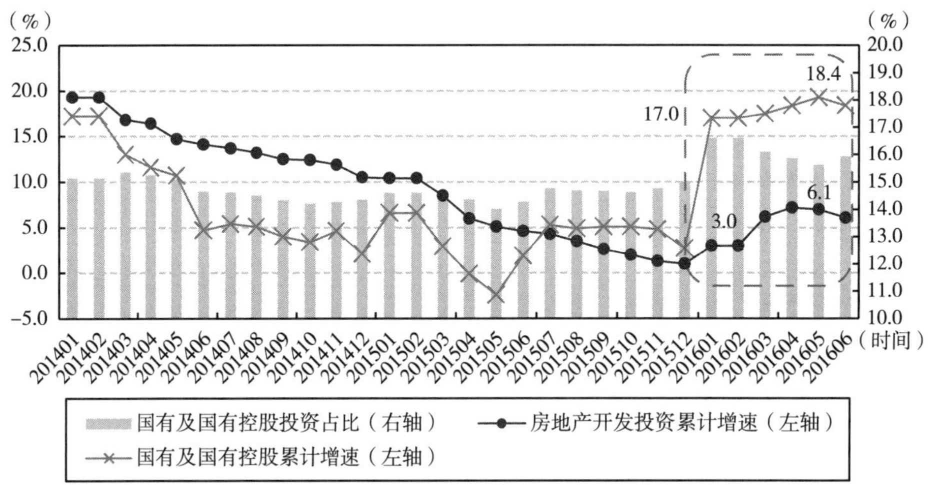

图 2　2015 年以来国有及国有控股房地产开发投资的增速变化

资料来源：CEIC 数据库。

综上所述，本文认为，上半年我国民间投资增长突然失速的直接原因可以归纳为以下几点。

第一，民间资本加快退出制造业中产能过剩领域，与此同时，在高端制造业、准公共服务业领域，或受制于技术壁垒，或缺乏人力资本，或苦于资金短缺，或受限于体制障碍，一时难以进入，导致部分产业民间投资增速下降，这些退出的资本“脱实就虚”，部分流入商品期货、一线城市房地产市场、美元、黄金等虚拟经济领域，部分对外输出，加快了对外投资。

第二，房地产业民间投资增速在上半年没有明显回升，使房地产业中民间投资比重出现较大幅度下降，国有及国有控股投资比重上升。一方面，可能是由于银行信贷偏向对国有部门的贷款和一、二线城市房地产较高的资金进入门槛，使得资金和资源相对弱势的民间投资，难以与国有企业在一、二线城市竞争，新增投资有限；另一方面，这也与大量的民间投资更多集中在三、四线城市，而这些城市的房地产市场在上半年“去库存”压力较大，难有新增投资空间有关。因此，上半年民间投资在房地产业的增速下降，反映了当前房地产业严重的区域分化现象，三、四线城市存在着较大的“去库存”压力，同时，在新一轮的地产经济刺激中，民间投资难以同资金雄厚、资源动员能力强的国有企业竞争。

四、民间投资失速与经济增长

民营经济是当今中国经济的主体。民营企业创造了60%左右的国内生产总值，80%左右的社会就业，提供了超过一半的税收，民间投资占固定资产投资的60%~65%，在制造业投资和房地产投资中占85%以上。民间投资失速对中国经济增长的影响值得认真研究。我们利用中国季度宏观经济模型（CQMM）进行政策模拟。

我们认为，尽管影响民间投资的因素是多种的，但是，它们都将通过投资回报率的变动影响民营经济的投资决定。因此，我们将投资回报率变量设定为外生变量，其影响路径主要是政府税制调整，包括生产税净额、企业所得税额的降低等。通常税制结构的调整会对模型内各个模块产生内生影响。以往的研究中，我们曾基于CQMM模型考虑过税制结构变化的影响，这里，我们简化为外生的变动。

为了使CQMM模型能够模拟投资回报率提升带来的影响，课题组对原有的CQMM模型进行了适当调整，将固定资产投资分为民间投资和国有及国有控股投资，进而解释可比价的资本形成总额和GDP。由于现有调查统计数据只能够测算工业企业的投资回报率，因此，引入工业民间投资变量作为民间投资变量的中介指标。同时，为了区分民间投资与国有及国有控股投资之间的差异，假定工业企业的投资回报率变量（Roc）只对工业民间投资产生作用，而不作用于国有及国有控股投资（见图3）。

我们考虑两种情景的模拟。

情景一：假设工业企业的投资回报率在2014年、2015年、2016年上半年维持2013年的同期水平；情景模拟的主要目的是评估投资回报率回升对主要宏观经济变量的效应；

情景二：假设情况变得更糟，工业企业的投资回报率增速在2014年就出现类似2015年的大幅下滑，2015年、2016年同期增速则维持与2014年一样的增速下降水平；情景模拟的主要目的是评估如果企业投资回报率继续下降，对宏观经济运行将产生怎样的影响。具体变化差异如图4所示。

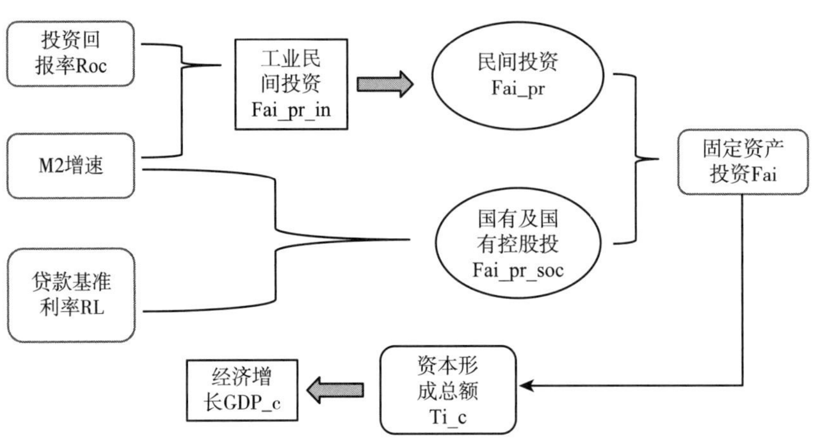

图3　投资回报率对民间投资的传递路径

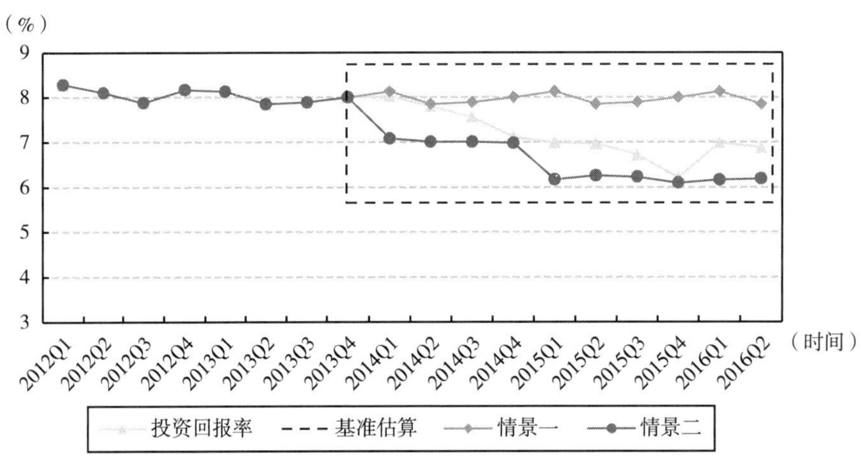

图4　投资回报率的模拟情景对比

注：（1）数据整理自CEIC数据库；（2）投资回报率=（利润总额－所得税）/（总资产－总负债）=（利润总额×0.75）/（总资产－总负债）；（3）数据经过季节调整处理。

（一）情景一与基准模拟的对比结果

首先，投资回报率的回升有助于提高民间投资的增速及其在全社会投资中的占比。如图5所示，受投资回报率回升的影响，2015年以来，情景一的民间投资增速每个季度要比基准情景下的民间投资增速平均提高5.0个百分点；从趋势上看，2015年全年增速逐季提高，这与基准模拟背景下民间投资增速持续下降的情形截然不同。同时，受此影响，民间投资占全部固定资产投资的比重明显增加，增加的幅度呈现震荡扩大的态势。到2016年第二季度，情景一下的民间投资占比要高出基准值2.10个百分点（见图6）。

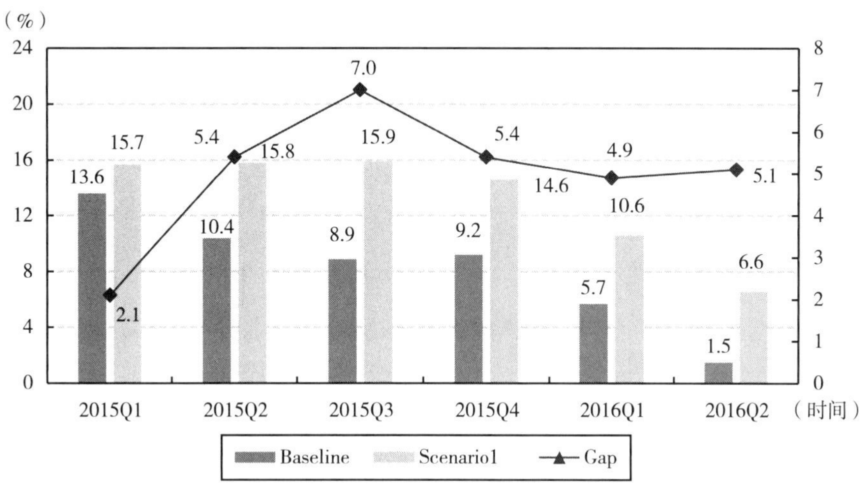

图5 民间投资增速的变化

注：(1) Baseline 表示基准模拟，为尽可能使得模拟结果贴近实际情况，课题组采用了附加因子的方法对涉及主要内生变量的方程进行调整；(2) Scenario 1 表示情景一的模拟结果；(3) Gap = Scenario 1 - Baseline。图6至图7的设定与本图相同。

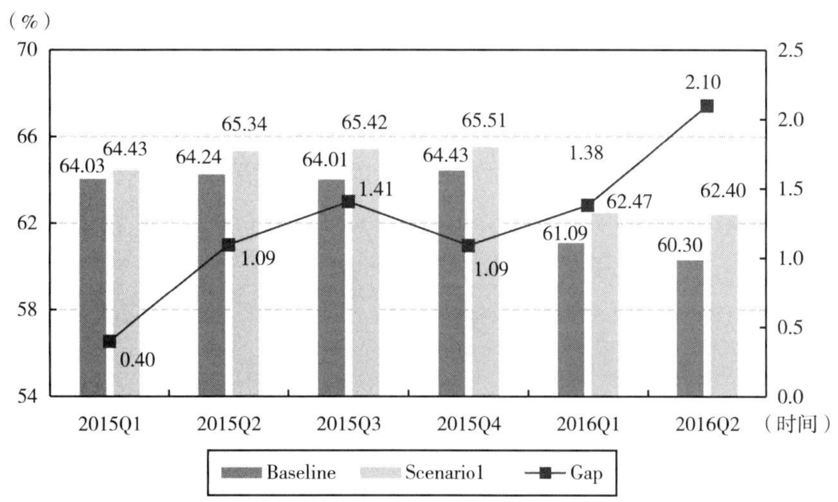

图6 民间投资占固定资产投资的比重变化

其次，民间投资增速的回升促进了 GDP 增速的提高。如图7所示，情景一的 GDP 同比增速较基准值每季平均提高0.94个百分点，2015年、2016年上半年的经济增长速度基本可维持在7.7%～7.8%，比现有增速提高0.8～1.2个百分点。使 GDP 增长率维持在与2012年、2013年相近的水平。

最后，总需求结构方面，受固定资产投资增速增加的作用，资本形成总额占 GDP 的比重将有所提高，而居民消费、净出口占 GDP 的比重则出现小幅下

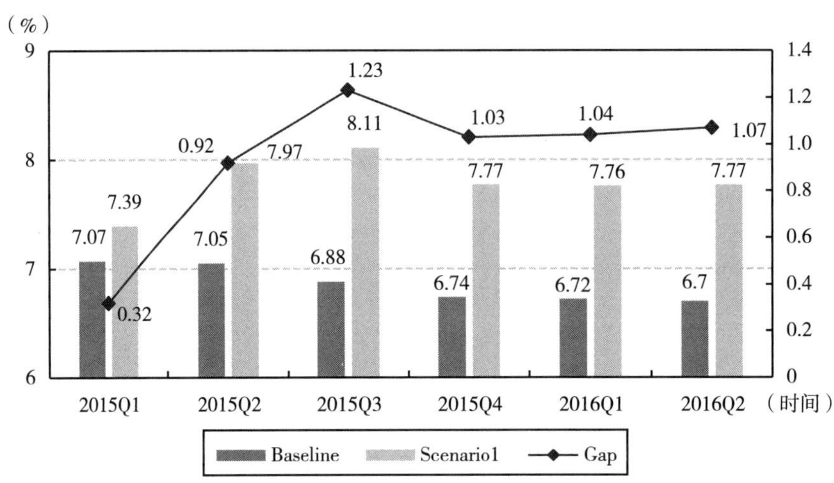

图7　GDP 增速的变化

降。其中，居民消费占比的下降是因其增速相对于投资增速更慢所致，居民消费增速本身并没有下降；相反，得益于GDP增长的加快，居民消费增速要高于基准值；净出口占比下降则是因国内需求上升、进口增速提高所导致的。

（二）情景二与基准模拟的对比结果

首先，投资回报率提前一年大幅度下降的假定使情景二下的民间投资2015年的每季增速较基准值平均下降3.30个百分点。2016年，由于2015年的基数翘尾作用，同比增速基本与基准值持平（见图8）。与此同时，民间投资占全部固定资产投资的比重也出现较大幅度下降。2015年，情景二的民间投资占比平均每个季度要比基准值低0.68个百分点。2016年第一季度、第二季度进一步较基准值减少0.57个和0.14个百分点（见图9）。

其次，民间投资增速下降将导致GDP增速进一步放缓。情景二的GDP同比增速较基准值每季平均减少0.42个百分点。这意味着，如果民间投资增速下降，则2015年GDP增长率就会降至6.5%左右，2016年上半年将进一步降至6.3%，这比现有的GDP增长率下降0.4个百分点（见图10）。

最后，总需求结构方面，资本形成总额占GDP的比重将出现下降，居民消费、净出口占GDP的比重则相应提高（见图11）。同样的，居民消费占比增加是其增速相对于投资增速下降得更慢导致的。但是，由于GDP增长放缓，居民消费增速要低于基准值；净出口占比提高则是由于国内需求下降之后，进口增速进一步下降导致的。

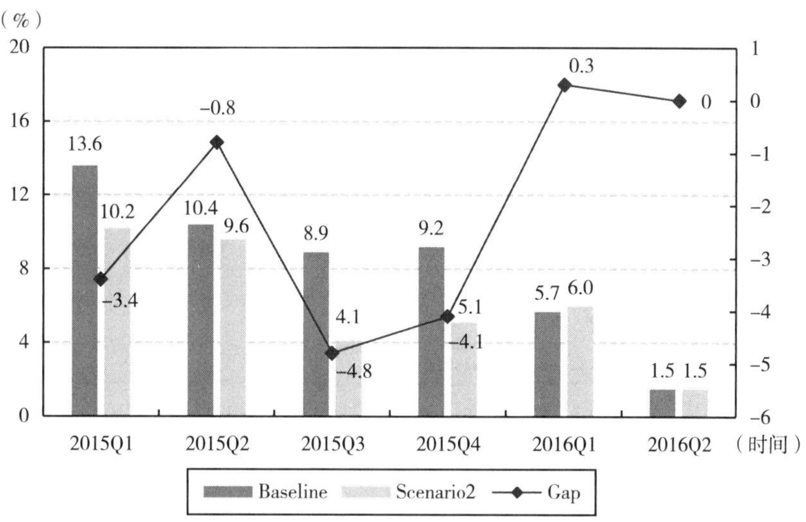

图8　民间投资增速的变化

注：(1) Baseline 表示基准模拟，为尽可能使得模拟结果贴近实际情况，我们采用了附加因子的方法对涉及主要内生变量的方程进行调整；(2) Scenario 2 表示情景二的模拟结果；(3) Gap = Scenario 2 - Baseline。图9至图11的设定与本图相同。

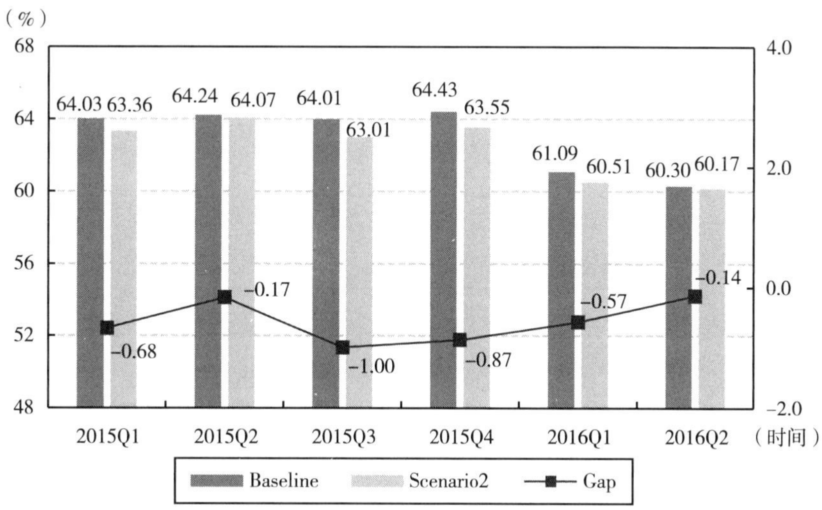

图9　民间投资占固定资产投资的比重变化

综上所述，两种情景模拟的结果显示，第一，提高投资回报率会显著拉动民间投资增长，加快经济增长。维持一定投资回报率，将有助于民间投资增速提升，使经济增长维持在7%~8%的水平上，实现近年来宏观当局一直期待的效果。尽管民间投资增速提高会使总需求结构中投资占比提高，但并不因此对居民消费产生抑制作用，反而通过经济的更快增长，促使居民消费增加。第二，投资回报率如果持续下降，将使民间投资增速加快下滑，引发经济增长进

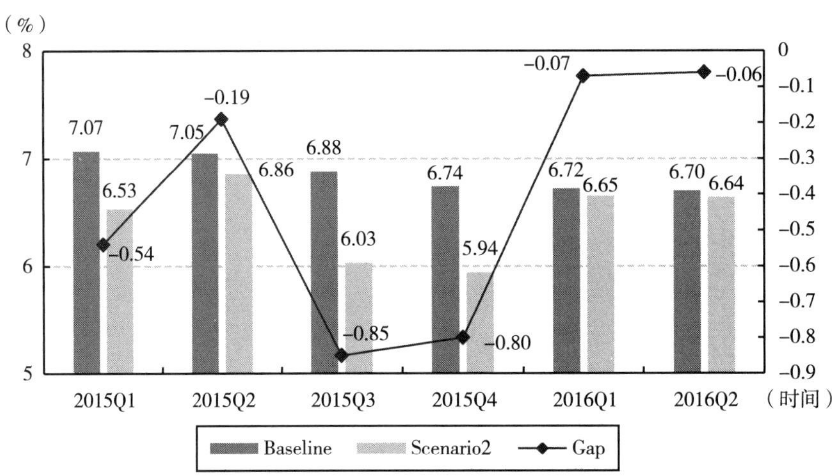

图 10　GDP 增长的变化

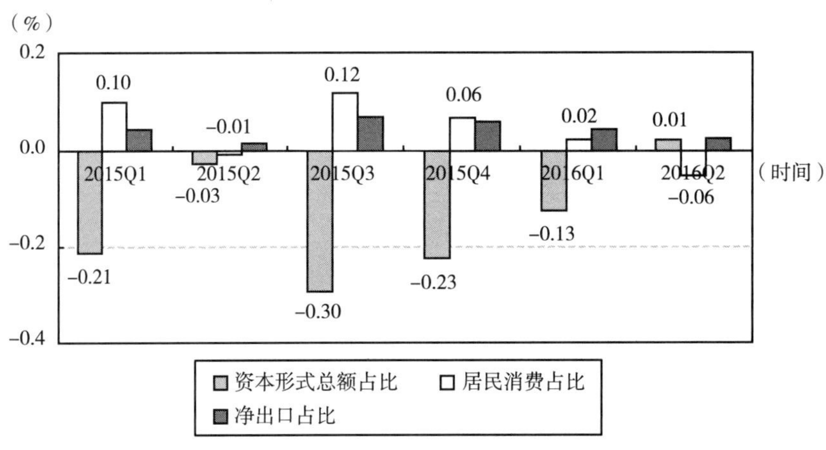

图 11　三大需求结构的变化

一步减速。当投资回报率下降到一定程度时，其所导致的民间投资下降有可能会使得经济增长突破政府制定的 6.5% 的增长底线，甚至可能进一步引发经济增长率的螺旋性下滑。

五、全面深化改革是民间投资失速的治本之策

中国季度宏观经济模型的政策模拟结果显示：无论是从当前还是从长远看，民间投资增长的大幅下滑，都是中国经济难以承受的。民营投资增速，决定着中国经济增长；民营经济的发展状况，决定着中国经济的未来发展前景。

尽管自2011年以来，由于全球经济再平衡与国内经济发展转型的叠加，中国的民间投资增速一直处于下降通道中。然而，民间投资于2016年上半年的突然失速，却与当前的供给侧结构性改革尤其是其实施方式有一定关系。因此，对民营投资失速的原因探讨，引起了我们对当前供给侧结构性改革措施的反思。

毫无疑问，长期以来，政府主导下的粗放型经济发展所导致的过度投资、资源配置结构失衡、国民收入分配结构失衡等是当前中国经济增速下滑的主要内因。为此，必须从供给侧入手，通过去产能、去库存、去杠杆、降成本和补短板，进行供给侧结构性改革，同时辅之以必要的需求管理以及收入分配结构调整。

然而，去产能、去库存、去杠杆、降成本和补短板仅仅是供给侧结构性改革的手段，而不是供给侧结构性改革的目的，供给侧结构性改革所要实现的根本目标，是提升国民经济的供给质量和效率，是建立新的供给结构以适应步入高收入阶段而产生的需求结构的升级换代。2016年上半年的实践表明，并非任何方式的供给侧结构性改革举措都能提升供给的质量和效率，事实上，政府主导的以计划经济的思维和简单的行政手段推进的供给侧结构性调整，却在相当程度上导致了我们最不愿意看到的结果——民间投资的失速。同时，我们也看到了，在供给侧结构性改革的过程中，市场经济发展滞后，尤其是国有企业占比高的地区，遭遇到了最严重的经济增长失速。这些现象提醒我们，充分发挥市场配置资源的决定性作用才是实现供给侧结构性改革的根本途径，必须遵循《中共中央关于全面深化改革若干重大问题的决定》提出的方略，用全面深化改革，发展社会主义市场经济的思路进行供给侧结构性改革。

自2010年以来，中国经济进入了一个从中等偏上收入向高收入经济体过渡的新阶段，此后十五年的社会经济发展，关系着中国能否顺利跨越中等收入阶段，进入高收入经济体的行列。从2010年开始，中国经济结构开始出现引人注目的深刻变化：第三产业的增长速度持续高于第二产业。2016年上半年，第三产业增加值占GDP比重为54.1%，比上年同期提高1.8个百分点，高于第二产业14.7个百分点。人均收入水平提高，居民需求结构的升级换代，推动着中国经济的服务化。① 这就使当前正在进行的供给侧结构性改革具有更为深刻而丰富的内涵。首先，它不仅是既有需求结构下供给结构失衡的常规调

① 厦门大学宏观经济研究中心课题组：《中国宏观季度模型分析与预测》，2016年春季报告；厦门大学宏观经济研究中心课题组：《需求结构升级转换背景下的供给侧结构性改革》，载《中国高校社会科学》2016年第5期。

整，而且是适应向新发展阶段过渡而导致的需求结构转换的新一代供给结构的形成。从这个意义上说，供给侧结构性改革并非政府主导的以计划经济方式、行政手段为主进行的短期的治理整顿，而是一个较长时期内的供给侧结构不断适应需求结构发展变化的市场化调整过程。其次，由于面临着需求结构的深刻变化，因此，在这一过程中，比“去”更为重要的是“增”，是适应新一代需求的产生，调动以民间资本为主的供给侧的投资积极性，不断地进入新的投资领域，从而高效率地形成新的供给能力。

因此，供给侧结构性改革的关键之一是如何扩大民营经济的投资领域①，提高民营经济的投资回报率。从全社会层面和长远发展的角度看，要扩大民间投资，提高民营经济的投资回报率，绝不仅是一个短期的临时性的减税、降息的数量型政策调整所能实现的，而是以系统而深刻的制度变革为前提，它涉及政府与企业、居民的收入分配结构②、税制结构、直接融资、间接融资结构及体制、市场准入及管制解除等一系列关乎现代市场经济条件下的国家治理体系和治理能力现代化的问题，我们不能想象，当一个国家正在步入高收入经济体，它的国家治理结构却是前高收入阶段的，是前现代化的。因此，供给侧结构性改革，本质上就是一场全面深化的市场经济体制改革，是一场建立与高收入经济体相适应的现代国家治理体系的深刻变革。

因此，我们认为，当前的宏观经济政策，从短期上看，应当继续实施需求侧稳增长政策，唤起各方尤其是民间资本对于中国经济前景的预期，当务之急是采取必要措施，为民营投资开放新的投资空间，让民间资本有可以投资的空间。它包括让一部分国有经济退出竞争性领域，开放自然垄断领域中的可市场竞争环节，创造条件，使更多的民营资本进入可市场化经营的事业领域等。从中长期上看，则应当站在推进国家治理体系和治理能力现代化的广阔视角，重新审视供给侧结构性改革中亟须推进的制度变革，为降低市场经济的运行成本，提高民营经济的投资回报率创造坚实的体制基础。

具体而言，首先，实行宽松财政政策，促进中国经济增长。民间投资的复苏，有赖于民营企业家恢复对中国经济前景的信心。在货币政策回归中性的情况下，减缓中国经济下行的主要任务要由财政政策来担纲。2016 年上半年累计达 3651 亿元的财政赤字，距全年 2. 18 万亿元的财政预算赤字额尚有 1. 8 万亿元左右的赤字空间，这就为财政政策的运用提供了较大空间。基建投资因其投

① 厦门大学宏观经济研究中心课题组：《中国宏观季度模型分析与预测》，2016 年春季报告。

② 李文溥、李昊：《中国居民的财产性收入状况分析》，载《财贸经济》2016 年第 8 期。

资额大、工期长、风险高、投资回报率低等特点，主要由政府主导，一般不会对民间投资产生挤出效应，反而常常能够带动民间投资，因此基建投资将是宽松财政政策发力的重要领域。而加大像医疗保险、公共卫生、教育、保障性住房等民生方面的支出，也可通过增加居民可支配收入的方式，间接带动居民消费需求的增加，因而也是财政支出政策的着力点。

其次，推进税制结构改革，降低企业税负。在构建现代财政制度的过程中，不仅要继续清理不合理的政府基金和收费，更要重视将当前以间接税为主体的税制逐步转变成以直接税为主体的税制。即在降低增值税、消费税税率的同时，逐步开征保有环节的房地产税，开征遗产与赠予税，实行综合个人所得税制等，以减轻企业税负。充分发挥直接税调节收入分配差距的功能，以刺激居民消费需求。提高实体经济的投资回报率，促进民营企业增加投资。

再其次，落实市场准入政策，扩大投资领域，稳定民间投资预期。自2010年以来，中国的经济日趋服务化，然而，时至今日，第三产业仍然是三大产业中市场化程度最低的产业，垄断、管制和所有制歧视，导致第三产业相关部门竞争不足，效率低下，发展缓慢，难以满足社会日益增长的服务需求，严重阻碍了其他产业的技术进步及效率提高，限制了民营经济的投资。因此，应当加快解除这些领域的管制，破除垄断，进行混合所有制改制，在改制中实行同股同权，鼓励不同所有制资本平等竞争。在扩大投资领域，稳定民间投资预期上，有意识地开辟新投资领域，降低投资成本，让利于民，提高民间资本的投资回报率，促进民间投资尽快止跌回升。

最后，加大对民间投资的融资支持。政府应当继续做好相关项目的引介和牵线搭桥作用，建立更加自由、开放、竞争的金融机构体系，加大对民营企业金融服务的政策技术力度，着力强化民营企业的征信服务和信息服务，稳步推进由民间资本发起设立中小型银行等金融机构，构建一个多层次、灵活有弹性、充分竞争的现代资本市场，为疏通民间资本的直接、间接融资管道奠定基础。

参考文献

[1] 陈亚龙、沈新凤：《民间投资下降的五个特征》，载《东北证券〈证券研究报告〉》2016年6月23日。

[2] 李文溥、李昊：《中国居民的财产性收入状况分析》，载《财贸经济》2016年第8期。

［3］梁达：《大力激发以市场为主导的民间投资》，载《金融与经济》2016 年第 6 期。

［4］刘鎏、梁红：《再谈民间投资减速》，载《中金公司〈中国宏观周报〉》2016 年 7 月 11 日。

［5］任泽平：《为什么民间投资大幅下降?》，载《国泰君安〈证券研究报告〉》2016 年 5 月 16 日。

［6］厦门大学宏观经济研究中心课题组：《需求结构升级转换背景下的供给侧结构性改革》，载《中国高校社会科学》2016 年第 5 期。

［7］厦门大学宏观经济研究中心课题组：《中国宏观季度模型分析与预测》，2016 年秋季报告。

［8］张倪、姜巍：《促进民间投资回稳定须进一步放宽市场准入》，载《中国发展观察》2016 年第 10 期。

［9］钟正生、张璐、夏天然：《民间投资告急：原因剖析和政策展望》，载《〈莫尼塔研究〉报告》2016 年 5 月 18 日。

民间投资下滑成中国经济新“痛点”*

一、目前经济运行中的一些新问题

一是国际经济形势依然严峻。2016 年上半年，中国进出口增速仍在不断下降，出口增速由正转负。下半年，一方面，人民币贬值对出口的激励作用固然有望逐步释放，在一定程度推动出口增速回升；另一方面，英国“脱欧”的影响目前尚难估量。国际货币基金组织（IMF）7 月 8 日下调了欧元区经济今明两年的经济增速，较之 4 月的预测分别下降 0.1 个和 0.3 个百分点。而近期法国尼斯的恐怖事件、土耳其的未遂政变等，均预示着欧洲国家情况复杂多变。

二是投资增长依靠基础设施和房地产投资支撑，势不可久。2016 年上半年，资本形成总额对经济增长的贡献率为 37.0%，仅比上年同期下降 0.6 个百分点。这主要应归功于基础设施建设和房地产投资的较快增长，弥补了制造业投资的下滑，然而这一投资增长势头能否持续，尚难下定论。首先，房地产投资增速将逐渐回落。得益于政府在需求端的政策刺激，上半年房地产投资增速扭转了 2012 年以来的持续下降趋势，由去年底的 2.41% 反弹至今年 5 月的 7.73%。然而，一线城市和部分二线城市房价的非理性暴涨，超出了居民收入所能承受的范围。决策部门自 4 月起，开始逐渐调整政策。第二季度房地产投资增速开始放缓。下半年，房地产投资将维持缓慢回调的趋势。其次，基础设施投资增速已经较高，难以进一步提高。同时，基础设施投资占全部投资的比重仅 16.3%，远不足以支撑全部投资的增长。此外，地方政府债务规模以及财政赤字目标，也制约了基础设施投资的再扩张。显然，扩大投资需另辟蹊径。

三是民间投资下滑明显。民间投资增速大幅下降是目前中国经济的最大隐

---

* 本文原载于《人民论坛》2016 年 8 月（下），总第 528 期。

忧。首先，从民间投资的行业构成变化上看，上半年民间投资占全部固定资产投资的比重由2015年的65.14%降到61.47%，减少约3.67个百分点。其中，第三产业民间投资占全部投资比重由2015年上半年的30.43%降到2016年同期的28.39%，跌幅2.04个百分点，贡献了全部民间投资占比下降的55.66%；第二产业民间投资占比由32.60%降到30.77%，跌幅1.83个百分点，贡献了全部民间投资占比下降的49.98%；相反，第一产业的民间投资占比却有所提高。因此，第二、第三产业民间投资占比下降是民间投资占比下降的主因。导致第二产业民间投资占比下降的关键是制造业和采矿业的民间投资占比下降。制造业中，非金属矿物质、黑色金属和有色金属冶炼及压延加工业的民间投资占比下降，贡献了32.59%的制造业民间投资比重下降。通用设备和专用设备制造业的民间投资下降贡献了制造业民间投资下降的10.53%和13.61%。结合采矿业民间投资下降的贡献，可以判断，上半年民间投资突然下降的重要原因是，当前我国在钢铁、煤炭、有色金属等产能过剩领域轰轰烈烈的“去产能”行动，首先“去”的是该领域的民间投资。其次，民间投资在第三产业中比重较大、影响力较大的行业是批发零售业、房地产业。2014年，全国房地产投资中内资规模为86592.9亿元，属于国有和集体的仅占1.83%。房地产业投资绝大部分是民间投资；由于社会消费品零售总额增速保持平稳，批发零售业的投资应当变化不大。这意味着，可能是房地产业民间投资占比变化对第三产业民间投资占比下降起到了重要作用。上半年国企和央企频频出手，成为各地“地王”的消息不断见诸报端。因此，上半年民间投资突然失速的另一个原因可能是，民间投资在房地产业被国有投资或政府投资挤出了。

二、我国第三产业亟须推进全面深化改革

基于上述分析，可以得出判断：从三大需求动力角度看，下半年出口增长的空间仍然有限，甚至不排除进一步下滑的风险；在经济增长放缓的背景下，居民收入增长将相应放缓，消费增长受收入增速的制约，在短期内将难以较快增长。因此，未来经济增长的走势，仍将取决于投资增速。然而继续扩大基础设施投资空间有限，房地产投资正在回落。因此，尽快扭转民间投资失速趋势，保持民间投资的稳定增长也就成为保证下半年乃至未来经济增长稳定的关键。但是，在越过了制造业占比的高点之后，制造业的投资占比将进一步下降，在此大趋势下，期望继续提高制造业投资带动社会总投资增长，希望民间

投资继续集中于制造业、拉动制造业投资增长，似乎不太现实。

然而，自 2010 年中国成为中等偏上收入经济体，并开始向高收入经济体过渡以来，一个新的结构转换时代已经悄悄开始了。中国正在步入经济服务化或者说是服务经济时代。第三产业的增速持续高于第二产业和 GDP 增速，第三产业的比重不断上升，已经成为近年来的稳定趋势。然而第三产业就整体而言，至今仍然是第一、第二、第三产业中管制最多最严、市场化程度最低的产业，是亟须推进全面深化改革、进行供给侧结构性调整的领域。因此，笔者认为，扭转民间投资失速的真正关键是给予民间投资新出路，通过解除管制，打破垄断，让更多的民间投资进入第三产业的更大领域，优化第三产业的资源配置，提高经营效率。它既是提高民间投资增速的关键，也是全面深化改革、推动供给侧结构性调整、重构经济增长新动力的重要内容，还是实现“中国制造 2025”的重要前提之一。

参考文献

［1］厦门大学宏观经济研究中心：《中国宏观经济预测与分析——2016 年春季报告》，2016 年 2 月 25 日。

扭转民间投资失速趋势*

目前经济运行中的一些新问题：一是国际经济形势依然严峻；二是投资增长依靠基础设施和房地产投资支撑，势不可久。2016 年上半年，资本形成总额对经济增长的贡献率为 37.0%。这主要应归功于基础设施建设和房地产投资的较快增长，弥补了制造业投资的下滑，然而这一投资增长势头能否持续，尚难下定论。首先，房地产投资增速将逐渐回落；其次，基础设施投资增速已经较高，难以进一步提高；最后，民间投资下滑明显，民间投资增速大幅下降是目前中国经济的最大隐忧。

上半年民间投资突然下降的重要原因是“去产能”行动，首先，“去”的是该领域的民间投资。其次，民间投资在第三产业中比重较大。这意味着，可能是房地产业民间投资占比变化对第三产业民间投资占比下降起到了重要作用。上半年国企和央企频频出手，成为各地“地王”的消息不断见诸报端。导致上半年民间投资突然失速的另一个原因可能是，上半年民间投资在房地产业被国有投资或政府投资挤出了。

基于上述分析，可以得出：从三大需求动力角度看，下半年出口增长的空间仍然有限，甚至不排除进一步下滑的风险；在经济增长放缓的背景下，居民收入增长将相应放缓，消费增长受收入增速的制约，在短期内将难以较快增长。因此，未来经济增长的走势，仍将取决于投资增速。然而继续扩大基础设施投资空间有限。尽快扭转民间投资失速趋势，保持民间投资的稳定增长也就成为保证下半年乃至未来的经济增长稳定的关键。但是，在越过了制造业占比的高点之后，制造业的投资占比将进一步下降，在此大趋势下，期望继续提高制造业投资带动社会总投资增长，希望民间投资继续集中于制造业，拉动制造业投资增长，似乎不太现实。

---

* 本文原载于《新华日报》2016 年 8 月 30 日 A15 版。

然而，自2010年中国成为中等偏上收入经济体，并开始向高收入经济体过渡以来，一个新的结构转换时代已经悄悄开始了。中国正在步入经济服务化或者说是服务经济时代。第三产业的增速持续高于第二产业和GDP增速，第三产业的比重不断上升，已经成为近年来的稳定趋势。然而第三产业就整体而言，至今仍然是第一、第二、第三产业中管制最多最严、市场化程度最低的产业，是亟须推进全面深化改革、进行供给侧结构性调整的领域。笔者认为，扭转民间投资失速的真正关键是给予民间投资新出路，通过解除管制，打破垄断，让更多的民间投资进入第三产业的更广阔领域，优化第三产业的资源配置，提高经营效率。它既是提高民间投资增速的关键，也是全面深化改革、推动供给侧结构性调整、重构经济增长新动力的重要内容，还是实现“中国制造2025”的重要前提之一。

调结构稳增长须加减乘除并用*

未来两年，中国经济增速在投资减速的压力下还将继续下行，估计2016年经济增速将在6.5%~6.7%。

短期看，需求疲软是当前经济减速的主要原因。首先，固定资产投资增速出现普遍的减速；其次，城乡居民实际收入增速持续减缓，抑制了居民消费扩张；最后，出口需求持续疲软，以及因中国国内工资水平持续上升导致加工贸易不断萎缩，抑制了出口增长。

从长期看，经济减速是既有供给结构遭遇人均收入水平提高、需求结构转换而导致的结构性供需失衡与生产效率下降的结果。此外，收入分配结构失衡、生产要素市场、金融市场改革滞后且不完善，经济增长方式尚未随着经济发展阶段的转换而转变，也成为中国经济转入新常态后制约经济持续稳定较快增长的重要因素。

我们认为提高增长率需要从供需两方面入手，总量与结构问题都不可偏废，改善供给结构、效率与扩大需求两手都要抓。当前，单纯、过分地重视降低无效供给，而不重视有效供给扩大，不利于稳增长，有可能导致紧缩叠加，导致经济的螺旋形下滑。必须根据人均收入水平上升而产生的需求结构转换趋势，在去无效产能的同时，扩大投资，增加新产能，扩大有效供给。用扩大有效供给的投资扩大社会总需求，形成社会总供需之间的螺旋形上升正循环。在供给侧，通过供给结构改革，不仅要降低无效供给，而且更要根据需求对象及结构的变动扩大有效供给，提高供给效率、品质，以及供给结构对需求结构的灵活适应性。在需求侧，通过调整收入分配，提高居民收入，扩大居民消费需求；同时，发挥利率市场化有效配置信贷资源的作用，使扩大的信贷资源充分满足民间投资的需要，通过有效投资促进产业结构调整。

---

* 本文原载于《中国经济时报》2016年3月13日。

第一，应高度重视当前的经济持续减速。它使结构调整进程放缓，使人民币贬值预期进入了自我强化循环。经济持续减速叠加结构性通缩的不断加剧，提高了经济陷入债务危机的风险。经济继续减速将严重不利于供给结构改革的推进。

第二，供给结构调整应以新发展阶段背景下的需求结构转换为愿景指导，在做减法的同时更加重视做加法，做除法的同时做乘法，在用加法调整供给结构的同时扩大需求稳增长。

第三，以调整供给结构为导向，扩大投资稳增长，用新增产能调结构。今后十年，随着中国向高收入经济体过渡，消费结构将出现新一轮升级。由住房交通和食品衣着等实物为主逐渐转为服务与实物消费并重，对文教娱乐和医疗保健的支出比重将大幅提升，在未来十到二十年之内将成为主要消费需求动力。因此，必须尽快改变当前现代服务产品有效供给能力严重不足的情况。

第四，实行腾笼换鸟术，通过投资置换，获得投资资金。应通过加快混合所有制改造，使政府获得基础设施投资资金，扩大民企投资领域，提高其投资增速。由于国有经济目前主要集中在现代服务业，因此，对国企实行混合所有制改造，将部分国有事业部门实行企业化改制，打破垄断，解除管制，引进市场竞争，提高现代服务业供给效率。

第五，维护本币币值稳定，为供给结构调整创造良好外部环境。

稳增长不能光靠投资一条路*

一月进出口超预期增长之后，二月进出口再度降至较低水平。这提示我们，尽管欧美经济有所复苏，但是，对于出口拉动经济还是不能过高期望，国内需求是根本。然而，居民消费对经济增长的贡献率这两年来仍在下降。制造业产能严重过剩，民营投资意愿不足，似乎稳增长又只有扩大政府投资一条老路了。

其实未必。目前我国经济的显著特征是，制造业产能严重过剩，其他领域却存在严重的有效供给不足。现有收入水平下，老百姓想花钱都花不出去。这也就意味着经济中潜藏着大量扩大居民消费需求与启动民间投资的机会。稳增长未必一定依赖扩大政府投资。

服务业尤其是民生需求服务业就是这样的领域。

医疗服务是最重要的民生需求之一，收入的需求弹性大于一。随着生活水平的提高，居民对优质医疗服务的需求增长犹如井喷。医疗服务是居民消费服务化阶段的第一朝阳产业。然而供给却严重滞后于需求增长。近年来，我国住院需求年均增速10%以上，但是新增医院增速仅为1%，2004～2010年全国医疗卫生机构诊疗人次数年均增长6.54%，同期执业医师年均增速仅3.43%。各大医院，日日门庭若市；专家门诊，天天一号难求。医护人员长期超负荷工作，医患矛盾不断加剧。

与此同时，城市基础教育、健康、社会养老服务、旅游及相关产业，或蕴藏着极大的社会需求，或正在成为消费热点。

随着农村人口不断向城市迁徙，城市基础教育供给出现了新的短缺，上幼儿园、上中小学难于上大学，已是多年旧闻。城市基础教育供给不足，阻碍了进城农村人口融入城市生活，向新市民转化。

---

* 本文原载于《经济参考报》2014年3月25日第一版。

2012 年，中国 60 岁及以上老年人口达到 1.94 亿人，占总人口 14.3%，2013 年突破 2 亿人，中国成为世界上唯一一个老年人口超过 2 亿人的国家。然而，社会养老服务供给严重短缺。“广东惊现天价养老院 床位 45 万元仅用 20 年”，“北京公办养老院单间每月 2250 元 入住排队要等 100 年”。然而，此类现象又何止北上广深。

近年来，每逢假期，全国各地旅游景点的繁荣景象可谓世界仅有，连大学校园也成为旅游者的心仪之地。随着人均收入水平的提高，旅游正在成为国人基本生活消费需求，新的消费热点。1990 ~ 2007 年国内旅游人次数年均增速 10.84%，2008 ~ 2012 年的年均增速是 14.64%，增速大大高于同期的 GDP 和工业增速。

服务业尤其民生服务业的有效供给不足，与中国服务业的发展水平严重滞后密切相关。2013 年中国服务业增加值占 GDP 的 46.1%，首次超过第二产业。然而，2011 年，与中国相同收入组国家的服务业平均占比是 55.63%，低收入国家组也达 49.82%。即使是与同等收入水平甚至低于中国的国家比，中国服务业发展也是严重滞后的。

导致中国服务业发展滞后的重要原因之一是服务业市场化进程严重滞后于国民经济其他部门。2012 年我国服务业的民营投资仅占 41.83%，其中，交通运输业，水利、环境和公用设施管理业，科学教育文化卫生业，金融业，电信业的民营投资占比分别为 9.85%、13.89%、28.23%、25.85%、7.02%，国有投资占比为 89.27%、85.49%、69.73%、72.12%、78.31%。这与制造业国有投资仅占 13.80%，民营投资占 77.58% 形成巨大反差。2012 年，制造业非国有部门就业占 94.42%，而服务业仅为 74.07%（这还扣除了基本上是国有就业的公共管理、社会保障和社会组织部门）。我国的服务业市场化进程严重滞后，存在着更多的国有垄断、政府管制，许多领域民营资本至今仍难以涉足。这严重限制了竞争，降低了效率及有效产出，大量社会需求长期难以得到满足。

国际经验表明，进入中等收入经济水平之后，服务业将进入加快发展阶段，从日本、韩国转型的经验来看，从高速增长期步入中速增长期后，所有新增就业均来源于服务业。加快服务业体制改革，开放服务领域投资，在当前显然有助于促进民营投资，满足社会需求，稳定经济增长。从长远看，也具有重要意义，值得我们花点心思。

稳增长亟待扩大民间投资*

国际金融危机以来，我国的经济增长率从2007年的14.2%降至2008年、2009年的9.6%、9.2%，再降至近两年的7.7%。尽管2014年还可能略微下降，但是，可以看出经过宏观经济当局的努力，我国经济增长率正在向7.5%左右的新水平收敛，逐步进入中高速增长阶段。

今后数年，将经济增长率稳定在7.5%左右，意义重大。首先，它是在2020年之际实现人均GDP和城乡居民人均收入水平比2010年翻一番，全面建成小康社会目标的重要基础；其次，它是保障社会经济稳定从而当前顺利推进各项全面深化改革措施的必要前提条件之一；最后，它也是全面深化改革初战告捷，改革促进生产力发展的一个重要体现。

然而，尽管近两年经济增长率已经趋于稳定在7.5%的水平上，但是基础却不太牢固。这两年来，从年初开始，季度经济增长率都呈递减趋势，到了年中，采取措施之后才再度回升，最后得以实现7.7%的年度增长率。为了实现这一增长，政府及国有投资在下半年都较大幅度地回升，全社会融资规模扩张较快，但是，单位投资所能拉动的经济增长率却日益下降。

这说明，实现经济稳定增长的基础目前并不牢固：它基本上还是既有体制下的潜在增长率及效率不断衰减与政府主导型投资相机刺激结合的产物。因此，必须重视构筑中高速增长阶段经济稳定发展的基础。

显然，今后数年，形成稳定增长的牢固基础的关键之一在于如何有效地激发民间投资积极性。

之所以如此，是因为欧美经济正在恢复。IMF 2014年1月预计，2014年美国经济增长率为2.8%，欧元区为1.0%；2015年美国将增长3.0%，欧元区为1.4%。但是，人民币升值以及国内工资水平上升，使我们对出口拉动经济增

---

* 本文原载于《经济参考报》2014年3月18日。

长不宜寄过高期望。

国内居民消费。尽管2012年、2013年城乡居民的人均收入都超过了经济增长速度，但是，2012年最终消费对增长的贡献率仅为55%，比2011年下降了1.5个百分点，2013年更进一步降至50.0%，比上年又下降了5个百分点。长期以来的居民消费不振，提醒我们，居民消费倾向具有较强的惯性，在短期内，居民消费支出增长对经济增长的贡献率可能是难以大幅提高的。

情况未能根本改观之前，维持一定的投资增长率，比方说18%~20%，可能是实现经济稳定增长的必要手段。2012年、2013两年7.7%的增长率基本上是依靠下半年的政府投资增长弥补了民间投资不足得以实现的。

然而，政府投资以公共基础设施及非生产性项目为主，过多地依靠政府投资保增长，势必扭曲投资结构，降低全社会的资金使用效率及资本产出率；有可能增加政府的债务负担；有可能导致政府资源占比过高，不利于市场在资源配置中起决定性作用。

保增长需要一定的投资增长，然而，政府投资却不能继续扩大，甚至必须降低它在社会总投资中的占比，显然，实现稳定增长的关键是由市场决定的民间投资能否扩大。它既是今后数年实现经济稳定增长的基础，同时也是旧体制、旧机制逐渐退出，新体制、新机制逐渐形成的一个指示器，更是形成新的经济发展方式，奠定中高速增长阶段经济稳定增长坚实基础的一个重要方面。

民生基本需求是根本*

需求是市场之本。在市场经济中，有什么样的需求就会有什么样的供给。前些年，公款消费盛行，宾馆酒店餐饮业，大伙儿铆足了劲“高大上”。酒店忙不迭地升星，三星升四星，四星奔五星，够不上也要弄个准四准五。世界各国，好像唯有中国的高档酒店有如此多的会议室、会议厅甚至大礼堂。然而，中央八项规定一下，反腐倡廉之风劲吹，不到两年，多少高档酒店餐馆应声倒下。

城中桃李愁风雨，春在溪头荠菜花。公款消费尽管因种种原因而盛行一时，但终非长久之计。无论何地何时，老百姓的民生基本需求都是商家长久吃饭的根本。

与制造业严重的生产能力过剩相反，在服务业，尤其是关系民生基本需求的服务业存在着严重的有效供给能力不足。因此，提高对居民基本消费需求的有效供给能力，改善居民消费条件以实现现有收入水平下的潜在居民消费需求，对于扩大内需，调整结构，稳定增长，都具有重要意义。

医疗服务是最重要的民生基本需求之一，收入的需求弹性大于一。随着居民生活水平的提高，居民对医疗服务的需求将增长得更快，需求增长犹如井喷。可以断言，医疗服务是居民消费服务化阶段的第一朝阳产业。然而供给严重滞后于需求增长，有研究指出，近年来，我国住院需求年均增速10%以上，但是新增医院增速仅为1%，2004～2010年全国医疗卫生机构诊疗人次数年均增长6.54%，同期执业医师年均增速仅3.43%。各大医院，日日门庭若市；专家门诊，天天一号难求。医护人员长期超负荷工作以致影响健康。需求和供给严重不匹配，供给不足抑制了需求扩张，极大地限制了需求得到满足。

与此同时，城市基础教育、健康、社会养老服务、旅游及相关产业，或蕴藏着极大的社会需求，或正在成为消费热点。

---

* 本文写于2014年3月。

随着农村人口不断向城市迁徙，城市基础教育供给出现了新的短缺，上幼儿园、上中小学难于上大学，已是多年旧闻。城市基础教育供给不足，阻碍了进城农村人口融入城市生活，向新市民转化。

2012 年，中国 60 岁及以上老年人口达到 1. 94 亿人，占总人口的 14. 3%，2013 年突破 2 亿人，使中国成为世界上唯一一个老年人口超过 2 亿人的国家。然而，社会养老服务供给严重短缺。“广东惊现天价养老院 床位 45 万元仅用 20 年”，“北京公办养老院单间每月 2250 元 入住排队要等 100 年”。然而，此类现象又何止北上广深。

近年来，每逢假期，全国各地旅游景点的繁荣景象恐怕是世界仅有，连大学校园也成为旅游者们的心仪之地。高档酒店由于公款消费骤减而门前冷落鞍马稀，仿佛进入了冬季，然而，经济型酒店却忽如一夜春风来，千家万家地开遍了全国各个城市。随着人均收入水平的提高，旅游正在成为国人基本生活消费需求，新的消费热点。1990 ~ 2007 年国内旅游人次数年均增速 10. 84%，2008 ~ 2012 年的年均增速是 14. 64%，这个增速显然大大高于同期的 GDP 和工业增速。

笔者曾与某地书记谈及此事，建议予以关注。书记频频点头称是，然而思索之后却撂下一句话：可是，发展这些，不上产值，也不来钱啊。这不能不使笔者纳闷：市场经济，老百姓有需求，愿意花钱，商家怎么就挣不到钱了呢?

第四篇

城乡不同收入群体通胀差距对收入、消费的影响*

——基于中国季度宏观经济模型（CQMM）的实证分析

一、导言

在食品及居住类价格上涨推动下，2010 年我国居民消费价格指数（Consumer Price Index，CPI）大幅上涨，侵蚀了城乡居民特别是低收入群体的实际收入，抑制了全社会居民消费需求的扩张，使最终消费对经济增长的贡献率持续下滑，使转变经济发展方式面临更为艰巨的任务。

现有文献集中研究了我国城乡收入差距（income gap）问题，但对城乡间通胀差距（inflation gap）的研究却比较少，更没有对城乡不同收入群体之间通胀差距的研究。城乡以及城乡不同收入群体面临的通胀差距会扩大不同收入群体的实际收入差距，削弱我国居民对通胀的耐受力。同时，关注不同收入群体之间的通胀差距还意味着当前不仅必须从总量上抑制通胀，还要注重缩小城乡不同收入群体之间的通胀差距。

本文基于中国季度宏观经济模型（CQMM），实证分析了我国城乡不同收入群体所面临的通胀差距及其对城乡不同收入群体收入和消费的影响。通过构建城镇七个收入组别、农村五个收入组别的消费行为方程，模拟分析了一定幅度的总量 CPI 上涨对城乡及城乡不同收入群体 CPI 的影响程度，进而分析通胀差距对不同收入群体收入及消费的影响。

---

* 本文原载于《中国流通经济》2011 年第 10 期，共同作者：龚敏。

本文首先分析我国城乡不同收入群体收入增长与消费的情况；其次构建一个需求导向的结构式季度宏观经济计量模型，并以此为基础模拟分析总量 CPI 上涨对我国城乡及城乡不同收入群体 CPI、收入增长及消费变化的影响；最后提出，抑制通胀并有效降低通胀社会成本，不仅需要控制通胀的总量水平，而且需要缩小通胀在不同收入群体之间的差距。

二、城乡不同收入群体的收入差距与通胀差距

1. 城乡及城乡不同收入群体的收入差距

2001 年以来，我国经济在保持较快增长的同时，城乡收入差距逐渐拉大。城镇家庭人均可支配收入增长持续快于农村家庭人均实际纯收入增长（见图 1）。[①] 虽然 2010 年食品价格上涨大幅度提高了农村居民收入，其实际收入增速近十年来首次超过城镇居民，但两者间的差距仍然高达 3.2∶1。

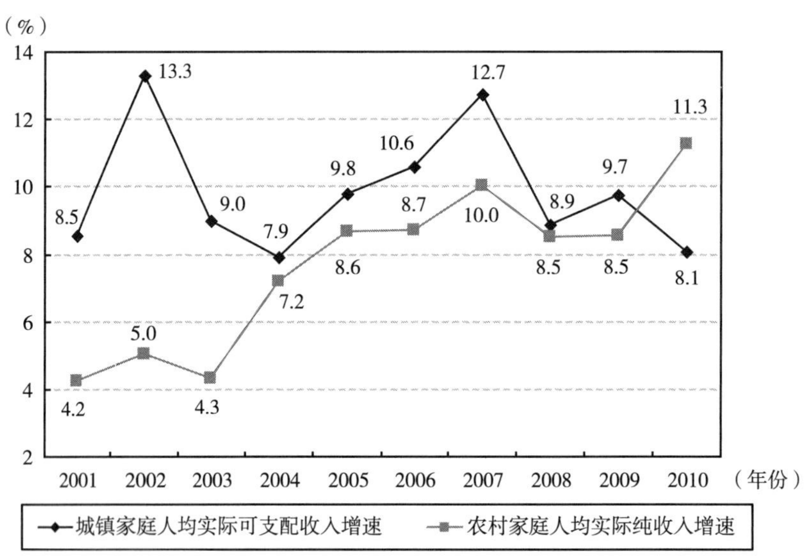

图 1　城乡居民实际收入增长情况（同比）

资料来源：CEIC。

与此同时，城乡不同收入群体的收入差距也呈扩大态势。如果把城镇居民分为低收入户、中等收入户、高收入户三组，那么近十年来，人均实际可支配

① 分别以 2010 年城镇和农村居民消费价格指数（分别为 3.2% 和 3.6%）剔除价格变化的影响。

收入呈“高收入高增长、低收入低增长”的态势。城镇高收入户人均可支配收入在20世纪90年代初与低收入户的比值是2∶1，之后持续上升，2008年达到3.6∶1左右，同期中等收入户与低收入户的比值也从1.4∶1扩大到1.9∶1。① 把农村家庭也分为低收入户、中等收入户、高收入户三个组别，不同收入群体之间的收入差距也在不断扩大。农村高收入户人均纯收入与低收入户比值自2000年起持续上升，2009年达到7.95∶1，2010年下降至7.5∶1；中等收入户与低收入户的比值保持在2.8∶1的水平。②

计算城乡各收入群体人均收入对人均GDP增长的弹性，发现城镇低收入家庭人均收入每增长0.71%，中等收入家庭增长0.9%，高收入家庭增长1.08%；③ 农村低收入家庭人均纯收入每增长0.47%，中等收入家庭增长0.64%，高收入家庭增长0.7%。农村高收入家庭的收入弹性甚至低于城镇低收入家庭。这说明，现阶段我国人均GDP的增长伴随着收入差距的不断扩大。在城镇，高收入和最高收入家庭的收入增速一直都超过人均实际GDP的增速，而其他收入群体则反之。

城乡间以及城乡不同收入群体间收入差距的扩大，直接抑制了消费需求的扩展，不利于改善民生，调整经济结构，转变发展方式。与世界其他经济体相比，我国居民消费占比是相当低的。同属“金砖四国”，巴西居民消费占GDP的比重长期在60%以上，而我国仅为36.5%（李文溥和龚敏，2010）。④

2. 城乡间及城乡不同收入群体间的消费结构差距

不同收入群体消费行为的一个显著特征是，收入水平越低的家庭，收入及消费支出中用于食品的比例越高。城镇家庭中，1995年低收入家庭食品支出占消费的比例为58.1%，2000年为46.6%，2009年依然高达44.6%；1995年高收入家庭食品支出占消费支出的比例为45.6%，2000年为34.6%，2009年进一步下降为33%。在农村，2002年低收入家庭食品支出占消费支出的比例为55.9%，2005年为51.4%，2009年依然高达47%；2002年高收入家庭食品支出的比例为38.7%，2005年为39.4%，2009年下降为34.8%。同样，2000年

① 2010年城镇家庭人均可支配收入为19109元。其中，低收入户收入为9231.3元，中等收入户收入为17217.1元，高收入户收入为31196.7元。

② 2010年农村家庭人均纯收入为5919元，低收入户收入为1870元，中等收入户收入为5222.4元，高收入户收入为14043.7元。

③ 如果把城镇家庭分为七个组别，那么最低收入家庭人均收入对人均实际GDP的弹性仅为0.56，最高收入家庭的收入增长弹性最高，为1.26。

④ 基于佩恩表（Penn World Table 6.3）的数据计算可得，2007年在196个国家中，按照居民消费占GDP的比例由高到低进行排列，中国仅位列第166位。

城镇低收入家庭用于食品消费的支出比例约为42%，而高收入家庭为26%；2009年前者下降为36.9%，后者下降为22.4%。2005年，农村低收入家庭人均纯收入中用于食品消费的支出比例约为74.6%，高收入家庭为23.3%；2009年分别降到71.4%和21.1%。关于城乡不同收入群体的边际消费倾向，城镇最低收入组为0.87，低收入组为0.75，中等收入组为0.66，高收入组为0.63，最高收入组为0.58。

3. 城乡间及城乡不同收入群体间的通胀差距

在城乡收入差距不断扩大的同时，城乡居民所面临的通胀差距也在不断扩大。比较城乡CPI的增长情况，一个显著的特征是，2001年之后，农村居民CPI的上涨普遍快于城镇居民CPI的上涨（见图2）。[①] 从经济发展过程看，随着城乡市场一体化，农村居民CPI的快速增长是城乡价格缺口缩小的一种体现。也有研究认为，农村交通基础设施、通信设施及医疗教育成本普遍高于城镇，是导致城乡通胀差距的主要原因（Chong et al.，2011）。

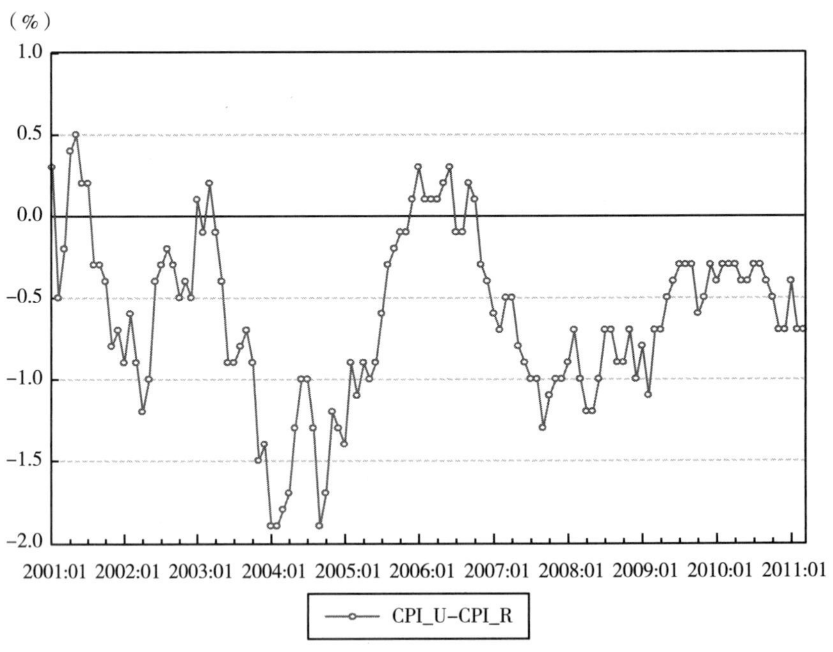

图2 城乡居民通货膨胀差距

资料来源：CEIC。

① 1994年之前，城镇居民CPI涨幅一般都高于农村居民CPI涨幅，但1994年之后，农村居民CPI的上涨幅度普遍快于城镇居民CPI的上涨幅度。

如果以2000年第二季度为基期计算城乡不同收入群体的通胀水平，城乡不同收入群体间的通胀差距更为明显（见图3）。一个显著特征是，自2003年开始，城乡不同收入群体间的通胀差距开始拉大，并呈现高收入家庭CPI持续低于低收入家庭的状态。在城镇居民家庭中，2010年低收入家庭的CPI比2000年上升了34.6%，而高收入家庭的CPI仅上升了26.3%；在农村家庭中，低收入家庭的CPI比2000年上升了43.1%，而高收入家庭的CPI仅上升了37%。城乡间以及城乡不同收入群体间通胀差距的存在与扩大是导致我国城乡不同收入群体间实际收入差距持续扩大的一个重要原因。

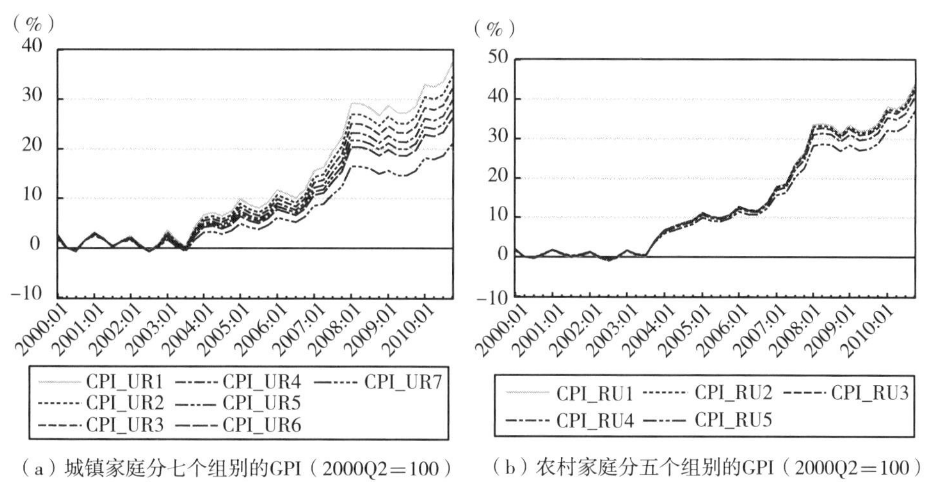

（a）城镇家庭分七个组别的GPI（2000Q2=100）（b）农村家庭分五个组别的GPI（2000Q2=100）

图3　城乡不同收入群体的通胀水平

2010年，食品价格上涨推动CPI上涨了3.3%。其中，食品价格上涨7.2%，居住价格上涨4.5%，家庭设备用品及服务、娱乐教育文化用品及服务，以及服务项目价格基本保持稳定，衣着和交通通信价格轻微下降。在食品价格中，粮食与蔬菜价格涨幅居前，分别上涨了11.8%和18.7%。根据CQMM课题组的计算，以2000年第二季度为基期，在2010年八大类商品的CPI变化中，城镇居民所面临的食品价格上涨了70.5%，居住价格上涨了35.2%，衣着、家庭设备及用品、交通通信价格均呈下降态势，医疗保健、娱乐教育和杂项价格分别上涨了7.3%、10.8%和11.7%；农村居民所面临的食品价格上涨了73.8%，居住价格上涨了41.6%，衣着、交通通信价格均呈下降态势，家庭设备及用品、医疗保健、娱乐教育和杂项分别上涨了0.15%、20.6%、19%和9.5%。

在我国经济快速增长、居民收入水平不断提高的同时，不仅城乡而且城乡不同收入群体间的收入差距也在不断扩大。同时，城乡及城乡不同收入群体间的通胀差距也在不断扩大。通胀对不同收入家庭实际收入侵蚀程度的不同，进一步加剧了收入差距的扩大，不仅抑制了全社会居民消费需求的扩张，使最终消费对经济增长的贡献率持续下滑，而且削弱了中低收入群体居民对通胀的耐受力，增加了通胀的社会问题。

目前，已有大量文献开始研究我国城乡收入差距问题，主要从收入分配、区域发展失衡及市场化进程等方面入手，定性定量地研究导致我国城乡间、地区间、行业间收入不平等的程度、变化趋势及其决定因素。认为城市化、人口构成、对外贸易及外商直接投资（FDI）、国企改革、农业转型以及教育卫生事业发展等对收入差距具有重要影响。然而，对城乡通胀差距的研究却比较少，更没有研究针对城乡不同收入群体收入差距和通胀差距并存的局面展开分析。一个可能的原因在于，缺少能够把收入差距、通胀差距及总需求统一在一起的分析工具。因此，现有研究在探讨收入差距时始终无法把通胀差距的影响考虑在内，而对通胀差距的分析也仅仅停留于对城乡价格指数构成差异的分析。

中国季度宏观经济模型是一个需求导向的结构式动态季度模型，在开放经济条件下基于支出法核算的 GDP 来构建消费、投资、政府收支、对外贸易、价格指数、货币、财政政策七个方程模块。最近，我们在消费和价格指数模块构造了包含城镇七个收入组别、农村五个收入组别的消费和价格行为方程。利用更新的 CQMM 模型，我们分析了不同收入群体所面临的消费者物价上涨幅度、不同收入群体收入与消费支出以及总需求总量与结构变化的关系，并模拟分析一定幅度的总量 CPI 上涨对不同收入群体通胀差距产生的影响。以此为基础，探讨旨在控制总量通货膨胀的政策如何兼顾缩小城乡居民的通胀差距。

三、中国季度宏观经济模型（CQMM）

中国季度宏观经济模型（CQMM）是结构式模型，长期以来我们致力于根据我国转型期的经济特征构建行为方程，使模型最大限度地体现现阶段我国经济结构特征。经过近五年的研发，目前 CQMM 模型包括 27 个行为方程、28 个内生变量和 25 个外生变量。应用 CQMM 模型，可以模拟分析总量 CPI 变化如何影响城乡及城乡不同收入群体 CPI 的变化，可以分析不同收入群体 CPI 的变化对不同收入群体实际收入水平的影响，进而分析对不同收入群体消费支出水平的影响，并模拟相关政策方案。

CQMM 模型主要由消费、投资、政府收支、对外贸易、工资和价格指数、货币和财政政策模块组成。图 4 给出了 CQMM 模型的结构。

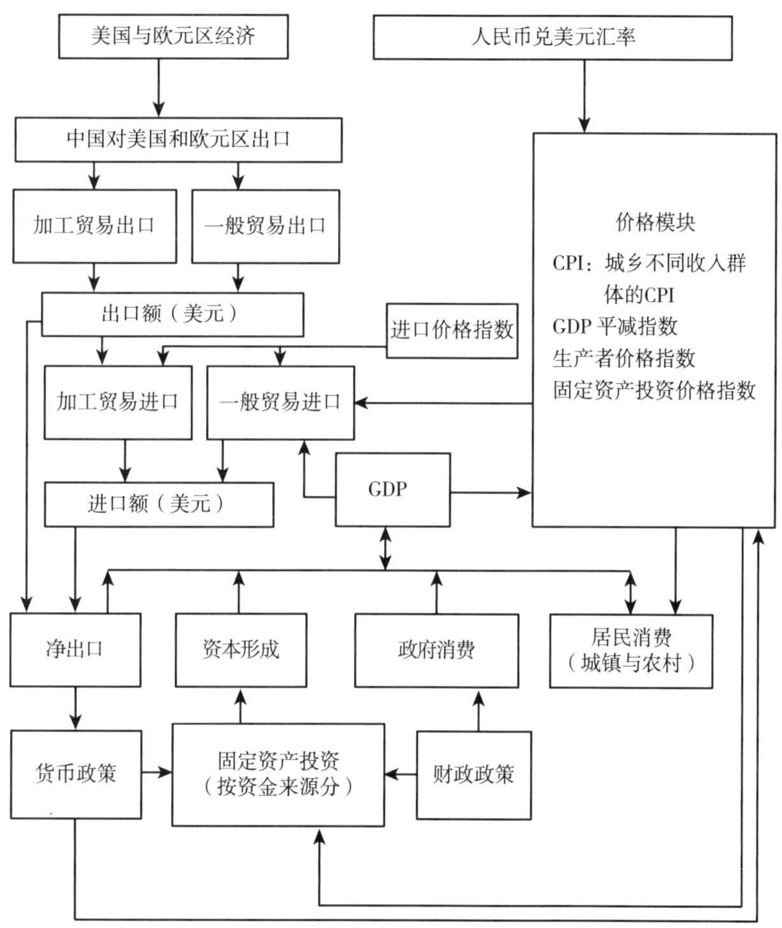

图 4　中国季度宏观经济模型（CQMM）的结构

1. 最终消费模块

最终消费分为居民消费与政府消费。其中，城镇居民人均消费用城镇人均可支配收入作为解释变量，人均实际 GDP 和制造业单位劳动成本决定城镇人均可支配收入。农村居民人均消费由农村家庭人均现金收入（包括工资收入和非工资收入）来解释。政府公共消费支出是外生决定的，取决于财政收入（包括预算内和预算外收入）。对居民消费模块进行扩展以分析通胀对我国不同收入群体的影响。在之前区分城镇与农村消费模块的基础上，进一步按收入等级把城镇居民分为最低收入户、低收入户、中低收入户、中等收入户、中高收入户、高收入户、最高收入户七个组别，把农村居民分为低收入户、中低收入户、中等收入户、中高收入户、高收入户五个组别，分别计算不同收入组的CPI水平，以此为基础估计城乡居民不同收入组的消费行为方程，以揭示通胀对城乡不同收入群体实际收入与消费行为的影响。

2. 投资模块

固定资产投资按照资金来源可分为国内贷款、外国投资、预算内、自筹资金与其他投资等几类。其中，国内贷款、自筹资金与其他投资是固定资产投资中占比最大的三个部分，是财政货币政策调控的主要对象，使用实际货币供应量（M2/GDP平减指数）、名义贷款利率来解释这三个变量，而固定资本形成总额可用固定资产投资总额来解释。上述投资变量均使用投资价格指数剔除价格波动的影响。

3. 政府支出模块

政府支出包括政府投资性支出和非投资性支出。前者与依靠预算内融资的固定资产投资有关，后者主要受财政收入及政府消费性支出的影响。

4. 对外贸易模块

按照我国对外贸易特有的模式，我们分别对加工贸易和一般贸易构建行为方程。选择美国和欧元区作为主要的贸易伙伴对象，除美国和欧元区的经济增长指标外，出口方程中还加入制造业相对单位劳动成本作为我国与潜在贸易竞争国的制造业比较优势指标。加工贸易出口与一般贸易出口主要受美国和欧元区经济的影响，加工贸易进口由加工贸易出口和出口对进口的相对价格来解释，一般贸易进口由实际GDP和进口品对国内消费品的相对价格来解释。

5. 价格模块

GDP平减指数的解释变量包括滞后CPI、固定资产投资价格指数和进口价格指数，固定资产投资价格指数由广义货币（M2）的增长率和进口价格指数来解释，CPI的解释变量包括固定资产投资价格指数和M2的增长率。

城乡不同收入群体所面临的CPI水平的计算方法。第一，根据城镇和农村居民八大类消费品价格指数的同比及环比数据，以2000年第二季度为基点，构建相同基期的城镇和农村八大类季度消费价格指数。第二，根据城镇和农村居民不同收入群体对八大类消费品的支出数据，计算这八大类商品分别在城镇及农村居民消费支出中所占据的比重，并以此作为不同收入群体的消费权重。由于样本期间内各年的消费权重差别不大，因而选用中点年份（2005 年）的权重作为整个样本期的权重。第三，将不同收入群体的八大类消费支出权重与第一步获得的相同基期的城镇和农村八大类消费价格指数一一对应相乘并加总后，得到不同收入群体的居民消费价格指数。第四，对城镇及农村居民不同收入群体收入和消费支出的年度数据利用插值法计算出季度数据。其中，季度收入序列分别以城镇人均可支配收入和农村人均现金收入序列为引导序列，而季度消费支出则分别以县级以上和以下的社会消费品零售总额为引导序列。第五，将不同收入群体的季度收支数据，用第三步得到的各组别相同基期的 CPI 序列进行平减，进而得到城乡不同收入群体按照可比价计算的收支序列。

6. 货币模块

在现行汇率制度下，外汇储备的增加通过外汇占款转化为货币供应量的扩大。同时，M2 的变化会影响固定资产形成、固定资产投资价格指数和 CPI，但不影响利率水平。

在数据方面，我们使用季度数据估计 CQMM。由于国家统计局没有公布有关支出法核算的 GDP 的季度数据，我们使用插值的方法通过年度数据来获得相关的季度数据（CQMM 课题组，2010）。同时，用于模型估计的大部分时间序列数据均经过了季节性调整，利用 Eviews 软件中的 x12 法去除季节性。

四、通胀对不同收入群体收入及消费的影响

为分析通胀对城乡不同收入群体的影响，课题组基于 CQMM 模型，进行了样本区间内的模拟分析，并把模拟结果与基准模型的结果进行对比。假设 2006 年发生一次性的通胀冲击，使 2006 年 CPI 的涨幅比实际值（1.5%）提高了 3 个百分点，达到 4.5%。如果城乡居民的名义收入没有相应调整，其实际收入必然下降。通过 CQMM 模型，我们能够定量地测定全国范围内 CPI 涨幅提高 3 个百分点后，城乡及城乡各收入群体分别面临的 CPI 上涨的程度，以及城乡不同收入群体 CPI 不同上涨幅度对其实际收入和消费支出的影响程度。

1. 总量 CPI 上涨对城乡及城乡不同收入群体 CPI 的影响

CQMM 模拟结果表明，当 CPI 涨幅增加 3 个百分点时，城乡不同收入群体

所面临的 CPI 上涨幅度各不相同，因而对各收入组消费的影响也不同。CQMM 的模拟结果显示：

（1）如果 2006 年 CPI 涨幅提高 3 个百分点，那么与基准模拟相比，对农村居民 CPI 的影响高于对城镇居民 CPI 的影响。2006 年城镇居民 CPI 的涨幅因此提高了 2.89 个百分点，农村居民 CPI 的涨幅提高了 3.22 个百分点。

（2）与基准模拟相比，CPI 涨幅提高 3 个百分点，对城乡低收入群体的影响大于对高收入群体的影响。城镇七个等级收入群体所面临的 CPI 上涨幅度随着收入水平的增加而减少。2006 年最低收入水平城镇户（第 1 组）CPI 的变化最大，提高了 4.05 个百分点，而最高收入水平城镇户（第 7 组）的 CPI 仅增加了 2.51 个百分点，两者相差 1.54 个百分点如图 5（a）所示。

农村家庭也按照收入水平划分为五个等级。2006 年 CPI 涨幅提高了 3 个百分点之后，各收入户所面临的 CPI 增幅随收入水平的增加而减少。农村低收入户（第 1 组）的 CPI 提高了 4.81 个百分点，远远大于城镇低收入户 CPI 的增幅；农村高收入户（第 5 组）的 CPI 增加了 3.93 个百分点，与城镇最低收入户 CPI 的增幅大致相当，如图 5（b）所示。

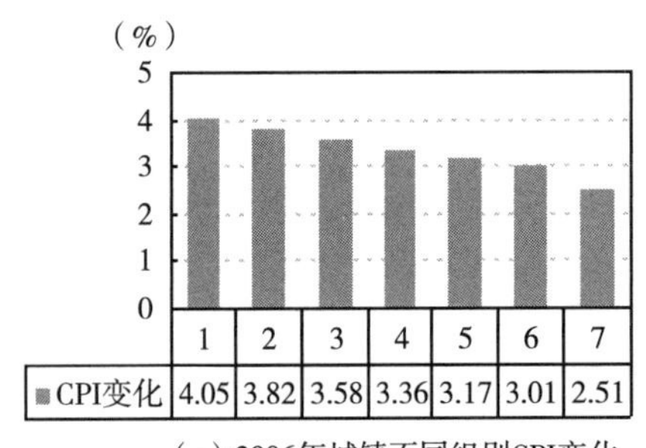

（a）2006年城镇不同组别CPI变化

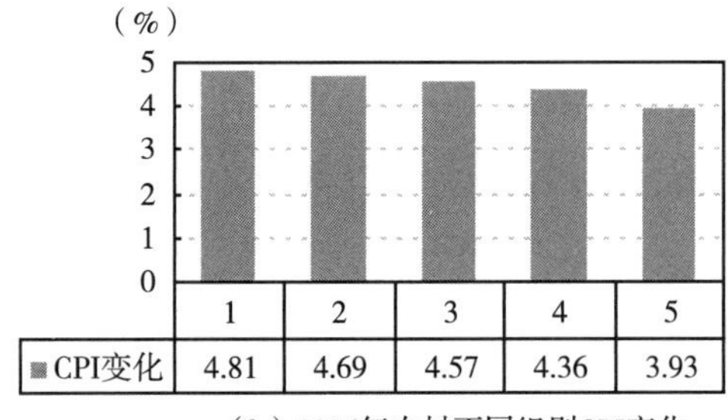

（b）2006年农村不同组别CPI变化

图 5　城乡不同收入组别 CPI 变化差异

因此，如果 2006 年 CPI 涨幅比实际值提高 3 个百分点，达到 4.5%，那么城镇最高收入户的 CPI 将是 4%，而农村低收入户的 CPI 将是 6.3%。

2. 总量 CPI 上涨对城乡及城乡不同收入群体实际收入的影响

由于城乡各收入群体所面临的 CPI 涨幅不同，导致各收入群体实际收入的变化也不同。模拟结果显示，CPI 涨幅提高 3 个百分点，与基准模型相比，2006 年当期城镇居民实际人均可支配收入将下降 3.70%，农村居民实际人均纯收入将下降 7.93%。

在城镇各收入群体之间，实际人均可支配收入减少的幅度随收入水平的提高而减少。2006 年城镇最低收入户（第 1 组）的人均实际可支配收入下降了 6.01%，最高收入户（第 7 组）的人均实际可支配收入下降了 1.52%，如图 6（a）所示。

农村不同收入组别的人均实际纯收入下降幅度相对接近，除低收入户外，其他组别的收入降幅均大于城镇最低收入组实际收入下降幅度。虽然农村低收入户人均实际纯收入下降幅度（5.32%）相对不大，但他们是我国居民中收入最低的群体，收入下降的空间原本就非常小，因此实际收入下降对他们的影响将更加严重，如图 6（b）所示。

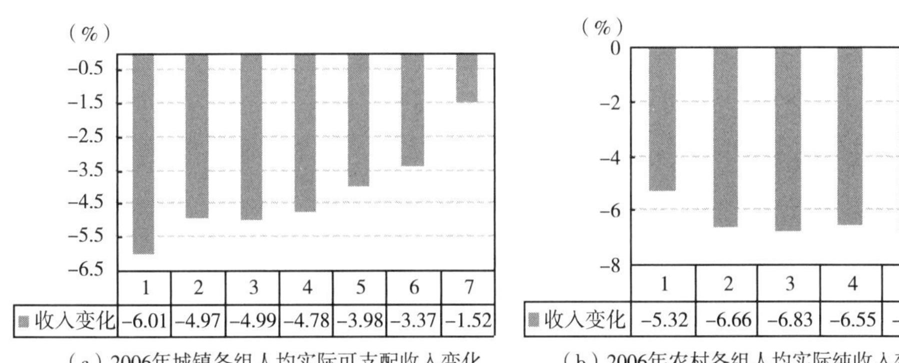

（a）2006年城镇各组人均实际可支配收入变化　　（b）2006年农村各组人均实际纯收入变化

图 6　城乡不同收入组别人均实际消费水平的变化

因此，如果 2006 年 CPI 从 1.5% 上升到 4.5%，将使农村低收入户的人均实际纯收入下降 5.32%，而城镇最高收入户的人均实际可支配收入仅下降 1.52%。

3. 总量 CPI 上涨对城乡及城乡不同收入群体实际消费支出的影响

扣除价格波动后的实际收入是消费支出的主要决定因素。城乡居民实际收入下降必然会导致人均消费支出下降。由于收入最低的群体边际消费倾向最高，恩格尔系数也最高，因而 CPI 上涨对农村居民消费的影响要远远大于对城镇居民的影响。

模拟结果显示，与基准模型相比，2006 年城镇居民人均消费支出减少了 2.72%，农村居民人均实际消费减少了 7.92%。农村居民实际消费下降的幅度在模拟期间均大于城镇居民。在各收入群体之间，2006 年人均实际消费下降的幅度随收入水平的上升而下降。其中，城镇居民从最低收入户到最高收入户消费支出下降的幅度从 -5.38% 到 -1.06%，而农村居民从低收入户到高收入户消费支出下降的幅度从 -7.27% 到 -6.46%（见图 7）。

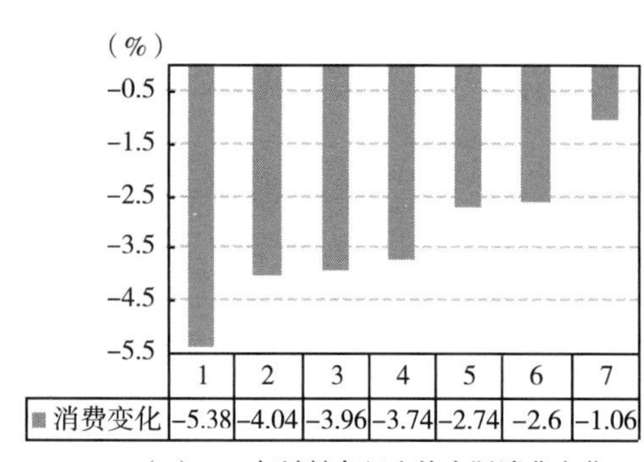

(a) 2006年城镇各组人均实际消费变化

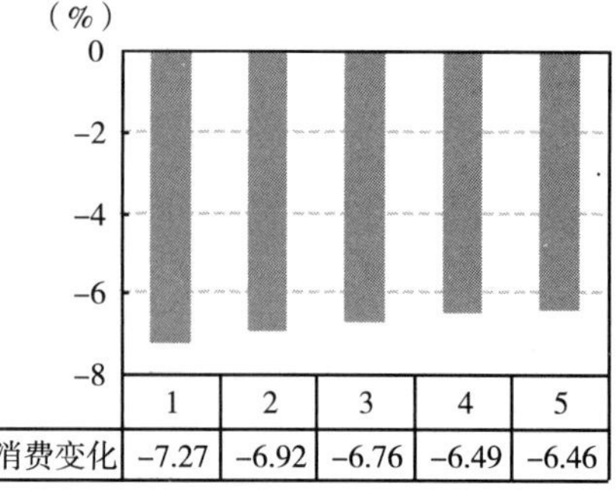

(b) 2006年农村各组人均实际消费变化

图7　城乡不同收入组别人均实际消费水平的变化

因此，CPI 上升对低收入群体消费支出的影响最大。如果 2006 年 CPI 涨幅提高 3 个百分点，那么农村低收入户的实际人均消费支出将可能下降 7.27%，而城镇最高收入户的人均实际消费支出仅下降 1.06%。

综上所述，CPI 上涨对农村居民的冲击大于城镇居民，对低收入群体的冲击大于高收入群体；在时间上，各收入群体的消费支出在价格上涨当期受到的影响大于下一个时期。这意味着，给定中国城乡居民之间收入不平衡的状况，城镇与农村内部各自不同收入组的居民收入差距将因通胀而不断扩大。2010 年以食品价格上涨带动的 CPI 升高，无疑将侵蚀低收入群体的实际收入，压缩他们的消费支出，从而更强烈地抑制全社会居民消费需求的扩张。

五、结论与政策建议

在通胀威胁日趋明朗的背景下，2011 年在实施积极财政政策的同时，货币政策转向稳健，并确定了 4% 的通胀目标。但 2011 年作为“十二五”开局之年，各级政府加快增长的欲望强烈，信贷扩张压力依然很大。因此，2011 年 M2 增速很可能突破目标水平。基于 CQMM 模型的预测结果表明，如果 2011 年各级政府的增长冲动导致投资规模无法得到有效控制，M2 增速达到 18%，2011 年的 GDP 可能增长 10.13%，但由于 CPI 将上涨 5.4%，固定资产投资价格指数可能上涨至 7.92%，GDP 平减指数将提高到 8.55%。

对总量 CPI 冲击所进行的效应模拟分析表明，如果 CPI 涨幅提高 3 个百分点，那么农村居民 CPI 的上涨幅度将高于城镇居民 CPI 的上涨幅度，城镇家庭实际人均可支配收入将因通货膨胀下降 3.7%，农村居民实际人均纯收入将下降7.92%，城镇居民人均实际消费支出将减少2.72%，农村居民人均实际消费支出将减少7.93%。CPI上涨对农村居民的冲击大于城镇居民，对低收入群体的冲击远远大于高收入群体。这意味着，2011年如果不能有效控制CPI上涨，那么我国城乡间以及城乡不同收入群体间的通胀差距还将进一步扩大，收入差距也将进一步扩大。

因此，抑制通胀并有效降低通胀的社会成本，不仅需要控制通胀的总量水平，而且需要缩小通胀在不同收入群体之间的差距。也就是旨在控制总量通货膨胀的政策需要同时兼顾缩小城乡居民通胀差距所导致的收入差距的扩大。

对总量通胀的控制，需要找准导致通胀的原因。2010年开始高攀的通胀水平，部分由于自然灾害等短期因素影响导致的食品价格快速上涨，部分源于弱美元以及国际形势不稳定而导致的输入性通胀。但究其根本原因，还在于现阶段我国的经济发展方式以及宏观调控方式：2009年的"保增长"是以政府主导的投资需求的扩张来弥补外部需求的萎缩；当外部需求开始复苏时，政府为保增长而扩大的投资却未能或难以甚至不愿及时退出，导致政府投资与民间投资同时扩大，从而形成了通货膨胀的压力。之所以如此，其根本原因在于我国宏观经济结构失衡，增长严重依赖投资驱动和出口拉动。货币政策在扩张与收缩上的作用严重不对称：扩张时非常容易把信贷注入经济体，而紧缩时作用却非常有限（龚敏和李文溥，2005）。目前准备金率已经提高到20.5%，却难以收缩信贷。[①] 加之地方政府奉行"GDP主义"，投资热情一直高涨。

因此，宏观调控政策需要做到以下几点。（1）在控制通胀与追求增长之间作出权衡。尽管2011年宏观经济政策方向已经明确，货币政策转向了"稳健"，并不断调高存款准备金率和利率。但是，各级地方政府"十二五"规划的速度目标普遍过高，而转变经济发展方式的措施却较弱。如果中央政府不采取切实有力的措施抑制各地的增长冲动，4%的通胀控制目标将难以达到。当前宏观经济决策必须在控制通胀与追求增长的数量组合上作出权衡。（2）坚决地将增长速度控制在9%。当前，投资需求过度扩张是通胀的主因。工业品出厂价格指数（PPI）涨幅高于CPI，预示着进一步通胀的压力。抑制投资需求过度扩张，必须控制增长速度。CQMM预测表明，如欲维持10%以上的增长速度，通胀率可能突破5%。如果希望将通胀控制在4%左右，就必须下决心将增长速度控制在9%。其有效措施是进一步紧缩货币政策，控制货币供应量，使其增速控制在14%左右。

---

① 因外汇占款增加而导致的基础货币扩大，也是一个重要因素。

必须充分重视通货膨胀对不同收入阶层尤其是农村低收入阶层收入的影响，采取有力措施保障低收入阶层的收入增长，以有效抑制通胀差距所产生的社会成本。

以食品和住房价格上涨为特征的通胀极大地侵蚀了低收入群体的实际收入，进一步压缩了消费需求乃至总需求，增加了通胀的社会成本。因此，我们认为，需要继续提高最低工资标准，提高以制造业为主的劳工工资水平，以保障城乡低收入阶层的收入和消费水平。尽管自20世纪90年代中后期以来，我国工人的工资水平在逐步上升，但与此同时，工人的劳动生产率也在迅速上升，而且上升幅度明显超过劳动报酬增长速度。我国制造业单位劳动成本在劳动报酬提高的同时逐年下滑。对我国出口产品最具潜在竞争力国家的相对单位劳动力成本的计算和比较表明，我国制造业与主要竞争对手国相比，至今仍然有较强的人工成本优势（约为1∶1.5）（CQMM课题组，2010；李文溥，2011）。此外，目前我国在基础设施、国内市场、产业配套等方面均优于主要竞争对手国，因此今后一段时期内，即便较大幅度地逐步提高劳工工资，使之与劳动生产率增长同步，也不会丧失我国制造业的国际竞争优势，相反，还有利于转变经济发展方式，促进技术进步。因此，应当进一步提高最低工资标准和制造业劳工工资水平，增强中低收入阶层抵御通胀侵蚀收入的能力。

参考文献

[1] 李文溥、龚敏：《出口劳动密集型产品导向的粗放型增长与国民收入结构失衡》，载《经济学动态》2010年第7期。

[2] [5] CQMM课题组：《2010~2011年中国季度宏观经济再展望》，载《厦门大学学报》（哲学社会科学版）2010年第6期。

[3] 龚敏、李文溥：《我国货币政策对总需求扩张的效应分析》，载《厦门大学学报》（哲学社会科学版）2005年第5期

[4] 李文溥：《中国宏观经济分析与预测2010——劳工工资：宏观经济视角的研究》，经济科学出版社2011年版。

[6] Terence Tai-Leung Chong, Ning Zhang and Qu Feng, Structural changes and regional disparity in China's inflation, *Economicsbulletin*, 2011, 31 (1): 572-583.

自有住房服务消费重估与中国居民消费率修正*

一、引言

自 1990 年以来，中国居民的最终消费支出占支出法国内生产总值（GDP）的比重一直低于 50%，近十年来，更是低于 40%。据世界银行公布的数据，20 世纪 90 年代以来，居民最终消费支出占 GDP 的比重（即居民消费率）的世界平均水平为 60%，高收入国家基本是 60% 左右，中等收入国家一般都维持在 55% 左右，低收入国家高达 77% 以上（见表 1）。中国的居民消费率远远低于世界各类经济体的一般水平。

表 1　　世界上不同收入类型国家和地区的居民消费率　　单位：%

分类	1990 年	2000 年	2005 年	2010 年	2011 年	2012 年	2013 年
世界	58.7	59.5	59.2	59.5	59.8	59.8	59.9
低收入国家	80.3	78.2	79.0	77.0	77.6	77.5	77.1
中等收入国家	59.8	59.1	56.0	54.5	54.8	55.1	55.2
高收入国家	58.3	59.5	59.9	60.5	60.7	60.7	60.8
中国	47.0	46.7	38.1	34.7	35.9	34.8	34.1
日本	53.3	56.5	57.8	59.3	60.3	60.7	61.1
韩国	55.3	53.6	52.1	50.3	51.0	51.4	51.0
美国	63.7	65.5	66.7	67.8	68.6	68.2	68.0
英国	60.9	64.6	64.2	64.4	64.2	64.8	64.6
印度	64.6	64.2	57.6	56.4	56.4	59.5	59.2

* 本文原载于《吉林大学社会科学学报》2018 年第 3 期，共同作者：陈婷婷。

续表

分类	1990 年	2000 年	2005 年	2010 年	2011 年	2012 年	2013 年
巴西	59.3	64.3	60.3	59.6	60.3	62.6	62.6
南非	57.1	62.4	62.5	59.0	60.0	61.2	61.9
新加坡	44.8	42.1	38.6	35.5	36.6	37.8	37.7

资料来源：根据世界发展指数（World Development Indicators，WDI）数据库相关数据整理。

与官方统计显示的中国居民消费率超低形成鲜明对照的是，近年来，中国已经成为全球最大的消费市场之一，奢侈品、手机、汽车以及出境旅游的消费都达到世界第一的水平。网络交易数据显示，仅“天猫”这一电商平台“双十一”一天的成交额就屡次刷新了 24 小时网上零售额的最高纪录，超越美国最大的网上购物节“网络星期一”，成为全球最大的网络购物狂欢节。“天猫”“双十一”2012 年交易额为 191.36 亿元，2017 年增至 1682.7 亿元，其间年均增长高达 54.47%。不仅如此，近年来，世界各地到处可见的中国游客、令人咋舌的购买力、节假日国内各旅游景点人山人海的拥挤场面，都显示了中国消费者强劲的消费能力。

我国的居民消费率真如官方统计数据显示的那么低吗？国内外一些学者表示怀疑。拉蒂（Lardy，2011）认为中国的需求结构存在失衡，中国经济需要向消费驱动的增长模式转型，但也认为中国的住房消费存在低估，可能影响消费率统计数据的准确性。帕金斯（Perkins，2012）指出中国官方的数据可能低估了消费率，但消费被低估的程度不足以推翻中国需求结构失衡的结论。

王秋石和王一新（2013a；2013b）通过比较法论证了中国消费率和居民消费率被低估，进行数据调整后发现，中国的经济结构并不像统计数据显示的那样严重失衡。李迅雷和高远（2013）认为中国经济结构存在误判缘于官方统计的偏失，投资被高估，消费被低估。朱天和张军（2012）指出中国消费不足和需求结构失衡这种时下流行的观点源于对经济学理论的误解以及对失真的官方统计数据的盲目依赖，认为中国的消费率被大大低估了。

一些学者认为，是住房消费的低估导致了中国实际消费支出被低估（黄益平等，2013），但他们仅仅进行了理论分析，没有进行具体估算，无法证实这一猜想。一些学者发现住房消费低估，主要缘于居民自有住房服务虚拟租金在我国现行统计体系下被严重低估。周清杰（2012）、李洁（2013）分别以美国和日本为例，分析国外自有住房服务虚拟租金的估算方法，以此为基础分析我国自有住房服务核算方法的不足之处。刘洪玉等（2003）、彭文生等（2012）、赵奉军（2015）采用等值租金法（或市场租金法）对我国自有住房服务虚拟租金进行估算，但是，我国现阶段的房屋租赁市场并不规范和完善，能否采用等值租金法，结论是否稳健，值得商榷。许宪春等（2012）、郭万达等（2012）采用使用者成本法对我国北京、上海、广州和深圳的居民住房租赁进行核算，并推及全国城镇居民居住支出规模进行测算，发现调整后的居民消费率要高于官方统计数据。但他们仅仅计算了一年的数据和全国三个时间段的平均值，而且在选取折旧率时与国家统计局的现行规定不同，难以与现有数据进行比较。朱天和张军（2014）也采用使用者成本法对我国住房消费进行重估，但是将城镇和农村住房混同计算，忽略了我国农村大部分是自有住房，不存在住房市场，不宜用使用者成本法计算，其结果可能高估了我国目前的住房消费。

基于我国城镇住房市场已经相当发达、农村住房市场尚未形成的实际情况，本文拟通过使用者成本法对我国城镇居民自有住房服务的虚拟租金进行重估，农村居民自有住房仍保留现有的官方统计方法，最后根据估算结果对我国居民消费率进行修正。本文余下部分的安排如下：第二部分分析我国住房消费低估的原因；第三部分重新估算我国住房消费并根据重估数值对居民消费率进行修正；第四部分是结论及相关讨论。

二、虚拟折旧法低估了我国住房消费

居住类支出是居民消费的重要组成部分。2011 年，我国城乡居民居住类支出为 27388. 5 亿元，占居民消费支出的 16. 60%，占支出法 GDP 的 5. 88%。[①] 纵向看，2004 年城乡居民居住类支出占居民消费支出 15. 02%，占当年 GDP 的 5. 98%。这 7 年，房价一路上涨，城市住房的价值和获得居住服务的机会成本以及住房消费占居民开支的实际比重都在不断上升。然而，根据我国官方公布的统计数据，居住类支出占 GDP 的比例却反而降低了。横向看，2011 年，经济合作与发展组织（Organization for Economic Co-operation and Development，OECD）中的大多数国家的居住类支出占居民消费的比重基本都在 23% 左右，占 GDP 的 12%～16%，我国的占比均明显低于 OECD 国家。[②] 我们认为，无论

① 《中国统计年鉴》从 2004 年开始公布了城乡居民各项消费支出的具体数据，一直到 2011 年为止。虽然支出法 GDP 中居民消费支出主要是根据城乡住户抽样调查得到的数据计算而来，但二者之间还是有区别的。为确保数据的可比性，本文最终选取 2011 年的城乡住户居住类支出进行说明。

② 在 OECD 统计数据库中，居住类支出不仅包括住房的实际租金和虚拟租金，还包括了与住房有关的水、电、天然气和其他燃料在内。

从纵向还是横向比较看，我国居民居住类支出的现行官方统计数据可能是被低估的。低估的原因在于我国现行的居民居住类支出计算口径与国际通行的计算口径有所不同。

中国国家统计局最新发布的《居民消费支出分类（2013）》指出，居住类支出主要包括租赁房房租，自有住房折算租金，住房保养、维修及管理，水、电、燃料及其他。其中，与国际通行计算口径差别最大的是自有住房折算租金，也即自有住房服务的虚拟价值。联合国统计委员会制定的国民经济核算的最新国际统计标准——《国民经济核算体系2008》（System of National Account，SNA，2008）规定："住宅是为所有者提供住房服务的货物，因此，住户在住宅上的支出属于固定资本总形成。所有者出租住宅的租金记为所有者的住房服务产出和承租人的最终消费支出。如果是所有者的自用住宅，其住房服务的虚拟价值要同时记录为所有者的产出和最终消费支出。"① 同时对自有住房者的自给性住房服务作出明确解释："自给性服务生产一般不在生产范围之内，但自有住房者为自身最终消费生产的住房服务是个例外，它一直都包括在国民经济核算的生产范围之内。自有住房与租用住房的比率，在不同国家之间，在一个国家的不同地区之间，甚至在同一国家或同一地区的各较短时期之间，都可能存在较大的差异。因此，如果不虚拟自有住房服务的价值，住房服务生产和消费的国际比较和跨期比较就会失实。"② 而且规定"提供的住房服务价值等于在市场上租用同样大小、质量和类型的房屋所要支付的租金"。③ 上述规定说明：（1）住户购买住房支出属于固定资产投资，不计入消费；（2）住房消费是指除购房支出以外的所有住房服务的货币流量，除了租用住房的实际租金或市场租金外，还包括自有住房的虚拟租金或等效租金（imputed rental）。但是，自有住房的虚拟租金如何测度，一直是个棘手的问题。

我国现行统计制度规定，支出法GDP中居民消费的居住类支出口径不仅包括租赁房房租、物业管理费、维护修理费、水电天然气等狭义上的居住支出，还包括自有住房的虚拟租金。但是，在实际统计核算中，我国统计部门是使用虚拟折旧成本法，即按照当期住房的建筑成本与一定折旧率计算得出折旧额，代替自有住房的虚拟租金。统计部门的解释是，因为目前我国房屋租赁市场尚不发达、不够规范，无法获得类似于自有住房条件的租赁房价格，无法采用国际上通行的市场租金法来估算。

---

① 《国民经济核算体系2008》第9.57节，第157页。

② 《国民经济核算体系2008》第6.34节，第80页。

③ 《国民经济核算体系2008》第9.65节，第157页。

按照现行计算方法，我国居民自有住房的虚拟租金计算公式为

居民自有住房服务增加值(即虚拟租金)=固定资产折旧=城镇居民自有住房虚拟折旧+农村居民自有住房虚拟折旧 (1)

城镇居民自有住房虚拟折旧=城镇居民自有住房价值×折旧率=[城镇居民人均住房建筑面积×城镇居民年平均人口×城镇住宅单位面积造价×(原有私房比重+房改私房比重+商品房比重+租赁私房比重)]×折旧率 (2)

农村居民自有住房虚拟折旧=农村居民自有住房价值×折旧率=农村人均住房面积×农村居民年平均人口×农村居民住房单位面积价值×折旧率 (3)

首先，由于农村居民绝大部分都是自建住房居住，租住房屋的居民比例很小，因此假定农村居民自有住房率为100%。城镇居民自有住房率，我国官方并未公布长期的统计数据。由于住房制度改革和城市化进程的加速，我国住房市场迅速发展，有关研究数据显示，我国城镇居民自有住房率已经达到80%以上。[①] 其次，折旧率的选取。国家统计局规定：城镇居民自有住房虚拟折旧率为2%，农村居民自有住房虚拟折旧率为3%。可比较起见，本文中城镇、农村居民自有住房虚拟折旧率，我们继续沿用国家统计局的设定。城镇住宅单位面积造价按照固定资产投资（不含农户）住宅竣工价值与住宅竣工面积计算，资料来源于相关年份的《中国统计年鉴》。

我们依据上述计算公式，算出2004～2012年我国城乡居民自有住房的虚拟折旧及其占支出法GDP的比重（见表2）。计算结果表明，2004～2012年我国城镇居民自有住房的虚拟折旧只占支出法GDP比重的1.5%左右，农村居民自有住房的虚拟折旧仅占支出法GDP比重的1%左右，我国城乡居民自有住房虚拟折旧合计占GDP比重为2.5%左右。考虑到我国自有住房率高于世界一般水平（我国自有住房率超过80%，美国约为65%，日本约为60%，英国约为70%）以及房地产估值的变动，用仅仅计算住房物理耗损的虚拟折旧替代虚拟租金显然大大低估了我国居民的住房消费水平，使我国居住类支出数据在国际上严重缺乏可比性。

---

① 浙江大学不动产投资研究中心、清华大学媒介调查实验室等联合发布的《中国居住小康指数》（2012）根据对40个城市的调查认为，中国城市居民自有住房率为78.6%；西南财经大学与中国人民银行共同发布的《中国家庭金融调查报告》（2012）指出，中国家庭自有住房率为89.68%，远高于60%的世界平均水平，其中城市家庭为85.39%。国家统计局的专题报告显示，2000年城镇居民自有住房率已达到77.1%，到2010年底，城镇居民自有住房率为89.3%。据2010年第六次全国人口普查数据，我国城市家庭自有住房率为69.78%，镇和农村家庭则分别为83.2%和96.3%。国内外相关研究指出，自有住房率与城市化率呈负相关关系，即随着城市化程度的提高，城镇居民自有住房率会有所降低。因此，本文将城镇居民自有住房率定为80%。

表 2　　全国城乡居民自有住房虚拟折旧及占 GDP 的比重（虚拟折旧法）

项目		2004 年	2005 年	2006 年	2007 年	2008 年	2009 年	2010 年	2011 年	2012 年
镇城居民	年均人口（百万人）	533.30	552.48	572.50	594.61	615.18	634.58	657.45	680.29	701.31
	人均住宅建筑面积（平方米/人）	26.40	27.80	28.50	30.10	30.60	31.30	31.60	32.70	32.90
	住宅单位面积造价（元/平方米）	1079.85	1161.56	1300.02	1398.15	1496.87	1715.11	1872.80	2031.85	2184.18
	自有住房虚拟折旧（亿元）	2432.51	2854.42	3393.84	4003.78	4508.46	5450.54	6225.31	7231.87	8063.26
	占 GDP 比重（%）	1.51	1.52	1.52	1.50	1.43	1.56	1.55	1.53	1.52
农村居民	年均人口（百万人）	762.78	751.25	738.52	723.28	709.48	696.69	680.26	663.85	649.39
	人均住房面积（平方米/人）	27.90	29.70	30.70	31.60	32.40	33.60	34.10	36.20	37.10
	住房价值（元/平方米）	226.10	267.80	287.80	313.60	332.80	359.40	391.70	654.40	681.90
	自有住房虚拟折旧（亿元）	1443.53	1792.54	1957.55	2150.26	2295.02	2523.92	2725.84	4717.80	4928.58
	占 GDP 比重（%）	0.90	0.96	0.88	0.81	0.73	0.72	0.68	1.00	0.93
城乡自有住房虚拟折旧合计（亿元）		3876.04	4646.96	5351.38	6154.04	6803.48	7974.46	8951.15	11949.70	12991.80
占 GDP 的比重（%）		2.41	2.48	2.40	2.31	2.15	2.29	2.22	2.53	2.45

资料来源：根据《中国统计年鉴》相关数据整理计算而得。

采用虚拟折旧成本核算方法只考虑住房的物理折旧，忽略了决定不同城镇地区住宅实际价值的其他因素。相同住宅在不同城市的实际价值差别巨大，不同地区居民购买自有住房的机会成本各不相同。对住房价值的定价偏低，使我国居民自有住房的虚拟租金被低估，从而低估了我国城乡居民的居住类支出及居民实际消费支出。

三、按使用者成本法重估我国住房消费，修正居民消费率

正确估算居民自有住房服务的价值是国民经济核算中的一个难题。方法不

当，将使住房消费、居住类支出、居民消费、GDP 等宏观经济数据出现偏误；各国方法不同，将使宏观经济数据缺乏国际可比性。目前，与虚拟折旧成本法不同，联合国国民经济核算体系（SNA，2008）推荐使用的估算虚拟租金的方法主要有两种：一种是等值租金法（rental-equivalence approach），另一种是使用者成本法（usercost approach）。[①]

等值租金法适用于房屋租赁市场比较规范的国家，这种方法类似于自给性货物或服务的一般估价方法，用市场上同类服务的销售价格对自给性住房服务产出进行估价，[②] 即根据承租人在市场上租住同样条件的房屋所愿意支付的租金来估算自有住房所有者的住房服务产出。美国的房屋租赁市场相当发达，因此，美国统计部门估算自有住房服务虚拟租金采用等值租金法。

如果不存在规范的房屋租赁市场，或者房屋租赁市场规模太小或过于单一，无法获得合适的参照价格，则应该选择使用者成本法，即用当期持有住房的成本减去收益。成本包括按揭利息、房产税、房屋的维护及折旧费等，当期收益是自有住房持有者的资产升值，而住房的当期价格与原有价格之间的差异通过资本折旧调整体现。[③] 本文采用的使用者成本法公式是在波特巴（Poterba，1992）公式基础上的改进：

$$User\ cost\ of\ housing = (i + \tau_p + f - \pi) P_h \tag{4}$$

$$R = (i + \tau_p + f - \pi) P_h \tag{5}$$

受限于现阶段我国统计数据的可得性，我们将波特巴公式中住房投资的风险溢价 β、维护成本 m 和折旧成本 δ 合并为 f。其中，i 是银行按揭的贷款利率；τ_p 是房产税率；f 是房屋维护及折旧成本，实际计算中只考虑了折旧率；π 是通货膨胀率；P_h 是指房屋的市场售价；用 R 表示房屋的居住成本即等效租金。

与基于住房建筑成本的虚拟折旧法相比，使用者成本法是选取住房的当期市场价格，能够比较具体地测算出在一定时期内拥有自有住房的货币机会成本和相应收益。

由于我国的商品房市场相对发达，商品房价格比租金更具有代表性。因

① 目前，世界上主要发达国家均已经采用 SNA（2008）的核算体系，自有住房服务消费都已经采用使用者成本法或等值租金法计算。

② 参阅《国民经济核算体系 2008》第 6.117 节，第 89 页。

③ 美国经济分析局（Bureau of Economic Analysis，BEA）和其他 OECD 国家在核算住房服务时都进行了资本折旧调整。BEA 提供的资本折旧调整公式为资本折旧调整 = 历史成本折旧 – 现价折旧。其中，历史成本折旧是对资本损耗进行补偿，现价折旧则体现了市场对同类住房按现价进行折旧补偿，二者之间的差额完全是由住房价格变动引起的，因此资本折旧调整的目的在于消除住房价格变动对 GDP 的影响。

此，本文在计算城镇居民自有住房服务的增加值时，是用商品房价格进行计算的。其中，P_h 是指商品房中住宅的平均销售价格，并以1998年为基期，① 选取历年住宅竣工面积②及住宅的平均销售价格，对城镇居民自有住房的居住支出进行资本折旧调整，计算方法借鉴许宪春等与郭万达等的研究（许宪春等，2012；郭万达等，2012），城镇自有住房的面积假设为城镇住房总面积的80%。

由于我国这些年的贷款利率经过多次调整，物价波动也较大，因此有必要对利率与居民消费价格指数（CPI）进行平滑处理。本文以五年为期计算移动平均数。按揭利率 i 取五年以上中长期银行贷款基准利率，其中年利率取当年各月利率的算术平均数进行移动平均。通货膨胀率 π 取官方公布的CPI指数进行移动平均处理。鉴于我国尚未全面推行房产税，故 τ_p 取0。城镇居民自有住房折旧率依然选取2%，同虚拟折旧法选取的折旧率保持一致，以利比较。基于使用者成本法估算城镇居民自有住房服务等效租金的结果如表3所示。

表3　　全国城镇居民自有住房服务的虚拟租金（使用者成本法）

年份	商品房平均销售价格：住宅（元/平方米）	五年以上贷款利率（移动平均值）（%）	财产税（%）	折旧率（%）	CPI（移动平均值）（%）	城镇居民自有住房总使用成本（亿元）	城镇居民自有住房资本折旧调整（亿元）	城镇居民自有住房虚拟租金（亿元）
2004	2608	5.97	0	2	1.08	20225.93	-103.25	20122.68
2005	2937	5.95	0	2	1.36	23772.56	-184.83	23587.73
2006	3119	6.01	0	2	1.52	26412.11	-242.45	26169.65
2007	3645	6.32	0	2	2.64	29664.72	-447.88	29216.84
2008	3576	6.67	0	2	3.58	27389.71	-415.06	26974.65
2009	4459	6.68	0	2	2.66	42681.84	-911.38	41770.46
2010	4725	6.66	0	2	2.96	44781.04	-1086.33	43694.71
2011	4993	6.73	0	2	3.74	44357.59	-1289.76	43067.83
2012	5430	6.61	0	2	3.30	53240.26	-1670.35	51569.91

注：（1）城镇居民自有住房总使用成本是根据使用者成本法公式计算得出的住房单位使用成本与城镇居民自有住房面积的乘积，城镇居民自有住房面积按城镇居民住房总面积乘以80%的自有住房率计算得出；（2）城镇居民自有住房资本折旧调整以1998年为基期，以住房的历史成本折旧与重置成本折旧（现值折旧）之间的差额表示，二者之间的差额是由资产价格的变化引起的，如果住房的历史成本小于重置成本，则资本折旧调整为负，反之为正。

资料来源：根据《中国统计年鉴》和中国经济数据库（China Entrepreneur Investment Club，CEIC）数据计算整理而得。

① 1998年7月3日国务院发布《关于进一步深化城镇住房制度改革加快住房建设的通知》，明确要求停止住房实物分配，逐步实行住房分配货币化，极大地促进了我国房地产业的迅速发展。

② 不直接采取“商品房中用于住宅部分的销售面积”替代计算，原因在于商品房（住宅）销售面积不仅包括现房销售建筑面积，还包括期房销售建筑面积。而估算我国居民自有住房的服务价值依赖于商品房市场中的存量，因此采取商品房（住宅）已竣工面积，再根据市场出租、待售（空置）情况进行调整。

由于我国农村居民绝大部分是居住自有住房，不存在住房市场，因此仍采取官方目前的估算方法，即用虚拟折旧法估算农村居民自有住房服务的增加值。基于两种估算方法得出的城乡居民自有住房虚拟租金情况如表4所示。两种估算方法下的差额就是自有住房虚拟租金的被低估值，同时也是居民居住类支出和住房消费被低估的部分。

表4　　基于两种方法估算的城乡居民自有住房虚拟租金　　单位：亿元

年份	使用者成本法			虚拟折旧法	两种估算方法下的差额
	城镇居民自有住房虚拟租金	农村居民自有住房虚拟租金	城乡居民自有住房虚拟租金总值	城乡居民自有住房虚拟租金总值	
2004	20122.68	1443.53	21566.21	3876.04	17690.17
2005	23587.73	1792.54	25380.27	4646.96	20733.31
2006	26169.65	1957.55	28127.20	5351.38	22775.82
2007	29216.84	2150.26	31367.10	6154.04	25213.06
2008	26974.65	2295.02	29269.67	6803.48	22466.19
2009	41770.46	2523.92	44294.38	7974.46	36319.92
2010	43694.71	2725.84	46420.55	8951.15	37469.40
2011	43067.83	4717.80	47785.64	11949.67	35835.96
2012	51569.91	4928.58	56498.49	12991.83	43506.65

将表4中的差额即住房消费的被低估值按照GDP平衡核算原理加入官方统计数据，得到修正后的数据并重新计算相应的消费率（见表5）。对修正前后的数据进行对比，发现我国的居住消费率被低估了6~9个百分点，仅此一项，就导致居民消费率被低估4~6个百分点，最终消费率被低估了3~5个百分点（见图1至图3）。

根据重估的自有住房虚拟租金对官方统计数据进行修正，2004~2011年，我国的居住消费支出占GDP的比重不是5.8%~6.6%，而是12.31%~15.31%。调整后的这一比重非常接近OECD大部分成员国的水平。2011年OECD国家的居住消费占比，除韩国的占比很低（8.7%）之外，大部分国家都在12%~16%。但是，我们注意到，即使用重估的居住消费支出修正居民消费率，我国居民的消费率因此有所上升，徘徊在39.63%~46.41%，但仍然低于世界各类经济体的一般水平。

表 5　根据重估的虚拟租金修正后的消费支出及消费率　单位：亿元、%

年份	GDP	最终消费支出	居民消费支出	居民居住类支出	最终消费率	居民消费率	居住消费率
	修正前的官方统计数据						
2004	160956.59	87552.58	65218.48	9589.00	54.40	40.52	5.96
2005	187423.42	99357.54	72958.71	11129.10	53.01	38.93	5.94
2006	222712.53	113103.85	82575.45	14628.00	50.78	37.08	6.57
2007	266599.17	132232.87	96332.50	16721.90	49.60	36.13	6.27
2008	315974.57	153422.49	111670.40	19192.50	48.56	35.34	6.07
2009	348775.07	169274.80	123584.62	20739.50	48.53	35.43	5.95
2010	402816.47	194114.96	140758.65	24210.30	48.19	34.94	6.01
2011	472619.17	232111.55	168956.63	27388.50	49.11	35.75	5.80
年份	GDP	最终消费支出	居民消费支出	居民居住类支出	最终消费率	居民消费率	居住消费率
	根据重估的虚拟租金修正后的数据						
2004	178646.76	105242.75	82908.65	27279.17	58.91	46.41	15.27
2005	208156.73	120090.85	93692.02	31862.41	57.69	45.01	15.31
2006	245488.35	135879.67	105351.27	37403.82	55.35	42.91	15.24
2007	291812.23	157445.93	121545.56	41934.96	53.95	41.65	14.37
2008	338440.76	175888.68	134136.59	41658.69	51.97	39.63	12.31
2009	385094.99	205594.72	159904.54	57059.42	53.39	41.52	14.82
2010	440285.87	231584.36	178228.05	61679.70	52.60	40.48	14.01
2011	508455.13	267947.51	204792.59	63224.46	52.70	40.28	12.43

注：国家统计局从 2004 年开始公布我国居民的居住类支出，直到 2011 年为止，所以数据截至 2011 年。

资料来源：根据历年《中国统计年鉴》的相关数据及表 4 中的数据计算整理而得。

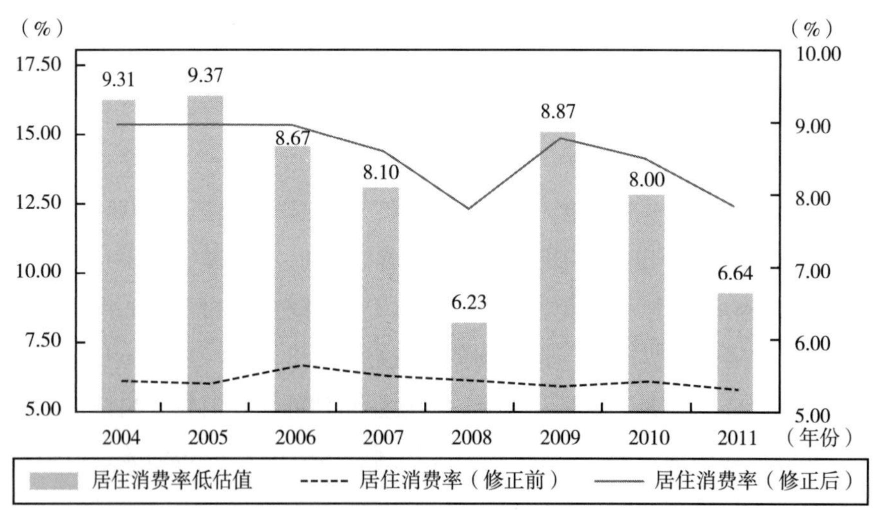

图 1　2004 ~ 2011 年中国居民居住消费率修正前后变化情况

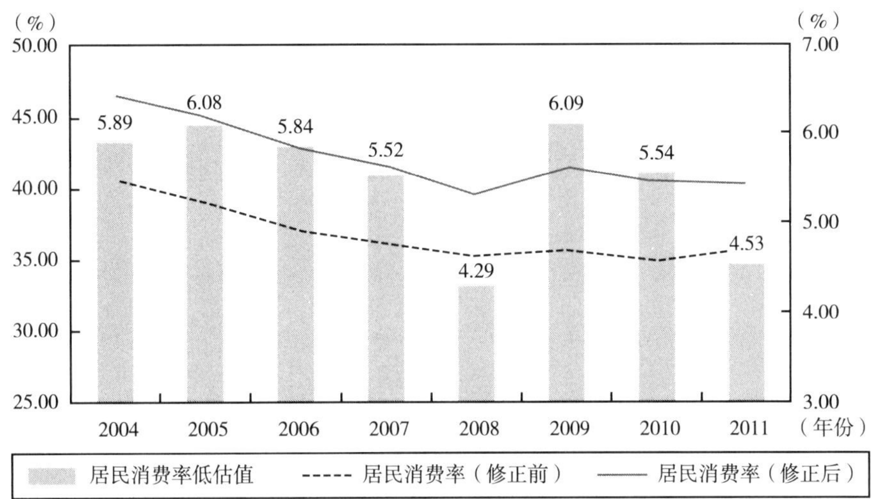

图 2　2004～2011 年中国居民消费率修正前后变化情况

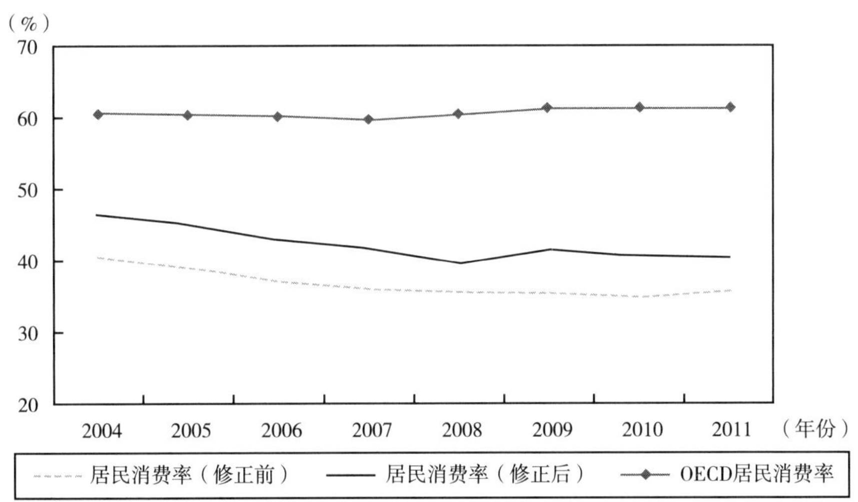

图 3　2004～2011 年中国居民消费率修正前后与 OECD 国家居民消费率比较情况

四、结论与讨论

投资、消费等是宏观经济最重要的指标，它们占 GDP 的比重及其变动趋势，刻画出一国经济运行的基本特征，是宏观经济分析及宏观经济调控的主要依据。因此，这些指标的计算是否确切反映了相应的经济内涵，准确衡量了相关的经济活动，对于宏观经济研究而言至关重要。

一般而言，一个经济体在其经济起飞阶段，由于提高投资率的需要，居民消费率有所下降，是正常的趋势。世界银行的数据显示，处于赶超阶段的中等收入国家（地区）的居民消费率不仅低于发达国家，而且也低于低收入国家，日本、韩国，以及中国台湾地区等经济体战后经济高速增长阶段的投资率、消费率变动趋势证实了这一观点。但是，我们也应看到，一个社会的再生产循环有其基本的实现条件，特定时期的投资与消费比例尽管存在一定的变动区间，但是，当投资与消费的比例过多地偏离正常结构时，社会再生产循环势必难以进行下去。或许正是因此，近年来，国内外一些学者对中国官方公布的居民消费率数据有所怀疑。本文采取使用者成本法对中国居民居住类支出进行重新估算，结果发现重估后的居民居住类支出占 GDP 的比重较官方统计数据提高了 6 ~9 个百分点，相应地，居民消费率提高了 4 ~6 个百分点，最终消费率提高了 3 ~5 个百分点。

这一研究在一定程度上证实了我们及国内外一些研究者的猜想。但是，这一重估结果是否合理，取决于在现今中国应用使用者成本法计算自有住房虚拟租金是否合理。首先，这种算法符合国际标准，因此，这样算出来的结果显然比目前官方使用虚拟折旧成本法的计算结果更有国际可比性。其次，在市场经济和城镇住房商品化的背景下，城镇住宅的价值不仅取得了货币表现形式，而且其价值在不同地区因其所具有的资源稀缺性差异极大，其物理成本仅仅是构成住宅价值的一个组成部分。在不同时间、不同地点，同样面积、质量的住宅所提供的居住服务是大不相同的，居民获得它的机会成本也是大不相同的，因此，应用使用者成本法计算居民从自有住房获得的服务，是合理的。最后，由于这一计算的前提是住房市场较发达，因此在目前，暂时只对城镇按使用者成本法计算自有住房虚拟租金，而对农村住宅仍按照虚拟折旧成本法计算可能是比较稳健的。

根据重估后的居民居住类支出对居民消费率进行修正，尽管在一定程度上提高了我国居民的消费率水平，但是仍然大大低于世界各类经济体的一般水平。显然，仅仅通过重估住房消费，还不足以完全修正我国的居民消费率。因此，本文的研究还仅仅是重估我国居民消费率的一部分。科学、准确地判断和修正居民消费率，还需要进一步的研究。

参考文献

［1］郭万达、郑鑫、王东升等：《我国居民住房租赁核算的方法选择》，载《开放导

报》2012 年 2 期。

［2］黄益平、常健、杨灵修：《中国的消费复苏与经济再平衡》，载《金融发展评论》2012 年 6 期。

［3］李洁：《GDP 核算中自有住房服务虚拟计算的中日比较》，载《统计研究》2013 年 11 期。

［4］李迅雷、高远：《中国经济结构存在误判》，载《中国经济报告》2013 年 4 期。

［5］刘洪玉、郑思齐、许宪春：《房地产业所包含经济活动的分类体系和增加值估算》，载《统计研究》2003 年 8 期。

［6］彭文生、林暾、边泉水等：《经济转型的消费轨道（上篇）——消费长周期的逻辑》，载《金融发展评论》2012 年 7 期。

［7］王秋石、王一新：《中国居民消费率真的这么低么——中国真实居民消费率研究与估算》，载《经济学家》2013 年 8 期。

［8］王秋石、王一新：《中国消费率低估研究——兼议中国“投资过热论”》，载《山东大学学报》（哲学社会科学版），2013 年 3 期。

［9］许宪春、唐杰、殷勇等：《居民住房租赁核算及对消费率的影响——国际比较与中国的实证研究》，载《开放导报》2012 年 2 期。

［10］赵奉军：《中国城镇居民住房消费的再估计——基于中国家庭追踪调查数据的实证分析》，载《当代财经》2015 年 1 期。

［11］周清杰：《我国自有住房服务虚拟租金估算方法的优化：来自美国经验的启示》，载《宏观经济研究》2012 年 6 期。

［12］朱天、张军：《破解中国消费不足论的迷思》，载《中国经济时报》2012 年 9 月 6 日第 5 版。

［13］朱天、张军：《中国的消费率被低估了多少?》，载《经济学报》2014 年 2 期。

［14］Lardy N. R. *Sustaining China's Economic Growth After the Global Financial Crisis*, Washington, D. C: The Peterson Institute for International Economics, 2011.

［15］Perkins D. H. Rapid growth and changing economic structure: The expenditure side story and its implications for China, *China Economic Review*, 2012, 23 (3): 501 - 511.

［16］Poterba J. M. Taxation and housing: Old questions, new answers, *American Economic Review*, 1992, 82 (2): 237 - 242.

灰色消费估算与居民消费率*

一、引言

在我国，灰色消费是一个常见甚至不少人习以为常的社会现象，一种社会陋习。所谓灰色消费，是一种通过权力支配由公款开支而实现的违规个人消费，是一种个人对公共资源、企业资源的非法侵占。与灰色消费相关的一个概念是职务消费，它是因为履行职务而由公款支付的个人消费。二者尽管都是由公款支付的个人消费，但性质完全不同。在存在正常的制度设计及有效的监督机制下，从理论上说，公款消费应当全部是正常的职务消费，不存在灰色消费。但是，由于为执行公务而发生的职务消费与为了实现个人消费目的而非法侵占公共资源的灰色消费之间存在着某种模糊地带，难以完全区分清楚。这就为某些存在败德倾向的权势者造成了可乘之机。

灰色消费是一种世界范围的普遍现象。在法制健全、监督体系比较严密的国家和地区，公务员及企业高管的灰色消费行为也时有被揭露。但是，总体而言，受限于严格的制度和舆论监督，较少发生，其规模一般并不具有统计意义。

中国灰色消费的规模从行政管理支出占财政支出的比重变化可以略见一斑。1978 年我国行政管理支出占财政支出的比重仅为 4.71%，2006 年就达到 18.73%，①其规模呈逐年上升趋势。从国际横向比较来看，2006 年，美国行政管理支出占财政支出的比重为 13.19%，日本为 12.91%，澳大利亚为 11.01%，俄罗斯为 14.63%，②

* 本文原载于《东南学术》2019 年第 1 期，共同作者：陈婷婷。

① 根据《中国统计年鉴》历年数据计算而得，因为 2007 年我国财政收支科目实施了较大改革，财政支出口径变化很大，与往年数据不具有可比性。

② 根据国际货币基金组织的《政府财政统计年鉴》相关数据计算而得。

我国行政管理支出规模明显大于大部分发达国家与发展中国家。随着我国经济增长，行政管理支出有所增长是正常的，但是，缺乏对行政行为和职务消费的有效监督机制，职务消费的透明度不高，灰色消费急剧膨胀，导致行政管理支出过快增长，财政资金严重浪费，也是不争的事实。这些剧增的行政管理支出，不少变成了个人的高档消费。近年来，各地在反腐中所揭露的公款消费、奢靡之风的案例，更是不胜枚举。公车浪费及腐败更是令人吃惊。某市在车改中发现，该市公车年维修费用竟达每年13万元/辆，曾出现过一辆汽车在一年内报废了24条轮胎的惊人纪录。该市车改之后，公车减少了一半以上，但真正的公务用车却得到了充分保障。据计算，现有车辆仍有一半是冗余的，可以缩减。①

灰色消费曾经成为消费的一部分，甚至在统计上也难以忽略不计。2013年，中国酒店餐饮业首当其冲地受到反腐倡廉的冲击。数据显示，当年全国餐饮营业收入25569亿元，同比增长9.0%，创下20多年来的最低增长值，餐饮百强企业更严重受挫，当年营业收入同比仅增长5.7%，比2012年大幅下降了10.8%。② 中高端酒店业进入凄冷寒冬。2013年上半年，全国三星级及以上星级饭店平均出租率同比下降6%，平均餐饮收入同比下降17.2%，平均客房收入同比下降8.5%，平均总营业收入同比下降11.8%，平均会议收入同比下降17.8%。③ 2013年，中国奢侈品消费年增长率从20%下降到6%；高档白酒产品销售额仅为412亿元，同比下降34%以上；顶级品牌茶叶消费为315亿元，同比下降16%；高端旅游、餐饮、服务业深受重创，同比下降21%。④ 厉行反腐，严纠“四风”居然对一些高档消费行业、高档消费品的销售产生了如此大的负面冲击，不能不说此前灰色消费规模巨大。

本文拟从统计学和宏观经济学的角度，测算近年来灰色消费的规模，及其对居民消费率的影响。本文余下部分的安排如下：第二部分是研究综述；第三部分估算灰色消费规模；第四部分估算公车私用消费规模；第五部分根据估算的灰色消费规模对居民消费率进行修正；第六部分是结论及相关讨论。

二、研究综述

自1990年以来，中国居民的最终消费支出占支出法国内生产总值的比重

① 此系笔者调研时，该市车改部门负责人告知的数据。

② 数据整理自中国烹饪协会发布的《2013年度中国餐饮百强企业分析报告》。

③ 数据整理自中国旅游饭店业协会发布的《2013年上半年星级饭店经营情况报告》。

④ 数据整理自中国奢侈品协会发布的《2013年中国奢侈品市场消费数据》。

一直低于50%，近十年来，更是低于40%。据世界银行公布的数据，20世纪90年代以来，居民最终消费支出占GDP的比重（即居民消费率）的世界平均水平为60%，高收入国家基本是60%左右，中等收入国家一般都维持在55%左右，低收入国家高达77%以上。中国的居民消费率远远低于世界各类经济体的一般水平（李文溥和陈婷婷，2018）。与官方统计的中国居民超低的消费率形成鲜明对照的是，近年来中国的高档消费，无论是范围、品种，还是数量、量级的发展和增长都是令人咋舌的。这些当然引起了学界关注，它必然引申至对灰色消费的研究。

高敏雪（2014）基于国民经济核算原理就隐性收入、隐性消费对当前中国居民消费率的影响进行系统讨论，认为中国居民消费率确实存在低估，但并没有进行专门估算，无法给出具体的低估数值。王秋石和王一新（2013）认为居民消费“企业化”“投资化”以及“公款化”是造成中国居民消费率低估的原因，用中等收入国家的政府消费与居民消费比值的平均值来替代中国的数据，以消除中国公款消费对居民消费率的影响。但是，中国的灰色消费程度与中等收入国家相近吗？以致可以用中等收入国家数据替代中国的数据？显然有疑问。

蔡等（Cai et al.，2011）指出中国企业接待及差旅费的支出占全社会增加值的2%，认为这部分公款消费有相当大一部分应该属于居民私人消费。朱天和张军（2014）在蔡等（2011）的研究基础上计算出企业公款消费支出，同时估算出企业公车私用的支出，但是，只估算企业公款消费与公车私用，却忽略了政府部门公款消费与公车私用消费，可能低估了我国的灰色消费规模。梁其翔和龙志和（2016）利用官方统计数据之间的数量矛盾推算出部分灰色消费规模，但简单地将投资额高估归因于大量灰色消费的存在则有待考量。

灰色消费研究的一个重点是如何正确估算其规模。由于不存在灰色消费的官方统计，因此，只能通过研究者的估算。鉴于现实生活中，灰色消费的形式多种多样，以违规的公款消费为主，主要有超标准的公款接待、公款吃喝、违规公款旅游、公款购物，以及超标配备公车、滥用公车维修费用、[①] 公车私用等。很多在我国是符合规定的职务消费，从国际比较角度看，都是不必要的。但是，限于数据收集的困难，我们目前还不可能全部予以估算。本文只能针对

① 在调研中，某设区市的车改部门负责人告诉笔者：一年一辆车哪里可能报废24条轮胎呢？这些轮胎其实都是被人给“吃”掉了啊。全市的公车一年车均维修费用13万元，等于不到两年将全市公车的所有部件换过一遍，这可能吗？

其中典型的灰色消费与公车私用进行初步估算。显然，我们的估算结果可能偏小，但在用于估算其对居民消费率的影响时，也相对稳健一些。

三、灰色消费规模估算

2011 年以来，中央本级及部分地方政府正式公开了“三公经费”的预决算支出及三项费用支出，但这些“三公经费”支出包含了必要的职务消费和非必要的职务消费（即灰色消费），而且没有公开明细支出。在现实生活中，灰色消费支出名目繁多，巧立名目者更是不计其数，显然无法从现有“三公经费”支出中剔抉出来。另外，“小金库”虽然非法，但一些单位私设“小金库”之事，至今仍时有揭露。“小金库”本就是为灰色消费提供便利的，这部分更难估算。因此，希望从支出端直接整理出灰色消费支出是不可能的。

但是，灰色消费既然存在，而且规模较大，就不可能无迹可寻。它既然发生了，就是客观存在，成为社会消费品零售总额的一部分。当然，如果迄今为止，并没有发生 2013 年以来中央出台八项规定、严纠“四风”这一重大转折，消费数据依然延续过去的走势，我们也很难从中观察到此前社会消费品零售总额中所包含的灰色消费的规模。但是，自从中央八项规定出台之后，社会消费品零售总额同比名义增长率的变化与“三公经费”的变化如影相随，逐年下降。2010 年社会消费品零售总额 156998.43 亿元，同比名义增长 18.3%（扣除价格因素实际增长 14.8%）；2016 年社会消费品零售总额 332316.3 亿元，同比增长为 10.4%（扣除价格因素实际增长 9.6%），与 2010 年相比下降了 7.9%。2010～2016 年社会消费品零售总额虽逐年增长，年均增长率为 13.3%，但同比名义增长率却在逐年下降，其中限额以上企业（单位）零售总额同比增长率下降幅度更大，达到 14.8%。按经营单位所在地划分，2010～2016 年城镇社会消费品零售总额同比增长率下降了 8.4%，同期，乡村同比增速仅下降了 5.2%，城镇零售总额同比增长速度不仅逐年下降，而且还逐步低于乡村。这意味着，中央及地方政府“三公经费”的公开及八项规定的实施，对城镇社会消费品零售总额的影响程度更大。按消费形态划分，2010～2016 年商品零售同比增长率下降了 8.1%，其中限额以上企业（单位）商品零售同比增速下降了 14.9%；餐饮收入同比增长率下降了 7.2%，其中限额以上企业（单位）餐饮收入同比增速下降了 13.7%，这两种消费形态受到的重创更是直接影响了社会消费品零售总额的增速（见表 1）。

表1　社会消费品零售总额各项指标同比增长率　单位：%

年份	社会消费品零售总额	限额以上企业（单位）	按经营地分		按消费形态分			
			城镇	乡村	商品零售	限额以上企业（单位）	餐饮收入	限额以上企业（单位）
2010	18.3	—	18.8	16.1	18.5	—	18.0	—
2011	17.1	22.9	17.2	16.7	17.2	23.2	16.9	19.7
2012	14.3	14.6	14.3	14.5	14.4	14.8	13.6	12.9
2013	13.2	11.6	12.9	14.6	13.6	12.7	9.0	-1.8
2014	12.0	9.3	11.8	12.9	12.2	9.8	9.7	2.2
2015	10.7	7.8	10.5	11.8	10.6	7.9	11.7	7.0
2016	10.4	8.1	10.4	10.9	10.4	8.3	10.8	6.0

可以看出，加强治理三公消费取得了明显成效，直接影响了限额以上企业（单位）的零售总额。灰色消费被限制，是高端商品零售业（如高档烟酒、顶级茶叶、其他高级奢侈品）、中高端餐饮服务、星级酒店、高级休闲娱乐消费场所等行业营业增幅大幅下降的重要原因。它导致了相关消费品零售总额增速的下降。

尽管社会消费品零售总额增速下降还受其他因素的影响，但应当承认近几年社会消费品零售总额增速下降的主因是灰色消费减少。这就给估算灰色消费的规模提供了一种可能，即通过实际社会消费品零售总额与“偏离”原有增长路径的“理论值”来间接估算灰色消费的规模。假定引起社会消费品零售总额增速“偏离”其原有增长路径的影响因素只与灰色消费相关，那么，估算灰色消费规模的公式可以是这样的：

$$RS_{g,t} = \overline{RS_t} - RS_t \tag{1}$$

$$r_t = \frac{RS_t}{\overline{RS_t}} \tag{2}$$

$$RS_{g,t} = \frac{RS_t}{r_t} - RS_t \tag{3}$$

其中，RS_t 为 t 年的社会消费品零售总额的实际值，$\overline{RS_t}$为 t 年的社会消费品零售总额的“理论值”即预测值，$RS_{g,t}$为 t 年的灰色消费规模，r_t 为实际值与预测值的比值。假定未实施中央八项规定等一系列反腐措施，高档消费行业、高档消费品的销售不受影响，则灰色消费不会偏离其原有增长路径，社会消费品零售总额增速不会明显降低，$\overline{RS_t} > RS_t$。然而，现实是中央八项规定的出台导致高档消费行业、高档消费品的销售额严重下滑，是社会消费品零售总额增速下降的主因，因此，$\overline{RS_t}$与 RS_t 之间的差额可以视为灰色消费的规模。

本文通过构建我国社会消费品零售总额月度数据的单积（单整）自回归移动平均模型（Autoregressive Integrated Moving Average，ARIMA），预测假定未实施中央八项规定时2013 年和2014 年社会消费品零售总额的“理论值”，然后根据实际值与理论值的比例关系间接推算中央八项规定出台之前的灰色消费规模。

（一）数据来源与处理

ARIMA 模型适合短期预测，建模要求有 50 个以上的样本数据，因此本文选取《中国经济景气月报》中2004 年1 月至2014 年12 月共计132 个社会消费品零售总额月度数据。其中，把 2004 年 1 月至 2011 年 12 月共计 96 个数据作为训练集，建立 ARIMA 模型；把 2012 年 12 个月的数据作为检验集，以检验模型的预测效果；把 2013 年 1 月至 2014 年 12 月的数据作为预测集。

平稳性是时间序列数据建模的重要前提。通过对 2004 ~ 2011 年的社会消费品零售总额月度数据进行平稳性检验，发现该时间序列具有明显的增长趋势，且具有明显的周期为 12 个月的季节波动，显然是一个非平稳序列。为了消除原序列的趋势并同时减少波动性，对原序列取自然对数后并进行一阶差分，记为序列 *dlnx*，对其进行单位根检验，是平稳序列（见表2）。

表2　　序列 *dlnx* 的单位根检验结果

	t-Statistic	Prob. *
Augmented Dickey-Fuller tes tstatistic	-8.679054	0.0000
Test critical values：1% level	-2.589795	
5% level	-1.944286	
10% level	-1.614487	

资料来源：历年《中国经济景气月报》。

但是，序列 *dlnx* 的自相关分析图显示序列仍存在周期为12 个月的季节性。对序列 *dlnx* 进行一阶季节差分，得到序列 *sdlnx*，通过观察该序列的自相关和偏自相关函数图，发现该序列近似为一个平稳过程，整体上消除了大部分的季节波动因素，进一步进行单位根检验，序列是平稳的（见表3）。

表 3　　　　序列 *sdlnx* 的单位根检验结果

	t-Statistic	Prob. *
Augmented Dickey-Fuller test statistic	-15.33301	0.0000
Test critical values: 1% level	-2.593468	
5% level	-1.944811	
10% level	-1.614175	

资料来源：历年《中国经济景气月报》。

（二）模型的识别

通过上述分析，我们可以构建季节时间序列模型，即 *ARIMA*（p，d，q）（P，D，Q）^{s} 模型。经过一阶差分和一阶季节差分后，得到平稳序列 *sdlnx*，故 $d=1$，$D=1$。通过观察序列的自相关和偏自相关函数图，发现自相关函数和偏自相关函数均在 1 阶后截尾，故 $p=1$ 或 $p=2$，$q=183$ 或 $q=2$。当 $k=12$ 时，自相关与偏自相关函数都显著不为 0，表明仍然存在季节特征，含有季节自回归成分和季节移动平均成分，故 $p=1$，$Q=1$。季节性周期长度 $s=12$。由于自相关与偏自相关函数在实际中不会呈现出理论上截尾的完美情形，因此，根据图形确定阶数有很强的主观性，模型中的 p 和 q 或 P 和 Q 有多种组合选择。根据序列 *sdlnx* 的自相关和偏自相关函数图，本文可供选择的（p，q）组合有（1，1）、（2，1）、（1，2）、（2，2），（P，Q）组合有（1，1），具体的模型阶数还需要进一步通过模型定阶方法确定。

（三）模型的建立与检验

通过模型识别，我们建立四个模型：*ARIMA*（1，1，1）　（1，1，1）^{12}、*ARIMA*（2，1，1）　（1，1，1）^{12}、*ARIMA*（1，1，2）　（1，1，1）^{12}、*ARIMA*（2，1，2）（1，1，1）^{12}。分别估计这四个模型，发现这四个模型的估计结果中各滞后多项式的根的倒数均在单位圆内，表明建立的模型是平稳的，而且满足可逆性，模型设定合理。此外，这四个模型的残差序列均为白噪声序列，所有模型残差的自相关和偏自相关系数均在 $\pm 2\sigma$ 之间，在显著性水平 5% 的情形下与 0 无显著差异，说明残差之间不存在相关关系，模型提取信息充分，建立的模型拟合效果很好。在对具有可比性的不同模型进行选择时，除了检验模型参数 t 的显著性水平外，最主要的是考虑模型的整体拟合效果，可以利用 AIC（Akaike Information Criterion）和 SC（Schwarz Criterion）。通过比较四个模型的参数显著性及拟合优度（见表4），综合考虑模型 *ARIMA*（2，1，2）（1，1，1）^{12} 为最优模型。

表4　模型的参数估计与检验结果

	EQ01	EQ02	EQ03	EQ04
AR（1）	-0.279502	-1.183519***	0.100101	0.510944***
AR（2）		-0.337456***		-0.581885***
SAR（12）	-0.420895***	-0.461188***	-0.414439***	-0.423887***
MA（1）	-0.057773	0.850007***	-0.466210	-0.892524***
MA（2）			0.214903	0.982557***
SMA（12）	-0.898437***	-0.901672***	-0.901131***	-0.881460***
Adjusted R^2	0.736280	0.730311	0.733200	0.758915
AIC	-5.866415	-5.849068	-5.841502	-5.947950
SC	-5.737929	-5.784840	-5.680895	-5.753679

注：*** 表示在1%的显著性水平下显著。

利用2004年1月至2011年12月的数据，运用模型 *ARIMA*（2，1，2）（1，1，1）^{12} 得出估计结果，显示模型各参数均有显著性，$Q(36)=19.686<x^2_{0.05}(36-3-3)=43.7729$，通过两种检验。进一步观察残差序列的自相关和偏自相关函数图，是一个白噪声序列，表明该模型是合适的。

（四）模型的预测

本文将2012年12个月的社会消费品零售总额月度数据作为检验集，运用拟合效果好的模型四进行样本外（2012年1月至12月）的动态预测，发现MAPE（相对误差绝对值平均）的取值为1.127565，通常MAPE取值小于或等于10则表明预测精度较高，因此该模型的预测能力较理想；另外，Theil不等系数的取值为0.007669，通常Theil不等系数的取值范围为［0，1］，取值越小，表明预测值与真实值之间的拟合效果越好，因此该模型的预测效果很好。

通过对检验集的预测发现，随着预测时间的增长，其预测误差也在增大，证实了ARIMA模型适合短期预测，在短期内的预测精度较高。因此，运用模型四对2013年（预测集1）与2014年（预测集2）的社会消费品零售总额月度数据分别进行预测，且每一次都更新预测的样本集。预测集1与预测集2的动态输出结果均显示预测值在置信系数为95%的置信区间内，且MAPE的取值分别为1.926540与2.769478，均小于10，表明模型的预测效果较理想；Theil

不等系数的取值分别为 0.011530 与 0.015763，均在［0，1］之间，表明模型的预测值与真实值之间的拟合效果很好（见图 1）。

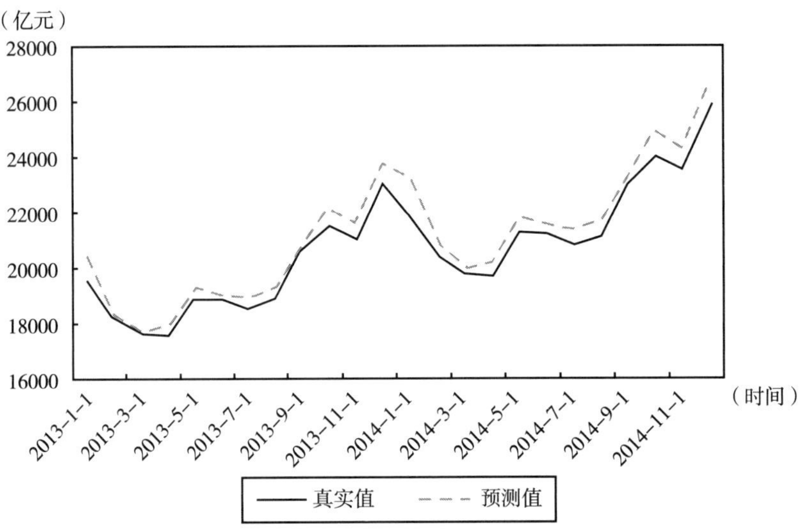

图 1　2013～2014 年社会消费品零售总额真实值与预测值

资料来源：根据预测结果与真实值绘制。

如图 1 所示，2013～2014 年社会消费品零售总额真实值均低于预测值，二者之间的误差率都比较小，但随着预测时间跨度的增大，误差率也在逐渐增大。2013 年社会消费品零售总额真实值合计 234379.9 亿元，预测值合计 238997.6 亿元，误差规模达到 4617.7 亿元，误差率为 1.97%；2014 年真实值合计 262394 亿元，预测值合计 269790.6 亿元，误差规模达到 7396.6 亿元，误差率为 2.82%。

按照式（2）计算出 2013 年与 2014 年社会消费品零售总额的真实值与预测值的比例均值为 $r=0.976632$，再根据式（3）推算出近几年预测值与真实值的差额，即为受政策影响而减少的灰色消费规模（见表 5）。

表 5　2004～2012 年灰色消费规模　单位：亿元

年份	真实值	预测值	差额	年份	真实值	预测值	差额
2004	56430.7	57780.95	1350.25	2009	125342.7	128341.80	2999.15
2005	67176.6	68783.97	1607.38	2010	154553.7	158251.80	3698.10
2006	76410.0	78238.31	1828.31	2011	180910.1	185238.80	4328.74
2007	89210.2	91344.79	2134.59	2012	207166.7	212123.70	4957.00
2008	108488.0	111083.90	2595.86				

资料来源：根据历年《中国经济景气月报》整理计算。

这一估算结果还是偏小的。因为2013年以后，灰色消费只是受到了限制，并没有彻底消失。以仍然存在灰色消费（尽管大大降低了）的数据为参照系的估算，当然结果还是偏小的。

四、公车私用消费估算

尽管近几年公车改革已取得明显成效，但是，在中央本级公布的“三公经费”中，公务用车购置及运行费用仍约占60%，其中公车运行费用所占比重最大。据中国机械工业联合会统计，2004年起，全国政府公务用车采购在政府采购金额中约占1/4，而且年均增速远远超过GDP增速。这种令人咋舌的采购规模仍在不断增长中，其中不乏违规、超编、超标采购和配备公车，导致我国公车保有量居世界之首。公车运行维护费用更是居高不下。报载，我国公车维修费用高出私车6倍，公车每万里的运输成本高出社会车辆5~10倍。一辆公车每年的运行维护费用（包括司机工资、福利、保养费、燃油费、维修费、过桥过路费、停车费、保险费等）至少15万元。[①] 然而，公车使用效率低下，公车私用现象严重，中国国民党革命委员会中央委员会（以下简称“民革中央”）的《如何破解公车改革之困局》提案指出，公务用车使用有三个“1/3”：用于公务活动占1/3，领导干部及其亲属私用、司机私用各占1/3。公车私用屡禁不止，不仅造成严重浪费，增加财政负担，还严重损害了政府形象。

我国的公车私用主要集中于小型和微型载客汽车。在统计上，私人汽车包含在民用汽车中，因此可以根据民用汽车拥有量和私人汽车拥有量来计算公车数量。每年新增公车数量保守计算为每年民用载客汽车中小型、微型车的增量与每年私人载客汽车中小型、微型车增量的差额。假设每辆公车的购置费用（包括公车的购置价款、车辆购置税）为25万元，那么每年新增公车购置费用的具体计算结果如表6所示。

---

① 根据某省统计局调查，一辆公车一年的费用在15万元至20万元之间；2007年中纪委、公安部、监察部、审计署关于公车使用情况的调查报告显示，一辆公车一年开支（不包括司机工资开支，包括汽油费、保养维修费、保险、折旧等）6万元至10万元之间，若加上司机工资、福利，领导和司机私用，大概在15万元以上，本文取15万元，这是较保守的估计。我们的调查是，某市公车仅维修费就达到了13万元/辆/年。

表 6 新增公车购置费用

年份	新增民用载客汽车（万辆）			新增私人载客汽车（万辆）			新增公车数量（万辆）	新增公车购置费用（亿元）
	小型	微型	合计	小型	微型	合计		
2004	231.68	14.54	246.22	199.73	19.81	219.54	26.68	667.09
2005	369.46	15.90	385.36	293.15	16.75	309.90	75.46	1886.46
2006	465.05	11.51	476.57	411.40	19.34	430.74	45.83	1145.73
2007	563.06	3.35	566.41	493.11	3.98	497.09	69.32	1733.11
2008	624.68	9.01	633.69	549.00	11.70	560.69	73.00	1824.88
2009	975.75	20.25	996.00	902.98	22.71	925.69	70.31	1757.79
2010	1251.47	18.81	1270.28	1157.20	22.31	1179.51	90.76	2269.05
2011	1329.18	13.63	1342.80	1230.15	15.81	1245.97	96.84	2420.88
2012	1475.09	3.59	1478.69	1402.87	6.19	1409.06	69.63	1740.76

资料来源：根据《中国统计年鉴（2014）》的相关数据计算整理。

除了新增公车的购置费用，公车运行维护费用也是一大笔开支。现存公车数量保守计算为每年民用载客汽车小、微型数量与每年私人载客汽车小、微型数量的差额。假设公车年运行维护费用（包括司机工资、福利、保养费、燃油费、维修费、过桥过路费、停车费、保险费等）为 15 万元/辆，现存公车的运行维护费用如表 7 所示。

表 7 现有公车的运行维护费用

年份	民用载客汽车（万辆）			私人载客汽车（万辆）			现存公车数量（万辆）	现存公车运行维护费用（亿元）
	小型	微型	合计	小型	微型	合计		
2004	1248.89	284.42	1533.31	786.63	228.91	1015.54	517.77	7766.56
2005	1618.35	300.32	1918.67	1079.78	245.66	1325.44	593.23	8898.44
2006	2083.40	311.83	2395.24	1491.18	265.00	1756.18	639.06	9585.88
2007	2646.47	315.18	2961.65	1984.29	268.98	2253.27	708.38	10625.74
2008	3271.14	324.19	3595.34	2533.28	280.68	2813.96	781.38	11720.67
2009	4246.90	344.44	4591.34	3436.26	303.39	3739.65	851.69	12775.34
2010	5498.36	363.25	5861.62	4593.46	325.70	4919.16	942.45	14136.77
2011	6827.54	376.88	7204.42	5823.62	341.52	6165.13	1039.29	15589.30
2012	8302.63	380.47	8683.11	7226.48	347.71	7574.19	1108.92	16633.75

资料来源：根据《中国统计年鉴（2014）》的相关数据计算整理。

将表 6 中新增公车购置费用与表 7 中现存公车运行维护费用加总，得到公车购置与运行维护的总费用。根据民革中央提出的提案，公车用于公务活动、领导干部及其亲属私用、司机私用各占 1/3。保守估计公车私用费用占公车购置与运行维护总费用的 2/3（见表 8）。

表8　　公车私用消费支出　　单位：亿元

年份	新增公车购置费用	现存公车运行维护费用	公车购置与运行维护费用	公车私用总费用
2004	667.09	7766.56	8433.66	5622.44
2005	1886.46	8898.44	10784.89	7189.93
2006	1145.73	9585.88	10731.61	7154.41
2007	1733.11	10625.74	12358.86	8239.24
2008	1824.88	11720.67	13545.55	9030.37
2009	1757.79	12775.34	14533.13	9688.75
2010	2269.05	14136.77	16405.82	10937.21
2011	2420.88	15589.30	18010.18	12006.79
2012	1740.76	16633.75	18374.51	12249.67

资料来源：根据表6和表7中的数据计算整理。

考虑到我国公车私用现象严重，不仅包括政府公车，还包括企业的公车私用。由于本文统一计算出公车私用总费用，政府与企业公车私用同时包含在内，假定二者各占一半，[①] 在统计上均应纳入居民消费支出中。

五、灰色消费规模与中国居民消费率

灰色消费与公车私用虽然由公款支付，但实际上是满足个人需求的消费行为，应当计入居民消费。按照国民经济核算的平衡原理，政府灰色消费与公车私用都已作为行政成本计入政府消费，应当划出，计入居民消费；企业灰色消费与公车私用作为企业运营成本则未计入GDP，在修正时，这部分既要计入居民消费，又要计入GDP与最终消费。根据修正后的数据重新计算相应的消费支出与消费率，对比修正前的数据，发现灰色消费支出占官方公布的支出法GDP比重4%左右（见表9），仅此一项，就导致我国居民消费率被低估了2%~4%，最终消费率被低估了约1%（见表10和图2）。

① 假定公车私用总费用全部为政府或企业时，按照国民经济平衡核算原理，分别计算出修正前后的消费率数据，与假定政府和企业各占一半时的情形对比，计算出的结果相差无几，因此本文假定二者各占一半。

表 9　　　　灰色消费规模及占 GDP 的比重

年份	公款消费（亿元）	公车私用（亿元）	灰色消费规模（亿元）	支出法 GDP（亿元）	灰色消费占比（%）
2004	1350. 25	5622. 44	6972. 69	160956. 59	4. 33
2005	1607. 37	7189. 93	8797. 30	187423. 42	4. 69
2006	1828. 31	7154. 41	8982. 71	222712. 53	4. 03
2007	2134. 59	8239. 24	10373. 82	266599. 17	3. 89
2008	2595. 86	9030. 37	11626. 22	315974. 57	3. 68
2009	2999. 15	9688. 75	12687. 90	348775. 07	3. 64
2010	3698. 10	10937. 21	14635. 31	402816. 47	3. 63
2011	4328. 74	12006. 79	16335. 53	472619. 17	3. 46
2012	4957. 00	12249. 67	17206. 68	529399. 20	3. 25

注：灰色消费占比 = 灰色消费规模/官方统计的支出法 GDP × 100%。

资料来源：根据《中国统计年鉴（2014）》中的相关数据与表 5 以及表 8 中的数据计算整理。

表 10　　　　根据重估的灰色消费规模修正后的消费支出及消费率

年份	支出法 GDP（亿元）	最终消费支出（亿元）	居民消费支出（亿元）	最终消费率（%）	居民消费率（%）
	修正前官方统计数据				
2004	160956. 59	87552. 58	65218. 48	54. 40	40. 52
2005	187423. 42	99357. 54	72958. 71	53. 01	38. 93
2006	222712. 53	113103. 85	82575. 45	50. 78	37. 08
2007	266599. 17	132232. 87	96332. 50	49. 60	36. 13
2008	315974. 57	153422. 49	111670. 40	48. 56	35. 34
2009	348775. 07	169274. 80	123584. 62	48. 53	35. 43
2010	402816. 47	194114. 96	140758. 65	48. 19	34. 94
2011	472619. 17	232111. 55	168956. 63	49. 11	35. 75
2012	529399. 20	261993. 60	190584. 60	49. 49	36. 00
	根据估算的灰色消费修正后的数据				
2004	164442. 94	91038. 93	72191. 17	55. 36	43. 90
2005	191822. 07	103756. 19	81756. 01	54. 09	42. 62
2006	227203. 89	117595. 21	91558. 16	51. 76	40. 30
2007	271786. 08	137419. 78	106706. 32	50. 56	39. 26
2008	321787. 68	159235. 60	123296. 62	49. 48	38. 32
2009	355119. 02	175618. 75	136272. 52	49. 45	38. 37
2010	410134. 13	201432. 62	155393. 96	49. 11	37. 89
2011	480786. 94	240279. 32	185292. 16	49. 98	38. 54
2012	538002. 54	270596. 94	207791. 28	50. 30	38. 62

注：（1）修正后的居民消费率 =（原有居民消费支出 + 政府灰色消费 + 企业灰色消费）/（官方统计的支出法 GDP + 企业灰色消费）× 100%；（2）修正后的最终消费率 =（原有最终消费支出 + 企业灰色消费）/（官方统计的支出法 GDP + 企业灰色消费）× 100%；（3）假定政府灰色消费与企业灰色消费各占灰色消费总规模的 1/2。

资料来源：根据《中国统计年鉴（2014）》中的相关数据与表 9 中的数据计算整理。

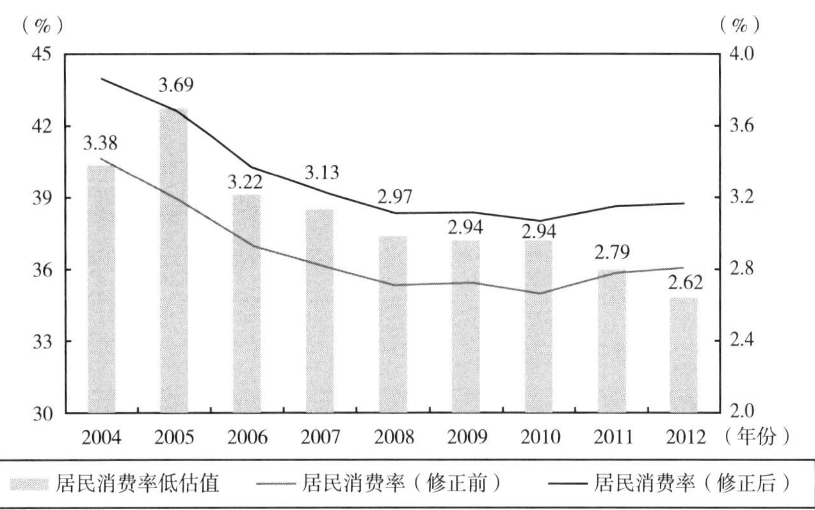

图 2　2004～2012 年中国居民消费率修正前后变化情况

注：根据表 10 中所示的数据绘制。

六、结论与讨论

灰色消费并非中国独有，国外也有，但在不同体制下，灰色消费的程度和规模有所不同。在制度严格、监督有力的情况下，灰色消费数量较少，规模不大，不至于影响居民消费率的变化，在统计上可以忽略不计。但是，在中国特定时期，灰色消费的泛滥不仅成为腐败的一大表现，严重腐蚀了党政军有关部门，败坏了党和政府的形象，而且也导致了相关统计指标难以正确反映真实的经济结构关系，因而，在大力反腐、严格纠正的同时，在统计上予以研究，了解其对我国居民消费率计算的影响，显然是十分必要的。本文对灰色消费规模进行估算，发现灰色消费支出占官方公布的支出法 GDP 比重 4% 左右，仅此一项，就导致我国居民消费率被低估了 2%～4%，最终消费率被低估了约 1%。这不能不引起我们的高度重视。

之所以测算灰色消费规模，源于我们对中国居民消费率严重低于世界相近国家居民消费率的怀疑。为了更准确地估计中国真实的居民消费率，作为统一研究的一部分，我们此前重估了我国自有住房服务的虚拟租金并据之对我国居民消费率进行修正（李文溥和陈婷婷，2018）。这里，我们再将本文估算的灰色消费规模加入，重新计算居民消费率（见表 11）。

表 11　　修正后的消费支出与消费率

年份	支出法 GDP（亿元）	最终消费支出（亿元）	居民消费支出（亿元）	最终消费率（%）	居民消费率（%）
2004	182133.10	108729.09	89881.34	59.70	49.35
2005	212555.38	124489.50	102489.32	58.57	48.22
2006	249979.71	140371.03	114333.98	56.15	45.74
2007	296999.14	162632.84	131919.38	54.76	44.42
2008	344253.87	181701.79	145762.81	52.78	42.34
2009	391438.94	211938.67	172592.44	54.14	44.09
2010	447603.53	238902.02	192863.37	53.37	43.09
2011	516622.90	276115.28	221128.12	53.45	42.80
2012	581509.19	314103.59	251297.93	54.02	43.21

注：（1）修正后的支出法 GDP = 官方统计的支出法 GDP + 企业灰色消费 + 居民自有住房服务虚拟租金被低估值；（2）修正后的最终消费支出 = 原有最终消费支出 + 企业灰色消费 + 居民自有住房服务虚拟租金被低估值；（3）修正后的居民消费支出 = 原有居民消费支出 + 政府灰色消费 + 企业灰色消费 + 居民自有住房服务虚拟租金被低估值。

资料来源：根据表 10 与《自有住房服务消费重估与中国居民消费率修正》中的数据计算整理。

对比修正前后的数据，发现现有的官方数据由于这两项不当计算，使我国居民消费率被低估了 7%～10%，最终消费率被低估了 4%～6%（见图 3）。

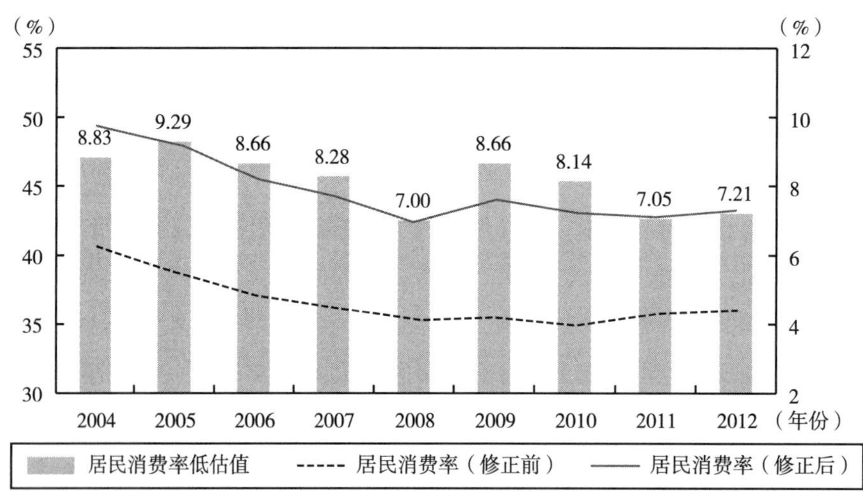

图 3　2004～2012 年中国居民消费率修正前后变化情况

注：根据表 11 中所示的数据绘制。

尽管调整后的中国居民消费率仍然徘徊在 42.34%～49.35%，但仍低于世界各类经济体的一般水平。但是，它已经比较接近中高等收入国家的平均水平，与同为东亚国家的韩国更接近（见表 12 和图 4）。

表12　世界上不同收入类型国家和地区的居民消费率　单位：%

分类	2004年	2005年	2006年	2007年	2008年	2009年	2010年	2011年	2012年
世界	58.06	57.73	57.17	56.97	57.14	58.22	57.52	57.56	57.77
经合组织成员国	60.43	60.37	60.07	59.85	60.32	61.08	60.82	60.98	60.96
低收入国家	76.77	76.84	77.08	75.16	80.14	80.33	76.77	74.50	77.10
中等收入国家	54.11	53.37	52.09	51.87	51.22	52.86	51.39	51.42	52.14
中高等收入国家	51.15	50.40	49.13	48.54	47.98	49.69	48.37	48.29	49.19
高收入国家	59.50	59.33	59.05	58.87	59.36	60.22	59.84	59.89	59.87
中国官方统计	40.52	38.93	37.08	36.13	35.34	35.43	34.94	35.75	36.00
本文重估结果	49.35	48.22	45.74	44.42	42.34	44.09	43.09	42.80	43.21
日本	55.53	55.62	55.88	55.68	56.64	58.49	57.75	58.25	58.64
韩国	51.37	52.20	52.78	52.38	52.43	51.65	50.32	50.96	51.37
美国	67.29	67.16	67.15	67.35	68.03	68.29	68.18	68.88	68.40
英国	66.35	65.93	65.28	65.03	65.74	66.13	65.57	65.26	65.71
巴西	60.21	60.50	60.44	59.87	59.73	61.96	60.22	60.27	61.41
泰国	55.87	55.84	54.45	52.55	53.64	53.07	52.18	52.96	52.96
马来西亚	44.00	44.19	44.34	45.15	44.71	48.84	48.12	47.97	49.65

资料来源：表10、表11与世界银行WDI数据库。

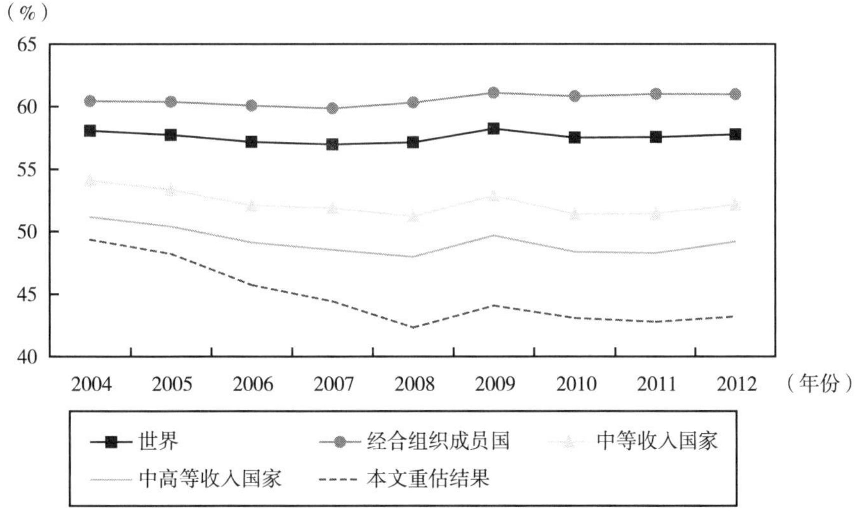

图4　2004~2012年修正后的中国居民消费率与世界各类经济体的比较情况

注：根据表12中所示的数据绘制。

总结全文，得到以下几点结论及供进一步讨论的观点。

（1）我国2004~2012年的灰色消费约占GDP的4%。仅此导致我国居民消费率被低估了2%~4%，最终消费率被低估了约1%。

（2）通常所说的中国的居民消费率远远低于世界各类经济体的一般水平，可能是不正确的。按照国际可比的核算方式，调整了自有住房消费服务计价，加入了此前忽略的灰色消费，调整后的中国居民消费率与相近收入水平国家，尤其是与有高储蓄传统的东亚国家相比，中国的实际居民消费率是比较接近的，尤其是21世纪初。①

（3）相近人均收入水平的国家，有相近的居民储蓄率，这与笔者在近20年前发现的，相近人均收入水平的国家具有相近的人口城市化水平非常相似（李文溥和陈永杰，2001）。这提示我们，人均收入水平更能体现一国的经济发展水平。相近的经济发展水平，经济结构也比较接近。出现过于特别的经济结构，可能是某种原因导致的假象。

（4）当然，即使是经过调整，中国目前的居民消费率，与中高收入经济体，如日本、韩国相比，也仍然略显偏低，而且这一差距在2004年之后逐渐扩大了（见表12）。期间原因值得进一步研究。现在可以提出两点猜想：一是它与2003年以后不断上涨的城市房价之间是否存在关系？二是灰色消费的存在一定扩大了原先就较高的基尼系数。但是，灰色消费是提高还是降低了居民消费率，还值得进一步研究。

（5）如果本文的研究结论可以成立，我们认为，目前房价增长速度过快，给居民生活带来了沉重的负担，与此同时，灰色消费导致原本就较高的基尼系数更为高昂。在关系居民消费的这两大问题得到切实改善之前，扩大居民消费的空间是极为有限的。

参考文献

［1］高敏雪：《隐性收入对当前中国居民消费率低估的影响机理——基于国民经济核算原理和实务的探讨》，载《统计研究》2014年第7期。

［2］李文溥、陈婷婷：《自有住房服务消费重估与中国居民消费率修正》，载《吉林大学社会科学学报》2018年第3期。

［3］李文溥、陈永杰：《中国人口城市化水平与结构偏差》，载《中国人口科学》2001

① 以2004年为例，修正后的中国居民消费率与中高收入经济体的差距不到2%，这几乎是在正常偏差范围内。之后的逐渐扩大，显然是另有原因的。当然，这里认为中国的居民消费率并不低于相近人均收入水平的国家，是建立在既有收入分配结构的基础上，但是，中国的国民收入分配结构不合理，居民的收入占比偏低，基尼系数过大，也会影响到居民消费率。笔者在《利率管制与居民财产收入占比下降》（《吉林大学社会科学学报》2015年第6期）、《中国居民的财产收入状况分析》（《财贸经济》2016年第8期）等文中讨论了这一问题。

年第5期。

［4］李文溥、李昊：《利率管制与居民财产收入占比下降》，载《吉林大学社会科学学报》2015年第6期。

［5］李文溥、李昊：《中国居民的财产收入状况分析——中、美、日的比较研究》，载《财贸经济》2016年第8期。

［6］梁其翔、龙志和：《关于中国居民消费率偏低的实证研究》，载《上海经济研究》2016年第4期。

［7］汪庆希：《不堪重负的公车》，载《中国监察》2000年第3期。

［8］王秋石、王一新：《中国居民消费率真的这么低么——中国真实居民消费率研究与估算》，载《经济学家》2013年第8期。

［9］朱天、张军：《中国的消费率被低估了多少?》，载《经济学报》2014年第2期。

［10］Cai H. B., et al. Eat, Drink, Firms, Government: An Investigation of Corruption from the Entertainment and Travel Costs of Chinese Firms, *The Journal of Law and Economics*, 54 (1): 55-78.

居民消费能否成为现阶段拉动我国经济增长的主动力[*]

一、问题的提出

2008 年国际金融危机之后，中国经济增长率逐渐下降。实践证明，传统的以出口劳动密集型产品为导向的粗放型经济发展方式已难以为继。寻求增长新动力，实现增长动力转换，是我国经济从既有的“两高一低”（高净出口、高投资、低居民消费）经济旧常态向经济新常态过渡的关键之一。在中美贸易争端日趋激烈的背景下，依靠继续保持巨额贸易顺差拉动经济增长，似乎不太现实。而且理论分析也证明了，一个国家是无法依靠长期贸易顺差维持经济持续稳定增长的（李文溥和熊英，2015）。2016 年，民营投资增速出现断崖式下跌，迄今并无明显恢复迹象。一些学者把目光转向了消费，尤其是居民消费。

有学者认为，消费需求具备成为中国经济增长主要动力的能力。洪银兴（2013）提出，中国经济增长转向消费拉动有两个方面的原因：一是经济发展水平告别短缺时代，具备了消费需求拉动经济增长的能力；二是经济体制转向了市场经济，市场上形成了消费者主权。周学（2014）认为，消费需求是内需的核心，增加投资需求应从扩大消费需求入手。孙豪（2015）通过测算和比较 GDP 排名世界前 18 位国家的消费主导型程度指出，处于不同发展阶段的国家，消费主导型的程度各不相同，但经济增长模式最终会趋于消费主导型。中国正处于由投资主导转向消费主导的转型阶段。国家统计局综合司课题组（2014）

---

[*] 本文原载于《经济研究参考》2019 年第 1 期，共同作者：王燕武、陈婷婷。

则认为，自2010年起，中国经济增长已经在逐步发生动力转换，其中趋势之一是投资和出口的动力衰减，消费动力日益增强，消费对经济增长的促进贡献逐渐加大。

国家统计局综合司课题组的观点基本上是建立在对2010年以来三大需求增长对经济增长贡献率的分析基础上的。近年来，消费增长对经济增长的贡献率较之国际金融危机之前，确实显著提高。但是，这是建立在投资、净出口、消费三者的增长对经济增长的贡献率总和为100%的分析框架基础上的。在这一分析框架中，净出口和投资的增速大幅度下滑，从而对增长的相对贡献率大幅度下降，而消费增长率虽然也在下滑，但是，只要降幅——相对于投资和净出口的降幅而言——较低，消费增长对经济增长的相对贡献率就会因此增大。然而，消费增长对经济增长的绝对贡献却是与净出口、投资一起下降的。国际金融危机以来，随着消费对经济增长的相对贡献率提高，经济增长率是不断下行的。2017年的经济增长率，已经降至不到国际金融危机爆发前的2007年的一半。

因此，必须明确：能够拉动经济增长的，不是消费、投资、净出口的绝对数，而是其逐年的增速。当年消费、投资、净出口的绝对量无论多大，只要其与上年的数量一样也即增速为零，它们就只能维持零经济增速；消费、投资、净出口对经济增长的相对贡献率，在三者占GDP的比重既定情况下，取决于三者增速的相对高低，其中增速相对较高者，对经济增长的相对贡献率会较大，但是，这与它对经济增长的绝对拉动作用大小无关。我国在国际金融危机前的高增长阶段，经济的高速增长，不是因为投资与净出口对经济增长的相对贡献率很高，而是因为投资与净出口每年都以高达两位数的速度增长。因此，要想使消费成为拉动经济增长的主动力，而且希望经济增长保持较快的增速（例如，在现阶段保持6.5%左右的增速），那么就需要消费每年有较快的增速。在消费保持既有增速甚至略有下降的前提下，所能实现的经济增长率是较低而且是趋于降低的。

要想使消费成为促进经济较快稳定增长的主要动力，显然需要居民消费增速有较明显的提高。一些学者认为，中国现有的居民消费率是偏低的。例如，高路易（Kuijs，2005）、易行健等（2008）、白重恩等（2012）、李坤望和刘东皇（2012）、陈斌开等（2010）认为，社会保障制度的缺失和不完善、金融市场扭曲、户籍制度会增加居民的储蓄动机，抑制居民消费；李稻葵等（2010）、龚刚和杨光（2010）、龚敏和李文溥（2013）等认为，由于资本相对密集型行业扩张、要素价格扭曲等因素，造成劳动报酬在初次分配中占比较低，居民收入增长缓慢，从而导致消费比重的持续下降；杨汝岱和陈斌开（2009）、闫坤和程瑜（2009）认为，教育和医疗价格上涨过快，降低了居民消费。此外，颜色和朱国钟（2013）、周学（2014）还从房价上涨、住房消费占比过大的角度，分析我国居民消费严重不足的内在因素。这可以用“供给挤压”机制来解释，即体制障碍造成某些产品供给不足，导致这些产品的单价越来越高，从而迫使居民不得不挤压其他消费（Wang & Wen，2012；徐朝阳，2014）。

如果简单地直接引用中国的官方统计数据进行国际比较，似乎可以得出中国居民消费率偏低的结论。1990 年以来，中国居民的最终消费支出占支出法国内生产总值（GDP）的比重一直低于 50%，近十年来，更低于 40%。① 据世界银行公布的数据，20 世纪 90 年代以来，居民最终消费支出占 GDP 的比重（即居民消费率）的世界平均水平为 60%，高收入国家基本是 60% 左右，中等收入国家一般都维持在 55% 左右，低收入国家甚至高达 77% 以上（见表 1）。中国的居民消费率远远低于世界各类经济体的一般水平。

表 1　　世界上不同收入类型国家和地区的居民消费率　　单位：%

分类	1990 年	2000 年	2005 年	2010 年	2011 年	2012 年	2013 年
世界	58. 7	59. 5	59. 2	59. 5	59. 8	59. 8	59. 9
低收入国家	80. 3	78. 2	79. 0	77. 0	77. 6	77. 5	77. 1
中等收入国家	59. 8	59. 1	56. 0	54. 5	54. 8	55. 1	55. 2
高收入国家	58. 3	59. 5	59. 9	60. 5	60. 7	60. 7	60. 8
中国	47. 0	46. 7	38. 1	34. 7	35. 9	34. 8	34. 1
日本	53. 3	56. 5	57. 8	59. 3	60. 3	60. 7	61. 1
韩国	55. 3	53. 6	52. 1	50. 3	51. 0	51. 4	51. 0
美国	63. 7	65. 5	66. 7	67. 8	68. 6	68. 2	68. 0
英国	60. 9	64. 6	64. 2	64. 4	64. 2	64. 8	64. 6
印度	64. 6	64. 2	57. 6	56. 4	56. 4	59. 5	59. 2
巴西	59. 3	64. 3	60. 3	59. 6	60. 3	62. 6	62. 6
南非	57. 1	62. 4	62. 5	59. 0	60. 0	61. 2	61. 9
新加坡	44. 8	42. 1	38. 6	35. 5	36. 6	37. 8	37. 7

资料来源：根据世界发展指数（World Development Indicators，WDI）数据库相关数据整理。

① 根据 CEIC 中国经济数据库相关数据整理计算得到。

但是，对于现有居民消费的官方统计数据，有些学者表示怀疑。拉迪（Lardy，2011）认为中国的需求结构存在失衡，他认为中国的住房消费存在低估，可能影响消费率统计数据的准确性。珀金斯（Perkins，2012）也认为中国官方的数据可能低估了消费率，但是，被低估的程度不足以推翻中国需求结构失衡的结论。

二、中国居民消费率的订正与改算

笔者最近从两个方面对中国居民消费率的数据进行了订正与改算。一个是居民自有住房消费（李文溥和陈婷婷，2018）；另一个是灰色消费（李文溥和陈婷婷，2019）。

对居民自有住房消费进行改算的理由是，我国现行的居民居住类支出计算口径与国际通行的不同。统计口径的不一致导致同一指标的数据是不可比的。我国居民消费支出中住房消费占比高度不合理，而且严重低于国际一般水平。

2011 年，我国城乡居民居住类支出为 27388.5 亿元，占当年居民消费支出的 16.60%，占当年支出法 GDP 的 5.88%。[①] 然而，2004 年城乡居民居住类支出占当年居民消费支出的 15.02%，占当年支出法 GDP 的 5.98%。众所周知，2004～2011 年，这 7 年是我国房价一路上涨，城市住房的价值及获得居住服务的机会成本，以及住房消费占居民开支的实际比重都在不断上升的 7 年，然而，根据我国官方公布的统计数据，居住类支出占当年支出法 GDP 的比例却反而降低了。这显然是难以解释的。这一数据的不合理性，不仅从本国的纵向比较可以看出，而且在国际比较中也暴露无遗。2011 年，经济合作与发展组织（OECD）大多数国家的居住类支出占居民消费的比重基本都在 23% 左右，占当年支出法 GDP 的 12%～16%，而我国居住类支出占居民消费的比重则明显低于其他国家。[②] 中国居民所承受的住房支出负担之重，在世界范围罕有其匹，

① 《中国统计年鉴》从 2004 年开始公布城乡居民各项消费支出的具体数据，一直到 2011 年为止，虽然支出法 GDP 中居民消费支出主要是根据城乡住户抽样调查得到的数据计算而来，但二者之间还是有区别的。为确保数据的可比性，本文最终选取 2011 年的城乡居民居住类支出进行说明。

② 在 OECD 统计数据库中，居住类支出不仅包括住房的实际租金和虚拟租金，还包括与住房有关的水、电、天然气和其他燃料在内。

然而，中国居民居住类支出占居民消费的比重却只相当于 OECD 国家的 70% 左右，这显然难以理解。

关键是中国居民自有住房的虚拟租金，在实际统计核算中是用虚拟折旧成本法计算的。即按照当期住房的建筑成本与一定折旧率计算得出折旧额，代替自有住房的虚拟租金。然而，OECD 国家目前所用的却是 SNA（2008）推荐的等值租金法（rental-equivalence approach），或使用者成本法（user-cost approach）。

笔者应用使用者成本法估算了我国城镇居民自有住房服务的增加值。鉴于农村居民绝大部分是居住自有住房，不存在住房市场，因此仍采取官方目前的估算方法，即用虚拟折旧成本法估算农村居民自有住房服务的增加值。计算结果显示：按照 OECD 国家通用的方法计算得出的结果与我国目前官方统计的结果有很大差距（见表 2）。

表 2　基于两种估算方法估算的城乡居民自有住房虚拟租金　单位：亿元

年份	使用者成本法			虚拟折旧法	两种估算方法下的差额
	城镇居民自有住房虚拟租金	农村居民自有住房虚拟租金	城乡居民自有住房虚拟租金总值	城乡居民自有住房虚拟租金总值	
2004	20122.68	1443.53	21566.21	3876.04	17690.17
2005	23587.73	1792.54	25380.27	4646.96	20733.31
2006	26169.65	1957.55	28127.20	5351.38	22775.82
2007	29216.84	2150.26	31367.10	6154.04	25213.06
2008	26974.65	2295.02	29269.67	6803.48	22466.19
2009	41770.46	2523.92	44294.38	7974.46	36319.92
2010	43694.71	2725.84	46420.55	8951.15	37469.40
2011	43067.83	4717.80	47785.64	11949.67	35835.96
2012	51569.91	4928.58	56498.49	12991.83	43506.65

资料来源：李文溥、陈婷婷，《自有住房服务消费重估与中国居民消费率修正》，载《吉林大学社会科学报》2018 年第 3 期。

现行官方统计使我国的居住消费率被低估了 6 ~ 9 个百分点，仅此一项，就导致居民消费率被低估 4 ~ 6 个百分点，最终消费率被低估了 3 ~ 4 个百分点（见表 3）。

表 3　　　　根据重估的虚拟租金修正后的消费支出及消费率　　　　单位：亿元，%

年份	GDP	最终消费支出	居民消费支出	居民居住类支出	最终消费率	居民消费率	居住消费率
	修正前的官方统计数据						
2004	160956.59	87552.58	65218.48	9589.00	54.40	40.52	5.96
2005	187423.42	99357.54	72958.71	11129.10	53.01	38.93	5.94
2006	222712.53	113103.85	82575.45	14628.00	50.78	37.08	6.57
2007	266599.17	132232.87	96332.50	16721.90	49.60	36.13	6.27
2008	315974.57	153422.49	111670.40	19192.50	48.56	35.34	6.07
2009	348775.07	169274.80	123584.62	20739.50	48.53	35.43	5.95
2010	402816.47	194114.96	140758.65	24210.30	48.19	34.94	6.01
2011	472619.17	232111.55	168956.63	27388.50	49.11	35.75	5.80
年份	GDP	最终消费支出	居民消费支出	居民居住类支出	最终消费率	居民消费率	居住消费率
	根据重估的虚拟租金修正后的数据						
2004	178646.76	105242.75	82908.65	27279.17	58.91	46.41	15.27
2005	208156.73	120090.85	93692.02	31862.41	57.69	45.01	15.31
2006	245488.35	135879.67	105351.27	37403.82	55.35	42.91	15.24
2007	291812.23	157445.93	121545.56	41934.96	53.95	41.65	14.37
2008	338440.76	175888.68	134136.59	41658.69	51.97	39.63	12.31
2009	385094.99	205594.72	159904.54	57059.42	53.39	41.52	14.82
2010	440285.87	231584.36	178228.05	61679.70	52.60	40.48	14.01
2011	508455.13	267947.51	204792.59	63224.46	52.70	40.28	12.43

注：国家统计局从 2004 年开始公布我国居民的居住类支出，直到 2011 年为止，所以数据截至 2011 年。

资料来源：李文溥、陈婷婷，《自有住房服务消费重估与中国居民消费率修正》，载《吉林大学社会科学报》2018 年第 3 期。

另一项订正与改算是在现有的居民消费数据中加入了估算的灰色消费。

在我国，灰色消费是一个常见甚至习以为常的社会现象，一种社会陋习。所谓灰色消费，是一种通过权力支配由公款开支而实现的违规个人消费，是一种个人对公共资源、企业资源的非法侵占。从统计上说，灰色消费既然由公款支付，当然不计入居民消费，但是，它作为个人消费，无论违规与否，都是实际发生的个人消费，而且有些也因此确确实实替代了本来要由居民收入支付的消费。它是一种不计入居民消费支出的居民实际消费。当然，灰色消费并非中国特有，在世界各地也有所耳闻。在法制健全、监督严密的国家和地区，公务员及企业高管的灰色消费行为时有揭露。但是，总体而言，受限于严格制度与舆论监督，较少发生，其规模一般并不具有统计意义。可是，在中国，灰色消费一度盛行，甚至在统计上也难以忽略不计。这从党的十八大以来党中央出台八项规定、严纠“四风”问题，以及发布实施《党政机关厉行节约反对浪费条例》之后的一些经济变量的变化可以看出。2013 年，中国酒店餐饮业首当其冲地受到反腐倡廉的冲击。数据显示，当年全国餐饮营业收入25569亿元，同比增长9.0%，创下20多年来的最低增长值，餐饮百强企业更严重受挫，当年营业收入同比仅增长5.7%，比2012年大幅下降了10.8个百分点。[①] 中高端酒店业进入凄冷寒冬。2013年上半年，全国三星及以上星级饭店平均出租率同比下降6个百分点，平均餐饮收入同比下降17.2%，平均客房收入同比下降8.5%，平均总营业收入同比下降11.8%，平均会议收入同比下降17.8%。[②] 2013年，中国奢侈品消费年增长率从20%下降到6%；高档白酒产品销售额仅为412亿元，同比下降34%以上；顶级品牌茶叶消费为315亿元，同比下降16%；高端旅游、餐饮、服务业遭受重创，同比下降21%。[③] 厉行反腐，严纠“四风”居然对一些高档消费行业、高档消费品的销售产生了如此强烈的负面冲击，不能不说此前的灰色消费规模巨大。

笔者对灰色消费进行估算，通过估算对我国居民消费率进行修正。估算主要集中于灰色消费与公车私用这两部分。根据修正后的数据重新计算相应的消费支出与消费率，对比修正前的数据，发现灰色消费支出占官方公布的支出法GDP比重4%左右（见表4），仅此一项，就导致我国居民消费率被低估了2~4个百分点，最终消费率被低估了约1个百分点。

表4　灰色消费规模及其占支出法GDP的比重

年份	公款消费（亿元）	公车私用（亿元）	灰色消费规模（亿元）	支出法GDP（亿元）	灰色消费占比（%）
2004	1350.25	5622.44	6972.69	160956.59	4.33
2005	1607.37	7189.93	8797.30	187423.42	4.69
2006	1828.31	7154.41	8982.71	222712.53	4.03
2007	2134.59	8239.24	10373.82	266599.17	3.89
2008	2595.86	9030.37	11626.22	315974.57	3.68
2009	2999.15	9688.75	12687.90	348775.07	3.64
2010	3698.10	10937.21	14635.31	402816.47	3.63
2011	4328.74	12006.79	16335.53	472619.17	3.46
2012	4957.00	12249.67	17206.68	529399.20	3.25

注：灰色消费占比=灰色消费规模/官方统计的支出法GDP×100%。
资料来源：李文溥、陈婷婷，《灰色消费估算与居民消费率》，载《东南学术》2019年第1期。

对比修正前后的数据，发现现有官方数据，由于住房消费的不当计算及灰色消费的漏算，使我国居民消费率被低估了7~10个百分点，最终消费率被低

① 中国烹饪协会：《2013年度中国餐饮百强企业分析报告》。
② 中国旅游饭店业协会：《2013年上半年星级饭店经营情况报告》。
③ 中国奢侈品协会：《2013年中国奢侈品市场消费数据》。

估了4~6个百分点（见表5和图1）。

表5　修正后的消费支出与消费率

年份	支出法GDP（亿元）	最终消费支出（亿元）	居民消费支出（亿元）	最终消费率（%）	居民消费率（%）
2004	182133.10	108729.09	89881.34	59.70	49.35
2005	212555.38	124489.50	102489.32	58.57	48.22
2006	249979.71	140371.03	114333.98	56.15	45.74
2007	296999.14	162632.84	131919.38	54.76	44.42
2008	344253.87	181701.79	145762.81	52.78	42.34
2009	391438.94	211938.67	172592.44	54.14	44.09
2010	447603.53	238902.02	192863.37	53.37	43.09
2011	516622.90	276115.28	221128.12	53.45	42.80
2012	581509.19	314103.59	251297.93	54.02	43.21

注：①修正后的支出法GDP=官方统计的支出法GDP+企业灰色消费+居民自有住房服务虚拟租金被低估值；②修正后的最终消费支出=原有最终消费支出+企业灰色消费+居民自有住房服务虚拟租金被低估值；③修正后的居民消费支出=原有居民消费支出+政府灰色消费+企业灰色消费+居民自有住房服务虚拟租金被低估值。

资料来源：李文溥、陈婷婷，《灰色消费估算与居民消费率》，载《东南学术》2019年第1期。

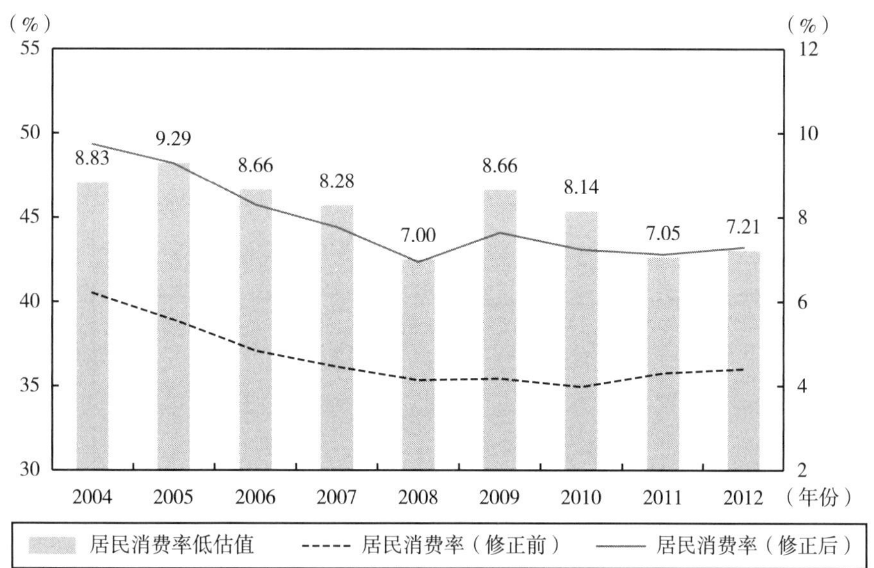

图1　2004~2012年中国居民消费率修正前后变化情况

资料来源：根据表5的数据绘制。

在加入了按照国际统计口径计算的居民住房消费支出及灰色消费之后，尽管调整后的2004~2012年中国居民消费率仍然徘徊在42.34%~49.35%，还是低于同期世界各类经济体的一般水平。但是，它已经比较接近中高等收入国家的平均水平，2004年中国的居民消费支出占比与中等收入国家的居民消费支出占比相比，约低4.76个百分点，与中等偏上收入国家的差距是1.8个百分点。令人担忧的是，2004年后，差距不断扩大，到2012年，与中等偏上收入组的差距已经扩大到了近6个百分点，与中等收入组则更扩大到了近9个百分点（见表6和图2）。[①]

表6　世界上不同收入类型国家和地区的居民消费率　单位：%

分类	2004年	2005年	2006年	2007年	2008年	2009年	2010年	2011年	2012年
世界	58.06	57.73	57.17	56.97	57.14	58.22	57.52	57.56	57.77
经合组织成员	60.43	60.37	60.07	59.85	60.32	61.08	60.82	60.98	60.96
低收入国家	76.77	76.84	77.08	75.16	80.14	80.33	76.77	74.50	77.10
中等收入国家	54.11	53.37	52.09	51.87	51.22	52.86	51.39	51.42	52.14
中等偏上收入国家	51.15	50.40	49.13	48.54	47.98	49.69	48.37	48.29	49.19
高收入国家	59.50	59.33	59.05	58.87	59.36	60.22	59.84	59.89	59.87
中国官方统计	40.52	38.93	37.08	36.13	35.34	35.43	34.94	35.75	36.00
作者重估结果	49.35	48.22	45.74	44.42	42.34	44.09	43.09	42.80	43.21
日本	55.53	55.62	55.88	55.68	56.64	58.49	57.75	58.25	58.64
韩国	51.37	52.20	52.78	52.38	52.43	51.65	50.32	50.96	51.37
美国	67.29	67.16	67.15	67.35	68.03	68.29	68.18	68.88	68.40
英国	66.35	65.93	65.28	65.03	65.74	66.13	65.57	65.26	65.71
巴西	60.21	60.50	60.44	59.87	59.73	61.96	60.22	60.27	61.41
泰国	55.87	55.84	54.45	52.55	53.64	53.07	52.18	52.96	52.96
马来西亚	44.00	44.19	44.34	45.15	44.71	48.84	48.12	47.97	49.65

资料来源：李文溥、陈婷婷，《自有住房服务消费重估与中国居民消费率修正》，载《吉林大学社会科学报》2018年第3期。

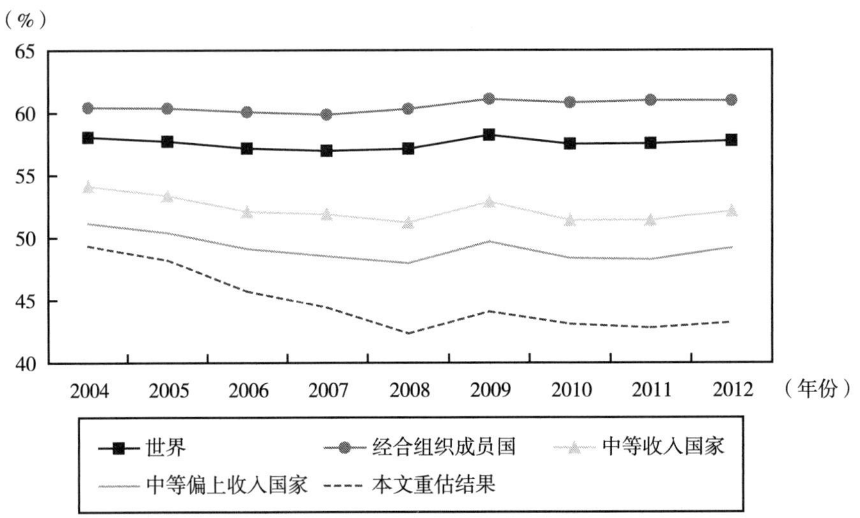

图2　2004~2012年修正后的中国居民消费率与世界各类经济体的比较

资料来源：根据表6的数据绘制。

① 2004年，中等收入国家的人均GDP平均数为13619.72元，中等偏上收入国家则为21429.83元，中国的人均GDP为12486.94元。2004年的中国人均GDP更接近中等收入国家组。2012年，中等收入国家的人均GDP为30139.92元，中等偏上收入组为50182.50元，中国是40007.89元，恰好在两者之间。因此，我们分别列出中等收入组及中等偏上收入组的数据进行比较。

三、中国城乡居民的平均消费倾向

可以说，在世纪之交，中国的居民消费占 GDP 的比重与相近收入水平国家（当时相近的是中等收入国家）相比，大约存在 5 个百分点的差距，到 2012 年，中国的居民消费占 GDP 的比重与相近收入水平国家（此时，相近的是中等偏上收入国家）居民消费占 GDP 的比重的差距，拉大到了近 9 个百分点。

居民消费占 GDP 的比重，是居民可支配收入占 GDP 的比重与居民平均消费倾向的乘积。观察 1979 ~ 2016 年的城乡居民平均消费倾向（见表 7 和图 3），可以发现，就整体而言，1979 ~ 2016 年城乡居民的消费倾向是比较接近的，两者仅相差 0. 41 个百分点，但是，纵向看则有两种不同的趋势。（1）农村居民的平均消费倾向在 20 世纪 90 年代中期之前，基本稳定在 80% 以上，1997 ~ 2012 年，大致徘徊在 75%，然而，从 2013 年起，再度回到了 80% 以上，总体而言，农村居民的平均消费倾向是相对稳定的。（2）城市居民的平均消费倾向则基本上呈阶梯式下降趋势。1979 ~ 2016 年，37 年里下了两个台阶：1979 ~ 1997 年各年平均消费倾向均值 80% 以上，平均值为 86. 13%，比农村居民的平均消费倾向还高 2. 7 个百分点；1998 ~ 2010 年从 79. 84% 逐步降至 70. 50%，均值为 75. 57%，大致等于同期农村居民的平均消费倾向均值；从 2011 年起，城市居民的平均消费倾向更进一步降到了 70% 以下，竟比同期农村居民的平均消费倾向低了 11. 84 个百分点。在城乡居民的平均收入都迅速增长的同时，城乡居民平均消费倾向的变动趋势明显不同，这显然是不正常的。

表 7　1979 ~ 2016 年我国城乡居民人均收入、人均消费支出及消费倾向

年份	城镇居民			农村居民		
	人均收入（元）	人均消费（元）	消费倾向（%）	人均收入（元）	人均消费（元）	消费倾向（%）
1979	405. 00	311. 20	76. 84	160. 17	134. 51	83. 98
1980	477. 60	412. 44	86. 36	191. 33	162. 21	84. 78
1981	500. 40	456. 84	91. 29	223. 44	190. 81	85. 40
1982	535. 30	471. 00	87. 99	270. 11	220. 23	81. 53
1983	564. 60	505. 92	89. 61	309. 77	248. 29	80. 15
1984	652. 10	559. 44	85. 79	355. 33	273. 80	77. 06
1985	739. 08	732. 24	99. 07	397. 60	317. 42	79. 83

续表

年份	城镇居民				农村居民	
	人均收入（元）	人均消费（元）	消费倾向（%）	人均收入（元）	人均消费（元）	消费倾向（%）
1986	900.90	798.96	88.68	423.76	356.95	84.23
1987	1002.10	884.40	88.25	462.55	398.29	86.11
1988	1180.20	1103.98	93.54	544.94	476.66	87.47
1989	1373.93	1210.95	88.14	601.51	535.37	89.00
1990	1510.16	1278.89	84.69	686.31	584.63	85.18
1991	1700.60	1453.81	85.49	708.55	619.79	87.47
1992	2026.60	1671.73	82.49	783.99	659.01	84.06
1993	2577.40	2110.81	81.90	921.62	769.65	83.51
1994	3496.20	2851.34	81.56	1220.98	1016.81	83.28
1995	4282.95	3537.57	82.60	1577.74	1310.36	83.05
1996	4838.90	3919.47	81.00	1926.07	1572.08	81.62
1997	5160.30	4185.64	81.11	2090.13	1617.15	77.37
1998	5425.05	4331.61	79.84	2161.98	1590.33	73.56
1999	5854.02	4615.91	78.85	2210.34	1577.42	71.37
2000	6279.98	4998.00	79.59	2253.42	1670.13	74.12
2001	6859.58	5309.01	77.40	2366.40	1741.09	73.58
2002	7702.80	6029.88	78.28	2475.63	1834.31	74.09
2003	8472.20	6510.94	76.85	2622.24	1943.30	74.11
2004	9421.61	7182.10	76.23	2936.40	2184.65	74.40
2005	10493.03	7942.88	75.70	3254.93	2555.40	78.51
2006	11759.45	8696.55	73.95	3587.04	2829.02	78.87
2007	13785.79	9997.47	72.52	4140.36	3223.85	77.86
2008	15780.76	11242.85	71.24	4760.62	3660.68	76.90
2009	17174.65	12264.55	71.41	5153.17	3993.45	77.50
2010	19109.44	13471.45	70.50	5919.01	4381.82	74.03
2011	21809.78	15160.89	69.51	6977.29	5221.13	74.83
2012	24564.72	16674.32	67.88	7916.58	5908.02	74.63
2013	26467.00	18487.54	69.85	8895.91	7485.15	84.14
2014	28843.85	19968.08	69.23	9892.00	8382.57	84.74
2015	31194.83	21392.36	68.58	10772.00	9222.59	85.62
2016	33616.25	23078.90	68.65	—	10129.78	—
1979～1997 年平均	—	—	86.13	—	—	83.43
1998～2010 年平均	—	—	75.57	—	—	75.30
2011～2016 年平均（农村为 2011～2015 年平均）	—	—	68.95	—	—	80.79
1979～2016 年平均（农村为 1979～2015 年平均）	—	—	79.80	—	—	80.21

资料来源：根据历年《中国统计年鉴》的相关数据计算整理。

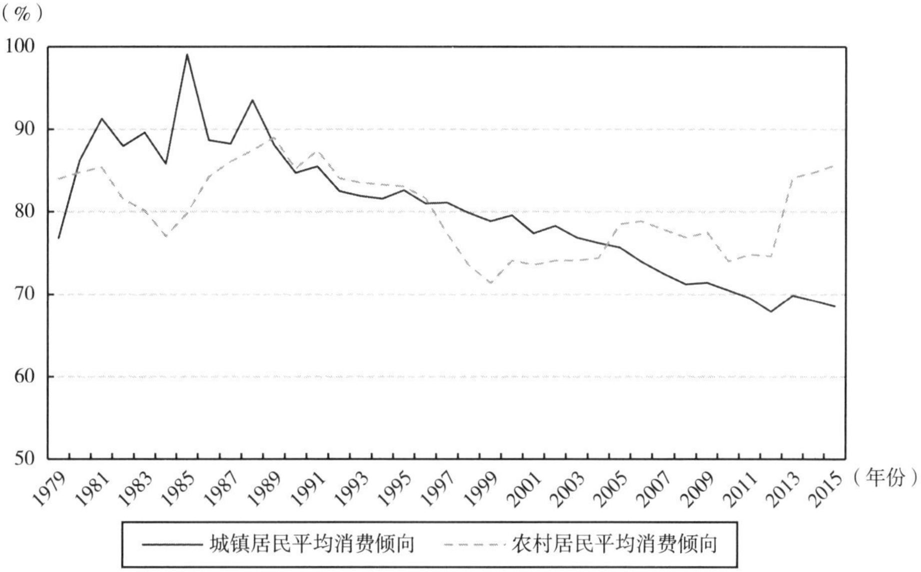

图3 1979～2015年中国城乡居民平均消费倾向

资料来源：根据表7的数据绘制。

笔者认为，问题可能出在目前用来计算城市居民平均消费倾向的城市居民收入及城市居民消费支出在不同时期实际上的统计口径是不同的。因而计算出来的各年的城市居民平均消费倾向是不可比的。

从1979年到2016年，是计划经济向市场经济转轨时期。在这一转轨过程中，我国城市居民的收入内容结构发生了很大变化。20世纪70年代末80年代初，我国城市居民的收入就其形式而言，基本上是工资收入，而且是国有及集体单位的工资收入，但是，这一工资收入，却不是全部的城市居民实际收入。因为，城市居民的住房基本上是计划分配的，或是住在机关单位的宿舍，或是租用房产局的公租房，因此，在城市居民的货币工资收入中是不包括住房这一块的（只包括象征性的房租）。此外，城市职工的医疗、教育费用等也主要由政府承担，许多公用事业服务也带有补贴性质。因此，在计划经济体制下，城市居民的货币收入仅仅是其显性收入，而不是全部实际收入，维持其个人以及一家老小生活的全部工资收入，即完全的劳动报酬（或完全的劳动力再生产费用），是由发给职工的货币工资（显性工资）及作为福利出现的隐性工资收入两部分组成的，即城市居民收入＝显性收入（货币工资）＋隐性收入（福利分房等）。然而，随着经济市场化，城市居民的收入内容和结构发生了变化，隐性收入部分逐渐转变为显性收入，到2000年之后，全面取消了福利分房，这标志着在城市居民的显性货币收入中，已经全额涵盖了用于住房消费的那一部分。随着医疗、教育、社会公共事业体制的改革，居民对医疗、教育以及相关公共服务的付费，无论是从个人付费占这些服务的总成本之比，还是占其消费支出的比重，抑或是货币支出的绝对数上看，都大大增加了，成为应当由其显性收入支付的重要部分。在转轨过程中，城市居民越来越多地不再就业于国有单位，他们或是自谋职业，或是就业于非国有的民营、外商投资企业，这部分（现在已经是大部分了）城市居民的收入，从一开始就是完全市场化和货币化的，除了货币工资收入外，一般没有类似计划经济体制下国有单位职工所享有的福利分房等隐性工资。因此，可以得出的结论是：从 1979 年至今，尽管城市居民收入（从而城市居民消费）这个指标的名称没有变化，但是，其中的内涵和构成发生了重要变化，不同年份的城市居民收入和消费的数据所包含的内容是不一样的，是不可比的。因此，通过对这一时间序列指标计算出来的城市居民平均消费倾向序列发生了变化，并不能说明城市居民平均消费倾向就发生了变化，相反，更大的可能是城市居民的收入与支出所涵盖的内容和结构发生了变化。

当然，尽管在体制改革过程中，城市居民的收入与支出所涵盖的内容与结构都在不断发生变化，但是，大的变化往往是由于重大的体制变化所导致的。从支出角度看，我国的城市住房商品化，是在世纪之交逐步展开的。在此前的居民收入及支出中，住房支出所占比重是比较小的，国家统计局所公布的城镇居民消费率中，所计算的城镇居民住房消费是严重偏低的。根据笔者的估算，如果加入被低估的城镇居民住房消费，2004 ~ 2012 年的居民消费率一般是提高 5 ~ 7 个百分点。那么可以发现进入 21 世纪以来的城镇居民平均消费倾向与 20 世纪 90 年代中期之前的城镇居民平均消费倾向，差距是不大的。也即 1979 年以来，我国城镇居民的消费倾向，基本上是稳定的。

从表 7 可以看出，尽管农村居民的人均收入与城市居民的人均收入一样逐年增长，但是，同期农村居民的平均消费倾向却始终是比较稳定的。其原因是，农村居民的收入及消费所涵盖的构成，在这 37 年里，基本没有发生变化。从 20 世纪 50 年代初至今，农村居民始终既不享受公房配给，也没有公费医疗之类的隐性收入，其全部收入基本体现为现有统计口径内的农村居民收入。即从 1979 年至今，尤其是实行农村家庭联产承包责任制之后，农村居民收入及支出所要覆盖的范围，始终没有发生太大变化。农村居民在人均收入逐年提高的情况下，平均消费倾向基本不变，也从另一个角度说明了，随着收入水平提高，边际消费倾向递减的说法不能获得经验支持，说明平均消费倾向具有很强的稳定性，以及同期我国城市居民平均消费倾向呈阶梯式下降，并不是由所谓的边际消费倾向递减导致的。

那么，在居民平均消费倾向基本稳定的情况下，我国居民消费占支出法GDP的比重偏低，主要原因就只能是居民可支配收入占支出法GDP的比重偏低。从表8可以看出，2000～2016年，居民可支配收入占支出法GDP的比重，低于巴西、印度、墨西哥等中等收入、中等偏上收入国家的程度，是令人吃惊的。

表8　2000～2016年中国、巴西、印度、墨西哥居民可支配收入占支出法GDP比重与人均GDP

年份	中国	巴西	印度	墨西哥
	居民可支配收入占支出法GDP的比重（%）			
2000	46.86	67.16	87.01	62.75
2001	46.69	66.28	88.63	63.19
2002	47.67	64.66	87.30	64.15
2003	46.94	63.75	85.90	73.83
2004	45.33	61.57	82.36	72.52
2005	44.44	61.16	81.44	72.52
2006	43.19	60.89	80.59	71.89
2007	41.86	60.50	78.26	71.49
2008	41.28	59.11	83.72	72.70
2009	41.86	61.41	82.81	71.72
2010	40.55	64.14	80.07	72.27
2011	39.97	64.64	80.52	70.53
2012	41.27	65.66	80.26	69.80
2013	41.76	66.59	80.21	71.99
2014	42.72	67.46	78.95	70.76
2015	43.71	69.19	78.00	71.98
2016	44.17	—	76.70	—
2000～2016年平均	43.55	64.01	81.92	70.26
	人均国内生产总值（元）			
2000	7942.07	30953.90	3633.10	57612.60
2001	8716.58	26047.30	3699.93	60768.76
2002	9506.20	23338.23	3858.74	61239.88
2003	10666.10	25324.20	4478.98	57143.99
2004	12486.94	29987.26	5142.53	60511.37
2005	14363.47	39075.92	5791.60	66266.01
2006	16734.64	46715.91	6313.87	70627.88

续表

年份	中国	巴西	印度	墨西哥
	人均国内生产总值（元）			
2007	20495.56	55612.29	7742.14	71575.14
2008	24108.16	61030.83	6885.96	67823.88
2009	26220.34	58428.15	7447.96	53228.84
2010	30872.39	75981.91	9110.19	61036.91
2011	36387.56	85046.07	9440.65	64023.38
2012	40007.89	77589.88	9134.10	62749.21
2013	43834.05	75661.73	8993.74	64412.77
2014	47198.22	73877.12	9681.08	64996.80
2015	50258.29	54499.89	10003.05	57866.57
2016	53917.33	57385.26	11407.98	56085.53

资料来源：根据联合国数据库 UNdata、国家统计局相关数据计算整理。

四、结论及政策含义

至此，可以得出以下结论及相关政策建议。

（1）消费要成为拉动经济增长的主动力，并使经济保持6.5%的较快增速，需要消费每年保持较快增速。这取决于：第一，居民人均可支配收入的增速；第二，居民收入增速为既定的条件下，居民平均消费倾向逐年提高。从长期看，居民收入占 GDP 的比重，应当是比较稳定的。从长期看和从理论上说，居民平均消费倾向也不可能不断提高；在正常情况下，居民消费占其收入的比重，或者说平均消费倾向是比较稳定的——这是由于居民从整体上看，其消费行为是高度理性的。由此可以得到的结论是，居民消费对经济增长的拉动作用，就绝对数而言，是比较稳定的。

（2）在从需求侧讨论社会总需求（投资 + 消费 + 净出口）对经济增长的作用时，首先，应当注意，能够拉动经济增长的不是消费、投资、净出口的绝对数，而是其年增速。当年消费、投资、净出口的绝对量无论多大，只要与上年一样也即增速为零，就只能维持零经济增速。有论者认为中国的消费数量巨大，完全可以拉动经济增长。这是误解。因为，只有消费（投资、净出口也一样）增长才能拉动经济增长。其次，应当注意，所谓投资、消费、净出口增长对经济增长的相对贡献率，是指从需求增长对经济增长的贡献角度看，投资、消费、净出口三者增长对经济增长的相对贡献率。它们三者之和始终为100%，因此，三者对经济增长的相对贡献率是此消彼长的。消费、投资、净出口增长对经济增长的相对贡献率，在三者占GDP的比重既定情况下，取决于其相对增速。增速较高者，对经济增长相对贡献率就较大，但这与它对经济增长的绝对拉动作用大小无关。我国经济在2002～2007年高速增长，年均增长率高达10%以上，不是因为投资与净出口对经济增长的相对贡献率高，而是因为投资与净出口每年都以两位数高速增长。然而，在居民可支配收入的增长速度既定的情况下，居民消费倾向的高度稳定性决定了消费从而居民消费增速的高度稳定性，因此，消费从而居民消费增长对经济增长，是稳定器，是压舱石，其对经济增长的相对贡献率，主要取决于作为社会总需求其他组成部分——投资、净出口——对经济增长的相对贡献率以及经济增长率。在经济增长率较高的情况下，一般而言，投资与净出口增速大大高于消费增速，因此它们对经济增长的相对贡献率比较大；相反，本次国际金融危机之后，我国的投资与净出口增速逐渐下降，投资与净出口增长对经济增长的相对贡献率也就逐渐下降，消费对经济增长的相对贡献率因水落石出而增大，与此同时，经济增长率逐渐下降至较低。有论者认为，处于不同发展阶段的国家，消费主导型的程度各不相同，但经济增长模式最终会趋于消费主导型。可当经济增长趋于消费主导型或者说当消费成为经济增长的主动力时（也即投资和净出口增长对经济增长的相对贡献率降至很低的情况下），这一经济体的增长率将降至较低水平。

（3）从长期看，一个经济体是不可能依靠净出口拉动经济增长的（李文溥和熊英，2015），就中国目前进出口占世界贸易的比重看，[①] 继续提高中国进出口占世界贸易比重的空间已经相当有限。维持现有的比重，也就意味着中国的净出口增长率是较低的，从长远看，中国进出口占世界贸易的比重将有所下降，因此，净出口增长（能够拉动经济增长的是净出口增长率而非进出口增长率）将难以继续成为拉动中国经济增长的主动力。

（4）中国居民可支配收入占GDP的比重决定，当前，应当把提高居民可支配收入作为稳增长，提高人民群众获得感、幸福感、安全感的第一要务。近年来，各级政府高度重视稳增长、提高人民群众获得感、幸福感、安全感。这无疑是正确的。但是，从具体的政策措施上看，则方向有偏。因为，各级政府

① 2017年，中国货物进出口占世界货物进出口的比重已达11.48%，其中，进口占10.21%，出口占12.78%，均位居世界第一。

在稳增长、提高人民群众获得感、幸福感、安全感问题上，多是提出要增加政府预算，扩大民生支出，增加民生投资，基本服务均等化，提高社会保障程度。应当注意，稳增长，提高人民群众获得感、幸福感、安全感，并不能主要靠增加政府预算，扩大民生支出，增加民生投资，基本服务均等化，提高社会保障程度。而应侧重控制财政收入占 GDP 的比重，扩大居民收入占 GDP 比重，提高居民可支配收入。任何导致扩大财政收入占比、压缩居民收入占比的“惠民”政策，都不利真正改善民生，无助于提高人民群众获得感、幸福感、安全感。因为，目前财政收入占比已经过大，如不靠控制财政收入占 GDP 比重压缩其他预算支出来改善民生，势必做得越多，越要增加财政收入，越降低居民收入占比，抑制居民消费，通胀威胁就越大，稳就业、稳金融、稳外贸、稳外资、稳投资、稳预期就越不可能，人民群众获得感、幸福感、安全感就越难以获得。预算规模如因此不断扩大，不仅必然增加财政赤字，加剧腐败、支出无效率，投资结构扭曲，而且将不断背离让市场在资源配置中起决定性作用的方向，不利于政府更好发挥作用。因此，要真正实现稳就业、稳金融、稳外贸、稳外资、稳投资、稳预期，提振市场信心，提高人民群众获得感、幸福感、安全感，根本之策是降低财政收入占 GDP 比重，增加居民可支配收入，提高居民收入占 GDP 比重，实现预算收入平衡，控制货币投放，稳定物价水平，降低居民部门因高房价而不断攀升的负债率。

（5）从需求角度看，既然消费充其量只能充当经济增长的稳定器和压舱石，保障经济增速不至于过低，净出口又不能成为长期拉动经济增长的主动力，那么，在我国经济从中等收入向高收入经济体的过渡中，要实现稳定的较快增长（例如现阶段的经济增长预期为 6.5% 左右），就不能不依靠投资。然而，实践证明，依靠政府与国有投资拉动经济增长，投资效率低，而且弊病极大（厦门大学宏观经济研究中心 CQMM 课题组，2017）。于是，实现经济稳定较快增长的全部症结，也就再次回到了如何激发民营投资的积极性上来了，从这个角度讲，充分重视民营经济在国民经济中不可或缺的作用，保障民营企业的财产权利，稳定民营经济的投资预期，就不是一个仅仅与民营经济相关的问题了。

参考文献

［1］白重恩、李宏彬、吴斌珍：《医疗保险与消费：来自新型农村合作医疗的证据》，载《经济研究》2012 年第 2 期。

［2］陈斌开、陆铭、钟宁桦：《户籍制约下的居民消费》，载《经济研究》2010 年第 1 期。

［3］龚刚、杨光：《从功能性收入看中国收入分配的不平等》，载《中国社会科学》2010 年第 2 期。

［4］龚敏、李文溥：《中国高资本报酬率与低消费率的一个解释——基于动态一般均衡模型的分析与校准》，载《学术月刊》2013 年第 9 期。

［5］国家统计局综合司课题组：《我国经济增长动力及其转换》，载《调研世界》2014 年第 12 期。

［6］洪银兴：《消费需求、消费力、消费经济和经济增长》，载《中国经济问题》2013 年第 1 期。

［7］李稻葵、何梦杰、刘霖林：《我国现阶段初次分配中劳动收入下降分析》，载《经济理论与经济管理》2010 年第 2 期。

［8］李坤望、刘东皇：《是何因素制约着中国居民消费》，载《经济学家》2012 年第 1 期。

［9］李文溥、陈婷婷：《灰色消费估算与居民消费率》，载《东南学术》2019 年第 1 期。

［10］李文溥、陈婷婷：《自有住房服务消费重估与中国居民消费率修正》，载《吉林大学社会科学学报》2018 年第 3 期。

［11］李文溥、熊英：《“刘易斯拐点”的一个理论证伪——基于产品市场的视角》，载《经济研究》2015 年第 5 期。

［12］联合国等：《国民经济核算体系 2008》，国家统计局国民经济核算司、中国人民大学国民经济核算研究所译，中国统计出版社 2012 年版。

［13］孙豪：《消费主导型大国：特征、测度及政策》，载《社会科学》2015 年第 10 期。

［14］厦门大学宏观经济研究中心 CQMM 课题组：《系统性金融风险与预算软约束》，载《东南学术》2017 年第 6 期，《新华文摘》2018 年第 2 期全文转载。

［15］徐朝阳：《供给抑制政策下的中国经济》，载《经济研究》2014 年第 7 期。

［16］闫坤、程瑜：《新形势下促进居民消费的财税政策选择》，载《涉外税务》2009 年第 4 期。

［17］颜色、朱国钟：《“房奴效应”还是“财富效应”？——房价上涨对国民消费影响的一个理论分析》，载《管理世界》2013 年第 3 期。

［18］杨汝岱、陈斌开：《高等教育改革、预防性储蓄与居民消费行为》，载《经济研究》2009 年第 8 期。

［19］易行健、王俊海、易君健：《预防性储蓄动机强度的时序变化与地区差异——基于中国农村居民的实证研究》，载《经济研究》2008 年第 2 期。

［20］周学：《构建“微观、中观、宏观三位一体”的经济学理论体系——兼论破解我国内需不足的方略》，载《经济学动态》2014 年第 4 期。

[21] Kuijs L., Investment and Saving in China, *Policy Research Working Paper Series* 3633, The World Bank, 2005.

[22] Lardy N. R., *Sustaining China's Economic Growth after the Global Financial Crisis*, Washington, D. C.: The Peterson Institute for International Economics, 2011.

[23] Perkins D. H., Rapid Growth and Changing Economic Structure: The Expenditure Side Story and Its Implica-tions for China, *China Economic Review*, 2012.

[24] Wang X., Wen Y., Housing Prices and the High Chinese Savings Rate Puzzle, *China Economic Review*, 2012.

工资水平、劳动力供求结构与产业发展型式*
——以福建省为例

一、引言

要素比价是决定经济发展方式的基本条件之一。改革开放之初，我国沿海开发地区实行的“两头在外”“大进大出”的加工贸易方式，建立在我国劳动力、土地相对丰裕而廉价，资本稀缺而昂贵的要素比价结构基础上，是一种以出口劳动密集型产品为导向的粗放型经济发展方式（龚敏和李文溥，2009）。发达国家的经验证明，要素相对稀缺状况所导致的要素比价的变化将促使经济发展方式逐步发生转变。三十年来的经济高速增长使中国人均 GDP 增长了 10 倍以上，中国尤其是东部沿海地区的要素相对稀缺状况发生了重大变化，然而，经济发展方式的转变却相对缓慢，逐渐导致我国国民收入支出结构严重失衡。2008 年爆发的国际金融危机使我国经济潜在的矛盾暴露无遗。蔡昉（2007）认为中国经济即将迎来发展的刘易斯转折点，即劳动力无限供给的特征逐渐消失，而刘易斯转折点的到来同时意味着对制度创新的迫切要求。王德文（2008）则认为刘易斯转折点是经济发展过程中的一个重要里程碑。它的到来标志着经济发展进入了一个新的更高的阶段，要素积累及其禀赋结构改变迫使过去依靠要素投入推动增长的方式难以为继，同时，经济增长过程中积累下的体制性和结构性问题又面临着新的改革要求。

福建省是我国较早实行对外开放的沿海省份之一。多年实行的以出口劳动

---

* 本文原载于《厦门大学学报》（哲学社会科学版）2010 年第 5 期，共同作者：陈贵富。

密集型产品为导向的粗放型经济发展，使福建省从原来的劳动力充裕省份转变为劳动力稀缺省份，目前，福建省劳动力市场上的供给40%~50%来自外省。[①] 但是，福建省的经济发展方式转变却比较缓慢，导致福建省最终消费对经济增长的拉动能力严重萎缩，福建省最终消费对地区生产总值增长的贡献率是东南沿海四省中最低的。因此，本文拟以福建省为例，从工资水平、劳动力市场的供求结构角度，分析沿海开放地区产业发展特征，探讨转变经济发展方式，推动产业转型的有关问题。出口劳动密集型产品为导向的经济发展方式是我国东部沿海地区较为普遍的经济发展方式，因此，以福建省为例的研究结论也就具有了一定程度的普适意义。

二、就业、经济增长和劳动力市场结构

（一）就业和经济增长

1979年至今，福建省就业与经济增长之间关系，基本上呈“U”型趋势：1979~1990年以及2001年至今，就业弹性较高；[②] 1991~2000年，就业弹性较低。分产业看，第一产业自1996年起，就业弹性持续为负，2001年之后，弹性系数从1996~2000年的-0.11急剧下降到-0.77，其走势呈现为急剧向右下倾斜的曲线。就就业量而言，从1996年至今，更是始终保持负增长。但是，第一产业产出却始终保持正增长。第一产业劳动生产率的持续稳定增长，为大量农业劳动力转向非农产业提供了必要的基础。第二产业的就业弹性与经济的整体就业弹性变化趋势基本一致，但其“U”型特征更为明显。由于第三产业的就业弹性变化趋势比总就业弹性的变化趋势更为平缓，因此，可以得出结论：尽管第二产业的就业比例不高，但因其平均增长速度及就业弹性变动幅度较大，其就业变动趋势左右了整个福建省经济的就业趋势。

经济增长型式是决定就业变动趋势最重要的因素。对照同期福建省经济增长相关指标，可以看出增长型式对就业变动趋势的影响。从需求构成上看，资本形成与净出口占福建省社会总需求的比重从1979~1985年的23.4%，上升

① 作者根据福建省城镇劳动力市场监测数据计算所得。

② 就业弹性系数是从业人数增长率与GDP增长率的比值。即GDP增长1个百分点带动就业增长的百分点，系数越大，吸收劳动力的能力就越强，反之则越弱。其计算公式为：$e_{EG}=\frac{GDP}{E}\frac{\partial_E}{\partial_{GDP}}$。

到 2001 ~2005 年的 47.4%、2006 ~2008 年的 53.9%。这导致第二产业尤其是工业产出占地区生产总值比重的上升。第二产业尤其是工业的加速发展，主要是在 1996 年之后发生的，它导致第二产业对劳动力的需求迅速增加。进出口从 1979 ~1995 的净进口转为 2001 年之后迅速增长的净出口，主要是以杂项制品及消费类机电产品为代表的劳动密集型产品的出口大幅度增长造成的。因此，2001 年之后的第二产业发展带动了该产业就业弹性的上升。尽管第三产业一向被认为能较多地吸收劳动力，但在福建省，只有在 1986 ~2000 年这十五年里，第三产业的就业弹性系数大于第二产业，而在加速工业化的 2001 ~2008 年则小于第二产业（2008 年除外[①]）。更令人惊讶的是，2001 ~2008 年福建省第二产业的就业弹性系数竟然逼近工业化起步阶段的 1979 ~1985 年。这说明，经过三十年的高速发展，福建省近期单位工业增长所需新增劳动力竟然与三十年前相近。这不能不引起我们对近十年福建省第二产业尤其是制造业发展型式的思考。

比较福建省与全国的数据可见，1979 年以来，尤其是进入 21 世纪之后，福建省的就业结构变动远远大于全国，与第二产业的产出增长相比，福建省第二产业的劳动力需求增长速度快于全国。这说明，福建省 2001 年之后的加快工业化进程仍主要是劳动密集型产业的迅速发展。联系到福建省净出口比重在此期间迅速上升，进一步得出结论：福建省近十年的加快工业化相当程度上是国际市场对中国劳动密集型产品的需求扩大拉动的。三十年的经济高速增长，并没有导致福建省经济发展型式的较大变化。与工业化进程相比，福建省第三产业发展速度较慢。2001 年，福建省的第三产业雇用了 29.2% 的劳动力，同期全国是 27.7%，但 2008 年全国的第三产业就业比重比 2001 年上升了 5.5 个百分点，福建省却只上升了 4.1 个百分点。

（二）劳动力市场的供求结构

经济增长的型式必然在劳动力市场的供求关系上有所体现。因此，我们利用福建省城镇劳动力市场监测数据来考察城镇劳动力市场的供求变化特征。[②] 我们主要观察求人倍率指标，这是了解劳动力市场状况的重要指标。求人倍率的计算公式：求人倍率 = 需求人数/求职人数。如图 1 所示，从 2004 年第一季

① 2008 年福建省第二产业的就业弹性下降，主要是受国际金融危机的影响，不是一种长期的趋势性变化。

② 该数据来源于全省九个设区市的中心劳动力市场及部分主要县（市、区）级劳动力市场的职业供求登记。

度到2008年第一季度，福建省城镇劳动力市场的求人倍率一直在1以上，从2008年第二季度开始，求人倍率开始下降，到2009年第一、第二季度降到了1以下，但到第三、第四季度，求人倍率又上升到1以上。这说明福建省基本处于劳动力供应短缺状态，相当多时段，求人倍率高达1.3～1.4以上，劳动力短缺状况比较严重。而在经济衰退期，求人倍率只是略微地低于1，劳动力供给过剩状态似乎不太明显，但福建省城镇劳动力市场40%以上的劳动供给是由外省提供的，来自本省的劳动力供给中又有相当部分是流动性较大的农村劳动力。当他们在城镇找不到工作时，往往流向外地或回到农村。因此，经济衰退期间的劳动力供给过剩程度显然是现有统计数据无法确切反映的。

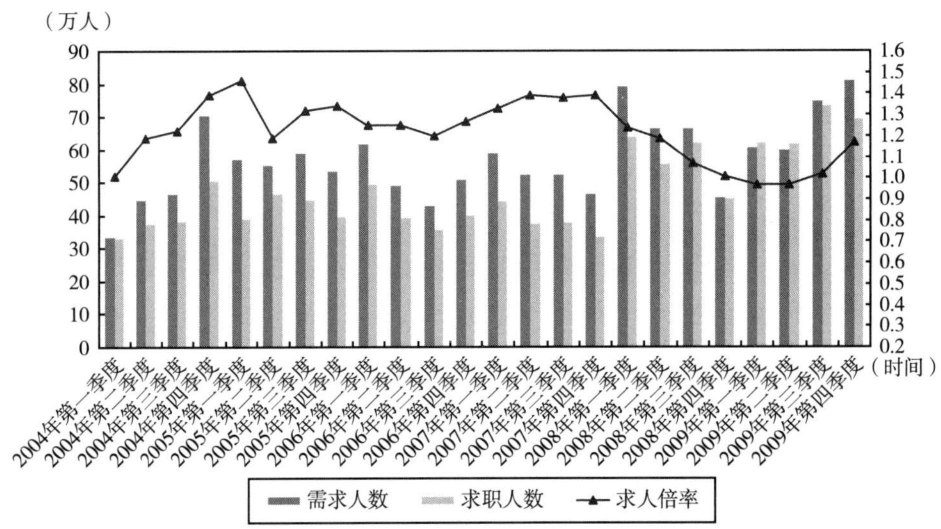

图1　福建省城市劳动力市场供求状况的变化

注：2006年第四季度数据缺失，图中该季度数值为前后两季度的均值，以下如未特殊说明，数据处理方法相同。

资料来源：福建省人力资源与社会保障厅、福建省劳动力市场网，以下如无特殊注明，数据均来源于此。

福建省各年龄段的求人倍率。45岁及以上劳动力最低，基本上在1以下。即使在经济繁荣期，这部分劳动力也基本上是供大于求。35～44岁劳动力的求人倍率基本上在1.1左右，远低于25～34岁及16～24岁的劳动力。这个趋势最近不仅没有改变，甚至更明显了（见图2）。16～34岁的劳动力一直是劳动市场供给和需求的主力军，基本占劳动力供需总数的80%以上，近期更进一步上升。相对而言，16～34岁的劳动力体力比较强，35～44岁的劳动力在技能和经验上更有优势，45岁及以上的劳动力虽然体力开始衰退，但是技能及经验却更丰富。从求人倍率与劳动力市场的需求结构看，福建省的产业似乎更为青睐体力型劳动者。当然，对于这一统计现象的另一种解释是年龄较大，经验、技能丰富的劳动者大多已经就业，因此劳动力市场上的供给与需求也就较小。但是，即使是在经济繁荣期，45 岁及以上劳动力的求人倍率仍然小于 1，这说明产业扩张，并没有带来对这部分劳动力的更多需求。另外，福建省城镇劳动力市场上一半以上供给来自外省与本省农村劳工，劳动力的高流动性是以需求方对其专业技能要求不高为前提的。因此，结合对其他数据的分析，我们认为：不同年龄段劳动力的需求结构及求人倍率差异，主要是由福建省的产业结构特征决定的。

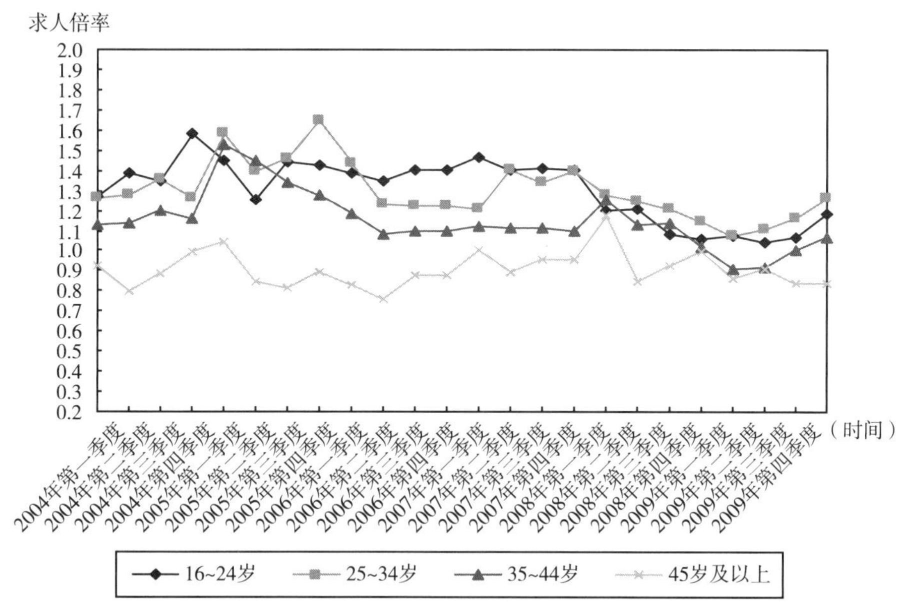

图 2　分年龄段的求人倍率变化

从福建省不同教育程度劳动力的供需情况看，求人倍率最高的是初中及以下文化程度的劳动力，其次是高中文化程度的劳动力，直到 2006 年底，对大专以上教育程度劳动力的求人倍率一直是三个教育程度分组中最低的。2008 年开始，这三个年龄组的求人倍率趋于一致（见图 3）。但是，这是否将成为趋势转折的开始，还需进一步观察。

从福建省不同技能水平的劳动力供需情况来看，初级工和高级工的求人倍率变化相对稳定，但是前者低于后者，技师和高级技师的求人倍率最高，但是波动较大（见图 4）。高级专业职务的求人倍率一直高于初级、中级专业职务。从各专业职务的求人倍率变化看，与分技能水平劳动力的求人倍率统计特征相似，高级专业职务的求人倍率波动较大。从各种职业求人倍率来看，生产运输设备操作员的求人倍率最高，专业技术人员次之，商业和服务业人员第三，最

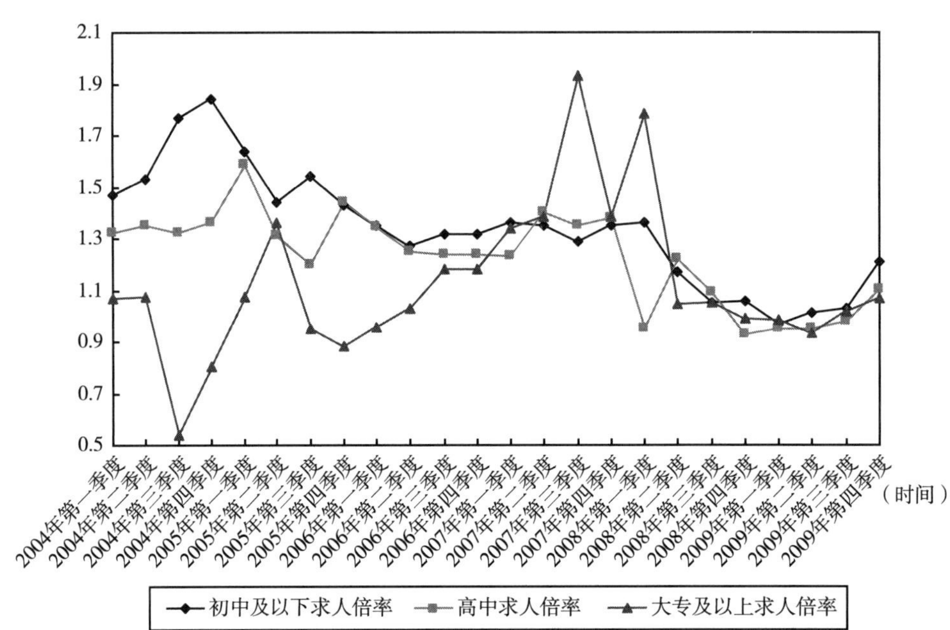

图3　分教育程度的求人倍率变化

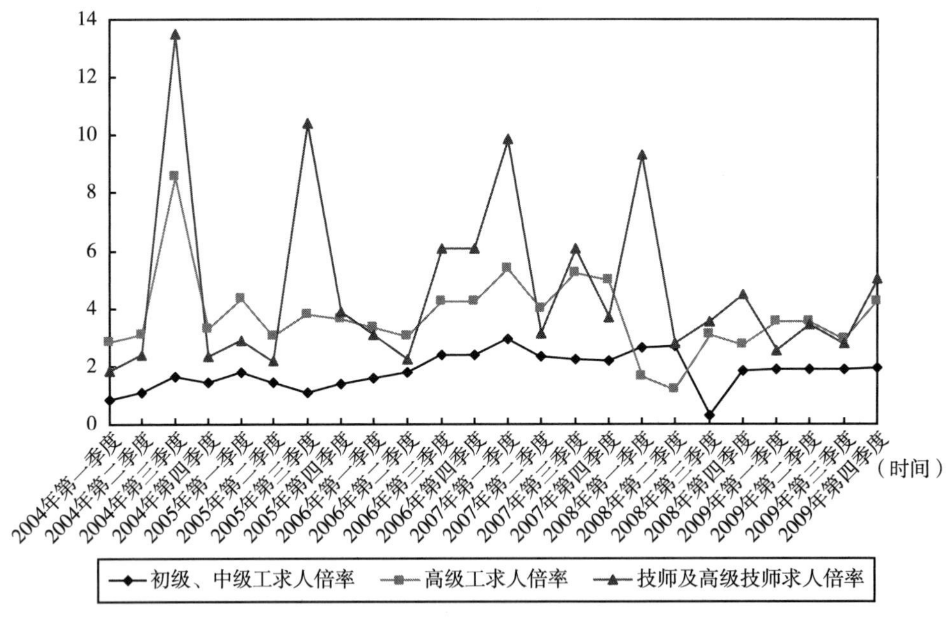

图4　分技能水平的求人倍率变化

低的是办事人员和有关人员的求人倍率，基本上低于1。福建省劳动力需求缺口更多集中在第二产业。第二产业中，一线操作工的需求缺口较大，专业技术人员的需求自2005年以来上升较快。办事人员及其他人员则因专业性较差，进入门槛低，因此供给基本大于需求。2007年第一季度到2009年第四季度需求大于供给，求职缺口最大的三个工种是鞋帽制作工、纺织针织印染工、裁剪缝纫工。这类工人的求人倍率甚至在经济周期的谷底也显著地大于1，而到了经济开始回升的2009年，鞋帽制作工的求人倍率竟然高过了本次经济周期高峰年份——2007年各季度的求人倍率。这些工种显然并不需要较高的学历、技能和职称。因此，在福建省劳动力市场上非熟练劳动者似乎更受青睐，而且这一趋势似乎还在进一步发展中。

从男性和女性劳动力的求人倍率的变化来看，女性一直高于男性，平均要高出0.5左右。劳动力市场上对于鞋帽制作工、裁剪缝纫工、纺织针织印染工及餐厅服务员等较适合女性工作的需求较高，是女性劳动力求人倍率较高的原因。女性劳动力供给占总劳动力供给的比重达45%左右，已经相当高，但是，对女性劳动力的求人倍率却始终高于男性。显然，福建省的产业扩张有着明显的劳动密集型特征。鞋帽制作工、裁剪缝纫工、纺织针织印染工等女性更为适合，而且薪酬水平大多低于男性劳动力。

考察福建省城镇劳动力市场监测的其他数值，我们发现福建省劳动力市场还具有以下特点。从劳动力供给量构成来看，福建省是一个劳动力输入省份，其最大的劳动力供给来自外省，占全部劳动力供给的40%～50%。从劳动力需求的产业构成来看，第二产业与第三产业的劳动力需求大致各占城镇劳动力需求的一半。但是，近两年来，第二产业的劳动力需求比重在逐渐上升。从分行业劳动力需求比重变化看，制造业、批发零售住宿和餐饮业、居民服务和其他服务业占劳动力总需求的80%左右，制造业的劳动力需求占总需求的40%以上，近年来已经逼近甚至超过50%，而批发零售住宿和餐饮业、其他服务业却有较明显下降趋势。从分行业劳动力需求量来看，制造业的劳动力需求始终是最大的。进入2009年，制造业的劳动力需求逐季迅速上升。而代表第三产业的批发零售住宿和餐饮业、居民服务和其他服务业的劳动力需求量至今尚未恢复历史最高水平。

综上分析，可以得出以下结论。多年经济高速增长，福建省从一个劳动力相对充裕省份转变为劳动力短缺省份，40%～50%的城镇劳动力需求依靠外省输入，即使在经济衰退期，这一比例也没有改变。制造业的劳动力需求始终是福建省城镇劳动力需求的主要部分。制造业劳动力需求所占比例基本稳定，近年来有进一步上升的趋势；相反，代表第三产业的批发零售住宿和餐饮业、居民服务和其他服务业的劳动力需求不但没有提高反而有所下降。16～34岁的劳动力一直是福建省劳动市场供需的主体，约占全部城镇劳动力供求的80%以上，近两年还有进一步上升趋势。低文化水平（初中及以下文化程度）的劳动力需求旺盛，短缺严重，但近年来略有好转。尽管女工的供给比例已经相当高，但需求量大，长期严重短缺。从工种看，一线操作工需求大，一直供不应求，鞋帽制作工、纺织针织印染工、裁剪缝纫工、普工、力工等劳动密集型产业或低技能劳工的求人倍率尤其大。高学历、高技能、高职称的求人倍率起伏较大。总而言之，近十年来，福建省的产业扩张仍以劳动密集型制造业为主，对低文化程度、低技能劳动力的需求一直十分旺盛。

三、工资水平、劳动力供求结构与产业发展型式的经济分析

产业类型决定了劳动力需求结构。对2007年制造业劳动力成本进行国际比较，发现福建省制造业劳动力成本至今不仅低于韩国，以及中国的台湾和香港等周边国家和地区，甚至还低于全国平均水平。2007年，福建省制造业劳动力成本仅为全国平均水平的79.32%，台湾的63.80%。[①]

劳动力成本低，对劳动密集型产业具有重要意义。它是保持劳动密集型产业竞争力的最重要因素。为了进一步了解福建省劳动成本的变动趋势，我们对福建省的工业部门边际劳动生产率进行分析。

使用最小二乘法（OLS）计算福建省工业的柯布—道格拉斯生产函数，结果如下：

$$\ln GDP_t = -3.41 + 0.5\ln K_t + 1.19\ln L_t \qquad R^2 = 0.98$$
$$(-8.0)(-8.8)(10.05)$$

括号中的数字是 t - 统计量，方程拟合效果较好。[②] 对残差序列进行ADF检验（选择无截距项，无趋势项），得到的t检验值为 -2.15，小于5%的显著性水平下的临界值 -1.95，从而拒绝原假设，表明残差序列不存在单位根，是平稳序列，说明变量之间存在协整关系。

边际劳动生产率和平均劳动生产率有着相关性，根据柯布—道格拉斯生产

① 劳动力成本 = 制造业平均工资/第二产业劳动生产率；第二产业劳动生产率 = 第二产业总产值/第二产业劳动力数量。资料来自《中国统计年鉴（2008）》《国际统计年鉴（2008）》。

② 测算资本存量的方法是戈德史密斯（1951）开创的永续盘存法。其中，t 指 t 年，GDP_t 指 t 年的福建省工业总产值，本文的基年为1980年，当年投资 I 为当年工业的基本建设投资和更新改造投资之和，经济折旧率 δ 为张军等（2004）采用的9.6%。最后用《福建统计年鉴》公布的各年固定资本投资价格指数平减各年投资。

函数 $Y = AK^{\alpha}L^{\beta}$，平均劳动生产率为 $APL = \frac{Y}{L} = AK^{\alpha}L^{\beta-1}$，边际劳动生产率为 $MPL = \frac{\partial Y}{\partial L} = \beta AK^{\alpha}L^{\beta-1}$，即 $MPL = \beta \times APL$。

$MPL_t = 1.19 \times$（福建省 t 年的工业总产值/该年工业部门就业人数）

从图 5 可见，1995 年以来，福建省工业部门的劳动工资水平是一直上升的，但近十年来，制造业的边际劳动生产率提高速度明显快于劳动工资增长率。因此，在制造业工资水平上升的同时，单位工业产出的劳动力成本反而下降了。制造业边际劳动生产率提高速度快于劳动工资增长率所形成的比较竞争优势，并不是平均分布在制造业各产业或集中在资本、技术密集型产业上的，而是集中在劳动密集型产业。即使与在全国资本密集程度并不算高的广东省相比，福建省产业的竞争优势也主要体现在轻工业，尤其是以纺织、服装鞋帽制造业、皮革毛皮羽绒制品业为代表的劳动密集型产业上（王碧秀和林民书，2007）。因此，在国际市场对劳动密集型产品的旺盛需求支撑下，福建省劳动密集型产业在近十年不仅没有被淘汰或萎缩，反而得到了进一步的加速发展。

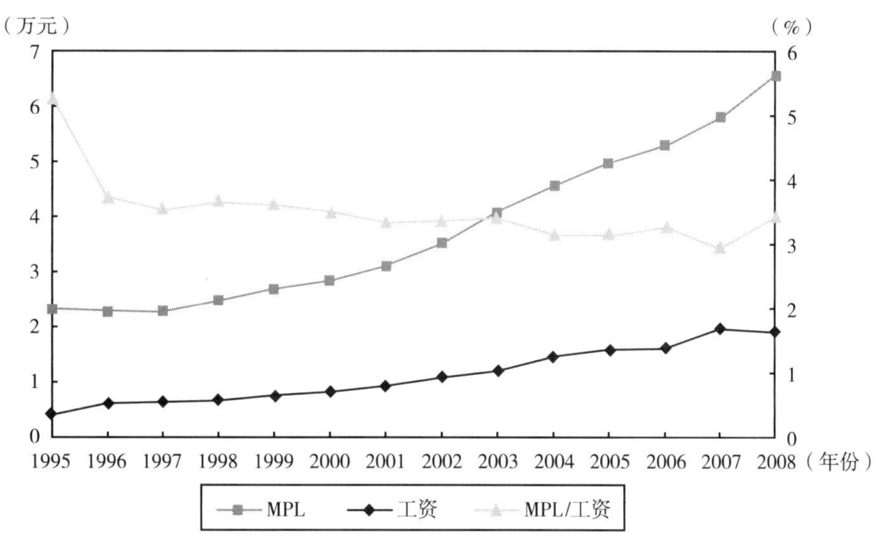

图 5　工业部门劳动力成本的变化

数据表明，从 2001 年起，福建省最终消费对经济增长的贡献率在不断下降，从 2001 年的 52.6% 下降到 2007 年的 24.6%，7 年间下降了 28 个百分点。自 2005 年开始，福建省成为东南沿海四省中最终消费对地区生产总值增长的贡献率最低的省份①，必须加快经济发展方式转变，推进产业升级转型。它需

① 作者根据福建、广东、浙江和江苏四省相关统计数据计算所得。

要打破目前福建省经济发展中劳动力供需中对低技能劳动力的强大需求与劳动密集型产业发展之间的自加强机制。关于这一点，从对福建省劳动力市场上高学历、高技能和高职称劳动力的求人倍率起伏较大的现象分析中，或许可以得到有益启示。

劳动力成本低，比较优势明显，使处于发展初期阶段的经济体可以依靠它发展劳动密集型产业，实现原始积累，推动经济起飞。但是，当经济发展到一定阶段，人均 GDP 水平较大幅度地提高了，要素比价必然发生变化，此时若继续维持劳动力的低成本，[①] 负面影响将逐步增大。首先，它不利于经济发展方式转变，产业升级换代。在劳动力等生产要素过于廉价，生产劳动密集型产品有利可图的情况下，企业家必然缺乏积极性用资本替代劳动，用技能替代体能，从粗放型生产方式转向集约型生产方式，生产资本以致技术密集型产品。其次，不利于扩大居民消费，使经济增长从出口拉动、投资推动转向投资、出口及国内消费共同驱动。

根据戈德史密斯（Goldsmith，1951）开创的永续盘存法，我们测算了福建省的工业资本存量。计算发现：福建省工业资本装备率及其增长率在 2005 年和 2007 年出现了两个波峰，而城镇劳动力市场上高学历、高技能和高职称的求人倍率在这两年也出现了波峰（见图 6）。能否认为工业资本装备率及其增长率的起落影响了高学历、高技能和高职称的求人倍率波动？如果这个猜想能

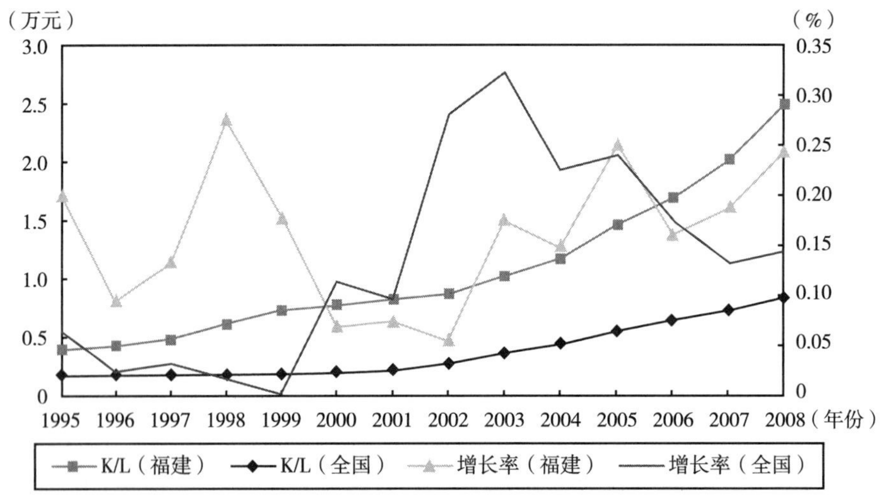

图 6　福建省与全国的工业资本装备率及其增长率

① 在人均 GDP 大幅度提高的情况下，劳动工资过低、上升缓慢在一定程度上是人为造成的，主要原因包括：劳动报酬的劳资集体协商及谈判机制缺失；政府为实现经济增长及财政收入最大化，不计成本引资，有意抑制当地工资水平上升；以外地及农村劳动力为主的劳工队伍将赡养人口留在农村，降低了劳动力再生产的费用。

够被证实，那么政策结论非常明显：福建省必须通过提高劳工工资，促进产业转型；通过产业升级推进劳动力市场供求结构的改变；通过劳动力市场供求结构的改变，推动居民消费的扩大。

当然，这仅仅是转变福建省经济发展方式的一个方面。与此同时，福建省自改革开放以来形成，至今仍具有明显比较竞争优势的劳动密集型产业仍然需要保持其竞争优势，并继续发展。但是，保持和发展劳动密集型产业的竞争优势，也要求其根据资源赋存及要素比价的变化趋势，转变发展方式。相关研究指出，传统劳动密集型产业发展到一定阶段之后，从国际代工、贴牌生产的生产经营为主向自主品牌、知识创新型的资本运营为主转移，从大批量、低档次的流水线生产模式向小批量、多品种的柔性生产模式转变，从两头在外，大进大出的加工贸易型转向延伸国内产业加工链、国内国外两个市场并重的民族品牌经营，都能极大地提高原有劳动密集型产业的增值率。企业经营的研究也揭示了，从大批量、低档次的流水线生产模式向小批量、多品种的柔性生产模式转变，需要对员工进行培训，提高劳动者的技能（刘仁杰，2009）。企业增加对员工的技能培训投入，势必要求员工队伍的稳定，从对高流动性的外来打工者的需求转向对稳定的城市产业工人队伍的需求。这些必然导致对城镇劳动力市场新的需求。稳定的城市产业工人队伍的扩大，将提高现有的人口城市化进程，促进现有的滚动式人口城市化模式向稳定的人口城市化模式过渡，提高城市人口的收入及消费水平，扩大对第三产业的需求，实现经济增长从投资推动、出口拉动向投资、出口及国内消费共同驱动的转变。

四、结论

改革开放三十年来，福建省的经济增长严重依赖劳动密集型产业的发展，直至近十年，福建省的产业扩张仍以劳动密集型产业为主。重要原因之一是福建省制造业的劳动力成本上升缓慢。较低的劳动成本保持了劳动密集型产业强大的竞争优势，使之难以被其他产业所替代。与此同时，劳动者工资水平过低却严重萎缩了福建省最终消费对经济增长的拉动能力。2005 年以来，福建省最终消费对地区生产总值增长的贡献率是东南沿海四省中最低的。

两方面的事实说明，相对于经济的高速增长，福建省的劳动工资水平提高得太慢。劳动工资水平难以相应提高，固然可以用中国至今仍然存在的劳动力无限供给予以解释。然而，当一个地区甚至一个国家的劳动工资水平提高得如此缓慢，以致该地区的技术进步和产业结构升级失去了应有的内在动力与外在压力，不得不依靠大规模地增加投资与出口来维持经济增长，便不得不怀疑完全竞争的劳动力市场所达成的均衡工资水平的合理性。显然，为了加快福建省经济发展方式转变，必须适度提高劳工工资，以此促进产业转型，改变劳动力市场供求结构，推动居民消费扩大，使经济增长从投资推动、出口拉动转向投资、出口及国内消费共同驱动。而要做到这一点，最根本的也许是面对相对强大的资方，劳动者必须能够以集体的形象与之相对，形成劳资之间力量对比的相对均衡，从而有效地进行劳资关于劳动报酬的集体协商，以及在劳资之间持中立立场协调态度的政府。而劳动者为保障自身利益所进行的劳动报酬集体协商，不仅是扩大国内消费，促进经济增长的内源动力，也是推进技术进步、产业结构升级的重要方式。

参考文献

［1］蔡昉：《中国经济发展的刘易斯转折点》，引自蔡昉主编《中国人口与劳动问题报告 NO. 8——刘易斯转折点及其政策挑战》，社会科学文献出版社 2007 年版。

［2］福建省统计局：《福建统计年鉴》，中国统计出版社 1995 ~ 2008 年版。

［3］龚敏、李文溥：《论扩大内需政策与转变经济增长方式》，载《东南学术》2009 年第 1 期。

［4］广东省统计局：《广东统计年鉴》，中国统计出版社 2008 年版。

［5］国家统计局：《国际统计年鉴》，中国统计出版社 2008 年版。

［6］国家统计局：《中国统计年鉴》，中国统计出版社 1995 ~ 2008 年版。

［7］江苏省统计局：《江苏统计年鉴》，中国统计出版社 2008 年版。

［8］刘仁杰：《中国服装企业的技术革新：台资企业与日资企业为例》，引自厦门大学、神户大学《“国际金融危机背景下东亚经济增长模式与企业经营模式研讨会”论文集》。

［9］王碧秀、林民书：《“珠三角”与福建：区域间投资流动与产业合作研究》，研究报告，2007 年。

［10］王德文：《刘易斯转折点与中国经验》，引自蔡昉主编《中国人口与劳动问题报告 NO. 9——刘易斯转折点如何与库兹涅茨转折点会合》，社会科学文献出版社 2008 年版。

［11］张军、吴贵英、张吉鹏：《中国省际物质资本存量估算：1952—200》，载《经济研究》2004 年第 10 期。

［12］浙江省统计局：《浙江统计年鉴》，中国统计出版社 2008 年版。

［13］Goldsmith R. W., 1951, A Perpetual Inventory of National Wealth, *Studiesin Incomeandwealth*, Vol. 14.

要素比价扭曲、过度资本深化与劳动报酬比重下降*

近十五年来，居民收入尤其是劳动报酬占国内生产总值的比重以及居民边际消费倾向不断下降所导致的内需不足，逐渐引起了高度关注（白重恩和钱震杰，2009；CQMM 课题组，2010a，2010b）。同期，中国出现了加速的资本深化：1978～1995 年，中国的资本产出比大体围绕着 1.63① 上下波动，但是，1995 年之后，资本产出比显著地持续性地增加，资本加速深化（见图 1）。二者之间是否存在着因果关系②，甚至因资本深化引发了经济危机（周为民，2010）？

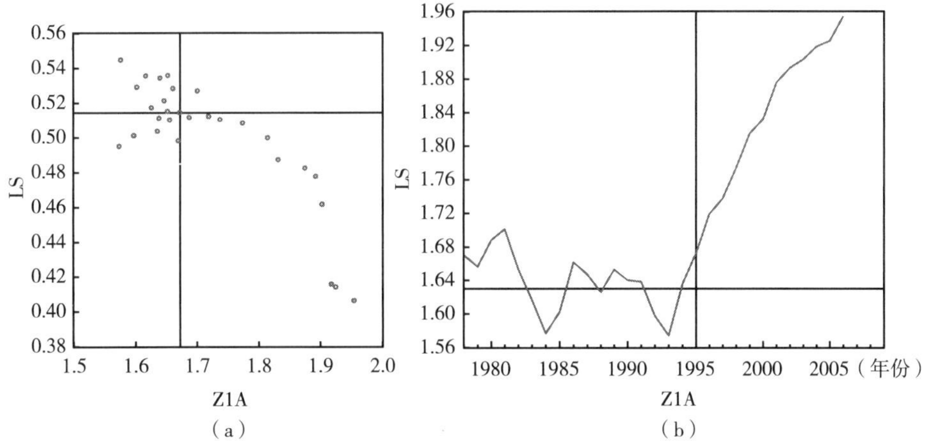

图 1　1978～2007 年资本产出比与劳动报酬比重的散点分布（a）及资本产出比变化（b）

注：以 1995 年的数据组划分为四个象限，Z1A 表示资本产出比，LS 为劳动报酬比重。

资料来源：劳动报酬比重的数据，1993 年之前的来自薛和李（Hsueh & Li，1999），1993～2004 年的来自《中国国内生产总值核算历史资料：1952～2004》中地区收入法 GDP 的加总数据，2005～2007 年的来自 2006～2008 年《中国统计年鉴》。资本存量数据来自中国经济增长与宏观稳定课题组《资本化扩张与赶超型经济的技术进步》（载《经济研究》2010）中计算的 1978＝100 的地区资本存量的加总。地区 GDP 数据来自中经网数据库，用 1978＝100 的 CPI 平减。

---

* 本文原载于《学术月刊》2011 年第 2 期，共同作者：李静。

① “1.63”为 1978～1995 年资本产出比的平均数。

② 图 1（左）描述的 1978 年以来劳动报酬比重与资本产出比的散点图，从 1995 年开始（右下区间），两者在统计分布上呈现显著的负单调关系。

劳动报酬占国内生产总值的比重变化，与中国现有体制之间究竟是何种关系（史晋川和赵自芳，2007）？本文试图就资本深化与劳动报酬占国内生产总值的比重变化的关系予以理论分析。分析中国现有体制背景下，资本深化影响劳动报酬占总产出比重的内在机制，提供一个对中国劳动报酬比重20世纪90年代中期以来显著下降，国民收入结构变化的理论解释。

一、不同类型的资本深化

资本深化指经济增长过程中，资本积累快于劳动力积累，人均资本存量或者资本—劳动比率的增加。当人均资本存量增长速度快于人均产出增长速度，从而导致资本存量占总产出的比重增加时，则发生了加速的资本深化。马克思虽然没有直接使用资本深化这一概念，但在《资本论》中应用资本的有机构成、技术构成等范畴，探讨了经济增长过程中的人均资本存量上升的后果，认为资本深化的长期趋势是劳动者失业和经济增长停滞。资本深化的定义最早由萨缪尔森（1962）给出：资本深化是人均资本量随着时间推移而增长的过程。[①] 简单地说，即人均资本存量的增加。新古典经济学认为，在长期的经济增长中，资本存量的增速与产出的增速大体相当，资本产出比基本维持不变。但是，由于资本存量的增速往往高于劳动力的增长，人均资本存量总是处于增长状态，因而产生了资本深化。泊美斯特尔和特诺瓦斯基（Burmeister & Turnovsky，1972）进一步认为，资本深化是作为对稳态利息率或收益率下降的反应而产生的资本劳动比率的均衡增加。[②] 稳态的利息率或者收益率即是资本边际报酬，根据资本边际报酬递减律，资本边际报酬随着资本存量的扩张呈下降趋势，所以，当没有发生技术进步或者规模报酬递增改善资本边际报酬的情况下，为了维持一定的经济增速，人均资本存量的增长即资本的积累将是经济增长的主要动力。

存在着不同类型或方向的资本深化，它们深刻地影响着初次分配中的劳动报酬比重变化趋势。

宏观经济理论认为，在规模报酬不变、中性技术进步的经济中，劳动报酬

① Samuelson, The Pure Theory of Public Expenditure, *Review of Economics and Statistics*, 26（1962）pp：387－389.

② Burmeister E., Turnovsky S. J., Capital Deepening Response in An Economy with Heterogeneous Capital Goods, *The American Economic Review*, 62（1972）pp：842－853.

比重是由资本产出比与资本劳动替代弹性决定的。当资本和劳动的价格等于其边际产出时，劳动报酬比重的决定方程为

$$S_L = 1 - ak^{(\sigma-1)/\sigma} \tag{1}$$

其中，a 为生产函数中的要素相对重要性参数，[①] $k = K/Y$，为资本产出比；$\sigma = -[\mathrm{dlog}(K/L)]/[\mathrm{dlog}(P^K/P^L)]$ 为资本劳动替代弹性，d 表示取一阶差分；K 和 L 分别为资本存量和劳动力数量，P^K 和 P^L 分别是资本和劳动力的价格。当资本与劳动有较强替代关系，即资本对劳动替代的弹性 $\sigma > 1$ 时，劳动报酬比重随着资本产出比的增加（即加速的资本深化[②]）而减少；当资本与劳动的替代关系较弱，即 $\sigma < 1$ 时，劳动报酬比重随着资本产出比的增加而增加；当 $\sigma = 1$ 时，劳动报酬比重将保持不变。劳动报酬比重与资本产出比的单调相关性大体可以反映资本劳动替代弹性的大小。

从厂商角度分析，当要素的替代弹性不变，厂商投入资本、劳动力，在既定技术水平下将获得相应产出。在走向均衡增长路径的过程中，厂商为追求利润最大化，将追加各种生产要素，增加产出，从而获得更多利润，所以，如果技术水平不改变，即资本与劳动的边际产出保持不变的比例，因此，新投入的资本与新投入的劳动力比例将相当，从而资本劳动比不会发生明显变化，资本利润或者劳动报酬占总产出的比重也保持相对稳定。所以，在均衡增长路径上，发生的仅仅是资本广化：资本增速等于劳动力增速加上资本折旧速度。当发生了中性的技术进步时（即技术进步对资本和劳动力的边际产出促进作用相同时），如果要素替代弹性保持为 1，显然，各个生产要素的边际产出虽然都有所增加，但是资本和劳动的边际产出比仍将保持不变，从而，资本和劳动的投入量也相对不变，即资本和劳动是成比例增加的，资本产出比因此不变，其结果是要素报酬占产出的比重也保持不变。

如果技术进步仍然保持中性，但是要素替代弹性不为 1，意味着边际产出比例的相对变动率与要素投入比例的相对变动率之比不为 1。要素替代弹性受到要素价格和要素投入量的影响，具体地说，要素价格的变化能力以及要素资源禀赋都可能影响经济中要素替代弹性的大小。在完全竞争的市场经济中，要素的价格是由市场决定的，要素替代弹性应该为 1。但当出现垄断，或者政府

---

① 例如，生产函数的形式为 $Y = A[aK^{(\sigma-1)/\sigma} + (1-a)L^{(\sigma-1)/\sigma}]^{\sigma/(\sigma-1)}$，$0 < a < 1$，$a$ 即为要素相对重要性参数。

② 资本劳动比（K/L）的增加即为一般意义上的资本深化，当资本产出比（K/Y）也增加时，说明资本劳动比的增速大于人均产出（Y/L）的增速，出现了加速的资本深化。$K/Y = (K/L)/(Y/L)$。

对要素价格进行控制，或者影响要素资源的供给时，都会令要素替代弹性不为1，要素价格被扭曲。例如，当要素替代弹性大于1时，资本劳动比增加，资本与劳动的边际产出比例的相对变动率大于他们的投入比例的相对变动率，从而资本的投入量与其边际产出的乘积即资本报酬总额将会相对增加，使得资本的回报占产出的比重增加，反之亦然。

技术进步也可以是非中性的，出现了资本深化，即单位劳动力所使用的资本存量增加。资本存量的增加可以物化在机器设备上。此时，技术进步可以表现为更多的机器、更简单的劳动、更多的劳动力（但是慢于机器的增速）；也可以表现为更好的机器、更复杂的劳动、更少的劳动力。这两种类型的资本深化都体现了技术进步，但是方向有所不同。前者是资本增强型技术进步，它使资本深化主要体现为资本存量的增速快于简单劳动力的增速；后者是劳动增强型技术进步，它使资本深化主要体现为简单劳动力数量的减少和复杂劳动力数量的增加，也就是说资本深化导致劳动力结构的改变。对这两种类型的资本深化，学界有过较为深入的研究①。当技术进步是有方向的，更有利于提高某类要素在经济生产中的效用，那么它将会相应地改变此类要素报酬占总产出的比重。技术进步的方向在实际的经济运行中可以理解为工业化的不同内涵，如果工业化过程中，劳动密集型的工业得到更大规模的发展，可以认为技术进步是偏向劳动的，反之，如果资本密集型的工业得到较快发展，则技术进步是偏向资本的。

从理论上说，技术进步的方向和要素替代弹性的大小，是决定着资本深化进程中要素报酬比重变化的两个重要因素。此外，在现实经济过程中，资本深化还受到资源资本化的影响。资源资本化使社会生产所使用的资源都被当成了资本，其所有者要求按照资本的平均利润率索取资本报酬。因此，资源资本化加快了资本深化过程。它会扩大资本报酬在初次分配中的份额。在经济增长过程中，资源的资本化是一种普遍现象。经济增长的早期阶段，首先被资本化的主要是实体经济中的土地、设备、厂房、自然资源和基础设施等。随着经济的进一步发展，将使资本化的对象转向对未来现金流的贴现定价、价值挖掘和重估。当今世界上，一个普遍现象是实行开放经济的发展中国家的隐性资产在全球市场系统中不断地被重估和再定价。这也就带来了发展中国家资本存量的快速上升。这种资本深化也可以被理解为是经济发展过程中的一种金融深化。因为，金融深化既可以理解为金融对经济的参与程度，也可以直接表现为经济的

① 可参见阿西莫格鲁和达伦（Acemoglu & Daron，2007）的总结。

货币化程度。资本深化往往带来金融深化。麦金农（McKinnon，1973）认为，在投资的不可分割性假设下，金融资产对资本积累存在"渠道效应"，即资本积累和金融资产积累之间存在正的相关关系。实行开放经济的发展中国家的隐性资产在全球市场系统中被资产重估和再定价，从而导致的资本深化对劳动报酬在国内生产总值中的比重的影响在于：当潜在的隐性资产被重估和再定价之后，它们将按照重估的价值要求平均利润，从而提高了资本的收益比重，相应也就降低了劳动的报酬比重。

可以发现，近三十年来，尤其是20世纪90年代之后，中国这种因隐性资产在全球市场系统中被重估和再定价的资本深化过程正在不断地展开。它成为影响中国劳动报酬占国内生产总值比重的一个重要因素。这一过程将在何时结束呢？有研究指出："在纯粹经济学意义上，只有当隐性的固定资产存量基本被显性化（重估效应趋近为0）、资产溢价回归基本价值（升值效应趋近为0）、随资本积累扩大的'干中学'效应已经衰竭（技术进步水平接近国际前沿）三个条件被满足的前提下。一个发展中经济体才可能从实物资本积累为主的增长模式真正转向以知识、技术等广义资源显性化、资本化为特征的创新性经济增长。"[①] 以此论之，尚有时日。

因此，从理论上说，影响劳动报酬占初次分配比重的因素可以归结为，要素市场的偏差对要素替代弹性的影响（要素价格扭曲）、技术进步的方向以及经济资源资本化程度（金融深化）。

二、资本深化与劳动报酬比重下降

以上的理论分析说明，只有当要素替代弹性大于1时，或者发生了资本偏向的技术进步，在资本深化过程中，劳动报酬比重会出现下降趋势。

那么，在中国的实践中，是什么原因导致了自20世纪90年代中期以来劳动者报酬在初次分配中的比例下降呢?

统计数据说明，1978年以来，伴随着经济增长，中国的资本积累也出现了加速的增长态势。1990年之前，资本劳动比缓慢上升，略有波动；1990年之后，资本劳动比显著地持续上升，发生了显著的资本深化（见图2）。

① 中国经济增长与宏观稳定课题组：《资本化扩张与赶超型经济的技术进步》，载《经济研究》2010年第5期。

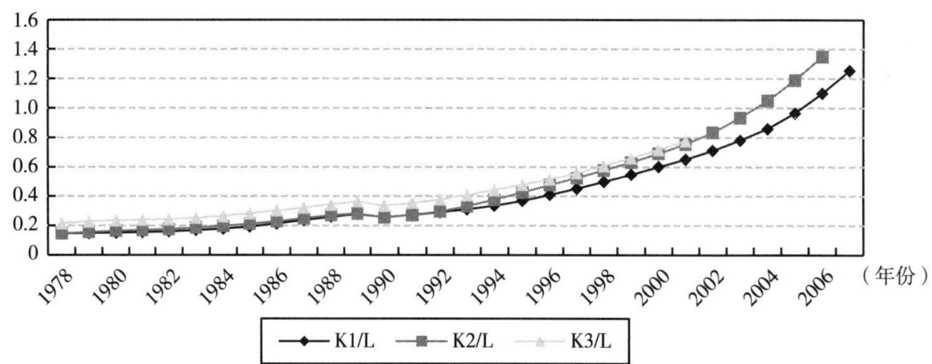

图2　三个资本存量来源的全国平均资本劳动比数据比较

注：K1来自张平等的《资本化扩张与赶超型经济的技术进步》（2010）；K2来自单豪杰的《中国资本存量K的再估算：1952～2006年》（2008）；K3来自张军和章元的《对中国资本存量K的再估计》（2003）。

在现实经济生活中，资本深化如何导致初次分配中劳动报酬比重下降呢？

（一）经济发展、产业结构变迁

经济发展必然导致产业结构变迁。一般而言，在工业化进程中，工业的人均资本存量较高，而且要素替代弹性也比较高；相反，农业的资本有机构成一般是最低的，要素替代弹性也最低的。① 所以，当经济增长使经济的重心从农业逐渐转向工业和服务业时，可以预见将出现资本深化。社会平均的资本产出比会有一个倒“U”型的变化过程。劳动报酬比重则随之产生先下降后上升的变化趋势。因为，在工业化初期，资本对劳动力的替代是不利于劳动报酬比重的提升的，但是到了工业化后期，第三产业的蓬勃发展尤其是生产性服务业的发展将有利于劳动报酬比重的上升。对中国经济的近期实证研究发现，经济发展水平与劳动收入份额呈现“U”型关系，而中国目前还处于下行的区间上（李稻葵等，2009；罗长远等，2009b）。

当然，仅仅运用工业化进程还不足以充分解释劳动报酬比重变化。工业化的内涵，也即偏向资本密集型的重化工业化还是偏向劳动密集型的轻工业化在整体工业化中的比重，也影响着劳动报酬比重的变化。当工业化偏向于重化工业时，意味着总体的技术进步是偏向资本的，劳动报酬比重则会降得更低。

1978年以来，除1986年至1992年外，中国的全要素生产率（FTP）都大

① 这个判断对于发展中国家来说，是可以成立的，至于对已经完全实现了农业现代化的发达国家来说，则另当别论。

于1（见图3），说明技术进步对经济增长都起着正向作用，但是20世纪90年代中期以来，维持在较低水平（郭庆旺和贾俊雪，2005；Jeffersonetal，2000）。现有文献倾向认为是过度的资本深化主导了经济发展，削弱了技术进步的力量（张军，2005），即过度的工业化或者重工业化偏向的工业化，成为资本深化的主要力量。

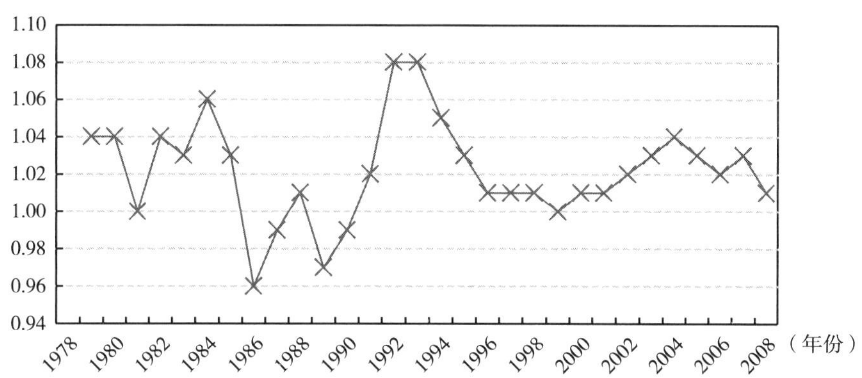

图3　全要素生产率（FTP）的变化

注：技术进步：采用全国的全要素生产率来表示。

资料来源：张平等《资本化扩张与赶超型经济的技术进步》中列出的TFP估计值。

我们来进一步观察中国的工业化及重化工业化进程。非农产业比重与农产业比重的比值可以在一定程度上反映工业化进程。观察图4，可以发现，1978～1990年，中国的工业化进程是比较缓慢的，但是1991开始，工业化进入了较快发展阶段。与此同时，重工业化进程也逐渐加快。重工业化水平分别在1990年、1993年、2004年左右跃上了三个台阶，从0.20左右增加到0.36。蔡昉

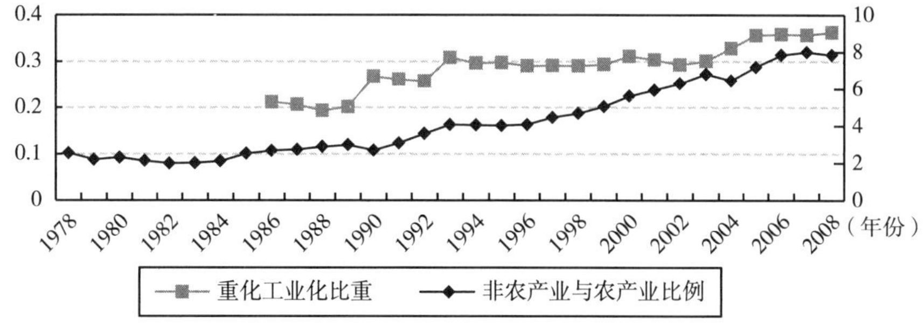

图4　非农产业与农产业比例和重化工业产值占工业总产值比重的变化

注：重化工业用重化工业产值比重来表示，具体选择了煤炭开采和选洗业，石油和天然气开采业，电力、热力的生产和供应业，化学原料和化学制品制造业，石油加工、炼焦及核燃料加工业，有色金属矿采选业，黑色金属矿采选业，黑色金属冶炼及压延加工业，有色金属冶炼及压延加工业，共九个工业的总产值来代表重化工业。非农产业与农业的比例等于非农产业比重除以农业比重。

（2005）认为，重工业部门领先增长，重工业比重畸高，并非新事，20 世纪 90 年代后期以来，重工业领先增长的趋势再度出现，1999～2003 年重工业增长了 98.13%，轻工业仅增长了 61.11%，重工业领先系数为 1.61%。在这个时期，无论是东部、中部还是西部，都有部分省份的重工业领先系数超过或相当于改革前的水平，即 3.00 以上。然而，这种重化工业化的新趋势是否标志着中国工业化新阶段的到来，或者说这个过程是否是水到渠成的发展结果，却是值得质疑的。

工业化以及重工业化进程也即资本深化进程是我国劳动报酬比重出现下降趋势的重要原因之一，但是，白重恩和钱震杰的实证研究（2009）发现，近十五年来，不仅整个经济因产业结构变迁导致的资本深化影响了劳动报酬比重的变化，而且三次产业内部的劳动报酬比重也明显下降了。因此，仅仅用产业结构变迁引发的资本深化还不足以解释中国总体劳动报酬比重的变化。

（二）转轨经济的增长方式扭曲了要素价格，提高了要素替代弹性

中国经济体制改革是按照两种方式推进的：一是在传统计划体制部门内逐步地引入市场机制，使其逐步演变为市场导向的经济部门，这主要针对国有经济和集体经济，尤其是国有大型企业；二是在传统计划体制部门之外发展市场主导型非国有经济，这部分经济基本上面临竞争市场环境，企业目标也较为单一，追求利润最大化。两种不同的改革方式，导致了这两个经济部门获取生产要素的不同方式。当然，这仅仅就改革方式而言。在现实经济中，两个部门获取生产要素的方式互有交叉。例如，20 世纪 90 年代中期的国有经济战略性调整，就将大部分的国有中小型企业及城镇集体企业或破产、或拍卖、或转制，使之完全市场化。数千万职工在补偿不足的情况下下岗，在竞争市场上重新就业；在市场环境下发展企业的私营经济尽管基本上是在竞争市场上获取资源的，但是，在政府主导型市场经济中，这些企业没有得到政府的支持和政策倾斜，是很难发展起来的。因此，两种部门尽管方式不同、程度有差异，但都通过要素价格扭曲形成了资本对劳动的强势地位。但是，国有与非国有经济部门之间则存在着另一种要素市场上的扭曲。

首先，资本市场扭曲。我国国有投融资体制改革并没有取得实质性进展。尽管国有经济产出占国内生产总值的比重日趋下降，非国有经济迅速发展并成为经济增长的主要动力，但是非国有经济在资金市场上仍受到歧视性待遇。过去十几年里，非国有经济部门获得的银行贷款不到20%，其余80%以上都流向

了国有部门（Garnaut et al.，2000）。我们的计算结果是，私营及个体企业、乡镇企业、农业及三资企业短期贷款之和占金融机构贷款总额的比重，1994 年是 10.2%，1999 年上升到 15.5%，然后持续下降到 2009 年的 9.99%。同时，国有经济的资本使用价格显著低于非国有经济。卢峰和姚洋（2005）的研究表明，中国官方利率一直比正式信贷市场利率低 50%～100%，并且，国家银行在向中小企业提供信贷时可采用比官方利率高 10%～50% 的利率。根据史晋川和赵自芳（2007）的测算，相对于国有经济和外资经济来说，集体和私营经济在资本要素使用成本上总体要高出 15～20 个百分点。国有经济的低资本要素价格，主要是政府的财政补贴、税收减免等优惠措施造成的。外资经济较低的资本要素价格一方面因其融资不以国内资本市场为主，从而避免了较高的交易费用；另一方面，由于各地政府不计成本地招商引资，外资经济获得了低廉的土地以及其他形式的财政补贴。相反，其他非国有经济在国内融资市场上支付了较高的资金使用成本，资本要素价格偏高。这种扭曲正是第二种扭曲：不同的部门面对不一样的要素市场价格。

户籍制度至今仍是劳动力跨区和跨行业、部门流动的重要制度障碍。改革开放后，户籍制度的逐步松动促进了农村剩余劳动力的跨地区与跨部门流动。劳动力流动提高了要素配置效率，促进了经济增长。但是，制约劳动力流动的制度障碍——户籍制度并没有被彻底清除。它仍然是分割中国劳动力市场的基本制度设计。当前，它主要体现在户籍制度仍与教育、再就业、社保、福利及相关公共物品的权利相关联。现存的户籍制度使进城务工的农村劳动力实际上被排除在这些权利安排之外。人虽然进了城，制度上还被关在城外。国有经济改制在下岗了大批员工之后，存留员工仍旧保持了高福利的报酬制度。企业不仅要向员工支付工资，而且还要按照政策规定提供养老、医疗、失业、工伤等社会保障和其他福利。人事安排上基本按旧有体制运行，体制内外人员难以进入。与此同时，非国有经济面对大量进城务工和下岗的廉价劳动力，体制上的双轨制使非国有企业与国有企业员工的社会保障和福利水平差距甚大，造成了不同部门劳动力价格的较大差异。据史晋川和赵自芳（2007）的测算，不论是单个年份内还是所有年份，国有经济的劳动力价格都是最高的，外资经济次之，私营和集体经济最低。如果按照所有年份的平均水平来看，国有经济部门的劳动力价格是私营经济部门的 3 倍多，集体经济部门的 4 倍多。①

① 史晋川、赵自芳：《所有制约束与要素价格扭曲》，载《统计研究》2007 年第 6 期。

要素市场上的价格扭曲，主要表现为国有经济面对较低的资本价格和较高的劳动力价格，非国有经济（不含外资经济）面对较高的资本价格和较低的劳动力价格。在资本深化过程中，国有经济倾向于用资本替代劳动；非国有经济则倾向于劳动密集型生产，甚至用廉价劳动力替代设备更新和技术进步，两种倾向的结果是两类企业的要素密集度的差距扩大了。要素密集度差距扩大对经济的总要素替代弹性会产生什么影响呢？希克斯（Hicks，1932，1963）曾指出，在多部门经济体中，如果部门间替代弹性较大，或者部门间要素集中度差距很大，或者消费者的商品替代弹性很大，再或者技术创新令部门间的和商品间的替代弹性增大，都会令总替代弹性（AES）变大。前面分析指出，劳动报酬比重的决定式为 $S_L = 1 - ak^{\frac{\sigma-1}{\sigma}}$，保持资本劳动比不变，较大的要素替代弹性，会得到更小的劳动报酬比重。

中国劳动报酬比重从 1996 年开始显著下降。图 5 表明，1998 年以来，国有经济和非国有经济的要素密集度差距扩大了。因此，可以看出，由于中国资本劳动替代弹性过高，在资本深化过程中，要素市场价格的不对称扭曲强化了劳动报酬比重下降的趋势。

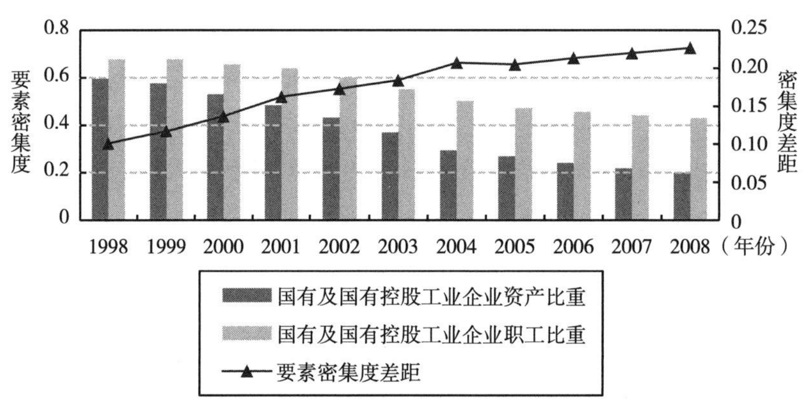

图 5　1998～2008 年我国国有与非国有工业企业要素密集度差距变化

资料来源：中经网数据库。

（三）要素价格扭曲使不同所有制经济部门采取了不同的技术进步方式

要素市场的不对称扭曲使不同所有制经济部门倾向不同的技术进步方式。国有经济面对低资本价格、高劳动力价格，倾向于采用节约劳动力的技术，所以，国有经济大量进入石化等重化工业行业，降低劳动报酬比重。非国有经济面对高资本价格、低劳动力价格，倾向于采用节约资本的技术，大量使用流水线简单化手工操作来替代先进自动化技术。虽然采用节约资本的技术会提高劳动报酬比重的份额，但是，由于劳动报酬总额的增加来自最低收入水平的劳动力人数增加，对全国劳动报酬总额的贡献有限，不足以影响劳动报酬比重下降的趋势。

（四）资源资本化

发展重化工业需要大量投资，需要集聚大量物质资本，投资冲动诱发经济主体为了投资而积累金融资产，产生了较高货币需求。通过货币对资本积累的“渠道效应”（McKinnon，1973），资本深化促进了金融深化。观察 M2/GDP 的变化，发现中国经济货币化程度自 1990 年以来持续上升，目前维持在 1.5 左右，出现了显著的金融深化（见图 6）。

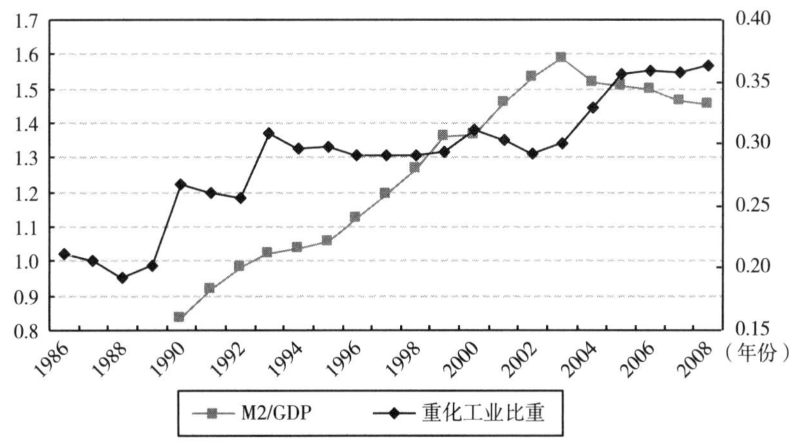

图 6　M2/GDP 和重化工业产值占工业总产值比重的变化

注：重化工业指标的计算同图 4。货币化程度用 M2 与 GDP 的比值表示经济体货币化的程度，可以在某种程度上衡量资本深化。

由资本深化带来的金融深化的主要途径包括外商直接投资（FDI）流入、企业上市融资、土地价格上涨或土地价值重估。FDI 如果流入企业，投资生产，直接提高了一般资本存量，如果投入房地产和股市，则推高了房地产和股市价格，间接提高了资本存量。

首先，观察一下企业融资上市（见图 7）。1990 年上海证券交易所开业，中国上市筹资总额从 20 世纪 90 年代中后期开始迅速增长，持续了十年左右。股份公司通过股票市场筹集的资金总额，主要是对公司未来现金流通过股票市场进行定价，从而资本化。由于普遍存在着一次性初次公开发行（IPO）溢价和后续资产升值带来的高额租金，大量企业都把上市当作圈钱的主要渠道。上市公司的IPO、配股、增发、可转债的转股价格、转股比例设计上都实行高溢价发行机制。巨大的“高溢价”产生了过高的资本化租金。上市公司每股净资产倍增，这是可重估的资本存量的价格，重估令这部分存量的价值倍增。比较中国上市公司在境内外股票市场上的不同发行价格，可以明显看出国内市场普遍存在高溢价发行。中石油香港发行价仅1.1港元，内地发行价16.7元人民币，后者高10多倍。仅0.1元面值的紫金矿业A股发行价人民币7.13元，H股复权发行价0.33港元，相差20倍。如果承认港股市场化程度更高，更能反映股票的相对真实价格，那么，同一个企业在不同股市发行价格差距如此巨大，不能不认为是国内股市的资产泡沫化加快了中国的资本深化。

图7　国内外上市筹资总额

资料来源：中经网数据库。

其次，分析一下地价（见图8）。土地使用权由政府出售后，在二级市场上可以交易，使之具备了资本属性，而且是相对独立于土地之外的资本。全社会的资本供给也因此增加。在经营性、行政事业性和资源性三大类国有资产中，以土地为载体的资源性资产增值最快、最大，可以说主导了经济流程，并带动了地面建筑物价格的快速上扬。①

从图8可以看出，2000年之后，商品房销售价格开始快速上涨，随后35个城市的平均土地价格也开始上涨。从1998年开始，国有企业占用的土地须按土地市价估值计为国有资本或者国有净资产。因此，2003年（房地产价格的

① 转引自中国经济增长与宏观稳定课题组：《资本化扩张与赶超型经济的技术进步》，载《经济研究》2010年第5期。

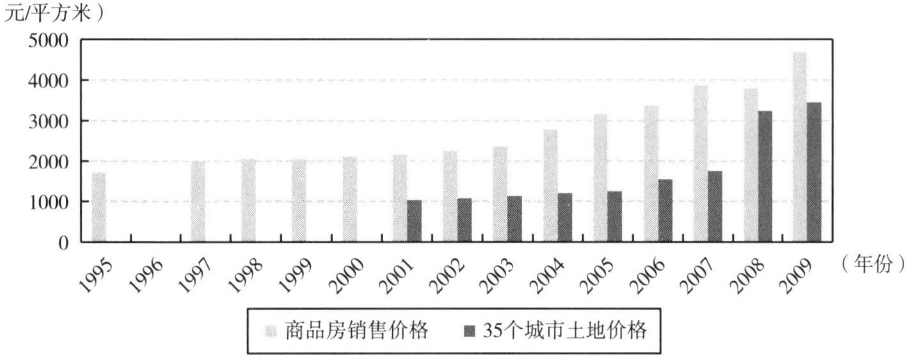

图 8　国内 35 个城市的土地价格

资料来源：CEIC 中国经济数据库。

第一个高速增长阶段）以后，国有资本形成中，相当部分是国有土地使用权资本化的结果。在中国工业化、城市化进程中，土地资本化收益分配因工业用地和商住用地而不同。在工业用地转让中，政府由于追求经济增长和财政收入最大化，往往以极低的用地价格（甚至低于土地收购、整理成本）鼓励和吸引投资，但是企业低价获得土地后，仍旧按照土地的市场价格计算资产，计入企业资产额。国有企业原来占用的土地资源在 1998 年之后，也按照土地市价进行估值，计入国有资本或者国有资产。所以，工业用地价值重估的资本收益大部分转为企业收入，大大加速了企业的资本深化过程。商住用地采用“招拍挂”市场程序运作，一级市场转让价格较高，价值重估产生的增值主要为政府所攫取，企业因此而资本深化的部分有限，但是由于城市化使土地价格增速过快，同样产生了一定程度的资本加速深化。

三、要素比价扭曲导致的过度资本深化应予以矫正

上述分析将中国现阶段影响劳动报酬比重的资本深化表现归结为四个方面：（1）经济发展、产业结构变迁；（2）转轨经济的增长方式扭曲了要素价格，提高了要素替代弹性；（3）要素价格扭曲使不同所有制经济部门倾向不同的技术进步方式；（4）资源资本化进程中的资源价格重估和再定价。

正常的资本深化在经济发展的特定阶段必然产生。日本、韩国等经济体在其经济起飞阶段也经历了投资率和净出口比重迅速上升，居民收入和消费比重迅速下降的类似过程。

龚敏和李文溥（2010）通过构建一个单一部门无限期存活的竞争性市场增长模型，基于新古典增长理论对中国经济增长过程中消费率长期持续下降的趋势进行研究。利用1993～2007年中国经济增长的特征表现，对模型进行校准后获得的研究结论之一是中国资本报酬率的变化对居民消费率的长期动态特征有重要影响。较高的资本报酬率可能是导致居民消费率不仅偏低而且长时间不断下降的主要原因。而较高的资本报酬率正是促进资本深化的重要因素。

经济发展特定阶段，正常的资本深化引发的劳动报酬比重下降不可避免。但是，要素价格扭曲产生的高要素替代弹性下的加速资本深化以及资源资本化所产生的资本加速深化导致的劳动报酬比重过快下降，却值得关注和矫正。

从图9可以看出，尽管中、日、韩三个东亚国家在高增长阶段都出现了消费率的较快下降，但是，中国在20世纪90年代中期之后的下降速度及幅度都是惊人的。根据美国宾夕法尼亚大学“生产/收入/价格国际比较研究中心”编制的购买力平价国内生产总值（GDP）国际比较数据，2007年，世界196个国家按消费率从高到低排列，中国位于第166位。2007年中国人均实际GDP为8510.6美元（购买力平价，2005年价格），接近巴西的人均实际GDP水平（9644美元）。当年巴西消费率为64%，而中国只有36.51%，在同期世界人均国民收入水平相近的国家中是比较低的（CQMM课题组，2010）。

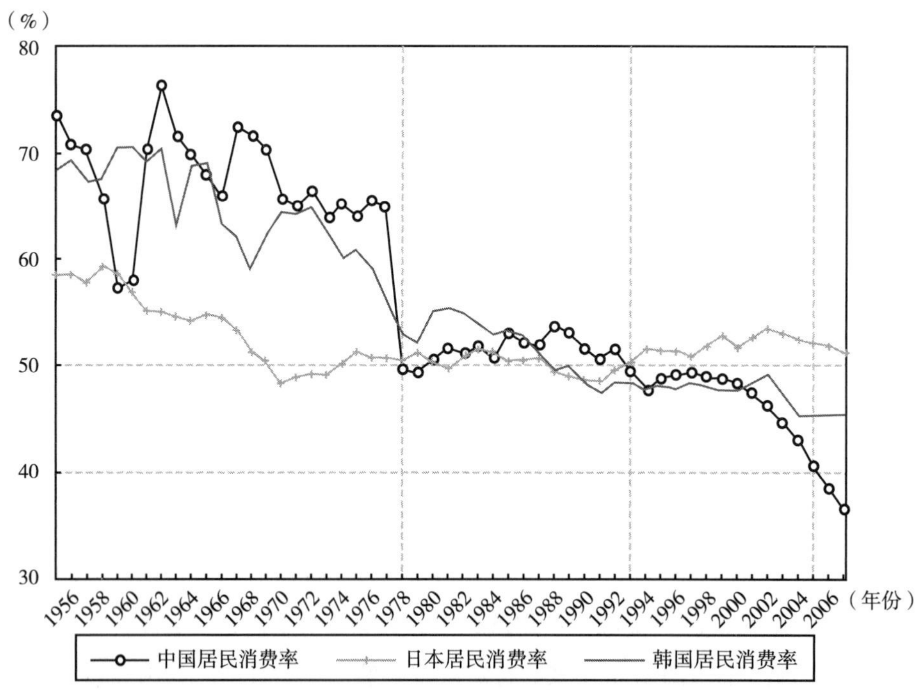

图9　1954～2007年中国、日本、韩国消费率比较

资料来源：数据来自PWT 6.3，按购买力平价及2005年不变价美元计算。

要素价格之所以被扭曲，根源之一是要素市场被分割，不同所有制经济面对不同的资本价格和劳动力价格。

1. 资本市场

国有银行至今仍基本控制着全国的金融资源，资本市场只起了较小作用，银行信贷仍然是企业主要的融资模式。尚未彻底商业银行化的国有商业银行在转型时期目标函数的多元化和行为模式的异化，使之在追求新古典意义上的经济效率外，还承担着一定的社会目标和政策性负担，因此，产生与一般商业银行不同的追求。同时，伴随着国民收入分配结构向市场经济型转化，① 政府职能并没有相应地向市场经济中的政府规范职能转化，仍以经济建设为中心。地方政府为实现经济增长最大化及有效地方治理的资源支持，纷纷将注意力转到金融资源尤其是银行体系的信贷资源的控制上来（巴曙松，2005）。不同利益驱动下的政府对银行的干预使其仍然在一定程度上发放政治性贷款，并且银行对债务人的信贷要求不能根据贷款风险作出相应调整。此外，来自中央政府提高资产质量的政治压力和向非国有企业提供信贷时潜在的政治成本，又迫使国有银行为了控制信贷风险对非国有企业提出过于严格的会计稳健性标准，② 因而产生了国有企业和非国有企业之间的差别信贷门槛。为了消除资本市场上不同所有制企业的筹资成本扭曲，降低因此而产生的过大的要素替代弹性，银行及资本市场的进一步市场化改革显然是必要的。

2. 劳动力市场

首先，在分割的劳动力市场上，不同所有制经济面对不同的劳动力价格，导致了较大的要素替代弹性，更小的劳动报酬比重，以及不同所有制经济部门倾向不同的技术进步方式。显然，进一步推动全国统一的劳动市场的形成，建立真正统一、覆盖全社会的社会保障体系，使政府部门、事业单位、不同所有制企业都面对一个统一的劳动力市场，是降低要素替代弹性，遏制劳动报酬比重因要素价格扭曲而过度下降的有效措施之一。其次，劳动力市场上的劳资双方力量均衡的重建。由于劳动力市场被分割，不同的劳动力市场上的劳资力量

---

① 这一转化在20世纪90年代初基本完成，但是从90年代中期起有所逆转。

② 由于东南亚金融危机后，中央政府对资产质量高度重视，银行为弥补各种政治性贷款造成的资产质量下降，对非国有企业要求更加严格的信贷要求，同时，在中国的银行业中，国有企业不偿还贷款被认为是可以接受的，但是，如果给予非国有企业的贷款出现坏账，有关负责人就会被怀疑收受了贿赂，从而承担国有资产流失的压力（卢峰和姚洋，2004）。这种政治成本的存在迫使银行管理层和信贷人员在向非国有企业发放贷款时施加了更加严厉的信贷政策。

对比都出现了失衡，劳动要素价格因此出现了不同方向的扭曲。在传统的正规劳动力市场上，政府部门、国有事业、国有企业的正规就业者基本上是不可退出的。不可退出也就形成了绑架机制，它与政府部门的创制功能、国有经济的软预算约束结合在一起，导致了过高的劳动力成本，而这一“正规的劳动力市场”内部却是一再分割的，就业者不因其工作而因其就业单位不同而劳动报酬差距甚大，因此极大地影响了工作积极性，降低了劳动效率。非正规劳动力市场是高度市场化的，完全由市场决定劳动力价格，似乎不存在要素价格扭曲。其实不然。现代企业制度下，个别劳工与资方之间的力量是如此悬殊，因而，这种市场决定的“均衡”劳动价格必然低于真正劳资力量均衡下的劳动价格。以经济建设为中心，追求国内生产总值和财政收入最大化的各级政府，迫于引资压力，在劳资纠纷中往往向资方倾斜。[①] 实践证明：劳资双方就劳动报酬进行集体协商，在政府工会及资方组织的企业工会主导下，也不能实现劳资双方在劳动力市场上的力量均衡。因此，由自主的劳工组织与资方进行劳动报酬协商，是恢复劳动市场均衡的必要手段，同时也是促进技术进步，特别是矫正目前更多偏向资本增强型技术进步的倾向，推动产业升级，转变经济发展方式的有力措施。

3. 政府职能的根本性转变

无论是资本还是劳动力价格的扭曲，都源于尚未完成的市场化导致的制度扭曲。然而，深化体制改革，首先要求转换政府职能。政府继续以经济建设为中心，经济体制转轨也就只能以政府主导型市场经济为限。政府主导型经济，必然追求经济增长和财政收入最大化，必然不计成本地招商引资，必然扭曲要素比价，在劳资关系上向资本利益倾斜，必然导致过度资本深化和粗放型经济增长。

因此，应当推动政府职能从以经济建设为中心转向以公共管理与提供公共产品及公共服务为中心；推动中国经济体制的继续转轨，从政府主导型市场经济向市场经济一般过渡；从为政绩而强制增长转向为实现每一个社会成员全面自由地发展而集约增长。

4. 资源资本化

实行开放经济的发展中国家的隐性资产在全球市场系统中不断地被重估和

① 当然，以不危及稳定为限。

再定价势不可免。问题在于：（1）如何避免在中国资本市场还不够完善的情况下，在资源再定价引起的资本深化过程中产生过高的寻租空间，如何规范、预防和控制资产价格泡沫；（2）固然，潜在的隐性资产被重估和再定价之后，它们将按照重估的价值要求平均利润，从而增加了资本的收益比重，相应地也就降低了劳动报酬在初次分配中的比重。但是，潜在的隐性资产被重估和再定价之后的溢价分配，如能采用更适当的分配方式，虽然并不能直接提高初次分配中的劳动报酬比重，但却能在整个国民收入的分配中间接地提高劳动者的收入，改善劳动者的福利状况，在一定程度上扩大居民的消费。

参考文献

[1] CQMM 课题组：《中国宏观经济预测与分析——2010 年春季报告》，厦门大学宏观经济研究中心，2010 年第 2 期。

[2] CQMM 课题组：《中国宏观经济预测与分析——2010 年秋季报告》，厦门大学宏观经济研究中心，2010 年第 9 期。

[3] 巴曙松、刘孝红、牛播坤：《转型时期中国金融体系中的地方治理与银行改革的互动研究》，载《金融研究》2005 年第 5 期。

[4] 白重恩、钱震杰：《谁在挤占居民的收入——中国国民收入分配格局分析》，载《中国社会科学》2009 年第 5 期。

[5] 白重恩、钱震杰：《我国资本收入份额影响因素及变化原因分析——基于省际面板数据的研究》，载《清华大学学报（哲学社会科学版）》2009 年第 4 期。

[6] 蔡昉：《发展阶段判断与发展战略选择——中国又到了重工业化阶段吗?》，载《经济学动态》2005 年第 9 期。

[7] 龚敏、李文溥：《中国高资本报酬率与低消费率的一个解释——基于动态一般均衡模型的分析与校准》，厦门大学宏观经济研究中心工作论文，2010 年 4 月。

[8] 李稻葵、刘霖林、王红领：《GDP 中劳动份额演变的 U 型规律》，载《经济研究》2009 年第 1 期。

[9] 卢峰、姚洋：《金融抑制下的法治、金融发展和经济增长》，载《中国社会科学》2004 年第 1 期。

[10] 罗长远、张军：《经济发展中的劳动收入占比——基于中国产业数据的实证研究》，载《 中国社会科学》2009 年第 4 期。

[11] 罗长远、张军：《劳动收入占比下降的经济学解释——基于中国省级面板数据的分析》，载《管理世界》2009 年第 5 期。

[12] 单豪杰：《中国资本存量 K 的再估算：1952 ~ 2006 年》，载《数量经济技术经济研究》2008 年第 10 期。

[13] 史晋川、赵自芳:《所有制约束与要素价格扭曲》,载《统计研究》2007 年第 6 期。

[14] 张军、吴桂英、张吉鹏:《中国省际物质资本存量估算:1952~2000》,载《经济研究》2004 年第 10 期。

[15] 张军、章元:《对中国资本存量 K 的再估计》,载《经济研究》2003 年第 7 期。

[16] 张平等:《资本扩张与赶超型经济的技术进步》,载《经济研究》2010 年第 5 期。

[17] 周卫民:《资本深化带来了经济危机吗?》,载《经济学家》2010 年第 4 期。

[18] Acemoglu D. K., Equilibrium Bias of Technology, *Econometrica*, 75 (2007), (5) pp: 1371 – 1409.

[19] Garnaut R., Drysdale P., Song L., Introduction: China's interests in APEC, in Drysdale P., Zhang Y., Song L. (ed.), *APEC and Liberalisation of the Chinese Economy*, ANU ePress, Canberra, 2000, pp. xv – xxv.

[20] Hicks J. R., *The Theory of Wages*, second ed MacMillan & Co., London (first edtion published in 1932), 1963.

[21] McKinnon R., *Money and Capital in Economic Development*, Washington, DC: Brookings Institution.

基于单位劳动力成本的中国制造业国际竞争力研究*

一、引言

改革开放以来，中国充分利用低劳动力成本优势，发展劳动密集型产业、加工贸易，成功实现了经济高速增长。然而，以投资推动、出口拉动为特征的粗放型经济增长方式未能随着经济发展水平的提高而逐步转变，也造成了国民收入“两高一低”结构失衡、国内外经济失衡、居民收入差距扩大、居民消费不振等一系列结构性问题。针对上述结构矛盾，中共十七届五中全会通过的《中共中央关于制定国民经济和社会发展第十二个五年规划的建议》提出，在“十二五”期间要“努力实现居民收入增长和经济发展同步、劳动报酬增长和劳动生产率提高同步”。2010 年上半年，全国有近 27 个省市提高了最低工资标准，平均提高幅度达到 20%。这对广大劳工，无疑是好事。但对于长期依靠廉价劳动力来获取出口竞争优势的企业，尤其是制造业企业来说，则可能导致生产成本上升。

有学者认为在当前外需回升缓慢、人民币不断升值的背景下，提高劳工工资，会削弱国内企业的国际出口竞争力。也有人担心，目前继续提高劳工工资会助长通货膨胀。

笔者认为，单从工资水平角度衡量出口竞争力可能不够全面。如果劳动生产率增长速度超过工资增速，企业的单位用工成本在工资水平提高的情况下仍然是下降的。本文通过估算和比较我国与现有主要出口竞争对手的制造业单位

---

* 本文原载于《统计研究》2011 年第 3 期，共同作者：王燕武、李晓静。

劳动成本①，讨论我国提高制造业劳工工资的空间。

二、文献综述

根据国际劳工组织（International Labour Organization，ILO）的规定，劳动力成本的范围大于工资，不仅包括以货币形式表现的工资和薪金，还包括以物质或非物质形式表现的福利，如实物发放、社会保障、技术培训等。劳动力成本是劳动者所有报酬之和。研究产业竞争力，除劳动力成本之外，还要考虑劳动生产率。通过计算单位劳动成本（unit labor cost，ULC）可以反映一个产业或国家的成本优势。单位劳动成本的定义是平均劳动报酬对劳动生产率的比值。

近年来，国际上对中国制造业劳动力成本的研究颇多。巴尼斯特（Banister，2007）在一篇总结性的论文中详细列出了中国制造业在全球市场上的竞争优势：首先，低劳动力成本，这是吸引国外企业到中国投资设厂的根本因素；其次，庞大的国内需求市场；再其次，沿海地区强大的工业配套能力和良好的基础设施建设；最后，相对稳定的政治经济环境。瑟洛斯基和戈卢布（Ceglowski & Golub，2005）运用相对单位劳动成本，比较了中国和美国制造业的单位劳动成本，发现中国制造业单位劳动成本仅为美国的25%～40%，也明显低于欧盟，以及日本、墨西哥、韩国和其他一些新兴工业化国家。他们认为中国制造业单位劳动成本较低的优势主要来自被低估的人民币汇率和快速上升的劳动生产率。陈等（Chen et al.，2007）研究了中国分省市的制造业单位劳动力成本。

国内方面，任若恩等（2001）首次用购买力平价汇率对中国与美国及其他国家的制造业劳动生产率、单位劳动力成本进行国际比较，认为维持中国产品成本国际竞争力的唯一办法是提高劳动生产率；王慧敏和任若恩（2003）介绍了一种比较国际竞争力的指标——以单位劳动成本为基础的实际有效汇率（ULC-based REER），但是没有进行具体计算。马丹和许少强（2006）利用ULC-based REER 指标对中国国际竞争力的历史变迁和冲击来源进行研究，认为1980～1994年中国国际竞争力的提升得益于人民币兑美元的汇率贬值，1994～2002年国际竞争力下降是中国制造业相对单位劳动成本上升造成的。需要指出的是，他们定义的中国贸易伙伴国全是发达国家，包括美国、加拿大、日本、

① 2009年制造业出口占我国出口总额的85.8%，因此，本文重点关注制造业的用工成本及国际竞争力。

丹麦、法国、德国、荷兰、挪威、瑞典及英国。这些国家的制造业产业构成、出口产品构成、市场指向等与中国差距较大，这种国际比较对于本文所要讨论的问题意义有限。

贺聪等（2009）根据国际劳工组织推荐的经购买力平价调整后的单位劳动力成本指标，比较了 2000 ~ 2006 年中国同主要贸易伙伴国和竞争对手的制造业竞争优势，发现无论经购买力平价调整后的还是未经调整的单位劳动力成本，中国相对于其他国家或地区都具有明显优势。

我们认为，现有研究还需进一步完善。（1）多数研究距今已有一段时日。巴尼斯特（2007）、莱特和巴尼斯特（Lett & Banister，2009）的研究分别只用到 2004 年、2006 年的数据；贺聪等（2009）的数据截至 2006 年，而且文中一些重要的发展中国家的数据更短，如墨西哥只到 2004 年，巴西只到 2002 年，马来西亚只到 2001 年；其他文献研究的数据年限则更早了。要回答本文的问题，需要更新的数据。（2）国内多数研究只是将中国与其他国家的指标罗列在一起进行两两比较，它无法从总体上把握中国竞争力状况。马丹和许少强（2006）虽然把主要贸易伙伴国加权为单一的虚拟国家与中国进行比较。但选择的国家不合理。（3）几乎所有文献都是算出指标，然后选择一些国家进行比较，但对为什么选择这些国家，基本没有给出说明。而统计学要求比较对象必须存在同质可比性。

本文的主要工作是：（1）根据我国主要出口产品的竞争对手来选择研究对象；（2）以各国出口产品的市场份额为权重，汇总各主要竞争对手的单位劳动力成本；（3）利用经购买力平价调整及未经购买力平价调整的相对单位劳动力成本指标（RULC）来分析单位劳动成本变动对中国制造业国际竞争力的影响；（4）将数据延伸到 2009 年。

三、研究方法

（一）基本公式

单位劳动成本（ULC）可以定义为平均劳动报酬与劳动生产率的比率。其基本公式为

$$ULC = \frac{X_1}{X_2} \quad (1)$$

根据研究目的，本文的 X_1 指制造业就业人员小时劳动报酬；X_2 指制造业就业人员的小时产出。

为了便于分析，在运用单位劳动成本（ULC）进行国际比较时，需要将各国以本币计价的小时劳动报酬和劳动生产率换算为同一货币（一般是美元）计价的数值。此外，单位劳动力成本的基准公式还可以衍生出一个结合货币实际购买力的单位劳动力成本指标——经购买力平价调整后的单位劳动力成本指标（ULC）。其换算方法如下：分子部分，即小时报酬，用名义汇率加以换算，而分母部分，即劳动生产率，通常用经购买力平价兑换后的汇率换算。① 具体公式如下：

$$ULC' = \frac{X_1/NE}{X_2/PPP} \tag{2}$$

其中，*PPP* 表示经购买力平价调整后的美元汇率，*NE* 表示名义美元汇率。调整的目的在于保证用于比较的各国单位劳动成本口径相同。

（二）竞争对手的挑选

我们根据中国出口商品的种类及国别构成分析筛选、确定中国制造业的国际市场潜在竞争对手②。

首先，根据 HS 两位编码，2007～2009 年③，在总共 22 类 98 章商品中，我国每年排名前三的出口商品均为第 85、第 84、第 61 章，其中又以前两章为主，3 年分别占总出口的 43.5%、42.7% 和 44.6%，第 61 章的商品尽管排名第三，但是仅占总出口的 5.0%、4.2% 和 4.5%，其余各章商品占总出口的比重更小。因此，第 85、第 84 和第 61 章的出口商品是中国近年主要的出口商品。由于在 HS 分类中，章所包括的商品范围很广，如果仅仅根据章的世界出口市场份额大小来挑选国际竞争对手，可能会因产业贸易结构的不同而造成对竞争对手的错误选择。为此，我们进一步对所选三章的出口商品进行深入分析。我们发现，在上述三章共 150 目的四位编码商品中，排名前 9 目的商品占

① 一般而言，使用名义汇率将劳动生产率换算为同种货币表示并不合适。原因在于：一方面，如果还是使用名义汇率的话，分子分母相互抵消，等于没有换算；另一方面，最关键的是，运用名义汇率换算后的劳动产出相对价格往往与以本币计价的劳动产出相对价格大不一样，导致两国间的劳动产出不具备可比性。详细分析，请参见奥佩尔和拉林（Hooper & Larin，1988）。

② 篇幅所限，这部分数据及分析无法一一展示。如需要可向作者索取。

③ 2009 年的数据截至 2009 年 11 月。

出口的比重较大①。2007～2009 年，这 9 目商品占三章的比重分别为 55.1%、53.2% 和 55.3%，其余 141 目商品所占比重都较小。因此，可以根据这 9 目商品来确定中国出口商品的主要国际竞争对手。

其次，根据这 9 目商品的出口国别构成可知，我国这 9 目商品的主要进口国家和地区包括美国、日本、欧盟，以及中国香港。由于中国香港是内地主要的转口贸易地区，这里不予分析。

最后，通过对美国、欧盟、日本市场的上述 9 目商品的进口国别结构来分析、筛选中国出口商品的主要竞争对手。发现能同时在美国、欧盟、日本市场上与中国竞争的国家有韩国、马来西亚、泰国、新加坡、菲律宾、日本（除日本市场外）、美国（除美国市场外）。考虑到各国工业化水平差异、制造业构成差异及未来发展潜力，我们排除了日本、美国和新加坡。考虑到美国市场对中国出口的重要性，我们将美国市场上的主要竞争对手——墨西哥纳入讨论范围；越南目前虽未在中国出口美国、欧盟、日本的 9 目商品中有较大出口额，但基于对当前产业外迁态势的分析，我们将越南视为我国制造业的潜在竞争对手。这样，最终确定的主要竞争对手有墨西哥、泰国、菲律宾、越南、韩国和马来西亚六个国家。

确定了我国商品出口的主要竞争对手之后，为了综合说明中国对这六国的综合竞争态势，我们将六国的 ULC（以 Y_1 表示）加权平均，计算公式为

$$Y_1 = \sum_{i=1}^{6} W_i \times ULC_i \tag{3}$$

其中，$i=1,2,3,4,5,6$，分别表示墨西哥、泰国、菲律宾、越南、韩国和马来西亚。权重 W_i 根据欧盟、美国、日本从这六国进口的 9 目商品贸易值的单个国别数据占六国总和的比重确定，即

$$W_i = \frac{\sum_{j=1}^{3} EM_{ij}}{\sum_{i=1}^{6}\sum_{j=1}^{3} EM_{ij}} = \sum_{k=1}^{9} em_{ij,k}$$

其中，$em_{ij,k}$ 表示第 j 个地区从第 i 个国家进口的第 k 种商品数值。$j=1,2,3$ 分别

① 分别为 6110 针织或钩编毛衣、套头衫、背心等；8443 印刷机及其配件；8471 自动化数据处理设备，读卡器等电脑硬件；8473 打字机零件及其他办公设备和计算机零附件；8504 变压器、稳压电源和其他电感器，及其零配件；8517 有线电话，电话机和其他通信设备，及其配件；8528 电视信号接收设备（含显示器及投影接收器）；8541 二级管、晶体管及其他半导体设备；8542 集成电路及微电子组件零件。

表示美国、欧盟和日本地区；k 表示挑选出来的 9 目商品。

（三）相对单位劳动成本（RULC）

利用中国和六国的加权单位劳动力成本，可以得到二者的相对单位劳动力成本（RULC）。为了便于分析，我们以中国的 ULC（以 Y_2 表示）为分母，六国的 ULC 为分子，公式如下：

$$RULC = \frac{Y_1}{Y_2} \tag{4}$$

其中，$RULC > 1$，表示中国相对上述六国，在制造业单位劳动成本上占有竞争优势；$0 < RULC < 1$，则反映中国制造业单位劳动成本高于六国。RULC 上升，说明中国制造业国际竞争力相对六国在增强；RULC 下降，则表示中国制造业国际竞争力相对六国在削弱。

四、中国制造业国际竞争力与工资上涨空间

（一）中国制造业单位劳动力成本的估算

由于没有现成的中国制造业全体从业人员的报酬数据，我们通过两次转换求得：(1) 根据 2004 年的全国工业普查数据，将城镇单位制造业劳动者的平均工资转换成全部制造业从业人员的平均工资，转换系数为 0.981；(2) 根据巴尼斯特（2006）、莱特和巴尼斯特（2009）的研究成果，算出 2002 ~ 2006 年中国制造业的平均工资（wage）与所取得最终报酬之间的系数（约为 1.27）。将全部制造业从业人员的平均工资乘以该系数，算出平均报酬的近似数据。

根据历年《中国劳动统计年鉴》，得到中国制造业的周劳动时间，乘以 49 周，得到近似的全年工作时间。据此估算出中国制造业劳动者的小时报酬。另外，小时劳动生产率可以由制造业增加值除以制造业劳动者全年工作时间得出，其中制造业增加值数据来自历年《中国工业经济统计年鉴》。为了便于比较，我们将小时劳动报酬和小时劳动生产率的计量单位转换为美元。其中，名义汇率用人民币对美元年加权平均汇率表示，数据来自 CEIC 数据库。结果如图 1 所示。

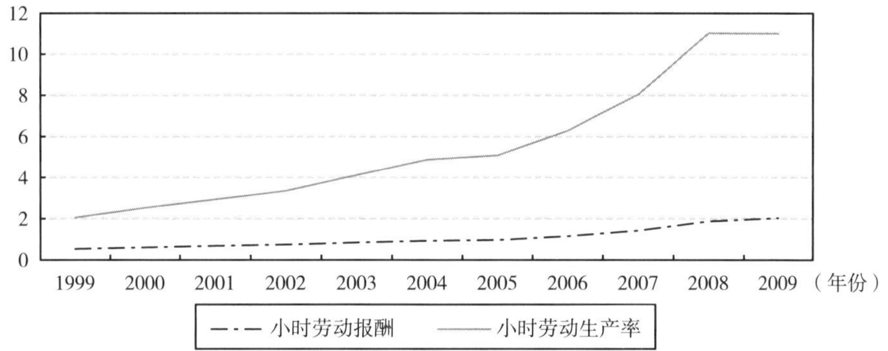

图1 小时报酬与小时劳动生产率（以美元计）

注：资料来源于《中国劳动统计年鉴》、《中国工业经济统计年鉴》和 CQMM 课题组计算。

图1显示，自1999年以来，我国制造业劳动生产率与劳动报酬的增长速度差异日益扩大，二者走势表现为不断扩大的喇叭口。劳动报酬增长率持续低于劳动生产率增长率，我国制造业的单位劳动成本实际上是逐年下降的。

利用式（1）和式（2），估算1999～2009年中国制造业未经购买力平价调整和经过调整的ULC数据。其中，人民币购买力平价采用了世界银行的估算值，数据来自世界银行网站上的WDI数据包。可以看出，1999～2009年，我国未经调整的ULC一路下滑，由1999年的0.263持续下降到2008年的0.169，2009年因劳动生产率增长出现停滞才反弹回0.185。对比两类ULC，尽管经过购买力平价调整后的ULC整体上远低于未经调整的ULC，意味着人民币对美元汇率估值偏低确实对我国制造业竞争优势起了重要作用，但是，调整后的ULC变化幅度要小于未经调整的ULC，而且从2004年起，二者差距逐年缩小，表明人民币汇率估值偏低对强化我国制造业竞争优势的作用在弱化（见图2）。

（二）与竞争对手单位劳动力成本比较

首先，从表1可以发现，与主要竞争对手相比，中国制造业劳动者的小时报酬相对较低。1999～2007年，中国制造业劳动者的小时报酬仅高于越南①，低于韩国、马来西亚、泰国、墨西哥和菲律宾。2007年起，中国制造业劳动者的小时报酬开始快速上升，超过了泰国、墨西哥。

① 由于数据难以收集，越南的劳动报酬指标用平均收入指标代替。据此得到的数据可能是偏低的。

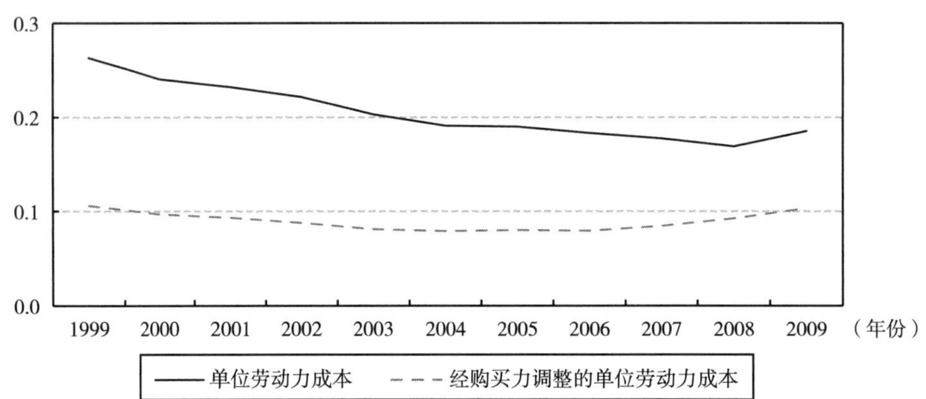

图2　中国制造业单位劳动成本的变化趋势

注：资料来源于厦门大学 CQMM 课题组计算。

其次，中国制造业劳动生产率在过去十年里快速上升，超过了小时报酬的增长幅度。2009 年中国制造业劳动者的小时报酬为 2.04 美元/小时，约为 1999 年的 4 倍（见表 1）；2009 年我国制造业劳动者的小时劳动生产率为 11.01 美元/小时，约为 1999 年的 5.35 倍（见表 2）。就劳动生产率与劳动报酬而言，前者增速高于后者。与竞争对手相比，中国制造业劳动生产率的增速也要大得多。2000 年，中国制造业劳动生产率仅高于越南；2001 年，中国超过菲律宾；2003 年，超过泰国；2009 年，与马来西亚基本持平，但仍不及韩国的 1/2（见表 2）。

表 1　　中国与竞争对手以美元计的小时报酬对比

年份	小时报酬（以美元计价）						
	马来西亚	墨西哥	菲律宾	韩国	泰国	越南	中国
1999		0.90	1.27	8.56	0.83	0.30	0.54
2000	2.13	1.17	1.18	10.60	1.26	0.33	0.61
2001	2.16	1.37	1.11	9.29	1.20	0.35	0.68
2002	2.29	1.39	1.14	10.84	1.22	0.37	0.74
2003	2.35	1.27	1.17	12.45	1.30	0.41	0.84
2004	2.46	1.22	1.20	15.08	1.34	0.48	0.93
2005	2.42	1.43	1.30	17.58	1.43	0.53	0.97
2006	2.59	1.47	1.52	21.12	1.56	0.61	1.15
2007	2.91	1.46	1.78	22.82	1.76	0.68	1.43
2008	3.29	1.43	1.91	19.96	2.05	0.81	1.87
2009	3.23			17.80	1.96	0.89	2.04

资料来源：ILO 数据库、CEIC 数据库以及美国劳工部数据库。

表 2　　中国与竞争对手以美元计的小时劳动生产率对比

年份	小时劳动生产率（以美元计价）						
	马来西亚	墨西哥	菲律宾	韩国	泰国	越南	中国
1999		9. 34	2. 76	11. 20	3. 83		2. 06
2000	5. 53	10. 80	2. 80	12. 74	3. 63	0. 66	2. 52
2001	5. 24	11. 44	2. 55	11. 57	3. 21	0. 67	2. 93
2002	5. 92	12. 10	2. 80	13. 21	3. 46	0. 70	3. 36
2003	6. 43	11. 42	2. 74	14. 75	3. 86	0. 72	4. 13
2004	7. 77	11. 37	2. 98	17. 68	4. 20	0. 78	4. 88
2005	8. 37	13. 07	3. 32	21. 01	4. 57	0. 84	5. 09
2006	9. 01	14. 94	3. 96	24. 14	5. 44	0. 91	6. 29
2007	10. 81	15. 45	4. 62	27. 46	6. 40	1. 00	8. 05
2008	12. 44	15. 44	5. 66	26. 08	7. 33	1. 19	11. 02
2009	11. 44			24. 44	6. 92	1. 19	11. 01

资料来源：ILO 数据库、CEIC 数据库以及美国劳工部数据库。

最后，无论是经过购买力平价调整后的，还是未经过调整的我国制造业单位劳动力成本均要小于除墨西哥之外的其他竞争对手（见表 3）。墨西哥单位劳动力成本低于我国的原因是其制造业劳动生产率高于我国。2007 年之前，一直约为我国的两倍。

表 3　　中国与竞争对手的单位劳动力成本对比

年份	马来西亚		墨西哥		菲律宾		韩国		泰国		越南		中国	
	未调整	调整	未调整	调整	未调整	调整	未调整	调整	未调整	调整	未调整	调整	未调整	调整
1999	—	—	0. 096	0. 057	0. 458	0. 213	0. 764	0. 485	0. 217	0. 093	—	—	0. 263	0. 106
2000	0. 385	0. 171	0. 109	0. 070	0. 419	0. 179	0. 832	0. 548	0. 347	0. 139	0. 496	0. 141	0. 241	0. 097
2001	0. 413	0. 176	0. 120	0. 081	0. 434	0. 167	0. 803	0. 471	0. 374	0. 135	0. 515	0. 140	0. 232	0. 093
2002	0. 387	0. 167	0. 115	0. 078	0. 409	0. 160	0. 821	0. 505	0. 351	0. 130	0. 531	0. 142	0. 221	0. 088
2003	0. 365	0. 160	0. 111	0. 070	0. 426	0. 161	0. 844	0. 562	0. 336	0. 127	0. 573	0. 158	0. 203	0. 081
2004	0. 316	0. 142	0. 108	0. 069	0. 404	0. 152	0. 853	0. 593	0. 319	0. 125	0. 616	0. 177	0. 191	0. 079
2005	0. 289	0. 132	0. 110	0. 072	0. 393	0. 155	0. 837	0. 644	0. 312	0. 124	0. 636	0. 189	0. 190	0. 080
2006	0. 288	0. 137	0. 099	0. 067	0. 385	0. 166	0. 875	0. 699	0. 287	0. 123	0. 670	0. 205	0. 183	0. 080
2007	0. 269	0. 140	0. 095	0. 065	0. 386	0. 186	0. 831	0. 677	0. 275	0. 130	0. 680	0. 218	0. 177	0. 084
2008	0. 264	0. 153	0. 092	0. 065	0. 337	0. 178	0. 765	0. 529	0. 279	0. 140	0. 680	0. 256	0. 169	0. 093
2009	0. 283	0. 141	0. 088	0. 050	—	—	0. 728	0. 458	0. 284	0. 138	0. 750	0. 282	0. 185	0. 103

资料来源：厦门大学 CQMM 课题组计算。

（三）关于相对单位劳动力成本的估算

利用式（3）和式（4），在估算出各国单位劳动力成本的基础上，可以计算未经购买力平价调整的相对单位劳动成本和经过购买力平价调整的相对单位劳动成本，分别记作 RULC 和 RULC′。如图 3 所示，不论是经过调整的 RULC′，还是未经调整的 RULC，其数值都明显大于 1，说明相对于这六个主要出口竞争国，中国制造业的竞争优势较明显。

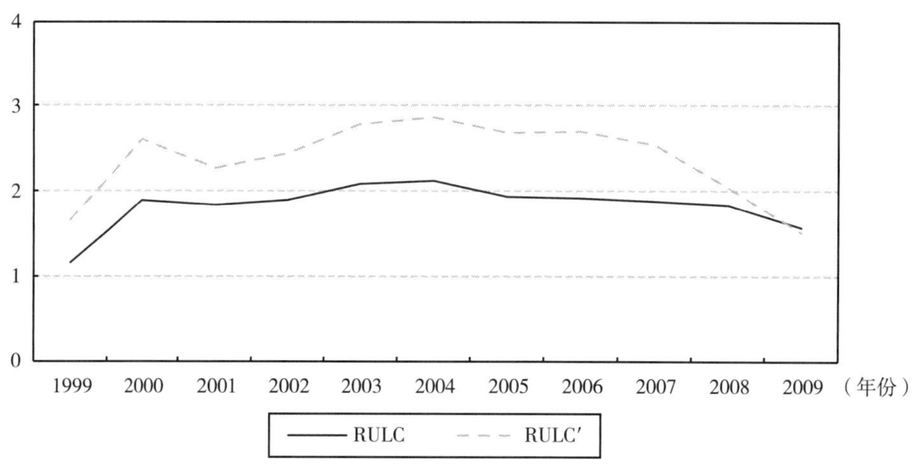

图 3　中国与主要竞争对手的相对单位劳动成本变化

注：资料来源于 ILO、CEIC 和美国 BLS 数据库及厦门大学 CQMM 课题组估算。

从变化趋势来看，1999～2004 年，经过购买力调整的 RULC′以及未经调整的 RULC 均保持着缓慢上升的势头，数值分别由 1999 年的 1.66、1.15，上升到 2004 年的 2.86、2.11，表明作为新的世界工厂，中国制造业的优势逐渐增强。但自 2005 年起，中国制造业的竞争优势有所缩小，RULC 与 RULC′序列均出现缓慢下降趋势。尤其是经过购买力平价汇率调整的相对单位劳动成本，下降幅度更大。到 2009 年底，已基本与未经调整的数据持平，反映了人民币汇率对中国制造业国际竞争优势的附加作用已经基本消失。不过，总体上，相对主要竞争对手国而言，我国制造业仍保持着较为明显的成本竞争优势（RULC 与 RULC′均大于 1.5）。值得注意的是，人民币汇率对制造业国际竞争优势的附加作用萎缩，恰逢汇改后人民币兑美元汇率的快速上升时期。因此，这也反映了人民币升值对制造业国际竞争力的负面作用较大，我们需要慎重考虑币值升值的幅度和时机，避免出现本币过快、过大幅度地升值侵蚀由较低单位劳动力成本形成的相对竞争优势。

根据 RULC 公式的定义，当 RULC 为 1 时，说明中国与这六个主要出口竞争国的相对劳动力成本相当。从图 3 可以看出，目前两个 RULC 都在 1.5 以上。这意味着中国即使在现有劳动生产率水平上，增加制造业劳动报酬水平 50%，也不过使中国与主要竞争对手的单位劳动成本持平。如果考虑到提高工资将促使劳动生产率进一步提升，中国在基础设施、国内市场、产业配套等方面对上述六国的比较优势，可以得出结论：即使在今后一段时期里较大幅度地提高制造业劳动报酬水平，中国的制造业也不因此完全丧失其拥有的竞争优势。

五、结论与政策含义

通过单位劳动力成本及相对单位劳动力成本的估算和国际比较，我们认为，未来数年内，我国制造业客观上存在着逐步提高工人劳动报酬水平的可能空间。工人劳动报酬的提高，在劳动生产率大幅度提高的背景下，不仅不会削弱我国制造业现有的国际竞争力优势，甚至会强化这种既有优势，即通过降低单位劳动力成本来提高我国工业制成品的国际竞争优势。

进一步地，我们认为，不仅有可能，而且必须在未来数年内逐步提高我国制造业劳动报酬水平。因为现有的劳动报酬水平在一定程度上是被人为压低的。30 年来，中国的人均 GDP 增长了 10 倍以上，东部沿海有些地区甚至增长了近 30 倍。高增长决定了要素禀赋结构，从而要素比价结构势必发生重大变化，加之生活费用随着经济增长、物价上涨而上升，可以断定，我国制造业的真实劳动力成本会有较大幅度上升。但是，由于劳资双方劳动报酬集体协商机制的缺失，加之各级地方政府为追求本地经济增长和财政收入最大化，不计成本招商引资，有意无意地抑制劳动工资正常增长，导致资本与劳动的力量对比严重失衡，我国制造业的劳动工资水平是低于均衡工资水平的（李文溥等，2010），而且在国民经济各部门中也成为平均工资水平最低的几个部门之一。正是因此，从 2000 年起，在我国还有相当数量农村劳动人口尚未转化为非农产业人口的情况下，东部沿海地区出现了大规模、持续的“民工荒”。实践证明，人为地压低制造业劳动报酬水平，不仅导致国民收入分配结构失衡，收入分配差距扩大，中低收入阶层消费不足，而且阻碍了技术进步与自主创新，延缓了产业结构升级。

因此，今后数年应逐步提高制造业劳动报酬水平，它将有利于推进经济结构的战略性调整，缩小我国经济的外部失衡；有利于调整既有的要素比价扭曲，奠定产业结构正常演化升级的微观基础（李文溥等，2010），改变现有的滚动城市化格局，促使农民工举家迁徙到城市，加快城市化进程，促进城市第三产业的发展；也有利于推进科技进步和创新，推动和谐社会建设，推进社会经济体制改革进一步深化。

参考文献

[1] 蔡昉：《中国经济发展的刘易斯转折点》，引自《中国人口与劳动问题报告 NO. 8——刘易斯转折点及其政策挑战》，社会科学文献出版社 2007 年版。

[2] 贺聪、尤瑞章、莫万贵：《制造业劳动力成本国际比较研究》，载《金融研究》2009 年第 7 期。

[3] 李文溥、龚敏：《出口劳动密集型产品为导向的粗放型增长与国民收入结构失衡》，载《经济学动态》2010 年第 7 期。

[4] 马丹、许少强：《中国国际竞争力的历史变迁与冲击来源》，载《国际金融研究》2006 年第 1 期。

[5] 任若恩、柏满迎、黄勇峰等：《关于中国制造业国际竞争力的研究》，载《政策与管理》2001 年第 11 期。

[6] 王慧敏、任若恩：《对国际竞争力指标——以单位劳动成本为基础的实际有效汇率的研究》，载《生产力研究》2003 年第 1 期。

[7] 厦门大学“中国季度宏观经济模型（CQMM）”课题组：《中国宏观经济预测与分析——2010 年秋季报告》，2010 年 9 月。

[8]《中共中央关于制定国民经济和社会发展第十二个五年规划的建议》，新华社北京 2010 年 10 月 27 日电。

[9] Erin Lett and Judith banister, China's manufacturing employment and compensation costs: 2002 - 06, *Monthly Labor Review*, 2009.

[10] Janet Ceglowski and Stephen Golub, Just How Loware China's Labor Costs?, *working paper*, 2005.

[11] Judith Banister, Manufacture China today: Employment and labor compensation, *Economics Program Working Paper Series*, 2007.

[12] Peter Hooper and Kathryn A. Larin, International comparisons of labor costs in manufacturing, *Internatinal Finance Discussion Papers*, 2005.

[13] Vivian Chen, Bart van Ark, Qin Xiao and Harry X. Wu, Labor Compensation, Productivity and Unit Labor Cost in Chinese Provinces, Paper for International Conference on Experiences and Challenges in Measuring National Income and Wealth in Transition Economies Organized by the International Association for Income and Wealth and the National Bureau of Statistics of China September 18 - 21, 2007, Friendship Hotel, Beijing, China, 2007.

论提高制造业劳动报酬水平与增强产业竞争力*

“努力实现居民收入增长和经济发展同步、劳动报酬增长和劳动生产率提高同步”，是转变经济发展方式，调整国民收入“两高一低”结构失衡、缩小居民收入分配差距的重要途径之一。实现居民收入增长，缩小收入分配差距的关键在于提高中低收入阶层劳动者的报酬水平。近十年来，制造业的平均工资水平在国民经济19个部门中仅位列第14，是最低的五个部门之一。作为一个就业人口3491.9万人，约占全国城镇就业总数27.77%，同时创造了整个国家近1/3GDP（2008年为32.65%）的重要产业部门，提高制造业的工资水平对提高居民收入、劳动报酬水平从而国内消费的扩张具有举足轻重的作用。同时，制造业也是我国最主要的出口部门，2009年出口占当年我国出口总额的85.8%。因此，制造业的产业竞争力也是讨论制造业劳动报酬水平必须关注的重要问题之一。

一、我国制造业的单位产出劳动力成本

劳动力成本是各企业（单位）在一定时间内向劳动者支付的全部费用，有广义、狭义之分。狭义的劳动力成本仅指工资；广义的劳动力成本除工资外，还包括职工福利、社会保险、培训等方面的费用。人工成本包括职工工资总额、职工福利费用、社会保险费用、职工教育经费、劳动保护费用、职工住房费用和其他人工成本支出。

考察制造业竞争力，要综合考虑劳动力成本和劳动生产率的关系。如果前

---

* 本文原载于《中国改革报》2011年7月29日理论版。

者的增长率超过后者，产品竞争力会下降；反之则反。因此，我们采用国际劳工组织（1999 年）建议的单位产出劳动力成本（unit labor cost，ULC）指标。

1999～2009 年，我国制造业小时劳动报酬和劳动生产率呈现以下变化特征。（1）小时劳动生产率和小时劳动报酬都呈较快增长态势，但制造业小时劳动生产率年均增长 15.16%，比小时劳动报酬增速（13.81%）高出 1.35 个百分点。（2）制造业的单位产出劳动力成本在 1999～2004 年逐年下降；2004 之后虽开始呈上升趋势，但是 2009 年仍然低于 1999 年，前者仅为后者的 88.9%。也就是说，如果按照单位产品的劳动报酬水平而言，近十年是下降的。

（1）与发达国家及地区相比，我国制造业单位产出劳动力成本具有绝对优势。2008 年，我国制造业的单位产出劳动力成本仅为美国的 30.35%，中国香港的 48.23%，日本的 31.73%，德国的 19.24%，英国的 25.79%，意大利的 24.56%，法国的 27.44%，荷兰的 22.58%，韩国的 22.69%，新加坡的 20.07%，中国台湾的 53.98%，俄罗斯的 22.22%。

（2）与发展中国家比，目前我国制造业单位产出劳动力成本也是最低的。2008 年，我国制造业单位产出劳动力成本是巴西的 13.74%，墨西哥的 30.85%，印度的 30.27%，印度尼西亚的 78.21%，菲律宾的 14.44%，泰国的 62.84%。

（3）从动态上看，我国制造业的劳动力成本优势在不断强化中。2002～2008 年我国制造业的单位产出劳动力成本不升反降。然而，我国外商投资主要来源地和主要贸易伙伴以及吸引外资和产品出口的主要竞争国的单位产出劳动力成本却出现了不同程度的增长。

二、我国制造业分行业的劳动力成本

1999～2009 年我国制造业单位产出劳动力成本年均增速为负数，产业竞争力因此进一步提高。但就劳动密集型与资本密集型产业看，趋势不同。我们把制造业中的纺织业，纺织服装、鞋、帽制造业，皮革、毛皮、羽毛（绒）及其制品业，木材加工及木、竹、藤、棕、草制品业，家具制造业，造纸及纸制品制造业，文教体育用品制造业，非金属矿物制品业列为劳动密集型行业，其余算作资本密集型行业。

按广义劳动力成本（工资+非工资费用）计算2009年制造业分行业的单位产出劳动力成本。资本密集型的单位产出劳动力成本要低于劳动密集型。2009年，制造业的单位产出劳动力成本为0.283，其中，劳动密集型行业的均值为0.324，而资本密集型行业的均值为0.225，比劳动密集型行业低0.99。

三、劳动力成本上升对企业利润率的影响

近年来，反对进一步提高制造业劳动报酬水平的一个重要观点是我国制造业尤其是劳动密集型行业已经利润微薄。提高劳动报酬将会导致大量企业倒闭，工人失业，劳资两亏。

计算发现：

（1）就静态而论，提高劳动报酬对制造业企业的利润率有明显影响。其中，劳动密集型行业利润率受劳动成本影响要大于资本密集型。以2009年为例，人均劳动报酬提高10%，劳动密集型行业的利润率将下降8.6%~29.7%；而资本密集型行业的利润率将下降3.8%~17.6%。

（2）劳动报酬上升对利润率影响是逐年下降的。就影响最大的文教体育用品行业来看，劳动报酬提高10%，行业利润率在2006年会下降41.4%，但是2009年的下降幅度就降为29.7%。这说明我国企业对于劳动力成本变化，有较大调整适应能力。

（3）从动态看，现有的劳动报酬上升幅度尚未对企业利润造成负面影响。2006~2009年制造业劳动报酬年均增速超过10%，但是，除石油加工及炼焦、黑色金属冶炼及压延加工、有色金属冶炼及压延加工三个行业外，制造业其他行业利润总额和利润率都在增长。说明，目前为止，提高劳动报酬尚未导致制造业企业利润总额和利润率下降，相反，利润总额随着劳动报酬的增长而更快增长。

四、劳动力成本上升对制造业国际贸易竞争力的影响

我们用贸易竞争指数（TC）考察2001~2009年的制造业贸易竞争力变化情况，在此期间内，制造业不同行业的劳动报酬年均增长都超过了10%。结果发现：

（1）2009 年劳动密集型行业的贸易竞争指数都大于零。其中，纺织业，木材加工及木、竹、藤、棕、草制品业，造纸及纸制品业具有强竞争力；皮革、皮毛、羽毛（绒）及制品业，文教体育用品制造业具有较强的竞争力；而纺织服装、鞋、帽制造业，家具制造业具有很强的竞争力。

（2）从贸易竞争指数的变化看，我国劳动密集型行业 2001～2009 年的贸易竞争指数基本上是正增长。除了家具制造业贸易竞争指数微小下调外，其他 7 个劳动密集型行业的竞争力都进一步提高了。

（3）虽然从制造业不同行业看，贸易竞争指数有正有负，但是，贸易竞争指数变化为负的这些行业基本上没有根本改变原来的竞争力状况。目前为止，我国制造业劳动报酬上升，不仅没有削弱，反而在一定程度上促进了劳动密集型制造业国际贸易竞争力的提高，而资本密集型制造业的国际贸易竞争力变化与劳动报酬水平变化，不存在直接关系。

五、结论

1999 年以来，制造业劳动报酬水平年递增 10% 以上，但是，我国制造业单位产出劳动力成本（ULC）仍呈下降趋势，2009 年的单位产出劳动力成本甚至不及 1999 年的 90%。主要原因是制造业劳动生产率提高大大超过了劳动报酬增长，劳动报酬占产业附加值比重持续下降。国际比较发现，不管是与我国外商投资主要来源地、主要贸易伙伴，还是与吸引外资、出口商品的主要竞争对手相比，我国制造业的相对单位产出劳动力成本（RUIC）不仅具有绝对优势，而且优势在继续强化。

分行业来看，制造业中劳动密集行业的单位产出劳动力成本及其增速均大于资本密集型行业。单位产出劳动力成本有所上升，这是由于近年来劳动密集型行业的劳动报酬在原有较低基数基础上增速大于劳动生产率增长，而资本密集型行业的单位产出劳动力成本基本上仍呈下降趋势。

静态看，劳动报酬变化对企业利润率有较大影响，但程度逐年减弱；就现实情况看，劳动报酬对企业利润率的动态影响却是相反的。伴随着不同行业劳动报酬的较快增长，企业的利润总额和利润率也在迅速增长，而且利润总额的增速还高于劳动报酬的增速。因此，从长期看，合理地逐步提高劳动报酬不仅不会对制造业企业利润率和利润总额带来消极影响，反而会促进企业利润总额增长和利润率提高。

劳动报酬与制造业国际贸易竞争力之间也不存在此消彼长的关系。近十年的数据说明，劳动密集型制造业的国际贸易竞争力随着劳动报酬水平的提高而增长；伴随着劳动报酬增长，资本密集型制造业的国际贸易竞争力上升与下降的行业数目前基本上是平分秋色。就其中国际贸易竞争力下降最大的行业而论，其单位产出劳动力成本是下降的。劳动报酬仅仅是影响制造业国际贸易竞争力的一个因素，认为劳动报酬水平的提高将导致制造业国际贸易竞争力下降的说法是没有根据的，其影响的方向及程度还取决国内外其他众多因素的共同作用。

仅就上述研究结果，或许尚不能得出一国劳动报酬水平变动方向的政策结论，但是，在劳动报酬、居民收入占 GDP 的比重多年持续下降以致国内消费不振，已经导致经济增长严重依赖投资与出口增长的情况下，上述结论的政策推论就十分明确了。

制造业劳动报酬水平与产业竞争力变动趋势探析*

“努力实现居民收入增长和经济发展同步、劳动报酬增长和劳动生产率提高同步”是转变经济发展方式，调整国民收入“两高一低”结构失衡的重要途径之一。近十年来，制造业的平均工资水平在国民经济19个部门中仅位列第14，是最低的五个部门之一。① 作为一个就业人口3491.9万人，约占全国城镇就业总数27.77%，同时创造了整个国家近1/3 GDP（2008年为32.65%）的重要产业部门，制造业的工资水平对居民收入、劳动报酬水平从而国内消费的扩张具有举足轻重的作用。与此同时，中国又是世界制造业大国，2009年制造业出口占我国出口总额的85.8%。制造业的产业竞争力也是讨论制造业劳动报酬水平必须关注的重要问题之一。

一、文献综述

现有的相关研究文献主要集中在以下几个方面：（1）对制造业企业效率的研究。李丹和胡小娟（2008）采用数据包络方法对制造业各个行业中内外资企业的相对效率、全要素生产率及其构成情况进行了实证研究。余淼杰（2008）从企业层面考察了中国贸易自由化与制造业企业生产率之间的关系。（2）对制造业国际竞争力的研究。如金碚等（2007）将多个竞争力衡量指标合成一个指数来考察我国加入WTO之后的制造业国际竞争力现状及趋势。王玉等（2011）采用省级面板数据分析了中国各地区制造业的竞争力。（3）对制造业劳动生产

---

* 本文原载于《经济学动态》2011年第8期，共同作者：郑建清、林金霞。

① 其余四个部门是居民服务及其他服务业，水利、环境和公共设施管理业，建筑业，住宿和餐饮业，农林牧渔业。

率的研究。如曲玥（2010）对制造业的劳动生产率情况进行测算后发现，进入21世纪以来，我国制造业劳动生产率增长速度很快，主要是由技术进步而非要素投入驱动的。(4）对制造业劳动力成本的研究。近年来，国际上对中国制造业劳动力成本的研究颇多。巴尼斯特（Banister，2007）在一篇总结性的论文中详细列出了中国制造业在全球市场上的竞争优势。瑟洛斯基和戈卢布（Ceglowski & Golub，2005）运用相对单位劳动力成本，比较了中国和美国制造业的单位劳动力成本。陈等（Chen et al.，2007）研究了中国分省市制造业单位劳动力成本。

任若恩等（2001）用购买力平价汇率对中国与美国及其他国家的制造业劳动生产率、单位劳动力成本进行国际比较；王慧敏和任若恩（2003）介绍了一种比较国际竞争力的指标——以单位劳动成本为基础的实际有效汇率（ULC-based REER)。马丹和许少强（2006）利用 ULC-based REER 指标对中国国际竞争力的历史变迁和冲击来源进行研究。贺聪等（2009）根据国际劳工组织（ILO）推荐的经购买力平价调整后的单位劳动力成本指标，比较了2000~2006年中国同主要贸易伙伴和竞争对手的制造业竞争优势。

我们认为，有关研究还需进一步完善。(1）多数研究距今已有一段时日。巴尼斯特（2007）的数据只到2004年；贺聪等（2009）用的数据截至2006年，其中一些重要的发展中国家的数据更短，如墨西哥、巴西、马来西亚的数据只到2004年、2002年、2001年；其他文献研究的数据年限则更早了。(2）制造业内部不同行业的单位劳动力成本的变化趋势。(3）劳动力成本变化对产业利润率、产业国际贸易竞争力的静态、动态影响。

二、我国制造业的劳动力成本

1. 我国制造业劳动力成本的测算

劳动力成本是各企业（单位）在一定时间内向劳动者支付的全部费用，有广义、狭义之分。狭义的劳动力成本仅指工资；广义的劳动力成本除工资外，还包括职工福利、社会保险、培训等方面的费用。人工成本包括职工工资总额、职工福利费用、社会保险费用、职工教育经费、劳动保护费用、职工住房费用和其他人工成本支出。本文主要采用广义劳动力成本，鉴于数据的可获得性，将劳动力成本分成两部分：一是工资；二是非工资费用。由于我国没有现成的制造业职工的劳动报酬数据，也没有非工资费用方面的统计，因而本文采用贡森（2003）的研究方法粗略估算非工资费用，即根据企业职工工资总额的比重乘以全国社会保险福利费来获得。以上推算的合理性在于我国各行业职工的主要社会保险福利基本上是按照工资总额来提取或缴纳的。

人均工资、全国社会保险福利费用数据来自《中国劳动统计年鉴》。考虑到不同国家全年劳动时间不同，本文计算劳动力的小时报酬，以保证国际可比性。年劳动时数根据《中国劳动统计年鉴》的数据计算获得。结合劳动报酬数据，可以算出我国制造业劳动力的小时报酬。

制造业劳动生产率等于制造业增加值与职工年平均数的比值。制造业增加值数据来自《中国统计年鉴》。2007 年之前的规模以上制造业分行业增加值来自各年《中国统计年鉴》；2008 年、2009 年来自 CEIC 数据库。规模以上制造业企业分行业职工人数来自 CEIC 数据库。

1999 ~2009 年我国制造业小时劳动报酬和劳动生产率的变动趋势如图 1 所示。(1) 小时劳动生产率和小时劳动报酬都呈较快增长态势，但制造业小时劳动生产率年均增长 15.16%，比小时劳动报酬增速（13.81%）高出 1.35 个百分点。(2) 制造业单位劳动力成本 1999 ~2004 年逐年下降，2004 年之后呈上升趋势，但是 2009 年制造业的劳动力成本仅为 1999 年的 88.9%。

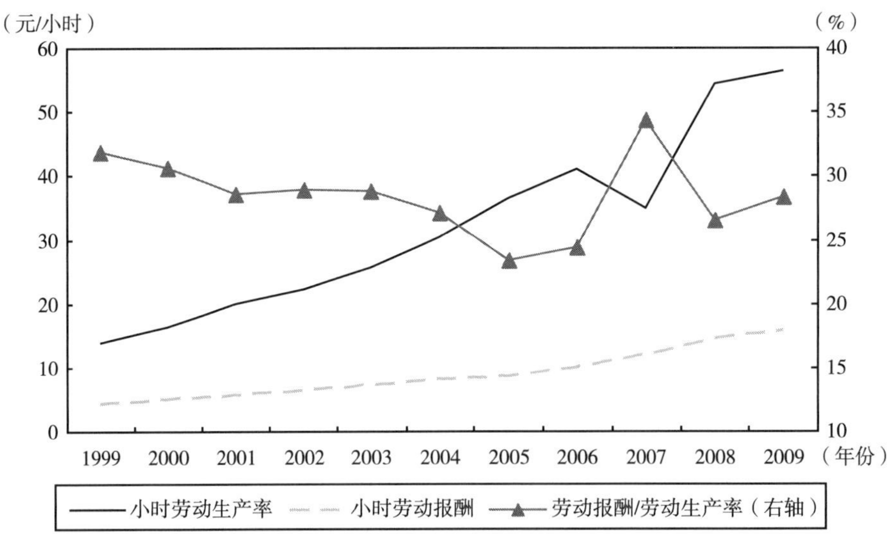

图 1　我国制造业小时劳动报酬与小时劳动生产率

资料来源：根据《中国统计年鉴》与《中国劳动统计年鉴》数据计算。

2. 单位劳动力成本的国际比较

考察制造业竞争力，要综合考虑劳动力成本和劳动生产率的关系。如果前者的增长率超过后者，产品竞争力会下降；反之则反。因此，“单位产出劳动力成本”是一个较好的指标。

单位产出劳动力成本（unit labor cost，ULC）是国际劳工组织（1999）建立的劳动力市场关键指标（KILM）的一个重要组成部分，它表示每增加1单位增加值所耗费的劳动力成本，反映了一国劳动力成本与劳动生产率的相对变动情况。计算公式为 ULC =（LCH/ER）/OH，其中，LCH 是以本币表示的某国单位时间劳动力成本，ER 是某国货币对美元的汇率，OH 代表以本国货币表示的某国就业人员单位时间所创造的增加值。

本文选取两种类型共18个国家和地区对我国制造业劳动力成本进行国际比较。第一类是我国外商直接投资主要来源地和主要贸易伙伴，包括美国、日本、韩国、德国、法国、荷兰、英国、新加坡、意大利、俄罗斯，以及中国香港和台湾12个国家和地区。2009年，这些国家或地区投资占我国外商直接投资的比重超过了70%，同时我国对这些国家或地区的出口占我国出口额的65%以上。第二类是我国吸收外资和出口的主要竞争对手，包括印度、印度尼西亚、菲律宾、泰国、巴西、墨西哥6国。通过与这两类国家或地区的比较，可以了解我国制造业劳动力成本在国际范围内是否仍然具有优势。

首先，与FDI主要来源地及主要贸易伙伴相比，我国制造业单位产出劳动力成本具有绝对优势（见表1）。2008年，我国制造业单位产出劳动力成本是美国的30.35%，中国香港的48.23%，日本的31.73%，德国的19.24%，英国的25.79%，意大利的24.56%，法国的27.44%，荷兰的22.58%，韩国的22.69%，新加坡的20.07%，中国台湾的53.98%，俄罗斯的22.22%。

表1　　中国与FDI主要来源地及主要贸易伙伴的制造业ULC

国家或地区	2002年	2003年	2004年	2005年	2006年	2007年	2008年
按劳动报酬计算的ULC							
中国	0.29	0.29	0.27	0.23	0.24	0.34	0.27
美国	0.82	0.83	0.84	0.85	0.85	0.88	0.87
%	**35.07**	**34.56**	**32.44**	**27.56**	**28.83**	**39.10**	**30.35**
日本	0.72	0.77	0.81	0.79	0.74	0.72	0.84
%	**40.07**	**37.25**	**33.51**	**29.51**	**32.77**	**47.66**	**31.73**
德国	0.84	1.03	1.13	1.13	1.14	1.26	1.38
%	**34.26**	**28.09**	**23.99**	**20.73**	**21.35**	**27.32**	**19.24**
英国	0.75	0.84	0.95	0.98	0.99	1.08	1.03
%	**38.58**	**34.31**	**28.51**	**23.90**	**24.69**	**31.68**	**25.79**
意大利	0.56	0.71	0.82	0.83	0.86	0.97	1.08
%	**51.79**	**40.56**	**33.27**	**27.97**	**28.35**	**35.47**	**24.56**

续表

国家或地区	2002 年	2003 年	2004 年	2005 年	2006 年	2007 年	2008 年
法国	0. 55	0. 66	0. 74	0. 75	0. 78	0. 87	0. 97
%	**52. 62**	**43. 52**	**36. 69**	**30. 97**	**31. 13**	**39. 27**	**27. 44**
荷兰	0. 70	0. 87	0. 95	0. 95	0. 96	1. 06	1. 18
%	**41. 02**	**33. 12**	**28. 55**	**24. 55**	**25. 31**	**32. 38**	**22. 58**
韩国	0. 95	1. 00	1. 07	1. 22	1. 33	1. 42	1. 17
%	**30. 35**	**28. 69**	**25. 36**	**19. 21**	**18. 35**	**24. 19**	**22. 69**
新加坡	0. 95	0. 96	0. 93	0. 88	0. 94	1. 05	1. 32
%	**30. 46**	**29. 91**	**29. 26**	**26. 55**	**26. 08**	**32. 69**	**20. 07**
中国台湾	0. 44	0. 44	0. 45	0. 47	0. 47	0. 45	0. 49
%	**65. 10**	**65. 25**	**60. 12**	**49. 34**	**51. 95**	**75. 77**	**53. 98**
巴西	0. 79	0. 83	0. 97	1. 28	1. 51	1. 72	1. 93
%	**36. 68**	**34. 67**	**27. 85**	**18. 22**	**16. 17**	**19. 94**	**13. 74**
墨西哥	0. 82	0. 75	0. 74	0. 80	0. 81	0. 83	1. 86
%	**35. 32**	**38. 27**	**36. 70**	**29. 35**	**30. 24**	**41. 33**	**30. 85**
按工资计算的 ULC							
中国	0. 22	0. 22	0. 20	0. 17	0. 18	0. 25	0. 19
中国香港	0. 40	0. 41	0. 44	0. 42	0. 42	0. 40	0. 40
%	**56. 27**	**53. 99**	**46. 39**	**41. 18**	**43. 14**	**63. 37**	**48. 23**
印度	0. 13	0. 12	0. 19	0. 12	0. 34	0. 55	0. 63
%	**169. 63**	**179. 26**	**108. 04**	**140. 27**	**52. 85**	**45. 69**	**30. 27**
菲律宾	0. 68	0. 73	0. 81	0. 93	1. 12	1. 23	1. 32
%	**32. 71**	**29. 87**	**25. 33**	**18. 68**	**16. 09**	**20. 47**	**14. 44**
俄罗斯	0. 30	0. 37	0. 45	0. 52	0. 63	0. 81	0. 86
%	**75. 30**	**58. 37**	**45. 50**	**33. 67**	**28. 36**	**30. 92**	**22. 22**
泰国	0. 28	0. 27	0. 25	0. 25	0. 29	0. 31	0. 30
%	**80. 53**	**80. 14**	**81. 91**	**70. 76**	**62. 10**	**82. 04**	**62. 84**
印度尼西亚	0. 24	0. 27	0. 29	0. 27	0. 30	0. 30	0. 24
%	**91. 24**	**80. 55**	**70. 37**	**64. 82**	**59. 71**	**84. 89**	**78. 21**

资料来源：根据 ILO、CEIC 数据库，以及《中国劳动统计年鉴》相关数据计算。

其次，与我国吸引 FDI 及产品出口的主要竞争对手相比，我国制造业单位产出劳动力成本也是最低的。2008 年，我国制造业单位产出劳动力成本是巴西的 13. 74%，墨西哥的 30. 85%，印度的 30. 27%，印度尼西亚的 78. 21%，菲律宾的 14. 44%，泰国的 62. 84%。

从表 1 还可以发现，不管是相对于 FDI 主要来源地和主要贸易伙伴，还是相对于吸引外资和产品出口的主要竞争国，2002 年以来我国制造业单位产出劳动力相对成本（即 ULC 之比）呈现逐年下降趋势。这意味着我国制造业的劳动力成本优势在不断强化。2002 ~ 2008 年，我国狭义劳动力成本年递增 13.94%，广义劳动力成本年递增 15.24%。同期我国制造业劳动生产率年递增 16.88%，远高于第一类和第二类国家劳动生产率的增长幅度（见表2）。因此，我国制造业单位产出劳动力成本（即 ULC）不升反降。而其他国家的 ULC 却出现了不同程度的增长。两者共同作用，我国制造业单位产出相对劳动力成本（RUCL）逐年下降。

表 2　　2002 ~ 2008 年制造劳动力成本、劳动生产率及 ULC 增长率　　单位：%

国家和地区	劳动力成本	劳动生产率	ULC	国家和地区	劳动力成本	劳动生产率	ULC
中国	15.24	16.88	-1.18	中国台湾	4.10	2.29	1.81
美国	3.00	1.64	0.99	巴西	17.98	1.59	16.05
日本	4.18	1.49	2.60	墨西哥	2.08	1.08	0.80
德国	9.68	0.88	8.63	中国	13.94*	16.88	-2.41
英国	7.79	1.95	5.43	中国香港	3.93	3.91	0.04
意大利	11.62	-0.23	11.57	印度	37.50	5.84	30.09
法国	10.68	1.10	9.92	菲律宾	15.32	3.23	11.69
荷兰	10.63	1.42	9.09	俄罗斯	26.96	6.27	19.19
韩国	7.80	2.99	3.53	泰国	4.85	3.20	1.16
新加坡	7.61	1.80	5.64	印度尼西亚	4.06	4.04	0.00

注：*以下各栏的劳动力成本都是狭义的劳动力成本。

资料来源：根据 ILO、CEIC 数据库，以及《中国劳动统计年鉴》相关数据计算。

3. 分行业的制造业劳动力成本

下面把制造业粗略分为劳动密集型和资本密集型进行 ULC 分析。在制造业中，属于劳动密集型的大致包括 8 个行业：纺织业，纺织服装、鞋、帽制造业，皮革、毛皮、羽毛（绒）及其制品业，木材加工及木、竹、藤、棕、草制品业，家具制造业，造纸及纸制品业，文教体育用品制造业，非金属矿物制品业。

2009 年按广义劳动力成本计算的分行业制造业 ULC，最高的是文教体育用品制造业（0.474），最低的是有色金属冶炼及压延加工业（0.120）（见表 3）。前者属于劳动密集型行业，后者是资本密集型行业。总的来看，我国资本密集型行业的单位劳动力成本（ULC）要低于劳动密集型行业。2009 年，制造业的 ULC 为 0.283，其中，劳动密集型行业的均值为 0.324，① 而资本密集型行业的

① 这些数据是根据 CEIC 数据库中行业增加值与出口交货值的数据计算的。下文在计算 TC 指数时，进出口数据是根据 HS 分类调整为我国制造业分类后，再进行加总得到的。因此，两处的数据可能会有所差异。

均值为0.225，比劳动密集型行业低0.099。

表3　　**我国制造业分行业ULC**

行业名称	劳动力成本（万元/年）		劳动生产率（万元/年）		ULC		年均增长率（%）		
	1999年	2009年	1999年	2009年	1999年	2009年	劳动力成本	劳动生产率	ULC
农副食品加工业	0.73	2.76	4.22	18.33	0.173	0.151	14.25	15.82	-1.35
食品制造业	0.91	3.18	3.56	15.20	0.255	0.209	13.34	15.61	-1.96
饮料制造业	0.90	3.50	5.51	21.06	0.163	0.166	14.54	14.34	0.17
烟草制品业	1.68	9.40	31.75	177.54	0.053	0.053	18.76	18.78	-0.02
纺织业	**0.70**	**2.55**	**2.19**	**9.55**	**0.320**	**0.267**	**13.81**	**15.88**	**-1.79**
纺织服装、鞋、帽制造业	**0.86**	**2.88**	**2.50**	**6.23**	**0.346**	**0.462**	**12.82**	**9.58**	**2.95**
皮革、毛皮、羽毛（绒）及其制品业	**0.89**	**2.66**	**2.58**	**7.06**	**0.346**	**0.376**	**11.52**	**10.58**	**0.84**
家具制造业	**0.77**	**2.88**	**3.06**	**8.10**	**0.251**	**0.355**	**14.12**	**10.22**	**3.53**
文教体育用品制造业	**0.98**	**2.73**	**2.19**	**5.76**	**0.446**	**0.474**	**10.82**	**10.16**	**0.60**
通信设备、计算机及其他电子设备制造业	1.49	4.51	7.24	14.08	0.206	0.320	11.71	6.88	4.51
木材加工及木、竹、藤、棕、草制品业	**0.66**	**2.47**	**2.77**	**11.28**	**0.238**	**0.219**	**14.14**	**15.07**	**-0.81**
造纸及纸制品业	**0.77**	**3.05**	**2.98**	**14.21**	**0.260**	**0.214**	**14.67**	**16.90**	**-1.90**
印刷业和记录媒介的复制	0.91	3.50	3.28	10.30	0.278	0.340	14.41	12.14	2.03
石油加工及炼焦	1.57	5.66	8.24	40.00	0.191	0.142	13.67	17.11	-2.94
化学原料及化学制品制造业	0.92	3.86	3.28	21.01	0.280	0.184	15.44	20.41	-4.12
医药制造业	1.12	4.04	5.15	19.15	0.217	0.211	13.70	14.03	-0.29
化学纤维制造业	1.16	3.36	5.46	21.99	0.212	0.153	11.23	14.95	-3.23
橡胶制品业	0.93	3.34	2.84	12.17	0.328	0.274	13.59	15.65	-1.78
塑料制品业	0.90	3.12	3.49	10.51	0.257	0.297	13.25	11.66	1.43
非金属矿物制品业	**0.78**	**2.91**	**2.31**	**12.78**	**0.336**	**0.228**	**14.09**	**18.63**	**-3.82**
黑色金属冶炼及压延加工业	1.23	5.14	3.90	33.16	0.314	0.155	15.39	23.85	-6.83
有色金属冶炼及压延加工业	1.12	3.84	3.74	31.93	0.300	0.120	13.10	23.92	-8.73
金属制品业	0.87	3.35	3.26	11.93	0.267	0.280	14.44	13.86	0.50
通用设备制造业	0.91	3.99	2.46	13.62	0.369	0.293	15.96	18.67	-2.28
专用设备制造业	0.86	4.13	2.36	13.51	0.366	0.306	16.93	19.06	-1.79
交通运输设备制造业	1.15	4.86	3.76	19.09	0.306	0.255	15.49	17.64	-1.83

续表

行业名称	劳动力成本（万元/年）		劳动生产率（万元/年）		ULC		年均增长率（%）		
	1999年	2009年	1999年	2009年	1999年	2009年	劳动力成本	劳动生产率	ULC
电气机械及器材制造业	1.05	3.76	4.39	14.97	0.240	0.251	13.58	13.06	0.46
仪器仪表及文化、办公用机械	1.11	4.04	3.12	11.87	0.357	0.340	13.76	14.30	-0.48
制造业	0.96	3.75	3.01	13.26	0.318	0.283	14.62	15.98	-1.17

资料来源：根据 CEIC 数据库、《中国劳动统计年鉴》相关数据计算。

1999～2009 年我国制造业 ULC 年均增速为负数，说明我国制造业单位产出劳动力成本在下降，产业竞争力因此进一步提高。但就劳动密集型与资本密集型产业看，趋势不同，1999～2009 年，前者约有一半行业的 ULC 在上升，而后者却基本上是下降的。

三、劳动力成本上升对企业利润率的影响

近年来，反对进一步提高制造业劳动报酬水平的一个重要观点是在国际竞争压力下，我国制造业尤其是劳动密集型行业已经利润微薄，对要素成本尤其是劳动力成本变化十分敏感。提高劳动报酬将会导致大量企业倒闭，工人失业，劳资两亏，因此不宜提高劳动报酬。

如表 4 和表 5 所示，（1）就静态而论，提高人均劳动报酬对制造业企业的利润率有明显的影响。其中，劳动密集型行业利润率受劳动成本影响的程度要大于资本密集型。以 2009 年为例，人均劳动报酬提高 10%，劳动密集型行业的利润率将下降 8.6%～29.7%；而资本密集型行业的利润率将下降 3.8%～17.6%。（2）劳动报酬上升对利润率影响是逐年下降的。例如，就影响最大的文教体育用品行业来看，劳动报酬提高 10%，行业利润率在 2006 年会下降 41.4%，但是到了 2009 年，下降幅度就降为 29.7%。这说明我国企业对于劳动力成本变化，有较大调整适应能力。（3）从动态看，现有的劳动报酬上升幅度并没有对企业经营利润造成负面影响（见表 5）。不管是劳动密集型行业还是资本密集型行业，2006～2009 年劳动报酬年均增速虽然超过 10%，但是，除石油加工及炼焦、黑色金属冶炼及压延加工、有色金属冶炼及压延加工三个资本密集型行业，制造业其他行业利润总额和利润率都在增长，而利润下降的这些行业却是同期单位产出劳动力成本（ULC）下降最快（有色金属冶炼及压

延、黑色金属冶炼及压延）或较快的行业，也就是说，其利润下降与 ULC 并不相关。整个制造业的运行情况至少说明，目前为止，提高劳动报酬尚未导致企业利润总额和利润率下降，相反，利润总额随着劳动报酬的增长而更快增长。

表 4　　劳动力成本变动对企业利润率的影响

行业名称	劳动力成本提高 10% 对利润率的影响（%）				劳动力成本提高 20% 对利润率的影响（%）			
	2006年	2007年	2008年	2009年	2006年	2007年	2008年	2009年
农副食品加工业	-7.7	-6.3	-6.6	-6.6	-15.4	-12.6	-13.2	-13.1
食品制造业	-10.3	-8.8	-9.6	-7.8	-20.5	-17.4	-19.1	-15.5
饮料制造业	-6.9	-6.2	-6.6	-6.3	-13.8	-12.3	-13.2	-12.5
烟草制品业	-3.3	-3.0	-3.2	-3.8	-6.6	-6.0	-6.4	-7.6
纺织业	**-18.4**	**-16.2**	**-16.5**	**-15.1**	**-36.5**	**-32.2**	**-32.8**	**-29.9**
纺织服装、鞋、帽制造业	**-27.8**	**-27.8**	**-25.5**	**-22.2**	**-54.9**	**-54.9**	**-50.3**	**-43.9**
皮革、毛皮、羽毛（绒）及其制品业	**-27.8**	**-23.3**	**-21.8**	**-17.7**	**-54.9**	**-46.0**	**-43.0**	**-35.0**
木材加工及木、竹、藤、棕、草制品业	**-12.5**	**-10.5**	**-10.3**	**-9.9**	**-24.9**	**-20.9**	**-20.5**	**-19.7**
家具制造业	**-20.2**	**-20.1**	**-21.8**	**-16.2**	**-40.0**	**-39.8**	**-43.1**	**-32.0**
造纸及纸制品业	**-10.7**	**-8.8**	**-9.9**	**-9.8**	**-21.2**	**-17.5**	**-19.7**	**-19.4**
印刷业和记录媒介的复制	-14.5	-13.2	-13.8	-13.1	-28.7	-26.1	-27.2	-26.0
文教体育用品制造业	**-41.4**	**-37.8**	**-43.9**	**-29.7**	**-81.6**	**-74.6**	**-86.5**	**-58.6**
石油加工及炼焦	9.2	-16.3	4.0	-5.4	18.4	-32.5	8.0	-10.8
化学原料及化学制品制造业	-8.3	-6.6	-8.3	-8.2	-16.5	-13.2	-16.5	-16.4
医药制造业	-9.8	-7.7	-7.3	-7.3	-19.4	-15.2	-14.5	-14.4
化学纤维制造业	-14.6	-7.9	-16.9	-8.5	-29.1	-15.8	-33.7	-16.9
橡胶制品业	-16.4	-13.4	-17.0	-10.8	-32.6	-26.6	-33.7	-21.5
塑料制品业	-16.2	-14.4	-15.2	-14.1	-32.1	-28.6	-30.1	-27.9
非金属矿物制品业	**-13.2**	**-9.9**	**-9.3**	**-8.6**	**-26.1**	**-19.7**	**-18.4**	**-17.1**
黑色金属冶炼及压延加工业	-8.3	-6.5	-9.8	-12.4	-16.6	-13.0	-19.6	-24.7
有色金属冶炼及压延加工业	-4.7	-4.7	-8.3	-7.7	-9.3	-9.3	-16.6	-15.3
金属制品业	-14.5	-13.8	-13.8	-13.1	-28.8	-27.5	-27.4	-26.0
通用设备制造业	-12.6	-11.9	-12.1	-11.6	-24.9	-23.6	-23.9	-23.0
专用设备制造业	-13.4	-10.8	-11.9	-11.5	-26.6	-21.4	-23.7	-22.9
交通运输设备制造业	-12.2	-9.5	-10.4	-8.5	-24.2	-18.8	-20.6	-16.9
电气机械及器材制造业	-12.6	-11.1	-10.6	-9.9	-25.0	-22.0	-21.1	-19.6
通信设备、计算机及其他电子设备制造业	-15.0	-15.5	-18.8	-17.6	-29.8	-30.7	-37.3	-35.0
仪器仪表及文化、办公用机械制造业	-15.2	-13.2	-14.3	-12.9	-30.2	-26.1	-28.3	-25.6

资料来源：根据 CEIC 数据库、《中国劳动统计年鉴》相关数据计算。

表5　　2006～2009年制造业劳动报酬、利润总额及利润率年均增速　　单位：%

行业名称	劳动报酬	利润总额	利润率
农副食品加工业	30.57	38.49	6.97
食品制造业	24.87	37.93	11.47
饮料制造业	29.33	34.37	8.48
烟草制品业	16.63	11.77	1.17
纺织业	**16.19**	**24.61**	**9.30**
纺织服装、鞋、帽制造业	**20.78**	**30.76**	**9.65**
皮革、毛皮、羽毛（绒）及其制品业	**12.52**	**31.81**	**14.33**
木材加工及木、竹、藤、棕、草制品业	**32.06**	**43.31**	**7.61**
家具制造业	**19.31**	**28.87**	**5.43**
造纸及纸制品业	**20.32**	**24.34**	**6.05**
印刷业和记录媒介的复制	22.30	26.92	5.94
文教体育用品制造业	**12.74**	**26.43**	**10.41**
石油加工及炼焦	17.69	-243.95	-235.54
化学原料及化学制品制造业	23.80	24.27	2.56
医药制造业	24.30	38.70	12.44
化学纤维制造业	11.75	34.85	27.36
橡胶制品业	21.78	41.11	18.29
塑料制品业	24.27	30.71	9.85
非金属矿物制品业	**24.07**	**44.25**	**13.03**
黑色金属冶炼及压延加工业	15.23	0.21	-16.70
有色金属冶炼及压延加工业	21.38	1.75	-14.42
金属制品业	24.88	29.62	5.77
通用设备制造业	25.07	28.66	2.33
专用设备制造业	28.09	35.28	5.42
交通运输设备制造业	27.54	45.10	15.23
电气机械及器材制造业	25.57	37.10	12.74
通信设备、计算机及其他电子设备制造业	21.93	15.57	4.93
仪器仪表及文化、办公用机械制造业	15.65	22.80	9.69

资料来源：根据CEIC数据库、《中国劳动统计年鉴》相关数据计算。

四、劳动力成本上升对制造业国际贸易竞争力的影响

制造业是我国的主要出口行业。2001年，我国农副食品加工业等28个行业出口额占我国出口总额的69.83%，2009年为85.86%。如果按行业出口额

除以产业增加值来计算行业出口依存度，2001 年农副食品加工业等 28 个行业的出口依存度达 69.68%，2008 年为 76.38%，虽受金融危机影响，2009 年仍高达 59.83%。较高的出口依存度意味着出口是制造业利润的重要来源。因此，有必要对劳动报酬变动对制造业贸易竞争力的影响进行分析。

根据余淼杰（2008）的文章，我国制造业编码与 HS 两位码的对应关系如表 6 所示，据此研究我国制造业国际贸易竞争力状况。

表 6　　我国制造业编码对应的 HS 两位码

制造业编码	HS 两位海关编码
农副食品加工业	02，03，04，07，11，15，17，20，23
食品制造业	04，17，19，21，22，23，25
饮料制造业	09，20，22
烟草制品业	24
纺织业	**50，51，52，53，54，56，60**
纺织服装、鞋、帽制造业	**61，62，63，64，65**
皮革、毛皮、羽毛（绒）及其制品业	**41，42，43，64，67**
木材加工及木、竹、藤、棕、草制品业	**44，45，46**
家具制造业	**94**
造纸及纸制品业	**48**
印刷业和记录媒介的复制	49
文教体育用品制造业	**32，92，95，96**
石油加工及炼焦	27
化学原料及化学制品制造业	28，29，31，32，33，34，38，39，40，54，55
医药制造业	30
化学纤维制造业	47，54，55
橡胶制品业	40，64
塑料制品业	30，39，64
非金属矿物制品业	**13，25，68，69，70**
黑色金属冶炼及压延加工业	72
有色金属冶炼及压延加工业	28，74，75，76，78，80，81
金属制品业	72，76，82，83，86
通用设备制造业	84
专用设备制造业	84
交通运输设备制造业	86，87，88，89
电气机械及器材制造业	85，94
通信设备、计算机及其他电子设备制造业	85
仪器仪表及文化、办公用机械制造业	90.91

资料来源：根据 CEIC 数据库、《中国劳动统计年鉴》相关数据计算。

在考察我国制造业分行业国际贸易竞争力时，本文采用贸易竞争力指数（TC）指标（见表7）。其计算公式为 $TC = (EX_i - IM_i)/(EX_i + IM_i)$。其中，$EX$、$IM$ 分别代表出口额、进口额，i 表示一国某一产业或某一产品。

表7　　TC与产品的国际贸易竞争力

TC指数值	产品的国际贸易竞争力
TC≥0.8	很强
0.5≤TC<0.8	较强
0<TC<0.5	强
TC=0	一般
-0.5≤TC<0	低
-0.8<TC<-0.5	很低
TC<-0.8	非常低

从表8可以看出，（1）2009年劳动密集型行业的TC指数都大于0。其中，纺织业，木材加工及木、竹、藤、棕、草制品业，造纸及纸制品业具有强竞争力；皮革、皮毛、羽毛（绒）及其制品业，文教体育用品业具有较强竞争力；而纺织服装、鞋、帽制造业，家具制造业具有很强竞争力。（2）2009年资本密集型制造业TC指数为正为负的行业个数约各占50%。其中，TC指数最高的是饮料制造业（0.64），具有较强竞争力；最低的是石油加工及炼焦（-0.72）。（3）从TC指数的变化看，我国劳动密集型行业2001~2009年的TC指数基本上是正增长。除了家具制造业TC指数微小下调外，其他7个劳动密集型行业的竞争力都进一步提高了。同期，资本密集型制造业ΔTC上升和下降的行业个数约各占一半。（4）虽然从分行业看，ΔTC有正有负。但是，TC变化为负的这些行业基本上没根本改变原来的竞争力状况。同期，制造业不同行业的劳动力报酬年均增长都超过了10%。可以说，提高劳动报酬不仅没有削弱劳动密集型制造业的竞争力，反而在一定程度上提高了其国际贸易竞争力。

表8　　2001~2009年我国制造业TC指数

行业名称	TC			2001~2009年	
	2001年	2006年	2009年	ΔTC	劳动报酬增速（%）
农副食品加工业	0.27	0.13	0.07	-0.20	14.25
食品制造业	0.16	0.06	-0.03	-0.19	13.34
饮料制造业	0.82	0.75	0.64	-0.18	14.54
烟草制品业	0.18	0.10	0.02	-0.16	18.76

续表

行业名称	TC			2001～2009 年	
	2001 年	2006 年	2009 年	ΔTC	劳动报酬增速（%）
纺织业	-0.05	0.15	0.31	**0.36**	**13.81**
纺织服装、鞋、帽制造业	0.93	0.96	0.96	**0.03**	**12.82**
皮革、毛皮、羽毛（绒）及其制品业	0.67	0.69	0.75	**0.08**	**11.52**
木材加工及木、竹、藤、棕、草制品业	-0.09	0.21	0.12	**0.21**	**14.14**
家具制造业	0.92	0.93	0.91	**-0.01**	**14.12**
造纸及纸制品业	-0.42	0.12	0.32	**0.74**	**14.67**
印刷业和记录媒介的复制	0.13	0.46	0.39	0.25	14.41
文教体育用品制造业	0.66	0.72	0.74	**0.08**	**10.82**
石油加工及炼焦	-0.35	-0.67	-0.72	-0.37	13.67
化学原料及化学制品制造业	-0.26	-0.16	-0.12	0.14	15.44
医药制造业	-0.14	-0.22	-0.27	-0.13	13.70
化学纤维制造业	-0.35	-0.06	-0.09	0.26	11.23
橡胶制品业	0.66	0.53	0.55	-0.11	13.59
塑料制品业	0.03	0.05	0.01	-0.02	13.25
非金属矿物制品业	0.35	0.49	0.54	**0.18**	**14.09**
黑色金属冶炼及压延加工业	-0.66	0.11	-0.35	0.31	15.39
有色金属冶炼及压延加工业	-0.20	-0.12	-0.37	-0.17	13.10
金属制品业	-0.19	0.28	-0.02	0.17	14.44
通用设备制造业	-0.09	0.26	0.31	0.41	11.71
专用设备制造业	-0.09	0.26	0.31	0.41	16.93
交通运输设备制造业	-0.02	0.13	0.16	0.19	15.49
电气机械及器材制造业	0.02	0.07	0.16	0.14	13.58
通信设备、计算机及其他电子设备制造业	-0.04	0.02	0.11	0.15	13.76
仪器仪表及文化、办公用机械制造业	-0.13	-0.27	-0.25	-0.11	14.62

资料来源：根据 CEIC 数据库、《中国劳动统计年鉴》相关数据计算。

五、结论

本文的研究得到以下几个结论。

（1）1999 年以来，制造业劳动报酬水平年递增 10% 以上，但是，我国制造业单位产出劳动力成本（ULC）仍然呈下降趋势，2009 年的 ULC 甚至不及 1999 年的 90%。主要原因是制造业的劳动生产率提高速度大大超过了劳动报酬的增长幅度。它造成了劳动报酬占产业附加值的比重持续下降的趋势。国际比较发现，不管是与我国 FDI 主要来源地、主要贸易伙伴还是与吸引外资、出口商品的主要竞争对手相比，我国制造业的相对单位产出劳动力成本（RUIC）不仅具有绝对优势，而且优势在继续强化之中。

（2）分行业来看，制造业中劳动密集行业的 ULC 及其增速均大于资本密集型行业。UCL 有所上升，这是由于近年来劳动密集型行业的劳动报酬在原有较低基数基础上增速大于劳动生产率增长；而资本密集型行业的 ULC 基本上仍呈下降趋势。

（3）静态看，劳动报酬变化对企业利润率有较大影响，但程度逐年减弱。就现实情况看，劳动报酬对企业利润率的动态影响却是相反的。伴随着不同行业劳动报酬的较快增长，企业的利润总额和利润率也在迅速增长，而且利润总额的增速还快于劳动报酬的增速。因此，从长期看，合理地逐步提高劳动报酬不仅不会对制造业企业利润率和利润总额带来消极影响，反而会促进企业利润总额增长和利润率提高。

（4）劳动报酬与制造业国际贸易竞争力之间也不存在着此消彼长的关系。近十年的数据说明，制造业中劳动密集型行业的国际贸易竞争力随着劳动报酬水平的提高而增长；伴随着劳动报酬增长，资本密集型行业的国际贸易竞争力上升与下降的行业数目前基本上是平分秋色。就其中国际贸易竞争力下降最大的行业而论，其单位产出劳动力成本基本上是下降的。因此，可以认为，劳动报酬仅仅是影响制造业国际贸易竞争力的一个因素，认为劳动报酬水平的提高将导致制造业国际贸易竞争力下降的说法是没有根据的，其影响的方向及其程度还取决于国内外其他众多因素的共同作用。

仅就上述研究结果，或许尚不能得出一个国家的劳动报酬水平应有变动方向的政策结论，但是，在劳动报酬、居民收入占 GDP 的比重多年持续下降以致国内消费不振，已经导致经济增长严重依赖投资与出口增长的情况下，上述研究结论的政策推论就十分明确了。

参考文献

［1］贡森：《我国劳动力市场竞争力的国际比较研究》，国务院发展研究中心调查报告，2003 年。

［2］贺聪、尤瑞章、莫万贵：《制造业劳动力成本国际比较研究》，载《金融研究》2009 年第 7 期。

[3] 金碚、李钢、陈志：《中国制造业国际竞争力现状分析及提升对策》，载《财贸经济》2007 年第 3 期。

[4] 李丹、胡小娟：《中国制造业企业相对效率和全要素生产率增长研究》，载《数量经济技术经济研究》2008 年第 7 期。

[5] 马丹、许少强：《中国国际竞争力的历史变迁与冲击来源》，载《国际金融研究》2006 年第 1 期。

[6] 曲玥：《制造业劳动生产率变动及其源泉》，载《经济理论与经济管理》2010 年第 12 期。

[7] 任若恩、柏满迎、黄勇峰等：《关于中国制造业国际竞争力的研究》，载《政策与管理》2001 年第 11 期。

[8] 王慧敏、任若恩：《对国际竞争力指标——以单位劳动成本为基础的实际有效汇率的研究》，载《生产力研究》2003 年第 1 期。

[9] 王玉、曲俊斌、南洋：《中国各地区制造业竞争力及其影响因素的实证研究》，载《财经研究》2011 年第 2 期。

[10] 余淼杰：《中国贸易自由化与制造业企业的生产率》，工作论文，北京大学中国经济研究中心，2008 年。

[11] 袁富华：《中国劳动密集型制造业出口和就业状况分析》，载《经济理论与经济管理》2007 年第 4 期。

[12] Janet Ceglowski and Stephen Golub, Just How Loware China's Labor Costs?, *working paper*, 2005.

[13] Judith Banister, Manufacture China today: Employment and labor compensation, *Economics Program Working Paper Series*, 2007.

[14] Vivian Chen, Bart van Ark, Qin Xiao and Harry X. Wu, Labor Compensation, Productivity and Unit Labor Cost in Chinese Provinces, Paper for International Conference on Experiences and Challenges in Measuring National Income and Wealth in Transition Economies Organized by the International Association for Income and Wealth and the National Bureau of Statistics of China September 18 - 21, 2007, Friendship Hotel, Beijing, China, 2007.

“劳动力成本上升论”引发的思考*

近年来，中国制造业劳动力成本不断上升的说法似乎已成为一种“共识”。老板们抱怨劳动力成本上升导致企业经营困难，利润暴跌；官员们担心如果继续提高劳动工资，当地的招商引资吸引力不再，投资从而经济增长、财政收入增长目标将要落空；不少经济学家害怕：自主创新能力尚未形成，新的产业优势有待培育，劳动力成本上升却使劳动密集型产品国际竞争优势弱化，既有优势产业衰落，岂不要因此落入一些国家曾经落入的“中等收入陷阱”？

然而，劳动力成本上升论似乎难以解释众多悖论：劳动力成本不断提高，何以基尼系数却不断上升，超过了公认的警戒线？为何至今国内消费尤其是居民消费不振？在城市化水平刚刚达到50%——这还是将候鸟般流动的农民工这种半城市化人口都算在内的结果——的中国，劳动力成本不断提高，为什么没有吸引更多农民进城，沿海地区的民工荒至今仍无缓解迹象？劳动力成本如果大幅度上升，产业升级换代势必加快。然而，近十年来，福建省的劳动密集型产业却恢复了强劲增长势头，一定程度上遏制了福建省的重化工业化势头。十年来，轻重工业比重大体不变。

因此，不能不问：(1) 劳动力价格是否真在上升？(2) 是否存在着这样的可能：劳动力价格上升，但劳动力成本上升却是子虚乌有的伪命题？(3) 伪命题为什么却成为了“共识”？

劳动力价格，指雇主为购买一定时间的劳动服务而支付的劳动报酬。狭义仅指工资，广义则包括工资、职工福利费用、社会保险费用、劳动保护费用、职工住房费用、职工教育经费和其他人工成本支出。按照广义口径，1999～2009年，我国制造业的小时劳动报酬年均提高了13.81%。按照小时劳动报酬

---

* 本文原载于《福建日报》2012年4月24日第13版（理论版）。

计算，这十年来，中国的劳动力价格确实上涨了。

但是，劳动力价格上涨未必意味着劳动力成本上升。因为成本是生产一定产品或服务的物化或活劳动消耗。成本永远与一定的产出相联系，因而，对于经济分析而言，有意义的只能是单位产品成本。这也就意味着：如果劳动生产率提高快于劳动报酬增长，那么，尽管劳动报酬从而劳动力价格在上涨，但是，劳动力成本却是下降的。这恰恰是中国目前的现实。1999~2009 年，中国制造业劳动生产率年均提高了 15.16%，高于劳动报酬增长。因此，我国 2009 年制造业的单位劳动力成本（ULC）仅为 1999 年的 88.9%。

单位劳动力成本下降有利于提高产品的市场竞争力。换算成国际可比的单位劳动力成本之后，我们发现，中国近十年来的单位劳动力成本无论是与发达国家还是发展中国家比，都是下降的。2002 年，中国制造业的 ULC 为 0.29，2008 年降至 0.27。同期，美国制造业的 ULC 从 0.82 上升到 0.87。2002 年，中国制造业的 ULC 是美国的 35.07%，2008 年降至 30.35%。与其他发达国家的 ULC 相比，比例不同，但下降趋势无一例外。与在美日欧市场上与我国竞争的发展中国家的 ULC 相比，也是如此。也就是说，我国制造业的单位劳动力成本，无论是从纵向看（与本国历史水平比），还是从横向看（与外资来源地及贸易竞争对手相比），都是下降的。这意味着这十年来，尽管我国的劳动力价格有较大幅度上升，但是，我国制造业劳动力成本的国际比较优势仍在不断强化之中。这也就在一定程度上解释了为什么国际市场一旦稍有复苏，我国的劳动密集型产品的出口需求便急剧上升。为什么 2002 年之后，福建的劳动密集型产业增长态势如此强劲，以致一度遏制了福建重化工业化的发展势头。

行文至此，关于中国劳动密集型产品的国际竞争力消长，其实已有结论。但是不妨利用国际贸易竞争指数（TC）换个角度验证一下。计算发现，第一，2009 年，中国的劳动密集型行业的 TC 指数都大于 0。其中，纺织业，木材加工及木、竹、藤、棕、草制品业，造纸及纸制品业具有强竞争力（0 < TC < 0.5）；皮革、皮毛、羽毛（绒）及其制品业，文教体育用品业具有较强竞争力（0.5≤TC < 0.8）；纺织服装、鞋、帽制造业，家具制造业具有很强的竞争力（TC≥0.8）。第二，2009 年，资本密集型制造业 TC 指数为正为负的行业约各占 50%。其中，TC 指数最高的是饮料制造业（0.64），具有较强竞争力；最低的是石油加工及炼焦（-0.72）。第三，从 TC 指数的变化看，我国劳动密集型行业 2001~2009 年的 TC 指数基本上是正增长。除了家具制造业 TC 指数略微下降外，其他 7 个劳动密集型行业的 TC 指数都进一步提高了。同期，资本密

集型制造业中，国际贸易竞争指数上升和下降的行业约各占一半。第四，虽然分行业看，国际贸易竞争指数的边际变化（ΔTC）有正有负。但是，TC 边际变化为负的行业基本上没有改变原来的竞争力状况。因此，可以说，这十年来，劳动力价格上升不仅没有削弱劳动密集型制造业的竞争力，反而在一定程度上提高了其国际贸易竞争力。

那么，老板们的利润如何呢？计算说明，（1）就静态而论，提高人均劳动报酬对制造业企业当年的利润率有明显影响。其中，劳动密集型行业利润率受劳动报酬变动的影响程度大于资本密集型。以 2007 年为例，人均劳动报酬提高 10%，劳动密集型行业利润率将下降 8.6%～29.7%；而资本密集型行业利润率将下降 3.8%～17.6%。（2）劳动报酬上升对利润率影响是逐年下降的。例如，就影响最大的文教体育用品行业来看，劳动报酬提高 10%，行业利润率在 2006 年会下降 41.4%，但是到了 2009 年，下降幅度就降为 29.7%。这说明我国企业对于劳动报酬变化是有较大调整适应能力的。（3）从动态看，现有的劳动报酬上升幅度并没有对企业经营利润造成负面影响。不管是劳动密集型还是资本密集型行业，2006～2009 年劳动报酬年均增速虽然超过 10%，但是，除石油加工及炼焦、黑色金属冶炼及压延加工、有色金属冶炼及压延加工三个资本密集型行业，制造业及其他行业利润总额和利润率都在增长，而利润下降的这些行业却是同期单位劳动力成本（ULC）下降最快（有色金属冶炼及压延、黑色金属冶炼及压延）或较快的行业，也即其利润下降与 ULC 无关。整个制造业的运行情况至少说明，目前为止，提高劳动报酬尚未导致企业利润总额和利润率下降，相反，利润总额随着劳动报酬的增长而更快增长。

说明尽管这十多年来中国的劳动力价格是在上升，但是，劳动力成本在上升，因此弱化了我国产品国际竞争力，侵蚀企业利润的判断却是子虚乌有的伪命题。

令人难以理解的是，为什么伪命题却成为了“共识”？当然，也许是理论上的疏忽，没有弄清楚劳动力价格与劳动力成本的区别。“忘记”了如果劳动生产率更快提高，劳动力成本会在劳动力价格提高的同时下降。尽管这种失误很初级，但不能说完全不可能发生。问题是，出口在增长，利润在增长，当地的劳动密集型产业在强劲发展，整个国民经济的基尼系数在不断扩大，居民消费持续不振，这些明白无误的事实为什么却没有引起足够的注意和必要的反思呢？

理论上的一时疏忽难以避免，准确地把握经济事实，需要深入细致的研究。如果没有利益的干扰，失误总是较易纠正的。但是，我不能不杞人忧天：

如果论坛上的声音尽都来自官产学三界“精英”，普通劳动者被迫成为“沉默的大多数”，舆论也许因此容易为特定阶层的利益所绑架？如果如此，荒唐的伪命题则很有可能通过众口一词的千遍有意重复而变成“共识”甚至“真理”，从而转化为指导实践的错误政策。

或许我们因此可以而且也应该从近年来关于劳动力成本的讨论中引发更多的思考？

劳动力价格与劳动力成本：不同的变动趋势*

最近几年来，中国制造业劳动力成本正在上升似乎已经成为官产学三界的一种主流看法。随之而来的是对进一步提高劳工工资水平的担心，对中国产品在国际市场上竞争力状况的种种忧虑。

但是，对于这个“主流看法”，我持怀疑态度。因为，存在着诸多似乎与之相悖的现象。

悖论1：近十年来，国内消费不足尤其是居民消费不振始终是困扰中国经济发展的大问题，由于国内消费不振，我国的经济增长严重地依靠投资与出口拉动，国民经济结构因此严重扭曲。居民消费不振，主要原因是普通劳动者的收入水平低，增长缓慢。

悖论2：在国民经济19个部门中，与中国产品国际竞争力关系最为密切的制造业的平均工资水平排倒数第五，不及金融业的一半，而在工业发达国家，制造业的平均工资水平一般与金融业等我们视为高收入行业的部门是大体相当的。因此，今后的发展趋势应该是提高我国制造业的工资水平，缩小与金融业等部门的收入差距。

悖论3：在中国，劳资双方就工资进行集体协商，可以说是刚刚起步，至今为止，能够真正代表劳动利益与资方进行工资谈判的组织可以说是几乎没有，一边是雇用几百上千人甚至几万工人的企业，一边是一盘散沙的劳工个体，只要懂得经济学ABC的人都知道，这样的劳动市场结构，工人的工资水平一定是低于双方力量均等下的均衡工资水平的。实现均衡，势必要求提高劳工工资水平。

悖论4：产业升级缓慢，以出口为导向的加工贸易产业在沿海地区至今仍

---

* 本文原载于《中国经济时报》2012年7月19日，《新华文摘》2012年第18期全文转载。

占相当比重，因此，对低技能劳工的需求一直非常旺盛。如果劳动力成本迅速上升，依靠廉价劳动力的加工贸易型产业将很快退出沿海地区。事实是，2002年之后，沿海地区甚至有了更大的发展。

当然，对于这些以及更多未能一一举出的悖论，可以有各种各样甚至完全相反的解释。因此，回答这个问题的最好方法是对中国制造业劳动力成本进行全面、系统的实证研究。

在讨论劳动力成本问题时，首先需要明确讨论的对象。我认为，劳动力成本与劳动力价格，虽然相互联系，但却是两个概念。

劳动力价格，是指购买一定时间的劳动力使用权所支付的货币价格，通常称为工资，在不严格区分的情况下，也可以把它称为劳动力成本，但是，由于每个劳动者在单位劳动时间里可以完成的工作量是不同的，因此，单纯根据劳动报酬的大小，是无法确定产品成本中的劳动成本高低，从而产品的市场竞争力的。单位时间的劳动报酬，是劳动力价格而非企业生产中的劳动力成本。在严格意义上，劳动力成本，是指生产单位产品或服务所要支付的劳动报酬。只有这样定义的劳动力成本才与单位产品成本从而价格以及目前所讨论的中国产品的国际竞争力直接有关。这个成本在国际上被称为单位劳动成本（ULC）。它是衡量劳动成本高低的基本指标，也是观察一国一地区以至特定产业市场竞争力的重要指标。我们下面的讨论建立在单位劳动成本的概念基础上。

我们的研究发现，1999~2009年，我国制造业小时劳动报酬和劳动生产率呈现以下变化特征。（1）小时劳动生产率和小时劳动报酬都呈较快增长态势，但制造业小时劳动生产率年均增长15.16%，比小时劳动报酬增速（13.81%）高出1.35个百分点。（2）制造业的单位产出劳动力成本在1999~2004年逐年下降；2004年之后虽开始呈上升趋势，但是2009年仍然低于1999年，前者仅为后者的88.9%。也就是说，如果我们所说的劳动力成本是指单位劳动成本的话，中国近十年的变化趋势是下降的。

我们进一步进行的国际比较研究发现：

（1）到目前为止，与发达国家及地区相比，我国制造业单位劳动力成本仍然具有绝对优势。2008年，我国制造业的单位劳动力成本仅为美国的30.35%，中国香港的48.23%，日本的31.73%，德国的19.24%，英国的25.79%，意大利的24.56%，法国的27.44%，荷兰的22.58%，韩国的22.69%，新加坡的20.07%，中国台湾的53.98%，俄罗斯的22.22%。

（2）与发展中国家比，目前我国制造业单位产出劳动力成本也是最低的。2008年，我国制造业单位产出劳动力成本是巴西的13.74%，墨西哥的30.85%，印度的30.27%，印度尼西亚的78.21%，菲律宾的14.44%，泰国的62.84%。

（3）从动态上看，我国制造业的劳动力成本优势在不断强化中。2002～2008年我国制造业的单位劳动力成本不升反降。然而，我国外商投资主要来源地和主要贸易伙伴以及吸引外资和产品出口的主要竞争国的单位劳动力成本却出现了不同程度的增长。

就总体而言，1999～2009年我国制造业单位劳动力成本年均增速为负数，也就是说，所谓我国制造业劳动力成本上升的说法，就1999年以来的数据而言，是不能成立的。得益于单位劳动力成本的负增长，我国制造业的产业竞争力因此进一步提高了。

以上是就制造业整体而言，制造业内部各个行业的情况如何呢？我们把制造业中的纺织业，纺织服装、鞋、帽制造业，皮革、毛皮、羽毛（绒）及其制品业，木材加工及木、竹、藤、棕、草制品业，家具制造业，造纸及纸制品业；文教体育用品制造业，非金属矿物制品业列为劳动密集型行业，其余算作资本密集型行业。研究发现，就劳动密集型与资本密集型产业看，趋势不同。

按广义劳动力成本（工资＋非工资费用）计算2009年制造业分行业的单位劳动力成本。资本密集型的单位劳动力成本要低于劳动密集型。2009年，制造业的单位劳动力成本为0.283，其中，劳动密集型行业的均值为0.324，而资本密集型行业的均值为0.225，比劳动密集型行业低0.99。就动态而言，1999～2009年，劳动密集型产业中约有一半行业的单位劳动力成本是在上升的，但是有一半仍然是下降的。而资本密集型产业的单位劳动力成本则基本上是下降的。

近年来，反对进一步提高制造业劳动报酬水平的一个重要观点是我国制造业尤其是劳动密集型行业已经利润微薄。提高劳动报酬将会导致大量企业倒闭，工人失业，劳资两亏。

我们的计算发现：

（1）就静态而论，提高劳动报酬对制造业企业当年的利润率是有明显影响的。其中，劳动密集型行业利润率受劳动成本影响要大于资本密集型。以2009年为例，人均劳动报酬提高10%，劳动密集型行业的当年利润率将相应下降8.6%～29.7%；而资本密集型行业的利润率将下降3.8%～17.6%。

（2）但是，劳动报酬上升对利润率影响是逐年下降的。就影响最大的文教体育用品行业来看，劳动报酬提高10%，行业利润率在2006年会下降41.4%，但是在2009年，下降幅度就降为29.7%。这说明我国企业对于劳动力成本变化，有着较大的调整适应能力。

（3）从动态看，现有的劳动报酬上升幅度尚未对企业利润造成负面影响。

2006～2009年制造业劳动报酬年均增速超过10%，但是，除石油加工及炼焦、黑色金属冶炼及压延加工、有色金属冶炼及压延加工三个行业外，制造业其他行业利润总额和利润率都在增长，而石油加工及炼焦、黑色金属冶炼及压延、有色金属冶炼及压延这三个行业的利润下滑，却与这些行业的劳动力成本无关，因为同期这三个行业的单位劳动力成本都在大幅度地下降。这说明，目前为止，提高劳动报酬尚未导致制造业企业利润总额和利润率下降，相反，利润总额随着劳动报酬的增长而更快增长。

很多人担心提高劳动力报酬将对我国制造业国际贸易竞争力产生不利的影响。如果我们区分了劳动力价格与劳动力成本，根据单位劳动成本的变化来衡量劳动力成本的变化，那么，结论是很清楚的。这个结论也得到了相应的数据证实。

我们用贸易竞争指数（TC）考察了中国2001～2009年的制造业贸易竞争力变化情况，在此期间内，制造业不同行业的劳动报酬也即劳动力价格年均增长都超过了10%。研究结果发现：

（1）2009年劳动密集型行业的贸易竞争指数（TC）都大于零。其中，纺织业，木材加工及木、竹、藤、棕、草制品业，造纸及纸制品业具有强竞争力（$0<TC<0.5$）；皮革、皮毛、羽毛（绒）及制品业，文教体育用品业具有较强的竞争力（$0.5\leqslant TC<0.8$）；而纺织服装、鞋、帽制造业，家具制造业具有很强的竞争力（$0.8\leqslant TC$）。

（2）从贸易竞争指数的变化看，我国劳动密集型行业2001～2009年的贸易竞争指数基本上是正增长。除了家具制造业贸易竞争指数微小下调外，其他7个劳动密集型行业的竞争力都进一步提高了。

（3）虽然从制造业不同行业看，贸易竞争指数的边际变化有正有负。但是，贸易竞争指数变化为负的这些行业基本上没有根本改变原来的竞争力状况。目前为止，我国制造业劳动报酬（也即劳动力价格）上升，不仅没有削弱，反而在一定程度上促进了劳动密集型制造业国际贸易竞争力的提高，而资本密集型制造业的国际贸易竞争力变化与劳动报酬水平变化之间也不存在直接的关系。

如果把我们近年来在这一问题上的研究总结一下，可以得出以下结论：

（1）1999年以来，我国制造业劳动报酬水平年递增10%以上，但是，我国制造业单位劳动力成本（ULC）仍呈下降趋势，2009年的单位劳动力成本甚至不及1999年的90%。主要原因是制造业劳动生产率提高大大超过了劳动报酬增长，劳动报酬占产业附加值比重持续下降。国际比较发现，不管是与我国外商投资主要来源地、主要贸易伙伴，还是与吸引外资、出口商品的主要竞争对手相比，我国制造业的相对单位劳动力成本（RUIC）不仅具有绝对优势，而且优势在继续强化。

（2）分行业来看，制造业中劳动密集型行业的单位劳动力成本及其增速均大于资本密集型行业。劳动密集型产业中有部分行业的单位劳动力成本有所上升，这是由于近年来劳动密集型行业的劳动报酬在原有较低基数基础上增速较大导致的，而资本密集型行业的单位劳动力成本基本上仍呈下降趋势。

（3）静态看，劳动报酬变化对企业利润率有较大影响，但程度逐年减弱。就现实情况看，劳动报酬对企业利润率的动态影响却是相反的。伴随着不同行业劳动报酬的较快增长，企业的利润总额和利润率也在迅速增长，而且利润总额的增速还高于劳动报酬的增速。因此，从长期看，合理地逐步提高劳动报酬不仅不会对制造业企业利润率和利润总额带来消极影响，反而会促进企业利润总额增长和利润率提高。

（4）劳动报酬与制造业国际贸易竞争力之间也不存在着此消彼长关系。近十年数据说明，劳动密集型制造业的国际贸易竞争力随着劳动报酬水平的提高而增长；伴随着劳动报酬增长，资本密集型制造业的国际贸易竞争力上升与下降的行业数目前基本上是平分秋色。就其中国际贸易竞争力下降最大的行业而论，其单位产出劳动力成本是下降的。劳动报酬仅仅是影响制造业国际贸易竞争力的一个因素，认为劳动报酬水平的提高将导致制造业国际贸易竞争力下降的说法是没有根据的，其影响的方向及程度还取决国内外其他众多因素的共同作用。

当然，我们的研究结论还有待于进一步验证与深化。但是，如果这些数据是真实的，大体反映了我国劳动力成本的基本情况，那么，不能不提出一个疑问：为什么在这样的事实面前，“主流看法”竟会得出我国的劳动力成本上升，并已经危及企业利润、产业的国际竞争力的结论？一个解释是，没有区分劳动力价格与劳动力成本尤其是单位劳动力成本，仅仅根据劳动报酬上升就得出了上述结论。尽管作为专业人士，不应出现这样的常识性错误，但是偶有疏忽，也可以谅解。但是，我更为担心的是利益驱动下的异口同声。企业主们总是希望无限制地扩展利润空间，政府部门更多地关心经济增长及财政收入的最大化，普通劳工由于意见表达的渠道不畅，往往被迫成为“沉默的大多数”。在这个时候，或许，学界应当更多地保持清醒的头脑，科学的研究态度，研究中的价值中立性以及政策建议的社会价值取向？

劳动力市场分化与行业间工资差距变动趋势研究*

一、问题的提出

提高普通劳动者的劳动报酬是调整我国国民收入“两高一低”① 结构失衡，缩小收入差距，扩大国内消费的重要方式，也是转变经济发展方式，跨越中等收入陷阱，实现社会主义基本价值取向的必经之路。近期的一些研究发现②：（1）在非农产业中③，制造业平均工资水平严重偏低，是国民经济19个部门中最低的六个部门之一④。相比发达市场经济国家，反差巨大（见表1）。（2）尽管近年来我国制造业的工资水平有较大幅度增长，但仍远远低于其劳动生产率的增长速度。从单位劳动成本（unit labor cost，ULC）角度看，我国制造业劳动成本基本没有上升。同时，近10年来，无论是与主要出口竞争对手国还是主要出口对象国相比，我国制造业的相对单位劳动成本（relative unit labor cost，RULC）不仅较低，而且至今仍呈不断下降趋势。（3）伴随着制造业工资

---

* 本文原载于《山东大学学报》（哲学社会科学版）2013年第5期。共同作者：王燕武、郑建清。

① “两高一低”是指我国近十余年来在国民收入支出上出现的“高投资率、高净出口率、低消费率”结构失衡。

② 李文溥、郑建清、林金霞：《制造业劳动报酬水平与产业竞争力变动趋势探析》，载《经济学动态》2011年第9期；王燕武、李文溥、李晓静：《基于单位劳动力成本的中国制造业国际竞争力研究——兼论劳工工资的上涨空间》，载《统计研究》2011年第10期。

③ 农村居民收入严重低于城市居民而且差距不断扩大，也是我国收入分配差距扩大、居民消费不足的重要原因之一。2010年，农村居民人均纯收入仅为城市居民的31.25%，占中国人口50%以上的农村居民，其消费不到GDP的10%。参见厦门大学“中国季度宏观经济模型（CQMM）”课题组：《中国宏观经济预测与分析——2011年春季报告》，2011年2月。

④ 其余五个部门是居民服务和其他服务业，水利、环境和公共设施管理业，建筑业，住宿和餐饮业，农、林、牧、渔业。

水平的提升，我国制造业的利润总额更快增长，制造业产品的国际贸易竞争力也在提升之中。因此，不论是与发达国家横向比较，还是从我国制造业的国际竞争力状况看，我国制造业都存在着提高工资水平的较大空间。

表 1　　2010 年部分国家分行业平均周薪对比　　单位：美元

行业	美国	德国	英国	日本	俄罗斯	中国
产品制造部门	819. 19	1092. 99	—	—	—	—
采矿和伐木	1063. 28	1454. 54	—	1054. 26	215. 26	125. 54
建筑	891. 85	767. 79	826. 66	1062. 77	114. 24	78. 19
制造业	765. 08	1145. 87	809. 67	1031. 76	102. 94	87. 82
服务部门	606. 11	798. 01	674. 47	—	—	—
贸易运输	559. 62	779. 18	458. 27	853. 39	118. 70	148. 99
信息业	938. 69	—	—	1345. 38	—	—
金融活动	776. 82	904. 15	891. 69	1362. 14	270. 44	199. 25
职业和商业服务	798. 59	—	—	—	—	—
教育和卫生服务	646. 52	843. 66	—	983. 84	80. 39	114. 21
餐饮、休闲娱乐服务	280. 87	407. 18	—	363. 87	72. 66	80. 98
公共部门及防卫	—	1047. 06	718. 38	—	135. 55	108. 62
其他服务	524. 02	718. 40	—	774. 61	88. 34	—

注：部门分类以美国为准。其他国家的个别部门数据取近似或均值，如教育和卫生服务；德国为 2009 年的数据。

资料来源：美国的数据来自美国劳工部数据库，其余国家的数据整理自 CEIC 数据库。

与此同时，中国国民经济结构失衡、消费占比下降却严重制约着经济发展向内源自主推动、国内消费拉动方式的转变，为缩小行业间收入差距、促进居民消费，进而提高消费占比，促进发展转型，有必要进一步提高以制造业为代表的竞争性部门普通劳动者的工资水平。然而，提高制造业工资是否会传递到其他行业，引发其他行业的工资水平轮番上升，从而推动工资—物价螺旋性上涨，是值得研究的。

本文对我国部门间工资传递问题进行研究。我们将城镇各部门分为以制造业为代表的竞争性行业和垄断性行业，农村分为农村非农行业及农业，在统计分析的基础上利用面板 VAR 模型考察各行业平均工资之间的传递作用。研究发现，首先，以制造业为代表的竞争行业与垄断行业之间存在非市场性的工资传递效应，这是近十几年来，我国以制造业为代表的竞争行业与垄断行业之间的工资差距持续扩大的根本原因。其次，制造业工资与农村家庭劳均工资性收入之间存在正向传递效应，但是，与农村家庭劳均经营性收入之间没有明显的传递效应[①]。这说明，农村劳动力市场正在分化为农村非农业与农业两个分市场，农民工与农民逐渐成为不同的就业群体。最后，总体上，农村部门的收入仍然具有较强的独立性，城乡劳动力市场的二元结构特征依旧明显。

二、文献综述

对于行业间工资差距问题，当前国内的研究多集中于对行业工资差异的原因探讨。任国强和尚金艳（2011）指出，现有关于我国行业工资差距的研究，多从人力资本理论和制度理论方面加以解释，尤其是在制度方面，劳动力市场分割和所有制体制差异往往成为研究的切入点[②]。叶林祥等（2011）进一步总结出国内学者在分析行业间、企业间工资差距时的两种代表性观点。一是认为行业垄断是造成行业间、企业间工资差距的主要原因[③]。罗楚亮和李实（2007）等认为，其作用机制是垄断行业通过资源占有和行政特权等非市场化手段，获取超额利润，提高行业工资回报，并将行业内部高工资、高福利转嫁给消费者或政府[④]。二是认为不同所有制企业间的劳动力市场分割是造成企业工资收入差距不断扩大的潜在原因。其作用机制是非国有部门的工资决定主要以市场为导向，而国有部门的工资往往根据非市场因素来确定。因此，赖德胜（1999）等认为，制度特征差异决定了企业的工资

① 农村实际劳均收入是指农村家庭劳动力的平均收入。其估算方法如下：（1）把历年统计年鉴公布的农村居民人均家庭经营纯收入（或人均家庭工资性收入）乘以乡村常住人口数，得到农村居民家庭经营（或工资）总纯收入；（2）将总纯收入除以乡村就业人员中第一产业就业人员数，得到农业就业人员的人均纯收入。由于农村常住人口中包括儿童、老年人等一些没有或丧失劳动力的人口，因此，统计公布的农村人均收入会明显低于农村劳均收入，后者更能代表农村劳动者的实际收入。

② 任国强、尚金艳：《中国行业收入差距文献综述》，载《华东经济管理》2011 年第 12 期。

③ 叶林祥、李实、罗楚亮：《行业垄断、所有制与企业工资收入差距》，载《管理世界》2011 年第 4 期。

④ 罗楚亮、李实：《人力资本、行业特征与收入差距——基于第一次全国经济普查资料的经验研究》，载《管理世界》2007 年第 10 期；史先诚：《行业间工资差异和垄断租金分享》，载《上海财经大学学报》2007 年第 2 期；金玉国、崔友平：《行业属性对劳动报酬的边际效应及其细部特征》，载《财经研究》2009 年第 7 期；张原、陈建奇：《人力资本还是行业特征：中国行业间工资回报差异的成因分析》，载《世界经济》2009 年第 5 期；潘胜文：《典型垄断行业职工收入状况分析与对策》，载《经济问题探索》2009 年第 1 期；岳希明、李实、史泰丽：《垄断行业高收入问题探讨》，载《中国社会科学》2010 年第 3 期；陈钊、万广华、陆铭：《行业间不平等：日益重要的城镇收入差距成因》，载《中国社会科学》2010 年第 3 期。

差异①。最终，他们认为，行业垄断和所有制特征都是影响行业收入差距的重要因素，但所有制的影响大于行业垄断，行业垄断与国有企业的结合才会导致日益扩大的企业工资差距。因此，控制行业收入差距，要高度重视国有企业的工资决定行为。

应该说，已有的这些研究在解释我国行业工资差异形成方面是比较深刻的，也符合中国的现实。特别是关于行业垄断是造成行业间工资差距的主要原因的观点几乎已经成为共识。但目前来看，上述研究并没有涉及行业间工资传递机制及效应，因此，也无法对本文第一部分所提出的问题进行解答。事实上，尽管劳动力市场分割以及行业垄断的存在使得不同行业、不同所有制企业之间的工资决定机制是不同的，但是通过非市场渠道的传递，竞争性行业与垄断行业之间仍然是存在工资传递效应的。

关于部门间或行业间工资传递的理论探讨，巴拉萨－萨缪尔森（Balassa-Samuelson）效应假说（以下简称“BS 假说”）以及奥克鲁斯特（Aukrust, 1970）构建的斯堪的纳维亚模型（Scandinavian model）均指出，在市场经济中，贸易部门的工资快速增长会对其他部门产生明显的工资传递效应②。BS 假说中涉及部门间工资传递的观点可以归纳为 BS 假说的“国内版本”（Gaetano D'Adamo，2011），即生产率较高的贸易部门，工资水平也将较高；贸易部门的工资上涨将带动非贸易部门的工资增长，从而实现一国内部的工资均等化③。而斯堪的纳维亚模型则认为“暴露部门”的工资上涨将引起“隐蔽部门”工资的等比例上升④。由于制造业通常属于贸易部门或“暴露部门”，因此，这两个模型均认为制造业工资上涨将带动其他部门工资上升。

---

① 赖德胜：《教育劳动力市场与收入分配》，载《经济研究》1999 年第 5 期；Zhao yan-hui，Earnings Differentials between Stateand Non-state Enterprises in Urban China，*Pacific Economic Review*，7（1），2002，pp. 191－197；陈戈、Demurger、Fournie：《中国企业的工资差异和所有制结构》，载《世界经济文汇》2005 年第 6 期；李荻、张俊森、赵耀辉：《中国城镇就业结构所有制结构的演变：1999～2000》，载《经济学季刊》2005 年 10 月增刊；邢春冰：《不同所有制企业的工资决定机制考察》，载《经济研究》2005 年第 6 期；Demunger，Fournier，Li Shi and wei Zhong，Economic Liberalization with Rising Segmentation in China's Urban Labor Market，*Asian Economic Papers*，Vol. 5，No. 3，2006，pp. 59－101.

② Balassa，B.，The Purchasing Power Parity Doctrine：A Reappraisal，*Journal of Political Economy*，Vol. 72（6），1964，pp. 584－596；Aukrust，Odd，PRIM I：A Model of the Price Income Distribution Mechanism of an Open Economy，*Review of Income and Wealth* 16（1），1970，pp. 51－78.

③ Gaetano D'Adamo，wage spillovers across sectors in Eastern Europe，*ISSN working paper*，2011.

④ “暴露部门”是指参与国际产品竞争的开放经济部门，具体包括大多数制造业、一部分农业和矿业、航运业等；“隐蔽部门”则指封闭经济部门，包括一些由于受政府保护，或其本身性质，而完全不受外来竞争压力或受到的压力极轻的行业，如建筑业、公用事业、一部分制造业和农业及大多数服务性行业等。这种部门分类方法与 BS 假说中的贸易部门和非贸易部门的划分方法基本相似。并且，工资传递的方向同样也是“暴露部门”的工资上涨会引起“隐蔽部门”工资的等比例上升，即“暴露部门”是部门间工资传递的“领导者”。

不过，上述结论有两个重要的前提：(1) 存在统一而且自由流动的劳动力市场；(2) 工资传递方向是从高工资部门向低工资部门传递的，制造业属于工资较高的贸易部门。这两个前提目前在我国尚不能成立。因此，BS 假说和斯堪的纳维亚模型无法直接用来分析我国行业间的工资传递。

但是，除了市场化传导方式之外，行业间的工资传递还可能存在着非市场化的传导方式。它常常出现在不同行业工资决定机制存在明显差异的转轨制经济体中。达亚莫（D'Adamo，2011）对东欧国家的研究表明，通过工资加成、"羡慕"效应，短期内非贸易部门和公共部门的工资变化会引起贸易部门的工资变动。[①] 原因在于，非贸易部门没有外部竞争压力，部门内部的工资议价机制往往会导致更高的工资水平；而公共部门工资是外生决定的，其增长速度可以快于其他两个部门的劳动生产率。这意味着，一旦贸易部门的工资发生变化，非贸易部门和公共部门可以通过内部议价及外生设定工资等非市场化的手段来变动本部门的工资，不受劳动力自由流动的条件限制。

国内方面，张平和王宏淼（2007）指出，受资产价格上涨的影响，近年来我国可贸易工业部门的工资传递效应开始逐步显现，尤其是可贸易工业部门的工资提高对农业部门的工资传递效应非常明显，农民的劳动力投入成本正逐步向进城打工的基本工资靠拢，这对农产品成本和价格上涨有明显的推动效应[②]；刘煜辉（2009）同样认为工业部门的工资提高对农业部门的工资传递效应非常明显，国内农业部门产出越来越受到可贸易工业部门的工人工资的影响[③]。丁守海（2011）认为农民工工资上涨可能会先通过二元分割的就业制度推动城镇劳动工资更快上涨，进而拉大城乡劳动力收入差距[④]。由于农民工工资一般低于城镇劳动力，该研究实际上显示，在二元劳动力市场下，工资传递可以由低工资行业向高工资行业传递。姜励卿和钱文荣（2012）则对公共部门与非公共部门之间的工资差距进行了研究，认为由于非公共部门的工资决定机制高度市场化，而公共部门"均衡式"的工资决定模式却没有得到根本改变。因此，非公共部门的工资基本由市场决定，而公共部门却倾向于给本部门员工支付更多的工资溢价[⑤]。

综上所述，国外的相关文献研究主要以发达国家的竞争性劳动力市场为出

---

① Gaetano D'Adamo, wage spillovers across sectors in Eastern Europe, ISSN working paper, 2011.

② 张平、王宏淼：《"双膨胀"的挑战与宏观政策选择》，载《经济学动态》2007 年第 12 期。

③ 刘煜辉：《谨防货币政策伤害微观效率诱发"滞胀"》，载《上海证券报》2009 年 4 月 2 日。

④ 丁守海：《农民工工资上涨不会直接助推通货膨胀》，载《中国社会科学报》2011 年 7 月 6 日。

⑤ 姜励卿、钱文荣：《公共部门与非公共部门工资差异的分位数回归分析》，载《统计研究》2012 年第 1 期。

发点，不符合中国的实际情况；而国内相关文献则倾向于将行业间工资差异作为一个整体来研究，讨论导致行业间工资差距形成的原因，缺乏对行业间工资相互传递效应的细致实证研究①。这为本文的研究提供了空间。

三、经验事实及理论假说

（一）我国行业间工资差距演变

目前测算行业间工资差距的指标有两类：绝对指标和相对指标。前者主要包括极值差、离均差、方差和标准差，后者有基尼系数、泰尔指数、库兹涅茨指数和变异系数等。本文选用标准差、极值差、极值比及变异系数测算我国19大类行业工资的差距演变情况。

如表2所示，首先，行业平均工资的标准差和极值差在样本期间内呈现逐渐增长的趋势。2010年，最高行业工资与最低行业工资的极值差达53429元，约为1994年的13.7倍。表明17年来我国行业间收入差距正在不断扩大。其次，极值比在2008年达到最高（4.29）后，开始逐年下滑。到2010年，极值比下降为4.20。其主要原因是平均工资最低的农林牧渔业在此期间工资增速加快，使得最高行业工资与最低行业工资的极值比出现下降趋势。最后，平均工资变异系数逐渐增加。2010年全行业的平均工资变异系数为0.359，1994年仅为0.212。1994～2010年，我国行业间工资差距在迅速扩大。

表2　　1994～2010年中国行业平均工资差距变化情况

年份	标准差	极值差（元）	变异系数	极值比
1994	1084.1	3893	0.212	2.38
1995	1211.4	4313	0.203	2.23
1996	1414.7	4758	0.210	2.18
1997	1681.0	5359	0.228	2.24
1998	1833.8	6063	0.222	2.34
1999	2140.4	7093	0.234	2.48
2000	2449.3	8232	0.241	2.60

① 张平和王宏淼（2007）、刘煜辉（2008）的研究基本上是理论探讨，没有进行实证检验；丁守海（2011）则将注意力放在城乡工资传递的研究，缺乏对行业间工资传递的考量。

续表

年份	标准差	极值差（元）	变异系数	极值比
2001	2999.9	10544	0.256	2.86
2002	3476.9	12478	0.262	2.98
2003	4490.0	16441	0.294	3.39
2004	5162.4	18266	0.299	3.44
2005	6268.3	21648	0.316	3.64
2006	7520.5	26226	0.330	3.83
2007	9180.8	33164	0.342	4.06
2008	11150.6	41337	0.355	4.29
2009	12240.5	46042	0.354	4.21
2010	14063.9	53429	0.359	4.20

资料来源：各行业的平均工资数据来自 CEIC 数据库；2003 年之后的数据按《国民经济行业分类》（GB/T4754－1994）进行调整。

如果将国民经济各行业按照城乡分类，同时将城镇中的行业进一步分为垄断性行业、竞争性行业两组①，统计分析结果显示：不同的类、组之间以及它们内部行业间的工资差距变动呈现出不同的变化趋势②。

1. 竞争性行业内部工资差距变动趋势

1994～2001 年，竞争性行业内部的平均工资变异系数基本维持在 0.20 左右，随后在波动中缓慢下降（见图 1）。2002～2010 年，缩小到 0.173。可见，就竞争性行业内部而言，17 年来，工资差距在缩小。如果把交通运输、仓储及邮电通信业也列入竞争性行业③，新的平均工资变异系数变化曲线在 2000 年以前与原有的曲线几乎是重合的，2000 年以后，二者差距逐渐扩大。主要原因是，2003 年，交通运输、仓储及邮电通信业的平均工资同比增长了 47.5%，而竞争性行业内的其他行业最高涨幅仅为 23.9%（采掘业）。不过，2003 年之后，加入交通运输、仓储及邮电通信业的新的竞争性行业平均工资变异系数也

---

① 行业种类是根据 1994 年国民经济行业分类标准调整的。其中，垄断性行业主要包括电力、煤气及水的生产供应业，金融保险业，地质勘察和水利管理业，卫生体育和社会福利业，教育文化艺术及广播电影电视业，科学研究和综合技术服务业，国家机关、政党机关与社会团体业，交通运输、仓储及邮电通信业；竞争性行业则主要包括采掘业、制造业、建筑业、房地产业、社会服务业、批发零售贸易和餐饮业等。

② 限于篇幅，这里我们只给出工资差异变异系数的统计分析结果。

③ 交通运输、仓储及邮电通信业中的铁路运输业、航空运输业及邮电通信业明显属于垄断性行业，但公路运输业、水路运输业等行业则属于竞争性行业，吸收了大量农村剩余劳动力。

出现了收敛趋势（见图 1）。这说明，无论是否将交通运输、仓储及邮电通信业列为竞争性行业，都没有改变竞争性行业内部的工资传递趋势——在所研究的时段内，竞争性行业内的平均工资水平趋于收敛。

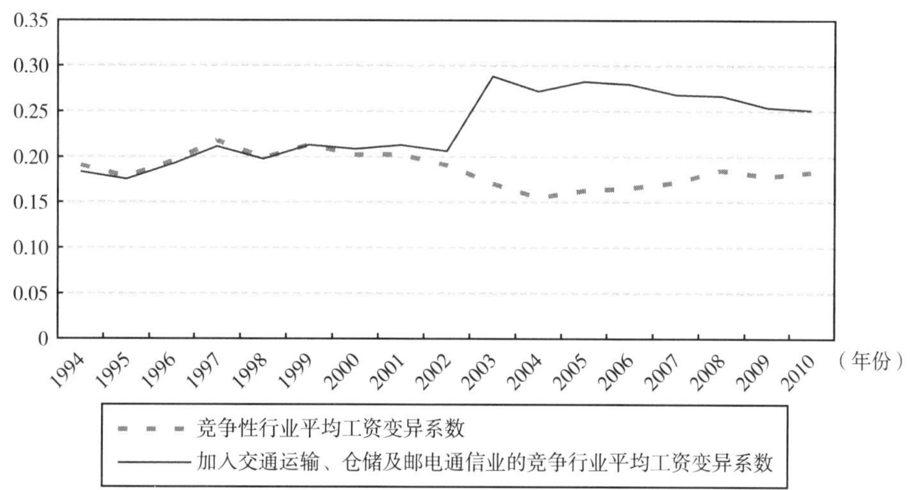

图 1　竞争性行业内部平均工资收入差距演变

资料来源：整理自 CEIC 数据库。

2. 垄断性行业内部工资差距变动趋势

1994～2002 年，垄断性行业内部的平均工资变异系数甚至低于竞争性行业（仅 0.15 左右），而且比较稳定。从 2003 年起，垄断性行业内部的收入差距迅速扩大，到 2010 年，平均工资变异系数超过 0.3，比 2002 年扩大了近 1 倍（见图 2）。这说明，样本期间内，垄断性行业的劳动力市场存在着与竞争性行业相反的市场性质及发展趋势。它原先的平均工资变异系数较小而稳定，近 10 年来迅速扩大，是行业内不同部门就业市场彼此隔绝、工资决定进一步非市场竞争化的结果。将交通运输、仓储及邮政通信业剔除出垄断性行业，新的垄断性行业平均工资变异系数的变动趋势基本与原来一致，但是趋势进一步强化了（见图 2）。

3. 垄断性行业与竞争性行业的工资差距变动趋势

样本期间内，垄断性行业与竞争性行业之间的平均工资变异系数不断扩大，由 1994 年的 0.16 扩大到 2009 年的 0.26（见图 3）。不过，相比 1997～2003 年的快速增长，2004 年以后，垄断性行业与竞争性行业的平均工资差距扩大速度有所放缓。

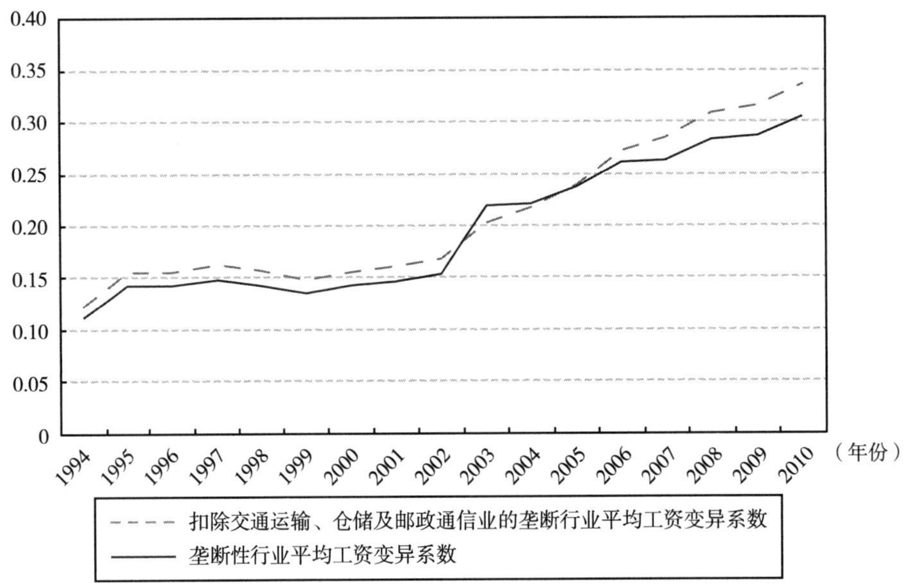

图 2　垄断性行业内部平均工资收入差距演变

资料来源：整理自 CEIC 数据库。

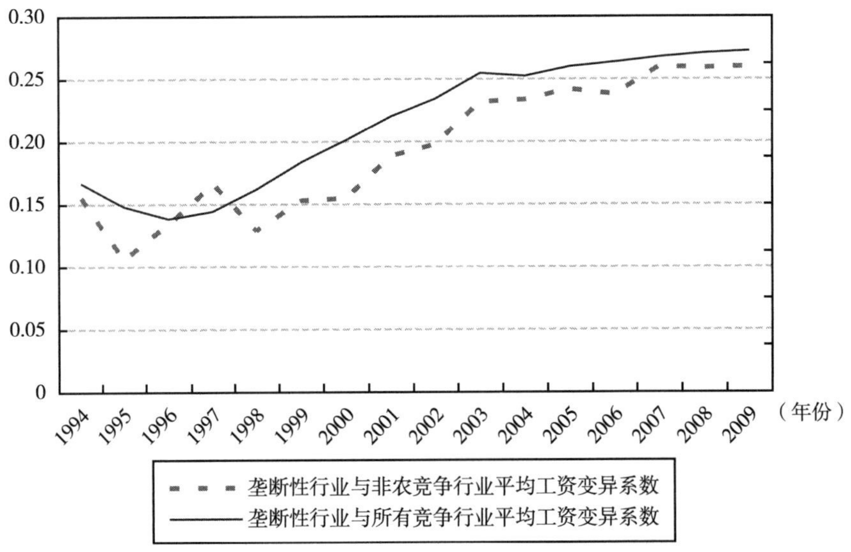

图 3　垄断性行业与竞争性行业的平均工资收入差距演变

资料来源：整理自 CEIC 数据库。

4. 城乡行业间收入差距变动趋势

我们分别用农村家庭劳均经营性收入和劳均工资性收入来表示农村劳动者从事农业及非农的收入，并将其与城镇各行业的工资放在一起分析。结果显示，首先，加入农村之后，扩大了国民经济各行业的整体收入差距。无论是垄断性行业，还是竞争性行业，与农村的收入变异系数均超过 0.40，远高于城镇内部各行业之间的平均工资变异系数，并且呈现逐渐上升的态势（见图 4），即城乡之间的收入差距在不断扩大。其次，垄断性行业与农村部门的平均收入变异系数明显高于同时期竞争性行业与农村部门的平均收入变异系数，可见，城乡之间的收入差距扩大更多是由于垄断性行业的收入快速增长造成的。最后，相对于农村劳均经营性收入，农村劳均工资性收入与城镇行业尤其是与城镇竞争性行业的工资差距较小。但是自 2002 年起，该收入变异系数由 0.50 左右上升到 0.70 左右，差距明显扩大了。

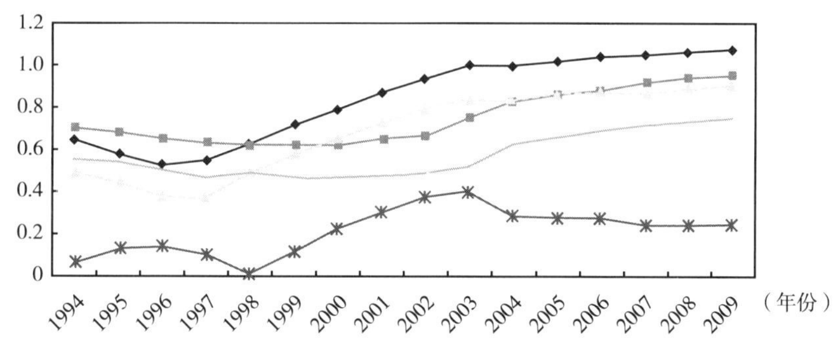

图 4 城乡各类行业收入差距趋势变动

资料来源：整理自 CEIC 数据库。

以上统计分析说明，(1) 近 17 年来，我国行业间工资差距在扩大。分组分析说明，不同类型部门内部以及部门间的变动趋势不同。竞争性行业内部的行业收入差距在缩小，说明竞争性行业作为一个整体，其劳动力市场正日趋统一而且竞争性在不断提高之中；垄断性行业内部的平均工资差距变动趋势，则说明在垄断性行业摆脱传统的计划经济体制之后，取而代之的却是行业之间劳动力市场的彼此隔绝与分化；垄断性行业与竞争性行业之间的收入差距在扩大，说明在城镇部门存在着至少两类（垄断性行业与竞争性行业）多个（竞争性行业及各个垄断性行业）彼此隔绝的劳动力市场。(2) 从竞争性行业内部以及竞争性与垄断性行业之间的平均工资变动趋势可以看出，导致我国行业间收入差距扩大的主要根源是垄断性行业。(3) 农村的收入远远低于城镇，城乡各行业之间的收入水平存在明显差距，并且持续扩大。垄断性行业与农村之间的收入差距远高于竞争性行业与农村之间的收入差距。这说明垄断性行业也是近年来我国城乡收入差距不断扩大的重要原因之一。

（二）理论假说

近17年来，中国出现了行业间工资差距逐渐扩大、城乡之间收入差距扩大的明显趋势。这一趋势用建立在竞争市场假说上的工资传递理论，如BS假说、斯堪的纳维亚模型等，显然难以解释。

本文将把制造业视为贸易部门，垄断性行业视为非市场的非贸易部门，农村部门视为非贸易的“隐蔽部门”，在此基础上，构建一个三部门的工资传递模型，试图对中国现有的部门间工资传递机制进行探讨。为此，我们提出转轨经济多元劳动力市场工资传递方式的理论假说。

假说一：垄断性行业具有保持与不断扩大本行业在国民经济各部门中收入分配优势地位的强烈欲望与动机，市场势力及政治谈判能力使其拥有大大高于竞争性部门的工薪加成能力，因此，当制造业工资上涨时，将会促使垄断性行业的工资更快增长，从而导致行业间的收入差距进一步扩大。

假说二：制造业与农村部门之间存在非对称的收入传递效应，即制造业工资上涨会带动农村部门的收入提高，但是，农村部门的收入上涨不会引起制造业工资的上涨，或者至少不是等比例或更大比例的上涨。

下面通过计量模型验证这两个假说。

四、计量模型选择和数据处理

（一）研究模型的选择

理论上，三部门都有可能成为工资传递的“领导者”，因此，无须甄别内生变量或外生变量的VAR模型是一个很好的可用于部门间工资传递效应研究的计量模型。但是VAR模型的有效估计需要较大数量的样本观测值，而我国全国层面的各行业工资序列普遍较短，难以满足有效估计的需要，为此，我们进一步利用省际数据来研究这一问题，所使用的模型也就相应变成PVAR模型，即面板VAR模型。

本文的数据样本为1994～2009年全国25个省、自治区、直辖市的分行业城镇单位职工的工资数据①，横截面个体个数（25）大于时间跨度（16年），可以类似地看成是微观面板数据。考虑到我国省际之间变量可能存在的个体效应以及模型估计方法的可操作性，本文将根据GMM估计方法来估计所构建的PVAR模型②。基本式子如下：

$$Y_{it}=\gamma_0+\phi_1 Y_{i,t-1}+\phi_2 Y_{i,t-2}+\cdots+\phi_p Y_{i,t-p}+\varphi_1 X_{i,t-1}+\cdots+\varphi_p X_{i,t-p}+\gamma_i+u_{it}$$

其中，Y_{it}表示个体i在时点t的m个内生变量的$m\times1$向量，X_{it}表示个体i在时点t的m个外生变量的$m\times1$向量，γ_i表示个体i的m个内生变量的个体固定效应的$m\times1$向量，ϕ_i、φ_i分别为内生变量和外生变量的滞后项估计系数，p为滞后阶数，u_{it}是残差项。

（二）数据处理

1. 变量选择

为验证上述假说，需要构建制造业、垄断行业以及农村部门3个变量。其中，制造业变量直接用分地区的制造业平均工资表示；垄断行业变量用所有涉及行业的平均工资加权得到；农村部门变量分别是代表农村从事农业收入的劳均经营性收入，以及代表农村从事非农产业收入的劳均工资性收入。

2. 数据指标处理

制造业的平均工资数据，各地区均有较完备的统计；农村家庭劳均经营性和工资性收入，可以根据本文第二部分提供的算法估算得到；垄断行业变量的平均工资数据，需要进一步从行业分类中整理得到。由于我国的国民经济行业分类在2002年发生了较大变化，为保持数据前后一致性，先要统一样本区间内的行业分类。借鉴陈贵富（2011）的研究，本文将2003年之后的数据按《国民经济行业分类》（GB/T4754—1994）进行调整③。调整后的产业包括：农、林、牧、渔业④；采掘业；制造业；电力、煤气及水的生产和供应业；建

① 扣除了西藏、重庆、广西、新疆、河北以及山西，这些省（区、市）农村劳动力人口及相应的收入数据难以获得。

② Inessa Love, Lea Ziccino, Financial Development and Dynamic Investment Behaviour: evidence from Panel VAR, *The Quarterly Review of Economics and Finance*, Vol. 46, 2006, pp. 190 - 210.

③ 陈贵富：《农民工、非农业部门经济增长与城镇行业间的收入差距》，载《农业技术经济》2011年第5期。

④ 这里的农、林、牧、渔业口径偏小，不能代表农村劳动力市场。本文用农村家庭劳均经营性和工资性收入来代替。

筑业；地质勘查、水利管理业；交通运输、仓储及邮电通信业；批发和零售贸易、餐饮业；金融保险业；房地产业；社会服务业；文教卫体社会福利业；科学研究和综合技术服务业；国家机关、政党机关和社会团体。共三大产业 14 个行业门类（见表 3）。统一行业分类后，估算垄断行业的工资加权变量。具体做法是以各行业就业人数占行业就业人数的比重为权重，乘以对应的各行业平均工资，最后加总得到的所需变量数据。为排除物价对工资的影响，所有变量均为实际可比值。为降低异方差情况的发生，所有变量均作对数化处理，取其对数值。

表 3　1994 年与 2002 年的国民经济行业分类处理的对照

GB/T4754—1994		GB/T4754—2002	
1	农、林、牧、渔业	A	农、林、牧、渔业
2	采掘业	B	采矿业
3	制造业	C	制造业
4	电力、煤气及水的生产和供应业	D	电力、燃气及水的生产
5	建筑业	E	建筑业
6	地质勘查、水利管理业	N	水利、环境和公共设施管理业
7	交通运输、仓储和邮电通信业	F G	交通运输、仓储和邮政业 信息传输、计算机服务和软件业
8	批发和零售贸易、餐饮业	H I	批发和零售业 住宿和餐饮业
9	金融、保险业	J	金融业
10	房地产业	K	房地产业
11	社会服务业	L O	租赁和商务服务业 居民服务和其他服务业
12	文教卫体社会福利业	P	教育
12A	卫生、体育和社会福利业	Q	卫生、社会保障和社会福利业
12B	教育、文化艺术及广播电视业	R	文化、教育和娱乐业
13	科学研究和综合技术服务业	M	科学研究、技术服务业和地质勘查业
14	国家机关、政党机关和社会团体	S	公共管理和社会组织

注：由于不考虑农、林、牧、渔业，而且将 GB/T4754—1994 中的第 12 类和第 13 类合并，最终纳入本文研究的行业分类只有 13 个。处理方法及数据，可向作者索要。

各地区城镇单位分行业就业人员平均工资和就业人数的数据来自 CEIC 数据库及历年《中国劳动统计年鉴》；各地区乡村人口数、城镇和农村 CPI 数据、农村家庭人均经营性收入的数据来自各地区历年统计年鉴①。

五、模型的估计和稳健性检验

（一）模型的估计

1. 面板单位根检验

目前较常用的面板单位根检验有 Levinlin 检验、IPShin 检验和 Xtfisher 检验。它们的共同假设是面板数据的个体截面之间相互独立。研究表明，一旦放松这一假定，三种检验的有效性都将大幅度减弱（Maddala & wu，1997；O'Connell，1999；Fabian，2002）②。由于经济发展模式大致相同，我国各省（区、市）之间的分行业工资数据可能存在同期相关性。所以，常用的 Levinlin 检验、IPShin 检验和 Xtfisher 检验结果有可能是无效的。为此，本文使用允许截面异质性和截面同期相关的 Pescadf 检验来判断模型变量是否存在单位根③。

如表 4 所示，Levinlin 检验和 Xtfisher 检验的结果显示所有变量都是平稳的；IPShin 检验的结果显示，只有农村部门的变量是原阶平稳的，其余变量是不平稳的；我们关注的 Pescadf 检验显示制造业变量、垄断行业变量和农村部门中从事农业的劳均经营性收入变量是原序列平稳的，农村家庭劳均工资性收入变量是一阶平稳的。

---

① 由于缺少 1994～1996 年各行业的就业人数数据，在估算竞争行业及垄断行业的工资数据时，用 1997 年的权重数据对 1994～1996 年的工资进行加权。

② Maddala W.，A Comparative Study of Unit Root Tests with Panel Data and a New Simple Test，Oxford Bulletin of Economics and Statistics，Vol. 61，1997，pp. 631－652；O'Connell，The Overvaluation of Purchasing Power Parity，*Journal of International Economics*，Vol. 44，1999，pp. 1－19；Fabian，A note on the Use of Panel Unit Root Tests onSectional Dependent Data：An Application to PPP，Working paper，2002，Depatment of Economics，European University Institute，Italy.

③ Pesaran H.，A Simple Panel Unit Root Test in the Presence of Cross Section Dependence，Cambridge working Papers in Economics 0346，2003，University of Cambridge；Pesaran H.，A simple panel unit root test in the presence of crosssection dependence，*Journal of Applied Econometrics*，22（2），2007，pp. 265－312；Taylor M. P.，Lucio Sarno，The behavior of real exchange rates during the post-Bretton woods period，*Journal of International Economics*，Vol. 46，1999，pp. 291－312. 泰勒和萨龙（Taylor & Sarno，1999）提出基于 SUR 模型的 Madfuller 检验也能够处理截面个体的同期相关性，但是，由于 Madfuller 检验适用于 T > N 的情况，比较而言，Pescadf 检验更适用于本文的样本数据。

表 4　　变量的单位根检验

原假设	检验方法	类型	变量名	lma	lmo	lrun	lrw
所有序列非平稳	Levinlin Test	(C, T, 0)	t_star	−4.49***	−4.34***	−1.73**	−6.13***
			P 值	0.000	0.000	0.042 (a)	0.000
			滞后阶数	1	1	1	1
所有序列非平稳	IPShin Test	(C, T, 0)	w [t_bar]	−0.58	−1.22	−2.48***	−1.74**
			P 值	0.080	0.111	0.007	0.041
			滞后阶数	1	1	1	1
所有序列非平稳	Xtfisher Test	(C, T, 0)	Chi_square	239.41***	83.32***	99.27***	117.4***
			P 值	0.0000	0.002	0.000	0.000
			滞后阶数	1	1	1	1
所有序列非平稳	Pescadf Test	(C, 0, 0)	Z [t_bar]	−2.59***	−3.97***	−2.37***	−0.857
			P 值	0.005	0.000	0.009	0.196
			滞后阶数	1	1	1	
所有序列非平稳	Pescadf Test	(C, 0, 1)	Z [t_bar]				−3.745***
			P 值				0.000
			滞后阶数				1

注：(1) lma、lmo、lrun、lrw 分别表示制造业平均工资、垄断行业加权平均工资、农村家庭劳均经营性收入及农村家庭劳均工资性收入的对数值。(2) 类型 (C, T, 0) 表示截距项、趋势项及单位根检验的差分阶数设置，其中括号内第一项表示截距项，字母 C 表示存在截距项；第二项表示趋势项，字母 T 表示存在，0 表示不存在；第三项表示差分的阶数，0 表示水平变量，1 表示一阶差分变量。(3) 后缀 *** 表示在 1% 的显著性水平上拒绝原假设；** 表示在 5% 的显著性水平上拒绝原假设。(4) 表中“(a)”表示该变量的检验没有趋势项。

2. PVAR 模型的估计

由于没有考虑外生变量，模型估计式可以改写成

$$Y_{it} = \gamma_0 + \phi_1 Y_{i,t-2} + \phi_2 Y_{i,t-2} + \cdots + \phi_p Y_{i,t-p} + \gamma_i + u_{it}$$

其中，Y_{it}表示截面 i 在时点 t 的内生变量向量组合，γ_i 表示截面的个体固定效应（4×1 向量），ϕ_i 则为内生变量的滞后项估计系数，p 为滞后阶数，u_{it}是残差项。受样本数据数量限制，在比较完模型各滞后阶数估计结果的平稳性之后，我们将滞后阶数 p 设为 1。模型估计方法采用的是 GMM 估计，模型设定为恰好识别。

（1）不包含农村部门的模型估计。由于城镇制造业变量和垄断行业变量均是平稳的，我们可以直接进行估计。两部门的脉冲响应结果如下。

第一，两个变量对自身都具有力度较大的正向作用。制造业对自身冲击的反应是初期上涨 0.066，随后缓慢下滑，一直持续到 10 期以后才逐渐回归水平

状态；垄断性行业对自身冲击的反应是初期上涨 0. 050，随后长期缓慢下滑（见图 5）。

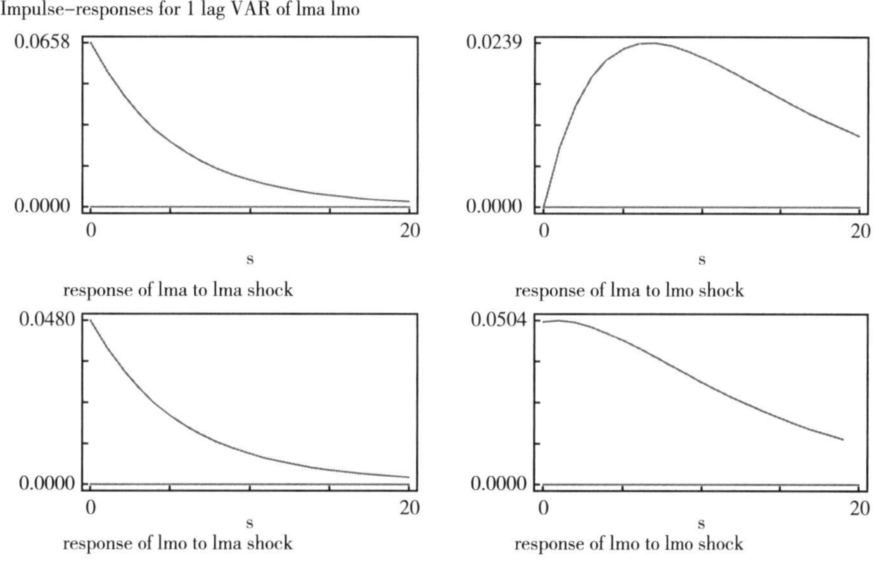

图 5　内生变量之间的脉冲响应函数

注：（1）冲击单位为 1 单位标准差正向冲击；（2）response of X to Y，表示 Y 发生 1 单位标准差冲击对 X 的影响。

第二，垄断性行业对制造业变量冲击的反应是初期上涨 0. 049，前 20 期的累积效应为 0. 301，为同期制造业变量冲击对自身累积效应的 77. 6%；而同时，制造业对垄断性行业变量冲击的反应是初期上涨为 0，最高单期为 0. 024，前 20 期的累积效应为 0. 356，仅为同期垄断性行业对自身累积效应的 52. 9%。由于我们用的是对数变量，代表工资增长率，因此，这表明制造业变量冲击对制造业工资增长率的作用大小，与其对垄断性行业工资增长率的作用大小基本相同。考虑到垄断性行业的工资基数要远远高于制造业，可知，制造业工资上涨所引发的垄断性行业相近比例的工资增长，会使得高工资的垄断行业与低工资的制造业之间的工资绝对差距进一步扩大。另外，垄断性行业工资上涨对制造业工资的影响呈现倒“U”型的冲击曲线，这意味着尽管垄断性行业工资上涨在初期对制造业工资没有影响，但是随后对制造业工资的推动作用将会慢慢增大，即垄断性行业工资上涨对制造业工资存在滞后的传递效应。

方差分解结果显示，第一，制造业变量是自身最主要的解释变量，长期贡献率稳定在 66% 的水平，垄断性行业对其的影响随着时间的增加而增大，由 10 期的 22. 00%，增长到 30 期的 34. 94%，这与垄断性行业对制造业的长期脉冲反应较大是一致的。第二，垄断性行业方面，自身也是最主要的解释变量，长期贡献率达到76.49%，显示出较强的独立性；制造业对垄断性行业的变动也有较大影响，短期贡献率为27.72%，但随时间的增加，逐渐减弱至23%左右（见表5）。

表5　　各变量预测均方误差的分解

方差分解变量	期数	冲击变量（%）	
		lma	lmo
lma	10	78.00	22.00
lma	20	67.73	32.27
lma	30	66.06	34.94
lmo	10	27.72	72.28
lmo	20	24.04	75.96
lmo	30	23.52	76.48

注：方差分解的次序为lma、lmo。

脉冲响应函数及方差分解的结果说明，较之垄断性行业工资上涨对制造业工资的正向冲击，制造业工资上涨会促使垄断性行业的工资更快增长，从而导致行业间的收入差距进一步扩大。假说一成立。同时，尽管由于市场分割，劳动力难以自由流动，垄断性行业的工资上涨在短期内不会对制造业工资产生直接影响，但滞后的长期效应不可忽视，即便其所导致的制造业工资上升的幅度较小。

（2）包含农村部门的模型估计。我们先讨论垄断性行业、制造业和农业部门之间的收入传递关系。由于三个变量都是平稳的，可以直接进行模型估计。脉冲响应的结果如下：第一，制造业与垄断行业之间的关系除了在数值上略有增大外，其余行业间工资传递的方式、作用大小等均没有发生改变，假说一依然成立；第二，制造业与农业部门之间的关系明显不同于假说二，制造业工资与农业部门的收入之间的关系是负向的（见图6）。这说明，尽管理论上农业部门向制造业的劳动力流动是自由的[①]，但是，制造业与农业部门之间却不存在流动无阻碍的统一劳动力市场。这些年来，随着大量农村青壮劳动力进城打工，留在农村从事农业劳动的主要是那些难以进城打工的老弱、妇女及文化程度较低的劳动力，那些常年进城打工的青壮劳动力已经基本上退出了农业生产，也不愿意再回到农村从事农业。这样，在制造业与农业之间，就形成了新的劳动力市场分割。实际存在的就业门槛使得制造业与农业之间的工资传递被

① 就整体而言，制造业劳动力向农业的流动未必是自由的，但是制造业中的农村就业者回乡务农，在理论上不存在障碍。

阻隔了。方差分解证实了这一观点：农业部门对自身冲击的长期贡献率高达99%以上，基本与其他两个行业没有关系（见表6）。

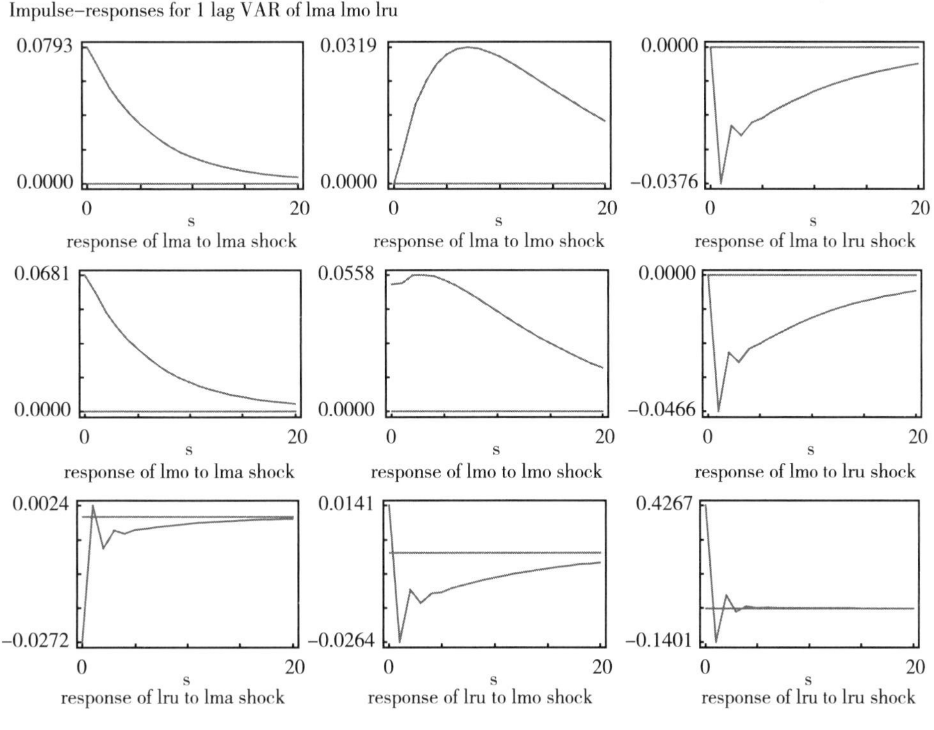

图6　内生变量之间的脉冲响应函数

注：（1）冲击单位为1单位标准差正向冲击；（2）response of X to Y，表示Y发生1单位标准差冲击对X的影响。

表6　各变量预测均方误差的分解

方差分解变量	期数	冲击变量（%）		
		lma	lmo	lru
lma	10	66.37	20.47	13.16
lma	20	56.78	30.54	12.68
lma	30	55.18	32.28	12.54
lmo	10	33.45	53.84	12.71
lmo	20	28.73	59.21	12.06
lmo	30	28.02	60.05	11.93
lru	10	0.41	0.88	98.71
lru	20	0.41	1.01	98.57
lru	30	0.41	1.03	98.56

注：方差分解的次序为lma、lmo、lru。

接下来研究垄断性行业、制造业和农村非农就业部门之间的收入传递关系。由于农村家庭劳均工资性收入变量的原序列是非平稳的，而其他两个变量却是平稳的，为避免伪回归情况的发生，我们将对上述三个变量进行面板协整检验。本文将使用韦斯特隆德（Westerlund，2007）、佩尔森和韦斯特隆德（Persyn & Westerlund，2009）提出的基于误差修正模型的 Xtwest 检验方法来判断变量之间是否存在长期的协整关系①。采用这种方法的原因是该检验方法允许截面异质性、截面内序列相关和截面之间相关性的存在，符合本文所使用样本数据的情况②。协整检验的结果如表 7 所示。

表 7　Xtwest 协整检验

统计量	lma、lmo、lrw			
	统计量的值	Z 值	P 值	稳健 P 值
Gt	-2.43	-2.14	0.016**	0.030**
Ga	-12.85	-2.97	0.002***	0.000***
Pt	-8.31	0.25	0.599	0.130
Pa	-9.78	-3.50	0.000***	0.000***

注：（1）Xtwest 检验包含两组统计量，第一组统计量包括 Gt 统计量（不考虑序列相关）和 Ga 统计量（考虑序列相关），这两个统计量允许截面是异质的，即不同的截面具有不同的误差修正速，原 H0 为：不存在协整关系；备选假设为 H1：至少存在一组协整关系；第二组统计量包括 Pt 统计量（不考虑序列相关）和 Pa 统计量（考虑序列相关），这两个统计量要求截面是同质的，即各个截面的误差修正速度相同，原 H0 为不存在协整关系；备选假设为 H1：Panel 整体上存在协整关系。四个统计量均服从 N（0，1）分布。（2）当样本数据存在截面相关性时，Bootstrap 方法可以保证检验结果的稳健性，其 P 值体现为稳健的 P 值。这里，我们运用的 Bootstrap 次数为 100。（3）后缀 *** 表示在 1% 的显著性水平上拒绝原假设。

由表 7 可知，四个检验统计量中，只有假设截面同质且序列不相关的 Pt 统计量不能拒绝不存在协整关系的原假设，其余的统计量均显著地拒绝原假设，认为存在协整关系；而运用 Bootstrap 方法重复计算四个统计量后，稳健 P 值所显示的结果依然成立。考虑到本文使用的是历年各省（区、市）行业平均工资数据，由于工资黏性的存在，有可能存在序列自相关，因此，Ga 和 Pa 统计量检验的结果可能更具有效力。为此，我们认为上述变量之间存在长期协整关

① Westerlund J.，Testing for Error Correction in Panel Data，*Oxford Bulletin of Economics and Statistics* 69（6），2007，pp. 709-748；Persyn J. W.，Error Correction Based Cointegration Tests for Panel Data，Stata Journal 8（2），2008，pp. 232-241.

② 目前应用较广泛的面板协整检验方法主要是基于残差的面板数据协整检验，包括 Kao 检验、Pedroni 检验以及基于 Fisher 面板单位根检验的 EG 协整检验等。但是，这三种检验方法都限制了面板数据的截面相关性，与本文的研究对象可能不符。

系，并且结果是稳健的，可以用来构建 PVAR 模型[①]。模型估计的脉冲响应及方差分解情况，如图 7、表 8 所示。

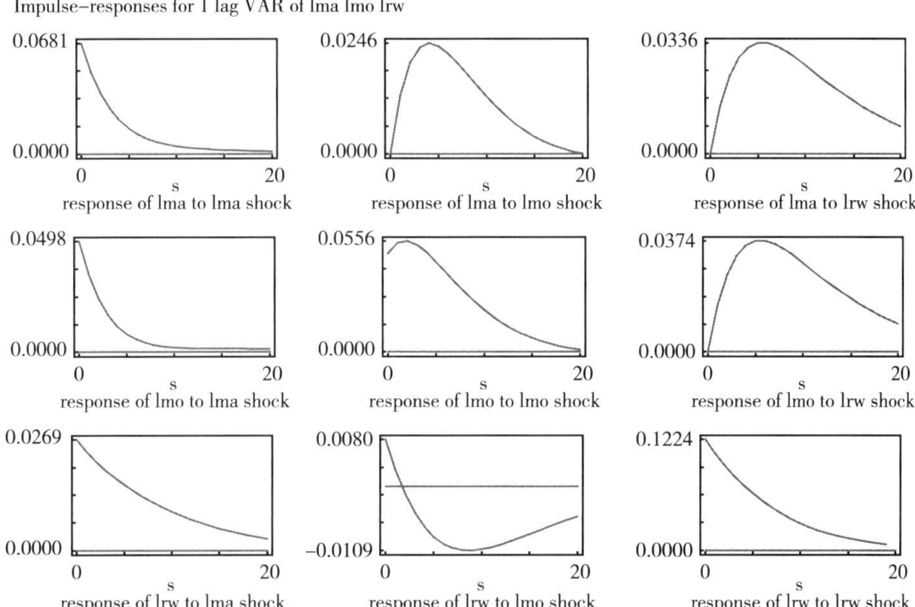

图 7　内生变量之间的脉冲响应函数

注：（1）冲击单位为 1 单位标准差正向冲击；（2）response of X to Y，表示 Y 发生 1 单位标准差冲击对 X 的影响。

表 8　　各变量预测均方误差的分解

方差分解变量	期数	冲击变量（%）		
		lma	lmo	lrw
lma	10	47. 34	17. 11	35. 56
lma	20	40. 54	16. 21	43. 24
lma	30	40. 15	16. 06	43. 79
lmo	10	13. 99	58. 40	27. 61
lmo	20	12. 13	53. 48	34. 93
lmo	30	12. 05	53. 02	34. 93
lrw	10	5. 26	1. 03	93. 71
lrw	20	5. 51	2. 03	92. 45
lrw	30	5. 54	2. 20	92. 26

注：方差分解的次序为 lma、lmo、lrw。

① 下文 PVAR 模型估计的结果是稳定的，也后发验证了变量之间存在长期稳定的协整关系。

可以发现，第一，垄断性行业对制造业变量冲击的反应是初期上涨0.050，前20期的累积效应为0.19，为同期制造业变量冲击对自身累积效应的63.2%；而同时，制造业对垄断性行业变量冲击的反应是初期上涨为0，最高单期为0.025，前20期的累积效应为0.233，仅为同期垄断行业对自身累积效应的43.6%。因此，较之制造业对垄断行业工资上涨的反应，垄断行业对制造业工资上涨的反应要更大，假说一依然成立。第二，制造业工资上涨会引起农村非农就业部门收入在初期上涨0.027，前20期的累积效应为0.210，约为制造业同期自身累积效应（0.295）的73.7%；反过来，农村非农就业部门收入上涨也会带动制造业工资上升，并且呈现出倒“U”型的趋势，即先由初期的无影响，迅速上升到最高的0.034，再逐渐下滑到稳定水平。前20期的累积效应为0.442，约为农村非农就业部门同期自身累积效应（0.993）的50.1%。因此，尽管农村非农就业部门工资上升也会带动制造业部门工资上涨，但相对而言，制造业工资上涨对农村非农就业部门收入的推动作用要更大，即假说二成立。

从方差分解情况看，农村非农就业部门收入的长期贡献率稳定在92%左右，体现出较大的独立性。可见，当前我国的城乡劳动力市场仍然存在较大的区别。此外，制造业及垄断性行业自身的长期贡献率均因此有所下降，分别为40%和53%左右。

（二）稳健性检验

前面的研究只是基于市场竞争性将国民经济各部门分为竞争性与非竞争性（垄断性）部门。但是，非市场竞争性部门内部差别仍然是巨大的。有些行业虽然是非市场化的，但是并不存在着明显的市场势力与强大的政治谈判能力，例如地质勘查、水利管理业，2010年的行业平均工资甚至还低于制造业。为使模型结果更加稳健，我们重新界定垄断性行业变量，再进行模型估计。一方面尽量使变量的设计更合理；另一方面也可用来检验模型估计的稳健性。我们将此前定义的垄断性行业中的地质勘查、水利管理业，文教卫体社会福利业，以及科学研究和综合技术服务业等事业单位从垄断性行业剔除，形成新的垄断性行业变量，只包含交通运输、仓储及邮电通信业，以及金融保险业等四个行业。重新估计的模型的脉冲响应函数如图8所示。

对比图8可以发现，新模型变量间的脉冲响应函数与前面的模型在显著性水平、冲击方向等方面基本一致。其中，垄断性行业对制造业变量冲击的反应

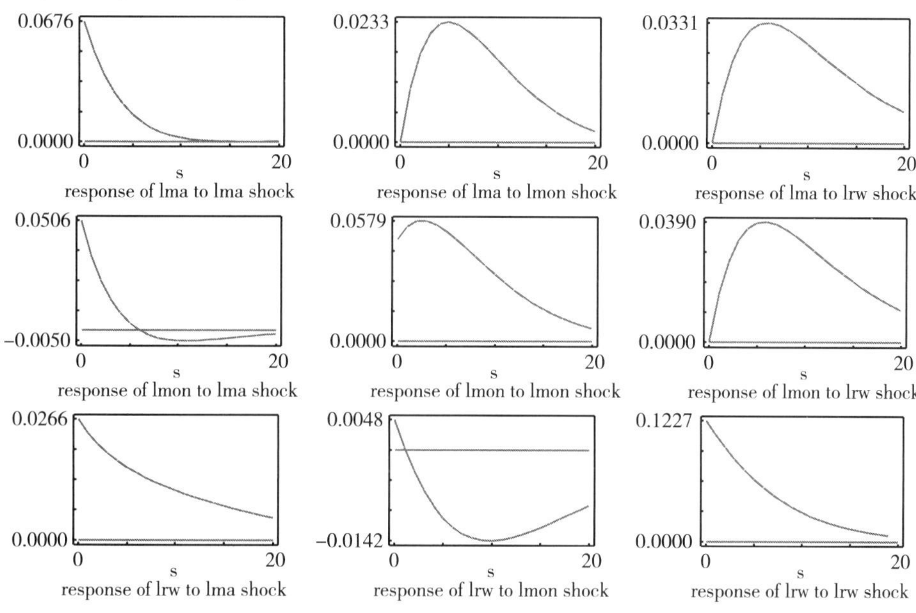

图8　脉冲响应函数

注：冲击单位为1单位标准差正向冲击；（2）response of X to Y，表示Y发生1单位标准差冲击对X的影响；（3）变量lmon表示新的垄断行业变量。

是初期上涨0.051，比原模型增长了0.001，而制造业对垄断性行业变量冲击的反应是初期上涨为0，最高单期为0.0230，比原模型下降了0.003。因此，新的垄断性行业变量进一步强化了制造业与垄断性行业之间的工资传递关系，假说一依然成立。而制造业与农业部门之间关系则几乎没有变化（见图8）。此外，方差分解方面，垄断性行业的独立性有所增强，自身的长期贡献率上升到59%，农业部门的自身长期贡献率则进一步下降到90%左右，制造业则维持不变①。总体上，新变量的替代并没有对模型估计的结果造成较大改变，模型估计是稳健的。

（三）面板Granger因果检验

为进一步明确各行业工资之间的相互作用，利用异质均值wald检验方法②，我们对上述估计模型的变量进行面板Granger因果检验。具体检验的方程

① 篇幅所限，略去方差分解的表格。有兴趣者，可向作者索要。

② Hurlin，Testing Granger Causality in Heterogenous Panel Data Models with Fixed Coefficients，working Paper 2004-05，Laboratoire d'Economie d'Orléans.

如下：

$$y_{it} = \alpha_i + \sum_{k}^{K} \gamma_i^k y_{i,t-k} + \sum_{k}^{K} \beta_i^k x_{i,t-k} + \varepsilon_{it}$$

其中，i、t 分别表示截面和时间，k 为滞后阶数。

原假设和备选假设分别为 $H0: \beta_i = 0$；$H1: \beta_i = 0, i = 1, \cdots, N_i$，$\beta_i \neq 0, i = N_i + 1, \cdots, N$。

检验的统计量为

$$w_{N_T} = \frac{1}{N}\sum_{i=1}^{N} w_{i,T} \quad \text{服从}\chi(K)\text{ 分布}$$

其中，$w_{i,T}$表示当$\beta_i = 0$ 时，第 i 个截面的 Wald 检验统计量。最终估计的结果，如表 9 所示。

表 9　　各变量之间的面板 Granger 检验

原假设	均值 Wald 检验统计量	5% 显著性水平参考值	结论
lma 不是 lmo 的格兰杰原因	M - wald = 3. 63	1. 92	拒绝
lmo 不是 lma 的格兰杰原因	M - wald = 6. 02	1. 92	拒绝
lru 不是 lmo 的格兰杰原因	M - wald = 1. 01	1. 92	接受
lmo 不是 lru 的格兰杰原因	M - wald = 1. 32	1. 92	接受
lru 不是 lma 的格兰杰原因	M - wald = 1. 33	1. 92	接受
lma 不是 lru 的格兰杰原因	M - wald = 1. 34	1. 92	接受
lrw 不是 lmo 的格兰杰原因	M - wald = 11. 56	1. 92	拒绝
lmo 不是 lrw 的格兰杰原因	M - wald = 3. 60	1. 92	拒绝
lrw 不是 lma 的格兰杰原因	M - wald = 4. 76	1. 92	拒绝
lma 不是 lrw 的格兰杰原因	M - wald = 4. 10	1. 92	拒绝

注：5% 显著性水平的统计量参考值来自赫林（Hurlin，2004）的文章附录。

可以发现，制造业和垄断行业变量、制造业和农村劳均非农收入变量，以及垄断行业和农村劳均非农收入变量之间均互为 Granger 因果关系；而制造业和农村劳均农业收入变量、垄断行业和农村劳均农业收入变量之间则不存在 Granger 因果关系。这与前文脉冲响应冲击的结果保持一致，进一步说明了制造业、垄断行业以及农村劳均非农收入之间存在相互作用的传递效应。

六、结论与政策含义

本文统计分析发现，第一，20 世纪 90 年代中期以来，中国行业间工资水平的变动出现了与竞争市场或市场竞争化相反的趋势：行业间工资差距不断扩大。进一步分析发现，近 17 年来我国行业间工资差距扩大的根源在于垄断性行业，竞争性行业之间的收入差距则趋向于收敛。第二，垄断性行业也是导致城乡收入差距扩大的关键因素。

围绕这些发现，本文利用 1994 ~ 2009 年我国省域间城镇单位分行业职工工资数据以及农村劳动力的收入数据，运用 PVAR 模型，重点考察以制造业为代表的竞争性行业工资上涨对垄断性行业及农村农业部门、农村非农就业部门的收入传递效应，发现：

（1）以制造业为代表的竞争性行业与垄断性行业之间存在非市场化的工资传递效应。高工资水平的垄断性行业的工资上涨难以向低工资水平的制造业传递，相反，制造业的工资提高在短期就引起了垄断性行业的工资更快增长，这是造成我国近十几年来以制造业为代表的竞争性行业与垄断性行业之间的工资差距持续扩大的根本原因。

（2）以制造业为代表的竞争性行业与农业部门之间不存在相互的收入传递效应，但是与农村非农就业部门存在着相互的收入传递效应。制造业工资的上涨将更快地带动农村非农就业部门收入的上升。城镇竞争性部门与农村非农部门的劳动力市场趋向统一，劳动力的自由流动程度因此提高了。

（3）从工资传递角度看，近 17 年来，我国劳动力市场存在着市场退化趋势，主要体现在原有的城乡二元劳动力市场正在逐步分化为四类多个相互分隔的劳动力市场：垄断行业劳动力市场（其内部又分化为多个行业劳动力市场）、城镇竞争性行业劳动力市场、农村非农部门劳动力市场（前两者正在向统一的劳动力市场发展，但距离统一的劳动力市场尚远）、农村农业部门劳动力市场。劳动力市场的割裂、劳动者行业间流动门槛的提高导致城乡竞争性部门与垄断性部门工资差距不断扩大。

（4）与成熟市场经济的行业工资结构相比，中国的行业工资结构严重不合理，而且近 17 年来呈退化态势。

中国行业工资结构不合理，是中国经济市场化进程受到阻滞的重要表现及负面效应。垄断性行业因其体制改革不到位、不彻底，保持、延续了 20 年前国有企业普遍存在的“工资侵蚀利润”的分配取向，并借助 20 世纪 90 年代中期的国有经济配置领域的战略性调整，强化了在特定领域的行业垄断地位，这些垄断行业有效地利用其在市场领域的垄断势力以及在非市场领域的强大政治谈判能力，将国民经济其他部门创造的价值转化为本行业的收入，为不合理地提高本行业的工资水平创造了新的条件。与此同时，以制造业为代表的竞争性行业不仅在与垄断性行业的国民收入分配中居劣势地位，而且在行业内部，由于有效维护劳工权益的组织缺失，劳资双方在工资决定中的力量严重不对等，逐渐沦为我国国民经济平均工资水平最低的几个部门之一①。行业工资差距不断扩大，竞争性行业的平均工资水平偏低，将严重妨碍整个社会经济的持续稳定发展、资源利用效率的提高，以及公正和谐社会秩序的形成，如坐视不管，其政治经济后果将极为严重。

提高以制造业为代表的我国竞争性产业的劳动报酬水平，不仅需要提高其绝对工资水平，更重要的是调整国民经济行业间现存的不合理收入分配格局。如果听任现有的行业间工资传递机制继续发挥作用，提高以制造业为代表的我国竞争性产业的劳动报酬水平，不仅毫无意义，而且将继续恶化现有的行业间收入分配格局，引发国民经济范围的工资—物价螺旋性上涨，强化现有的国民经济结构失衡，阻滞经济发展方式转型。提高以制造业为代表的我国竞争性产业的劳动报酬水平，调整国民经济行业间现存的不合理收入分配格局，关键在于进一步深化劳动力市场的体制改革，扭转现有的劳动力市场多元化倒退趋势，促进统一而自由流动的劳动力市场的形成，改变现有的行业间工资传递机制，消除垄断性行业维持、扩大现有不合理收入分配格局的加成涨薪能力。它呼唤着新一轮推进中国经济转向规范市场经济的彻底改革。

---

① 在国民经济 19 个部门中，工资水平最低的 6 个部门是制造业，居民服务及其他服务业，水利、环境和公共设施管理业，建筑业，住宿及餐饮业，农、林、牧、渔业。其中唯有水利、环境和公共设施管理业不属于竞争性行业。

谈判地位、价格加成与劳资博弈*

——我国劳动报酬份额下降的微观机制分析

一、引言

观察中国近35年劳动报酬占GDP份额的变化趋势，可以发现，20世纪90年代中期和21世纪前十年的中后期是两个分水岭（见图1）。1978年，劳动者报酬占比低于50%（49.66%），改革开放后逐渐提高，1984年达到53.57%，其后缓慢回落至1989年的51.51%，1990年升至53.42%，1995年以后逐年下降并延续至2007年的39.74%。2008年以来，劳动报酬占比开始回升，目前在45%左右，但依然低于改革开放初期的比重。从劳动报酬的结构上看，改革开放前大部分劳动报酬表现为非工资收入，改革开放后，随着工业化和城市化的进程加快，劳动报酬则逐步向工资收入转移，从而引起劳动收入份额增加。① 向书坚（1997）、杨少华和徐学清（2000）等对1978~1995年中国要素分配份额的研究也得到了类似结果。② 跨国研究发现，最近20年中，劳动收入份额不仅在大多数国家呈下降趋势，而且在金融危机中往往急剧下降，以后仅部分回升。③

对于这一变化趋势的研究，现有文献主要从产业结构、技术进步等宏观层面展开。白重恩和钱震杰（2009）发现劳动收入份额自1995年下降了约10个百分点，认为其主要原因是农业部门向非农业部门转型的产业结构性变化和

---

* 本文原载于《中国高校社会科学》2013年第4期，共同作者：谢攀、刘榆。

① 李扬：《收入功能分配的调整：对国民收入分配向个人倾斜现象的思考》，载《经济研究》1992年第7期。

② 向书坚：《我国功能收入分配格局分析》，载《当代经济科学（陕西财经学院学报）》1997第5期；杨少华、徐学清：《居民劳动报酬对功能收入分配的影响分析》，载《运筹与管理》2000年第3期。

③ Ishac Diwan, Labor Shares and Financial Crises, Mimeo, The World Bank, 1999, November.

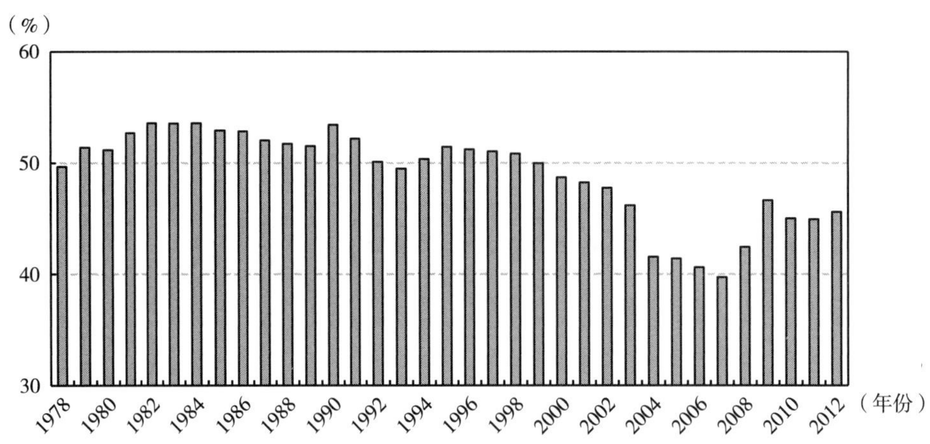

图1 GDP中劳动者报酬的比重

资料来源：作者利用薛和李（Hsueh & Li，1999）[①]、《中国统计年鉴》、CEIC 数据计算整理；1992 年之前的数据来自薛和李（1999）；1993～2004 年采用《中国国内生产总值核算历史资料：1952—2004》；2005～2007 年采用《中国统计年鉴》的数据；2008～2012 年数据则源自 CEIC 数据库。

工业部门的劳动份额降低，国有企业改制和垄断程度的增加等非技术因素是工业部门劳动份额降低的主要原因。[②] 罗长远和张军（2009）的分析得到类似的结论，认为1996 年之后劳动收入占比的下降与工业化达到一定高度之后现代化推进速度较慢有关，第一产业比重不断下降，第三产业发展比较缓慢，三次产业的劳动收入占比下降也是重要原因。[③] 黄先海和徐圣（2009）从技术进步的角度进行研究，强调资本深化能提高劳动收入比重，但大于0 且小于1 的乘数效应缩小了其对劳动收入比重的正向拉动作用，劳动节约型技术进步是劳动密集型和资本密集型部门劳动报酬比重下降的最主要原因。[④] 运用中国 1987～2004 年省级面板数据，通过对联立方程模型进行三阶段最小二乘分析，罗长远和张军（2009）进一步发现，FDI、经济发展水平以及民营化都不利于劳动收入占比的改善。资本密集型产品进口、财政支出以及物质资本和人力资本积累对劳动收入占比起促进作用。[⑤]

这些宏观层面的研究对理解我国近 20 年来的劳动报酬占比下降提供了有益

① Hsueh，Tien－tung and Qiang Li，China's National Income：1952—1995，Westview Press，1999.

② 白重恩、钱震杰：《我国资本收入份额影响因素及变化原因分析——基于省际面板数据的研究》，载《清华大学学报》（哲学社会科学版）2009 年第4 期。

③ 罗长远、张军：《经济发展中的劳动收入占比——基于中国产业数据的实证研究》，载《中国社会科学》2009 年第4 期。

④ 黄先海、徐圣：《中国劳动收入比重下降成因分析——基于劳动节约型技术进步的视角》，载《经济研究》2009 年第7 期。

⑤ 罗长远、张军：《劳动收入占比下降的经济学解释——基于中国省级面板数据的分析》，载《管理世界》2009 年第5 期。

的认识，但是，任何宏观经济现象都有其微观基础及体制、机制背景，宏观经济现象的微观基础研究有利于宏观经济分析的深化。戈姆和格林伍德（Gomme & Greenwood，1995）应用基于两种类型代理人、工人和企业家的 RBC 模型较好地解释了战后美国劳动收入份额的反周期变动。① 假设产品市场垄断竞争决定经济租金规模，劳动力市场讨价还价决定租金分配，布兰卡德和贾瓦齐（Blanchard & Giavazzi，2003）发现 20 世纪 80 年代欧洲诸国的失业率上升和劳动份额下降是由劳动力市场放宽管制导致工人谈判力量相对降低引起的。② 中国自 1995 年以来的劳动报酬份额下降，是劳动力市场要素价格扭曲的集中体现。如不从扭曲要素比价的微观基础入手，剖析劳动报酬份额下降的根本原因，似乎难以真正洞悉中国经济内部结构失衡的本质。近期，一些研究开始转向对要素市场扭曲的微观基础的讨论。③ 我们通过对国民收入分配格局的梳理和发展相似阶段的国际比较发现，劳动报酬份额的决定不仅与劳动力市场相关，而且与产品市场密不可分。仅仅从产业结构变迁、技术进步等宏观视角，或从劳动供给与需求出发得到的均衡工资和工人数对现实的解释力是有限的。因此，本文拟从劳动力市场和产品市场结合的角度，对中国在 20 世纪 90 年代中期以来劳动报酬份额下降的成因进行微观机制研究。首先，分析两个市场同时均衡的条件下，劳动报酬份额的决定机制。其次，推导出理解劳动报酬份额下降的假说：中国劳动报酬份额的显著下降，是劳动力市场上工人谈判力量下降和产品市场上价格加成上升共同作用的结果。再其次，通过对中国经验事实的观察来初步考证这一假说。最后，结论和政策含义。

二、劳动报酬份额决定的均衡分析

（一）模型设定

为了更好地揭示劳动力市场和产品市场对劳动报酬的影响，本文参考布兰

① Gomme P.，J. Greenwood，On the cyclical allocation of risk，*Journal of Economic Dynamicsand Control*，1995，Vol. 19，Issue 1 – 2，pp. 91 – 124.

② Blanchard G.，Macroeconomic Effects of Regulation and Deregulation in Goods and Labor Markets，*Quarterly Journal of Economics*，2003，Vol. 118，No. 3，pp. 895 – 896.

③ Hsieh Chang-Tai，Klenow P. J.，Misallocation and Manufacturing TFP in China and India，*The Quarterly Jounal of Economics*，2009，Vol. CXXIV，Issue 4，pp. 1403 – 1448；朱喜、史清华、盖庆恩：《要素配置扭曲与农业全要素生产率》，载《经济研究》2011 年第 5 期；杨振、陈甬军：《中国制造业资源误置及福利损失测度》，载《经济研究》2013 年第 3 期。

卡德和贾瓦齐（2003）的设定方式来分析中国劳动报酬份额的决定机制。将工人的效用函数、厂商的生产函数、工人与厂商之间讨价还价的基本形式设定如下。

1. 工人

存在L个工人（消费者），每一期工人的效用函数为

$$V = \left[m^{-1/\sigma} \sum_{i=1}^{m} C_i^{(\sigma-1)/\sigma} \right]^{\sigma/(\sigma-1)} \tag{1}$$

其中，$\sigma = \bar{\sigma} g(m)$，$g'(\cdot) > 0$，$\bar{\sigma}$ 是常数，m 是产品的种类（短期外生给定，长期由市场进入成本内生决定），C_i 为工人消费产品 i 的数量。如此设定效用函数，有两点经济含义。第一，假定消费存在对称性，即工人以相等的比例消费 m 种产品，因此，工人消费产品 i 的数量 $C_i = C/m$，从而效用 $V = C$。也就是说，产品种类的增多并不直接增加效用。第二，产品种类增多将增加产品间的替代弹性，从而间接地影响厂商面临的需求价格弹性。这源于此处对 σ 的假设，像Hotelling模型那样，此处 σ 是 m 的增函数，而不是像Dixit-Stiglitz框架中为常数。所以，如果放松管制将吸引厂商加入，丰富产品种类。当然，这一作用是通过削弱厂商垄断力量得以发挥的。

每一期，工人供给0或1单位劳动，并且将所有收入都用于消费（本文不考虑储蓄，即不存在跨期选择）。于是，工人的预算约束为

$$\sum_{i=1}^{m} P_i C_i = WN^s + Pf(u)(1 - N^s),$$

此处，N^s 为工人的劳动供给。当工人不工作时，$N^s = 0$；工作时，$N^s = 1$，$f'(\cdot) < 0$，P 为消费价格指数：

$$P \equiv \left(\frac{1}{m} \sum_{i=1}^{m} P_i^{1-\sigma} \right)^{1/(1-\sigma)}$$

消费支出在工人工作时等于劳动收入，不工作时等于非劳动所得。工人未被雇用时的保留工资是失业率 u 的减函数。基于消费对称性的假设，$C_i = C/m$，代入上方的工人预算约束，从而将工人每一期的效用进一步改写为

$$(W/P - f(u))N^s + f(u)$$

其中，第一项表示就业时的劳动报酬。与以往文献不同，此处为剔除保留工资后的实际报酬，它进一步反映了劳动者基于对失业率的研判来衡量实际收入水平；第二项表示工人未就业时的保留工资。如果市场工资尚未达到工人对其边

际闲暇价值的估计，那么工人宁愿不工作，也不愿意接受水平低于自己设定的最低薪酬去工作，即“保留”自己的劳动力。

2. 厂商

假设每个厂商只生产一种产品，即厂商数目与差异化产品种类相等，那么，厂商 i 的生产函数可以表示为

$$Y^i = N_i^d$$

其中，N_i^d 表示厂商的劳动投入数量。为聚焦劳动力供求的影响，此处暂不考虑资本，产量也不存在直接或间接的影响。因此，在完全竞争条件下，劳动的生产率恒等于1。每个厂商由一名企业家经营，其效用函数与式（1）给出的消费者效用函数相同。每一期，厂商获得的利润全部用于消费。厂商 i 的名义利润记为 $P_iY_i - W_iN_i^d$，或等价表示为（$P_i - W_i$）N_i^d。

3. 讨价还价

每一期，每个厂商与 L/m 个工人就工资进行讨价还价，工人们可以选择工作或待业。此处，假设厂商与工人之间的讨价还价采用纳什议价（Nash bargaining）形式：厂商 i 与工人共同选择工资和就业水平，从而最大化他们收益对数的几何平均：

$$\beta\log((Wi - Pf(u))N^s) + (1-\beta)\log((P_i - W_i)N_i^d) \qquad (2)$$

其中，第一项表示工人在厂商 i 工作获得的收益（在消费对称性的假设下），第二项表示厂商 i 的利润，β 反映工人议价能力的相对强弱。当工人议价能力较强时（即 β 较高），对分配经济租金（rents）享有更多话语权，那么工人至少在短期内不必承受就业下降的痛苦，从而可以获得较高的工资。

（二）短期均衡分析

短期内厂商数量（即产品数量）被视为给定的，长期则由市场进入条件决定。厂商和工人对租金的短期分配决定了厂商长期的均衡数量。尽管经历多轮行政审批改革后，我国的行政审批事项大幅精简。但是现实中，不仅在垄断行业，而且在竞争性领域，仍有一些部门和地区利用“红头文件”、规章等行政资源，以登记、备案、年检、监制、认定、审定，以及准销证、准运证等形式，变相设置审批事项，直接或间接地阻碍要素流动，为市场竞争制造障碍。

本文将厂商面临的此类障碍统一视为进入成本，并记为 c，为方便起见，假设影子成本 c 与产出 Y（或就业 N）成比例。

1. 短期局部均衡

给定工人和企业家的偏好，对产品 i 的需求可以表示为

$$Y_i=(Y/m)(P_i/P)^{-\sigma} \tag{3}$$

其中，Y 是总需求（总产出），Y_i 是对产品 i 的需求，在相对价格为 1 时，厂商面临的需求为总需求的 $1/m$，相对价格的需求弹性为（$-\sigma$）。给定 Y、P 和失业率 u，厂商 i 和工人们选择就业 N_i、价格 P_i 和工资 W_i，从而最大化式（2），可得

$$\frac{P_i}{P}=(1+\mu(m))f(u) \tag{4}$$

其中，$\mu(m)$ 是相对价格对保留工资的加成，具体可以表示为

$$\mu(m)=1/(\bar{\sigma}g(m)-1),\mu'(m)<0$$

实际工资可以表示为

$$\frac{W_i}{P}=(1-\beta)f(u)+\beta(P_i/P)$$

将式（4）代入上式可得

$$\frac{W_i}{P}=(1+\beta\mu(m))f(u) \tag{5}$$

式（5）意味着短期局部均衡时，实际工资是 β 和 μ 的增函数。对此有两点经济含义。第一，β 越高，总租金中归属工人的份额就越大。因为保留工资不受影响，故此时工资增加对就业没有影响。第二，μ 越高，实际工资就越高。厂商因价格加成的上升而获得更多的租金，租金及其增量中的一定比例便可以实际工资增加的形式分配给工人。

2. 短期一般均衡

局部均衡时，每个厂商自由地选择相对价格 P_i/P，但在一般均衡时，并非所有的厂商都可选择大于 1 的相对价格。在消费对称性的假设下，一般均衡时所有产品的价格都必须相等。因此，将 $P_i/P=1$ 代入式（4），可得

$$1=(1+\mu(m))f(u) \tag{6}$$

短期内厂商的数量给定，故 $\sigma=\bar{\sigma}g(m)$ 是给定的，从而 $\mu(m)$ 也是给定的。式（6）决定了均衡的失业率。故将 $f(u)=1/(1+\mu(m))$ 代入式（5），可得短期一般均衡时的实际工资：

$$W_i/P=(1+\mu(m)\beta)/(1+\mu(m)) \tag{7}$$

式（7）的经济含义有两点。第一，与局部均衡相同，实际工资仍是 β 的增函数。第二，与局部均衡不同，此时有两种效应在共同起作用，实际工资现在是 μ 的减函数。第一种效应是上文阐述的局部均衡效应，即更高的价格加成意味着厂商利润率的提高。在这些企业从业的工人能分享到较多经济租金，从而带来更高的实际工资。第二种效应是一般均衡效应。厂商获得的所有租金都源自消费者，由于一些厂商产品价格加成的上升（既包括价格加成绝对比例上升，也包括价格加成相对比例的上升，即其涨幅超过市场平均水平情形），消费者必须为购买这些厂商的产品支付得更多。因此，工人虽有可能以劳动者的身份受益，却一定会以消费者的身份受损。尤其是对在竞争性领域和体制外部门就业的劳动者而言，不仅无缘分享经济租金相对上涨的收益，还要承受消费价格总水平上升的压力，显然处于绝对弱势，故实际工资下降。

（三）长期均衡分析

在长期，经济租金决定了厂商选择进入还是退出，租金必须覆盖进入成本。在给定进入成本与产量成比例的假设下，这一条件可以表示为如下的简化形式：

$$(\mu(m)(1-\beta))/(1+\mu(m))=c \tag{8}$$

单位工人利润必须等于影子成本 c。式（8）决定了产品市场和劳动力市场均衡时产品 m 的数量。使用 $\mu(m)$ 的定义，式（8）可以改写为如下的形式：

$$\bar{\sigma}g(m)=(1-\beta)/c \tag{9}$$

给定 $g'(\cdot)>0$，均衡的产品数量是 $\bar{\sigma}$ 的减函数：对给定数量的厂商来说，更多的竞争意味着租金的下降，进入市场的吸引力变小。厂商数量也是 β 的减函数：更小比例的租金归属厂商，也使得进入市场的吸引力下降。并且，厂商数量还是 c 的减函数：更高的进入成本要求更高的租金，导致更少的企业。

将式（8）解得的成本加成 $\mu(m)=\dfrac{c}{1-\beta-c}$ 代入式（6），失业率可以表示为

$$f(u)=1-c/(1-\beta) \tag{10}$$

更高的 c 或更高的 β，要求更高的成本加成覆盖市场进入成本，因此均衡的保留工资更少，从而失业率更高。

最后，将从式（8）中得到成本加成 $\mu(m)=\frac{c}{1-\beta-c}$ 代入式（7），得到实际工资为

$$W_i/P=1-c \tag{11}$$

生产率等于1，每单位产出中厂商必须获得 c，以覆盖进入成本。因此，实际工资等于 $1-c$。经济含义有两点。第一，因为厂商长期的供给具有完全弹性，β 增加便不再增加实际工资。较高的 β 意味着对厂商较低的租金，在给定进入成本的情形下，导致较少的厂商、较高的成本加成和较低的保留工资，从而抬高失业率。第二，成本加成 μ 不再是外生的参数，而是由长期均衡时的 β 和 c 决定的。μ 的增加来自 c 的增加，导致实际工资下降。而且 c 现在的增加还将导致失业率的上升。更高的 c 导致更少的厂商、更高的价格加成和更低的保留工资，从而产生更高的失业率。具体如表1所示。

表1　劳动力市场和产品市场管制对工资和就业的影响

均衡类型		变量	管制		
			β 上升	μ 上升	总效应
短期	局部均衡	工资	+	+	+
		就业	无	无	无
	一般均衡	工资	+	-	-
		就业	无	无	无
长期	一般均衡	工资	-	-	-
		就业	-	-	-

资料来源：根据前文整理。

三、不同放松管制方式的影响分析

（一）产品市场放松管制

1. 产品市场放松管制：$\bar{\sigma}$ 上升

给定厂商数量，假设政府通过增强产品市场的竞争来提高需求弹性。短期内面临更富需求弹性的厂商将选择降低价格加成，促使实际工资的上升和失业

率的下降。然而，从长期看，这个令人可喜的效应将消失，因为给定进入成本不变，利润率下降导致厂商数量减少，长期利润率会回到放松管制前的水平。由于利润率返回其初始水平，价格加成从而也回到初始水平。这意味着，失业率和实际工资也回到放松管制前的水平。总之，产品市场上这种类型的放松管制最终将事与愿违：短期的有利效应随着时间将会消失，经济重返放松管制前的均衡。将进入成本视为给定，考虑 $\bar{\sigma}$ 的变化，这类事与愿违的情形尤为明显。

2. 产品市场放松管制：c 下降

实践中，许多管制措施也可能影响 c。例如，将 c 视为限制厂商数量的影子成本（如政府将某个市场通过“红头文件”“规章”“管理办法”等形式赋予少数几家企业经营），即使 $\bar{\sigma}$ 上升，这些处于垄断地位的企业也仍然会留在这个市场。更一般地，影子成本 c 将随利润率一比一地同步下降，从而产生短期和长期放松管制的有利影响。然而，这些结果表明，对一个存在进入限制的经济来说，如果不减少限制，而以其他方式增加竞争程度，在一定程度上对租金产生的效应将事与愿违。假设短期内厂商数量是固定的，市场进入成本 c 的下降在短期内没有作用，但是，在长期内将吸引潜在的厂商进入，从而带来较高的需求弹性和较低的成本加成，因此，将导致失业减少和实际工资上升。这类产品市场放松管制之所以能起到作用，是因为它从根本上来解决问题，降低了厂商进入和留在市场中的租金，允许更多的竞争，从而减少失业并提高实际工资。

应该注意到，以上这两类产品市场放松管制的措施对实际工资或就业都不存在跨期选择问题。在短期内，第一种类型的放松管制措施带来较高的实际工资和较低的失业率，但在长期内没有作用；第二种则没有短期效应，但在长期内会引起实际工资上升，失业率降低。

（二）劳动力市场放松管制

由于工人对厂商的谈判力下降，短期内工人将放弃一些租金，由式（7）可知，工人实际工资下降，利润率上升。由于失业率仍然是由式（6）决定的，故这种要素收入分配的变化对失业率没有影响。因此，短期内工人的利益明显受损。长期内，在利润率重新等于 c 之前，租金中更多的份额留给厂商，故吸引潜在厂商进入市场。新厂商进入，竞争增加，价格加成下降，将带来失业率下降和实际工资上升。长期内失业率低于放松管制前的水平，实际工资也返回到放松管制前的初始水平。因β下降导致的实际工资短期下降恰好通过价格加成下降得到补偿。

总之，劳动力市场管制放松是通过租金分配转向有利于厂商的变化起作用的，它将导致长期竞争增加和失业减少。因此，短期内工人谈判力量的改变不过是在工人和厂商之间重新分配了租金。但长期而言，通过改变利润导致厂商的进入或退出，将引起失业水平的变化。与产品市场放松管制相比，劳动力市场放松管制伴随着明显的跨期选择，即以短期较低的实际工资换取长期较少的失业。具体如表2所示。

表2　产品市场和劳动力市场放松管制对工资和就业的影响

均衡类型	变量	放松管制		
		产品市场		劳动力市场
		$\bar{\sigma}$ 上升	c 下降	β 下降
短期	工资	+	没有作用	−
	失业	−	没有作用	无影响/+*
长期	工资	−	+	+
	失业	+	−	−
效应		返回放松规制前的均衡		

注：*表示在线性效用函数假设下，β下降对失业“无影响”，而在凹效用函数假设下β下降导致失业上升。推导过程参见 Blanchard Giavazzi，Macroeconomic Effects of Regulation and Deregulation in Goods and Labor Markets，*Quarterly Journal of Economics*，2003，Vol. 118，No. 3，pp. 895－896。

资料来源：根据上文整理。

四、劳动报酬份额下降的原因

如图1所示，中国近35年劳动者报酬占GDP的比重，在1978年为49.66%，1990年上升到53.42%，1995年开始逐年下降。此外，20世纪90年代中期以来，自然失业率出现较大幅度的上升趋势。一种采用三角模型（triangle model）估计不同时段的自然失业率，结果显示，1978～1984年为3.79%，1985～1988年为0.33%，1989～1995年为1.77%，1995年以后为4.43%。[①] 另一种采用Kalman

① 蔡昉等（2004）选取不同时段的虚拟变量来划分改革阶段，即把1985年作为城市经济改革的开始年份，把1988年作为全面改革的开始年份，而把1996年作为触及就业的国有企业改革开始年份。参见蔡昉、都阳、高文书：《就业弹性、自然失业和宏观经济政策——为什么经济增长没有带来显性就业》，载《经济研究》2004年第9期。

技术估计结果也基本相近。[①] 针对劳动报酬下降和自然失业率上升的问题，一些观点认为，这是由于工资上升，不仅带来资本对劳动的替代，而且促使厂商转向劳动节约型的技术进步，从而避免劳动成本增加。这与阿齐默格鲁（Acemoglu，2003）对过去60年技术进步偏向的观察也是一致的。[②] 这一解释的主要问题在于，劳动报酬份额在20世纪80年代初上升之后进入变化相对平稳的时期并延续至90年代中期之前，累积的工资增长率远小于累积的全要素生产率增长率。除非厂商预期未来工资显著上升，否则很难解释为什么厂商依然对过去工资的增加作出反应。基于劳动力市场和产品市场均衡的分析框架，给定简单的线性生产技术，根据定义，劳动生产率等于1，从而劳动报酬份额等于工资，将式（8）代入式（11）可得

$$\alpha = (1+\mu\beta)/(1+\mu) = \frac{1+(\beta-1)}{1+\frac{1}{\mu}} \tag{12}$$

式（12）为在两部门一般均衡框架下理解劳动报酬份额的决定提供了一个可能的逻辑：20世纪90年代中期以来中国劳动报酬份额显著下降，是劳动力市场上工人谈判力量下降和产品市场价格加成能力上升共同作用的结果。从理论模型推导的这一逻辑是否能得到中国经验事实的支持呢？以下分别从劳动力市场和产品市场来考察工人谈判地位的演变和价格加成上升的幅度。

（一）工人的工资议价能力下降

由式（12）可知，β下降意味着工人对厂商的谈判力降低。从上一节的分析得知，工人对厂商的谈判力下降不仅导致短期劳动报酬份额的降低，而且在更一般的凹效用函数假设下，还导致失业增加。尽管成熟的市场经济国家通行的劳动力讨价还价机制在我国至今尚未形成，但这并不意味着我国工人的工资议价行为不存在。改革开放以来，我国工人的工资议价行为始终存在，但在不同时期、不同部门因体制背景不同、表现方式不同，议价能力也不同。如果以20世纪90年代中期为分水岭，将改革开放迄今划分为两个阶段，可以看出，

① 曾湘泉、于泳：《中国自然失业率的测量与解析》，载《中国社会科学》2006年第4期。

② 阿齐默格鲁认为有价格效应和市场规模效应是影响技术进步偏向的两个主要因素。不同要素间的替代弹性决定技术进步和要素价格对要素相对供给变化的反应。参见 Daron Acemoglu，Cross-country Inequality Trends，*The Economic Journal*，2003，Vol. 113，Issue485：F121－F149。

伴随城市就业和工资制度的一次次改革，两个阶段工人的议价能力和实际地位在“工人—企业—国家”之间的博弈中呈现出截然不同的格局。

在前一个阶段（1978～1991年），我国工人主要就业于国企及城市集体企业，仍然保留计划经济时的“终身”身份，在国家对企业放权让利、企业打破僵化工资制度过程中逐步获益。具体可以分为两个子阶段。第一个阶段（1978～1984年）：解放思想，恢复按劳分配原则。这一阶段重新确立了按劳分配原则，并调整了国营企业管理体制。第二个子阶段（1985～1991年）：打破两个“大锅饭”，调整分配关系。随着国营企业普遍实行承包经营责任制，结合第二次利改税，工资分配实行了重大改革。一是在全国推行了企业工资总额同经济效益挂钩办法，开始探索运用地区、行业工资总挂钩等手段调控企业工资总量，与机关事业单位工资分配脱钩，实行分类分级工资管理体制。二是国家发布国营企业参考工资标准，打破僵化的八级工资制度，许多企业试行了浮动工资制、结构工资制、岗位工资制等基本工资制度，内部分配形式逐步实现灵活多样。在这个阶段，企业员工因“终身”身份，在工资议价中处于相对有利地位。在“职工—企业—政府”的双重博弈过程中，政府不敌企业，承包制包盈不包亏；企业不敌职工，工资侵蚀利润。这导致了国民收入分配结构的根本性调整，国有企业亏损大面积上升，企业资产负债率接近100%，三角债使国民经济潜伏着风险。[①] 正因如此，1992年以后，国有经济配置领域实行了战略性调整。竞争性领域的大部分国有企业以不同方式改制，非国有经济在竞争性领域的占比不断提高。职工与企业的关系从此发生重大变化：垄断性行业的国有企业基本上延续既有的“工资侵蚀利润”模式，职工收入不断提高，然而，失去“终身”身份保护的竞争性领域企业的城市职工谈判地位急剧下降，收入增长缓慢。尤其从20世纪90年代末以来，随着经济全球化步伐加快，全球制造业中心转移，国内工业化、城市化的进程加快，大量进城务工的农村劳动力与数千万的国企下岗职工一起涌入城镇劳动力市场。贸易和投资壁垒的降低加剧了熟练工人、资本所有者和专业人士与非熟练工人之间的不对称，并使贸易部门更大地暴露在国际竞争的压力之下。彻底摆脱了指令性计划、僵化的就业和工资制度的企业和工人通过劳动力市场进行双向选择和工资调节。在这一阶段，竞争性部门的工人失去了延续到前一阶段的“终身”身份，但“自组织”性质的工会并没有真正形成，加之一些地方政府为实现GDP及财政收入最大化，不计成本地招商引资，在劳资关系上向资本倾斜。因此在与企业的新一轮

① 李文溥：《国有经济优化配置论》，经济科学出版社1999年版，第291～292页。

博弈中，工人处于弱势，导致企业的收入分配向资方倾斜。其结果，一方面是竞争性部门与垄断性部门的收入差距不断扩大[①]；另一方面是全部劳动报酬占GDP之比逐渐下降。

（二）厂商价格加成上升

价格加成幅度通常由厂商自主设定，由式（8）可知，产品市场和劳动力市场同时达到长期均衡时，

$$\mu = c/(1-\beta-c) = \frac{1}{\frac{1}{c}(1-\beta)-1}$$

这意味着 μ 的增加可能源自以下两个方面。

第一，与销售成本相比，销售收入的更快增长直接提高了价格加成[②]。根据Wind资讯数据，1998年以来，分布在国民经济各个行业和30个省、自治区、直辖市上市公司的价格加成逐步上升，尽管由于加入WTO，2003年之后的价格加成小幅回落，但依然保持在0.43以上，是1998年的1.5倍（见图2）。其中，国资属性上市公司（包括中央国有企业、地方国有企业）2012年价格加成幅度较1998年增长了近三成，对所属行业的控制力与影响力逐步增强。更一般地，从全行业观察，全国私营企业与规模以上企业之间的价格加成缺口从1998年的18.7%持续扩大至2002年的44.7%[③]，之后有所收窄，但大多数年份都保持在两位数以上。这说明，相对于非国有企业，国有企业的价格加成能力上升了。规模以上企业是工业发展的主力军，“三年攻坚”完成后，规模以上企业里国有企业数量大幅下降，但值得注意的是，尽管国企营收占比和利润占比呈现“双降”，但企业数量占比却逆势上升[④]。国企因其地位特殊，实际上对劳动、资本、土地、能源等生产要素往往具有较强议价能力。基于要素比价扭曲的低成本扩张，短期内固然增加了利润，但也锁定了严重依赖“投资驱动”的增长模式，为长期可持续发展埋下了隐患。

---

① 李文溥、王燕武、郑建清：《劳动力市场分化与行业间工资差距变动趋势研究》，载《山东大学学报》（哲学社会科学版）2013年第5期。

② *markup* 是对每个企业计算，表示企业的垄断能力，*markup* =（销售收入 − 销售成本）/销售收入。

③ 此处定义的规模以上企业与私营企业的价格加成缺口 =（规模以上企业价格加成 − 私营企业价格加成）/私营企业价格加成。

④ 2011年国企营业收入占规模以上企业比率、利润总额占规模以上企业比率分别为16.25%和12.40%，较2004年分别下降了6.8个和6.53个百分点。而国企数量占规模以上企业的比率却从2.22%升至3.03%。

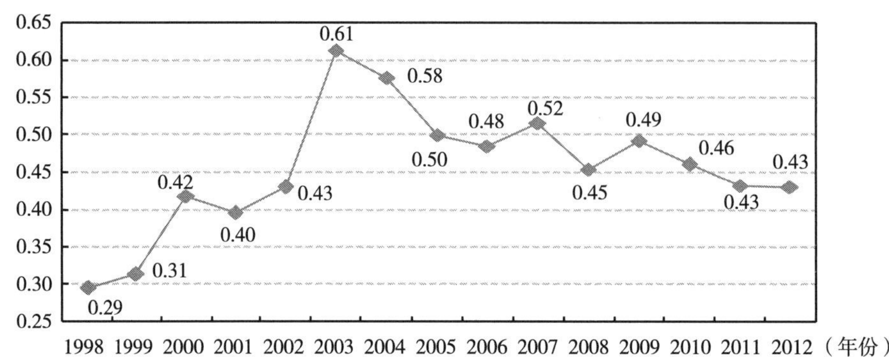

图2　中国全部A股上市公司价格加成（1998~2012年）

资料来源：根据Wind资讯数据库整理计算。

第二，即使不考虑工人谈判力的影响，市场进入成本上升也会引致价格加成增加。首先，正如党的十八大报告所指出的，各种所有制依法平等使用生产要素，公平参与市场竞争，同等受到法律保护，至今仍有待实现，需要通过全面深化经济体制改革来推进。这也证明了市场进入障碍的存在。我们的另一项研究发现，近20年来，中国的劳动力市场出现了多元化，分隔程度趋于上升。垄断性部门与竞争性部门、垄断性部门之间的阻隔程度正不断提高，说明这些部门之间的进入成本在上升。[①] 它势必推动垄断性部门的价格加成能力上升。其次，从微观经营活动看，根据Wind资讯数据，2008年两税合并实施以来，内外资企业间价格加成的缺口显著收窄[②]，从2007年接近峰值的110%，大幅下降至2012年的36%。尽管上市公司数量和覆盖面有限，但颇具代表性的行业龙头数据说明，先前实施多年的内外资企业差别所得税率客观上使得外资企业税负偏轻，内资企业税负偏重，这在一定程度上抑制了内资企业的市场进入，驱使内资企业通过降低劳动力成本等多种手段来抬高加成幅度。据统计，1999年以来，制造业劳动报酬水平年递增10%以上，但是，我国制造业单位产出劳动力成本（ULC）呈下降趋势，2009年的ULC甚至不及1999年的90%。[③] 最后，随着未来“营改增”试点地区和行业的扩围，各地第二、第三产业间的抵扣链条将彻底打通，增值税的中性效应有望进一步发挥，市场进入

① 李文溥、王燕武、郑建清：《劳动力市场分化与行业间工资差距变动趋势研究》，载《山东大学学报》（哲学社会科学版）2013年第5期。

② 此处定义的内资企业与外资企业价格加成的缺口=（内资企业价格加成-外资企业价格加成）/外资企业价格加成。

③ 李文溥、郑建清、林金霞：《制造业劳动报酬水平与产业竞争力变动趋势探析》，载《经济学动态》2011年第8期。

的税收壁垒将显著下降，为维持价格加成幅度而压低劳动力成本的现象将得到明显改善。

五、结论与政策含义

本文将工人与厂商博弈中实际工资的决定过程，纳入产品市场和劳动力市场同时均衡的框架下进行分析，得到以下几点结论。

（1）劳动报酬份额决定的短期均衡分析表明，当产品价格加成上升时，消费者必须为购买这些产品支付得更多。因此，工人有可能以劳动者的身份受益，却一定会以消费者的身份受损。长期均衡分析进一步发现，长期均衡时的价格加成是由工人谈判力和市场进入成本共同决定的，市场进入成本增加，不仅导致实际工资下降，还将导致失业率上升。

（2）产品市场放松管制的措施对实际工资或就业都不存在跨期选择，而劳动力市场管制放松具有明显的跨期选择效应，即可以短期内较低的实际工资换取长期内较少的失业。

（3）对劳动力市场上工人谈判地位的演变和产品市场价格加成上升的经验事实的考察，初步印证了近年来中国劳动报酬份额显著下降，是劳动力市场工人谈判力量下降和产品市场价格加成上升共同作用的结果。

由此得到的政策推论是，第一，对产品市场管制而言，既要立足当下，保护市场公平竞争，又要着眼长远，切实降低各类所有制企业的市场进入门槛和经营障碍，允许更多的市场主体参与竞争，尤其要让民营经济真正成为公平参与竞争的市场主体之一，成为金融、能源、交通、基础设施、保障性住房等领域平等的参与者和竞争者，推动扩大就业，提高劳动者的实际工资。第二，对劳动力市场管制而言，由于在竞争性领域就业的劳动者不仅无缘分享经济租金相对上涨的收益，还要承受消费价格总水平上升的压力，因而处于弱势地位。因此，要深化垄断性行业改革，消除劳动力市场在部门间的进入门槛，促进劳动力市场的统一。在此基础上，加快建立和完善劳资双方劳动报酬的集体谈判机制，强化法律和工会对企业职工劳动权益的保护，实现劳动力市场上劳资双方的力量对比平衡。

图书在版编目（CIP）数据

中国经济学探索丛稿. 第二卷，宏观经济学. 上 / 李文溥著. -- 北京 : 经济科学出版社，2024. 12
ISBN 978 -7 -5218 -4706 -2

Ⅰ. ①中… Ⅱ. ①李… Ⅲ. ①中国经济 - 文集②宏观经济学 - 文集 Ⅳ. ①F12 -53

中国国家版本馆 CIP 数据核字(2023)第 067869 号

责任编辑：初少磊　赵　蕾　赵　芳　尹雪晶　王珞琪
责任校对：王肖楠
责任印制：范　艳

中国经济学探索丛稿
ZHONGGUO JINGJIXUE TANSUO CONGGAO
第二卷
宏观经济学 · 上
李文溥　著
经济科学出版社出版、发行　新华书店经销
社址：北京市海淀区阜成路甲 28 号　邮编：100142
总编部电话：010 -88191217　发行部电话：010 -88191522
网址：www. esp. com. cn
电子邮箱：esp@ esp. com. cn
天猫网店：经济科学出版社旗舰店
网址：http：//jjkxcbs. tmall. com
北京联兴盛业印刷股份有限公司印装
787 ×1092　16 开　204. 5 印张　3660000 字
2024 年 12 月第 1 版　2024 年 12 月第 1 次印刷
ISBN 978 -7 -5218 -4706 -2　定价：828. 00 元（全六卷）
（图书出现印装问题，本社负责调换。电话：010 -88191545）